中国科学院教材建设专家委员会规划教材

全国高等医药院校规划教材

医学信息检索与实践

主　　编　韩立民　朱卫东

副 主 编　谢衍金　姚慧君　蔡德清

编　　者　（按姓氏笔画排序）

王春华　兰月华　朱卫东　刘玉婷

陈雪娇　欧小琴　姚慧君　韩立民

谢衍金　蔡德清

科 学 出 版 社

北　京

内 容 简 介

本书以现代医学生信息素养和创新能力的培养为主线，针对当前医学院校的本专科生、研究生教育和临床医生继续教育的需求，系统介绍医学信息资源检索的基本原理和方法。内容包含信息检索基础知识、国内外经典数据库检索、网络信息资源检索、循证医学信息检索、引文信息检索、特种文献检索、医学参考工具书利用、信息评价管理和利用的原则方法、学术论文的撰写及其相关规范、知识产权及学术不端检测系统等内容，构成医学信息检索课程的有机整体，充分吸收现代信息资源检索的最新发展成果。本书突出实操实训内容，并遴选医学学科的相关检索案例，有助于提高医学生利用专业文献的能力。全书注重实践操作，案例分析透彻，图文并茂，重点突出，通俗易懂，实用性强，具有较高的教学使用和参考价值。

本书既可以作为医学高等院校本科生、专科生、研究生的信息检索课程教材，也可作为各类医疗机构医务人员的岗位培训教材及临床医学工作者科研工作的参考书。

图书在版编目（CIP）数据

医学信息检索与实践 / 韩立民，朱卫东主编. —北京：科学出版社，2016.1

中国科学院教材建设专家委员会规划教材・全国高等医药院校规划教材

ISBN 978-7-03-046518-4

Ⅰ.①医… Ⅱ.①韩… ②朱… Ⅲ.①医药学–情报检索–医学院校–教材 Ⅳ.①G252.7

中国版本图书馆 CIP 数据核字(2015)第 285328 号

责任编辑：胡治国 王 超 / 责任校对：李 影

责任印制：徐晓晨 / 封面设计：陈 敬

科学出版社出版

北京东黄城根北街 16 号

邮政编码：100717

http://www.sciencep.com

北京凌奇印刷有限责任公司印刷

科学出版社发行 各地新华书店经销

*

2016 年 1 月第 一 版 开本：787×1092 1/16

2020 年 3 月第五次印刷 印张：25

字数：709 000

定价：79.80 元

前　言

“善学者，师逸而功倍，又从而庸之。不善学者，师勤而功半，又从而怨之。善问者如攻坚木，先其易者，后其节目，及其久也，相说以解。不善问者反此。”（摘自《礼记·学记》）。此句话表明古人治学讲究善学善问，今天我们已进入科技高速发展的信息时代，网络如同知识的海洋，善于在其中发现和捕捉有用的信息并及时更新自身的知识结构成为当代医学生必备的基本素质——信息素养，信息素质教育已成为高等医学教育的重要使命之一。

文献是记录知识的载体，知识是前人智慧和实践的结晶，信息的价值在于消除不确定性，文献信息检索就是以人类所知的有限来获取人类知识宝库的无限，也就是站在巨人的肩膀上，以增加解决问题的确定性。文献信息检索是科学研究和创新的基础，科学研究就是运用已知的知识来探求未知的知识，并在探求未知的过程中来强化和修正已知。

医学信息检索课程是一门实践性强、应用性广、内容更新快的科学方法课，我校自 20 世纪 80 年代开设这门课程以来，一直以加强医学生信息素养教育、培养具有竞争能力的复合型人才为根本目标。随着全球经济一体化、信息化进程的不断加快，信息检索课程的内容也在不断丰富和完善，本书便是为适应当前高等学校教学改革和人才培养目标，结合理论性、实用性和新颖性原则编辑而成的一部医学生信息检索课教材。

医学信息检索是一门相对年轻的课程，发展变化很快。本教材随着学术信息资源的与日俱增和检索系统的不断变化而推陈出新，努力反映信息检索理论与技术的最新进展，紧随信息技术日新月异的步伐和医学科学的迅猛发展，力求全面、及时、准确反映迅速增长的医学科技信息资源的新变化，以及最新的医学信息检索技术、理论与方法。

就在本教材的审稿阶段，传来一个振奋人心的消息：中国药学家屠呦呦获得 2015 年诺贝尔生理学或医学奖。屠呦呦 1930 年出生于宁波的一个中医世家，屠家楼顶有个摆满各类古典医书的小阁间，受父亲影响，屠呦呦从小就喜欢翻看医书。在抗疟药物研究中，屠呦呦从系统整理历代医籍入手，查阅了大量的古代医学书籍和民间的药方，从公元 340 年间东晋名医葛洪《肘后备急方之治寒热诸疟方》中“青蒿一握，以水二升渍，绞取汁，尽服之”这一中医药古籍记载中获得灵感，意识到记载中是“绞”，而不是“煮”，认为温度高有可能对青蒿有效成分造成破坏而影响疗效，便由用乙醇提取改为用沸点比乙醇低的乙醚提取。其结果，乙醚提取物

可使鼠疟原虫近期的抑制率明显提高，达到近100%。从而先驱性地发现了青蒿素，开创了疟疾治疗新方法，世界数亿人因此受益，成为在青蒿素研究中发挥决定性作用的个人。据此，我们备感医学生在专业研究中善于依靠和利用文献信息意义重大，同时深感医学信息检索课使命光荣！

本书是在广泛收集相关资料、多年应用和教学实践的基础上写成的，由赣南医学院多位具有丰富教学经验和检索实践经验的教师分工协作而成，各取所长，力求全面、深入地反映当前医学类信息资源概貌及其检索方法。本书主要特点体现在以下四个方面：

第一，紧密结合当今网络技术、计算机检索技术以及数据库技术的发展状况，将现阶段大量医学类网络信息资源进行系统归纳，内容新颖实用、语言精练、信息量大。

第二，突出检索实践，注重直观，内容安排上着重介绍各种资源类型数据库、搜索引擎和网络特殊资源，配以检索示例，并且，资源介绍、检索步骤、检索结果等都适当配有截图，易于理解和掌握。

第三，系统阐述从文献检索到利用过程中的重要环节，力图对利用文献做研究的过程建立一个完整的概念体系。包括从课题选择到文献检索再到论文的写作与发表、资料的积累评估与管理等方面，涵盖知识产权、信息合理利用、研究策略制定、论文撰写及相关版权和学术规范等议题。

第四，重视信息的综合利用，系统阐述信息的综合检索、组织整理，为了提高学术研究能力和创新能力，还详细讲解文献管理软件及其应用。

本书在编写过程中，参考、借鉴了大量的文献检索教材及其他相关文献，得到了赣南医学院各级领导和教师们的大力支持，也得到了一些同仁的关心和支持，在此一并致以诚挚的谢意！

然而由于水平有限，书中难免有不妥之处，敬请各位同仁、专家和读者批评指正，以便在日后工作中加以改进。愿本书能真正成为读者的良师益友。

韩立民

2015年10月于江西赣州

目　　录

第1章 信息检索基础理论

信息获得能力是现代社会人才素质的基本要素，也是人才竞争优势的重要体现。信息检索作为人类获得信息的主要手段与技术，在人类的知识传播和科学研究中具有承上启下的作用，是人类知识组织的超链接。近年来，随着社会政治经济的飞速发展，尤其是互联网技术的应用与快速发展，信息的增长与传播速度达到了前所未有的高度，也正因为如此，信息检索的作用也更为凸显。

信息资源的不断丰富，给人们在信息的海洋中选择获取信息带来了比以前更大的难度，数据库检索技术和网络搜索技术等的不断涌现与发展，对检索者提出了计算机知识、专业知识以及检索知识的更高要求。因此，只有掌握信息检索的理论和技巧，才能更好地利用信息资源。为此，本章主要介绍信息、知识、文献、情报等概念以及信息资源概述、信息素养与创新能力、信息资源检索原理和检索语言、信息资源检索概述等方面的内容。

第一节 信息资源

一、信息资源概述

信息资源是指人类社会信息活动中积累起来的以信息为核心的各类信息活动要素(信息技术、设备、设施、信息生产者等)的集合，是能够通过各种信息媒介和渠道传播，可以直接转化为社会生产力的基本要素，对社会生产方式和生活方式产生直接或间接影响的各类信息。信息资源一词最早出现于沃罗尔科的《加拿大的信息资源》。信息是普遍存在的，但并非所有的信息都是信息资源，信息只有经过人类加工后，可被利用的信息才可称为信息资源。“信息资源”的概念是随着现代信息技术，特别是计算机技术和信息资源管理理论的发展和普及而为人们所接受的。信息同能源、材料并列为当今世界三大资源。信息资源广泛存在于人类社会的各个领域，是各种事物形态、内在规律和其他事物联系等各种条件、关系的反映。随着社会的不断发展，信息资源对国家和民族的发展，对人们工作、生活至关重要，成为国民经济和社会发展的重要战略资源。

信息资源是一个发展中的概念，是一个具有丰富内涵的术语。孟广均等在《信息资源管理导论》中阐述“信息源不等于信息资源，信息资源是可利用的信息的集合，是高质量、高纯度的信息源。”卢泰宏和孟广均曾在1992年编译的《信息资源管理专集》中将美国学者对“信息资源”的理解概述为：信息资源=文献信息；信息资源=数据；信息资源=多种媒介和形式的信息(包括文字、图像、声音、印刷品、电子信息、数据库)；信息资源=信息活动中各种要素的总称(包括信息、设备、技术和人等)。

1998年，娄策群、桂学文两人在其主编的《信息经济学通论》一书中指出，从信息资源所描述的对象来看，信息资源由自然信息资源、机器信息资源、社会信息资源、实物型信息资源组成；从载体和存储方式来看，信息资源由天然型信息资源、智力型信息资源、实物型信息资源和文献型信息资源构成；从信息资源的内容来看，信息资源由政治、法律、军事、经济、管理、科技等信息资源组成；从信息资源的反映面来看，信息资源由宏观信息资源和微观信息资源组成；从信息资源的开发程度来看，信息来源由未开发的信息资源(信息原料)和已开发的信息资源(信息产品)组成。

可以说，信息时代更强调信息的收集、整理、加工和使用。信息通过文字符号、声音或图像等形式存储在各种载体上集合在一起就成了信息资源。物资和能源都是不可再生的资源，而信息资源是一种可再生、可反复使用的资源，信息资源是经过人类选取、组织、序化的有用信息的集合。但是同样的信息资源会因使用者的不同而发掘出不同的信息。人们越来越清楚地意识到信息资源日益显著的作用，人类所从事的一切社会活动必须从利用信息资源入手，在未来社会竞争环境中，那些拥有较多信息资源的个人、机构、国家将具有更大的竞争优势。信息资源地位的上升，促进了以计算机和网络为核心的信息技术的进步，先进的信息技术反过来又把信息资源的开发作为重要的应用方面，例如使用现代信息技术可以为人们提供更多、更及时的有用信息。信息资源作为生产要素、无形资产和社会财富，与能源、材料资源同等重要，在经济社会资源结构中具有不可替代的地位，已成为经济全球化背景下国际竞争的一个重点。信息资源能否得到高度重视和利用，是一个国家综合国力是否增长的一个重要因素，也是一个国家现代化程度的一个重要标志。总体上说，信息资源的开发和利用已经成为国内外学者研究的热点问题，加快信息资源的开发利用，减少自然资源的消耗，推动社会进步已经形成共识。

二、信息资源的特征

作为当代世界发展的三大资源之一，信息资源具有许多迥异于物质、能源这两大资源的特征，正是这些特殊性质赋予了信息资源在当代世界发展中特殊的地位，信息资源的基本特征主要有以下几点。

(一)信息资源具有时效性和依附性

信息资源比其他任何资源都更具有时效性。一条及时的信息可能价值连城，一条过时的信息则可能分文不值。信息资源的时效性不但表现为及时性，更突出表现为开发、利用它的时机性。这就要求信息资源的利用者要善于把握时机，只有时机适宜，才能发挥效益。信息的生产、处理、储存、传播和使用极大地依赖于高新技术和受过良好教育的专业人员，极大地依赖于各种载体。语言、文字、图像、符号、电子信号等是信息的第一载体，而存储第一载体的物质，包括磁带、纸张、胶片、计算机存储设备等则是信息的第二载体。信息本身是看不见的，它只能附着在载体上，与载体分离的信息是不存在的。信息最重要的载体是人脑。人脑也是信息最重要的生产者。信息的载体应该被看作是一种“资源”，就如空间是物质的载体一样。对信息载体及其所需技术的开发具有十分重要的意义。半个世纪以来，由于电子技术的发展，使信息的传递速度日益提高。

(二)信息资源具有开发利用和价值转化性

与一般物质资源相比，信息资源是一种具有开发利用和价值转化性的资源。信息资源首先对作为社会主体的人发生直接影响作用，通过人对信息资源的理解、消化、运用，提高人自身的素质，甚至改变某种传统与习惯，从而有利于启发人的主观能动性，并转化为现实生产力的要素或变革生产方式及生活方式的动力。而一般物质资源，比如矿山、河流、气候、土地等，则不具有这种对人的主体作用产生直接影响作用的功能。信息资源的这种特性，要求人们必须以战略眼光认识信息资源，自觉地运用信息资源，立足有利于经济社会战略性发展的高度积极促进信息资源的开发与转化。

(三)信息资源具有可传播性

信息资源具有可传递性，信息的这一特点是信息的力量所在，正是由于信息可以瞬间大量传递到遥远信息消费者手中，当代社会各个领域的高效的现代化管理才能成为现实。信息资源借助于各类媒介，比如网络、电视、电话、印刷品、声像、电子信息、数据库等，可以广泛向社会传播，从而经常地深入地影响社会，对社会成员产生潜移默化的作用。正是在这种传播过程中，信息资源的价值得以实现。信息资源不断传播的过程，也就是其价值不断得到实现的过程。信息资源的可传播性，要求人们必须高度重视信息传播渠道的开拓与畅通。信息传播渠道建设，是现代社会发展的重要组成部分。在发达国家，信息传播占有愈益突出的位置，甚至已经成为国民经济的支柱产业，成为新经济的一个重要生长点。

(四)信息资源具有共享性

信息资源的共享性是指信息资源可以为许多用户所共同使用的特征。物质资源和能源资源的利用表现为占有和消耗。在信息资源的使用中使用者彼此之间不存在直接的制约作用，同一信息资源可以同时被不同的使用者所利用。信息资源开发出来以后，不同的信息资源获得者都可以根据自身的情况对信息资源进行开发与利用，使得信息资源作为资源在社会经济生活中充分地体现出其价值来。信息的共享性也使信息易于扩散，使信息资源能够得到比物质资源更广泛地开发和利用。但同时也带来信息滥用的问题。一个完全信息化的社会有如一台无所不知的全能计算机，因此有所谓“信息社会无隐私”之说。再如，由于信息的滥用，造成对知识产权的侵犯，已经成为影响国际经济关系的一个重要问题。

(五)信息资源具有可增长性

信息资源是人的智慧与才能的结晶，是无形资产，因而具有可增长性，是在不断地开发利用过程中不断地丰富、增长的过程，取之不尽，用之不竭。信息资源的可增长性，要求人们不仅要注重信息资源的利用，而且更要注重信息资源的研制与开发。在现代信息化社会，对信息资源研制与开发的力度与水平，成为社会生产力发展的一个突出标志，甚至成为衡量社会进步的一个重要尺度。事实上，人们正是在不断地开发、利用信息资源的过程中不断地提升自己认识世界与改造世界的能力。信息量的不断增升，信息水平的不断提高，不仅是推动社会发展的强大动力，而且是引领社会进步的“火车头”。

(六)信息资源具有综合性

信息资源不仅是社会生产力的反映，而且任何一类信息资源，都几乎不是孤零零存在的，而是与其他类信息资源密切联系。由一种信息源引发生成另一种信息源，这是信息资源发展中的一种普遍现象。尤其是在现代社会，科技发展正在呈现出一种“大科学”趋势，自然科学各门类之间相互交融，自然科学与人文科学、社会科学之间相互影响和交融，人们观察世界、分析问题的视角，不仅注重技术层面，而且更加注重社会及人文层面，由此及彼，举一反三。这是现代人类对客观世界的认识愈益深入的必然结果。信息资源的综合性，要求人们不仅要注重自然科学信息资源的开发与利用，而且要注重社会科学、人文科学信息资源的开发与利用，善于在各类信息资源的相互影响和渗透中发现、挖掘信息资源的巨大社会价值。

三、信息资源的利用

人类社会发展的一条重要规律，就是不断地开发利用对社会向前发展有利的一切资

源，随着技术的不断进步和应用，人类对资源的开发利用不断向广度和深度发展。进入21世纪的信息时代，信息资源已被人们公认为是物质、能量资源之后的人类可利用的第三类资源，成为21世纪信息社会的核心资源，以及主要的开发利用对象。从当前世界各国的信息化进程来看，已经从“技术为王”进入“信息为王”阶段，信息资源作为生产要素、无形资产和社会财富，与能源、材料资源同等重要，开发应用信息资源的能力和水平成为国家信息能力的重要标志和竞争热点。信息资源的开发利用是国家信息化的核心任务，是国家信息化建设取得实效的关键。

信息资源是无限的、可再生的、可共享的；其开发利用会大大减少材料和能源的消耗，减少污染。人类和地球所在的宇宙在其存在的无限时间和无限空间内，生成了海量的物质、能量和信息。人类在其存在的有限时间和有限空间内，消耗了大量的物资和能源，也生成了大量的信息。信息资源作为人类的遗产，是可以在宇宙中长久地存在的。信息资源与物质资源的一个重大区别在于，它具有特殊的人文社会功能，不仅对社会生产力和生产关系具有重大的影响和促进作用，而且对社会生活方式的变革和人的全面发展产生直接的影响、促进以至引导作用。人的社会性决定，人的素质的增长，人的全面发展的目标，都只能在一定的社会交往之中才能实现。其中，信息资源对人的发展作用起到至关重要的作用。在现代社会，人的全面发展所以能够由一种理想化的模式转化为可操作性的过程，人的素质建设所以能够以惊人的速度超越传统社会，其中一个重要原因就是社会信息量的迅速增长和信息资源的广泛形成。这里，既包括自然科学方面的信息资源，又包括人文科学和社会科学方面的信息资源。

自然科学信息资源的传播、转化，极大地开拓了人类交往的视野，提升了人们的科学意识和科学精神，增强了人们对客观世界的认识和改造客观世界的能力。人文科学和社会科学信息资源的传播、转化，则使人们站在更高的视点上认识世界和改造世界，极大地提高了自身的人文科学内涵，从而更高层次地提高了人们认识世界和改造世界的能力。而现代科技革命的发生，以网络技术为纽带的新型传播媒体的出现，大大加快了各类信息资源传播速度，使信息资源更广泛更深刻地转化为加强人自身素质建设的动力和源泉。在这样一种以提高人的素质促进经济社会发展的历史进程中，日益广泛的信息资源承负着不可替代的作用。从一定意义上说，信息资源被重视的程度，社会利用信息资源的程度，直接决定着人的现代素质提升的程度，最终决定着社会全面发展的程度。因此，我们十分有必要将发掘、利用、转化信息资源的社会价值，作为一项重要的社会发展战略。

信息资源对人类的决策活动具有支撑功能。决策是人类最基本、最普遍的活动。信息资源广泛作用于人类决策活动的各个环节，并优化其决策行为，实现预期目标。信息在人类的决策活动中还发挥预见性功能。信息是人类认识未来环境的依据，是人类适应未来环境的手段，是通向未来的桥梁。人类的决策活动实际上就是处在不断利用信息并对未来进行预测之中的。预测不是先知先觉、凭空想象，更不是胡思乱想，而是在深入调查、周密研究、系统占有信息的基础上，对客观事物发展规律的认识。信息反映了事物演变的历史和现状，隐含着事物的发展趋势。因此，充分利用信息，结合人们的经验，运用科学方法，经过推理和逻辑判断，可以把事物的不确定性尽可能地减小，从而对其未来发展的必然趋势和可能性作出预计、推断和设想。人类的科学研究和技术开发都是在前人已经取得相应成果的基础上进行的，因此，在人类从事科学研究和技术开发的各个阶段，都需要获取和利用相关信息，掌握方向、开阔视野、启迪思维、生产出新知识、新技术和新产品。

第二节　信息素养与创新能力

一、信息素养概述

信息素养（information literacy）是指人们在工作中运用信息、学习信息技术、利用信息解决问题的能力，1974 年由美国信息产业协会主席 Paul Zurkowski 在给美国政府的报告中首次提出。1989 年，由美国图书馆协会（American Library Association）提出的信息素养的定义被普遍地接受，包括以下几方面的内容：懂得何时需要信息；知道解决某一问题需要何种信息；能够找到所需要的信息；能对所需信息作出评价；善于组织所需信息；能够有效地使用信息解决问题。1990 年，美国信息素养国家论坛（National Forum on Information Literacy）建立，其中对信息素养的定义与 ALA 类似：信息素养是能够知道什么时候需要信息，能够鉴别、获取、评价和有效利用信息以解决问题的能力。

2000 年，美国大学与研究图书馆协会（ACRL）专门针对高等教育制定了“高等教育信息素养教育标准”（Information Literacy Competency Standards for Higher Education），包括 5 类具体标准：①具有信息素养的学生能确定所需信息的性质和范围；②具有信息素养的学生能有效地获取所需信息；③具有信息素养的学生能鉴别信息及其主要来源并能选择信息融入自己的知识基础和价值系统；④作为个人或团体一员，具有信息素养的学生能有效地利用信息去完成一项特定的任务；⑤具有信息素养的学生能了解利用信息所涉及的经济、法律和社会问题，并合理、合法地获取和利用信息。

2001 年 6 月在世界卫生组织支持下，世界医学教育联合会（World Federation for Medical Education，WFME）执行委员会通过并发布《本科医学教育全球标准》。在这个标准的基础上，2004 年中国医学教育质量保证体系研究课题组研究拟订《本科医学教育标准——临床医学专业（试行）》，要求医学师生“能够利用信息和通信技术进行自学、获取信息、治疗管理患者及开展卫生保健工作”。因此，随着信息技术被广泛地应用于临床医疗领域，信息素养作为一种检索、评价和利用信息资源解决问题的能力，将逐渐成为医务工作者必备的、重要的素养之一。

医学生要培养自主学习、终身学习的能力，就必须加强信息意识，提高信息能力，从而掌握自我获取、更新医学知识和临床技能的方法。而良好的信息素养是在不断学习和实践过程中形成的，是在医学生接受医学教育过程中逐渐养成的，是构成医学生终身学习能力的核心要素。因此，作为医学生应思考如何能更快地学会通过信息技术获取、更新自身知识的方法，并养成利用信息资源解决问题的习惯，才能适应现代医学信息化的发展，满足临床医疗信息化的需求。

信息素养是指判断何时、何地需要信息，并有效地定位、获取、评价和利用信息的一系列能力的总和。包括：计算机素养（computer literacy）、互联网素养（internet literacy）、媒体素养（media literacy）、图书馆素养（library literacy）、研究素养（research literacy）、批判性思考的能力（critical literacy）。这些内容在医学生的信息素质教育中居于不同层次（图 1-1）。

二、信息素养的培养

近年来，伴随着计算机技术、网络技术等多种信息技术的迅猛发展，世界正在经历着一场数字化信息革命。信息作为一种战略资源在科学技术和经济社会的发展中扮演着至关重要的角色。在激烈的国际竞争中，谁能更多更快地占有信息资源并能有效地开发和充分利用，谁就能取得国际竞争的优势，创造发展奇迹。随着我国卫生信息化在医疗服务、公共卫生、医疗保障和药品供应4个领域迅速发展，医学生信息素养的研究悄然兴起。医学院校作为培养医学人才的专业学校，能否对医学生进行良好的信息素养教育，也是衡量医学人才培养能否适应信息时代发展需要的一个重要指标。

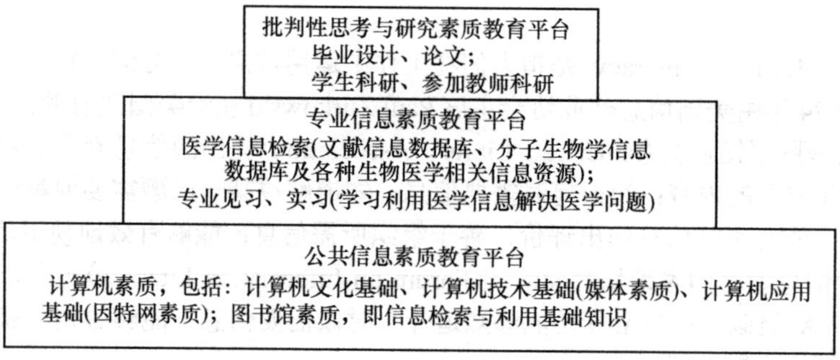

批判性思考与研究素质教育平台
毕业设计、论文；
学生科研、参加教师科研

专业信息素质教育平台
医学信息检索(文献信息数据库、分子生物学信息数据库及各种生物医学相关信息资源)；
专业见习、实习(学习利用医学信息解决医学问题)

公共信息素质教育平台
计算机素质，包括：计算机文化基础、计算机技术基础(媒体素质)、计算机应用基础(因特网素质)；图书馆素质，即信息检索与利用基础知识

图 1-1　医学生信息素质培养的层次

互联网容纳了全球范围内无限增长的海量信息资源，其中医学信息资源占了30%以上。有了较强的医学信息素养，医务人员就可以直接在网络上熟练地检索各种医学专业数据库和网上电子期刊，获得新的专业知识、了解新的医疗技术，丰富新的医学思维和观念；有了较强的医学信息能力，可以提高医务人员对于各种医学信息资源的获取能力，对于纷繁庞杂网络信息的处理利用能力，医学研究的新领域、新技术、新器械的跟踪学习能力，特别是有利于及时掌握世界医学前沿高新理论和技术，从而提高医学科研及临床医疗水平。因此，医学工作者要培养自己综合分析问题的能力，提高自己的信息智能。只有这样，才能掌握对信息的综合分析能力，使信息得到有效利用，并产生新信息的生长点，从而创造出新的知识和信息。

美国未来学家阿尔文·托夫勒指出："未来的文盲不再是不识字的人，而是没学会学习的人。"美国福特汽车公司首席专家路易斯·保罗说过："在知识经济时代，对你的职业生涯而言，知识就像鲜奶，纸盒上贴着有效日期。"要想让你的知识适应时代的要求，保持长青，而不成为现代文盲，就需要拥有一定的信息素养，具备终身学习的能力。信息素养教育本质上是要教会学生学习，而且是使用现代信息技术和方法进行高效率的学习，树立起终身学习、在干中学习的观念，真正成为学习的主人。而医学教育是终身教育，是医药卫生事业的不断发展要求医务工作者不断地学习，强化自主学习的能力，而信息素养的高低又影响学生学习的效率和质量，甚至影响今后的职业发展和终身取得的成就，因此信息素养教育对医学生的培养就显得十分重要。培养医学生良好的信息素养，主要可以从4个方面进行。

(一)树立信息意识，养成信息习惯

信息意识是人的大脑对信息存在的反映，具体表现为对信息需求的意念、洞察信息的敏感性、寻求信息的兴趣和对信息的判断捕捉能力及消化吸收能力等。医学生在学习过程中要有信息意识，养成利用信息为学习服务的习惯。当遇到问题或困难时，要学会利用信息资源寻找答案或解决困难的方法。医学生在学习和日常生活中，要有意识地培养自身的信息意识，有意识地运用信息技术，逐渐将这种意识融入学习和生活中，才能养成良好的信息习惯。

（二）学习信息知识，提高信息获取能力

信息知识是指一切与信息有关的知识和方法，既包括信息理论知识，又包括信息技术方面的内容，如图书信息知识、检索技术、计算机技术等，它是信息素养的基础。医学生在学习和生活中遇到问题和难题，要学会巧妙设问，尽可能地利用学校现有的网络资源寻找相关资料，用批判的眼光分析、评价资料，从而选择最佳答案。并将这种做法融入自己专业的知识领域中去，经过不断地尝试，逐渐形成习惯，而习惯形成过程又是知识积累过程，更重要的是提高了自身信息获取能力。

（三）提升信息资源利用能力，为学习和专业发展服务

信息能力是指人们有效地利用信息存储机构，如图书馆、互联网等系统获取、分析、评价、处理、创新和传递信息的能力。信息能力是信息素养的核心。医学生仅仅拥有信息获取能力是远远不够，还应该学会如何去评价信息和分类整理信息，获取可利用的信息资源。另外，在掌握有关信息资源检索方面的知识和技巧的同时，应结合医学专业知识，运用判断性思维，掌握从大量资料中快速、有效地获取自己需要的信息，才能达到利用信息资源为学习和专业发展服务的目的。

（四）遵守信息道德，规范信息行为

信息道德是医学生在信息活动中应遵守的道德规范和法律法规，就是个人从事医学信息活动应与社会整体目标协调一致，承担相应社会责任和义务。对于医学生来说，由于专业缘故，更应遵守与信息和信息技术相关的伦理道德，才能成为对社会有用、服务于人类健康的医学人才。医务工作者在从事临床医疗服务过程中，不可避免地了解患者个人信息、既往病史以及家族史等信息，如果在工作过程中或者撰写文章时，未经患者同意有意或无意地透漏了患者隐私材料，极易引起医患纠纷，因此医学生在学期间就应遵守信息道德，掌握信息资源利用能力，避免学术论文抄袭现象，应该形成尊重和保护患者隐私的意识，才能成为具有信息素养的医学人才。

三、信息素养与创新能力

信息素养不仅已成为当前评价人才综合素质的一项重要指标，而且成为信息时代每个成员的基本生存能力。高等教育的目标十分明确，就是培养出具有创新精神与创新能力的高素质人才，在这个过程中，提高高校学生群体的信息素养水平是实现这一目标的重要保证。大学开展信息素养教育活动首先要通过有关信息知识的传授来启发和培养大学生的信息意识。人们首先有了“信息”的意识，才会有要去寻找、利用、学习和掌握信息的需求和行为。人们信息意识的强弱会直接影响其对信息的渴求以及掌握信息的程度和效果。在信息成为当今社会的重要资源的时代里，有着强烈的信息意识才能引导人们努力学习掌握信息成为信息强者，进而成为社会竞争中的优胜者。全球信息化正在引发当今世界的深刻变革，一个国家的国民信息素养水平是评价该国信息化水平的最重要指标，也是影响该国国际竞争力的最终因素。在信息化的市场经济中，人才资源已成为可持续发展的根本。只有具有信息素养的创新型人才，才能不断捕获有价值的新信息，不断获取新知识，通过创新不断发展。因此，在高校对学生进行信息素养教育，已成为信息时代发展的必然需求。

创新能力是人们运用知识和理论，在科技和实践活动中除旧立新，创造具有经济价值、社会价值的新思想、新理论、新方法和各种新发明的能力。创新能力一般都有发现问题、分析问

题、提出假设、论证假设、解决问题的过程，创新能力构成的基本要素有创新意识、创新智能、科技素质、创新环境等。高校是国家培养创新人才的重要基地，是国家培养高素质人才的摇篮。大学生创新能力的培养必须以信息素养为前提，没有良好的信息素养，就不可能实现创新。所有的创新，诸如理论创新、技术创新、制度创新等都必须在了解现状并深入考察已有技术、理论、制度等的基础上才能实现，否则便只能是毫无根据的妄断。只有具备良好的信息素养，才能少走弯路，避免重复研究。

培养大学生的信息素养，就是为了更好地开发和利用知识信息，是培养大学生创新能力的基本需要，也是学习创新的基础。检索信息、收集信息、利用信息、处理信息、创造信息，实现对知识的检索和发现等过程，对创新型大学生的培养具有重要的意义。创新要有足够的知识积累，知识的积累需要在正确的信息观念指导下，具备足够的信息知识和较强的信息能力才能完成，并且只有在遵守知识产权的基础上的创新才谈得上真正的创新。所以，对大学生信息素养的培养一定程度上是培养他们将创造性思维变成现实的能力，信息素养的培养在创新能力的培养中发挥着不可替代的作用。

“医学信息检索与实践”作为一门实践性较强的课程，是对医学生进行信息素养教育的重要途径。加强该课程的教学，提高医学生主动获取各种信息的意识，掌握信息获取和利用的能力，恪守信息道德，构建终身学习环境和氛围，为创新能力的培养夯实基础，以顺应未来社会的发展要求。信息素养和创新能力的培养与提高不是一蹴而就的，需要进行长期、有计划、有步骤地训练。培养和提升大学生的信息素养既是个人终身发展的要求，也是信息时代对高等教育的必然要求，关系到国家的前途和发展。大学生是国家和民族的中坚力量，重视对大学生信息素养的培养必将对我国的现代化建设产生深远的影响。

第三节　信息及相关基本概念

一、信　　息

信息(information)一词最早出自拉丁语，意思是通知、报道和消息。信息一词也多见于我国古代的诗词中，例如唐诗《暮春怀故人》就有“梦断美人沉信息，目穿长路倚楼台”；宋代女词人李清照《上枢密韩肖胄诗》中也有“不乞隋珠与和璧，只乞乡关新信息”。古人所说的信息，就是指“音信”“消息”，与今天人们对信息的认识没有本质的不同。信息作为一个科学术语，最早出现于通信领域，20世纪中叶后被引入哲学、信息论、系统论、控制论、情报学、经济学、管理学、计算机等领域。

情报领域比较认同的看法是：信息是事物存在的方式和运动状态的表征，信息并非事物本身，而是事物发出的体现它存在和运动状态的信号和消息。因此我们说：信息(information)是宇宙中事物存在和运动状态及其特征的反映，是自然界、人类社会和人类思维活动中存在的一切物质事物的一种属性。不同的事物具有不同的运动状态和运动方式，因而会发出不同的信息。宇宙中万事万物，事物的运动状态和方式千变万化，信息也就千差万别。信息本身不是实体，必须借助某种介质才能表现或传播。人们可将信息分为四大类：自然信息、生物信息、社会信息和机电信息。如湖光山色、风云雷雨等是自然信息；鸟语花香、体温升降等是生物信息；人类社会活动中的语言、文字、图形符号等是社会信息；电子仪器的脉冲信号、无线电波等是机电信息。

随着社会的不断发展，人们对信息的认识不断全面和深化。人类进入21世纪，认识到信息普遍存在于整个宇宙之中，信息、物质和能量构成了现代社会的三大资源。可以说，

物质资源为社会提供了丰富的原材料，构成了农业社会生产力发展的基础；能量资源为社会提供了形式多样的动力，成为工业社会经济发展的发动机；而信息资源则为社会提供了无穷无尽的知识和智力保障，成为全球化新经济发展的支撑。一个国家的经济技术兴衰成败与信息资源开发利用的能力息息相关，信息化程度的高低已成为衡量一个国家是否兴旺发达的重要标志。

本书所指的医学信息，是指通过观察、实验或借助于其他工具，对人体生理或病理状态特征的认识及其反映，并用语言、文字、图形、影视、数据等各种形式，通过一定的载体来表示。例如，人体脉搏、呼吸、温度以及疾病状态下的各种体征与症状、实验室检测数据等都是医学信息，甚至包括姓名、年龄等基本资料。

二、知　识

知识(knowledge)是人类主观世界对客观世界认识、概括和如实的反映，是对社会生活及生产实践概括的总和。知识来源于信息，人类在认识世界和改造世界的过程中，不断地将感性认识总结成知识，也就是说将所获得的信息加工、升华成知识。后人利用前人积累的知识来指导科学研究，指导生产实践，又创造新信息，获得新知识，这种在更高形式上的循环，使信息愈来愈丰富，愈来愈深化，认识越来越提高，知识越来越全面，从而推动社会不断向前发展。社会发展到今天，已经越来越显示出知识和智力因素对社会生产力发展的巨大推动作用。怀着美好愿望的古人所创造的种种神话，如嫦娥奔月、日行万里、千里眼等，都早已变成现实，这无一不是以知识作支撑的现代科学技术发展的结果。知识按其内容可分为自然科学知识、社会科学知识和哲学知识。医学知识属于自然科学范畴，是人们在自然界长期与疾病作斗争的实践过程中，对医学信息的获取、提炼和系统化、理论化的结果，是关于人体生命、健康、疾病的现象、本质和规律的认识。

三、情　报

情报(information)是关于某种情况的消息和报告，是经一定形式传递给特定用户，并产生效用的知识。情报具有知识性、传递性和效用性的基本属性，知识通过传递(如文献资料)被“激活”，被利用才是情报。现代社会知识创新迅猛，行业竞争激烈，情报已广泛渗透到社会各领域。政治情报、军事情报、科技情报、文化情报等构成了一个国家的情报体系，成为增强综合国力，提高国际竞争力的必要条件。医学情报作为科技情报的一个分支，对促进医学科学技术的发展，以及防病治病、保障人类健康发挥了积极作用。如今情报的概念及服务方式已由消息传递、有序检索、特定提供发展到决策研究，情报已成为决策者“判断、意志、决心、行动”所需要的能指引方向的知识和智慧，发挥日益强大的社会功能。

情报能够启迪人们的思维，增进知识，提高认识能力，有助于决策，在竞争中获胜。情报按内容范围可划分为科学技术情报、社会科学情报、政治情报、军事情报、经济情报、技术经济情报、体育情报、管理情报等；按使用目的可以划分为战略情报、战术情报；按传播形式可分为口头情报、实物情报、文献情报以及文字情报、数据情报、音像情报等；按公开程度可分为公开情报、内部情报、秘密情报、机要情报等。情报的交流基本通过文献、口头或视听方式，其中文献交流是情报交流的主要方式。

四、文　献

文献(literature，document)，是指记录了人类知识的一切载体，即用文字、图形、符号、声频、视频等方式记录下来的知识统称为文献。人类在漫长的生产、科学和社会实践中逐步认识客观世界，从而产生了大量有用的知识，为了把积累起来的知识传播下去，人们就把这些知识或信息用一定的符号、文字、图像记录在一定载体上，如古代把知识记录在龟甲兽骨上，称为甲骨文，我国春秋时期记录在竹木棉帛、金石泥陶上，造纸术发明后，记录在纸上，随着科技的发展，胶卷、胶片、磁带、磁盘、光盘等都成为载体。在文献的定义，包含着四重含义：知识是文献的实质内容，载体是文献的外在形式，符号、文字、声音是人体感觉信息的媒介，记录是把知识存附在载体上形成文献的手段。

文献的基本功能有存储知识信息、传递知识信息、教育和娱乐功能等。文献记录了人类历史长河中科学技术发展和人类活动所达到的成就和水平，凝结着人类的辛勤劳动和智慧，积累着各种对后人有用的事实、数据、理论、方法，记载着前人成功的经验和失败的教训，反映了各个时代各种社会环境下科学和人类社会进步所达到的水平状况，能够使人类继往开来，不断推陈出新。

长期以来，人们习惯于从文献中获取知识和信息，文献已经成为一种重要的情报源。我们把记录有关医学知识的一切载体称为医学文献。千百年来，人们把与疾病作斗争的经验和医学研究成果以文献的形式记录下来，逐渐汇集成浩如烟海的医学文献，成为今天人们防病治病和从事医学科学研究的重要信息资源。医学文献的意义：①是把医学研究成果撰写成的论文；②经过发表的论文可被确认它在科研中的地位；③是衡量本学科学术水平及进展的标志；④是医学科技信息传播的方式。查阅医学文献对促进教学、医疗、科研起着十分重要的作用，有利于推动医学不断向前发展。

五、信息、知识、情报、文献的相互关系

文献与信息、知识、情报之间有着极为密切的关系，信息、知识、情报必须固定在一定的物质载体上，形成文献后才能进行传递，才能被人们所利用，文献是信息、知识、情报存储、传递、利用的重要方式。信息可以成为情报，但是一般要经过选择、综合、研究、分析等加工过程，也就是要经过去粗取精、去伪存真、由此及彼、由表及里的提炼过程；信息是知识的重要组成部分，但不是全部，只有系统化、理论化的信息才能称作知识；情报是知识或信息经传递并起作用的部分，既运用一定的形式，传递给特定用户，在一定的时间内产生效用的知识或信息。可见，文献因载有知识和信息才有其存在的价值和意义，而知识和信息因附着于文献这一主要载体之上，才得以超越时空地保存和传递。人类社会利用文献或文献进行交流，实质上是利用和交流文献中记录的信息和知识。

第四节　信息资源的分类

对事物进行分类，是人们认识事物的一种基本方法，人们要开发利用信息资源，就必须首先了解信息资源的类型，信息资源的分类标准是多种多样的，首先，按信息资源的存在状态可将其分为潜在的信息资源和现实的信息资源两大类。潜在的信息资源是指个人在学习、认识和实践过程中存储在大脑中的信息资源。显然，现实信息资源是我们当前研究、开发、利用的重点。现实的信息资

源依据其载体可分为体载信息资源、文献信息资源、实物信息资源和网络信息资源。

一、体载信息资源

体载信息资源指以人体为载体并能为他人识别的信息资源，按其表达方式又可分为口语信息资源和体语信息资源。口语信息资源是人类以口头语言表达出来但未被记录下来的信息资源，如谈话、授课、讲演、讨论等；体语信息资源是以人的体态表达出来的信息资源，如表情、手势、姿态、舞蹈等。

二、文献信息资源

文献信息资源是以文献为载体的信息资源。它可按文献信息资源的载体形式进行划分、按信息资源出版类型进行划分和按信息资源内容加工层次进行划分。

(一)按文献信息资源载体形式进行划分

1. 书写型信息资源 一般以纸张或竹简为载体，用人工抄写而成，如古代甲骨文、手稿、书法作品、医生写的病案记录、原始记录和档案等。这类文献一般具有一定的保存价值。

2. 印刷型信息资源 印刷型信息资源是一种传统的、常见的信息资源，指通过油印、铅印、胶印等各种印刷手段将信息记录在纸张上的信息资源。其特点是使用方便、易于携带和阅读，但体积大，不易整理和保存。

3. 缩微型信息资源 缩微型信息资源包括缩微胶卷和缩微平片，是指通过利用光学技术将信息记录在感光材料上的信息资源。其特点是体积小、易保存、存储密度高、但是它的使用需要专门的设备和环境。

4. 声像型信息资源 声像型信息资源包括唱片、录音带、录像带、电影和幻灯片等，是指通过专门的设备，使用声、光、磁、电技术将信息以声音、图像等形式记录下来的信息资源。其特点是直观形象，但需要专门的设备。

5. 电子型信息资源 电子型信息资源是指通过编码技术将信息转换为计算机可识别的语言，并将信息记录在磁带、磁盘、光盘上的信息资源。它需要用计算机才能读取信息，具有存储容量大、存取速度快、体积小、可共享的特点，但是它的价格较高、保存条件较高。电子型信息资源主要是指电子图书、电子期刊、电子会议录等，如果这些电子型信息资源能够在互联网或局域网内检索，那么它们就被视做网络信息资源。

(二)按信息资源出版类型划分

1. 图书(book) 是现代印刷出版物最常见的一种类型，有封面、书名、作者、出版地、出版者，并装订成册，其内容成熟而广泛，系统地论述一个专题，是学习和掌握一门学科知识的最基本资料。它一般指单本刊行的、篇幅(封面除外)不少于 49 页的非定期出版物。它与期刊等连续出版物不同的是其出版周期较长，报道知识的新颖性不强。

按其性质可分为阅读性图书(reading book)和参考工具书(reference book)。阅读性图书包括专著、教科书、论文集、科普读物、技术图书等，它所提供的是系统、完整、总结性的知识信息。参考工具书包括百科全书、词典、年鉴、手册、指南、图册等，它所提供的是各种经过验证和浓缩的、离散性的信息。

图书的特征：国际标准书号——ISBN(International Standard Book Number)，13 位数，分为 5 段：国际商标码-地域号-出版社-书号码-计算机效验码，如：978-7-8110-153-9。

2. 期刊(periodical) 又称杂志，是一种定期或不定期的连续出版物(series publication)，有固定的刊名和出版形式，有年、卷、期号。每期发表多个作者的多篇文章，作者众多，内容不重复。期刊具有内容专深新颖、出版周期短、刊载论文速度快、品种多、信息量大、涉及面广、连续性强等特点，能及时反映科技水平、科研动态，是科技情报的主要来源，反映的多数是最新的科技成果，是科技人员获取最新科技信息而经常使用的一种重要的文献类型。

最早的期刊是1665年法国的《学者杂志》(*Le Journal des Scavans*)和英国的《皇家学会哲学汇刊》(*Philosophial Transactions of the Royal Society*)。期刊按内容和用途，可分为理论性或学术性期刊、技术性期刊、宣传报道性期刊、知识普及性期刊、资料与检索性期刊、综述性期刊等；按出版规律可分为定期和不定期两种，定期期刊有周刊、半月刊、月刊、双月刊、季刊、半年刊等；在图书馆按收藏时间分为现刊和过刊。

正式出版的期刊都标有国际标准连续出版物号码(International Standard Serial Number，ISSN)。国际标准刊号ISSN(International Series Standard Number)，共8位数，分为两段，前7位数字为刊名代号，最后一位为计算机校验码。例如：大学图书馆学报 1002-1027。ISSN同样具有专指性和唯一性，可用于期刊的订购、索取、流通、馆际互借等，也可作某些检索系统的检索标识，指定查询某种期刊中刊载的文献。期刊用卷(volume，Vol.)和期(number，No.或 Issue)作连续出版的标识。对一定期限内(通常为一年)出版的期刊划分为一卷或几卷，每卷再分为若干期。通常卷号自创刊开始累积，期号在一卷内连续计数。期刊种类多，包括：

(1)杂志(journa1)：期刊通常称为杂志，有专业性、商业性、综合性的杂志，医学各学科的杂志属于医学专业杂志，如《中华医学杂志》。

(2)学报(acta)：是水平较高的科学杂志，由专业学会或高等院校出版，主要刊登学科的原始学术论文。

(3)通报(bulletin)：是综合报道性期刊，主要报道各学科的现状。

(4)综述或述评(review)：是对某一专题进行综合概括、深入评论叙述，如《生理科学进展》。

(5)文摘(abstracts)：是用文摘形式报道的期刊，如《中国医学文摘》《中国药学文摘》。

(6)索引(index)：是以题录形式报道的期刊，如美国《医学索引》(*Index Medicus*，简称IM)。

核心期刊，指的是刊载与某一学科(或专业)有关的信息较多，且水平较高，能够反映该学科最新成果和前沿动态，受到该专业读者特别关心的那些期刊。研究表明文献被引用的情况，大量引文的论文，出自少数期刊，而其余少数引文则分散在大量的刊物上，根据这一规律，可以运用统计的方法，分别找出大量集中某学科一次文献的期刊，大量集中该学科二次文献的期刊和该学科被反复引用的期刊。然后加以分析比较，最终确认该学科的核心期刊。

3. 资料(material) 资料为非书非刊的文献，又称特种文献，包括专利文献、会议文献、科技报告、学位论文、技术标准、技术档案、产品说明书、产品标准、产品目录、政府出版物等。资料的特点是数量庞大、种类繁多、内容广泛，有时在某种特殊需求下只能利用资料才能获取所需要的信息。举例如下。

(1)科技报告：科技报告是科学研究工作中最终研究成果报告或阶段性研究成果报告。其内容大多涉及某学科前沿技术或高新科技领域的最新研究课题，内容详尽系统，一般包括研究过程的原始记录、事实数据、研究方案的选择比较以及成功的经验或失败的原因分析等。每份报告自成一册，发表及时，有较为规范的陈述格式和统一编号以及来源机构名称等。由于技术保密，使其发行范围和数量受到一定的限制。

国际上著名的科技报告是美国政府的四大报告，即政府部门的PB报告、军事系统的AD

报告、国家航空与宇航局的NASA报告和能源部的DOE报告。

我国的科技报告是国家科技部出版的《科学技术研究成果报告》，分为“内部”“秘密”“绝密”3个保密级别，代表了我国科学技术发展的最高水平。

(2)会议文献：会议文献指在国际、国内学术性或专业性会议上发表的论文和报告。众多学科的新理论、新技术，大多利用科技会议论文形式首次公布。它往往代表某一领域最新研究成果，学术性较强，能反映世界科技发展水平和趋势。

会议文献分为会前文献和会后文献。会前文献包括会议日程预告、会议论文预印本和论文文摘等，会后文献包括会议论文集、会议专刊等。会议文献的著录有其自身特点，如会议名称、会议时间、会议地点、主办单位等。

(3)专利文献：专利文献源于专利制度，是指各国专利局及国际性专利组织的正式出版物，如专利申请说明书、专利说明书、专利公报、专利分类表以及专利文献检索工具等。专利文献是公开通报新发明创造、促进技术发明迅速传播的媒介。它记录了人类的发明创造，是对技术发明进行科学审查和实施法律保护的依据。据估计，世界上90%～95%的新技术发明成果首次在专利文献中公布，而在其他类型文献中首次公布的只有 5%～10%。因此，专利文献对应用型科学研究工作者来说是非常重要的信息源。

(4)学位论文：学位论文是为取得博士、硕士、学士学位而撰写的学术性研究论文。学位论文大体分为两种类型，一是调研综述性论文，著者根据大量的信息和数据进行科学分析研究，对某一问题作出有见解的概括性总结；二是理论研究和探讨性论文，著者在原有论点的基础上根据自己研究的结果，提出新论点和对新问题的探讨。学位论文的质量差别很大，但一般都具有一定的深度和独特的见解。

(5)标准文献：标准文献是经过公认的权威机构批准的标准化工作成果，是对产品和工程项目的质量、工艺规范、测试计量方法等方面的技术规定，具有法律约束作用。标准文献反映社会与技术进步以及人类对自然界控制的水平。它是了解各国技术经济政策、技术发展和管理水平的重要参考资料，所包含的技术信息适于直接应用。

(6)政府出版物：政府出版物是指各国政府部门及所属专门机构发表和出版的文件，它集中反映了政府各部门对有关工作的观点、法令、方针政策等，通常分为行政性文件和科技文献两大类。政府出版物对了解一个国家科学技术和经济政策及其演变情况，具有一定的参考价值。

(7)产品样本：产品样本是企业为推销产品而印发的商业性技术宣传品，它包括产品说明书、产品目录、厂商企业介绍、贸易刊物、产品数据手册等。这类文献内容大多以介绍产品的性能规格、构造原理、用途、使用方法及规程为主体。其特点是技术成熟可靠、出版迅速、图文并茂、直观性强。由于产品的更新换代，使产品样本有效期变短；由于商业宣传成分增多，使其科技信息含量下降。尽管如此，它仍然是工程技术人员的主要参考资料，也是引进国外技术和产品的重要依据。

(8)技术档案：技术档案是企事业单位在科研生产活动中形成并经过特殊整理而转化的具有保存价值的技术文件。它是科研生产工作中积累经验、提高质量的重要依据，具有重要的信息价值。

以上类型的出版物，是科技人员获取信息的主要信息源。除此之外，还有报纸、新闻稿件、科技译文、手稿、地图、科教影片等，它们都有一些特殊的信息价值。

(三)按加工层次划分

1. 一次信息资源 一次信息的载体形式称为一次信息资源，也称原始文献。它是以作者本人的科研工作成果为依据而创作的原始文献，如期刊论文、科技报告、会议论文、专利文献、学位论文、个人专著(某某著书，而某某编的书不是一次文献而是三次文献)等，它具有新颖性、创造性和系统性等特征，参考和使用的价值较高。

2. 二次信息资源 浓缩二次信息的载体形式称为二次信息资源，是查找一次信息资源的工具。它是将分散的、无序的一次信息资源进行加工整理，使之成为系统有序的信息资源。二次信息资源具有浓缩性、汇集性、有序性等特点，它的作用不仅在于报道信息的内容，更重要的是可以提供原一次信息资源的线索。如书目(marc 数据)、题录、文摘、索引等。

3. 三次信息资源 三次信息的载体形式称为三次信息资源，它是指对一次信息资源进行综合分析、研究和评述而编写出来的成果。如手册、百科全书、年鉴以及其他综述和评论性文章等。三次信息资源源于一次信息资源，又高于一次信息，是一种再创性文献。

它可分为两大类：一类是综述、述评等，如各种综述、动态、进展报告；另一类是参考性工具书，如百科全书、年鉴、手册、词典、文献指南等

4. 零次信息资源 零次信息的载体形式称为零次信息资源。它是指未经正式出版发行的最原始的记录，如书信、手稿、笔记、实验记录等。其主要特点是内容新颖，具有原始性，但不成熟，分散，难于检索。如书信、手稿、笔记、记录等。也有人认为是科技人员口头交谈及直接作用于人的感觉器官的非文献知识，如操作技能、诊疗经验等。也可以说，零次文献是以文献所有者本身为载体的未公布于世的科技知识。

以上四级信息资源的关系是，零次信息资源是一次信息资源的素材；一次信息资源是二次、三次信息资源的来源和基础；二次、三次信息资源是对一次信息资源进行组织、加工、综合后形成的，它们编写的目的明确，专指性强。

三、实物信息资源

实物信息资源是指以实物为载体的信息资源。依据实物的人工与天然特性又可将实物信息资源分为以自然物质为载体的天然实物信息资源和以人工实物为载体的人工实物信息资源(如产品、样品、样机、模型、雕塑等)。

四、网络信息资源

网络信息资源是指从计算机、通信技术、多媒体技术相互融合而形成的网络上可查找到的资源。网上可利用的信息资源是多种多样的，从网络信息管理和利用的角度出发，人们对已存在于网络中的信息资源进行了类型化和系统化研究，不同的角度有不同的分类形式，按信息表现形式分有电子出版物和非电子出版物信息资源；按信息的媒体形式分本为文本信息资源、超文本信息资源、多媒体信息资源和超媒体信息资源。

第五节 信息资源检索原理和检索语言

一、信息资源检索的基本原理

(一)信息检索的概念

信息检索(information retrieval)是把大量文献信息按照一定的方式组织和储存起来，并根据检索课题的需求查找出有关文献信息的过程。信息检索包括信息存储(storage)和信息查找

(search) 两个过程。但对于用户而言，通常所说的信息检索则仅指此过程的后半部分，即信息查找过程。

信息检索根据检索对象不同，包括文献检索 (document retrieval)、事实检索 (fact retrieval) 和数据检索 (data retrieval) 等。通常所说的信息检索主要是指文献检索而言。文献检索是一种相关性检索，而事实检索和数据检索则是一种确定性检索。但是，它们之间在原理、方法和实践方面没有本质的区别。可见文献检索这个用语随着社会信息化进程的加快，其内涵也更为丰富和广泛。

信息检索按其检索结果可分为书目检索和全文检索等；按其检索标识可分为分类检索、主题检索、著者检索等；按其检索手段又可分为手工检索和计算机检索。计算机检索以其检索速度快、检索途径多和检索手段灵活等诸多手工检索无可比拟的优越性，现已成为文献检索的主要方式。但是，了解信息检索的基本原理、检索语言、索引方法和信息资源方面的知识是掌握计算机检索的必要基础。

(二) 信息检索的基本原理

信息检索包括信息的存储和查找两个过程，它们有着密不可分的关系，互为依存，只有两者相辅相成才能发挥出各自作用，而它们的实现要有赖于检索工具 (系统) 的存在。因此，信息检索的基本原理就是围绕在检索工具的形成和利用过程中使文献信息的存储与查找所采用的特征标识达到一致 (图 1-2)。

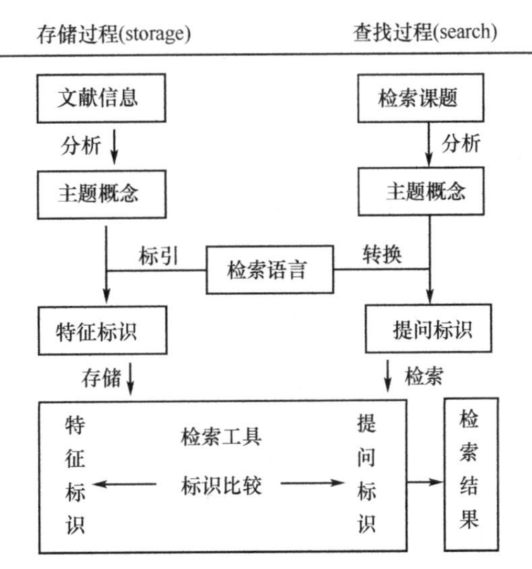

图 1-2 信息检索基本原理示意图

从上图可见，在信息存储过程中，首先要对纳入检索工具中的原始文献信息进行主题分析，找出若干个能代表文献信息的主要概念，并用文献检索语言对其加以标引，形成文献特征标识 (如分类号、著者姓名、主题词等)；然后将有关的文献特征标识著录下来，形成一条文献条目 (记录)；最后将所有的文献条目 (记录) 再按一定的规则排序，从而形成了具有检索功能的检索工具。

在信息查找过程中，首先要对所检课题进行主题分析，使之形成若干个能代表课题需要的主题概念；然后把这些主题概念转换成文献存储过程中所使用的检索语言，形成检索提问标识；最后利用这些检索提问标识到检索工具中去查找相关的文献。

由此可知，信息检索基本原理的核心就是将检索提问标识与存储在检索工具中的文献特征标识进行相符性比较，如果文献特征标识与检索提问标识相一致，或者前者包含了后者，或者符合某些检索规则，那么，具有这些文献特征标识的文献就从检索工具中显示出来，它与检索课题所需要文献基本相符，最后通过一定的方式去获取原文。

二、信息检索语言

检索语言 (retrieval language) 又称为标引语言或索引语言，是在文献检索领域内用来描述文献特征和表达检索提问的一种专用语言，即根据检索需要而创建的统一文献标引用语和检索用语的一种语言。

(一)信息检索语言的作用

检索语言是文献信息检索的重要组成部分，检索效率的高低，在很大程度上取决于所采用的检索语言的质量以及对它的使用是否正确。因此，检索者有必要学习其中的主要规则、基本原理，减少漏检或误检，提高检索效率。

检索语言是信息检索系统存储与检索共同遵循的一种专用语言，既是汇集、组织、存储文献的标准，也是检索提问时所利用的手段。它规范了文献标引人员和检索人员都要用相同的语言来表达同一主题概念内容，即排除了自然语言中不适合于检索的部分，从而使信息存储和查找两者之间所依据的规则保持一致性，这样才能使文献信息存得进，又取得出，实现了信息检索的全过程。否则，信息检索也就不可能顺利实现，甚至根本不能实现。可见，检索语言是文献标引人员和检索人员之间进行思想交流的媒介，也是人与检索系统之间交流的桥梁，在文献信息检索过程中起着语言保障的作用。其特点表现在：对文献的各种特征加以标引；对文献内容相同及相关的信息加以集中或揭示其相关性；对大量文献信息加以系统化或组织化，形成各种标识系统或索引系统；便于将标引用语和检索用语进行相符性比较。

为了将文献中的和人们日常使用的自然语言转换成检索时使用的检索语言，并用一定的文字形式予以固定和表达，需要建立检索词典(retrieval thesaurus)。检索词典是文献标引用语和检索用语的语源和依据性文本。它是对各学科中的名词术语、概念、代码、分类号等进行规范化的记录，起着对检索语言规范控制作用。最常见的检索词典是各种分类表和主题词表。

(二)信息检索语言的类型

信息检索语言的种类很多，但任何一种检索语言，都是表达一系列概括文献信息内容的概念及其相互关系的概念标识系统，它们可用于对文献信息的内容进行主题标引、逻辑分类或特定信息的揭示与描述。因此，构成各种检索语言的基本原理是一致的，只是在表达各种概念及其相互关系时所采用的方法不同，才形成不同类型的检索语言，构成不同的索引或标识系统，从而提供不同的检索途经。

检索语言一般性分类可分为：①规范化语言(或受控语言)，是指对文献检索用语的概念加以人工控制和规范，把同义词、同音词、多义词、近义词、同形异义词等进行规范化处理的语言，使每个检索词只能表达一个概念，以便准确检索，防止误检、漏检。如美国《医学索引》(IM)的医学主题词表(Medica1 Subject Heading，简称 MeSH)和我国的《中医药主题词表》都是规范化的检索语言。如俗称“中风”的规范化语言是“脑血管障碍”；“癌”的规范化语言是“肿瘤”。②非规范化语言(或自然语言)，对检索不进行规范化处理，而用反映文献实质性内容的词作检索词，如关键词。

检索语言按照所描述的文献信息特征可分为文献外表特征检索语言和文献内部特征检索语言两种类型(图 1-3)。

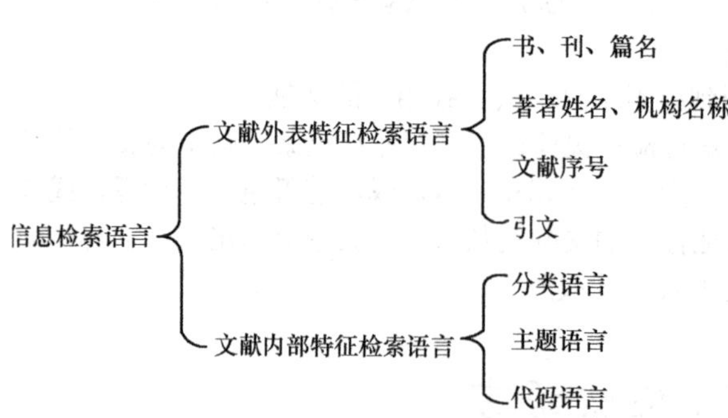

图 1-3 信息检索语言的主要类型

1. 文献外表特征检索语言 这种检索语言是依据文献外表特征作为文献的存储标识和文献检索提问的出发点而设计的索引语言(系统)。常见的有：①以文献上记载的书名、刊名、篇

名等作为检索标识的文献名称索引系统，如书刊目录等。②以文献中署名的著者、译者、编者等姓名或团体机构名称作为检索标识的著者索引系统，如著者索引等。③以文献特有的序号作为检索标识的文献序号索引系统，如专利号索引、科技报告号索引等。④以文献所附的参考文献或引用文献的外表特征作为检索标识的引文索引系统，如引文索引等。

2. 文献内容特征检索语言 这种检索语言主要有分类检索语言、主题检索语言和代码检索语言3种。

分类检索语言是把各种概念按学科性质进行分类和系统排列的一种语言体系。它能集中体现学科的系统性，反映出各概念之间的隶属、并列关系，是一种等级分明的语言。分类语言一般是用分类号(数字或数字与字母组合)或类名作为检索标识来表达各种概念，提供从学科专业角度查找文献信息的途径。

主题检索语言是用语词作为检索标识来表达各种概念的一种标识系统。主题检索语言能将分散在不同学科的相同主题内容的文献信息相对地集中在一起，具有专指性和直接性的特点。根据其表达概念的不同形式又分为关键词语言、叙词语言、标题语言和单元词语言，其中应用较多的是关键词语言和叙词语言。

关键词(keyword)是指能代表文献主题内容实质的、未经或略经规范化处理的词汇(属于自然语言的范畴)。它在检索工具中常以“关键词索引”(keyword index)作为索引标识系统。关键词语言易于掌握，灵活性强，查检方便，尤其适用于计算机检索以及某些最新出现的专业术语的查找。但其未经规范化处理，用词不统一，因而有时会出现同一主题内容的文献由于使用不同的关键词而被分散，容易造成漏检，影响查全率。

叙词(descriptor)亦称主题词(subject headings)，是指能代表文献主题内容实质的、经过严格规范化处理的专业名词术语。它在检索工具中常以“主题索引”(subject index)作为索引标识系统。主题词语言的主要特点有：①它对一个主题概念的同义词、近义词等适当归并，以保证语词与概念的唯一对应，避免多次检索。②采用参照系统揭示非主题词与主题词之间的等同关系以及某些主题词之间的相互关系，以便正确选用检索词。③根据主题词之间的隶属关系，可编制主题词分类索引，从而选择更专指的主题词。④同一篇文献的每个主题词都可以作为检索词，从而提供多个检索入口点，便于查找。基于主题词特点，则需要构建一部供标引和检索使用的主题词表，以保证对主题词语言的正确使用。

代码检索语言是对文献所论述事物的某一方面特征，用某种代码系统加以标引和排列的一种检索语言，如美国《化学文摘》的化学物质分子式索引系统。

(三)文献分类法

文献分类法是根据文献知识内容所属的学科性质，分门别类地、系统地揭示和组织文献的一种方法。文献分类法包括等级体系分类法和分面组配分类法两种基本形式，应用较多的是前者。它是一种直接体现知识分类的等级制概念标识系统，其主要作用是为了满足人们按学科知识体系检索文献的要求。图书馆通常都采用文献分类法来编制分类目录和组织馆藏文献的分类排架。常用的分类法有如下几种。

1. 《中国图书馆分类法》 简称《中图法》，是我国使用最广泛的一种等级体系分类法。它不仅应用于各种类型图书馆的藏书排架和组织目录体系，绝大多数的文献检索工具(系统)也是按《中图法》的分类体系编制和提供服务的。

《中图法》分为5大部类、22个基本大类(表1-1)。每一级类目都是由分类号(字母和数字相结合的混合制编号)和相对应的类目名称组成的。该分类号是用字母代表基本大类；在字母后用数字表示大类划分出的各级下位类目；号码的位数代表相应类目的分类等级。当一个分类号的数字超过三位时，加上小圆点“.”便于区分。此外，为了提高类目的专指性，在主分类号后面附加一个复分号作为文献共性区分的标识。以上基本构成了《中图

法》的分类体系。

表1-1 《中图法》基本大类（一级类目）

A	马克思主义、列宁主义、毛泽东思想、邓小平理论	N	自然科学总论
B	哲学、宗教	O	数理科学和化学
C	社会科学总论	P	天文学、地球科学
D	政治、法律	Q	生物科学
E	军事	R	医药、卫生
F	经济	S	农业、林业科学
G	文化、科学、教育、体育	T	工业技术
H	语言、文字	U	交通运输
I	文学	V	航空、航天
J	艺术	X	环境科学
K	历史、地理	Z	综合性图书

在“R 医药、卫生”这个一级类目下又分出 17 个二级类目。类目根据概念之间的隶属关系，可以逐级展开，划分出更专指、更具体的类目(图 1-4)。

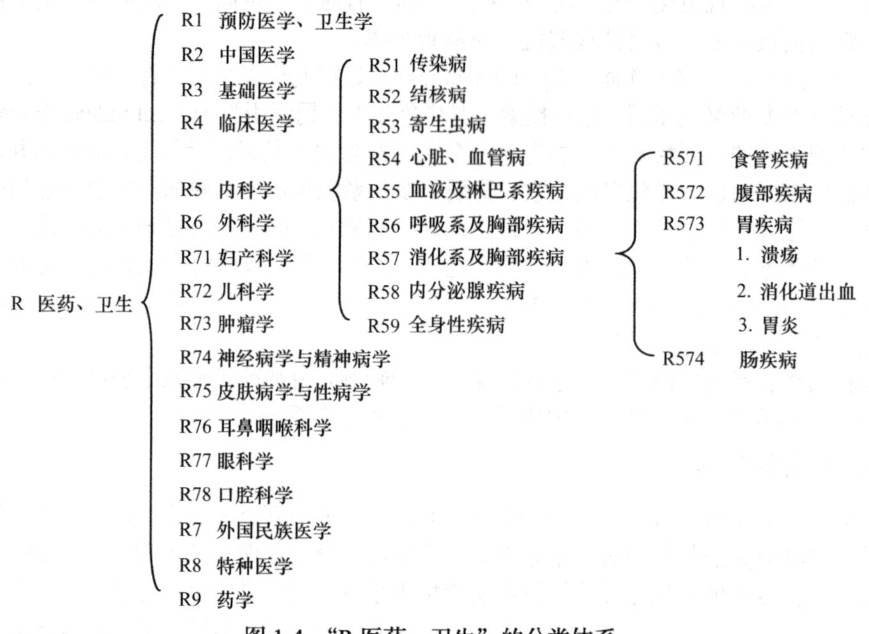

图 1-4 “R 医药、卫生”的分类体系

2. 医学主题词表 医学主题词表是对医学主题检索语言进行标引和检索的语源和依据性文本。它把医学及其相关学科领域中的名词术语、主题概念等进行规范化的记录，起着对主题检索语言规范化控制作用。因此，了解医学主题词表的结构，掌握其使用方法，是进行医学文献检索的基础。最常用的医学主题词表是美国国立医学图书馆(National Library of Medicine，NLM)编制的《医学主题词》(Medical Subject Headings，MeSH)，简称为 MeSH 表。

MeSH 表是对医学文献进行标引和检索的权威性主题语言控制工具。国内外著名的医学文献检索工具(系统)，如 IM、MEDLARS、CBMdisc 等都采用该词表作为主题词标引和检索的语源依据。

第六节 信息资源的检索

一、信息资源检索概念

信息资源检索是从信息资源集合中找出所需信息内容的过程。从广义上讲，信息资源检索包括两个过程：一是信息资源的存储(Information Storage)，所谓存储是对有关信息进行选择，并对信息特征进行著录、标引和组织，建立信息数据库的过程；二是信息资源的检索(Information Retrieval)，所谓检索是根据检索提问制定检索策略，利用信息数据库查找信息资源的过程。从狭义上讲，信息资源检索仅指后一部分。信息资源的检索本质是一个匹配的过程，即信息用户的需求和一定的信息集合的比较和选择的过程。换言之，也就是用户根据自己的需求提出的主题概念或提问表达式与一定的信息资源系统的检索语言相适应的过程，如果两者相匹配，则所需信息就被检中，否则检索失败。

二、信息资源检索的类型

信息资源检索按不同的标准可以划分为不同的类型，下面介绍两种比较普遍的划分方法。

(一)按信息资源检索结果的内容划分

1. 信息检索 信息检索按照其信息系统、内容及结果可分为以下两种类型。

(1)信息线索检索：利用书目、文摘和书目型数据库等检索系统，检索的结果只是提供了信息线索。

(2)信息全文检索：这种检索以查找到信息全文为目的，检索的结果是找到全文信息。

2. 数据检索 数据检索是指从检索系统存储的数据中查出用户所需数据的检索，如科技数据、金融数据、人口统计数据等。

3. 事实检索 事实检索是指对特定的事件或事实的检索，包括事物的性质、定义、原理及发生的地点、时间、前因后果等。

(二)按信息资源检索技术划分

1. 全文文本检索 全文文本检索也称全文数据库检索，它通过计算机将文件的全貌，包括文字、图形和图像等信息转换成计算机可读形式，直接采用自然语言来设置检索入口，检索时以文中任意信息单元作为检索点，计算机自动进行高速比照，完成检索过程。

2. 多媒体检索 多媒体检索是指能够支持两种以上媒体的数据库检索。多媒体数据库存储以及数据库检索技术对同时存在文字、图形、图像、动画、声音等媒体的数据进行统一的存取与管理成为可能，检索时不仅能够浏览对象的文字描述，而且能够做到听其声、观其形。

3. 超文本检索 超文本检索是指超文本(hypertext)的内容排列是非线性的，它按知识(信息)单元及其关系建立起知识结构网络，如具有图形的信息又称超媒体(hypermedia)，超文本(媒体)的检索是通过超文本(媒体)链接(hyperlink)来实现的。其形式有的在网页的文字处有下划线，或以图标方式标志，用户点击这些标志便能进入与此信息相关的下一页，在该页面上通过超文本链接进入再一个页面，超文本起信息导向作用。这样，用户在从一个页面转向另一个页面的过程中就可以获取自己所需要的信息了。

4. 网络信息资源检索 网络信息资源检索是一种集合各种新型检索技术于一体，能够对各种类型、各种媒体的信息进行跨时间、跨地理检索的大系统。网络信息资源的组织管理需要诸多的信息技术支持，其中以 WWW(World Wide Web)全球浏览技术最具优越性和可用性，它使用 WWW 浏览器在 Windows 界面下交互作业，能给用户揭示到一篇篇文章的信息，具有很强的直观性。Web 文献数据库检索系统是在大量采用超文本的基础上将命令检索、选单检索方式融入其中，交互使用，集所有的检索机制为一体，许多大型国际联机检索系统都在互联网上有自己的站点，为用户提供方便的检索服务。WWW 是一种集超文本技术，多媒体技术和网络技术于一体的新型检索工具。与传统信息检索方式相比较，它具有深入、实时、快速、跨时空共享和多媒体应用等优点。

三、信息资源检索系统及数据库

(一)信息资源检索系统

信息资源检索系统是用于报道、存储与查找信息的工具。计算机检索系统中往往包含有若干数据库，每个库对应一种工具，它们相当于若干个可用于独立检索的工具。检索系统应包括以下两个主要的方面。

1. 信息的标引和存储过程 对大量无序的信息资源进行标引处理，使之有序化，并按科学的方法存储，组成检索工具或检索文档，即组织检索系统的过程。

2. 信息的需求分析和检索过程 分析用户的信息需求，利用已组织好的检索系统所提供的方法与途径检索有关信息，即检索系统的应用过程。

检索系统的实质是将描述特定用户所需信息的提问特征与信息存储的检索标识进行异同比较，从中找出与提问特征一致或基本一致的信息。提问特征是对信息的需求进行分析，从中选择出能代表信息需求的主题词、分类号或其他符号。

(二)数据库

一个计算机检索系统由数据库及所有支持检索实施所需的软、硬件构成，数据库是检索系统的核心部分。

1. 数据库的定义 根据 ISO/DIS 5127 号标准，数据库(Database)的定义为：至少由一种文档组成，并能满足某一特定目的或某一特定数据处理系统需要的一种数据集合。通俗地说，数据库就是在计算机存储设备上按一定方式存储的相互关联的数据集合。数据库是计算机技术与情报检索技术相结合的产物，是重要的信息资源管理工具。

2. 信息数据库的结构 数据库的结构主要由文档、记录、字段三个层次构成。

(1)文档(file)的概念有两种含义，其一是指大型检索系统中的子数据库，它是根据数据库所属的学科范围和时间年限而定。其二是指构成数据库内容的基本形式。后者按其结构编排和功能的不同，可分为顺排文档和倒排文档。通常每个数据库都存有一个顺排文档和若干个倒排文档。

顺排文档(sequential file)是若干个记录构成的信息集合。在书目型数据库中，它以文献记录作为信息存储单元，按记录入藏的顺序号从小到大排列，相当于印刷型检索工具的正文部分。顺排文档是数据库的主体，亦称主文档，检索结果的信息都来自于此。倒排文档(inverted file)

是将顺排文档中所有记录的各种文献特征标识作为信息存储单元，按其字顺排列，并在每一个特征标识后注明相应的文献记录顺序号。不同的文献特征标识的组合就构成了不同类型的倒排文档，如著者倒排文档、主题词倒排文档等，它们相当于印刷型检索工具的辅助索引部分，亦称辅助文档。检索时，计算机将输入的检索提问词先在指定的倒排文档中找到相匹配的标识词，然后根据该标识词后的记录顺序号到顺排文档中调出相关的记录。可见，倒排文档的作用是供计算机直接检索使用。

(2) 记录 (record) 是构成数据库的一个完整的信息单元，由若干个字段构成。每条记录都描述了与原始文献信息有关的各种特征 (字段)，这些特征为判定检索结果是否符合检索需要提供了依据。书目型数据库中的一条记录代表一篇完整的文献；其他类型数据库中的记录则是某种信息单元，如一组理化指数、一种治疗方案等。

(3) 字段 (field) 是构成记录的基本信息单元 (数据项)，是对原始信息的具体属性进行描述的结果。书目型数据库中的字段是描述文献内外特征的各项标识内容，如标题、著者、文摘、主题词、语种等。每个字段都有各自的字段标识符 (field tag)，以供识别其所表达的文献特征，如标题字段的标识符为 TI、著者字段为 AU 等。另外在有些数据库中，某些字段是复合字段，如来源字段有期刊名、年、卷、期、页码等。

3. 数据库类型　数据库的内容和形式非常丰富，几乎是包罗万象。用户必须了解数据库的类型，以便根据不同的检索要求选择合适的数据库。对于数据库类型的划分，国内外划分方法各异，现根据数据库所含的信息内容划分如下几种。

(1) 文献型数据库 (Document Database)：文献型数据库的存储信息内容为各种文献资料。早期的文献型数据库主要存储二次文献 (如文摘、题录等)，故又称为书目型数据库 (bibliographic database)，如 CBMDisc 和 MEDLINE 等数据库。这些数据库提供一些简单而基本的信息以及原始文献的线索，指引用户根据文献线索去索取原始文献。近年来，文献型数据库又出现了一种能存储文献全文或节选其中主要部分的数据库，即全文型数据库 (full text database)。如中国期刊全文数据库和 OVID 全文期刊库等。全文数据库有的有对应的印刷型文本，有的则是纯电子出版物。

(2) 事实型数据库 (Fact Database)：事实型数据库中存储的信息内容为非文献信息源方面的事实性信息。如人名录、机构指南，以及在医学领域中的名词术语、疾病的诊断方法、药物的用法和不良反应等。例如：美国 MEDLARS 中的 PDQ (Physician Data Query，医生咨询数据库)，为医生提供有关癌症的预防、相关病因、诊断标准、治疗方案以及最近研究进展等信息。电子版参考工具也属于事实型数据库。

(3) 数值型数据库 (Numeric Database)：数值型数据库主要提供一些能够直接使用的数值类信息，包括统计数据、实验数据、人体生理生化的各种数值、疾病发生和死亡数据、化学物质和药物的各种理化参数等。例如：美国生物技术信息中心 (NCBI) 的 GenBANK、美国疾病控制中心 (CDC) 的 Data and Statistics 等。

(4) 多媒体数据库 (Multimedia Database)：多媒体数据库是集文本、图像、视频、音频、动画等多媒体信息的结合体。

四、信息资源检索的方法和技术

(一) 信息资源的检索方法

1. 直接检索　指通过直接浏览或阅读原始文献获取所需信息的方法。通过它可以直接查找一次信息资源和三次信息资源。

2. 间接检索 指借助检索工具或检索系统查得文献线索再获取原始文献的方法称为间接检索。它是文献检索常用的检索方法，可分为：追溯法、常规法和综合法三种，下面间接检索的几种方法进行重点介绍。

(1)追溯法：又称引文法，是利用已知信息文献后所附的参考文献追溯查找相关信息文献的方法。包括三种情况：

1)利用原始文献所附的参考文献进行追溯。一般利用与研究课题相关的综述或专著，因为其后所附的参考文献实际上相当于一个专题索引，以此为起点进行追溯，可以得到不少针对性较强的文献。

其优点：弥补检索工具的不足；寻求新的检索点。其缺点：得到的文献比现有文献老。

2)利用引文检索工具进行追溯。利用引文索引进行追溯，先知道一篇有关文献的作者姓名，利用引文索引可以查到一批引用者的姓名和引用文献来源，再以此为起点进行循环追溯，可以查到许多相互引用的作者和文献(图 1-5)。

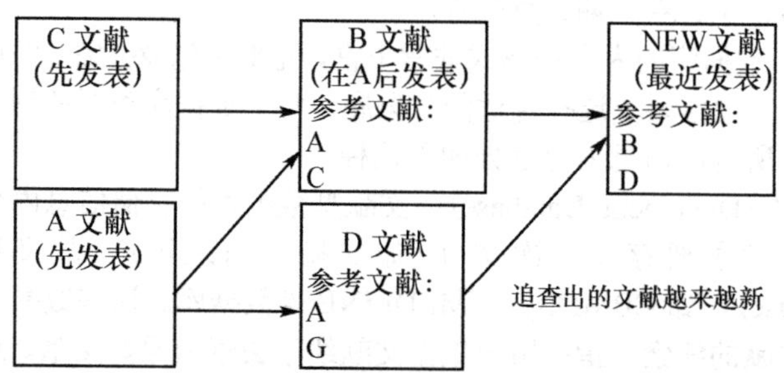

图 1-5 利用引文检索工具追溯检索示意图

其优点：追查出的文献越来越新；可检索出交叉学科、边缘学科的文献。其缺点：由于引文的随意性、模糊性，降低了引文索引的使用价值。另外轮排主题索引因直接采用未经规范的关键词轮流排列而成，影响了检索的准确性。

3)利用各种中外文检索工具相互追溯。在检索文献的过程中时常会遇中文库相关文献很多而外文库几乎没有，或是外文库中有很多(甚至有我国科技工作者)而中文库中相关文献为零的现象，这时我们不能简单地判定这项技术的发明与应用只限与检出文献的地域。而要根据文献进一步分析各种可能出现的情况，更全面地寻找相关文献。

(2)常规法：又称常用法或工具法，是指利用检索工具来查找文献的方法。这是一种常用的科学检索方法。根据不同的课题要求，不同的环境(设备)条件，可以选择最适当的方案来实施检索，其内容包括检索课题的分析、检索策略的制定、检索技术的应用等方面。根据检索入手的时间不同，常规法可分为：

1)顺查法。从远至今逐年查找。写综述、述评、专著时，了解一项技术、方法等的产生、演变、发展情况时采用。该方法不易漏检，得到的文献系统，但工作量较大。

2)倒查法。从新推远逐年查找，确定新课题或解决某些关键性技术问题时多采用该方法。该方法目的性强，工作量相对较小。

3)抽查法。抓住学科发展迅速、文献发表较多的年代，抽出一段时间(几年或几十年)逐年集中检索。该方法目的性强，工作量相对较小，但对使用者要求较高。熟悉学科发展特点，熟悉学科文献集中分布登载的时间、范围时才能得到最佳效果。

一般来说，科技查新，回溯年限一般 10 年；新方法、新技术回溯年限可适当缩短；成熟

技术回溯期可延长，但一般不会超过 20 年。检索某些新方法、新技术文献时从近及远一直到文献渐少渐无为止；解决某个关键性问题，一直到问题解决为止。

(3)综合法：又称循环法或交替法，是把常规法和追溯法结合起来检索文献的方法。首先利用检索工具查找出一批质量较高的有用文献，然后利用文献后所附参考文献追溯查找相关文献。使用这种方法可以弥补因检索工具不全而造成的遗漏。

(二)计算机检索技术

计算机检索技术通常是指把检索词用检索系统规定或允许使用的符号(运算符)连接起来构成的检索提问式，并在特征标识系统中进行的匹配检索技术。检索系统中常用的检索技术有以下几种。

1. 布尔逻辑组配检索 布尔逻辑组配检索是在计算机检索系统中应用最为广泛的检索技术，用来表达检索词或检索式之间的逻辑运算关系。布尔逻辑组配检索主要有“逻辑与”“逻辑或”和“逻辑非”3 种，其符号分别为“and”“or”和“not”(有的数据库则用其他符号来表示)。它们的逻辑运算关系如图 1-6 所示(A 和 B 分别代表两个检索词，阴影部分表示命中文献)。

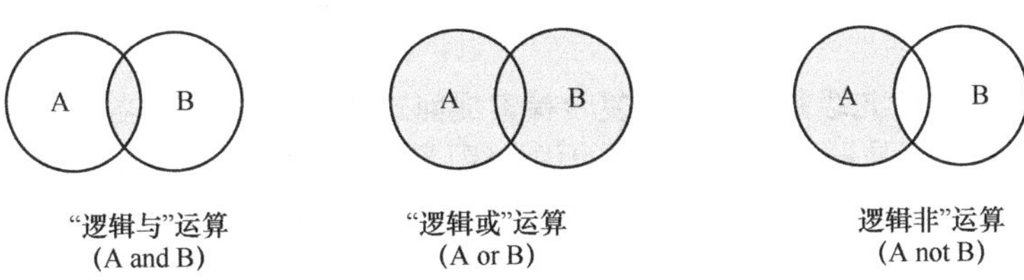

图 1-6 布尔逻辑运算示意图

(1)“逻辑与”：是概念之间具有交叉关系或限定关系的一种组配检索。它要求检索出的文献记录应同时含有检索词 A 和检索词 B。“逻辑与”的作用是缩小检索范围，提高查准率。例如：查找有关“儿童白血病”方面的文献，检索式可写成：child and leukemia。查找“胰岛素治疗糖尿病”的检索式为 insulin(胰岛素)and diabetes(糖尿病)。

(2)“逻辑或”：是概念之间具有并列关系的一种组配检索。它要求检索出的文献记录中含有检索词 A 或者检索词 B，或者同时含有两者均为命中文献。“逻辑或”的作用是扩大检索范围，提高查全率。例如：查找“失语症或诵读困难”的文献，检索式可写成 dyslexia or aphasia。查找“肿瘤”的检索式为 cancer(癌)or tumor(瘤)or carcinoma(癌)or neoplasm(新生物)。

(3)“逻辑非”：是概念之间具有排除关系的一种组配检索。它要求检索出的文献记录是在检索词 A 的记录中去掉含有检索词 B 的记录，即排除了不希望出现的文献记录。“逻辑非”的作用是缩小检索范围，提高查准率。使用“逻辑非”检索时要慎重，因为它会把那些同时含有检索词 A 和检索词 B 的记录也排除在外，容易造成漏检。例如：查找有关“非儿童白血病”的文献，检索式可写成：leukemia not child。查“动物的乙肝病毒(不要人的)”的文献的检索式为 hepatitis B virus(乙肝病毒)not human(人类)。

2. 截词检索 截词检索是利用截词符附加在所截取检索词的局部进行检索的一种技术。它具有将同一词干的词全部查出的功能。

按截词的位置，截词检索主要有前截断、中截断和后截断 3 种方式，最常用的是后截断检索。不同的检索系统所使用的截词符不尽相同，常用的截词符有“？”和“*”。“？”是有限截词符，即？的数量代表字符的数量；“*”是无限截词符，即表示所截去的字符数量不受

限制。可见，截词检索技术不仅减少检索词的输入量，简化检索程序，而且能扩大检索范围，提高查全率。使用截词检索技术，须要确定好合适的截词位置。切忌截词过短，否则容易出现误检。

3. 限定字段检索 限定字段检索是限制检索词在数据库记录中的特定字段范围内检索的一种技术。不同检索系统的字段限定符和字段标识符亦不尽相同，常见的字段限定符有“in”或“＝”。限定字段检索的表达形式是：“检索词 in 字段标记符”，或是“字段标识符＝检索词”。限定字段检索是缩小检索范围、提高查准率的一种重要技术。

4. 同字段、同句检索 利用逻辑运算符只是对一条记录中的某些检索词进行逻辑组配，而未限定检索词之间的位置关系，因而可能会产生歧义而影响查准率。对此，这就需要用能表示检索词之间位置关系的位置算符来解决这些问题。

位置算符是要求所组配的检索词应在同一记录中的同一字段内或同一句子内，并规定词间的相互位置而使用的检索符号。不同的检索系统中使用的位置算符不尽相同。例如：检索式为 A with B，则表示检索词 A 和检索词 B 必须同时出现在同一记录中的同一字段内；检索式为 A near B，则表示检索词 A 和检索词 B 必须同时出现在同一记录中的同一句子内等。可见，位置算符的作用是“逻辑与”的延伸，更加明确检索词之间的逻辑关系，在一定程度上弥补“逻辑与”造成误检的不足，提高检索结果的准确性和控制检出文献的数量。

5. 检索运算符的优先级别 在一个复合检索提问式中，计算机处理各种运算符号是有一定先后次序的，这种次序是根据各运算符号的优先级(专指性)的大小而定。在一个检索式中，如果含有两个或两个以上的布尔运算符，必须按照 NOT＞NEAR＞WITH＞AND＞OR 的运算次序，即先算 NOT，然后再算 NEAR、WITH、AND，最后算 OR。但也可以用()来改变运算次序，以符合该课题的逻辑关系，因为()里的部分可以最先算。因此，在编制检索提问式时，要正确处理各种运算符号的次序关系，否则检索结果是迥然不同的。

6. 扩大与缩小检索结果的方法 当检索出的文献数量过少或命中文献不多，不能满足课题需要时，应扩大检索范围。扩大检索结果的主要方法有：使用上位词或上位分类号进行扩展检索；增加同义词或近义词，用 or 组配；采用截词检索技术；减少 and 的组配面；减少或取消某些限制过严的限定检索。

当检索出的文献数量过多或查准率太低时，应缩小检索范围。缩小检索结果的主要方法有：选择专指性较强的主题词或进行“二次检索”；增加 and 连接，进一步限定主题概念；用 not 限制与检索提问不相关的文献输出；增加副主题词；使用限定检索或同字段、同句检索。

五、信息资源检索的步骤

采取正确的策略步骤，是取得理想效果的前提，制定科学的检索策略，优化检索方案，可取得最佳的检索效果。利用检索工具进行信息资源检索，大致可分为以下 5 个阶段(图 1-7)：

(1)分析研究课题(明确检索目的和要求)。首先应对检索课题的提问要求真正了解，对课题仔细地分析，确定检索的学科范围、文献类型、文种和年限，然后决定采用的检索工具和方法。

(2)选择检索工具和检索方法。根据检索课题的要求、检索工具的特点和检索者的外语水平选择最合适的检索工具，如果是计算机检索，还应选择数据库，确定所需文档名称或文档代码。

(3)选择检索途径和检索标志。选好检索工具以后，需要认真研究检索的途径，选择自己

熟悉的检索途径，同时应灵活选择各种检索途径配合使用。确定检索标识(著者、主题词、分类目次等)，必要时还可以采用其他辅助索引。

(4)查找文献线索。将准确表达的课题检索提问(词)转换成检索系统的检索标识和检索词，进行比较鉴别，通过各种书目索引、编辑说明、分类表、主题词表、工具书查找线索，以决定文献的取舍，直至检出文献信息达到检索要求。

(5)找到原始文献。文献检索提供的信息量可能还不能满足需求，读者只有再通过这些线索去找到所需要的原文出处。

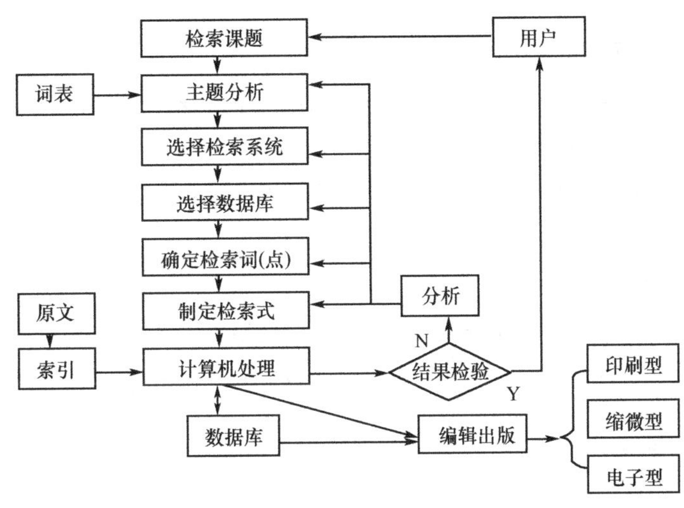

图1-7 计算机检索步骤示意图

六、信息资源检索系统或检索工具的选择

一个计算机检索系统通常可以提供多个可检索数据库，一个手工检索系统就是一种检索工具。选择检索工具和检索系统时，要考虑的主要问题是：

(1)从内容上和时间上，考虑检索工具和数据库对课题的覆盖和一致性，比如应综合考虑选择专业性强、收录范围广、检索途径多、编制质量高、使用方便的检索工具或数据库。检索工具收录内容与研究课题内容一致；检索工具收录时间要覆盖研究的高峰期。

(2)在手段和技术上，有机检条件的一般就不选择手检工具，机检无疑有较高的效率。数据库的信息大多是六七十年代以来收录的，如果需要比较久远的信息，就需要进行手检。如果检索需要承担费用，则应先用对应的手检工具进行预检，以做到心中有数。有机检条件不考虑手检，先检中文、译文数据库，再检外文。

(3)考虑价格和可获得性，选择手头容易获得的检索系统，注意数据库的价格，权衡价格效益比。

七、信息资源检索的途径

不同的检索入口，有相应的检索路径(approach)，称作检索途径。手检工具只提供比较常用的检索途径，如责任者检索途径、题名检索途径、号码检索途径、引文检索途径、分类途径、主题途径等；在计算机检索系统中，检索点很多，几乎文献的每一个特征都可

作为检索点，并且可以实现全文检索。

(一)责任者检索途径

责任者检索途径是根据文献的责任者名称特征查寻信息的检索途径。

如图书馆的著者目录、检索工具中的著者索引、机构索引、合同户索引、专利权人索引、著者所在单位索引等，都是按责任者名称字顺编排的，都提供了责任者检索途径。通过责任者检索途径可查寻到同一著者、同一机构发表的所有文献，也可通过合著者查寻出一批彼此联系在一起的著者及其著作。

(二)题名检索途径

题名检索途径是根据文献的题名特征查寻信息的检索途径。它把文献上记载的书名、刊名、篇名等作为文献存贮和信息提问的出发点。

例如：书名目录、书名索引、刊名目录、刊名索引、篇名索引等，是按其题名字顺组织起来的，都提供了题名检索途径。

(三)号码检索途径

号码检索途径是根据文献的序号或代码查寻信息的检索途径。

如专利号索引、报告号索引、标准号索引、登记号索引、分子式索引等都是按号码自身特有的次序编排的，均提供了号码检索途径。

(四)引文检索途径

引文检索途径是根据文后参考文献或引用文献的特征查寻信息的检索途径。

例如：直接利用文后的参考文献或引用文献不断地追溯检索旧文献，或利用引文索引循环检索新文献。利用引文索引途径可以查寻到一系列彼此有一定引证关系的引用文献或被引文献。

(五)分类途径

分类途径所需信息所属的学科专业特征，及其在特定知识分类体系中的特定位置查寻信息的检索途径。一些百科全书、图书馆的分类目录、检索期刊的正文等，都提供分类检索途径。

自然科学的检索工具正文一般也是按分类编排的。

一般我们在课题研究范围较大，概念专指性不强时须得采用分类途径方能得到较好的效果。

在了解一项成熟技术的产生、发展过程时分类途径可以提供给我们比较系统、全面的资料。

(六)主题途径

主题途径是所需信息的主题特征和主题词的字顺次序查寻信息的检索途径。

一些百科全书和年鉴的辅助索引、图书馆的主题目录、多数检索刊的辅助索引、计算机检索系统等，都提供主题检索途径。

主题途径与分类途径一样是根据所需文献的内容特征进行的不确定检索，分类检索的关键是一定要将研究内容正确地按文献标引的分类进行归属；而主题检索的关键在于选检索词和安排检索词之间的关系。

主题途径是科技文献检索中使用越来越广泛的方法，在学科交叉、学科界限不清；新方法、

新技术不断产生；新理论的应用领域不断扩大的形势下，主题检索已成为文献检索不可缺少的重要途径。

八、信息资源检索的效果评价

（一）评价指标

检索效果（Retrieval Effectiveness）是指信息资源检索系统检索信息资源的有效程度，反映信息资源检索系统的能力。检索效果包括技术效果和经济效果两方面，技术效果主要指系统的性能和服务质量，它是由检索系统实现其功能的能力所决定的；经济效果主要指检索系统服务所花费的成本和时间，它是由检索系统完成其检索服务的代价所决定的。克兰弗登（Cranfield）在分析用户基本要求的基础上，提出了6项评价系统性能的指标，包括收录范围、查全率、查准率、响应时间、用户负担及输出形式。其中两个主要的衡量指标是查全率（Recall Ratio）和查准率（Precision Ratio），分别用R和P大写字母表示。

（二）查全率与查准率

查全率指检出的相关文献量与检索系统中相关文献总数的百分比，是评价检索系统检出相关文献的能力。

查全率=[检出相关文献量/文献库内相关文献总量]×100%

例如：要利用某个检索系统查某课题。假设在该系统文献库中共有相关文献为40篇，而只检出30篇，那么查全率就等于75%。

查准率指检出的相关文献数与检出文献总数的百分比，是评价检索系统拒绝不相关文献的能力，也称为“相关率”。

查准率=[检出相关文献量/检出文献总量]×100%

例如：检出的文献总篇数为50篇，经审查确定其中与项目相关的只有40篇，另外10篇与该课题无关。那么，这次检索的查准率就等于80%。

据有关调查研究显示，在同一个检索系统中，查全率提高，查准率就会降低；而查准率提高，查全率也会降低。一般认为漏检是影响检索质量的主要因素，误检是影响检索效率的主要因素。文献检索要求尽量克服漏检提高查全率，避免误检提高查准率。任何一种检索系统要求其查全率和查准率都达到100%是不可能的，只能在允许的条件下按照读者的要求在一定范围内选择最佳检索方案，提高检索的质量和效率。一般来说，查全率达到60%～70%，查准率达到40%～50%是较好的检索效果。

（三）影响检索效果的因素

查全率与查准率是评价检索效果的两项重要指标。查全率和查准率与信息资源的存储与检索两个方面是直接相关的，也就是说，与系统的收录范围、索引语言、标引工作和检索工作等有着非常密切的关系。

（四）影响查全率的因素

影响查全率的因素从信息存储来看，主要有：信息库收录文献不全；索引词汇缺乏控制和专指性；词表结构不完整；词间关系模糊或不正确；标引不详；标引前后不一致；标引人员遗漏了原文的重要概念或用词不当等。此外，从信息检索来看，主要有：检索策略过于简单；选词和进行逻辑组配不当；检索途径和方法太少；检索人员业务不熟练或缺乏耐心；检索系统不具备截词功能和反馈功能；检索时不能全面地描述检索要求等。

（五）影响查准率的因素

影响查准率的因素主要有：索引词不能准确描述信息主题和检索要求；组配规则不严密；选词及词间关系不正确；标引过于详尽；组配错误；检索时所用检索词(或检索式)专指度不够，检索面宽于检索要求；检索系统不具备逻辑“非”功能和反馈功能；检索式中允许容纳的词数量有限；截词部位不当；检索式中使用逻辑“或”不当等。

实际上，影响检索效果的因素是非常复杂的。根据国外有关专家所做的实验表明，查全率与查准率是呈反比关系的。要想做到查全，势必会要对检索范围和限制逐步放宽，其结果是会把很多不相关的文献也带进来，影响了查准率。同时提高查全率和查准率是很难的。强调一方面，忽视另一方面，也是不妥当的。应当根据具体课题的要求，合理调节查全率和查准率，保证检索效果。

（六）提高检索效果的措施

(1)提高检索系统的质量。提高检索系统的质量包括数据库收录信息资源的范围不但要广泛，而且要切合课题的检索要求；著录的内容要详细、准确，辅助索引完备。

(2)提高用户使用检索系统的能力，充分发挥检索系统的功能。用户要具备一定的检索语言知识，能选取正确的检索词，并能合理使用逻辑组配符完整地表达信息需求的主题；能灵活运用各种检索方法和检索技术，以使检索者(用户)更好地与检索系统协调、配合。另外，也要根据不同的检索课题的需要，适当调整查全率和查准率的要求，比如要求查全率很高的查新工作，就要放弃对查准率的苛刻要求。一般来说泛指性的词用得多，或相关概念检索词用得多对提高查全率有利；反之，专指性的词用得多，或检索词互相限定多，则对提高查准率有利。当代科技信息检索系统能达到的查全率和查准率分别是 60%～70%和 40%～50%。

分析与思考

1. 某医学生已经进入大三的学习阶段，她想对自己课堂所学的一些专业知识有更深入的了解，拓宽自己的专业视野，为此她想利用学校图书馆的信息资源了解一下自己专业领域某些问题的研究现状和发展趋势，借此也为学校本科生科研课题的申报做些准备。试问，面对不同类型的图书馆信息资源，她应该如何选择？她应该如何利用计算机进行信息资源检索？

问题：

(1)什么是信息资源，信息资源是如何进行类型的划分？

(2)什么是零次信息资源、一次信息资源、二次信息资源、三次信息资源？

(3)在利用计算机检索系统查找文献过程中，应如何全面查找相关文献？

2. 信息素养的培养包括哪些方面的内容？谈谈你将如何提高自己的信息素养。

3. 检索语言的作用以及各类型检索语言的特点有哪些？

4. 禽流感是一种传染性强、传播速度快的急性呼吸道感染疾病，是人感染禽流感病毒引起的疾病。2013 年爆发的 H7N9 禽流感，严重威胁着居民生活，其中上海、安徽、江苏、浙江、广东等地，还出现了死亡病例。

20 世纪 80 年代上海肝炎大爆发，吃板蓝根；2003 年 SARS 病毒，吃板蓝根；2013 年禽流感来了，还是吃板蓝根。具有消炎和预防作用的板蓝根似乎成了中国人的神药。那么，板蓝根真的能预防禽流感吗？让我们通过信息检索来寻找答案。

问题：

(1) 如果要检索近 10 年关于人类禽流感预防和控制的相关文献，该如何来制定检索策略与步骤？

(2) 如果对检出文献的数量和内容不满意，该如何调整检索策略呢？

5. 什么是查全率和查准率，两者之间有何关系？

（朱卫东）

第2章 信息资源利用基础

20世纪90年代以来，人类已经进入到以信息化、网络化和全球化为主要特征的信息新时代，信息资源已成为支撑社会发展的重要资源，它正在改变着社会资源的配置方式，改变着人们的价值观念及学习工作与生活方式。只有掌握了信息资源利用的基本知识和技能，才能更好地保障自己今后在学习、工作和生活中对信息资源的基本需求。为此，本章主要介绍信息源、图书馆信息资源、参考工具书、数字图书馆资源等概念及利用，同时还对信息资源的加工管理、共享与产权保护以及学术上的道德、法律、规范及不端行为等内容进行介绍。

第一节 信息源及其相关概念

一、信息源的概念和类型

(一)信息源的概念

信息源(information sources)是人们在社会实践活动中所产生的成果和各种原始记录，以及对这些成果和原始记录加工整理得到的成品。联合国教科文组织1976年出版的《文献术语》一书将信息源定义为：个人为满足其信息需要而获得信息的来源，称信息源。一切产生、生产、存储、加工、传播信息的源泉都可以看作是信息源。简单地说，信息源就是指信息生成源，信息生成、发送出来的源头。信息源内涵丰富，它不仅包括各种信息载体，也包括各种信息机构；不仅包括传统印刷型文献资料，也包括现代电子图书报刊；不仅包括各种信息储存和信息传递机构，也包括各种信息生产机构。

(二)信息源的类型

(1)按信息源产生的时间顺序来划分，可分为先导信息源、即时信息源、滞后信息源。先导信息源是指产生于社会活动之前的信息源，如天气预报。即时信息源是指在社会活动中产生的信息源，如工作记录、实验报告等。滞后信息源如报刊等。

(2)按信息源传播形式来划分，可分为口传信息源、文献信息源和实物信息源。口传信息源存在于人脑的记忆中，人们通过交流、讨论、报告会的方式交流传播；实物信息源存在于自然界和人工制品中，人们可通过实践、实验、采集、参观等方式交流传播；文献信息源存在于文献中，人们可以通过阅读、视听学习等方式交流传播，包括印刷型信息源和电子信息源等。

(3)按信息的加工和集约程度分可分为：一次信息源，直接来自作者的原创的，没有经过任何加工处理的信息；二次信息源，又叫感知信息源，从一次信息源中加工处理提取的信息；三次信息源，或称再生信息源，如工具书(百科全书、辞典、手册、年鉴)；四次信息源，图书馆、档案馆、数据库、博物馆等。

二、选择信息源的一般思路

信息源是信息查找与获取的对象，不同类型和形式的信息源，在信息传递与交流中具有各自的特点，所起的作用也不同。在信息检索的实践中，用户需根据信息需求的不同情况，在分析和明确信息需求的基础上，熟悉各类信息源，有针对性地选择恰当的信息源，才能做到有的放矢。

(一)信息源的选择目标

信息源的选择目标就是针对不同的信息需求，最终达到信息的全面性和准确性的统一。查全率和查准率是评价信息检索过程与检索效果的两个主要指标，两者之间存在着相互制约的现象。

在选题之初，需要找“准”综述类信息源，从中确定自己的课题、研究方向；定题后撰写综述时则要注意查“全”课题索涉及的关键点及各类信息源。当需要掌握某一基本理论和解决研究中的具体问题时，以“准”为主；科研鉴定、申报成果、立项查新时，信息选择要注重“全”。注意：不要过多地依靠单一的信息源，这样你可以得到更充分，更有力的观点。

查全率和查准率都是判断某一系统检索效果的指标，而非针对全部资源，所以，我们在选择信息源时，判断全面性和准确性时要结合具体的信息源类别、具体的信息需求进行分析和判断。

(二)信息源的选择内容及范围

信息源的选择过程无论对用户还是专业检索人员，都是通过对课题的分析和研究，因此，选择信息源首先应明确选择的目的和要求，确定研究性质，了解所需信息的学科及文献类型等。在解决研究性信息问题时，会议论文、研究报告、专利、期刊、各类文献数据库、图书等都可以成为重要的信息源。

通常在选择信息源时所涉及的具体内容包括：①检索目的(如：课题申报、开题报告、学术论文、科技查新、课程论文、商业需求及其他需求类型等)；②明确课题学科、专业、关键点；③确定所需信息的时间范围；④明确所需信息类型：图书、期刊、会议论文还是专利、标准等；⑤确定与检索主题相关的学科范围的信息源(如：自然科学还是社会科学等)；⑥确定目标信息源的结果形式(全文、索引还是文摘)；⑦确定所需信息源的语种(中文或外文)。

总之，范围越具体、目标信息源越明确，已知条件越多，检索效果越好。

下面介绍信息选择的范围。

1. 图书 图书作为重要的学术研究产出形式，通过阅读能理清发展脉络、把握研究前沿，是重要的学术信息源。需要用到图书的情况通常有：①系统地学习知识；②了解关于某知识领域的概要；③查找某一问题的具体答案。

2. 期刊 学术期刊通常由学术或专业机构主办，适合学者、研究人员及教授们阅读。学术期刊刊登的文献由专家和学者撰写，大多是与学术相关地有深度的研究文章，并且编辑部将每一篇来稿都委托有一定学术地位的专家评审，这些专家决定稿件是否可以发表。

如果您需要为写论文找一些资料，你应该尽可能选学术性期刊，学术性期刊是由专家和学者撰写的，并且编辑部将每一篇来稿都委托有一定学术地位的专家评审，这些专家决定稿件是否可以发表。

文献数据库中收录了多种连续性的期刊以及部分会议论文、研究报告，且经过专业人员的组织整理，文献内容深刻、全面，检索方便，获取容易，应作为检索的重要信息源。

期刊作为重要的学术研究产出形式，通过阅读能理清发展脉络、把握研究前沿，是重要的学术信息源。需要用到期刊的情况通常有：①当做学术研究时，了解与自己的课题相关的研究状况，查找必要的参考文献；②了解某学科水平动态。

3. 会议文献 很多文章都是最先以会议文献的方式公开，会议文献是了解世界水平动向的重要途径和获取科技情报的重要来源。需要用到会议文献的情况有：①当做学术研究时，了解与自己的课题相关的研究状况，查找必要的参考文献；②了解某学科水平动态。

4. 学位论文 学位论文大多质量较高，有新的信息，是一种很有参考价值的文献。需要用到学位论文的情况通常有：①科学研究开题前的文献调研；②博硕士研究生撰写开题报告时。

5. 专利文献 全世界发明创造成果约 90%～95%首先出现在专利文献中，而且一般 80%以上的专利文献不会再以其他形式(论文、会议等)发表，专利文献对于了解各个领域的最新技术水平非常有价值。各国专利法还明确规定，申请专利的发明创造必须具备工业实用性。因此，专利文献比一般的科技文献更具有实用性。

需要用到专利文献的情况通常有：①在申请专利前，检索相关的专利文献，确定该项发明创造是否能被授予专利权；②开发新产品，投入新项目，先查专利文献，寻找技术方案；③从专利文献中了解某领域的技术水平及发展的最新动态；④开发新产品前，检索专利，了解现状，避免侵权；⑤利用专利情报，参谋进出口业务；⑥专利诉讼时，帮助寻找证据，处理专利纠纷。

6. 科技报告 世界上最著名的科技报告是《美国政府工作报告》，由美国商务部下属的国家技术情报服务局(National Technical Information Service，简称 NTIS)编辑出版，主要有 AD、PB、NASA 及 DOE 四大报告，其中 PB 报告侧重于民用工程技术；AD 报告侧重于军用工程技术；NASA 报告报导航空航天技术；DOE 报告侧重于能源技术。

需要用到科技报告的情况通常有：①当做学术研究时，了解与自己的课题相关的研究状况，查找必要的参考文献；②研究尖端学科或某学科的最新研究课题。

7. 标准文献 标准文献中记录的数据，是经过严格的科学验证取得的，并且随着科技发展和时间的推移，不断修订、补充和废除。

需要用到标准文献的情况通常有：①产品设计、生产、检验；②工程设计、施工；③进出口贸易；④写作、文献著录等各个方面。

8. 百科全书 除图书馆收藏的百科全书外，互联网上也能找到一些免费使用的百科全书，如：Encyclopedia 微软电子百科全书。当你对一个知识点需要有概括的、全面的了解时，百科全书是最好的选择。

9. 报纸 通常每天或每周发行，它收集了时事和新闻的各种文章，所以阅读报纸是了解时事与新闻的最佳途径。许多报社在它们的网站上发布最近的新闻和相关评论。所以报纸最大的优势是时效性强。需要用到报纸的情况通常有：①为了找到关于国际、国内和本地事件的最新消息；②为了找到社论、评论、专家或者大众的观点；③寻找关于流行文化的信息和观点；④关于体育或电影明星，生活、娱乐新闻。

10. 网络资源 需要用到网络资源的情况通常有：①了解时事新闻；②获得公司或各级政府的信息；③获取免费的学术资源。对于要求一定深度的研究性信息问题，可以利用相关专业机构信息发布网站，如国家专利局、标准化委员会。

对于一般消息，可以选择浏览网页、报纸了解事件的更全面、更详细的介绍，杂志是更好的选择。拟检索的信息如果行业属性比较鲜明，可从信息的行业属性角度检索，包括行业学会、行业协会等网站进行检索，这些网站是获取信息的主要渠道之一。如药学方面的信息，可以考虑到国家食品药品监督管理总局官网去查询。许多知名专家在网上建立自己的个人主页，访问他们的主页，不仅可以和他们联系和交流，而且还可了解其最新的研究成果，为自己的研究与学习提供有效的帮助。参与 BBS 讨论，发表自己对某一问题的看法，也了解别人的相关意见。

三、信息源选择的要点

我们生活在信息爆炸的时代，一方面享受信息丰富的便利，同时也面临在浩瀚的信息源中进行信息选择的困惑。个人知识结构、心理习惯、兴趣爱好以及获取便利性、经济性等均对信息的选择产生了影响。因此，我们在选择信息源的过程中更要重视方法的应用、范围的确定、依据的选取，以获取利用价值最大的信息源。

信息源的选择要素通常体现在以下几个方面：

(1) 溯源法。对手头可能用到的信息源所涉及的有关方面进行审查核对，做到追根溯源，如某数据库的学科覆盖范围、收录信息类型、数量，某段资料的原始出处以及来源期刊出版社、出版主旨，具体某个观点的最先提出者等。

(2) 比较法。对所获取的信息进行对比，看对同一事实的不同说法和结论是否一致，如果相去甚远，则需进一步核查。如论述出自不同的专家，对某观点的研究深度与角度不同；均覆盖同一学科信息的数据库，有的数据库仅收录期刊论文，有的数据库则比较全面地涵盖期刊论文、会议论文、专利等。

(3) 逻辑法。对信息的选择就是搜集、筛选和鉴别的过程。在搜集信息的过程中，严密地逻辑判断是必不可少的。要发挥自己的经验和判断力，结合个人知识结构，剔除虚假信息、过时信息，以取得最佳效果。

（朱卫东）

第二节　图书馆馆藏资源的利用

图书馆馆藏的文献资源主要有印刷型文献和电子文献两大类，其中印刷型文献资源包括图书、期刊和特种文献，电子文献资源包括光盘数据库和网络数据库。图书馆的文献资源按语种可分为中文和外文两种，外文文献通常以英文为主，另外还有少量日文、德文和俄文文献。

一、馆藏书刊排架

急剧增长的网络信息资源在相当长的一段时间内不会取代传统的印刷型文献。在大学图书馆中，图书与期刊仍然是文献利用的两大主体。在图书馆阅览室和书库的书架上，图书按图书分类法排架，期刊按期刊名称排架。

(一) 图书分类法

图书馆分类法是以科学分类为基础，结合图书资料的内容和特点，分门别类组成的分类体系。图书分类法用数字或数字字母组合的分类号表示图书的属性，以便把内容、类型相同的图书集中存放在一起，把内容相近的图书排于相邻位置，为建立科学合理的藏书体系提供依据，方便读者按类索书。分类法还为数据库中的分类检索提供标引依据。

国际上比较著名的图书馆分类法有《杜威十进分类法》(Dewey Decimal Classification，DDC)《国际十进分类法》(Universal Decimal Classification，UDC)《美国国会图书馆分类法》(Library Congress Classification) 等。国内大学图书馆和公共图书馆使用最普遍的是《中国图书馆图书分类法》，简称《中图法》。

《中国图书馆图书分类法》于1990年出第三版，1999年出第四版(改名为《中国图书馆分类法》)，2010年9月，由国家图书馆出版社出版了第五版。按从总到分、从一般到具体的原则，《中国图书馆分类法》分为5个基本部类、22个基本大类 。

类目按概念之间的逻辑隶属关系，逐级展开，划分出更专指、更具体的类目。例如“R446. 14 脑脊液检验”，它的上级类目自上至下依次是：

R 医药、卫生
R4 临床医学
R44 诊断学
R446 实验室诊断
R446.1 生物化学检验、临床检验
R446.12 尿液检验
R446.13 粪便检验
R446.14 脑脊液检验

为了易于辨认，《中图法》分类号三位数字后加“.”。

同一类图书，有时为了进一步细分而不增加分类表的篇幅，《中图法》采用复分处理。复分是将带有连字符的复分号加于基本分类号之后，形成新的更专指的分类号。例如，一本《中国卫生年鉴》的分类号应该是“R1-54”，其中“R1”表示“预防医学、卫生学”，“–54”是复分号，表示“年鉴、年刊”。大学图书馆中常用的总论复分号有：–4教育与普及，–41教学计划、教学大纲、课程，–42教学法、教学参考书，–43教材，–44习题、试题及题解，–45教学实验、实习，–54年鉴、年刊，–61名词术语、词典、百科全书(类书)，–62手册、名录、指南、一览表、年表，–64表解、图谱等。凡含有复分号的图书排在分类号“0”之前，以下几个分类号先后排序是：R73(肿瘤学)，R73-43(肿瘤学教材)，R730.4(肿瘤诊断学)。

(二)图书排架

图书馆的图书按图书的索书号(call number)排架。索书号由分类号、书次号和辅助区分号组成。分类号使内容相同图书集中在一起，后两者分别是在前者相同时标引的区分号，目的是使每一种不同的图书有一个唯一的索书号。例如：

医学文献检索/方平主编　索书号 G252.7/FP
医学信息检索与利用 第2版/陈界主编 索书号 G252.7/CJ=2
医学信息检索与利用 第3版/陈界主编 索书号 G252.7/CJ=3

书次号的选取在我国图书馆界尚无统一、公认的标准，有的图书馆取图书的出版年月，有的按照图书编目先后的“种次号”来确定，有的取自于图书的财产登记号的全部或部分，也有的直接取自著者姓名汉语拼音首字母。例如上例著者“方平”为FP。

辅助区分号用于区分同一种图书的不同文种的译本、同一种图书的不同分册、不同版本等。辅助区分号比较简单，其形式为(1)，(2)，(3)…；或＝1，＝2，＝3…。例如：医学信息检索与利用 第2版/陈界主编 索书号 G252.7/CJ=2

索书号标于每本书的书脊位置。图书的排架先按分类号的字母数字排；分类号相同，按书次号排；分类号、书次号相同，再按辅助区分号排。

(三)期刊排架

图书馆的期刊分为“现刊”和“过刊”，现刊是当年到馆的期刊，以单期形式存放在期刊阅览室，以往的期刊即过刊以合订本形式存放在期刊库中。

无论是现刊还是过刊，都是先按期刊的语种排架。同语种期刊一般按刊名字顺排架。中文期刊按刊名汉语拼音字母顺序排列；英文期刊按刊名的字母顺序排，刊名中的介词、冠词不参加排

序。在过刊库中，同种期刊再按期刊的卷、期排架。

二、馆藏目录的查询

图书馆馆藏目录是查询图书馆文献收藏情况的检索工具。20 世纪 90 年代，随着互联网应用的普及，图书馆的“联机公共检索目录”(Online Public Access Catalogue，OPAC)它实质上就是图书馆的卡片式目录计算机化。读者可以在图书馆阅览室或流通口的查询工作站上，亦可在任何连接互联网的计算机上，在任何时间都可以通过 Internet 登录图书馆的主页。查询图书馆馆藏书目，从而大大扩展了读者的视野和查询信息的范围。

目前我国高校图书馆都联入了互联网，并在网上建立了自己的主页，发布了相应的 OPAC。随着 OPAC 数据库的建设，一般图书馆 OPAC 的内容涵盖了图书馆的大部分馆藏，包括图书、期刊、多媒体资源等，但有的还需要利用卡片目录，与 OPAC 互相补充，相辅相成。

馆藏目录的检索途径一般有著者、分类、题名(书名和刊名)、关键词、主题词、ISBN(国际标准图书编号)、ISSN(国际标准连续出版物编号)、索书号等。馆藏目录的检索结果包括文献的书目信息、馆藏位置、流通情况、复本情况等。有的目录将中文图书、外文图书、中文期刊、外文期刊等分开检索，有的用统一界面合并检索。

例如要从赣南医学院图书馆馆藏查询系统中查询书名中含有“先天性心脏病”的中文图书。

第一步：选择查询途径——题名，在方框中输入要查找的内容——“先天性心脏病”。在检索库选择“中文图书”(图 2-1)。

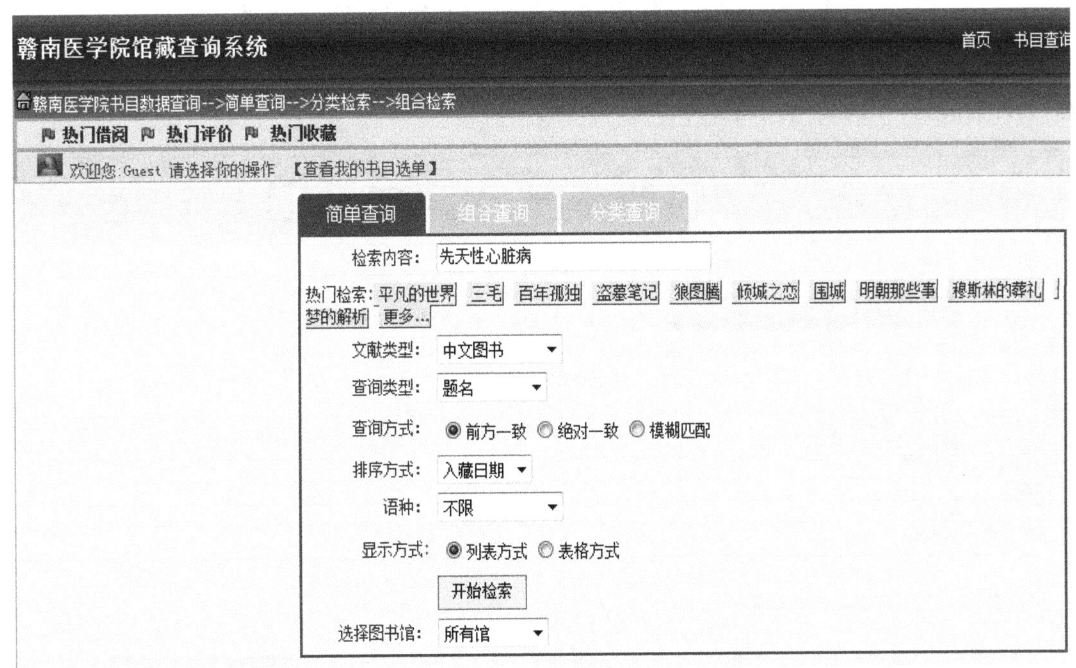

图 2-1 赣南医学院图书馆馆藏查询系统简单查询界面

第二步：点击“开始检索”按钮，系统返回查询结果是查找到《先天性心脏病》等 35 种内容与“先天性心脏病”有关的图书(图 2-2)。

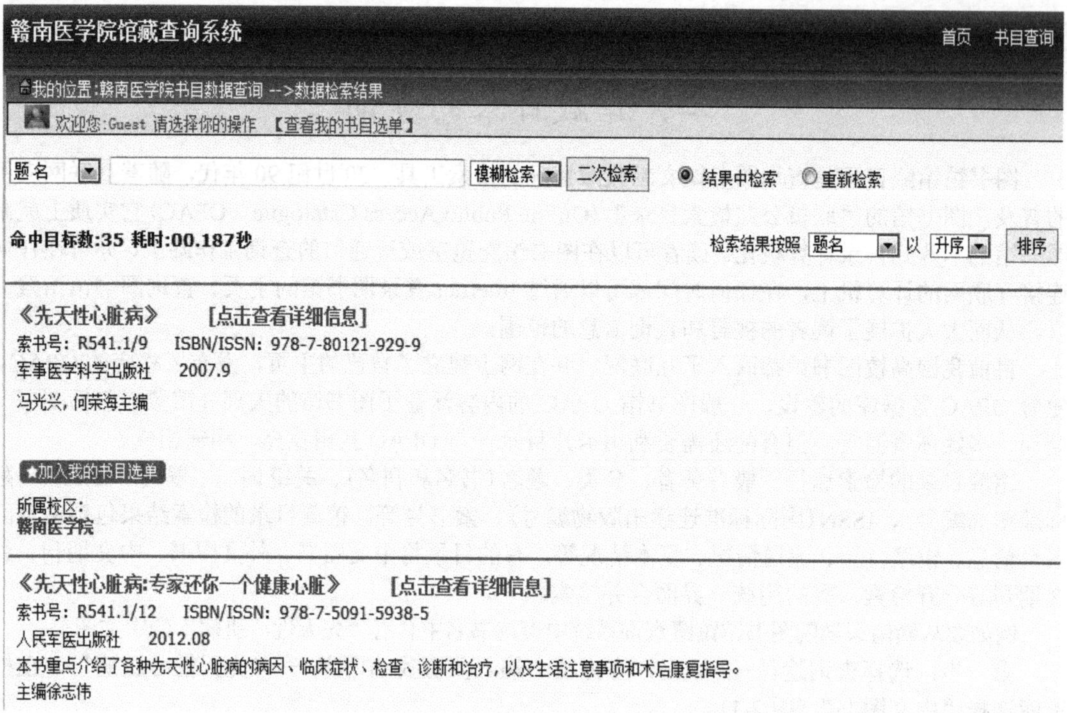

赣南医学院馆藏查询系统
首页 书目查询
我的位置:赣南医学院书目数据查询 -->数据检索结果
欢迎您:Guest 请选择你的操作 【查看我的书目选单】
题名
模糊检索
二次检索
结果中检索
重新检索
命中目标数:35 耗时:00.187秒
检索结果按照 题名 以 升序 排序
《先天性心脏病》 [点击查看详细信息]
索书号: R541.1/9 ISBN/ISSN: 978-7-80121-929-9
军事医学科学出版社 2007.9
冯光兴, 何荣海主编
★加入我的书目选单
所属校区:
赣南医学院
《先天性心脏病:专家还你一个健康心脏》 [点击查看详细信息]
索书号: R541.1/12 ISBN/ISSN: 978-7-5091-5938-5
人民军医出版社 2012.08
本书重点介绍了各种先天性心脏病的病因、临床症状、检查、诊断和治疗, 以及生活注意事项和术后康复指导。
主编徐志伟

图 2-2 赣南医学院图书馆馆藏查询系统简单查询结果界面

第三步：点击选中图书的“点击查看详细信息”超链接，系统返回该书的馆藏信息、流通状态(如外借情况、馆藏地等)(图 2-3)。

赣南医学院馆藏查询系统
首页
我的位置:赣南医学院书目数据查询 -->数据检索结果-->基本资料显示
欢迎您:Guest 请选择你的操作 【查看我的书目选单】
BASE
MARC
预约
【先天性心脏病】 冯光兴, 何荣海主编 军事医学科学出版社 2007.9
种类:中文图书 索书号:R541.1/9 册数:【3】可外借数:【3】已外借数:【0】
题名 先天性心脏病
责任者 冯光兴, 何荣海主编
出版者 军事医学科学出版社
出版日期 2007.9
标准编码 978-7-80121-929-9
其他责任者 冯光兴
其他责任者 何荣海
本文献收藏人气[0] 单击加入到我的收藏夹
登录号 条形码 馆藏地址 在架
0459023 0459023 章贡校区保存书库 在架
0459024 0459024 章贡校区专业书库 在架
0459025 0459025 章贡校区专业书库 在架

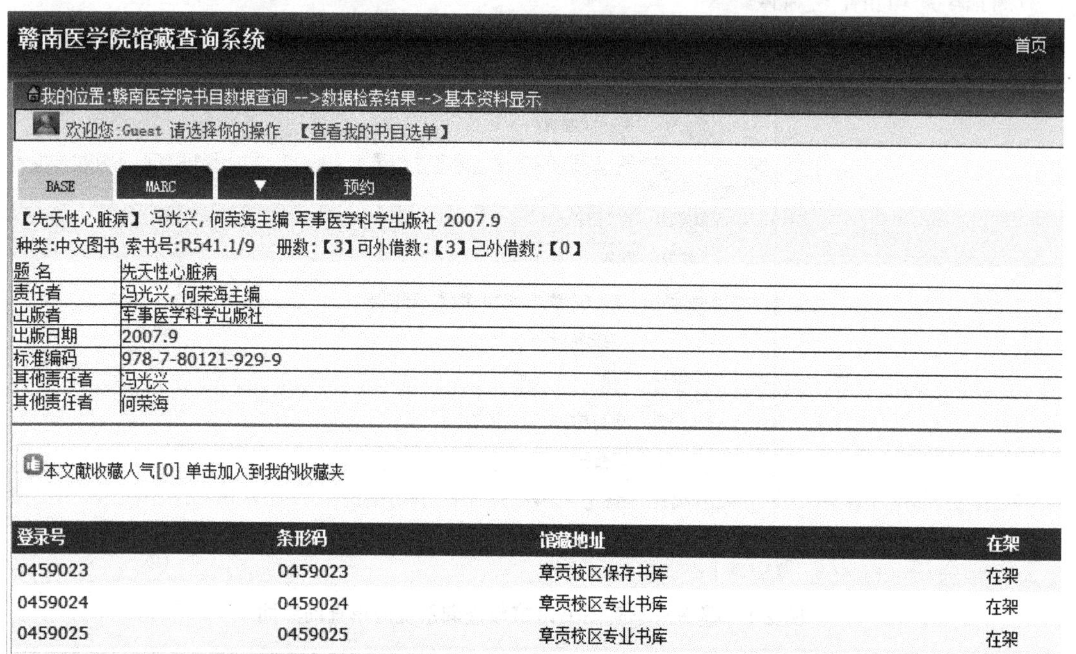

图 2-3 赣南医学院图书馆馆藏查询系统简单查询详细信息界面

除了馆藏信息，图书馆目录通常还提供读者个人图书外借、预约、过期罚款等信息的查询。

三、联合目录的种类及查询

联合目录是为揭示和报道全国或某一地区若干个图书馆所收藏的全部文献或专科性、专题性部分文献而编制的目录，是反映各馆收藏特点及文献分布情况、协调文献资源建设、促进馆际互借、实现资源共享的重要手段。

(一)联合目录的种类

联合目录按收录文献的内容、出版物的性质及文种不同可分为以下几种：

(1)按收录文献的内容划分，有综合性、专门性、专题性三种；

(2)按收录文献的出版物性质划分，有图书、期刊、报纸以及其他各类型文献四种；

(3)按收录文献的文种划分，有中文、外文两种。

在联合目录中，期刊联合目录是最常用的联合目录。期刊联合目录主要是揭示报道馆藏期刊的情况，它具有出版周期短、刊载内容新颖、时效性强的特点。

(二)联机馆藏目录简介

在Internet上已有6000多个电子图书馆，包括美国国会图书馆在内的600多所著名公共图书馆、大学图书馆及4000多个学术机构的馆藏图书目录库，通过网络对外开放，提供OPAC服务。如：中国国家图书馆(http：//www.nlc.gov.cn)；美国国会图书馆(http：//www.loc.gov)；英国不列颠图书馆(http：//bl.uk)；加拿大国家图书馆(http：//nlc-bnc.ca)；美国斯坦福大学(http：//palimpsest.stanford.edu)；上海图书馆(http：//www.library.sh.cn)；中国科学院文献情报中心(http：//www.las.ac.cn)；北京大学图书馆(http：//www.lib.pku.edu.cn)；清华大学图书馆(http：//www.lib.tsinghua.edu.cn)；台湾国家图书馆(http：//www.ncl.edu.tw/mp.asp?mp=2)等。

(三)网上重要联合目录简介

1. CALIS联合目录公共检索系统 CALIS联合书目数据库(http：//opac.calis. edu.cn/simpleSearch.do)是全国“211工程”100所高校图书馆馆藏联合目录数据库(图2-4)，是CALIS在“九五”期间重点建设的数据库之一。它的主要任务是建立多语种书刊联合目录数据库和联机合作编目、资源共享系统，为全国高校的教学科研提供书刊文献资源网络公共查询，支持高校图书馆系统的联机合作编目，为成员馆之间实现馆藏资源共享、馆际互借和文献传递奠定基础。

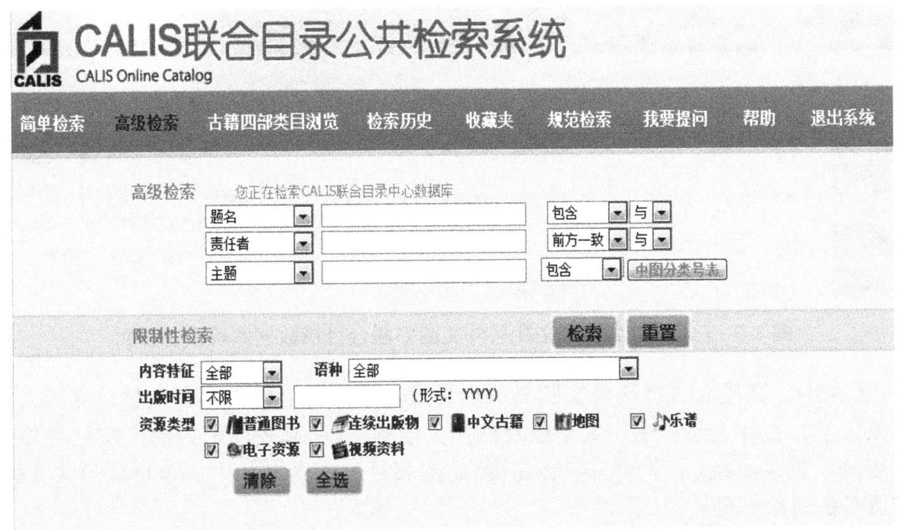

图2-4 CALIS联合目录公共检索系统高级检索界面

CALIS 联合目录公共检索系统是 CALIS 联机合作编目形成的联合目录数据库。用户在本馆中查找不到的书刊，可以利用 CALIS 联合目录公共检索系统查找，找到后可以直接看馆藏地，并根据自己的需要进行文献传递或者馆际互借。CALIS 联合目录公共检索系统(以下简称 OPAC)采用 WEB 方式提供查询与浏览，检索数据范围包括中、西、日、俄文所有数据。

2. CALIS 西文期刊联合目录 CALIS 西文期刊联合目录(http：//ccc.calis.edu.cn/index.php?op=index)收录 3 万多种西文期刊的篇名目次数据，其中有 2.2 万种现刊的篇名目次每星期更新一次。系统标注了 CALIS 高校图书馆的纸本馆藏和电子资源馆藏；系统把各图书馆馆藏纸本期刊和图书馆购买全文数据库包含电子期刊与篇名目次有机的集成到一起，使读者可以直接通过系统的资源调度得到电子全文；并且系统连接了 CALIS 馆际互借系统，读者可以把查找到的文章信息直接发送文献传递请求获取全文。本系统还为成员馆提供多种用户使用查询统计报告，成员馆馆藏导航数据下载，成员馆电子资源维护等服务。

3. 中国高校人文社会科学文献中心 CASHL 即中国高校人文社会科学文献中心(http：//www.cashl.edu.cn/)，它是教育部根据高校人文社会科学的发展和文献资源建设的需要而设立的，是全国性的唯一的人文社会科学外文期刊保障体系。

CASHL 联合目录(图 2-5)，可以提供 CASHL 成员馆的馆藏文献信息。其中，CASHL 高校人文社科外文期刊目次数据库收录了 7500 多种人文社会科学外文期刊，可提供目次的分类浏览和检索查询，以及基于目次的文献原文传递服务。CASHL 亦接受联合目录之外的其他文献的文献传递服务请求。

资源发现

图 2-5 CASHL 高校人文社科外文图书联合目录数据库检索首界面

另外，CASHL 高校人文社科外文图书联合目录数据库目前提供北京大学、复旦大学、武汉大学、南京大学、吉林大学、中山大学以及四川大学等 7 所高校图书馆的人文社科外文图书的联合目录查询。更多高校(十个学科中心高校)的图书目录正在增加中。该目录是 CASHL 提供馆际互借服务的目录基础。

4. 联合目录集成服务系统 UNICAT 联合目录集成服务系统(http：//union.csdl.ac.cn/index.

jsp)以联机联合编目数据库(包括全国中西日俄文期刊联合目录数据库、中国科学院中西文图书联合目录数据库)和电子资源知识库为底层支持，实现印本资源和电子资源的集成揭示。联合目录集成服务系统独特的情景敏感功能，可以使用户方便地获取许可电子资源的全文，同时了解中国科学院所属图书馆关于该资源印本和电子的收藏情况，及国内400余家图书馆关于该资源印本的收藏情况。

该库是集全国400余家大型公共图书馆、中科院系统的图书馆、科研系统的图书馆、重点高校的图书馆和全军卫生系统的图书馆中、西、日、俄文期刊资源为一体的书目数据库。通过该库联合编目服务系统可方便地查询、获取国内主要文献机构的中、西、日、俄文期刊文献收藏信息，是读者查询和获得文献传递服务的重要渠道。

5. 中国近代文献联合目录　中国近代文献联合目录(http：//search.library.sh.cn/lhml/)由中国国家图书馆和上海图书馆等单位共同建设。中国国家图书馆和上海图书馆为国内保存近代文献资料最为丰富的图书馆，中国近代文献联合目录在两馆资源优势的基础上所建。中国近代文献联合目录反映了中国晚清至民国时期政治、军事、外交、经济、教育、文化、宗教等各方面的文献内容，客观地揭示了这一历史时期的出版物，具有很高的研究利用价值。

中国近代文献联合目录首批推出2万余种文献，以期为广大中外学者和读者提供研究中国近代社会的文献。中国近代文献联合目录所收文献均为中国国家图书馆和上海图书馆等单位已经全文数字化内容，获取全文影像，请与建设馆联系或到图书馆网站查阅。

6. 国外重要联合目录

(1) WorldCat(OCLC worldwide union catalog) (http：//newfirstsearch.oclc.org)。包含超过50 000 000万条图书和其他资源的书目和全球上千家图书馆馆藏信息。

(2) OhioLink Library Catalog(http：//olc1.ohiolink.edu/search)。OhioLink 是一个俄亥俄高校图书馆和俄亥俄州图书馆的联盟。该目录是针对成员馆的联合目录。有上亿条书、刊、视频、音频、手稿、地图等多种资源目录及可借阅信息。

(3) COPAC(Union Catalogue of British and Irish Libraries) (http：//copac.jisc.ac.uk/search)，COPAC是英国和爱尔兰 24 家大型学术图书馆以及英国图书馆和苏格兰国家图书馆的联合目录。

(4) The European Library (http：//www.theeuropeanlibrary.org/tel4/)，The European Library 提供对欧洲45个国家图书馆的免费检索服务，内容有图书、期刊、电子书刊，提供文献传递服务，有些免费有些收费。

(朱卫东)

第三节　参考工具书及其利用

参考工具书(reference books)是汇集某一范围知识资料、按特定方式编排、专供查考之用的图书。参考工具书信息量大、可信度高、广采博收、旁征博引、论证简明、表达精确、引文可靠、出处详明，能提供多种检索途径。实践证明，人们的读书学习、课题研究和日常工作中是离不开参考工具书的，它是人类知识的总汇。作为案头工具，参考工具书大大提高了人们的学习、研究和工作效率。考工具书包括词典、药典、百科全书、年鉴、手册、名录、图谱、指南等。广义的参考工具书还包括具有工具书作用的一些名著或教科书，如《希氏内科学》《克氏外科学》等。

一、参考工具书的特性

参考工具书与普通图书相比，具有查考、概括、易检3个特性。

1. 查考性 参考工具书的编撰目的是为了查询考证特定问题，而不是提供系统阅读，它是在大量原始资料的基础上，对知识进行分类、整理、提炼、加工、浓缩和重组而形成的一种检索工具，内容成熟、准确、可靠，可提供给用户所需的信息。与检索工具相比，参考工具书提供的资料更具体。

2. 概括性 参考工具书收录的内容广泛，但阐述简明扼要，对各主题不作详细论述，语言概括性强，表达精练，可采用文字、图表等多种方式。

3. 易检性 参考工具书的查考性决定了参考工具书必须易于检索。它采用了具有检索功能的序列方式，按分类方式、主题方式或其他方式排列。它还具有完备的检索系统，使人们能快速、准确地查到所需了解的知识。

二、参考工具书的排检方法

排检是指按一定标准进行词条的先后排序。参考工具书的排检方法有以下几种。

(一)字顺排检法

字顺排检法是一种用来排检单字或复词的方法，也是中外文工具书的主要编排和检索方法。

1. 西文字顺法 西文包括英文、法文、德文、西班牙文等。西文字顺法按照西文字母顺序编排，有逐字母排和逐词排两种排序形式。查找方法简便易学。

2. 汉语中的字顺法 汉语中的字顺排列法比较复杂，主要有笔画法、汉语拼音字母法、部首法和号码法。

(1)笔画法：是根据组成汉字的笔画由少到多的排检方法。笔画数相等，按起笔笔型排。笔型的排列次序是：横、直、撇、点、折五种笔形。例如《中国医学大辞典》《中国药学大辞典》采用此法。

(2)汉语拼音字母法：是根据汉字在普通话里读音，用《汉语拼音方案》中的拼音字母注音，而后依照注音字母顺序排检汉字。拼音相同，按四声排。四声相同按笔画笔型排。用汉语拼音字母排检的医学工具书有《汉语医学大词典》等。

(3)部首法：是将一群汉字在字形上具有的某个共同特征立为部首，以部首归并汉字的一种排检方法。先按汉字部首笔画数排。部首笔画数相同，按部首起笔笔型排。部首相同，按总笔画数排。部首及总笔画数相同，按笔型排。目前我国大型语文性词(字)典，例如《汉语大词典》《汉语大字典》等都采用此方法。

(4)号码法：它是人为将一个汉字的笔形，依照特定的取号方法变换成号码，而后按号码数由小到大排列汉字，具有代表性的是四角号码法。按汉字的四个角取号，号码相同，看起笔笔型。四角号码中共有0～9十个数字，口诀是：横一垂二三点捺，叉四插五方框六，七角八八九是小，点下有横变零头。从汉字的左上、右上、左下、右下角依此取号。四角号码法的使用主要见于旧版本的参考工具书。

(二)分类排检法

分类排检法是将收载的知识材料按其内容性质，学科属性分门别类加以归并和排列，是医学工具书中一种主要的排检方法。有按《中图法》编排，如《中国国家书目》。也有按自定的分类

体系排序，如《中国医学百科全书》(单卷本)。还有的按专栏排检，如《中国卫生年鉴》。

(三)主题排检法

将涉及同一主题的资料集中，按主题词字顺进行编排，一个主题可涉及不同的学科领域。其优点是可将不同学科的同一主题的资料集中在一起，便于专题文献的检索，并可弥补分类法的不足。按主题法编排的主要有资料型工具书、教科书、专著等书后所附的主题索引或关键词索引。如《中国医学百科全书》书后所附的关键词索引。

(四)时序法

以内容的时间顺序编排，多用于年表、历表、大事记及历史纲要之类的工具书。例如《中国医史年表》、《中国医学通史》等。

(五)地序法

以内容的地域顺序编排，多用于地图集和年鉴类工具书。例如《中国血吸虫病地图集》、《中国分省医稽考》等按此法编排。

三、参考工具书的类型及其举要

(一)词(辞)典、字典

词(辞)典、字典(dictionary)指汇集某种语言中的词(字)及短语，分别给予拼写、发音和词义解释，并按字顺组织起来以便人们随时查检特定词语信息的语言工具书。在各类参考工具书中，词典使用频率最高，查检最简单。词典可分为语言类词典和专业类词典。专业类词典中的医学词典又可进一步细分为综合性医学词典、专科性医学词典、医学缩略语词典、综合征词典等。

如《英汉医学词典》《汉英医学大词典》《协和医学词典》《Dorland's Illustrated Medical Dictionary》《南山堂医学大辞典》等属于综合性医学词典；《英汉生物学词汇》《眼科大词典》《中药大词典》《诊断学大辞典》《Dictionary of Immunology》等属于专科性医学词典；《英汉医学略语大词典》《医学缩略语词典》《现代英汉医学药学卫生学略语词典》等属于医学缩略语类型的词典；《医学综合征词典》(Dictionary of Medical Syndromes)属于医学综合征词典，供查综合征的异名、病因病理、诊断、治疗等。

按照语种划分，词典还可以分为单语词典、双语词典和多语词典。多语词典无释义，只提供不同语种词汇的对照，如《汉英日、英日汉药名词典》等。

(二)药典

药典(Pharmacopoeia)是一种用途特别的医学专业词典。它不是普通的药物词典，而是国家制定的药品质量标准，具有法律效力。

(1)《中华人民共和国药典》：简称《中国药典》，由中华人民共和国卫生部药典委员会编，中国医药科技出版社。

《中华人民共和国药典》2010年版，分一部、二部和三部，收载品种总计4567种，其中新增1386种。药典一部收载药材和饮片、植物油脂和提取物、成方制剂和单味制剂等，品种共计2165种，其中新增1019种(包括439个饮片标准)、修订634种；药典二部收载化学药品、抗生素、生化药品、放射性药品以及药用辅料等，品种共计2271种，其中新增330种、修订1500种；药典三部收载生物制品，品种共计131种，其中新增37种、修订94种。

2010版药典收载的附录亦有变化，其中药典一部新增14个、修订47个；药典二部新增15

个、修订 69 个；药典三部新增 18 个、修订 39 个。一、二、三部共同采用的附录分别在各部中予以收载，并尽可能做到统一协调、求同存异。

中国药典包括凡例、正文及附录，是药品研制、生产、经营、使用和监督管理等均应遵循的法定依据。所有国家药品标准应当符合中国药典凡例及附录的相关要求。

2015 年版《药典》是新中国成立以来的第 10 版药典。2010 年 3 月第十届药典委员会组建成立，历时 5 年完成新版药典编制工作。2015 年版《药典》收载品种总数达到 5608 个，比 2010 年版药典新增 1082 个。涵盖了基本药物、医疗保险目录品种和临床常用药品，更加适合于临床用药的需求。而且标准数量有了全面提升，特别是围绕安全性和有效性的控制项目，增加了检测项目。《药典》将于 2015 年 12 月 1 日起正式实施。

(2) 国际上著名的药典还有《美国药典》(The United States Pharmacopoeia，简称 USP)《国际药典》(The International Pharmacopoeia 3rd ed. Geneva：world Health Organization.1988，简称 IP)《英国药典》(British Pharmacopoeia，简称 BP)《马丁代尔药典》(Martindale：the extra pharmacopoeia，简称 EP)《欧洲药典》(European Pharmacopoeia) 等。

(三) 百科全书

百科全书 (Encyclopedia) 是汇集百科、分类叙述、附有参考书目、按词典形式编排的工具书，它是随人类知识积累而产生的。因为它包罗万象，并通常由权威学者编撰词条，素有“工具书之王”的美誉。实际上百科全书所汇集的知识范围可大可小，按收录的知识范围来划分，可分为综合性百科全书和专业性百科全书。

常用的百科全书有《中国医学百科全书》《莫斯比医学百科全书》《中国大百科全书》《新不列颠百科全书》《美国百科全书》《科里尔百科全书》《麦格劳－希尔科学技术百科全书》(Mc Graw-Hill Encyclopedia of Science and Technology)《医科学大事典》(Encyclopedia of Medical Sciences)、《神经科学百科全书》(Encyclopedia of Neuroscience 1987.2v) 等。

百科全书收录内容全面，体系完整，编写者大多为权威学者。但出版周期长、知识陈旧快，是百科全书的不足之处。

(四) 年鉴

年鉴 (Yearbook) 是概述一年事物发展，记录最新事实，汇集统计资料，按年度出版的资料工具书。它汇万册于一卷，缩一年为一瞬，信息密集、叙述简明、出版及时，为读者查阅一年内的最新事实资料提供了极大的方便，目前我国出版的医学年鉴有 20 余种，如《中国卫生年鉴》《中国药学年鉴》《中国内科年鉴》《中国外科年鉴》《中国医学科学年鉴》《中国口腔医学年鉴》《World Health Statistic Annual》(世界卫生统计年鉴) 等。

其他年鉴如：《中国百科年鉴》《世界知识年鉴》《联合国统计年鉴》《中国农业年鉴》《中国统计年鉴》《中国教育年鉴》等。

年鉴具有新颖及时之优点，但失效也快，出版后 2～3 年，利用率明显下降。年鉴书名上表明的为出版年，所反映的是前一年的情况。年鉴着重反映进展、事件、事实、数据等，不做更多的叙述与解释。

(五) 手册

手册 (Handbook) 是根据特定读者对象的需要，汇集某一领域经常需要查考的基本资料和数据，供手头随时翻检的事实性工具书。手册一般具有主题明确、内容集中、资料成熟、叙述简练的特点，而且便于携带，查阅方便。手册一般提供实用的、成熟的、定型的资料和数据，我国的医学手册数以百计，涉及医学各个领域，是数量最多的一类医学工具书。重要医药学手册有：《实用中西医结合临床手册》《医疗护理技术操作常规》《常用医疗数据及诊断检验手册》《临床药物手册：中、拉、英药名对照》《新编药物实用全书》《最新内科诊断与治疗》《试剂手册》《The

Merck Index》《医师案头参考书》(Physicians'Desk Reference. 49th ed. Oradell: Medical Economics data，1997，annually)等。

(六)名录(Directory)

名录是一种专门对人名、机构名等专名进行汇集并予以简要揭示和介绍的工具书。名录作为数据、事实检索的一种重要工具，一般采用表格栏目的形式，文字简单明了。名录一般按学科、行业、地区划分出版，编排整齐清楚，其书名常常可以反映书中内容，使用方便。

名录可分为人名录和机构名录。人名录　又称名人录，简要介绍某一方面人物的个人资料，主要包括姓名、生卒年月、学历、经历、籍贯、所从事的领域、主要著作及成果等，是著名人物简历的汇集。机构名录是介绍各种组织机构的名称及其概况的工具书，包括机构性质、地址、业务范围、人员、规模、历史沿革和近况、出版物等情况。

主要有《中国卫生系统通讯录》《全国医院概况》《中国医药卫生机构邮编大全》《美国加拿大及世界卫生组织机构》《世界医学院校名录》《中国医药卫生科研机构及高级人员录》《医学国际人名录》等。

(七)图录表谱(Atlas)

图录是以图像揭示事物的工具书，表谱是以编年或表格形式记载事物发展的工具书。图录表谱的主要特点是直观形象和简明清晰。医学图谱品种繁多，主要有医药图谱(包括解剖图谱、诊断图谱、治疗图谱、药物图谱)、医学地图集、医学大事年表、医学专用表。

如《组织胚胎学彩色图谱》《针灸穴位解剖图谱》《实用解剖图谱》《局部解剖学彩色图谱》《人体解剖彩色图谱(英汉对照)》《临床组织病理学彩色图谱》《普通外科学常用手术图谱》《中华人民共和国药典中药彩色图集》《外科手术图谱》《中华人民共和国血吸虫病地图集》《中国医史年表》等。

其他图录表谱还有《神经系统 MR 诊断图谱》《中华人民共和国药典中药彩色图集》《外科手术图谱》《中华人民共和国医药大事记(1949—1983)》《医药卫生工作 10 年大事记(1978—1988)》等。

(朱卫东)

第四节　数字图书馆

一、数字图书馆概述

(一)数字图书馆概念

数字图书馆(Digital Library)是一门全新的科学技术，也是一项全新的社会事业，其概念形成于 20 世纪末期。对于数字图书馆，目前国内外还没有统一的定义，较为认可的定义是：数字图书馆是以现代信息技术为依托，以分布式海量数字化信息资源库为基础，不受地理位置和时空限制，以求最大限度地满足用户个性化需求的虚拟图书馆。通俗地说，数字图书馆就是虚拟的、没有围墙的图书馆，是基于现代网络环境下共建共享的可扩展的知识网络系统，是超大规模的、分布式的、便于使用的、没有时空限制的、可以实现跨库与智能检索的知识中心。

(二)数字图书馆特征

数字图书馆通过信息技术的应用以新的方式执行图书馆的功能，与传统意义上的图书馆相比较，数字图书馆具有以下特征：

1. 资源数字化 传统图书馆的基础是书刊文献资料，而数字图书馆的基础则是数字化的信息资源，因此，数字图书馆的首要特征就是信息资源的数字化存储。数字图书馆中信息资源的类型是多样化的，包括文本、图像、音频、视频、超链接、多媒体等。

2. 组织网状化 对于数字图书馆的信息资源来说，仅仅对其进行数字化是远远不够的，还需要图书馆的专业人员对信息的内容进行再加工，根据数字对象的内容和特征进行标引、加工、分类、限制等。通过这种加工过程，使系统记录下数字对象之间的关联关系。这样，当用户访问某个资源的时候，系统就可以根据资源之间的相互关系，指引用户找到与需求相关的其他资源。在数字图书馆中，信息组织的形式从原来的顺序型、直线型的方式转变为可直接定位的、网状化的方式。

3. 传播网络化 如果说数字化是数字图书馆的基础，那么网络化就是数字图书馆的手段。数字图书馆依附于网络存在，数字图书馆的一切服务都将通过网络来实现。用户只要进入网络，就可以在任何时间、任何地点对数字图书馆进行访问。网格技术的基本思路就是将全球的数字图书馆通过网络连接在一起，成为一个巨型全球数字图书馆，实现对全球所有信息资源的整体利用。

4. 资源共享化 资源共享是数字图书馆产生和发展的最大优势之一，这也完全符合传统图书馆公益服务的宗旨。由于任何传统图书馆都不可能采集到所有的文献资料，因此，为了达到资源共享的目的，发展了馆际互借功能，但是馆际互借传递周期长，操作手续烦琐，在实际操作中具有一定的困难。然而在数字图书馆中，信息共享操作非常简单，抛开知识产权和经济利益问题不谈，仅从技术上讲，数字图书馆完全可以实现彻底的资源共享与利用。

5. 检索智能化 数字图书馆的智能检索就是通过智能化的搜索引擎，让读者从各种数据库和知识库中获取有组织的、连续性的、真正所需的信息资源。数字图书馆智能检索以人工智能为基础，通过与用户的不断交互，逐步缩小搜索目标，并对检索到的结果进行知识化关联，以达到最终为用户提供最确切信息的目的。

6. 服务个性化 数字图书馆的服务模式是以用户为中心的，目的是使用户方便、灵活地获取和使用自己所需要的信息。数字图书馆可以为用户建立个人信息系统，并根据用户的个人信息向其提供预设的信息与服务，为用户创造符合其个性需求的服务环境。

二、数字图书馆资源

我国数字图书馆系统已经有了较大的发展，比较有影响的主要有：超星数字图书馆、书生之家数字图书馆、中华数字书苑(Apabi)等。

(一)超星数字图书馆

1. 资源简介 超星数字图书馆(http://www.sslibrary.com/)是由北京世纪超星信息技术发展有限责任公司创建，于2000年1月正式开通。超星数字图书馆是目前全球最大的中文数字图书馆，现有电子图书240余万种，以工具类、文献类、资料类、学术类图书为主，包括文学、经济、计算机等涵盖《中图法》的22个大类，数据总量超100万GB，有超16万集的学术视频，拥有超过35万授权作者、5300多位名师、1000万注册用户。超星数字图书馆首页如图2-6所示。

图 2-6　超星数字图书馆首页

2. 检索方法　超星数字图书馆检索方法有分类检索、普通检索和高级检索。

(1) 分类检索：超星包库站点首页左侧的 “图书分类” 栏提供了分类目次表，按照 《中图法》将图书分为 22 个大类，可逐级点击分类进入下级子分类，同时在页面右侧显示该分类下的图书详细信息，据此可检索到自己需要的图书。

(2) 普通检索：超星包库站点首页默认提供普通检索功能(图 2-7)，通过在输入框中输入检索词，选择检索途径(书名、作者、目录或全文检索)，可进行图书的快速查找。这时在检索结果上方的普通检索界面增加了 “二次检索” 选择项(图 2-8)，继续在输入框中输入检索词，能进一步缩小检索范围，从而检索结果更精确。

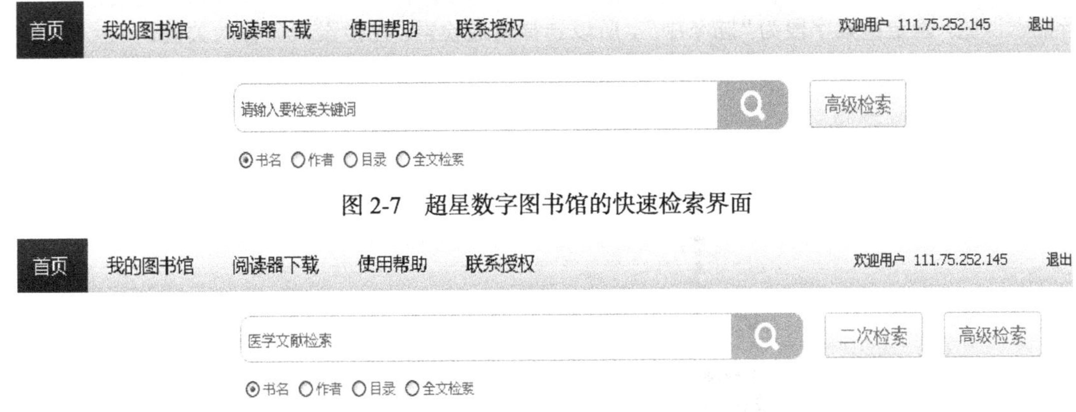

图 2-7　超星数字图书馆的快速检索界面

图 2-8　超星数字图书馆的二次检索界面

(3) 高级检索：点击 “快速检索” 右边的 “高级检索” 按钮，进入高级检索界面(图 2-9)，可以输入多个检索词，对书名、作者、主题词、图书出版年和中图分类号等条件进行自由组合检索。该检索方式检出的结果更为准确，适合目的性强的用户。

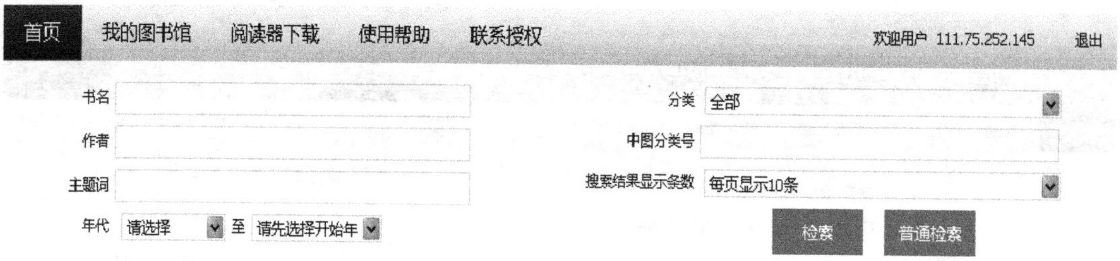

图 2-9　超星数字图书馆高级检索界面

3. 图书的阅读与下载　超星数字图书可以选择阅读器阅读和网页阅读几种方式，另外还要下载后阅读(图 2-10)。首次用超星阅读器阅读或下载图书的全文，需要先下载、安装超星专用阅读器(SsReader)。数字图书直接在线阅读，无需进行用户登录，但匿名用户状态下载的图书只能在本机上阅读，不能拷贝到其他机器上阅读。在超星阅读器登录个人用户名后下载的图书支持拷贝到其他机器上阅读。拷贝到其他机器阅读时，需要在阅读的机器上使用下载时的用户名进行登录。如果阅读机器能上网，可在线登录，如果不能上网，须离线登录。

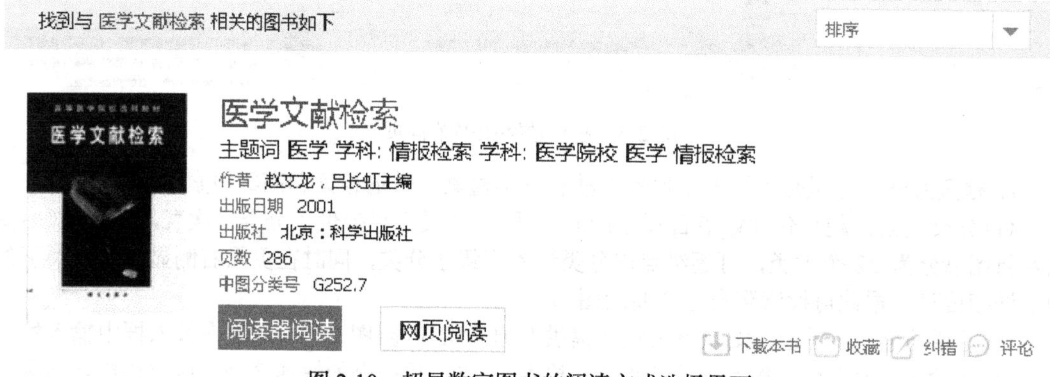

图 2-10　超星数字图书的阅读方式选择界面

4. 检索示例　下面以实例对超星数字图书的普通检索与高级检索方法进行介绍。

(1)普通检索示例：如某读者需要查找一本关于“脑卒中”方面的图书。制定检索策略：分析检索课题，确定检索字段为“脑卒中”，所以选择普通检索，在检索入口输入关键词“脑卒中”，然后单击检索按钮，得到关于“脑卒中”方面的图书。普通检索结果界面如图 2-11 所示。

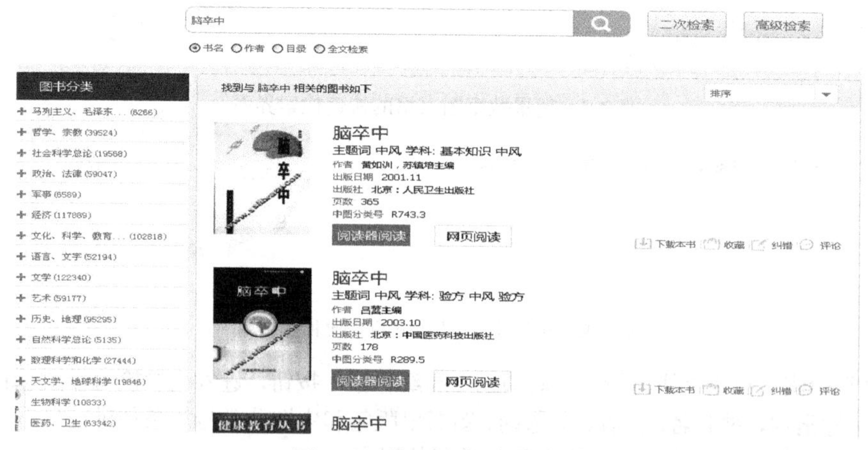

图 2-11　普通检索结果界面

如果安装了超星阅读器，点击图书信息下面的“阅读器阅读”，即可直接打开图书进行全文

阅读，也可点击“下载本书”，下载全文到机器上使用超星阅读器进行阅读。在超星阅读器上的阅读界面如图 2-12 所示。

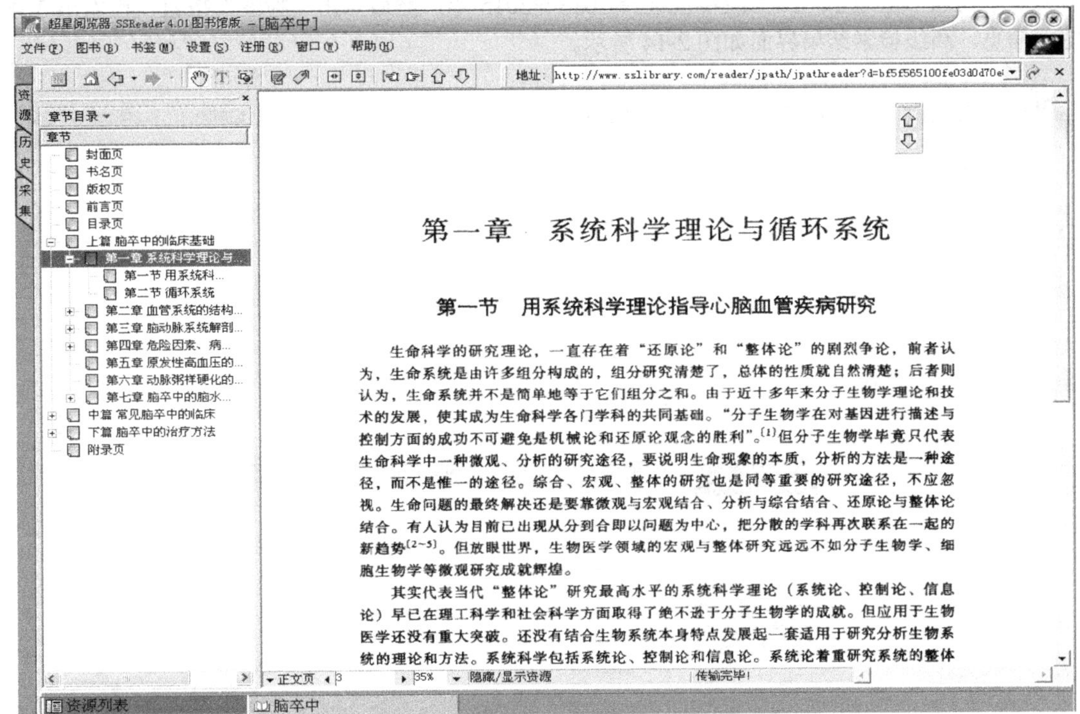

图 2-12 超星阅读器阅读界面

在没有安装超星阅读器或在线浏览时，也可以选择“网页阅读”。点击图书信息下面的“网页阅读”，即可进行图书在线阅读(图 2-13)。

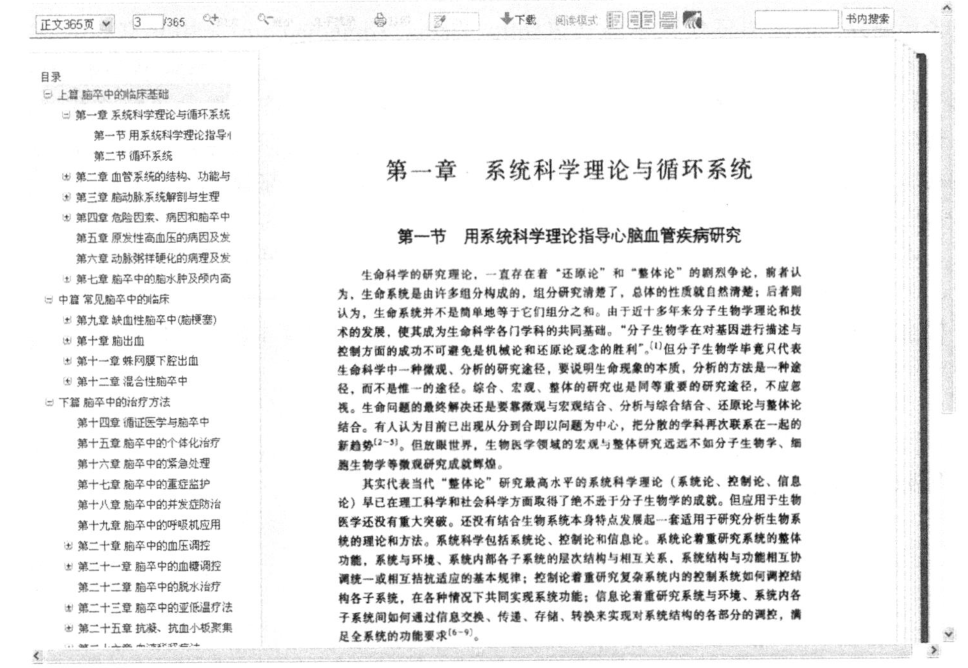

图 2-13 网页阅读界面

(2)高级检索示例：如某读者需要查找近两年出版的生理学方面的图书。制定检索策略：分析检索课题，要使用多个条件进行组合检索，所以选择高级检索。在高级检索界面，书名字段的检索项中输入“生理学”，出版年代选择 2013～2015 年，然后点击“检索”按钮，检索出 3 条图书信息。高级检索结果界面如图 2-14 所示。

图 2-14　高级检索结果界面

(二)书生第三代数字图书馆

1. 资源简介　书生第三代数字图书馆(http://edu.21dmedia.com)是由北京书生科技有限公司创办的综合性数字图书馆，主要提供 1999 年以来中国大陆地区新出版书籍电子版全文。书生第三代数字图书馆所收录的图书涵盖医学、文学艺术、经济金融、语言文化、法律、政治、哲学历史、数学、物理、生物、化学、农业、交通、工程、建筑、电子电工等各个领域，其中有大量知名作家及权威出版机构的优秀作品，且大部分为文本格式的全息电子图书。书生的第三代数字图书馆系统是为构建基于用户信息活动及互动性的数字图书馆而设计的。本系统包括图书、期刊、高级检索、软件下载、论坛等频道，其首页还设有广播管理区、个人管理区等功能区域。书生第三代数字图书馆首页界面如图 2-15 所示。

2. 检索方法　书生第三代数字图书馆图书检索页面提供多种图书检索入口，包括分类检索、图书全文检索、组合检索、高级全文检索及单字段检索(图 2-16)。

(1)分类检索：书生之家数字图书馆系统可显示中图法分类和书生分类。书生分类将全部电子图书按中图法分成几十个大类，每一大类下又划分子类，子类下又有子类的子类，共 4 级类目，用户可逐级进行检索。

图 2-15　书生第三代数字图书馆首页

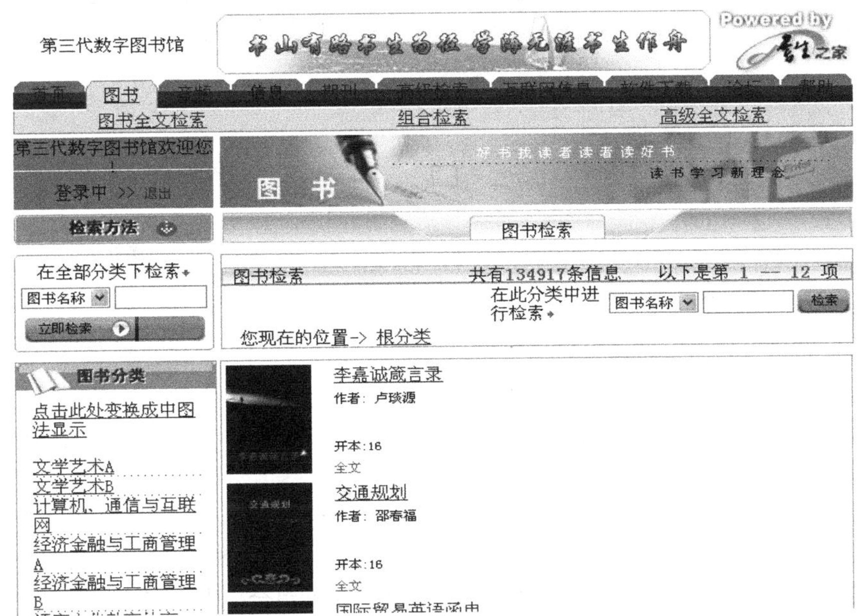

图 2-16　书生第三代数字图书馆图书检索入口选择界面

以查找“康复医学”类图书为例：①在“图书检索”页面左边“图书分类”栏点击“医药卫生”类；②再点击下一级“临床医学”类；③然后点击下一级的“康复医学”类，此时页面右侧显示的就是康复医学方面的图书信息；④接下来，还可以在图书信息右上方“在些分类中进行检索”栏中选择“图书名称”“作者”“丛书名称”“主题”或“提要”，输入关键词后进行图书的二次检索，以进一步精确检索结果。如图 2-17 所示。

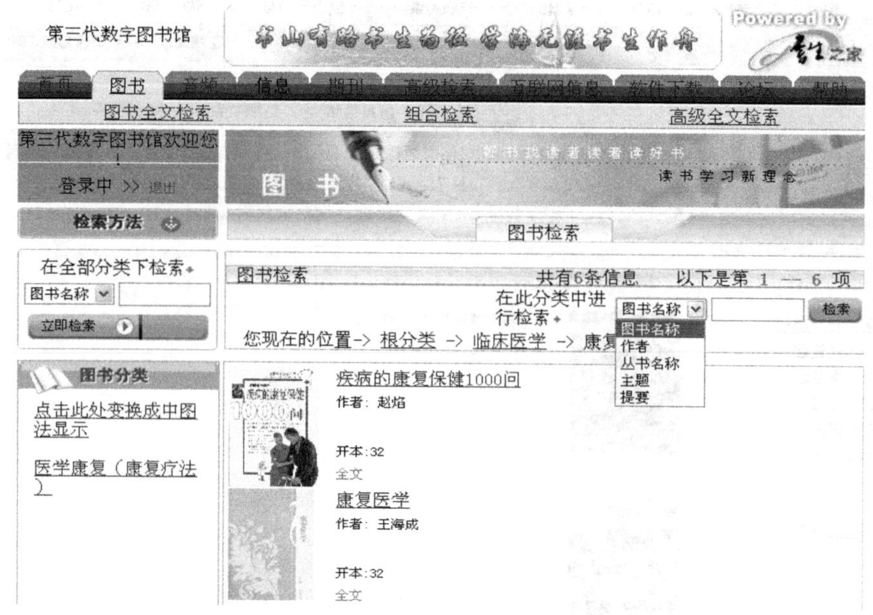

图 2-17 书生第三代数字图书馆分类检索界面

(2) 图书全文检索：点击图书页面中“图书全文检索”按钮，进入图书全文检索页面（图 2-18）。输入检索词，可选择按图书内容或按图书目录两个入口检索，并可在下面的分类框中选择所属类别进行分类限定检索。

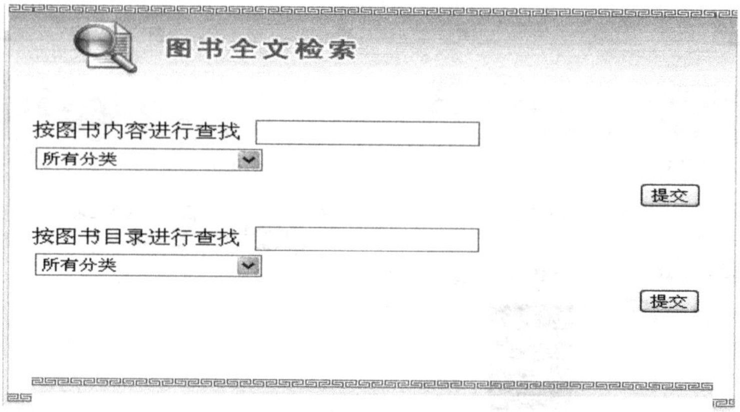

图书全文检索
按图书内容进行查找
所有分类
提交
按图书目录进行查找
所有分类
提交

图 2-18 图书全文检索界面

(3) 组合检索：点击图书页面中“组合检索”接钮，进入图书组合检索页面（图 2-19），可选择图书名称、作者、丛书名称、主题或提要等检索途径进行组合检索，支持逻辑“与”和“或”的关系。该方式检出结果更精确，适合目的性强的用户。

(4) 高级全文检索：点击图书页面中“高级全文检索”按钮，进入高级全文检索界面（图 2-20），用户可根据全文或者目录，进行单词、多词、位置、范围等方面检索，并且可以选择相关分类进行限制检索，对输入主题词中数字、字母也可进行全角、半角的转换。另外，窗口还提供其他条件选项供用户在检索时选择使用。

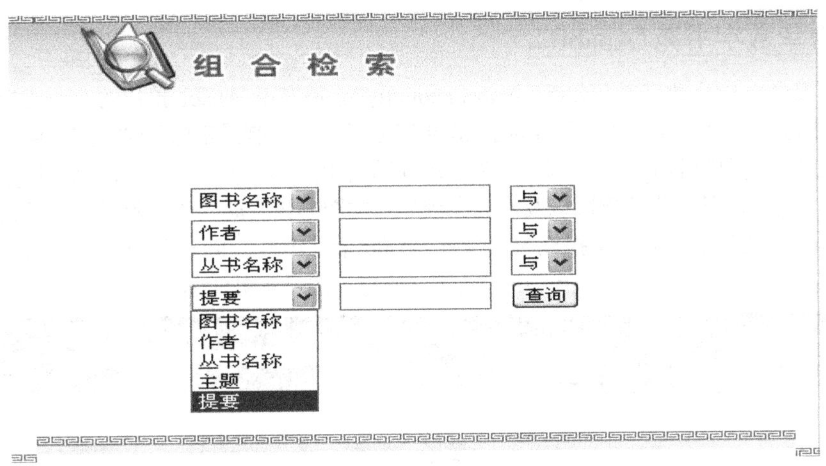

图 2-19 组合检索界面

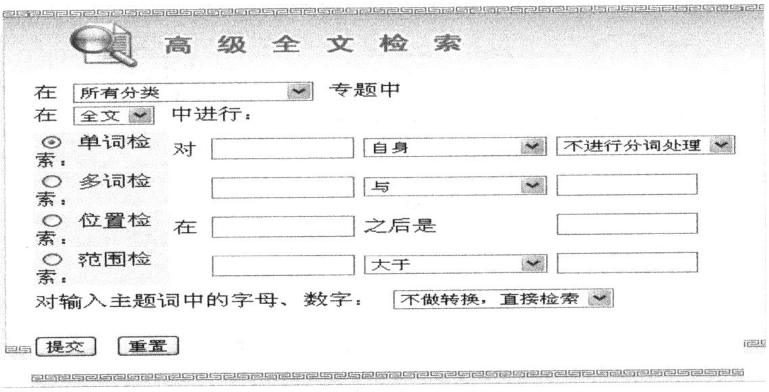

图 2-20 高级全文检索界面

3. 图书的阅读与下载 书生第三代数字图书馆的电子图书提供图书全文阅读功能。用户需要先下载书生阅读器(Sursen Reader)，方可对检索到的图书进行全文阅读。图书全文阅读有两个入口：一是直接点击图书检索结果中的“全文”按钮进行阅读；二是先点击图书名称进入图书内容页面，可看到图书名称、作者、内容摘要及书评等相关信息，然后点击“全文”按钮进行图书全文阅读。书生阅读器阅读图书全文如图 2-21 所示。

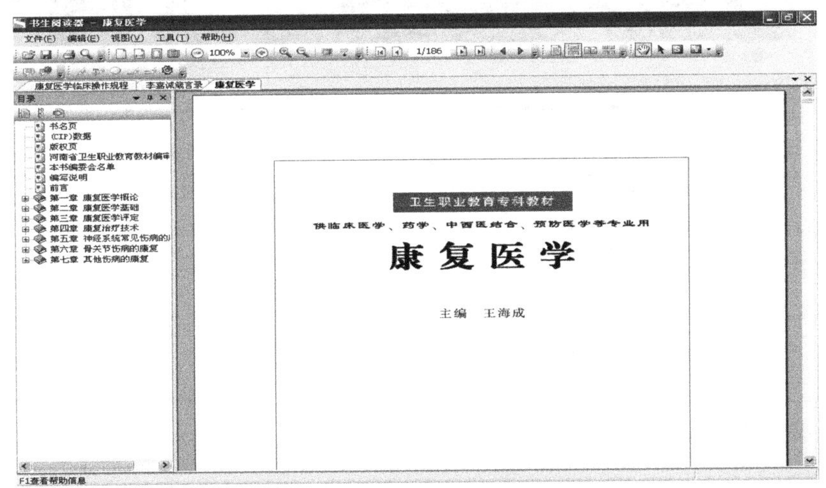

图 2-21 书生阅读器全文阅读界面

(三)中华数字书苑(Apabi)

1. 资源简介 中华数字书苑(http://apabi.com/tiyan)是方正 Apabi 推出的专业优质华文数字内容整合服务平台，“中华数字书苑”得名于2009年2月2日，前国家总理温家宝在向剑桥大学赠礼“方正阿帕比数字资源图书馆”时题写，其为出现在国礼上的第一个数字资源产品。该平台目前已和国内 90%以上的出版社、报业集团以及部分高校与公共图书馆开展合作，收录了各学科电子图书超220万册、全国各类原版原式数字报纸500余份、2000余种年鉴、2000多种数字工具书、35万张高清图片及大量的经贸数据和视频资源。中华数字书苑电子图书首页如图2-22所示。

图 2-22 中华数字书苑电子图书首页

2. 检索方法 中华数字书苑电子图书提供分类检索、快速检索及高级检索。

(1)分类检索：中华数字书苑按“书苑常用分类”将所有电子图书分成15大类，每一大类下又划分子类，共2级类目，用户可逐级进行检索。如要查找基础医学方面的图书，则首先点击电子图书页面左侧的“书苑常用分类”下面的医药卫生类，然后点击该类目下的基础医学类，页面右则显示出与基础医学有关的所有电子图书(图2-23)。

图 2-23 中华数字书苑分类检索结果界面

(2) 快速检索：中华数字书苑提供的电子图书快速检索框在首页的右上角，只需要在检索框内输入检索关键词(输入完成时可选择“在电子图书中检索”或“图书章节中检索”)，即可快速检索出相关的电子图书信息。如查找关于转化医学方面的图书，需要在检索框中输入“转化医学”，即得到图 2-24 所示检索结果。

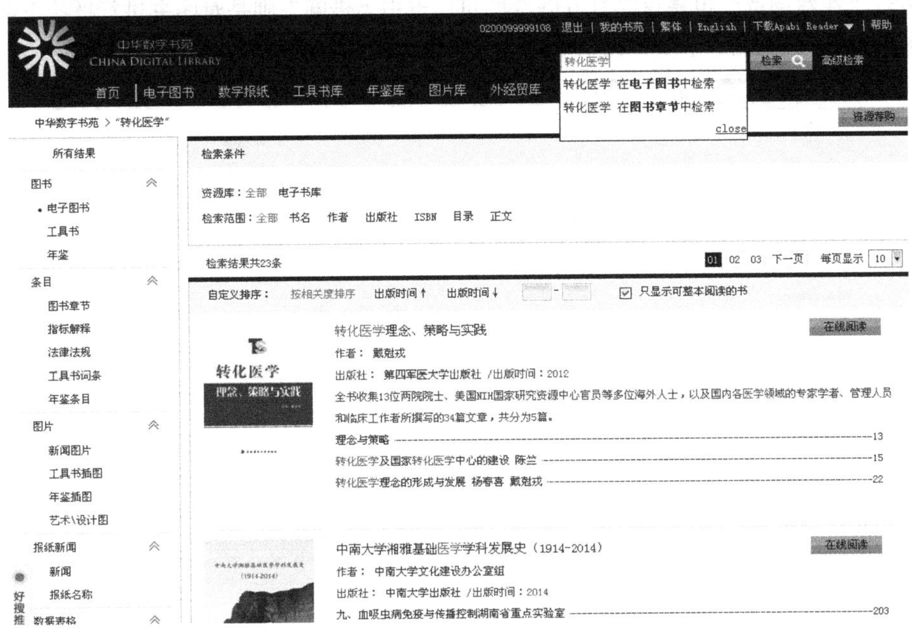

图 2-24　中华数字书苑快速检索结果界面

(3) 高级检索：中华数字书苑电子图书的高级检索可以实现图书馆的多条件组合检索。目前，高级检索有书名、作者、出版社、ISBN、目录及正文等检索条件供检索组合，各检索条件之间以逻辑 AND、OR 关系进行组配。另外，可以选择出版时间做限定检索，便于用户有针对性的检索所需图书。高级检索界面如图 2-25 所示。

图 2-25　中华数字书苑高级检索界面

3. 图书的阅读与借阅 中华数字书苑电子图书提供“在线阅读”和“借阅”两种阅读形式，其中，“借阅”需要先安装方正 Apabi 阅读器(Apabi Reader)。用户检索到图书后，只需在检索出的图书信息栏里右上角直接点击“在线阅读”，即可在线阅读电子图书全文(图 2-26)。用户点击书名，进入图书详细介绍页面，包括图书摘要、目录等，此页面提供“在线阅读”和“借阅”两种形式。“在线阅读”也是直接打开阅读即可，点击“借阅”则是对图书进行链接下载，下载到阅读机器上后，可以使用 Apabi 阅读器离线阅读(图 2-27)。

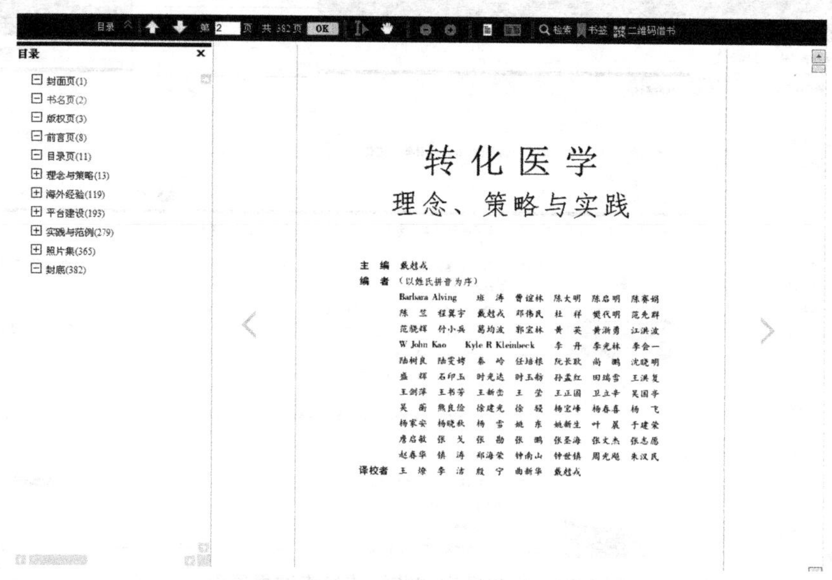

图 2-26 Apabi 在线阅读界面

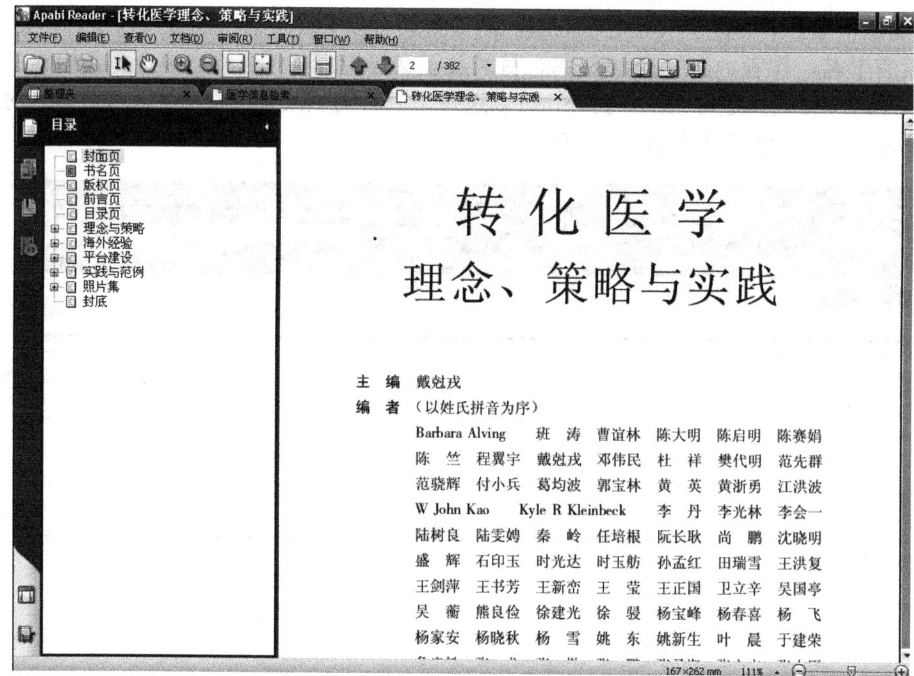

图 2-27 Apabi 阅读器离线借阅界面

(蔡德清)

第五节 信息资源的加工与管理

一、信息资源加工

(一)信息资源加工的含义

信息资源加工是指对收集来的原始信息进行筛选和判别、分类和排序、分析和研究、著录和标引、编目和组织而使之成为二次信息的活动，即信息资源加工的目的在于发掘信息的价值，方便使用。信息资源加工是信息资源利用的基础，是信息资源成为有用资源的重要条件。

(二)信息资源加工的基本原则

1. 准确性 加工以后的信息资源只有具有准确性，才能为使用者提供一定的经济效益，反之，就会使信息使用者误入歧途，导致重大损失。

2. 及时性 由于信息具有时效性，所以对信息资源加工时要有时间观念，力争在最短时间内将信息资源加工完毕，以便最大限度地发挥信息的效能。

3. 标准性 为了方便国内外的信息交流，所以在对信息进行加工时，需要按标准化要求进行操作，遵循国际国内标准，否则，该信息的利用价值就会大打折扣。

4. 系统性 为了更好的使用信息，使其最大限度地发挥效能，在信息资源加工过程中，应该使其具有系统性。只有系统化的信息，才能使人发现其中隐藏的某些共性规律。

(三)信息资源加工的基本内容

1. 信息的筛选和判别 我们收集的信息是没有经过加工的原始信息，其中难免有一些信息不符合我们的需要，甚至是伪信息、假信息。这就需要对收集来的信息进行筛选和判别。因此，信息的筛选和判别就是对原始信息有无作用的筛检和挑选，是对信息真伪的判断和鉴别活动。

2. 信息的分类和排序 信息的分类是根据选定的分类表，把杂乱无章的原始信息进行分门别类。信息的排序是指在信息分类的基础上，按照一定规律前后排列成序。经过信息的分类排序，就可以使原本一团乱麻的信息堆积成为一个有组织、有条理、井然有序的信息体系，这样才能使信息集合便于存储、检索和使用。

3. 信息的计算和研究 信息的计算和研究是指对分类排序后的信息进行计算、分析、比较、研究，以便创造出更为系统、更为深刻的新信息的活动。通过计算和研究，使信息更具有使用价值，实践意义更大。

4. 信息的著录和标引 信息的著录是指按照一定的标准和格式，对原始信息的外表特征(名称、来源、加工者等)和物质特征(载体形式等)加以描述并记载下来的活动。信息的标引是指在著录后的信息载体上按照一定规律加注标识符号的活动。原始信息经过著录和标引，就正式成为二次信息。

5. 信息的编目和组织 信息的编目和组织是指按照一定的规则将著录和标引的结果另外编制成简明的目录，提供给信息需求者作为查找信息工具的活动。

二、信息资源管理

(一)信息资源管理概念

信息资源管理是指人类对客体信息资源进行管理的活动，其有狭义和广义之分。广义的信息资源管理是指对信息内容及与信息内容相关的资源如设备、设施、技术、投资、信息人员等进行管理的过程。狭义的信息资源管理是指对信息本身即信息内容实施管理的过程。

信息资源是人类社会的基本资源之一，它渗透于社会的各个领域和一切活动中，因此，信息资源管理是提高各种社会活动效率的一项基础工作。信息资源管理的水平，影响和制约着其他一切管理活动的效率，并在一定程度上左右着科学技术和国民经济的发展。

(二)信息资源管理内容

信息资源管理不是一个抽象的概念，它是一项和多项活动的组织和实施过程，并贯穿于信息资源的产生、形成、流通和使用的每一个环节。按照信息资源管理的三维新构架归纳起来，信息资源管理是由以下三个方面的内容有机结合而形成。

1. 信息资源技术管理 它包括与信息资源相关的技术水平、技术结构、技术理论、技术过程、技术设施等项目的开发和管理以及信息资源管理机构、功能部门的组织和设置等。

2. 信息资源经济管理 即信息资源的商品化过程、信息资源市场、信息产业的管理以及与之相关的资金、财务等经济活动的管理。

3. 信息资源人文管理 即具有相关技能的人才资源管理、社会环境管理以及有关政策、法规和法律的管理。

以上三个方面的内容可以进一步细化为诸如管理目标、管理思想、管理机构、管理机制、管理人员、管理技术、管理设施、管理信息等一系列具有相应功能的结构单元。

(蔡德清)

第六节　信息道德和信息法律

一、信息道德

(一)信息道德概念

信息道德又称信息伦理。20 世纪 80 年代，美国学者 Robert Hauptman 最早提出了信息道德的定义：所有与信息生产、信息储存、信息访问和信息发布相关的伦理问题统称为信息道德。目前，学术界对信息道德的概念存在不同的表述，但其实质内涵是相同的。包括在信息活动中应遵守的法律法规、应恪守的道德准则，尊重知识产权，负责任地使用信息技术，自觉抵制违法信息活动等。

信息道德不是由国家强行制定和强行执行的，而是依靠社会舆论的力量，依靠人们的信念、习惯、传统和教育的力量来维持的。在信息时代，信息道德水准的高低是衡量一个国家或民族精神文明发达与否的重要标志。

(二)信息道德构成

1. 两个方面 所谓两个方面，即主观方面和客观方面。前者指人类个体在信息活动中以心

理活动形式表现出来的道德观念、情感、行为和品质，如对信息劳动的价值认同、对非法窃取他人信息成果的鄙视等，即个人信息道德；后者指社会信息活动中人与人之间的关系以及反映这种关系的行为准则与规范，如扬善抑恶、权利义务、契约精神等，即社会信息道德。

2. 三个层次　所谓三个层次，即信息道德意识、信息道德关系、信息道德活动。

(1) 信息道德意识：包括与信息相关的道德观念、道德情感、道德意志、道德信念、道德理想等。它是信息道德行为的深层次心理动因，集中地体现在信息道德原则、规范和范畴之中。

(2) 信息道德关系：包括个人与个人的关系、个人与组织的关系、组织与组织的关系。这种关系是建立在一定的权利和义务地基础之上，并以一定的信息道德规范形式表现出来的。如联机网络条件下的资源共享，网络成员既有共享网上信息资源的权利，也要承担相应的义务，遵循网络的管理规则。成员之间的关系是通过大家共同认同的信息道德规范和准则维系的。信息道德关系是一种特殊的社会关系，是被经济关系和其他社会关系所决定、所派生出来的人与人之间的信息关系。

(3) 信息道德活动：包括信息道德行为、信息道德评价、信息道德教育和信息道德修养等。信息道德行为即人们在信息交流中所采取的有意识的、经过选择的行动；根据一定的信息道德规范对人们信息行为进行善恶判断即为信息道德评价；信息道德教育是按一定的信息道德理想对人的品质和性格进行陶冶；信息道德修养则是人们对自己的信息意识和信息行为的自我解剖、自我改造。

二、信息法律

(一) 信息法律概念

信息法律是调整人们在信息的采集、加工、存储、传播和利用等活动中发生的各种社会关系的法律规范的总称。

(二) 信息法律内容

从世界各国信息立法的进展以及社会信息化秩序建构的需要来看，信息法律应包括以下一些基本内容。

1. 信息作品著作权　信息作品是指具有信息特征和作用的作品，它对一定事物进行描述，反映事物的状态或特征。信息作品具有资源性、共享性、传播性、商品性、时效性和无形性等特征，能够带给人们精神上的享受，也带来经济效益和社会效益。信息作品是智力活动的成果，拥有知识产权。同时信息作品又极易被复制、传播，极易给作者带来损失。著作权法就是为了调解作品作者、作品使用者以及公众之间的利益矛盾而产生的法律制度。

随着网络的普及和信息技术的飞速发展，网络环境中信息作品的著作权问题日渐突出。尤其是计算机程序、数据库、多媒体等多种形式的新型电子信息作品，它们与著作权法所保护的传统作品相比具有一些新的特点，也带来了一些新的问题。因此，需要对现有的著作权进行适当的修改和补充，使其适应对网络信息作品的法律保护。

2. 信息传播法律制度　信息传播的法律规范，主要体现在对信息传播主体的组织规范和信息传播主体的权利义务规范。到目前为止，我国颁布的这类法律规范涉及著作权保护、新闻出版及广告、国家安全、网络等各个方面。

3. 信息获取和信息消费相关的法律法规　信息获取和信息消费是信息利用的重要形式。信息获取权是一个存在不同认识的概念。一般认为，信息获取权有狭义和广义的理解。狭义的信息获取权是指保证公民政治权利的实现，公民有权获取政府机关依职权产生、收集、归纳、整理的

信息。广义的信息获取权是指信息主体依法获得政府信息、企业信息、公共机构及公益组织信息的权利。有些学者认为，信息获取权还应包括对某些私人信息的获取。私人信息的获取包含了两种情形：一是私人有权利获取他人、政府机关和其他组织掌握的有关其本人的信息；二是指公众有权获取特定的私人信息，例如政府机关的某些工作人员的私人信息。也就是说，广义的信息获取泛指对一切可依法共享的信息的获取。信息消费，是指人们使用信息资料满足生产和生活需要的过程，包括信息资料的使用过程，即对信息内容的吸收和利用，以及信息需要的满足过程，即保证吸收的信息与需要相匹配。在我国信息消费的提出和研究时间较短，在法律上还没有直接的规定。但是信息消费中的生活性消费，应当使用《消费者权益保护法》；信息商品是质量管理，使用《产品质量法》等。

4. 信息合理使用相关的法律法规 关于信息的合理使用，各国都制定了相关的法律法规，如美国的《版权法》对“合理使用”规定了四条标准：①使用的目的不是为了商业目的；②根据作品的不同性质而使用形式不同，合理与否的界限也不同；③同整个作品相比，所使用的数量应占很小的一部分；④这种使用对作品的潜在市场价值影响不大，如果因合理使用而占领了该作品被他人有偿使用的大部分市场，就不认为是合理使用。

我国的著作权法规定的“合理使用”，列举了以下12种具体的使用方式：

(1)为个人学习、研究或者欣赏，使用他人已经发表的作品。

(2)为介绍、评论某一作品或者说明某一问题，在作品中适当地引用他人已经发表的作品。

(3)为报道时事新闻，在报纸、期刊、广播电台、电视台等媒体中不可避免地再现或者引用已经发表的作品。

(4)报纸、期刊、广播电台、电视台等媒体刊登或者播放其他报纸、期刊、广播电台、电视台等媒体已经发表的关于政治、经济、宗教问题的时事性文章，但作者声明不允许刊登、播放的除外。

(5)报纸、期刊、广播电台、电视台等媒体刊登或者播放在公众集会上发表的讲话，但作者声明不许刊登、播放的除外。

(6)为学校课堂教学或者科学研究，翻译或者少量复制已经发表的作品，供教学或者科研人员使用，但不得出版发行。

(7)国家机关为执行公务在合理范围内使用已经发表的作品。

(8)图书馆、档案馆、纪念馆、博物馆、美术馆等为陈列或者保存版本的需要，复制本馆收藏的作品。

(9)免费表演已经发表的作品，该表演未向公众收取费用，也未向表演者支付报酬。

(10)对设置或者陈列在室外公共场所的艺术作品进行临摹、绘画、摄影、录像。

(11)将中国公民、法人或者其他组织已经发表的以汉语言文字创作的作品翻译成少数民族语言文字作品在国内出版发行。

(12)将已经发表的作品改成盲文出版。

5. 信息技术专利权 信息技术的高智力性、高风险性和商业性决定了对其知识产权予以保护的必要性，这种保护不能仅仅停留在思想的表达形式上，而必须保护思想本身。在知识产权制度中，著作权保护是对技术思想的表达形式，例如技术报告、设计图纸、计算机软件和专著等进行法律保护的有效方式，而专利权保护则是对信息技术方案实施法律保护的最有效方式。

6. 信息安全与计算机犯罪 随着信息技术的发展和互联网的普及，计算机犯罪数量急剧增长，犯罪手段越来越多样化且日益智能化，单纯用技术手段难以防范计算机和信息网络的安全，因此，在保证信息系统开放的前提下，各个国家均采取法律手段保障计算机系统和信息网络的安全，预防和打击计算机犯罪。由于信息安全已成为信息时代综合国力、经济竞争实力和生存能力的重要组成部分，从国家安全的高度制定、实施信息安全政策与法规，以构筑完整的国家信息安

全体系，已成为近年来国际上信息安全立法的一个重要趋势。

（蔡德清）

第七节 信息资源共享与知识产权保护

一、信息资源共享

(一)信息资源共享定义

所谓信息资源共享，是指在特定的范围内(如一个国家、一个地区、一个信息网络或几个互有协议的信息机构)，在平等、自愿、互惠的基础上，通过建立图书馆与图书馆之间和图书馆与其他相关机构之间的各种合作、协作、协调关系，利用各种方法、技术和途径，共同建立和共同利用信息资源，最大限度地满足用户需求的活动。现在已经泛指到生活中的各个领域的文字、数字、文化资源类目的分享和共用。

(二)信息资源共享的原则

信息资源共享是促进信息交流的必由之路。为促进信息交流，发挥信息系统整体效能，促进科学技术的进步和人类社会的发展，深入开展信息资源学的研究，最大限度地实现信息资源共享，已经成为国际性的重要课题。信息资源共享的基本原则初步可概括为以下几点：

(1)把信息资源共享作为促进科学技术进步的前提和人类社会发展的手段，各协作体要本着这一基本原则开展各项有关工作。

(2)参加“协调合作”的单位，要建立在自愿的基础上，不搞行政命令，只通过协商办法组织协调，签订共同协议，明确任务和要求，明确参加者的权利和义务。

(3)联合体内，各参加单位本着平等协商，互利互惠的原则开展一切工作，在一些有收益的项目上，组织者要考虑周到，合理分配，秉公办事。

(4)联合体要本着少投入、多产出、大效益、减少重复，节省人力、物力和财力的原则开展共享活动。首先，应把开展藏书协调工作作为资源共享的基本原则，积极推行文献采集的分工协调，并在此基础上进一步开展联机编目、联机检索以及信息提供协调工作，使共享工作向整体化发展。

二、知识产权

(一)知识产权定义

知识产权是指人们就其智力劳动成果所依法享有的专有权利，通常是国家赋予创造者对其智力成果在一定时期内享有的专有权或独占权。

知识产权从本质上说是一种无形财产权，他的客体是智力成果或者知识产品，是一种无形财产或者一种没有形体的精神财富，是创造性的智力劳动所创造的劳动成果。

(二)知识产权的法律特征

知识产权是一种无形财产，从法律上讲，知识产权具有专有性、地域性、时间性三大明显法律特征。大部分知识产权的获得需要法定的程序，而版权的获得是自作品完成之日起自动产生的。

1. 地域性 地域性即除了签有国际公约或双边、多边协定外，依照一国法律取得的权利只能在该国境内有效，受该国法律保护。如我国的专利法和商标法规定在中国申请并得到批准的专利和商标可受到法律保护，而在其他国家和地区申请的不受我国的法律保护。但著作权例外，无论在哪个国家、地区发表的都受中国著作权法的保护。

2. 专有性 专有性即只有权利人才能享有，他人未经权利人许可不得行使其权利。如我国专利法规定；“专利权授予后，任何单位和个人未经专利权人许可，不得为生产经营目的制造、使用、销售、进口其专利产品；也不得使用其专利方法。”著作权和注册商标权也是如此，未经权利人许可不得使用。对于侵犯知识产权的行为，权利人可以向人民法院起诉，也可以请求知识产权管理部门查处。

3. 时间性 各国法律对知识产权分别规定了一定期限，期满后则权利自动终止。如我国专利法规定，发明专利保护期限四年，适用新型和外观设计保护期限 10 年；我国商标法规定，注册商标有效期为 10 年，期满前可续展；我国著作权法规定，作品的使用、发表和获得报酬权为作者终身及死后 50 年。

（三）知识产权的作用

(1) 为智力成果完成人的权益提供了法律保障，调动了人们从事科学技术研究和文学艺术作品创作的积极性和创造性。

(2) 为智力成果的推广应用和传播提供了法律机制，使智力成果可以转化为生产力，应用到生产建设上面，产生巨大的经济效益和社会效益。

(3) 为国际经济技术贸易和文化艺术的交流提供了法律准则，促进了人类文明进步和经济发展。

(4) 知识产权法律制度作为现代民商法的重要组成部分，对完善我国法律体系，建设法治国家具有重大意义。

（四）著作权

1. 著作权概念 著作权也称版权，由自然科学、社会科学以及文学、音乐、戏剧、绘画、雕塑、摄影和电影摄影等方面的作品组成。版权是法律上规定的某一单位或个人对某项著作享有印刷出版和销售的权利，任何人要复制、翻译、改编或演出等均需要得到版权所有人的许可，否则就是对他人权利的侵权行为。知识产权的实质是把人类的智力成果作为财产来看待。著作权是文学、艺术、科学技术作品的原创作者，依法对其作品所享有的一种民事权利。

在中国，著作权用在广义时，包括(狭义的)著作权、著作邻接权、计算机软件著作权等，属于著作权法规定的范围。这是著作权人对著作物(作品)独占利用的排他的权利。狭义的著作权又分为发表权、署名权、修改权、保护作品完整权、使用权和获得报酬权(著作权法第 10 条)。著作权分为著作人身权和著作财产权。著作权与专利权、商标权有时有交叉情形，这是知识产权的一个特点。

2. 著作权内容 著作权的主要内容包括以下几个方面。

(1) 著作权自作品创作完成之日起产生。

(2) 著作权分为著作人格权与著作财产权。其中著作人格权的内涵包括了公开发表权、姓名表示权及禁止他人以扭曲、变更方式利用著作损害著作人名誉的权利。

(3) 著作权的权利

1) 发表权：即决定作品是否公之于众的权利。

2) 署名权：即表明作者身份，在作品上署名的权利。

3) 修改权：即修改或者授权他人修改作品的权利。

4) 保护作品完整权：即保护作品不受歪曲、篡改的权利。

5) 复制权：即以印刷、复印、拓印、录音、录像、翻录、翻拍等方式将作品制作一份或者多份的权利。

6) 发行权：以出售或者赠与方式向公众提供作品的原件或者复制件的权利。

7) 出租权：即有偿许可他人临时使用电影作品和以类似摄制电影的方法创作的作品、计算机软件的权利，计算机软件不是出租的主要标的的除外。

8) 展览权：即公开陈列美术作品、摄影作品的原件或者复制件的权利。

9) 表演权：即公开表演作品，以及用各种手段公开播送作品的表演的权利。

10) 放映权：即通过放映机、幻灯机等技术设备公开再现美术、摄影、电影和以类似摄制电影的方法创作的作品等的权利。

11) 广播权：即以无线方式公开广播或者传播作品，以有线传播或者转播的方式向公众传播广播的作品，以及通过扩音器或者其他传送符号、声音、图像的类似工具向公众传播广播的作品的权利。

12) 信息网络传播权：即以有线或者无线方式向公众提供作品，使公众可以在其个人选定的时间和地点获得作品的权利。

13) 摄制权：即以摄制电影或者以类似摄制电影的方法将作品固定在载体上的权利。

14) 改编权：即改变作品，创作出具有独创性的新作品的权利。

15) 翻译权：即将作品从一种语言文字转换成另一种语言文字的权利。

16) 汇编权：即将作品或者作品的片段通过选择或者编排，汇集成新作品的权利。

17) 应当由著作权人享有的其他权利。

著作权要保障的是思想的表达形式，而不是保护思想本身，因为在保障著作财产权此类专属私人之财产权利益的同时，尚须兼顾人类文明之累积与知识及资讯之传播，从而算法、数学方法、技术或机器的设计均不属著作权所要保障的对象。

三、信息资源共享与知识产权保护

信息资源共享与知识产权保护两者之间是对立统一的。知识产权是合法的垄断权。信息资源共享是基于信息使用者、消费者的利益，它要求对信息的采集、加工、传递等有最大的自由度，要求充分享受信息化所带来的便捷，及时分享到最新的信息，不希望共享信息时处处受到束缚。而知识产权保护则不同，其主要是为了维护知识产权所有人的利益，为了激励知识产权人的创造热情，它要求创造一个公平竞争的法律环境，在某些方面，如信息自由上予以一定的限制。

两者在目的、宗旨方面是一致的。知识产权保护实际上就是保护知识产权所有者的权利，只有有效地保护知识产权所有者的权利，充分鼓励其创作的积极性，才会使社会拥有更多的信息资源促进科技的进步和社会文化的繁荣。信息资源共享是迅速提高社会对信息资源的获知能力和利用率的最佳途径，其目的同样是为了让社会通过对资源的有效利用创造出更多的知识和财富。可见信息资源共享与知识产权保护的最终目标是一致的。追求信息的绝对共享必然导致没有信息共享，知识产权的适度保护恰恰为信息资源的共享提供了一个井然有序的市场和制度空间，使信息在最大限度内实现共享，即信息资源最大的自由度。同时，知识产权保护还需要通过信息资源的共享为其搜集、发布、扩散必要的信息，以完成其不断发展的使命。两者之间互相促进、相辅相成，共同促进经济社会的发展。

（蔡德清）

第八节　学术规范与学术不端行为

一、学术规范

(一)学术规范概念

所谓学术规范，是指人们在长期的学术实践活动过程中所逐步形成的，被学术界公认的，用来保障学术研究活动正常开展的，学术研究者应该自觉遵守的一些行为准则和约束条件。学术规范作为外在的约束机制，明确地规定了学术研究过程中能做什么，不能做什么。学术规范是保证学术研究活动得以有序进行的必要条件。

(二)学术规范的内容

学术规范的内容主要表现为学术道德规范、学术法律规范、学术引用规范、写作技术规范和学术评价与批评规范等。

1. 学术道德规范　学术道德规范是对学术工作者从思想修养和职业道德方面提出的要求，它是学术规范的核心部分。学术道德规范的具体内容包括：

(1)学术研究应以知识创新和技术创新作为科学研究的直接目标和动力，模范遵守学术研究的基本规范，研究或实验过程中要坚持严肃认真、严谨细致、一丝不苟的科学态度。不得虚报研究成果，反对投机取巧、粗制滥造、盲目追求数量不顾质量的浮躁作风和行为。反对急功近利，贪图捷径，甚至不劳而获，在他人成果上轻易署名换得个人名利的做法。

(2)学术评价应遵循客观、公正、准确的原则，如实反映成果水平。对研究课题应在充分掌握国内外材料、数据基础上，作全面分析、评价和论证。不得刻意贬低别人，提高自己，不可滥用“国际领先”“国内首创”“填补空白”等词语。应坚决反对在学术评价中掺杂个人情感因素甚至弄虚作假的行为。

(3)学术论著写作，应坚持继承与创新的有机统一。树立法制观念，保护知识产权，要充分尊重前人劳动成果，在论著中应明确交代本著作(或论文)中哪些是借鉴引用前人成果，哪些是自己的发明创见。应按国内外学术界通行的规矩，在学术成果中附加必要的注释并列出足量的参考文献，以标明本成果对前人理论、观点、材料、方法等的参考与借鉴。

2. 学术法律规范　学术法律规范包括国家制定的法律、法规和有关技术标准等。我国目前尚未制定专门的法律来规范人们的学术活动，与学术活动有关的行为规则分散在民法通则、著作权法、专利法、保密法、统计法、出版管理条例等法律法规中。如《关于科技工作者行为准则的若干意见》第一条规定：科技工作者应当模范地遵守宪法和法律。《高等学校哲学社会科学研究学术规范(试行)》第五条规定：高校哲学社会科学研究工作者应遵守《中华人民共和国著作权法》《中华人民共和国专利法》《中华人民共和国国家通用语言文字法》等相关法律、法规。学术法律规范主要内容可以概括为以下几个方面。

(1)学术研究不得泄露国家秘密和单位的技术秘密。国家秘密是关系国家的安全和利益、依照法定程序确定、在一定时间内只限一定范围的人员知悉的事项。这些事项主要是国家事务的重大决策中的秘密事项、国防建设和武装力量活动中的秘密事项、外交和外事活动中的秘密事项以及对外承担保密义务的事项、国民经济和社会发展中的秘密事项、科学技术中的秘密事项、维护国家安全活动和追查刑事犯罪中的秘密事项、政党的秘密事项，以及其他经国家保密工作部门确定应当保守的国家秘密事项等。学术活动中对涉及的国家秘密必须保密．否则将要承担相应的法律责任。另外，根据《中华人民共和国促进科技成果转化法》等

法律的规定，企业、事业单位应当建立健全技术秘密保护制度，保护本单位的技术秘密，职工应当遵守本单位的技术秘密保护制度，在学术活动中必须保守单位技术秘密，不得泄露。

(2) 学术活动不得干涉宗教事务。根据《宗教事务条例》的规定，在出版学术著作时，其中不得含有：破坏传教公民与不信教公民和睦相处的内容；破坏不同宗教之间和睦以及宗教内部和睦的内容；歧视、侮辱信教公民或者不信教公民的内容；宣扬宗教极端主义和违背宗教的独立自主自办原则的内容等。

(3) 学术活动应遵守著作权法、专利法规定。学术活动涉及最多的就是知识产权问题。因此，著作权法等知识产权方面的法律法规，往往就是学术活动应遵守的行为准则。其主要内容是：未经合作者许可，不能将与他人合作创作的作品当做自己单独创作的作品发表；未参加创作，不可在他人作品上署名；不允许剽窃、抄袭他人作品；禁止在法定期限内一稿多投；合理使用他人作品等。

(4) 应遵守语言文字规范。学术活动中，应使用国家通用的语言文字，方言、繁体字、异体字只有在特殊情况下，即在出版、教学、研究中确需使用时方可使用；汉语文出版物应当符合国家通用语言文字的规范和标注，汉语文出版物中需要使用外国语言文字的，应当用国家通用语言文字做必要的注释。

3. 学术引用规范　在学术性文章中，只要直接引用了一本书或一篇文章，或者在作品中采用他人的工作成果，就需要确认其来源。如果没有这样做，将因剽窃行为而被定罪。《高等学校哲学社会科学研究学术规范》对学术引文规范作了如下规定。

(1) 引文应以原始文献和第一手资料为原则。凡引用他人观点、方案、资料、数据等，无论曾否发表，无论是纸质或电子版，均应详加注释；凡转引文献资料，应如实说明。

(2) 学术论著应合理使用引文。对已有学术成果的介绍、评论、引用和注释，应力求客观、公允、准确。伪注、伪造、篡改文献和数据等，均属学术不端行为。

4. 写作技术规范　学术研究中的技术规范主要体现在写作规范中。写作技术规范的内容主要有以下三个方面。

(1) 学术成果应观点明确、资料充分、论证严密；内容与形式应完美统一，达到观点鲜明、结构严谨、条理分明、文字通畅的程度。

(2) 学术成果的格式应符合要求。各刊物目前对成果的格式要求并不统一。就学术论文而言，既有执行国家标准的，也有执行自定标准的。不论刊物执行何种标准，论文中都必须具有以下项目：题名、作者姓名及工作单位、摘要、关键词、中图分类号、正文、参考文献、作者简介，以及英文题名、英文摘要和英文关键词等。另外，基金资助项目论文应对有关项目信息加以注明。

(3) 参考文献的著录应符合要求。我国在 1987 年就制定了国家标准《文后参考文献著录规则》(GB7714-1987)，对文后参考文献的著录做了明确规定，2015 年 5 月 15 日，颁布了修订后的《文后参考文献著录规则》(GB7714-2015)，但人们在学术活动中往往有意无意地忽视它，使得文后的参考文献著录很不规范。随着学术期刊规范化建设的开展，参考文献著录混乱的现象一定会有很大的改观。因此，作者在学术活动中也应该主动配合期刊规范化工作，认真、自觉地执行已有的国家学术标准。

5. 学术评价与学术批评规范　学术评价是同行学者对评价对象是否符合一定学术标准及符合程度做出权威判断的学术活动。学术评价规范主要是指学术评价的程度规范，设立这些规范的目的是为了充分发挥学术评价的积极作用，减少其消极作用，防止学术腐败。学术批评是确立和完善学术规范过程中不可或缺的一环。科学的学术批评规范，包括健康的学术批评的理念，严肃认真的学术批评实践，实事求是的学术批评精神及与人为善的学术批评氛围，其中关键是“努力营造生动活泼、求真务实的学术环境，提倡不同学术观点、学术流派的争鸣和切磋，提倡说理充分的批评与反批评。”

二、学术不端行为与检测

(一)学术不端行为概述

对学术不端行为的界定，美国政府 1999 年 10 月 14 日发布的《联邦公报》中对学术不端行为的定义是“指在提出、执行及审查学术研究活动中，或者在报告研究成果时的捏造、篡改和剽窃行为”。中国科学技术协会 2009 年 10 月 31 日发布的《科技工作者科学道德规范(试行)》中“学术不端行为是指，在科学研究和学术活动上的各种造假、抄袭、剽窃和其他违背科学共同体惯例的行为”。该文件中概括的学术不端行为包括：

(1)故意做出错误的陈述，捏造数据或结果，破坏原始数据的完整性，篡改实验记录和图片，在项目申请、成果申报、求职和提职申请中做虚假的陈述，提供虚假获奖证书、论文发表证明、文献引用证明等。

(2)侵犯或损害他人著作权，故意省略参考他人出版物，抄袭他人作品，篡改他人作品的内容；未经授权，利用被自己审阅的手稿或资助申请中的信息，将他人未公开的作品或研究计划发表或透露给他人或为己所用；把成就归功于对研究没有贡献的人，将对研究工作做出实质性贡献的人排除在作者名单之外，僭越或无理要求著者或合著者身份。

(3)成果发表时一稿多投。

(4)采用不正当手段干扰和妨碍他人研究活动，包括故意毁坏或扣压他人研究活动中必需的仪器设备、文献资料，以及其他与科研有关的财物；故意拖延对他人项目或成果的审查、评价时间，或提出无法证明的论断；对竞争项目或结果的审查设置障碍。

(5)参与或与他人合谋隐匿学术劣迹，包括参与他人的学术造假，与他人合谋隐藏其不端行为，监察失职，以及对投诉人打击报复。

(6)参加与自己专业无关的评审及审稿工作；在各类项目评审、机构评估、出版物或研究报告审阅、奖项评定时，出于直接、间接或潜在的利益冲突而作出违背客观、准确、公正的评价；绕过评审组织机构与评议对象直接接触，收取评审对象的馈赠。

(7)以学术团体、专家的名义参与商业广告宣传。

(二)如何避免学术不端

(1)坚持科学精神和原则，忠实地记录和保存原始数据，不能捏造和篡改。虽然在论文中由于篇幅限制、写作格式等原因，而无法全面展示原始数据，但是一旦有其他研究人员对论文中的数据提出疑问，或希望做进一步了解，论文作者应该能够向质疑者、询问者提供原始数据。因此，论文发表后，有关的实验记录、原始数据仍然必须保留一段时间，一般至少要保存 5 年，而如果论文结果受到质疑，就应该无限期地保存原始数据以便接受审核。

(2)在搜集、整理相关资料时，尽量使用一些文献管理软件，便于在阅读时随时做笔记以及在引用资料时能得到正确、详细的信息。

(3)在撰写论文时，借鉴和使用别人的研究成果、数据、思想、语句和文字时，尽量用自己的话重新组织，必要时加以引号、说明或注明出处。

(4)熟悉引文标注的方法和规则。

(5)引注观点应尽可能追溯到相关论说的原创者。

(三)学术不端检测系统

目前国内学术不端检测系统主要有三类，分别是 CNKI 学术不端文献检测系统(AMLC)、万方论文相似性检测服务(PSDS)和维普论文检测系统(VPCS)。

1. CNKI学术不端文献检测系统(AMLC)　CNKI学术不端文献检测系统(http：//check.cnki.net)，是中国学术期刊(光盘版)电子杂志社与同方知网(北京)技术有限公司在《中国知识资源总库》(CNKI)系统整合出版各种学术文献的基础上，于2008年12月底研发的。AMLC采用CNKI自主研发的自适应多阶指纹(AMLFP)特征检测技术，具有检测速度快，准确率，召回率高，抗干扰性强等特征。该系统具有涵盖期刊、博硕士学位论文、会议论文、报纸、专利等各类学术资源数据做比对资源，支持英文文献检测，支持繁体检测，支持用户自建比对库。自其正式发布以来，已在全国6000多家教育、科研、出版及相关管理机构中得到广泛应用，为全国各行业在学术出版、研究生论文答辩、科研项目审批和鉴定验收、学术职称评定等工作中防治学术不端行为提供专门的信息咨询服务。

AMLC比对文献来源：①中国学术文献网络出版总库资源；②英文学术资源；③互联网数据资源；④第三方数据库资源；⑤用户自建比对库资源。

2. 万方论文相似性检测服务(PSDS)　万方论文相似性检测服务(http：//check.wanfangdata.com.cn)是万方数据推出的特色服务，用于指导和规范论文写作，检测新论文和已发表论文的相似片段。它基于数字化期刊全文数据库、学位论文全文数据库等万方数据核心数据资源，可通过Web模式，快速灵活进行单篇论文检测，并率先在国内推出了支持批量检测、断点续传等功能的检测客户端。

PSDS比对文献来源：①中国学术期刊数据库资源；②中国学位论文全文数据库资源；③中国学术会议论文数据库资源；④中国学术网页数据库资源。

3. 维普论文检测系统(VPCS)　维普论文检测系统(http：//www.cqvip.com/gocheck)，采用国际领先的海量论文动态语义跨域识别加指纹比对技术，通过运用最新的云检测服务部署使其能够快捷、稳定、准确地检测到文章中存在的抄袭和不当引用现象，实现了对学术不端行为的检测服务。系统主要包括已发表文献检测、论文检测、自建比对库管理等功能，可快速准确地检测出论文中不当引用、过度引用甚至是抄袭、伪造、篡改等学术不端行为，可自动生成检测报告，并支持PDF、网页等浏览格式。详细的检测报告通过标红相似文档、饼状图，形象直观地显示相似内容比对、相似文献汇总、引用片段出处、总相似比、引用率、复写率和自写率等重要指标，为教育机构、科研单位、各级论文评审单位和发表单位提供了论文原创性和新颖性评价的重要依据。

VPCS比对文献来源：①中文期刊论文库资源；②硕博学位论文库资源；③高校特色论文库资源；④自建特色论文库资源；⑤互联网数据资源。

分析与思考

1. 查找“支气管淋巴结核”疾病在分类类目中的上三级依次是什么病？

2. 要查找中药“人参”的性状及鉴别方法的资料，可以采用哪种药典？

3. 某医学院的外科学课程老师在上课时提到：“黄家驷是我国著名的医学家、医学教育家，他主编的《黄家驷外科学》是当今中国最权威的外科学著作，并多次修订再版。”一名学生对此非常感兴趣，决定去学校图书馆借阅《黄家驷外科学》，并想详细了解一下黄家驷的个人信息。

问题：

(1)该学生到学校图书馆应如何借阅《黄家驷外科学》？如何获得图书馆收藏的黄家驷编写的全部著作信息？

(2)该学生应如何获得黄家驷的个人信息及其研究领域情况？这属于何种类型的信息检索？

4. 临床医学专业的王同学想检索近两年出版的关于“糖尿病”方面的电子图书，请问用超星数字图书馆应该如何检索？

5. 2011年7月《微生物学报》编辑部收到一封匿名网友举报邮件，举报称湖南农业大学教授李某某2005年发表在《微生物学报》中的一篇文章涉嫌抄袭美国微生物协会旗下刊物《应用与环境微生物学》中的一篇文章。经过比对：在摘要部分，李某某文章(简称李文)与美国文章(简称美文)的观点、数据完全相同；在材料部分，美文用的是英国 NCTC8164 大肠杆菌，李文用的是中科院微生物研究所的 ATCC80739 号大肠杆菌，美文用的高压设备为美式设备，李文用的是国内设备，但其研究方法及条件与美文如出一辙；在研究结果部分，李文的图表仅温度取值范围及刻度间隔与美文稍不同，而数据表在格式、内容上与美文完全相同；在分析与讨论部分，李文比美文的五个讨论内容少了一项，其余内容则完全相同；在参考文献部分，李文引用的全部 15 处文献有 14 处文献与美文相同。请问，李某某的行为是否属于抄袭？如果是，将会受到何种处分？

(蔡德清)

第3章 文摘型数据库检索系统

文摘型数据库检索系统主要是基于二次文献的检索，具有揭示文献信息深入、详细；数据量大、涵盖范围广；工具性、汇集性、综合性及系统性等优点，通过题录、文摘、书目等线索的提供，方便读者在较短的时间内获得较多的文献信息。本章着重介绍了中国生物医学文献服务系统(SinoMed)、Pubmed 数据库及 OVID 检索平台的检索技巧、检索规则及检索示例；并对外文生物医学期刊文献服务系统(FMJS)、BIOSIS Previews 数据库、SciFinder Scholar 数据库的检索方法及特色功能进行了简单的概述。

第一节 中国生物医学文献服务系统

一、数据库概述

(一) 系统资源概述

中国生物医学文献服务系统(SinoMed)是由中国医学科学院医学信息研究所/图书馆开发研制的综合性生物医学文献数据库，涵盖资源丰富，能全面、快速反映国内外生物医学领域研究的新进展；功能强大，是集检索、统计分析、免费获取、全文传递服务于一体的生物医学中外文整合文献服务系统。在全面涵盖中国生物医学文献数据库(CBM)的基础上，新增西文生物医学文献数据库(WBM)、日文生物医学文献数据库、俄文生物医学文献数据库、英文文集汇编文摘数据库、英文会议文摘数据库、北京协和医学院博硕学位论文数据库、中国医学科普文献数据库 7 种资源，学科范围广泛，年代跨度大。

中国生物医学文献数据库(CBM)，首版发行于 1994 年 9 月，该数据库收录了 1978 年以来 1800 多种中国生物医学期刊，以及汇编、会议论文的文献题录 800 余万篇，年增文献 50 余万篇，每月更新，1989 年以后的题录与维普中文科技期刊全文数据库链接。CBM 数据库的编排结构、标引方法、检索方法，与 PubMed 检索系统基本相同并具有良好兼容性。CBM 的文献涉及基础医学、临床医学、预防医学、药学、中医中药学，以及医院管理和医学情报学等与生物医学有关的各个领域。该系统具有多种词表辅助检索功能，提供了关键词、主题、分类、刊名、著者等多种检索途径。

中国医学科普文献数据库，收录 2000 年以来国内出版社的医学科普期刊近百种，文献总量 20 万余篇，重点突显养生保健、心理健康、生殖健康、运动健身、医学美容、婚姻家庭、食品营养等与医学健康有关的内容，每月更新。

北京协和医学院博硕学位论文库，收录 1981 年以来协和医学院培养的博士、硕士研究生学位论文，学科范围涉及医学、药学各专业领域及其他相关专业，内容前言、丰富，可在线浏览全文，每季更新。

西文生物医学文献数据库，收录 7200 余种世界各国出版的重要生物医学期刊文献题录 2400 余万篇，其中馆藏期刊 4800 余种，免费期刊 2400 余种，年代跨度大，部分期刊可回溯至创刊年，全面体现协和医学院图书馆悠久丰厚的历史馆藏，年增文献 100 余万篇，每月更新。

英文文集汇编文摘数据库，收录馆藏生物医学文集、汇编，以及能够从中析出单篇文献的各种参考工具书等 240 余种(册)。报道内容以最新出版的文献为主，部分文献可回溯至 2000 年，每月更新。

英文会议文摘数据库，收录 2000 年以来世界各主要学协会、出版机构出版的 60 余种生物医学学术会议文献，部分文献有少量回溯，每月更新。

俄文生物医学文献数据库，收录 1995 年以来俄国出版的俄文重要生物医学学术期刊 30 余种，部分期刊有少量回溯，每月更新。

日文生物医学文献数据库，收录 1995 年以来日本出版的日文重要生物医学学术期刊 90 余种，部分期刊有少量回溯，每月更新。

(二)系统功能概述

1. 数据深度加工，准确规范 SinoMed 一贯注重数据的深度加工和规范化处理。所收录的题录均按美国国立医学图书馆最新版的《医学主题词表》(MeSH)及中国中医科学院中医药信息研究所《中国中医药学主题词表》进行主题标引，按《中国图书馆分类法·医学专业分类表》进行分类标引，使文章内容揭示更加全面、准确。

2. 检索功能强大，方便易用 智能检索、多内容限定检索、主题词表辅助检索、主题词与副主题词扩展检索、分类表辅助检索、定题检索、作者机构限定、引文检索、基金检索、多知识点链接检索、检索结果统计分析等功能，使检索过程更快、更高效，使检索结果更细化、更精确。

3. 原文服务方式多样，快捷高效 学位论文在线阅读、免费原文直接获取、非免费原文通过多渠道链接及文献传递在线索取等服务，为用户提供经济、便捷的全文获取途径，让用户在有效利用自己电子馆藏的同时，充分享受北京协和医学院图书馆的丰富馆藏资源。

二、检 索 方 法

中国生物医学文献服务系统(SinoMed)检索平台如图 3-1 所示，国内用户可以通过 SinoMed 主站的 http：//www.sinomed.ac.cn 免费浏览、检索开放获取的文献题录和文摘信息，订购了 SinoMed 服务系统的机构，可通过机构设置的链接进入检索平台。

SinoMed 服务系统提供跨库检索和单库检索两种方式。

1. 跨库检索 SinoMed 服务系统支持对多个数据库进行同时检索，如图 3-1 所示。用户可以根据需要，选择其中的数据库进行检索，可以勾选一个数据库，也可以勾选多个数据库。跨库检索的检索途径包括快速检索、高级检索、主题检索、分类检索，其中默认的检索状态为快速检索，其他三种检索方式界面如图 3-2 所示，打开方式通过首页高级检索入口进入。

2. 单库检索 用户可以点击 SinoMed 服务系统中的单个数据库进行检索，每个数据库提供检索途径大体相同。

下面以中国生物医学文献数据库(CBM)为例对各种检索途径的使用方法进行介绍。

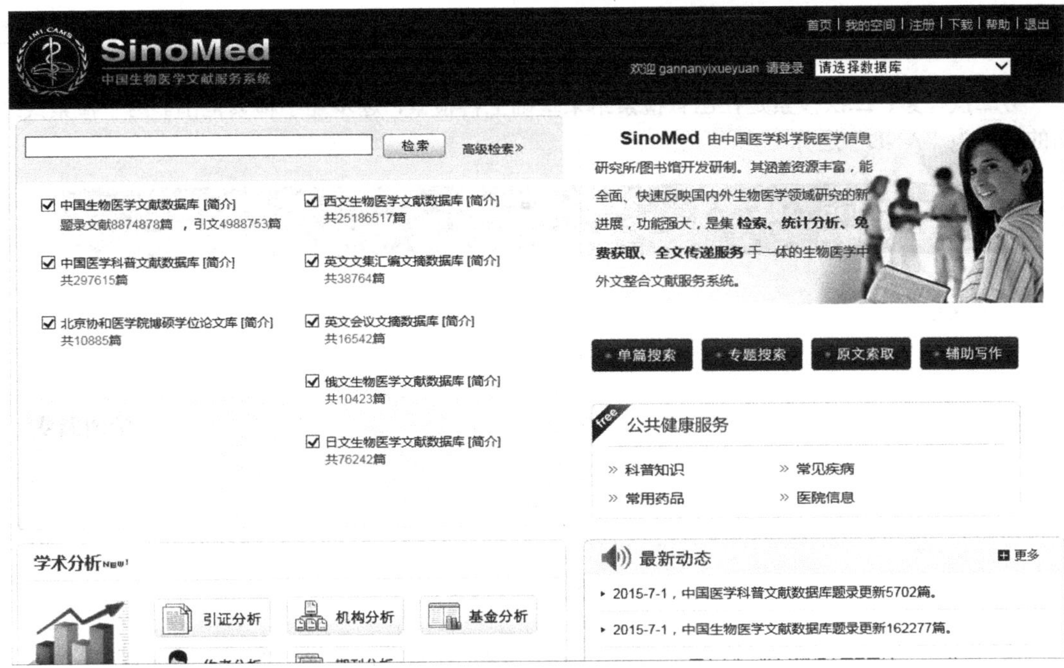

图 3-1 SinoMed 检索平台

图 3-2 SinoMed 跨库检索界面

(1) 快速检索：CBM 检索系统的默认状态是快速检索，如图 3-3 所示。

快速检索步骤：

1) 输入检索词或检索式：检索词输入框键入检索词或检索式，检索词本身可使用通配符，检索词之间可使用逻辑运算符。检索词可以是单词、词组、主题词、关键词、字母、数字等。

2) 点击“检索”按钮，开始检索。快速检索状态，在全部字段默认执行智能检索。智能检索是指自动实行检索词、检索词对应主题词及该主题词所含下位词的同步检索。如输入“艾滋病”，

系统将用“艾滋病”“获得性免疫缺陷综合征”等表达同一概念的一组词在全部字段中进行智能检索。

3）二次检索：二次检索是在已有检索结果基础上再检索，逐步缩小检索范围。两个检索式之间的关系为“AND”运算。

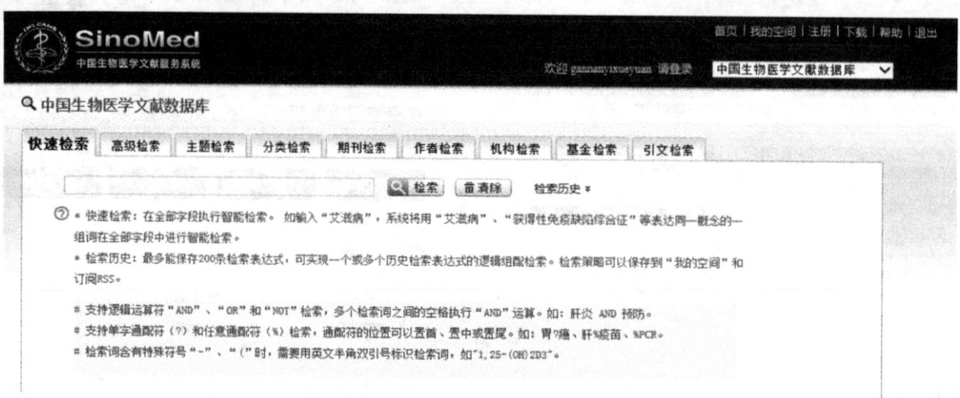

图 3-3　CBM 快速检索界面

（2）高级检索：高级检索界面如图 3-4，增加了限定检索功能，进一步缩小了检索的范围。

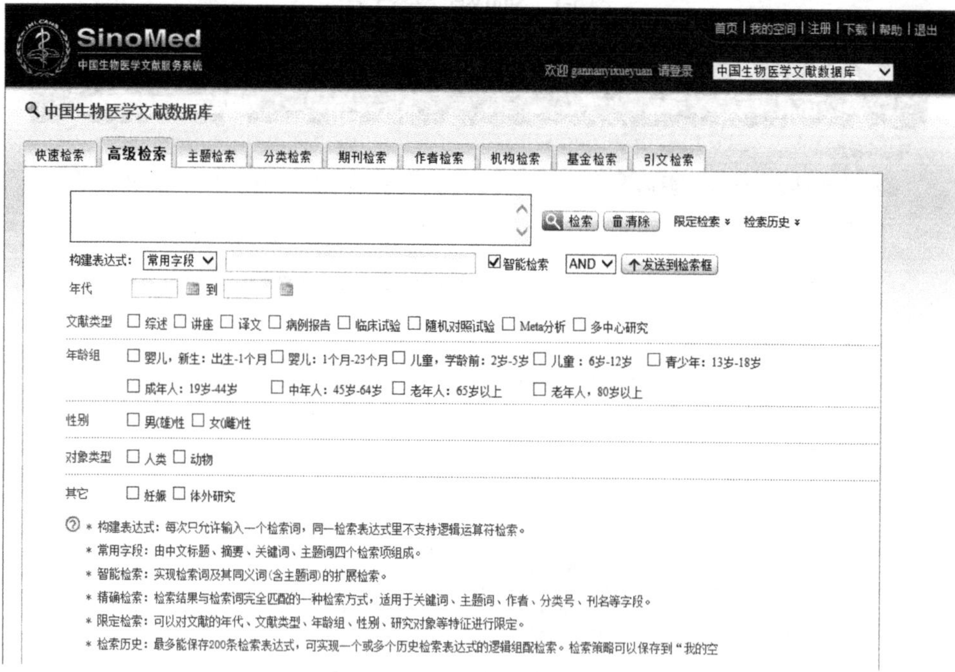

图 3-4　CBM 高级检索界面

高级检索的检索步骤：

1）构建表达式：①通过常用字段下拉菜单，可选择以下字段：全部字段：表示在所有可检索的字符型字段中查找用户输入的检索词。特定字段：指仅在某一指定的字段内查找输入的检索词，如中文标题、关键词、作者、作者单位、刊名等；②选择是否进行智能检索，默认状态为智能检索；③通过逻辑运算符下拉菜单，选择逻辑运算符，如：AND、OR、NOT；④通过“发送到检索框”按钮完成表达式的构建，包括单个检索词或检索表达式。

2）限定检索：通过限定检索下拉列表，可以限定检索的范围，如：文献类型、研究对象年龄

组、研究对象的性别、研究对象类型，出版年代的时间限定等。

3）点击“检索”按钮，开始检索。

（3）主题检索：主题检索又称主题词表辅助检索，指采用规范化的主题词基于主题概念进行检索。与关键词检索相比，主题检索能有效提高查全率和查准率。如图 3-5 所示。

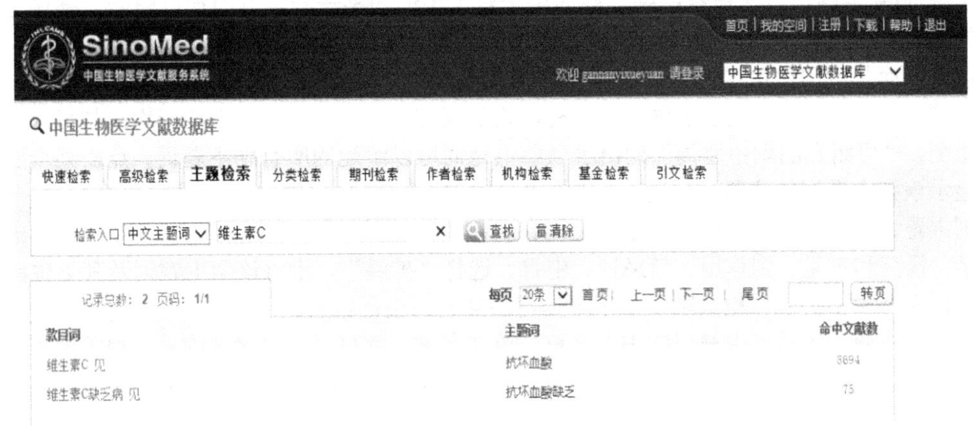

图 3-5　CBM 主题检索界面

主题检索步骤：

1）选择“中文主题词”或“英文主题词”检索入口，输入检索词，点击“查找”按钮。

2）在主题词列表中浏览选择所需主题词。

3）在主题词详细信息界面，浏览主题词注释信息和树形结构，选择是否扩展检索、加权检索、组配副主题词以及副主题词扩展检索等选项。

4）点击“主题检索”按钮执行检索。

在检索选项中有“扩展检索”及“加权检索”选择，如图 3-6 所示。

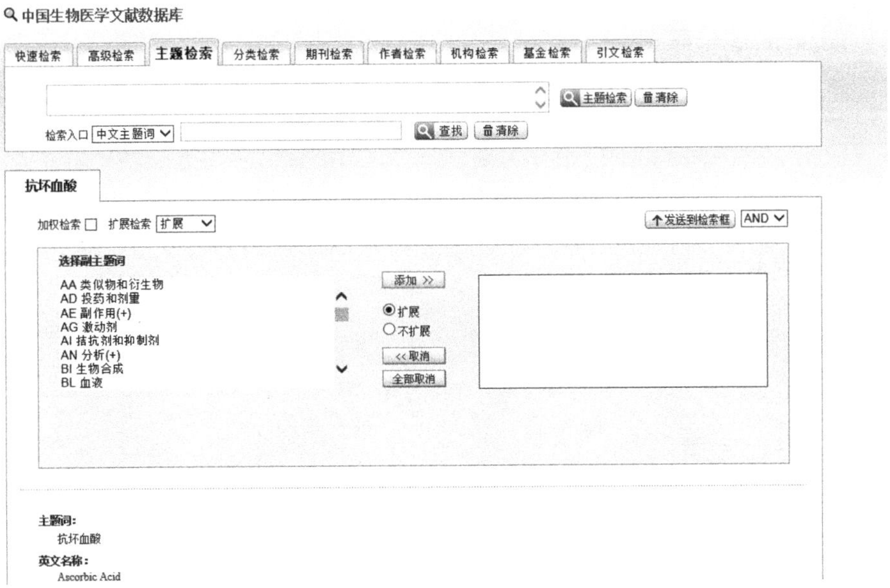

图 3-6　CBM 主题词扩展检索及加权检索界面

“扩展检索”是对当前主题词及其所有的下位主题词检索，不扩展检索则仅限于对当前主题词的检索，默认状态为扩展检索，若不进行扩展检索选择“不扩展”检索。“加权检索”表示仅对加星号(*)主题词(主要概念主题词)检索，非加权检索表示对加星号主题词和非加星号主题词(非主要概念主题词)均进行检索。默认状态为非加权检索，若进行加权检索对“加权检索”选择框进行勾选。

主题词/副主题词组配检索：副主题词用于对主题词的某一特定方面加以限制，强调主题词概念的某些专指方面。如：“维生素 C/诊断应用”表明文章并不是对维生素 C 方面的所有文章进行讨论，而是专门讨论维生素 C 在临床诊断上的作用。副主题词一共有 94 个，表明同一主题词的不同方面。主题词与副主题词的组配有严格的规定，不是所有的副主题词均能与每个主题词进行组配，“可组配的副主题词”列出了当前主题词可以组配的所有副主题词，点击某个副主题词可显示该副主题词的注释，有助于正确使用副主题词。

副主题词扩展检索：一些副主题词之间也存在上下位关系，如副主题词“治疗应用”的下位词包括：投药和剂量、副作用、禁忌证、中毒。选择“扩展”，指对该副主题词及其下位副主题词进行检索，“不扩展”检索则仅限于对当前副主题词进行检索。

主题词注释：包括该主题词的中文名称、英文名称、款目词、树状结构号、相关词、检索回溯注释、标引注释、历史注释、范畴注释等内容。认真核对主题词的注释信息，确定是否和检索主题一致。

(4)分类检索：《中国图书馆分类法·医学专业分类表》是中国生物医学文献数据库(CBM)分类标引和检索的依据。分类检索单独使用或与其他检索方式组合使用，可发挥其族性检索的优势，分类检索界面如图 3-7 所示。

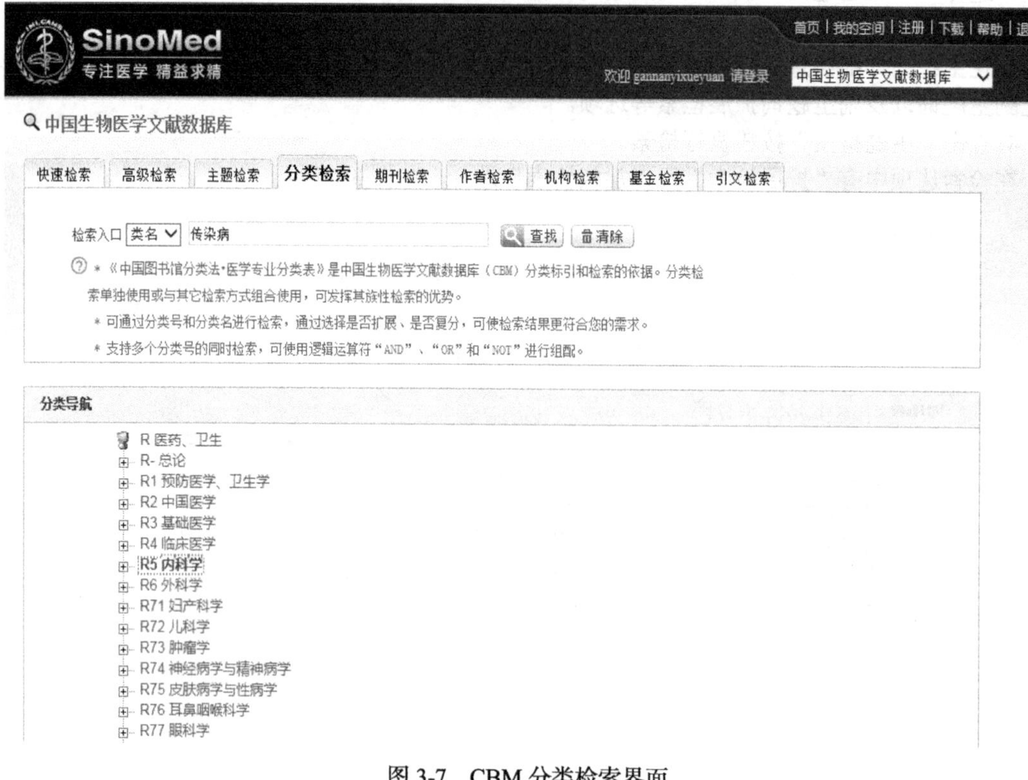

图 3-7 CBM 分类检索界面

分类检索步骤：

1)选择检索入口“类名”或“类号”，输入检索词，点击“查找”按钮。

2)在分类列表中选择合适的类名。

3) 在分类检索界面选择扩展检索、复分组配检索，点击“分类检索”按钮，系统自动进行检索并显示检索结果。

扩展检索：表示对该分类号及其全部下位类号进行检索，不扩展表示仅对该分类号进行检索。

复分组配检索：系统自动将能够与分类号组配的复分号列出，选择“全部复分”表示检索当前分类号与所有复分号组配及无复分号组配的所有文献；选择“无复分”表示检索当前分类号不组配任何复分号的文献；选择某一复分号表示仅检索当前分类号与该复分号组配的文献。

(5) 期刊检索：从“检索入口”处选择刊名、出版地、出版单位、期刊主题词或者 ISSN 直接查找期刊。也可通过“学科分类导航”或“首字母导航”逐级查找浏览期刊。如图 3-8 所示。

图 3-8　CBM 期刊检索界面

期刊检索的步骤：

1) 选择检索入口：通过下拉菜单选择刊名、出版地、出版单位、期刊主题词或者 ISSN，输入相应检索词，点击“查找”按钮。“刊名”项检索，输入所查刊名(或刊名中的任何字、词)，点击“查找”按钮便可显示刊名中带有检索字、词片段的所有期刊刊名、ISSN 和命中文献数。“出版地”项检索，输入某一地名，点击“查找”按钮显示该地出版的所有期刊刊名。“期刊主题词”检索，输入主题词，点击“查找”显示含有该期刊主题词的所有期刊刊名。

2) 从含有该检索词的期刊列表中选择合适的期刊名。

3) 选择“含更名期刊”，可以检索出该刊和更名期刊。

4) 设置年代及刊期(默认为全部)，屏幕下方还提供该刊的基本信息，包括主办编辑单位、编辑部地址、刊号、创刊日、邮发代码、邮编、电话等。

5) 点击“浏览”本刊按钮，执行检索。

(6) 作者检索：通过作者检索功能可以检索某一作者发表的文章。如图 3-9 所示。

作者检索步骤：

1) 输入作者姓名，勾选“第一作者”，点击“查找”按钮。

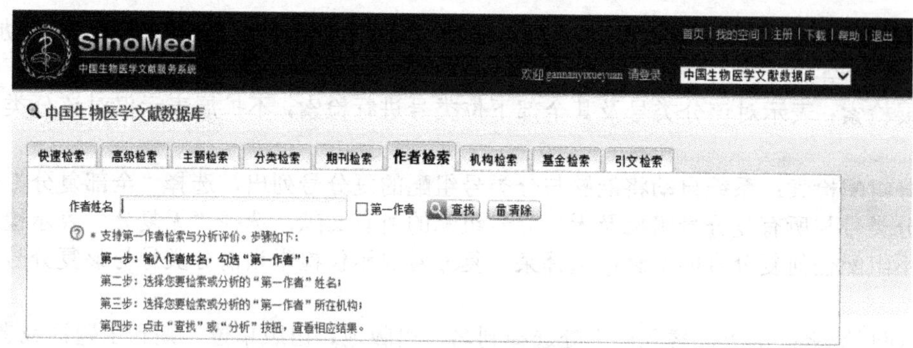

图 3-9　CBM 作者检索界面

2) 显示命中作者的信息列表，勾选"第一作者"，点击"下一步"。

3) 查看选中作者在系统中的单位分布。

4) 根据实际需求对作者单位进行选择，可多选。点击"查找"按钮。

5) 显示该作者在该系统收录的所有文章。

(7) 机构检索：可通过输入机构名称直接查找机构，也可通过分类导航逐级查找所需机构，如图 3-10 所示。机构名支持单字通配符(?)和任意通配符(%)检索，通配符的位置可以置首、置中或置尾。如：北?大学、解放军%医院、%人民医院。

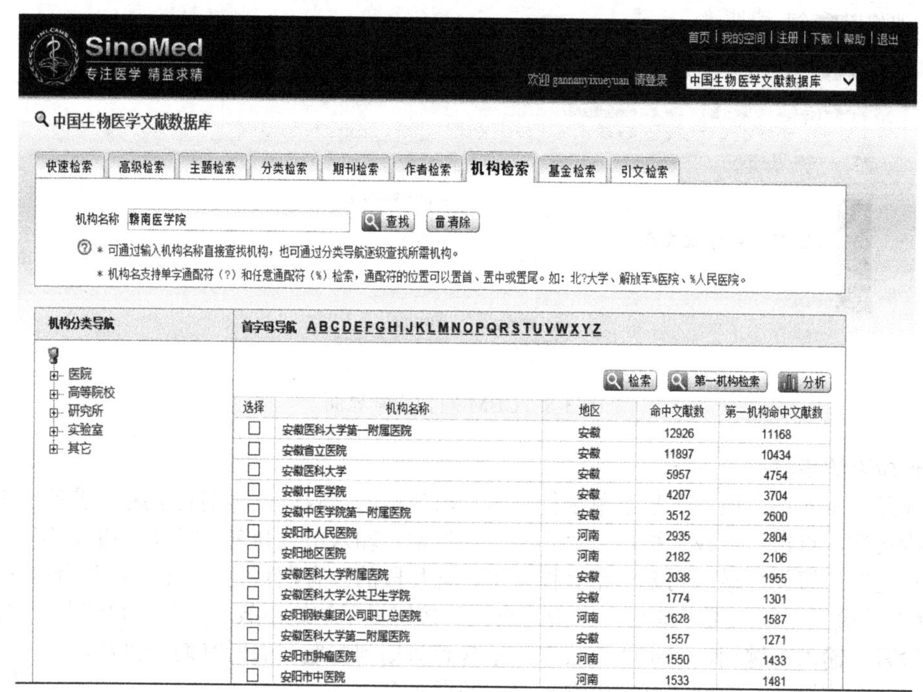

图 3-10　CBM 机构检索界面

机构检索步骤：

1) 在检索框中输入机构名称，点击"查找"按钮。

2) 显示机构名称的信息列表。列表中显示了相关机构名称、所在地址，命中的文献数、第一机构命中的文献数。如仅需查找以该机构名称为第一机构的文献，勾选所需机构名称，可多选，点击"第一机构检索"按钮；也可直接点击所需机构名称后"第一机构命中的文献数"。

3) 显示以所选机构名称为第一机构的所有文献。

(8)基金检索：可通过输入基金名称或者基金项目（“项目名称”或“项目编号”）直接查找基金，也可通过分类导航逐级查找浏览，如图 3-11 所示。 基金名支持单字通配符(?)和任意通配符(%)检索，通配符的位置可以置首、置中或置尾。如：教育?基金、国家%基金、%大学基金。

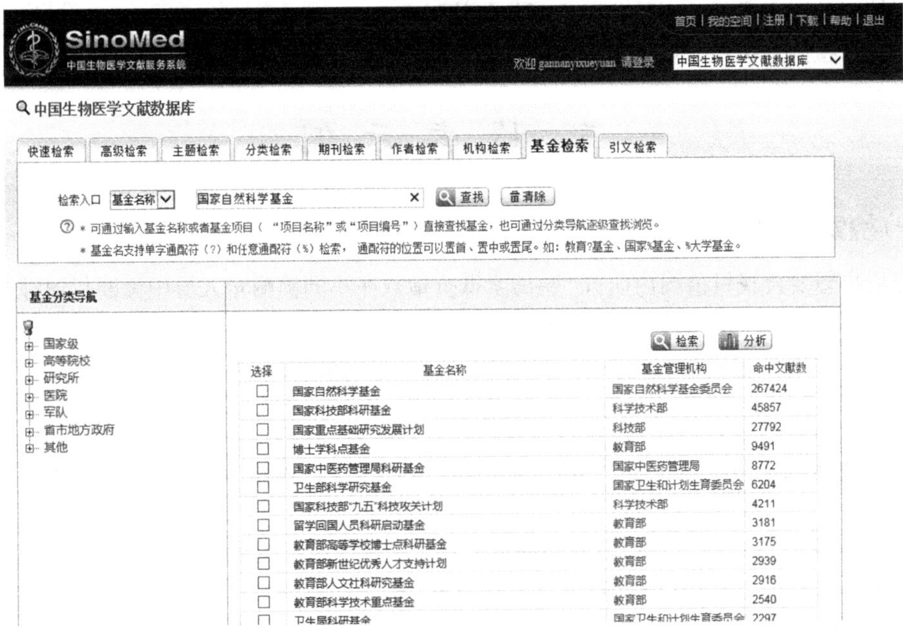

图 3-11　CBM 基金检索界面

基金检索步骤：

1)选择检索入口“基金名称”或“基金项目”，输入检索词，点击“查找”按钮。

2)在基金列表中选择所需的基金机构，可多选。

3)显示检索结果。

(9)引文检索：通过引文检索，可查找该引文的详细信息及最新研究进展等情况，如图 3-12 所示。

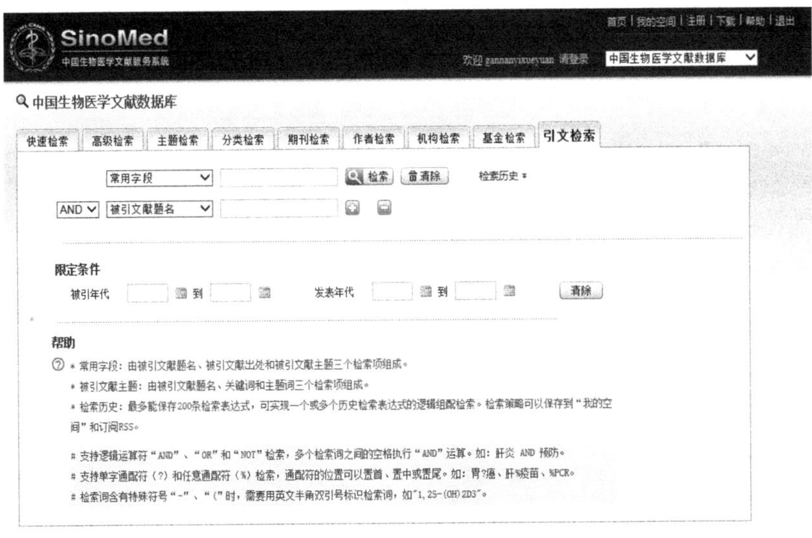

图 3-12　CBM 引文检索界面

引文检索步骤：

1）在常用字段下拉菜单中选择特定字段进行检索，如“被引文献题名、被引文献出处、被引文献主题、被引文献作者、被引文献机构”等，输入检索词。

2）对检索的引文进行被引年代、出版年代的限定。

3）点击“检索”按钮，显示结果。

三、检索示例

（一）检索范例

某位用户想要查找目前国内研究“胰岛素抵抗指数在不同糖耐量人群中诊断代谢综合征的作用”方面的最新文献，首先推荐选用中国生物医学文献服务系统（SinoMed）。

检索步骤为：

（1）分析课题题目，提取主题概念 通过对该课题的分析，提取主题概念为：胰岛素抵抗指数、糖耐量。

（2）选择数据库：根据用户只查找国内相关研究的需求，选择 SinoMed 平台的三个中文数据库。

（3）选择检索途径：为了获得更多的提示信息，使用高级检索途径。在高级检索界面可以对检索字段及出版年代、研究文献的特征等进行限定，缩小检索的范围，本例中限定中文检索词只在标题中出现，构建的检索式为：“胰岛素抵抗指数”［标题：智能］AND“糖耐量”［标题：智能］，如图 3-13 所示，点击“检索”按钮，检索结果如图 3-14 所示。

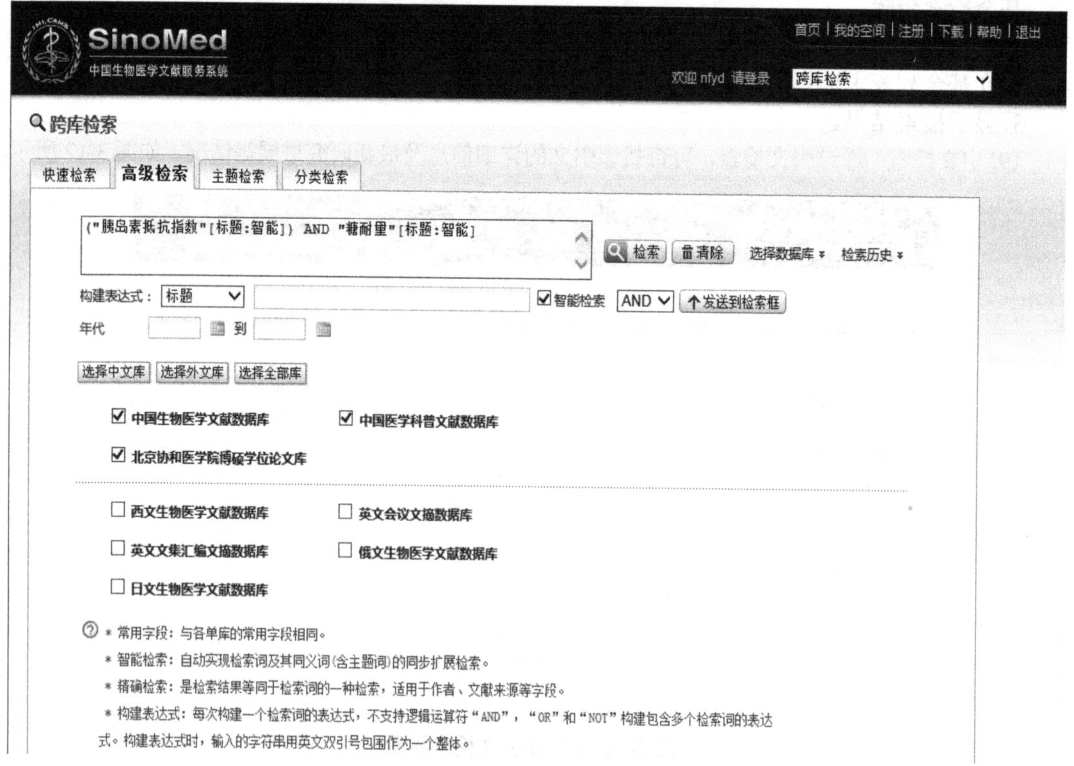

图 3-13 检索示例——高级检索界面

SinoMed 专注医学 精益求精

首页 | 我的空间 | 注册 | 下载 | 帮助 | 退出

欢迎mfyd 请登录　跨库检索

跨库检索

快速检索　高级检索　主题检索　分类检索

二次检索　检索　清除　重新选库　检索历史

检索条件：("胰岛素抵抗指数"[标题:智能]) AND "糖耐量"[标题:智能]

年代　到

中国生物医学文献数据库 (9)条记录　中国医学科普文献数据库 (0)条记录　北京协和医学院博硕学位论文库 (0)条记录

全部：9　核心期刊：6　中华医学会期刊：1　循证文献：0

结果输出

显示 题录　每页 20条　排序 入库

当前页　首页 | 上一页 | 下一页 | 尾页　共9篇　1 /1　转页

1. 口服葡萄糖耐量试验正常北京社区人群血糖、胰岛素水平及胰岛素抵抗指数与心血管危险因素的相关性研究

Association between the levels of plasma glucose,insulin,homeostasis model assessment-insulin resistance and cardiovascular risk factors:a study among healthy population with normal oral glucose tolerance test in a community in Beijing

原文索取　我的数据库

作者：张明华; 叶平; 骆雷鸣; 肖文凯; 吴红梅; 刘德军; 刘国树

作者单位：中国人民解放军总医院南楼临床部心血管内科, 北京 100853

出处：现代预防医学 2015; 42(9)：1624-1627, 1635

相关链接：主题相关

结果聚类　统计

主题　学科　期刊　作者　时间　地区

详细检索表达式

"胰岛素抵抗指数"[标题] AND "糖耐量"[标题]

图 3-14　检索示例-检索结果界面

(二) 检索结果管理

1. 检索结果显示　SinoMed 服务系统检索结果有两种显示格式：题录格式、文摘格式。可自主设置每页显示的命中记录数，系统默认每页显示 20 条。其排序方式有“年代”“作者”“期刊”和“相关度”4 种排序方式。系统支持的最大排序记录数为 6.5 万条。

2. 检索结果输出　SinoMed 服务系统有“保存”“打印”“E-mail”“写作助手”4 种检索输出方式。单次“保存”“打印”的最大记录数为 500 条，单次“E-mail”发送的最大记录数为 50 条。可对全部检索结果记录进行输出，也可只对感兴趣的记录进行输出。

3. SinoMed 原文获取　原文获取是 SinoMed 提供的一项特色服务。SinoMed 提供灵活多样的原文获取途径：维普原文直接链接、学位论文在线浏览、免费全文直接下载、原文传递索取原文，您可以根据需要随意选择。原文索取可通过填写“全文申请书”“文件导入”等方式申请所需要的文献。SinoMed 将在发出原文请求后 2 个工作日内，以电子邮件、普通信函、平信挂号、传真或特快专递方式，提供所需原文。原文索取具体操作如下：

(1) 点击感兴趣的文献标题下方的“原文索取”按钮，登录原文索取服务系统。

(2) 进入检索请求提交界面，在检索结果界面继续添加的“原文索取”请求，将累计添加到“检索请求”中，确定无误后点击“提交订单”进入订单提交界面。

(3) 在订单提交界面，可以对“邮寄方式”“费用限制”“时间限制”“是否加急”“添加备注信息”“表单信息”等进行选择修改。需要注意的是，在点击“提交”前，请先确定账户内余额是否能够满足这次原文申请所需金额；“提交”之后，请牢记“订单号”或者“提交时间”，以备查询之用。

(三)定题检索

在开展某项课题研究时，需要及时跟踪国内外在该领域的研究进展，把握最新研究动态和成果，定题检索可定制和跟踪某一课题的最新文献，如图 3-15 所示。

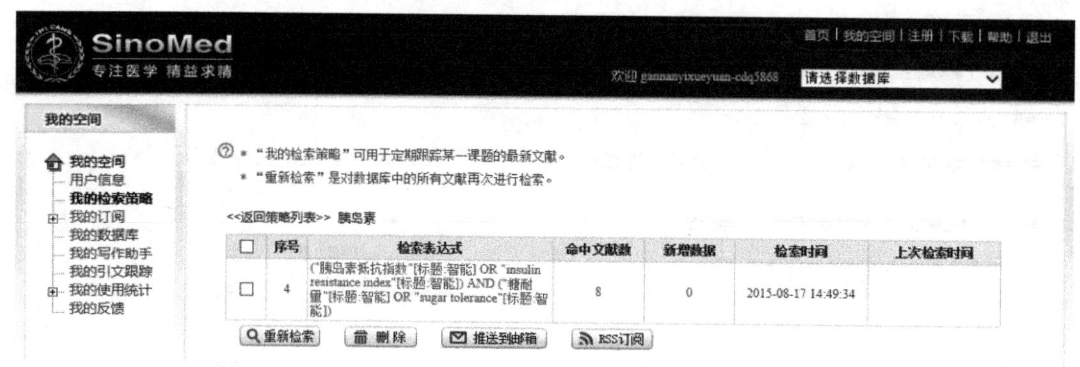

图 3-15　定题检索界面

具体步骤如下：

(1)保存检索策略：①进入检索历史界面；②勾选需要保存的检索策略序号；③点击“保存策略”按钮；④在输入框内输入此次保存的策略名；⑤点击“保存”按钮，保存成功后，系统会提示“策略保存成功”。

(2)登录我的空间。

(3)检索策略的激活：进入“我的检索策略”，勾选已定制的检索策略，并选择需要的检索操作：“重新检索”“推送到邮箱”或“RSS 订阅”。

第二节　PubMed 检索系统

一、系统概述

(一)简介

PubMed 检索系统是由美国国立医学图书馆(National Library of Medicine - NLM)国家生物技术信息中心(NCBI)建立的生物医学文献检索系统，1996 年开始在 Internet 上向用户免费提供检索服务，并且提供部分文献的免费或付费全文链接服务，网址为：http://www.ncbi.nlm.nih.gov/pubmed。该系统具有收录范围广、内容全、检索途径多、检索体系完备等特点，收录了全世界 80 多个国家和地区的 5000 多种生物医学期刊，现有文献记录 2000 多万条，时间最早可达 1865 年。

(二)数据来源

(1)Medline 数据库是 PubMed 数据的主体部分，检索记录带有[PubMed-index for MEDLINE]标记，为美国 NLM 建立的当今世界上最权威的生物医学文献数据库，内容涉及临床医学、基础医学、护理学、牙科学、兽医学、药理学、环境和公共卫生、健康保健等。

(2) PREMedline 是一个临时性数据库，检索记录带有[PubMed-in process]标记，收录进入 Medline 数据库以前未经标引的数据，每天对其进行标引和加工，经过 MeSH 标引后的完整记录转入 Medline 数据库，而在 PREMedline 中将其删除。

(3) Publisher Supplied Citations 是出版商直接向 PubMed 提供的数据和超出 MEDLINE 收录范围的数据，检索记录带有[PubMed-as supplied by publisher]标记，该记录一旦被 PREMedline 收录，则改为[PubMed-in process]，经标引后转入 Medline，括号内的标记随之消失，如该记录不属 Medline 收录范围，则将永远保留在 PREMedline 中。

二、检 索 方 法

PubMed 检索平台如图 3-16 所示，检索途径大致可分为基本检索、限定检索、高级检索和特色检索。

1. 基本检索 基本检索界面如图 3-16 所示。在快速检索框中输入检索词(至少 2 个字符)时，会出现与检索词拼写相近的词语列表，可供选择使用。在该检索框可进行的检索有：自由词检索、作者检索、刊名检索、限定字段检索、逻辑表达式检索、强制检索、截词检索等，系统会执行“自动词语匹配”(Automatic Term Mapping)功能，用户输入的检索词会依次匹配到主题词转换表(MeSH Translation Table)、期刊转换表(Journals Translation Table)、作者姓名全称转换表(Full Author Translation Table)、作者索引表(Author Index)、调研者或合作者姓名全称转换表[Full Investigator(Collaborator) translation table]和调研者或合作者姓名索引表[Investigator(Collaborator) index]中去匹配和转换，直到在 6 个表中找到匹配的词为止，否则系统会将词组或短语拆分成单词，再一次到这 6 个表中去匹配，这些单词间为 AND 关系。如果仍找不到匹配词，就用这些单词在所有字段中查找，各词间仍为 AND 关系。

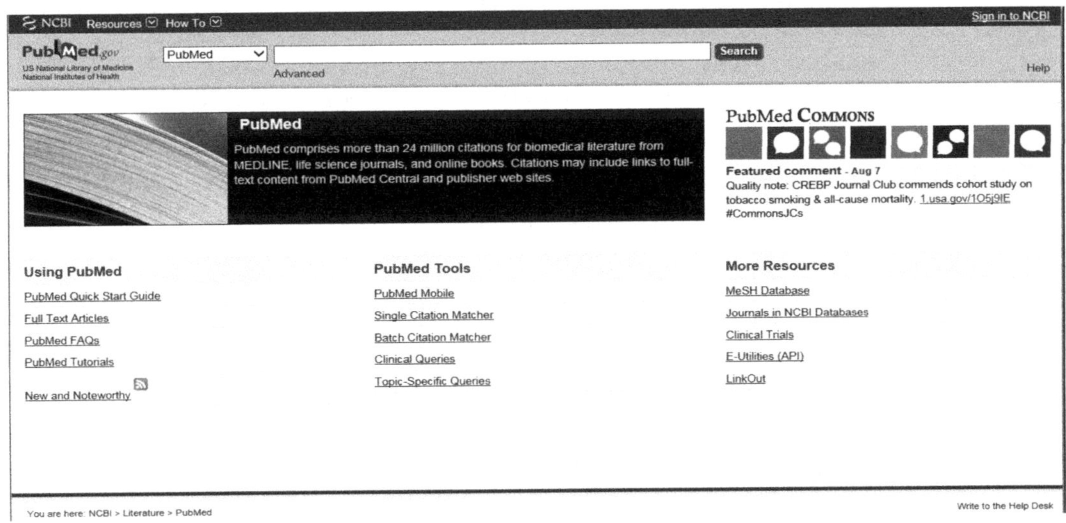

图 3-16 PubMed 检索平台

(1) 自由词检索：直接以单词、短语或缩略语词作为关键词进行检索。例如：cytotoxicity、eukaryotic cell encystation、PFNA 等。

(2) 作者检索：输入作者姓名的全称或姓氏全称加名首字母缩写(无标点符号)均可进行检索，但输入作者姓名全称只能检索到 2002 年以后文中有作者姓名全称的文献。如检索作者 Naveed Ahmed Khan 可输入 Naveed Ahmed Khan、Khan Naveed Ahmed、Khan NA、Khan N 等形式。

(3)刊名检索：可以直接用刊名全称、MEDLINE 格式的标准缩写、ISSN(国际标准连续出版物号)和 Electronic ISSN(电子出版物国际标准连续出版物号)进行检索，如 Cardiovascular Engineering and Technology 或 CVET、1869-408X 或 1869-4098 等形式。中文刊名直接输入汉语拼音，如中国护理杂志，输入 Zhongguo Hu Li Za Zhi。

(4)限定字段检索：PubMed 的 MEDLINE 显示格式中共设 81 个字段，在这些字段中，有的字段可以用来检索(47 个)，称为可检索字段；但有的字段只能浏览，不能进行检索。其中，ALL(All Fields)字段用于代指所有可检索字段(出版地和经翻译的篇名除外)。表达式为“检索词[字段标识符]”。如 cytotoxic*[TI]，即篇名中含有 cytotoxic*的文献。

(5)逻辑表达式检索：在 PubMed 检索词输入框中，可直接使用布尔逻辑运算符(AND、OR、NOT)进行检索，运算符优先级为 NOT＞AND＞OR。多个布尔逻辑运算符同时出现时，遵循从左向右运算规则，加括号可改变运算顺序。

(6)强制检索：对于词组或短语形式的检索词，如果不希望拆分，可以加半角的双引号(“”)，将其作为一个整体进行强制检索。强制检索时，系统直接到所有字段中查找，不执行自动扩展检索，也不进行自动词语转换匹配。

(7)截词检索：PubMed 检索系统支持截词检索，截词符为“*”。例如：“cytotoxic*”，系统检索出含有 cytotoxic、cytotoxicity 等单词的文献。截词检索时，系统不执行自动扩展检索，也不进行自动词语转换匹配。

2. 限定检索 在首页输入框中输入检索词点击“search”按钮，进入检索结果页面，在页面左边就是限定检索栏，如图 3-17 所示，限定检索栏可对检索结果进行各种条件的限定，即二次检索。

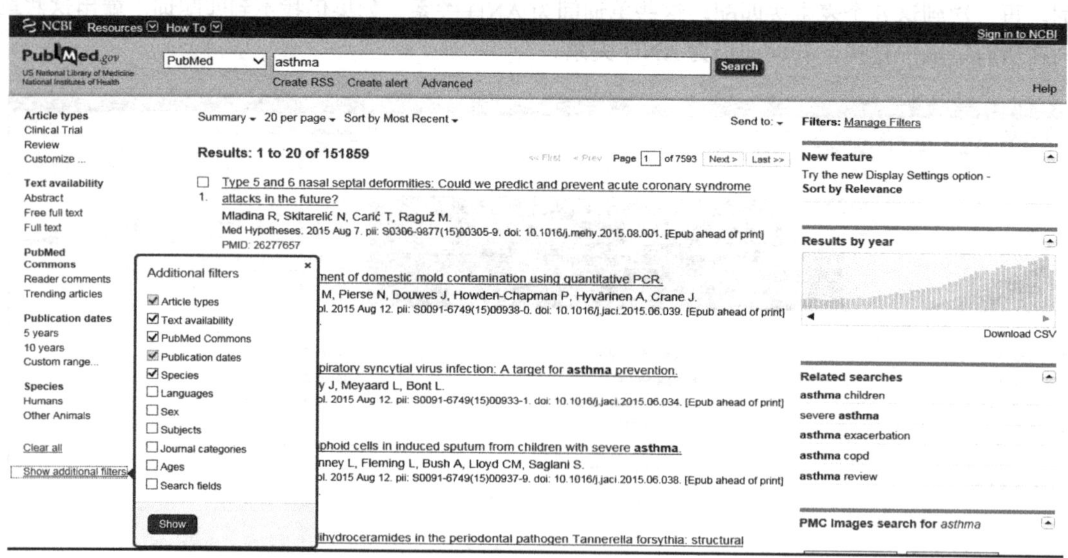

图 3-17 PubMed 限定检索界面

(1)文献类型限定(Article types)：提供临床试验(Clinical Trial)、文献综述(Review)、Meta 分析(Meta-Analysis)、实践指南(Practice Guideline)、随机对照试验(Randomized Controlled Trial)、病例报告(Case Reports)、多中心研究(Multicenter Study)等文献类型的选项，可点击“Customize”选项显示文献类型的选择列表，按需检出特定类型的文献。

(2)文本选择(Text availability)：提供文摘(Abstracts)、免费全文(Free Full Text)、全文(Full Text，包括付费和免费全文)，限定检出的文献是否有文摘、免费全文链接或全文链接。

(3) PubMed 开放评论(PubMed Commons)：2013 年底推出的一个类似论坛的新功能，实名会员可对 PubMed 收录的 2000 多万篇出版物进行开放的、建设性的批评和讨论，提供会员评论(Reader Comments)、热点文章(Trending Articles)选项。

(4) 出版日期限定(Publication dates)：限定提供最近 5 年(5 years)、最近 10 年(10 years)的文献，或点击"Custom rang"选项对检索文献自定义年限范围。

(5) 实验或研究对象选择(Species)：人类(Humans)或动物(Animals)。

(6) 子集限定(Subsets)：提供艾滋病(AIDS)、医学伦理学(Bioethics)、癌症(Cancer)、医学史(History of Medicine)、系统评价(Systematic Reviews)等子集的选择，可点击"Customize"选项显示子集列表，按需选择。

(7) 字段限定(Search Field Tags)：系统默认为 All Fields，也可选择特定字段进行检索。

(8) 其他限定检索选项显示(Show additional filters)：所有限定检索项列表，对于没有加载到页面上的限定项，可根据需要进行选择。

3. 高级检索(Advanced)　高级检索界面提供了 Builder(构建检索表达式)和 History(检索历史)两种功能，如图 3-18 所示。

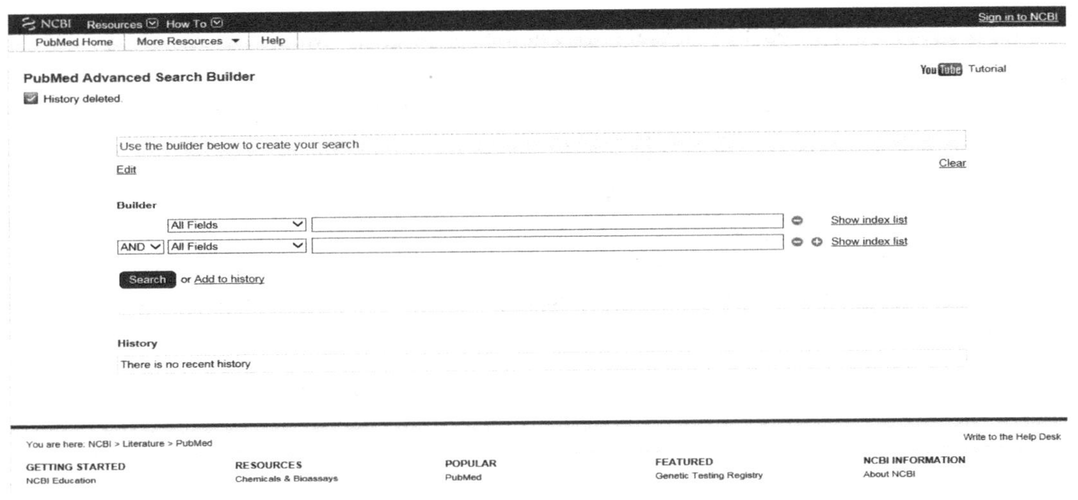

图 3-18　PubMed 高级检索界面

(1) 构建检索表达式(Builder)：在 All Fields 下拉列表中选择检索字段，输入检索词，可通过("+")按钮不断增加检索词，检索词间选择合适的布尔逻辑运算符(AND、OR、NOT)，如果检索式构建完成，点击"Search"按钮完成检索；如仍需构建检索式，点击"Add to history"按钮，利用检索历史完成检索。

(2) 检索历史(History)：检索历史记录检索过程中每一步的检索策略、检索时间和检索结果数量，最多可保留 100 条检索式，若超过 100 条，系统自动删除最早的检索式；如果对该数据库没有任何检索操作，8h 后系统自动清空检索史。利用 History 既可进行检索历史的回顾，直接点击检索结果数量链接即可浏览该组结果的内容；还可以构建复杂的检索式，通过点击"Add"按钮将相应的检索式增加到 Builder 中，与 Builder 中其他检索式进行新检索式的构建。此外，点击某个检索式序号，可以从弹出的快捷菜单中选择 AND、OR、NOT 与 Builder 其他检索式进行布尔逻辑运算，还可选择 Delete 删除该检索式、选择 Show search results 显示检索结构、选择 Show search details 可查看该检索式的详细策略、选择 Save in My NCBI 保存该检索式。Clear History 按钮可以清除 History 界面所有的检索式。

4. 特色检索　PubMed 主页提供了单引文匹配器(Single Citation Matcher)、批引文匹配器

(Batch Citation Matcher)、临床查询(Clinical Queries)、专题查询(Topic-Specific Queries)、主题词数据库(MeSH Database)、期刊数据库(Journals in NCBI)、临床科研信息(Clinical Trails)、外部链接(LinkOut)、个性化服务(My NCBI)等特色检索服务，下面介绍几种常用的特色服务功能。

(1)单引文匹配器(Single Citation Matcher)和批引文匹配器(Batch Citation Matcher)：这两种功能主要用于特定文献的查找，即根据已知文献的部分信息(篇名、作者姓名、刊名、出版年)，检索特定文献的详细信息。Single Citation Matcher采用填写表单的形式，按照检索框的要求，输入已知信息，点击“Search”按钮得到文献的全面信息；Batch Citation Matcher可供同时查找多篇文献的PMID，查找时须按照系统设定好的顺序输入各篇文献的书目信息，格式为：*journal_title|year|volume|first_page|author_name|your_key|*。

(2)临床查询(Clinical Queries)：Clinical Queries是专门为临床医生和临床试验工作者设计的检索服务，主要包括三部分：①Study Category：对临床疾病的诊断、治疗、病因、预后及临床预测指南进行查询；②Systematic Reviews：用于查找系统评价、Meta分析、临床试验综述、循证医学文献、指南等；③Medical Genetics：用于查找医学遗传学的文献。在检索词输入框中输入检索词，可同时显示三个部分的检索结果。

(3)主题词数据库(MeSH Database)：在PubMed主页点击“MeSH Database”进入MeSH数据库，在检索框中输入检索词，点击“Search”按钮，系统检索出与该检索词相匹配或相关的主题词，如图3-19所示。如不需组配副主题词，用户根据需要选择合适的主题词，可同时选中多个主题词，并选择逻辑运算符发送至PubMed search builder，点击Search PubMed 检索。如需组配主题词，点击主题词，显示结果如图3-20和图3-21所示，提供规范化主题词的定义、注释、历史变更、适用范围、匹配的副主题词、轮排索引、树状结构等内容。主题词检索优点提供精确检索，提高检准率；缺点是对于未进行MeSH标引的文献、Medline不收录的文献、Supplied by Publisher的文献、新词、一些很专指概念没有规范词的文献会被漏检，降低查全率。

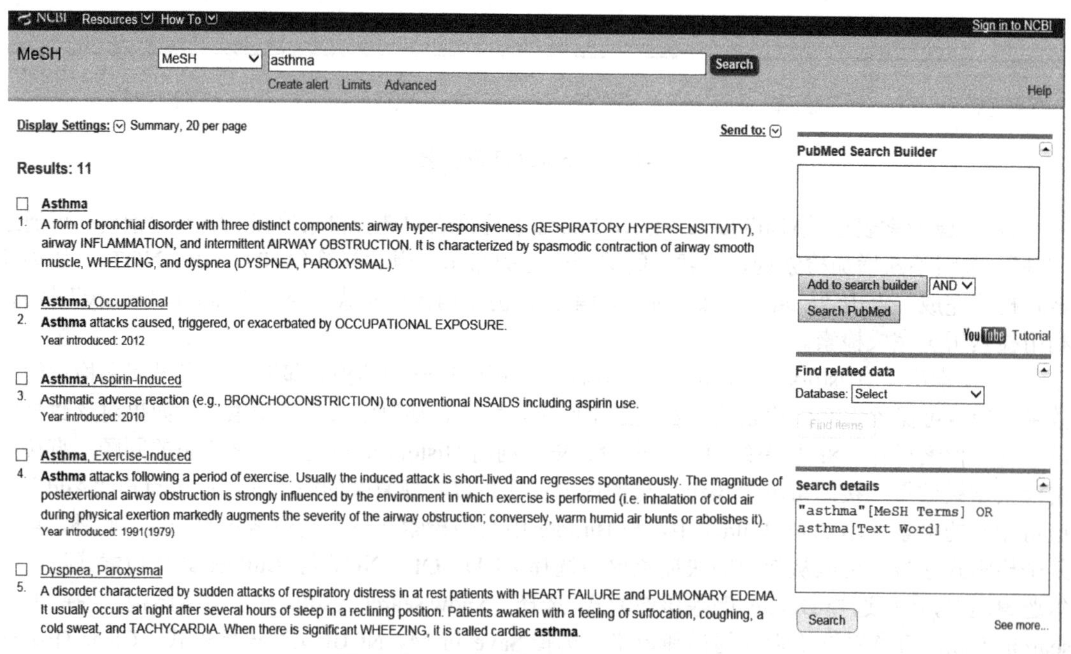

图3-19　PubMed主题词查询匹配界面

NCBI　Resources　How To　Sign in to NCBI

MeSH　MeSH　Search

Limits　Advanced　Help

Display Settings: Full　Send to:

Asthma

A form of bronchial disorder with three distinct components: airway hyper-responsiveness (RESPIRATORY HYPERSENSITIVITY), airway INFLAMMATION, and intermittent AIRWAY OBSTRUCTION. It is characterized by spasmodic contraction of airway smooth muscle, WHEEZING, and dyspnea (DYSPNEA, PAROXYSMAL).

PubMed search builder options

Subheadings:

analysis	enzymology	physiology
anatomy and histology	epidemiology	physiopathology
blood	ethnology	prevention and control
cerebrospinal fluid	etiology	psychology
chemically induced	genetics	radiography
classification	history	radionuclide imaging
complications	immunology	radiotherapy
congenital	legislation and jurisprudence	rehabilitation
cytology	metabolism	statistics and numerical data
diagnosis	microbiology	surgery
diet therapy	mortality	therapy
drug effects	nursing	ultrasonography
drug therapy	organization and administration	urine
economics	parasitology	veterinary
embryology	pathology	virology

Restrict to MeSH Major Topic.

PubMed Search Builder

("Asthma"[Mesh]) AND "Asthma, Occupational"[Mesh]

Add to search builder　AND

Search PubMed

YouTube Tutorial

Related information

PubMed

PubMed - Major Topic

Clinical Queries

NLM MeSH Browser

dbGaP Links

MedGen

Recent Activity

Turn Off　Clear

Asthma　MeSH

图 3-20　PubMed 主题词详细信息界面 A

Do not include MeSH terms found below this term in the MeSH hierarchy.

Tree Number(s): C08.127.108, C08.381.495.108, C08.674.095, C20.543.480.680.095

MeSH Unique ID: D001249

Entry Terms:

- Asthmas
- Bronchial Asthma
- Asthma, Bronchial

See Also:

- Anti-Asthmatic Agents

All MeSH Categories
- Diseases Category
  - Respiratory Tract Diseases
    - Bronchial Diseases
      - **Asthma**
        - Asthma, Aspirin-Induced
        - Asthma, Exercise-Induced
        - Asthma, Occupational
        - Status Asthmaticus

All MeSH Categories
- Diseases Category
  - Respiratory Tract Diseases
    - Lung Diseases
      - Lung Diseases, Obstructive
        - **Asthma**

All MeSH Categories
- Diseases Category
  - Respiratory Tract Diseases
    - Respiratory Hypersensitivity
      - **Asthma**
        - Asthma, Aspirin-Induced
        - Asthma, Exercise-Induced

asthma (11)　MeSH

asthma AND (trending[sb]) (10)　PubMed

asthma AND (has_user_comments[sb]) (27)　PubMed

Asthma and exercise-induced bronchoconstriction in athletes.　PubMed

See more...

图 3-21　PubMed 主题词详细信息界面 B

(4) 期刊数据库(Journals in NCBI)：收录了 NLM 馆藏中涉及 NCBI 数据库的期刊，提供每种期刊刊名(包括全称、缩写)、ISSN 号(包括印刷版和电子版)、创刊年、出版商、语种、出版地、主题词、NLM ID 等信息。可通过关键词、刊名全称、缩写、ISSN 号进行检索，也可按主题类别去浏览查找 MEDLINE 期刊(Browse MEDLINE Journals by broad subject terms)。该库中检索的结果只是期刊信息，而不是期刊所刊载的文章。

三、检 索 示 例

(一)检索范例

某位用户想通过OA数据库查找国外最近5年研究有关孟鲁司特治疗儿童哮喘方面的免费综述全文，推荐使用Pubmed数据库。

检索步骤为：

1. 课题分析，提取主题概念。

(1)提取中文主题概念：孟鲁司特、儿童、哮喘。

(2)将中文主题概念翻译成英文：孟鲁司特的英文检索词为montelukast，利用MeSH Database获取相关检索词为singulair、MK-0476；儿童在英文翻译中有单复数区别，此处使用截词运算符，表示为child*；哮喘的英文检索词为asthma。

2. 选择检索途径 针对本课题，选择主题词数据库检索、高级检索及限定检索3种方式。

(1)主题词数据库检索：点击MeSH Database，在检索框中输入asthma，打开主题词树状结构界面组配副主题词drug therapy，加入到检索框中进行检索。

(2)高级检索：在高级检索界面，限定检索词在标题中检索，输入检索词孟鲁司特的三种表示方式，检索词间用逻辑运算符OR 。点击“Add to history”保存检索策略。点击History列表中的“Add”按钮将此检索式#3和#4添加到Builder中，继续添加检索词child*，检索词间用逻辑运算符AND，如图3-22所示。点击“Search”按钮，检出189条文献记录。

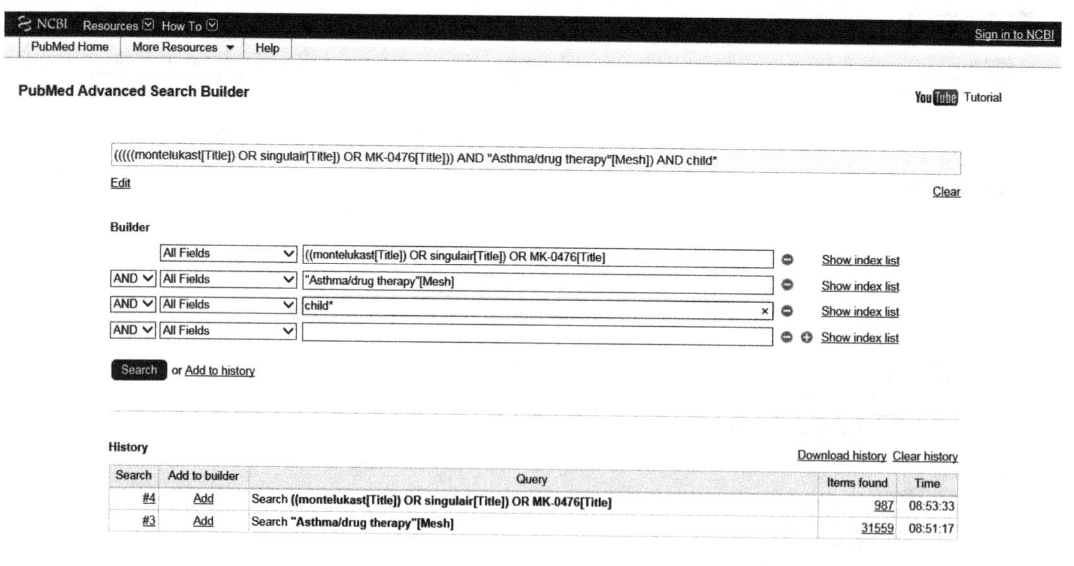

图3-22 检索示例-高级检索界面

(3)限定检索：根据课题要求，需进一步对课题进行限定，选择限定检索栏对Article types、Text availability、Publication dates进行限定，最终检索结果如图3-23所示。在此页面列出相关文献(Similar articles)、检索细节(Search details)等信息。

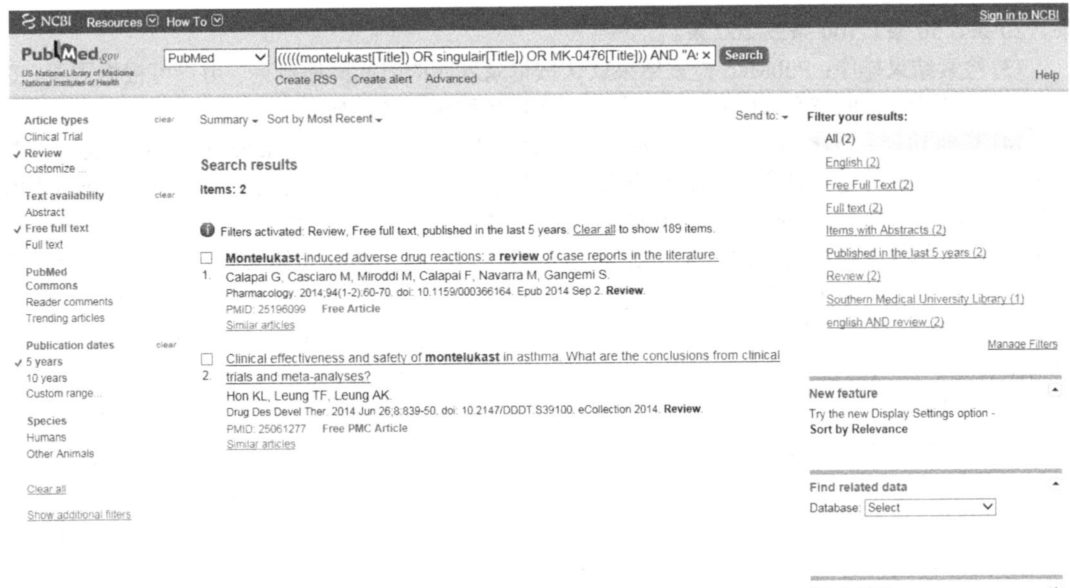

图 3-23　检索示例-限定检索界面

（二）检索结果管理

1. 检索结果显示　PubMed 检索结果的显示可通过显示格式（Format）、每页显示数量（Items per page）和排序（Sort by）进行设定。系统默认显示格式为 Summary 格式，每页显示 20 条记录，检索结果按记录入库的时间降序排列（Sort by Most Recent），自动筛选综述（Review）和带有免费全文（Free Full Text）的文献。此外，在检索结果界面还提供其他相关功能的链接。

（1）检索结果显示格式：PubMed 检索结果的显示格式有 Summary、Summary（text）、Abstract、Abstract（text）、MEDLINE、XML、PMED List。常用的显示格式为以下几种：①Summary：包括篇名（非英文篇名英译后加方括号）、作者、团体作者、期刊出处、文献类型（综述）、非英文文献的原文语种、“无文摘”注释、PMID、评论/校正链接、数据加工状态、免费全文提示等，如图 3-24 所示。②Abstract：包括期刊出处、评论/校正链接、篇名、非英文文献的原文语种、作者、团体作者、第一作者单位地址、文摘、出版物类型（常见期刊论文类型，不予标注）、主题词、人名主题词、化学物质名词、第二来源数据库记录号、基金号、PMID、数据加工状态、全文链接图标（包括免费和付费的）。③MEDLINE：包括全部字段，字段标识符采用 2 个字符，这种格式适用于将记录输出到参考文献管理中。

Cost-effectiveness analysis of fluticasone versus **montelukast** in **children** with mild-to-moderate persistent **asthma** in the Pediatric **Asthma** Controller Trial.

Wang L, Hollenbeak CS, Mauger DT, Zeiger RS, Paul IM, Sorkness CA, Lemanske RF Jr, Martinez FD, Strunk RC, Szefler SJ, Taussig LM; **Childhood Asthma** Research and Education Network of the National Heart, Lung, and Blood Institute.

J Allergy Clin Immunol. 2011 Jan;127(1):161-6, 166.e1. doi: 10.1016/j.jaci.2010.10.035.

PMID: 21211651　Free PMC Article

Similar articles

图 3-24　PubMed 检索结果的 Summary 显示格式

（2）检索结果显示数量：系统默认每页显示 20 条。也可根据浏览需要选择每页显示 5 条、10

条、20 条、50 条、100 条或 200 条。

(3) 检索结果排序：PubMed 检索结果默认按记录入库的时间降序排列。用户可根据需要，选择相关度、出版时间、第一作者、末位作者、期刊名称和篇名排列。

(4) 其他功能：①检索相关数据库 (Find related data)：可在 Database 下拉列表中选择 Entrez 检索系统中的其他数据库，会出现与之相应的数据选项 (Option)，再从中选择所需数据类型，点击 Find items 即可获得检索词在该数据库中的检索结果。②检索细节 (Search details)：可查看详细检索策略，浏览经 Automatic Term Mapping 功能转换后的检索策略，即检索词自动被系统转换成了哪些词，使用了怎样的检索规则；用户可根据检索要求，编辑修改检索策略。③最近操作 (Recent Activity)：显示最近 5 次的检索操作，包括检索表达式和检索结果数量、下载过的全文等，点击检索表达式即可进行检索结果的回顾，点击 See more 登录 My NCBI 可查看更多的检索操作。④相关文献 (Similar articles)：PubMed 在显示检索结果的同时，还提供每条记录的相关文献链接。⑤免费全文 (Free Article)：如果某条记录有免费全文，系统会自动提供 Free Article、Free PMC Article 的提示。⑥此外，在检索结果界面，系统会自动筛选出 Titles with your search terms (文献篇名中出现检索词的文献) 和 free full-text articles in PubMed Central (PubMed Central 数据库收录的免费全文)。

2. 检索结果的输出

(1) 题录输出：在 Send to 下拉列表中有：File、Collections、Order、Citation manager、Clipboard、E-mail、My Bibliography 共 7 种选择。①File 是将结果保存为“.txt”文件，可对保存题录的格式和排序方式进行选择。②Collections 是 My NCBI 个性化服务的一部分，是供用户无限期存储检索结果的一个免费空间，可以多次存入不同检索式的结果，形成多个 collections，但是每个账户最高存储限量为 500 条，用户可以对这些 collections 进行删除、合并等管理操作。③Order 是向全文服务机构或出版商订购检索结果的全文文献。④Citation manager 引文管理是 PubMed 的特色服务，用户可以在复选框中勾选所需的引文，选择 Citation manager 项，将引文保存到指定的位置，通过文献管理软件导出，有助于写论文时引用所需。⑤Clipboard 剪贴板，是供用户临时存储检索结果的一个免费空间，存入剪贴板后界面右上方会出现“Clipboard：n items”的提示，用户可以随时点击该项查看剪贴板中保存的内容，剪贴板存储的最高限量为 500 条，可多次存入以便集中打印或存盘，在停止对 PubMed 检索系统的操作达 8h 后，系统会自动清空剪贴板，也可以在剪贴板界面点击“Remove all items”清空剪贴板。⑥E-mail 是将检索结果以邮件附件形式存入电子邮箱，便于异地存取，可对保存题录的格式、排序方式和发送结果数量进行选择。⑦My Bibliography 也是 My NCBI 个性化服务的一部分，每个账户最高存储限量为 500 条，用户可以对这些结果进行添加、删除、下载、排序等操作。

(2) 全文输出：PubMed 数据库提供全文链接服务，其全文来源主要有两个：①PubMed Central (PMC)：NCBI 开发和管理的生命科学的免费期刊全文数据库，用户可免费获取全文。②期刊网站：一些出版商在期刊网站上提供免费全文，通过刊名链接能获取该文献的全文。在 Summary 显示格式下，具有免费全文链接的记录分别带有 Free PMC Article 和 Free Article 标志，如图 3-24 所示，这些全文有 HTML 格式和 PDF 格式，但有的文献只有其中一种全文格式。点击篇名链接，进入文摘界面，找到 Full text links ELSEVIER FULL-TEXT ARTICLE 和 PMC FREE Full text 两个图标，分别为该文献在期刊网站和 PMC 的全文链接。分别点击这两个图标，在全文界面找 PDF 格式全文下载链接，通过链接可获取 PDF 全文。

（三）定题跟踪（My NCBI）

My NCBI 针对注册用户提供个性化的服务，可存储检索策略，进行定题跟踪，并将结果发送到指定邮箱。具体步骤为：①在 PubMed 首页右上角点击“Sign in to NCBI”图标，注册 NCBI 账户；②在高级检索界面找到 History 列表中需保存的检索策略，点击检索式序号，在下拉列表中选择“Save in My NCBI”选项，如图 3-25 所示；③在保存策略的设计界面，可以查看检索式构建详情，确定邮箱地址，选择定期推送的时间，推送的格式和文献数量等，如图 3-26 所示；④定题文献的查看，可登录邮箱进行查看，也可点击页面右上角的 My NCBI 链接，浏览保存的检索策略，检索最新的文献。

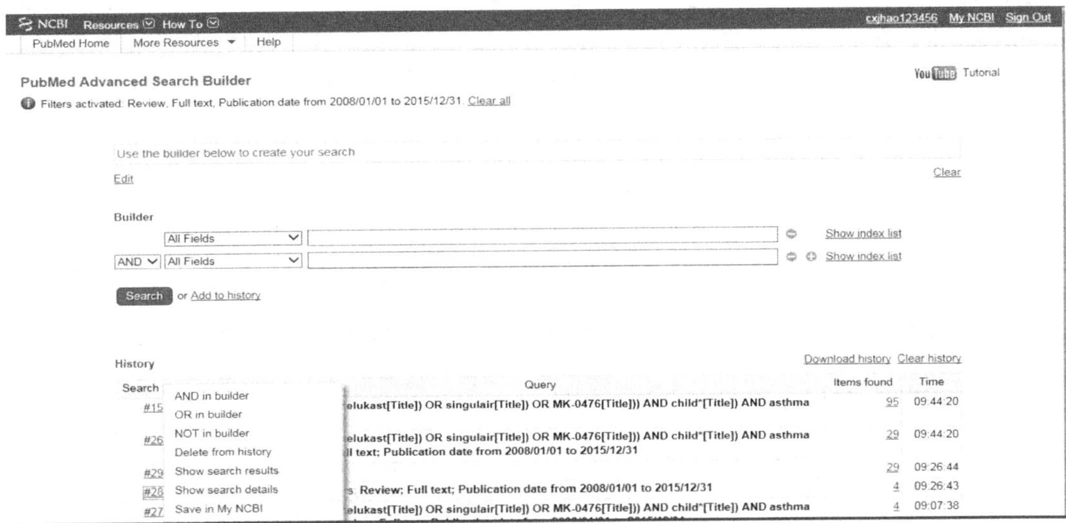

图 3-25　PubMed 定题跟踪的保存策略界面

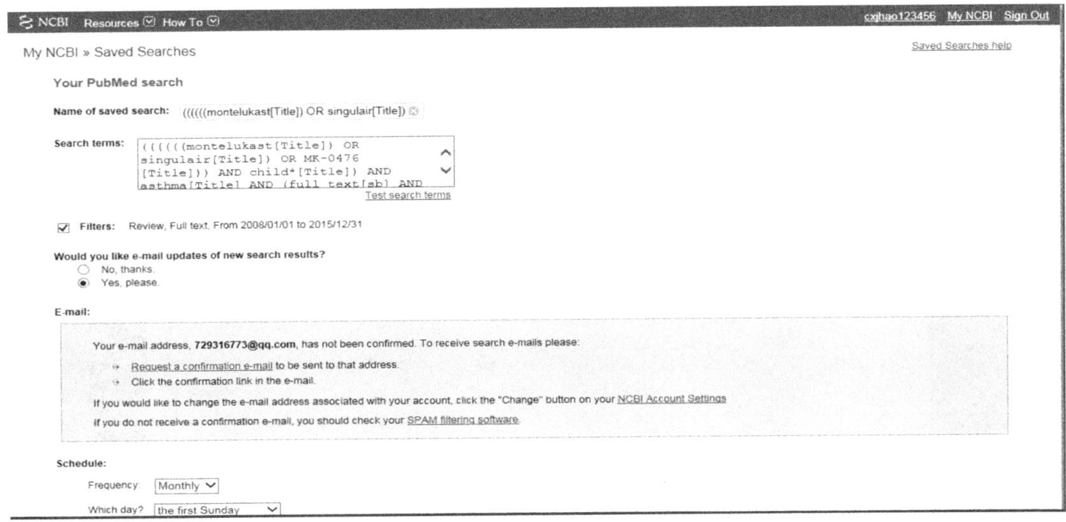

图 3-26　PubMed 定题跟踪设计界面

第三节 OVID 数据库平台

一、资源概述

(一)简介

美国 Ovid Technologies 公司隶属于全球五大出版集团之一的荷兰威科(Wolters Kluwer)集团旗下的健康出版事业集团，是全球著名的数据库提供商，于 2001 年 6 月与美国银盘(SilverPlatter Information)公司合并，组成全球最大的电子文献数据库出版公司。目前 OVID 平台包涵人文、科技等多领域数据库 300 余个，其中 80 多个是生物医学数据库。与生物医学有关的数据库有临床各科专著及教科书(Books@Ovid)、循证医学(EBM)、MEDLINE、荷兰《医学文摘》(EMBASE)、美国《生物学文摘》(Biosis Preview)及医学期刊全文数据库(Journals@Ovid)等，在国内外医学界被广泛应用。

Ovid 全文期刊库(Journals@Ovid)提供 50 多个出版商出版的科学、技术及医学期刊 2000 多种，其中包括 Lippincott，Williams & Wilkins(LWW)出版社出版的期刊，LWW 是世界上第二大医学出版社，出版的期刊以临床医学及护理学等方面最具代表性。通过机构订购提供的 OVID 检索平台，如图 3-27 所示。在数据库选择界面中的数据库列表，是用户所在机构订购的数据库，根据需要勾选所要使用的数据库进行检索，可选择其中一个数据库，也可选择多个数据库进行跨库检索。在数据库列表中，期刊全文数据库有两个链接，分别为“Journals@Ovid Full Text”和“xxxJournals@Ovid”，前者包含 Ovid 全部全文期刊的文献题录和文摘信息，本机构订购的文献可获得全文，没有订购的期刊仅能获得文献题录、文摘等信息；后者仅包含本机构订购的期刊，此库中检索到的文献全部能获取全文。数据库列表中的每个数据库后面均有“❶”图标，点击此图标可打开该数据库的说明界面，了解数据库的详细信息。

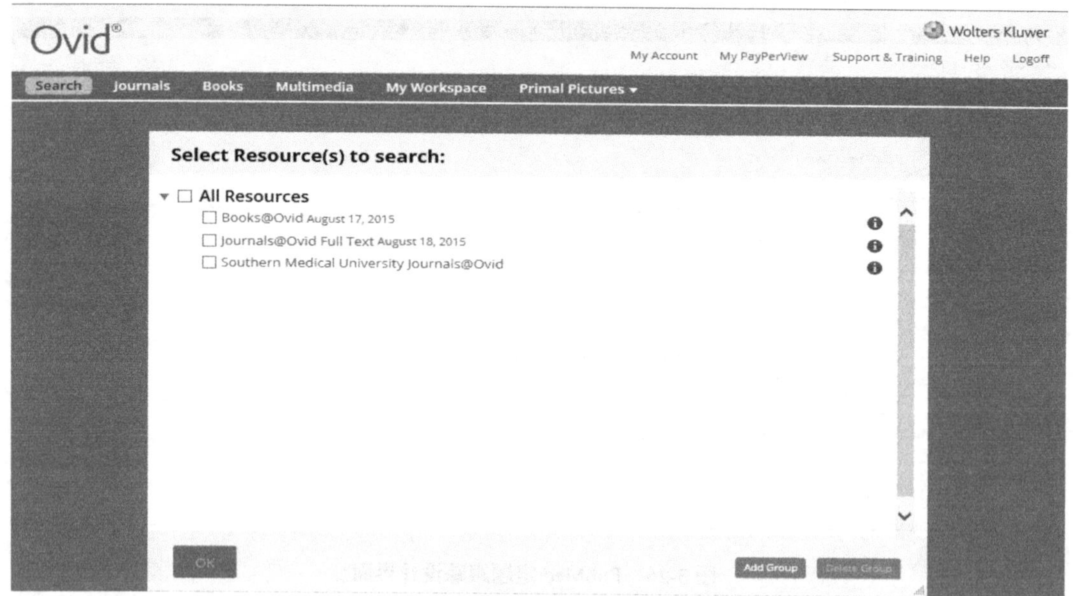

图 3-27 OVID 检索平台

(二)特点

1. 资源来源权威 期刊的影响因子较高。OVID 检索平台收录了以下著名出版社及学会的文献。①Lippincott，Williams & Wilkins(LWW)出版社；②BMJ(British Medical Association Journals)英国医学学会；③OUP(Oxford University Press)牛津大学出版社；④Thieme 德国知名医学出版社；⑤全球其他知名医学学会的医学期刊。

2. 检索方便 OVID 将资源集中在单一平台上，并透过资源间链接为用户提供一个功能强大的检索平台。这个平台，采用图形用户界面，操作使用非常方便。Ovid 全文文献可在其平台上的其他数据库中提供全文链接，方便获取全文。

3. 个性化服务 提供个人空间，用于研究项目的管理；根据需要设置保存检索式；自动文献传递及最新期刊目次通报等功能。

二、检 索 方 法

OVID 数据库平台提供的检索功能有检索(Search)、浏览(Journals、Books、Multimedia、Primal Pictures)以及辅助检索。

(一)检索

1. 基本检索(Basic Search) 该数据库的默认检索模式，如图 3-28 所示。基本检索状态下，用户可以不用考虑检索语言和语法规则，自由输入检索词或语句，如：treatment for chindhood anorexia，但不能输入任何运算符，系统会自动分析检索语句，勾选“Include Related Terms”项，系统可将所输入检索词的各种词形进行搜索并检索，还可将常用的缩写自动转换为全称，如输入“CRF”，系统将其转换成“Chronic renal failure”；勾选“Include Multimedia”项，将检索出含有多媒体格式的文献。为了提高检索效率，尽量使用名词来表达检索语义。

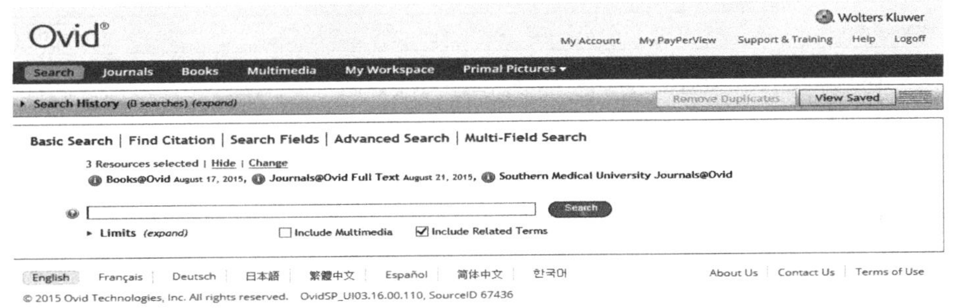

图 3-28 OVID 基本检索界面

基本检索功能还提供“Limits”条件限制选项，可对检索结果进行多种条件限制。点击检索词输入框下的“Limits”展开，显示多个限制条件，有带文摘的论文(Articles with Abstracts)、日更新数据(Daily Update)、Ovid 可获取全文(Ovid Full Text Available)、心理学论文(PsycARTICLES)、原始论文(Original Articles)、综述(Review Articles)、出版年限(Publication Year)，还可通过“Edit Limits” 外部选项进行自定义。

2. 引文检索(Find Citation) 是利用文章题目、期刊名称、著者姓名、文章出版的年、卷、期及首页页码、出版者、索取页码和数字文献识别符等信息来查找特定文献的方法，如图 3-29 所示。其中期刊名称输入必须是全称，拼写不全可用截词符；著者输入必须是姓全称在前，名首字母在后，也可使用截词符。

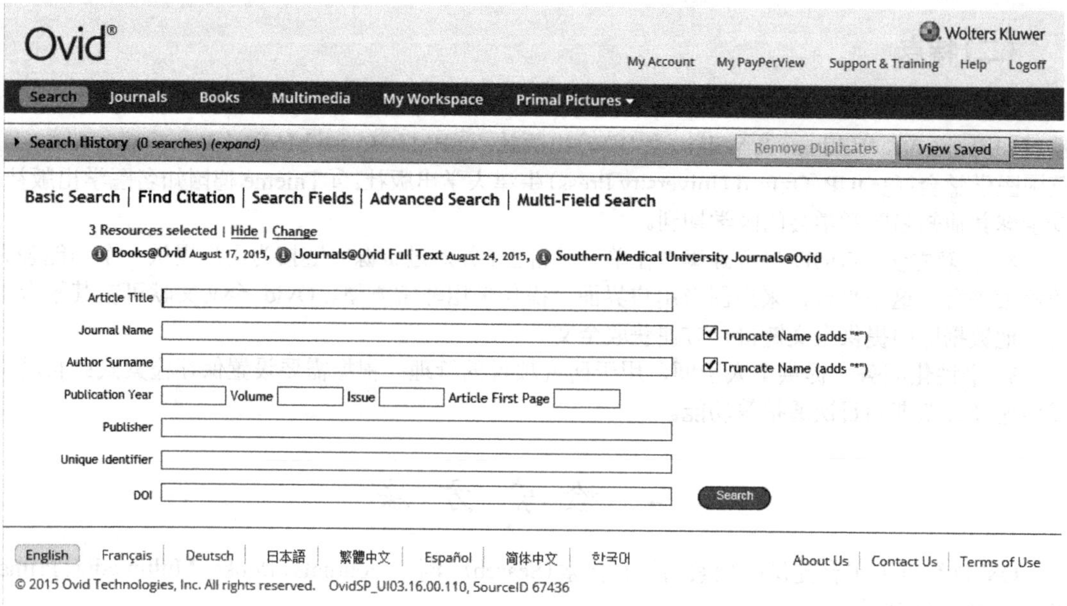

图 3-29 OVID 引文检索界面

3. 字段限定检索(Search Fields) 系统为用户提供 42 个限定检索词的字段，包括文摘、索引号、标题、著者、DOI 号码、文献类型等，用户点击加入(+)或移出(-)按钮可将该字段加入或移出“My Fields”常用字段。限定字段，单选、多选均可，当选择多个字段时，表示检索词出现在任一字段即为命中记录。如图 3-30 所示。

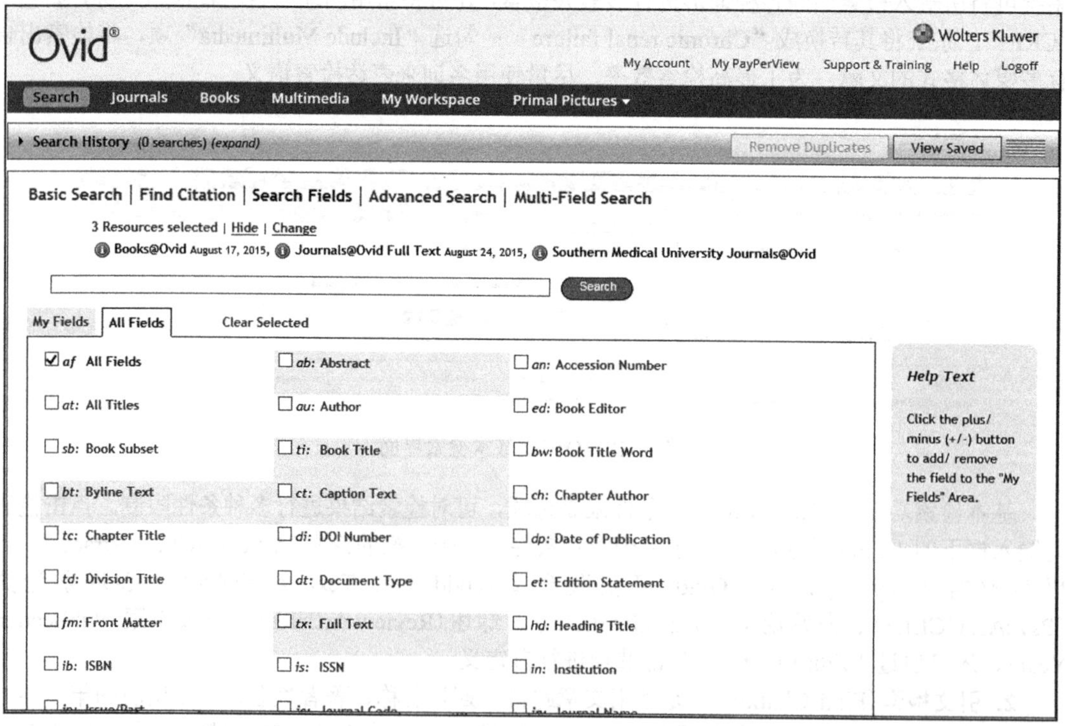

图 3-30 OVID 字段限定检索界面

4. 高级检索(Advanced Search) 提供关键词、著者、标题、刊名及书名的检索途径，并可

展开“Limits”选项，对检索词或检索式进行条件限制。如图 3-31 所示。

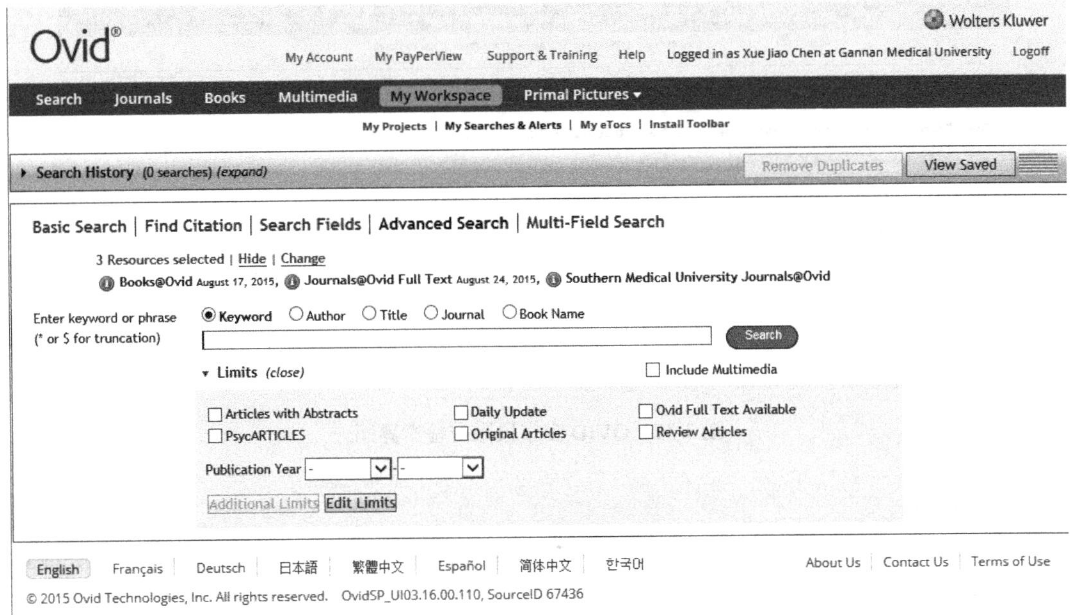

图 3-31　OVID 高级检索界面

(1) 关键词检索(Keyword)：是高级检索界面默认的检索途径，用户可在检索框内输入检索词或含有逻辑运算符的检索式，可使用“$”或“*”进行截词检索，也可使用邻近检索运算符 ADJn 等进行检索。系统将在文章标题、文摘、全文及标题文本等字段中检索所输入的关键词。

(2) 著者检索(Author)：是在数据库中查找某人发表文章的检索途径。在检索时输入著者姓名，要求姓在前，名在后(仅用首字母即可)，姓名间用空格分开。

(3) 标题检索(Title)：将检索词或词组限定在文章标题中，可使用逻辑运算符、截词运算符等进行检索。

(4) 期刊检索(Journal)：此项检索途径要求输入期刊全称，不能用期刊缩写形式，也不能用刊名中的关键词进行检索。如果不知道全名，用“$”或“*”部分代替。

(5) 书名检索(Book Name)：输入图书完整名称。若不知完整名称，可使用“$”或“*”做截字检索。

(6)“Limits”限定：点击“Limits”选项展开，可对检索词进行条件限制，选项功能和“Basic Search”检索状态基本相同。不同之处在于高级检索界面增加了附加限定选项(Additional Limits)，此选项默认呈灰色状态，不可用，在检索结果显示后，“Additional Limits”按钮将加亮，点击可对检索结果作进一步限定，此选项提供有图片的论文(Articles with Graphics)、期刊所属子辑(Journal Subsets)及出版类型(Publication Types)等条件限定功能。

5. 多字段限定检索(Multi-Field Search)　默认状态下系统提供三个检索词输入框，如果需要输入多个检索词，可通过点击“+Add New Row”增加检索词输入框，如图 3-32 所示。检索词之间可用“AND”“OR”“NOT”进行逻辑组配，每个检索词后的限定字段可在 42 个字段中任意选择。多字段限定检索提供“Limits”选项功能，使用方法同高级检索界面相同。

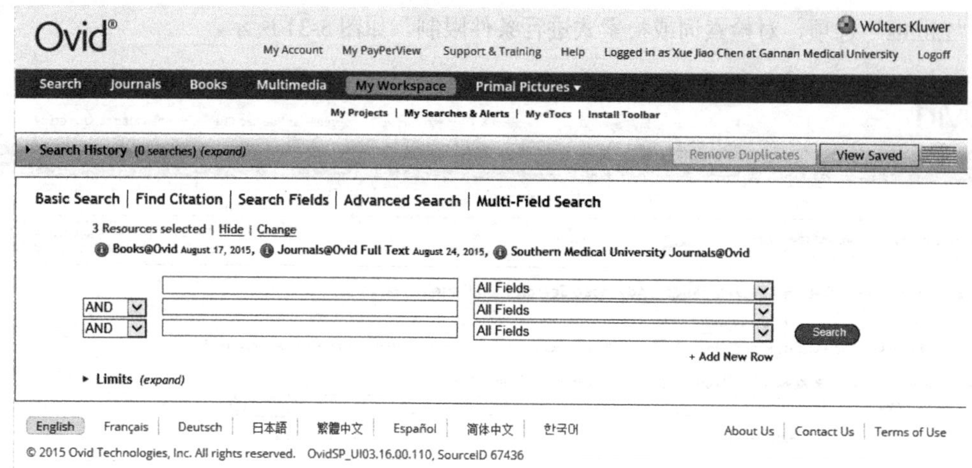

图 3-32　OVID 多字段限定检索界面

（二）浏览

在 OVID 平台上的数据库选择界面及各数据库的检索界面顶部提供“Journal”“Books”“Multimedia”“Primal Pictures”浏览检索途径。

1. Journal　浏览期刊检索界面如图 3-33 所示。在浏览界面的左侧是期刊浏览导航栏，在此提供了四种期刊浏览方式，①Filter by Availability：是按访问权限浏览期刊，可选择浏览本单位订阅期刊或浏览 OVID 平台上全部全文期刊；②Filter By Title：是按刊名字顺（A-Z）浏览期刊，即按照期刊全称的首字母顺序浏览期刊。通过刊名链接，可进入该刊卷期浏览界面，也可对某种期刊定制 RSS 和 E-mail 的自动提醒功能，并可根据需要在个人空间设置感兴趣的期刊目次通报等；③Filter By Subject：是按学科主题浏览期刊，系统将其所收录的期刊按主题分 16 大类，每个大类又分成若干个子类，个别子类还细分下一级类目，在每一终极类目下有相应的期刊数，点击类目链接即可调出该类期刊列表。利用学科主题浏览方式，用户可以方便地了解在数据库中与自己专业相关的期刊；④My Favorite Journals：即我最爱的期刊，通过点击期刊列表中相应期刊名后的图标，可将自己感兴趣的期刊加入到 My Favorite Journals 列表中，方便随时查看，使用此项功能必须先登录 OVID 个人账户。

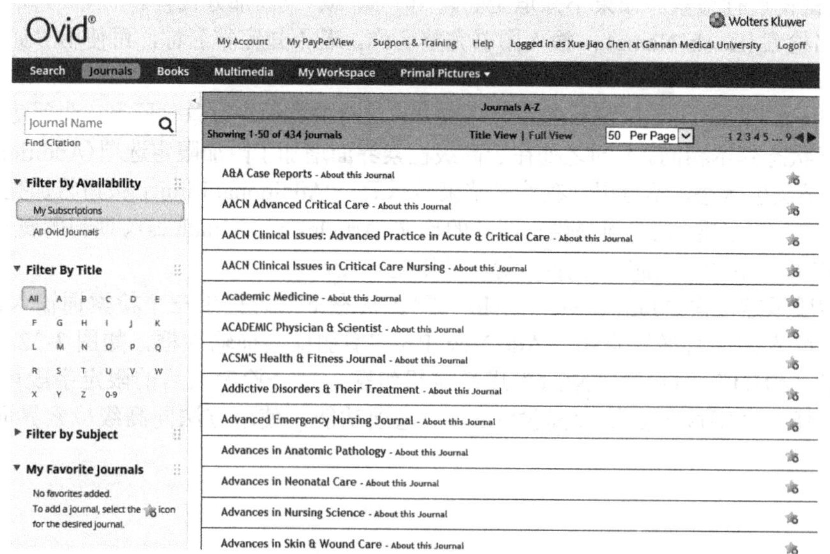

图 3-33　OVID 期刊浏览界面

2. Books 浏览　电子书检索界面如图 3-34 所示。电子书浏览界面左侧导航栏提供了两种电子书浏览方式，①“Title”：是按电子书书名字顺(A-Z)及#浏览电子书，即按照电子书全称的首字母顺序浏览电子书，#表示书名首字符不是字母，而是数字或特殊符号；②“Subject”：是按学科主题浏览电子书，系统将其所收录的电子书按主题分 10 大类，每个大类又分成若干个子类，个别子类还细分下一级类目，点击终极类目链接即可调出该类电子书列表。利用学科主题浏览方式，用户可以方便地了解在数据库中与自己专业相关的电子书，并将感兴趣的电子书加入到“My Projects”中。

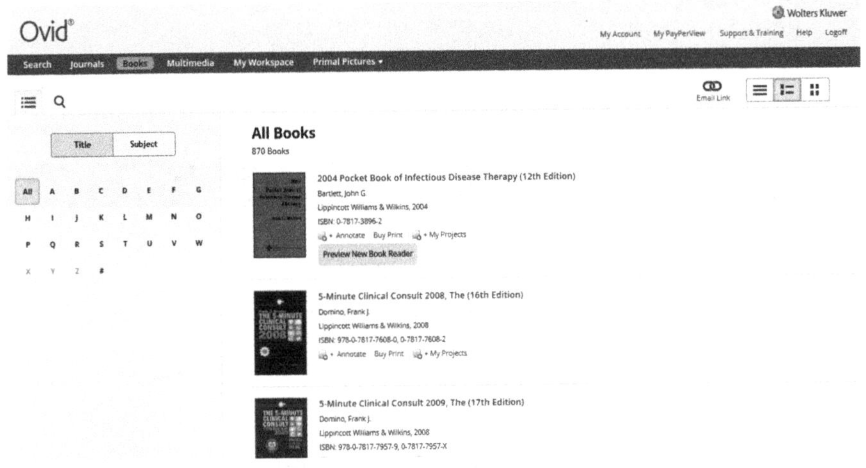

图 3-34　OVID 电子书浏览界面

3. Multimedia 浏览　多媒体视频检索界面左侧导航栏提供学科主题目录 Subject/Category 浏览方式，如图 3-35 所示。在学科主题目录下有相应的文献数，点击可进行相关主题的多媒体视频文献浏览。

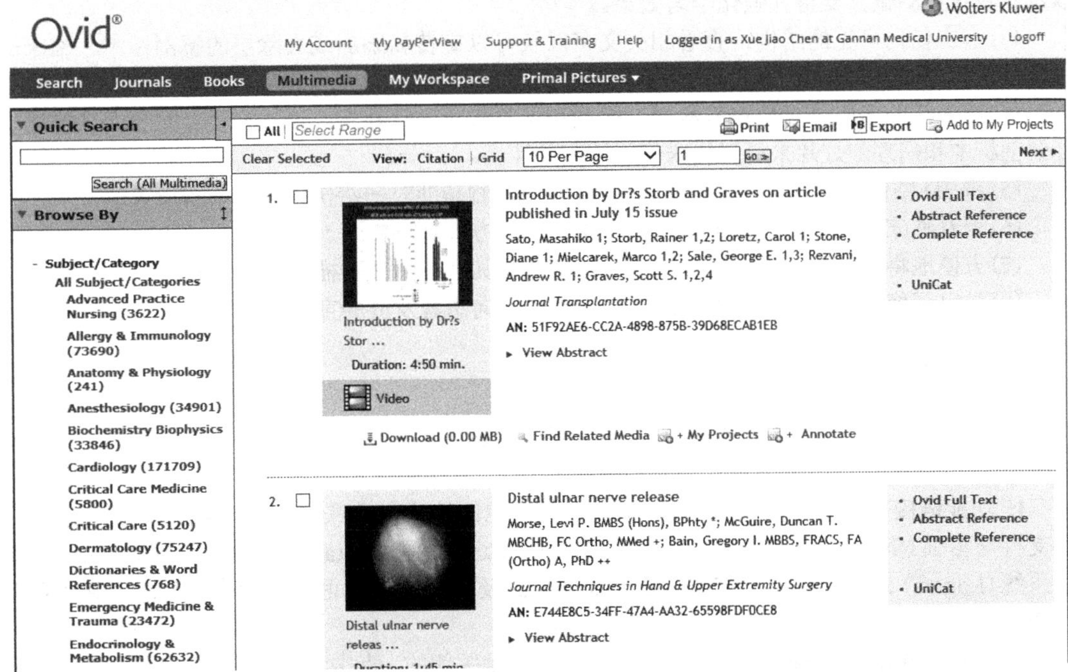

图 3-35　OVID 多媒体浏览界面

4. Primal Pictures 3D人体解剖模型库，是由Primal Pictures公司历经15年研发而成。Primal Pictures公司总部坐落于英国伦敦，于1991年成立，并于2003年开发出首个医学界精确的人体解剖三维模型。Primal Pictures 3D人体解剖模型库，是世界上首个也是唯一一个全面准确的三维立体解剖学数据库，该库全面汇集了超过6500个高精确、三维、动态、互动式解剖模型，模型偏重于特定独立器官、身体部位或解剖系统，为医学预科学生、执业护士和医生提供方便、经济高效的“虚拟尸体”。用户可以进入三维动画，查看精确的解剖功能、生物力学、运动以及治疗和手术程序，如图3-36所示。

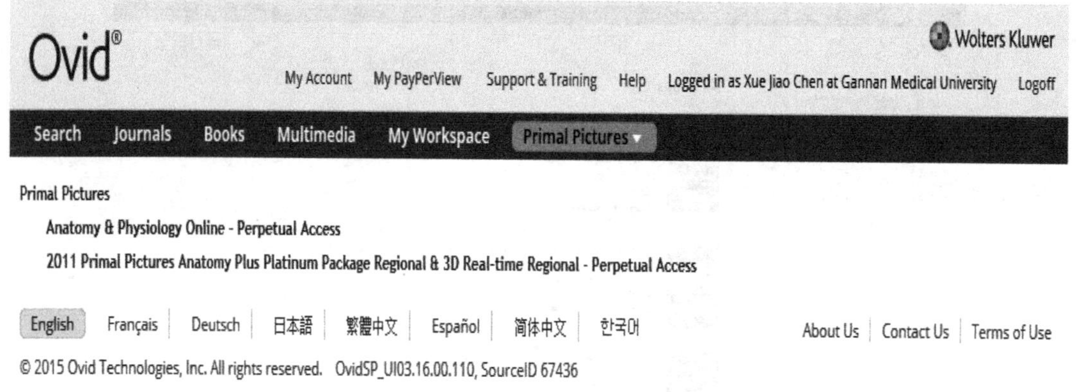

图3-36 OVID3D人体解剖模型库界面

该解剖模型库可以实现以下功能：

(1)剖离解剖模型组织层、将其旋转360°，并将其已剖离的组织层恢复至其初始结构形态。

(2)通过显示肌肉、韧带和骨骼之间相互作用的3D动画演示肌肉功能获取嵌入式学习指导以及自我评估测试，支持并强化学习效果。

(3)点击任何可见的结构，查看相关文字以及可以旋转和添加或去除层的解剖标本、临床幻灯、带注释的图片、视频短片和功能解剖学动画。

(4)用最新的多媒体影像对教科书、视频和课堂教学进行补充。通过重要专家的文字描述以及解剖标本和病理幻灯片来显示临床解剖的相关性。

(5)将3D图像与MRI切片进行比对，用相关观测帮助对一些伤病进行诊断与管理。

(6)查看临床视频，更好地了解操作程序和治疗方式。

(7)方便地将图像、动画、视频短片、幻灯片及其补充的文字描述连接起来。

(8)导出图像、文本、影片和动画，用于演示和向患者发放的宣传材料。

(三)辅助检索

辅助检索功能包括功能链接、检索式显示栏、检索结果的管理工具、指令检索及相关资源链接等。

1. 功能链接 提供个人账户(My Account)、我的按次付费账户(My PayPerView)、用户的支持与培训(Support & Training)、咨询邮件的发送(Ask a Librarian)、在线帮助(Help)、退出系统(Logoff)、换库检索功能(Ovid Resources)及其他语种界面的选择(包括简体中文界面的切换)等。

2. 检索式显示栏(Search History) 其默认方式是关闭的，点击“Search History”即可打开，其位置可通过光标拉动设置在检索词输入框的上方或下方。检索式显示栏包括检索式选择框、检索

式序号、检索式、检索结果的文献篇数、检索类型及显示结果按钮，在检索式显示栏下方还提供功能按钮，即检索式删除指令(Remove Selected)、组合检索(Combine selections with)、将检索式定制为(RSS Feeds)及保存检索式(Saved Search History)，这些功能必须在检索式存在的情况下才能被激活使用。

3. 检索结果的管理工具(Result Tools) 在检索结果文章列表的左侧，提供了三部分功能。①“Search Information”：在检索信息中列出检索词(You searched)、检索到的文章数(Search Returned)、检索结果排序(Sort By)及检索结果显示格式的设置。②“Filter By”：即二次检索，可通过出版年限、期刊及出版类型等对检索结果作进一步的限定。③“My Projects”：可将检索的文献保存到 My Projects 中，方便查看。

4. 指令检索(Command Search) 在高级检索的关键词检索界面使用。高级检索指令包括逻辑组配、字段限定、邻近及截词检索等。

(1)逻辑组配检索：“AND”“OR”“NOT”表示词与词之间的逻辑关系。

(2)字段限定检索：格式为检索词.字段名缩写。例如：asthma.ti 表示检索的文献题名中必须含有 asthma 一词。

(3)短语检索：高级检索界面，系统默认空格为词组检索，如短语中含有禁用词，必须用半角的双引号括起。如“acute and chronic pharyngitis”。

(4)邻近检索：又称位置检索。运算符为“adj”。adjn 表示两个检索词之间最多可插入 n 个词或字符，词序不限，n 的数字范围在“0～255”。

(5)截词检索：无限截词符为“$”和“*”，用于词尾。有限截词符为“$n”，用于词尾替代 n 个字符。

(6)通配符检索：强制通配符#，用于词中或词尾，必须替代一个字符。可选通配符？，用于词中或词尾，可替代一个字符，或不出现字符。

5. 相关资源的链接功能 OVID 的链接功能非常强大，不仅可链接其平台上的各数据库资源，还可链接其外部资源，包括图书馆馆藏书目数据库、其他平台的外文期刊全文数据库及网络免费期刊资源等，为用户提供各种资源的无缝链接，方便用户获取。

三、检索示例

(一)检索范例

某位用户想检索 2010～2015 年发表的双酚 A 毒性对大鼠器官影响的研究文献，要求检索的文献全面权威，推荐使用 OVID 检索平台。

(1)课题分析，提取主题概念 通过课题分析，主题概念为双酚 A、毒性、大鼠、器官，限定条件为：2010～2015 年发表的文献。将中文主题概念翻译成英文：双酚 A 为 Bisphenol A、bpa；毒性为 toxicity；大鼠为 mice、rat、mouse；器官为 organ、apparatus。

(2)选择检索途径，构建检索式，获取检索结果本例中选择高级检索途径，根据检索需要使用指令运算符构建检索式，并将检索式限定在关键词或标题中进行检索，打开检索式显示栏(Search History)，勾选构建的检索式，点击“Combine selections with”中的逻辑运算符 AND 组配检索式，限定出版年限，检索式构建显示界面如图 3-37 所示，点击检索式后的“Display”选项可获取检索结果，如图 3-38 所示。

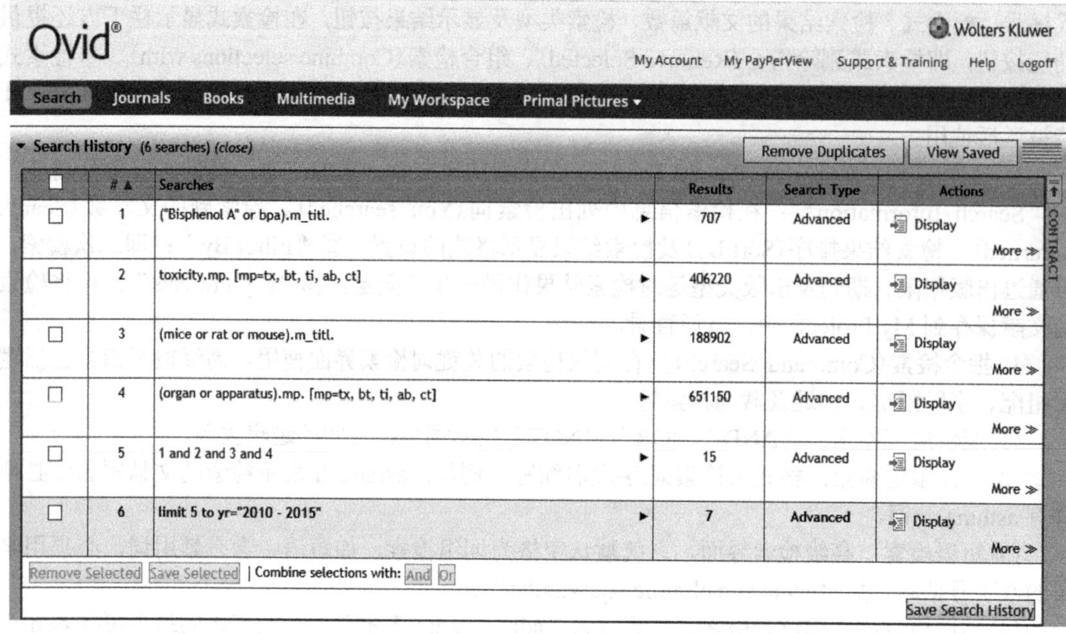

图 3-37 检索示例-检索式构建显示界面

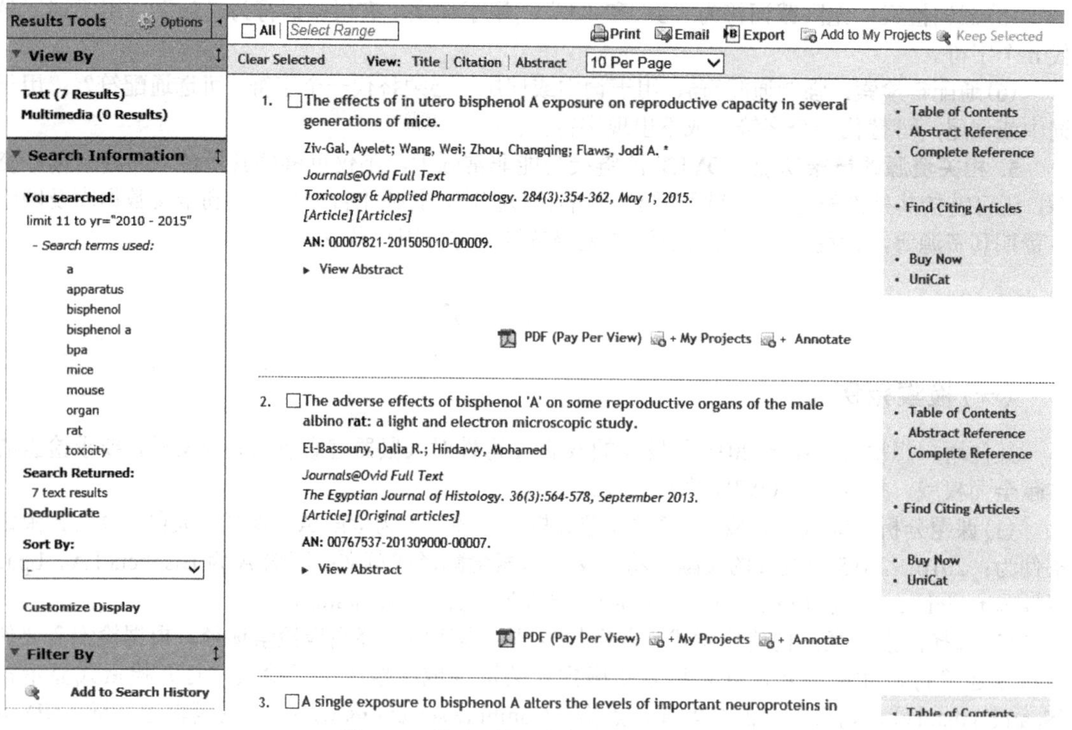

图 3-38 检索示例-检索结果显示界面

(二)个性化服务

用户在 OVID 平台上申请个人账户，登录后，可使用个人空间(My Workspace)贮存课题相关的文献信息、检索式等内容。本例中选择要保存的检索结果策略式，单击图 3-37 中“Save Selected”按钮，在打开的界面中对检索式进行命名，选择保存的形式(Temporary、Permanent、My Projects

等)，单击保存即可。打开个人空间查看保存的检索式，如图 3-39 所示。

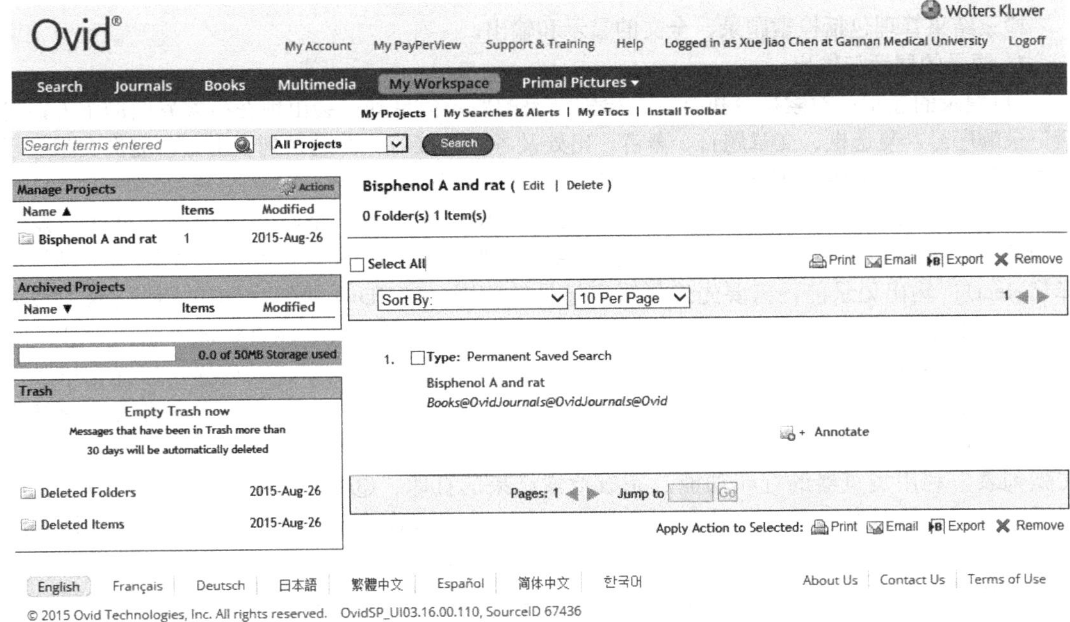

图 3-39 检索示例-个人空间查看界面

个人空间提供我的项目管理、保存检索式及设置自动文献传递、期刊目次通报、安装功能插件等管理功能。

1. 我的项目管理(My Projects) 用于保存与课题相关的文件，包括检索式、检索结果或从其他资源中获取的与课题相关文献内容，内容可以以文件形式上传至个人空间。

2. 保存检索式及设置自动文献传递(My Searches & Alerts) 检索策略的保存有四种类型供选择，即临时的(Temporary)、永久的(Permanent)、自动文献传递[AutoAlert(SDI)]及我的项目管理。检索式保存后，可以对检索式进行更名(Rename)、编辑(Edit)、显示(Display)、发送检索结果链接(E-mail Jumpstart)、运行(Run)、复制(Copy)、删除(Delete)等操作。当把检索式保存为自动文献传递方式后，系统会出现参数设置界面，包括接收文献通报的时间频率、传递方式的选择等，传递方式有三种，即电子邮件、RSS 及直接发送到个人空间的项目管理中。

3. 期刊目次通报(My eTocs) 在个人空间中点击“My eTocs”，则会出现电子邮件地址输入框，用户输入接收期刊目次通报的 E-mail 后，进入期刊设置界面。在期刊列表“Additional eTOC Subscriptions Available”中选择自己感兴趣并要跟踪浏览的期刊，点击“Add”键将其发送到“Active eTOCSubscriptions”中，所接收的目次通报有两种文件类型可选择，即 HTML 或 TXT，期刊选择完成后，点击“Update”即可激活期刊目次通报。当系统对用户选择的期刊进行数据更新时，其所更新的目次表将自动发动到用户所设置的邮箱中。

4. 安装功能插件(Install Toolbar) 此插件可以在用户检索其他数据库或网路资源时帮助用户快速、方便地将课题相关内容保存在我的项目管理中。具体步骤是点击“Install Toolbar”链接到 Ovid 公司的培训与文件下载网站，根据用户所用浏览器的类型选择相应的工具按钮下载软件，下载安装后“Add to My Projects”按钮将出现在网络浏览器的工具栏中，在检索其他数据库或网络资源时，可以直接点击此按钮将所检索到的网络资源保存在我的项目管理中。

（三）检索结果管理

检索结果管理包括检索题录、全文的显示和输出。

1. 题录的显示与输出

(1)题录的显示：检索指令执行后，检索结果的题录信息列表会出现在检索界面的下方，包括记录顺序号、复选框、文章题目、著者、出处及各种链接等。在题录列表上方，提供文献显示格式、每页显示的文献数等选项。

(2)题录的输出：在题录列表的上方，提供输出检索记录范围、清除选择、打印、发送E-mail、输出及将检索结果保存在我的项目管理中等选项，如图3-38所示。①输出记录的选择(Select)：输出记录前，需要先选择输出记录的范围，OVID系统每次输出文献题录的最大数量为200条，当输出记录数大于200条时，需要多次输出，而不能直接选“全部(All)”；如果仅需要挑选其中几篇文献时，可直接在相应题录前的复选框中进行选择，选择完毕后，点击“Keep Selected”即可将选择的文献列表显示出来；②打印(Print)：根据需要选择打印的字段和格式，也可选择是否输出检索史和注释，点击“Print Preview”，可预览所要打印的文献列表，利用浏览器的打印功能，完成检索结果的打印；③发送邮件(E-mail)：点击此选项时，系统会显示发送邮件的界面，在地址栏中输入将接收检索结果的邮箱，选择将检索结果作为正文或附件的形式进行发送，也可对检索结果中包含记录的字段、格式进行设置，同时可选择是否在邮件发送检索历史和文献的全文链接地址等；④输出(Export)：先选择输出的格式，系统提供多种输出格式，包括“PDF”、文本及多种文献管理软件的输出格式，可对输出检索结果的字段、格式进行设置；⑤将检索结果保存到我的项目管理(Add to My Projects)：可将检索结果保存在个人空间已有的项目中，也可重新建立新项目。

2. 全文的显示和输出

(1)全文的显示：在检索结果的题录列表中提供HTML和PDF两种格式的全文链接。HTML格式的全文中具有相关信息的链接，如文章大纲可与正文内容的链接、图表的链接及参考文献的书目信息或全文链接等，方便阅读及扩大文献信息的搜索范围，此外，HTML格式全文还提供PDF格式全文、文献图表文件下载、相似文献及引用文献等的链接；点击“PDF”即可打开并显示PDF全文。

(2)全文的下载：PDF格式的全文打开后直接保存即可；HTML格式的全文在保存时，只能保存文本，其中所包含的图表要单独保存，即单击鼠标右键将图表另存为图片文件。

第四节　其他文摘型数据库

一、外文生物医学期刊文献服务系统(FMJS)

（一）资源概述

外文生物医学期刊文献服务系统(Foreign Medical Journal Full-Text Service)简称FMJS，为“十一五”国家重点电子出版物项目，是由卫生部主管，中华医学会主办，北京康健世讯科技有限公司承办，以中国医学科学院协和图书馆和解放军医学图书馆馆藏外文生物医学期刊为信息源，由中华医学电子音像出版社出版的全新知识情报服务平台。FMJS收录1995年至今的外文生物医学期刊8000余种，包含：全部Medline期刊5400余种、SCIE期刊3500余种、OA期刊3000余种。数据每月更新，文献总量900多万条，内容涉及医学、医学生物学、药学、药物化学、卫生保健及医学边缘学科等各领域。

FMJS 不仅整合了 8000 余种核心外文医学期刊文献资源，而且是一个集文献检索服务、知识情报服务、OA 期刊全文链接服务、馆际互借服务等为一体的软件服务平台。它是目前为止国内唯一一个真正实现了一代检索(主题词检索)和二代检索(智能检索)的外文文献知识情报一站式服务平台。将有关生物医学领域的各种来源的信息资源，依据一定的需要，进行评价、类聚、排序、建库等，重新组合成一个效能更高的信息资源体系，实现跨平台、跨数据库的信息无缝链接，使读者在一个入口、一个检索界面，经一次检索就能够获得包括文献查找、评价和全文通道揭示的全方位的文献资源相关信息的一体化集成式信息服务。

(二)检索途径

FMJS 作为全中文界面的英文信息检索系统，检索平台如图 3-40 所示，登录网址为：http://www.kjmed.com，订购了 FMJS 服务系统的机构，可通过机构设置的访问链接进入检索平台。FMJS 服务系统提供的检索途径有自由检索、主题词检索、复合检索、检索史、期刊导航、策略检索等，现将主要的检索方法介绍如下。

图 3-40　FMJS 数据库平台界面

1. 自由词检索　FMJS 默认的检索状态。在自由词检索框输入检索词，系统将自动在题名、关键词、文摘等字段中进行匹配查找，同时对输入词进行词义扩充检索，大大提高了查全率。

2. 主题词检索　即主题词表辅助检索，采用规范化的主题词基于主题概念进行检索。可通过界面左侧的医学主题词的树状结构选择自己所要检索的主题词，或直接输入词通过自动转化后进行检索得到主题词。主题词显示界面提供主要主题词限定、扩充检索、年代限制以及副主题词搭配检索功能。

3. 复合检索　即多字段限定检索，系统提供多个检索词输入框，通过下拉菜单选择检索词的限定字段，可在题名、作者、摘要、机构等字段中进行选择，检索词可使用截词符。检索词之间可用“AND”、“OR”、“NOT”进行逻辑组配。复合检索还提供条件限定功能，包括文献类型、语种、研究对象选择、性别限定等。

4. 期刊导航　即分类检索，利用期刊所属学科分类进行检索文献。期刊导航提供如下两

种检索方式：①导航树检索：点击分类导航树，选择所需的期刊刊名，指定年卷期，浏览该卷期文献目次，细览文献记录索取所需的文献。②特定期刊检索：按刊名字顺、期刊名称、关键词和 ISSN 进行检索。期刊导航提供影响因子排名，可依据影响因子高低对期刊进行排序，获取高质量的期刊。影响因子栏中的红色箭头代表较去年上升，绿色箭头代表较去年下降。

5. 检索史 检索史检索是对自动保存的中间检索结果重新再组配，以提高检索效率。检索史区的内容包括：检索式序号、检索式、检索结果的数量和显示。检索史提供检索策略保存、检索史加载上传及反复调用和重新组配等功能。

6. 检索策略 即定题检索，进行检索策略的存储、调用、检索式的加载上传及反复调用和重新组配等功能，通过此功能可定制、跟踪检索某一课题的最新文献。

（三）特色功能

1. 过滤器功能 FMJS 服务系统自动对检索结果过滤出系统综述、文献综述、同行评议、循证医学、免费文献，方便用户获取相应的文献。

2. 评价工具 FMJS 服务系统汇集了 Pubmed、SCI、F1000、Google Scholar 这四个公认的最权威的文献检索评价工具，通过对检出文献来源的权威性分析和引用关系分析等，实现对医学文献质量重要性的评价。

3. 链接功能 在检索结果界面点击相应的检索字段，如作者、关键词等，可链接检索出相应的文献资源。

4. 字典辅助功能 采用嵌入式的技术功能，自动对文献中出现的英文单词提供中文翻译，解决了读者阅读外文专业词汇障碍的问题，体现系统的人性化设计。

5. 全文获取通道的揭示与整合功能 系统内条目的相关链接里提供的 Pubmed 电子资源、馆际互借和免费文献链接，很好的提示每篇文献获取全文的不同途径和通道，包括国外的数据库资源，如 Springer、EBSCO、OVID、Elsevier 等，也包括国内外的馆际互借通道和开放获取的免费资源等，供用户选择最佳的获取全文的途径。

二、BIOSIS Previews 数据库

（一）简介

BIOSIS Previews 是由美国生物科学信息服务社（Biosciences Information Service，简称 BIOSIS）编辑出版的世界上最权威的生物学文摘索引电子数据库。它的前身是创刊于 1926 年的美国《生物学文摘》（Biological Abstracts，简称 BA）。BIOSIS Previews 数据库是从事生物科学、农业科学和医学研究工作不可缺少的重要情报源。

BIOSIS Previews 包括《生物学文摘》（Biological Abstracts）《生物学文摘/综述、报告和会议》（Biological Abstracts/RRM）以及《生物研究索引》（Bioresearch Index）的内容，覆盖了来自 100 多个国家和地区的 5500 多种生命科学方面的期刊和 1500 多个国际会议论文集、综述文章、书籍、专利信息，以及来自生物文摘和生物文摘评论的独特的参考文献，其中大约 2100 多种生物学和生命科学的出版物是完全收录的，另外 3000 多种出版物经 BIOSIS 的专家审阅后只收录其中有关生命科学的内容。BIOSIS Previews 收录文献的起始年代为 1969 年，目前的文献量达到大约 1400 多万条记录，每年增加 56 万多条新记录，数据库每周更新。BIOSIS Previews 覆盖所有生命科学的领域，包括生物学、生物化学、生物工程学、植物学、临床和实验医学、药理学、动物学、农学和兽医学。

(二) 检索途径

BIOSIS Previews 数据库的登录网址为：http：//biosispreviews.isihost.com。订购了此数据库的机构，可通过机构提供的相关链接进行访问，BIOSIS Previews 数据库提供的检索方法主要有基本检索、高级检索和组合检索。

1. 基本检索 在一个或多个检索字段中输入检索式，用户可选择主题、作者、来源刊、学科分类代码等字段进行检索；并滚动到页面下部选择限制、排序选项，限制检索文献的语种、文献类型等来缩小检索范围。

2. 高级检索 将逻辑组配功能和普通检索的功能集中在一起。通过对 20 多个字段标识进行逻辑组配实现复杂的检索。

3. 组合检索 对自动保存的中间检索结果重新再组配，以提高检索效率。

(三) 特色功能

1. 学科分类检索(Major Concepts) 用于标引文献所涉及的生命科学领域的 168 个主要学科领域，又称为主要概念词。通过检索页面上的相应链接，可以见到按字顺分层排列的学科分类名称、含义及注释、相关参见等。

2. 学科分类代码/标题检索(Concept Code/Heading) 学科分类代码是一个五位数的编码。每个代码对应某一个学科分类的某个方面，也成为学科分类标题(Concept Heading)。在检索页面点击相应的链接可查找按字顺排列的学科分类标题及对应的代码。

3. 生物分类数据检索(Taxonomic Data) 文献所涉及的生物分类，一般包括：

(1) 上位生物分类检索(Super Taxa)：是生物分类学中较高级别的生物分类名称，通常按照生物分类学中界、门、纲、目顺序排列。

(2) 主要生物类目检索(Taxa Notes)：生物体(包括微生物)所属的较宽泛的生物类目名称。

(3) 生物分类器检索(Organisms Classifiers)：一般指生物体在生物分类学中所属的比较专指的"科"的名称，以及 BIOSIS 编制的与之对应的生物分类代码(Biosystematic Code)。如果生物分类代码后有"*"或 New，则表示是新发现的生物体。

(4) 生物体名称检索(Organisms Name)：生物体的正式名称或常用名。

4. 化学物质检索(Chemical Data) 文献涉及的化学或生化物质的名称(Chemical Name)、CAS 登记号(CAS Registry No.)及详细信息(Detail)等。

5. 生物体器官及结构检索(Parts and Structures Data) 文献涉及的生物体器官名称(Term)、器官系统(Organ Systems)以及详细信息(Detail)等。

6. 疾病检索(Disease Data) 文献涉及的疾病术语(Term)、MsSH 词(MsSH Term)、疾病附属关系(Disease Affiliation，一般为疾病的上位词)以及详细信息(Detail)等。

7. 基因名称检索(Gene Name) 文献涉及的基因名称(Term)及详细信息(Detail)等。

8. 系列数据检索(Sequence Data) 文献涉及的系列信息，包括 Accession No.(系列索取号)、Data Bank(系列数据库，如 GenBank，EBML，DDBJ)以及详细信息(Detail)等。

9. 方法和仪器检索(Methods & Equipment Data) 文献涉及的技术方法及仪器设备。

三、SciFinder Web 数据库

(一) 简介

SciFinder Web 的前身是美国《化学文摘》(Chemical Abstracts，简称 CA)。CA 是世界最

大的化学文摘库，也是目前世界上应用最广泛，最为重要的化学、化工及相关学科的检索工具。CA 创刊于 1907 年，由 CAS 编辑出版，被誉为“打开世界化学化工文献的钥匙”。CA 的内容几乎涉及了化学家感兴趣的所有领域。随着网络技术的发展，1995 年 CAS 推出了 SciFinder 联机检索数据库。自推出以来，SciFinder 一直都是全世界的科学家进行化学课题研究、成果查阅、学术期刊浏览、以及把握科技发展前沿的最得力工具，其涵盖的学科包括化学工程、应用化学、普通化学、生物学、生命科学、医学、物理、材料学、聚合体学、地质学、食品科学和农学等诸多领域。

与 CA 相比，SciFinder Web 具有更丰富的内容和更强大的功能。SciFinder Web 数据库收录的文献资料来自全球 200 多个国家和地区的 60 多种语言，包括 1 万多份期刊、63 家专利机构的专利、评论、会议录、论文、技术报告和图书中的各种化学研究成果。SciFinder Web 比其他科学资源有更多的期刊和专利链接，能够帮助您在研究过程中更有效率，更有创意。

（二）检索途径

1. SciFinder Web 的注册和登录

(1) SciFinder Web 数据库的系统要求：①Windows 用户支持 IE6.x，7.x 或者 FireFox2.x；②Mac 用户支持 FireFox 和 Safari；③Java 安装（初次使用结构检索时自动安装）。

(2) SciFinder Web 的登录网址为：http: //scifinder.cas.org。订购了 SciFinder Web 数据库的机构，找到注册网址，根据提示注册、登录后，就能对 SciFinder Web 进行访问。

2. SciFinder Web 的检索方法

(1) 文献检索（Explore References）：可通过主题、作者名、机构名、文献标识符、期刊名及专利号对 CAplus 及 MEDLINE 进行检索。CAplus 是世界最大最权威的化学化工文献数据库，包含 1907 年以来的世界上 50 多个专利发行机构的专利文献、9 千多种期刊论文、技术报告、会议录、图书、学位论文、评论、会议摘要、电子期刊、网络预印本，每天更新约 3000 条记录。内容基本同印刷版 CA 和光盘 CA。MEDLINE 是美国国立医学图书馆出版的书目型数据库，主要收录 1949 年以来与生物医学相关的期刊文献，是一个免费供用户使用的 OA 数据库。

(2) 物质检索（Explore Substances）：可通过化学结构、分子式及物质标识符对 Chemlist、Registry 及 Chemcats 进行检索。Chemlist 是查询备案/管控化学信息的工具。该库包含 23 万多备案/被管控物质。用户可以利用这个数据库了解某化学品是否被管控，以及被哪个机构所管控。Registry 是查找结构图示、CAS 化学物质登记号和特定化学物质名称的工具。该库包含 2400 多万个化合物以及实验数据等。Chemcats 包含近 700 万个化学品信息，可帮助用户查询化学品提供商的联系信息、价格情况、运送方式等信息，其记录内容还包括目录名称、订购号、化学名称和商品名、化学物质登记号、结构式、质量等级等。

(3) 反应检索（Explore Reactions）：通过单击画图板输入查询的反应式对 CASREACT 进行检索，CASREACT 包含 1840 年以来的 8 万多个单步或多步反应。

（三）特色功能

1. KMP 定题更新提醒　设定 Email 提醒，一旦有新的记录，会发邮件通知。

2. 物质名称与结构转换　帮助用户实现 CAS No 与物质结构的快速转换，为用户节省大量结构绘制时间。

3. 物质的靶标和生物活性　在物质详细信息栏，可以查询到物质的生物活性信息和靶标信息。

4. Markush 结构检索　直接检索和结构有关的专利，用于做初步的专利评估。

5. 分析限定功能（Analysis/Refine）　在文献检索、物质检索及反应检索界面，通过分析限定

功能(Analysis/Refine)，达到修改检索策略、缩小检索范围及获取新的知识点的效果。

分析与思考

1. CBM 的检索方法有哪些?

2. 利用 CBM 基本检索和主题检索途径检索“儿童噬血细胞综合征研究”的文献，并对比其检索结果。

3. Pubmed 的主要检索方法有哪些？各有何特点?

4. 利用 Pubmed 的主题词数据库(MeSH Database)检索最近 5 年在临床核心期刊上发表的，以乙肝(hepatitis B)为主题词的文献(要求：检出文献的原文语种为英文，主题词只出现在标题中，且是免费全文)。

5. 利用 OVID 期刊全文数据库检索有关厌食症的文章，并在其平台上申请一个个人账户，练习将检索的全文保存在“My Projects”中。

(陈雪娇)

第 4 章　全文型数据库检索系统

全文数据库是一种存储文献全文或其中主要部分的源数据库。全文型数据库集文献检索与全文提供于一体，免去了用户检索书目数据库后还得想方设法去获取原文的麻烦，且提供全文字段检索，便于读者对文献的查询。全文数据库具有更新速度快、多种检索技术、个性化服务等特点，深受广大用户的喜爱。

不同的全文数据库在各自不同的平台上为用户提供信息服务，它们的检索界面不尽相同，但其提供的检索功能基本类似，了解各全文数据库的收录信息内容、学科范围、检索途径和检索方法是更好地利用这些全文数据库的前提。

本章主要介绍了中国知网数据库、万方数据知识服务平台、维普期刊资源整合服务平台、Springer 数据库、爱思唯尔 ClinicalKey 全医学平台、牛津期刊数据库、EBSCO 数据库、Wiley Online Library 等全文数据库，详细地介绍了各全文数据库的使用方法，并采用实例进行检索演示。

第一节　中国知网数据库

一、资 源 概 述

中国知识基础设施(China National Knowledge Infrastructure，CNKI)是由清华大学、清华同方股份有限公司利用网络技术建成的世界上全文信息量规模最大的“CNKI 数字图书馆”。CNKI 的数据覆盖自然科学、工程技术、医学、农业、生物、文学、历史、哲学、政治、经济、法律、教育等领域。

CNKI 的信息资源包括中国期刊全文数据库、中国博士学位论文全文数据库、中国优秀硕士学位论文全文数据库、中国重要会议论文全文数据库、中国重要报纸全文数据库等各类综合性数据库及一些专题数据库。

中国期刊全文数据库(China Journal Full-text Database，简称 CJFD)作为 CNKI 数字图书馆的重要组成部分，是目前世界上最大的连续动态更新的中国期刊全文数据库，收录了 1994 年至今(收录时间最早已追溯到 1915 年)国内 8700 多种综合期刊与专业特色期刊的全文，以学术、技术、政策指导、高等科普及教育类为主，同时收录部分基础教育、大众科普、大众文化和文艺作品类刊物，内容覆盖自然科学、工程技术、医学、农业、哲学、人文社会科学等各个领域，分为 10 个大专辑(表 4-1)，168 个专题，全文文献总量 2400 多万篇。

表4-1　中国知网专辑专题分类系统表

代码	专辑名称	专题名称
A	基础科学	自然科学理论与方法、数学、非线性科学与系统科学、力学、物理学、生物学、天文学、自然地理学和测绘学、气象学、海洋学、地质学、地球物理学、资源科学
B	工程科技 I 辑	化学、无机化工、有机化工、燃料化工、一般化学工业、石油天然气工业、材料科学、矿业工程、金属学及金属工艺、冶金工业、轻工业手工业、一般服务业、安全科学与灾害防治、环境科学与资源利用

续表

代码	专辑名称	专题名称
C	工程科技Ⅱ辑	工业通用技术及设备、机械工业、仪器仪表工业、航空航天科学与工程、武器工业与军事技术、铁路运输、公路与水路运输、汽车工业、船舶工业、水利水电工程、建筑科学与工程、动力工程、核科学技术、新能源、电力工业
D	农业科技	农业基础科学、农业工程、农艺学、植物保护、农作物、园艺、林业、畜牧与动物医学、蚕蜂与野生动物保护、水产和渔业
E	医药卫生科技	医药卫生方针政策与法律法规研究、医学教育与医学边缘学科、预防医学与卫生学、中医学、中药学、中西医结合、基础医学、临床医学、感染性疾病及传染病、心血管系统疾病、呼吸系统疾病、消化系统疾病、内分泌腺及全身性疾病、外科学、泌尿科学、妇产科学、儿科学、神经病学、精神病学、肿瘤学、眼科与耳鼻咽喉科、口腔科学、皮肤病与性病、特种医学、急救医学、军事医学与卫生、药学、生物医学工程
I	信息科技	无线电电子学、电信技术、计算机硬件技术、计算机软件及计算机应用、互联网技术、自动化技术、新闻与传媒、出版、图书情报与数字图书馆、档案及博物馆
F	哲学与人文科学	文艺理论、世界文学、中国文学、中国语言文字、外国语言文字、音乐舞蹈、戏剧电影与电视艺术、美术书法雕塑与摄影、地理、文化、史学理论、世界历史、中国通史、中国民族与地方史志、中国古代史 中国近现代史、考古、人物传记、哲学、逻辑学、伦理学、心理学、美学、宗教
G	社会科学Ⅰ辑	马克思主义、中国共产党、政治学、中国政治与国际政治、思想政治教育、行政学及国家行政管理、政党及群众组织、军事、公安、法理&法史、宪法、行政法及地方法制、民商法、刑法、经济法、诉讼法与司法制度、国际法
H	社会科学Ⅱ辑	社会科学理论与方法、社会学及统计学、民族学、人口学与计划生育、人才学与劳动科学、教育理论与教育管理、学前教育、初等教育、中等教育、高等教育、职业教育、成人教育与特殊教育、体育
J	经济与管理科学	宏观经济管理与可持续发展、经济理论及经济思想史、经济体制改革、 经济统计、农业经济、工业经济、交通运输经济、企业经济、旅游、文化经济、信息经济与邮政经济、服务业经济、贸易经济、财政与税收、金融、证券、保险、投资、会计、审计、市场研究与信息、管理学、领导学与决策学、科学研究管理

中国博士学位论文全文数据库(China Doctoral Dissertations Full-text Database，简称 CDFD)收录了 420 家博士培养单位的博士学位论文。目前累积博士学位论文全文文献 6.7 万篇，是目前国内收录博士学位论文比较完整的数据库资源。

中国优秀硕士学位论文全文数据库(China Master’s Theses Full-text Database，简称 CMFD)收录了 652 家硕士培养单位的硕士学位论文，目前累积硕士论文全文文献 46 万多篇。

中国重要会议论文全文数据库，收录了我国 1999 年以来国家二级以上学会、协会、高等院校、科研院所、学术机构等单位的论文集，年更新约 10 万篇论文，目前已累积会议论文全文文献近 74 万篇。其中，国际会议文献占全部文献的 20%以上，全国性会议文献超过总量的 70%，部分重点会议文献回溯至 1953 年。

中国重要报纸全文数据库，收录了 2000 年以来中国国内重要报纸刊载的学术性、资料性文献，至 2012 年 10 月，累积报纸全文文献 1000 多万篇。

二、检 索 平 台

通过中国知网主页(http：//www.cnki.net)或镜像站点登录，如图 4-1 所示。购买了使用权的单位或高校，在授权 IP 段内可直接登录使用，无需输入用户名和密码。个人用户可以通过购买 CNKI 阅读卡，注册后可检索和下载文献资源。

图 4-1 中国知网 CNKI 主页

登录 CNKI 首页后，选择需要检索的数据库，即可进入相应数据库检索界面，各个数据库的检索界面基本相同，差不多都有基本检索、高级检索、专业检索、科研基金检索、句子检索、来源检索等。

(一)简单检索

简单检索提供了类似 Google、百度等搜索引擎的检索方式，只需在检索界面输入简单检索词、检索表达式、多项检索词逻辑组合检索，即可进行检索，如图 4-2 所示。这种检索方式的优点：简单快速，但是由于简单的检索词提供的限制条件太少了，查准率往往偏低。因此简单检索方式适合简单主题文献的检索，不适合复杂主题的检索。系统提供的检索项下拉框提供了 16 个检索项共用户选择，具体有：主题、篇名、关键词、作者、单位、刊名、ISSN、CN、期、基金、摘要、全文、参考文献、中图分类号。其中检索项“主题”包含了“篇名”“关键词”“摘要”。还可以勾选来源类别：全部期刊、SCI 来源期刊、EI 来源期刊、核心期刊、CSSCI。

检索表达式是指可以在检索词输入框通过用逻辑运算符连接的检索式进行检索。在中国知网中，一般用“*”表示逻辑与，用“+”代表逻辑或，用“–”代表逻辑非。界面左侧“文献分类目录”可以选择查找文献的专辑范围，点击某一专辑前面的“+”可以展开专辑的下级分类。为了表达较为复杂的检索需求，用户一般可以利用多项检索词逻辑组合进行检索。点击“+”可以增加一个逻辑检索行，点击“–”可以删除一个逻辑检索行。

(二)高级检索

高级检索设有多个检索词输入框，并可以进行逻辑组配，用户可以利用这种检索模式灵活、方便地构建复杂的检索表达式。其界面如图 4-3 所示。

cnki 中国知网 cnki.net　期刊　期刊导航

文献分类目录　选择学科领域　全选　清除

基础科学　工程科技Ⅰ辑　工程科技Ⅱ辑　农业科技　医药卫生科技　哲学与人文科学　社会科学Ⅰ辑　社会科学Ⅱ辑　信息科技　经济与管理科学

检索　高级检索　专业检索　作者发文检索　科研基金检索　句子检索　来源期刊检索

输入检索条件：（主题　并含　精确）

从 不限 年 到 不限 年　来源类别：全部期刊　SCI来源期刊　EI来源期刊　核心期刊　CSSCI　检索

数据库介绍信息：

数据库英文名称：China Academic Journal Network Publishing Database（简称CAJD）

简　介：中国学术期刊网络出版总库是世界上最大的连续动态更新的中国学术期刊全文数据库，是“十一五”国家重大网络出版工程的子项目，是《国家“十一五”时期文化发展规划纲要》中国家“知识资源数据库”出版工程的重要组成部分。

出版内容：以学术、技术、政策指导、高等科普及教育类期刊为主，内容覆盖自然科学、工程技术、农业、哲学、医学、人文社会科学等各个领域。收录国内学术期刊8,092种，全文文献总量44,384,797篇。

图 4-2　CNKI 简单检索界面

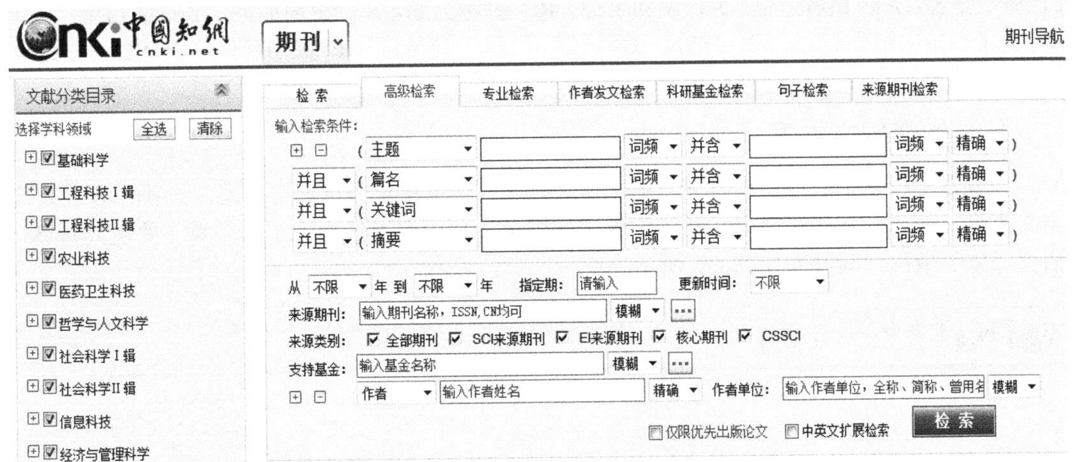

图 4-3　CNKI 高级检索界面

检索项主要包括题名、关键词、主题、全文、作者、第一作者、作者单位、文献来源。和简单检索一样有扩展词检索、精确或模糊检索控制、中英文扩展检索功能。点击“+”可以增加一个检索条件行，并以上一条件自由组配逻辑关系，检索条件行最多可以增加到 7 行。点击“–”可以删除一个检索条件行，其检索词输入方法与简单检索类似。同时，可限定检索文献发表的时间范围，期号、更新时间、来源期刊、来源类别、支持基金、作者、作者单位等。

(三) 专业检索

专业检索功能强大，需按照系统规定的语法，使用逻辑运算符和关键词构造检索式进行检索。专业检索要求检索人员具备很强的专业检索知识，一般用于图书情报专业人员进行课题查新、信息分析、课题定题服务等工作。其界面如图 4-4 所示。

编制检索表达式需要带上检索字段和字段间的逻辑关系。可选择的检索字段有 16 个：如主题、题名、关键词、摘要、全文、作者等。

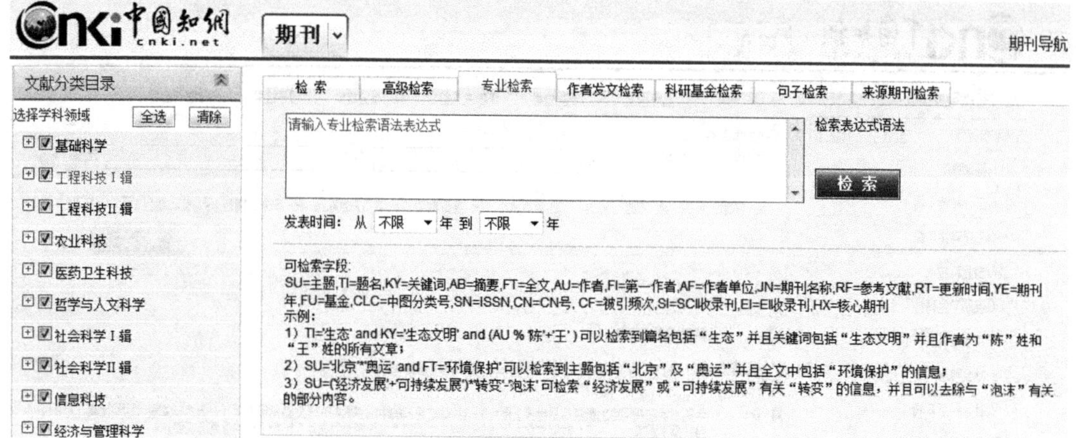

图 4-4 CNKI 专业检索界面

检索式构造格式如下：SU=主题，TI=题名，KY=关键词，AB=摘要，FT=全文，AU=作者，FI=第一作者，AF=作者单位，JN=期刊名称，RF=参考文献，RT=更新时间，YE=期刊年，FU=基金，CLC=中图分类号，SN=ISSN，CN=CN 号(统一刊号)，CF=被引频次，SI=SCI 收录刊，EI=EI 收录刊，HX=核心期刊。

(四)作者发文检索

作者发文检索是通过作者姓名、第一作者姓名、作者单位关键词等信息，查找作者发表的全文文献及被引、下载等情况。通过学者“知网节”可以全方位面地了解学者主要研究领域，研究成果等情况。其界面如图 4-5 所示。

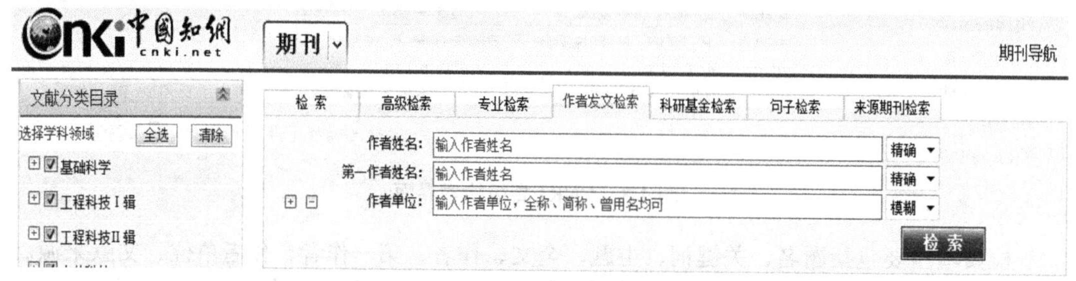

图 4-5 CNKI 作者发文检索界面

(五)科研基金检索

科研基金检索是通过科研基金名称，查询有科研基金资助的文献。通过对检索结果进行分组筛选，可以全面了解科研基金资助的学科范围、科研主题领域、研究方向和发展趋势等信息。

(六)句子检索

句子检索是指要求用户输入的两个检索词出现在同一个句子内的检索。通过句子检索可以为用户提供有关事实问题的答案。使用句子检索时，得到的检索结果以摘要的形式显示，并将用户输入的关键词在文献中出现的句子检索出来，起到解释或回答问题的作用。

(七)来源期刊检索

来源期刊包括学术期刊、博士学位授予点、硕士学位授予点、会议论文集、报纸、年鉴和

图书出版社等。查找和浏览这些来源期刊，可以查看其出版的所有文献。

(八) 跨库检索

跨库检索是指以同一个检索词或检索表达式同时检索多个数据库，如期刊库、会议论文库、博士学位论文库等。在中国知网主页面中，点击“高级检索”便可进入文献跨库检索，如图 4-6 所示。

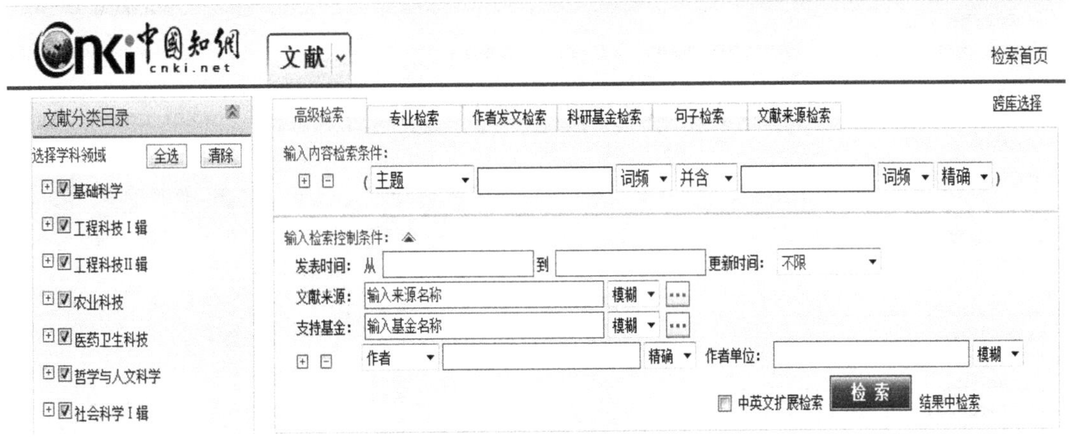

图 4-6　CNIK 跨库检索界面

三、检 索 示 例

用同一个课题实例，分别介绍中国知网数据库四种检索方式的检索步骤。

检索课题：骨髓移植治疗白血病

课题分析：对课题进行分析，得到合适的检索词：骨髓移植、白血病、治疗。

(一) 基本检索

检索步骤：

(1) 选择数据库：CNKI 的中文期刊全文数据库。

(2) 选择检索项，并输入检索关键词或检索式。检索项都选择“主题”，输入关键词：“骨髓移植”“白血病”“治疗”；逻辑运算符选择：并且。

(3) 匹配方式：精确；时间范围选择从 2006 年到 2015 年；来源类别勾选：SCI 来源期刊，EI 来源期刊，核心期刊。

(4) 点击“检索”按钮执行检索。共得到 64 条结果，如图 4-7 所示。

CNKI 检索结果排序方式有主题排序、发表时间、被引次数、下载次数，默认为主题排序。点击检索结果记录的篇名，即可打开检索结果查看、下载页面。CNKI 的中文期刊全文数据库提供两种全文格式下载：CAJ 格式和 PDF 格式。

(二) 高级检索

检索步骤：

(1) 选择数据库：CNKI 的中文期刊全文数据库。

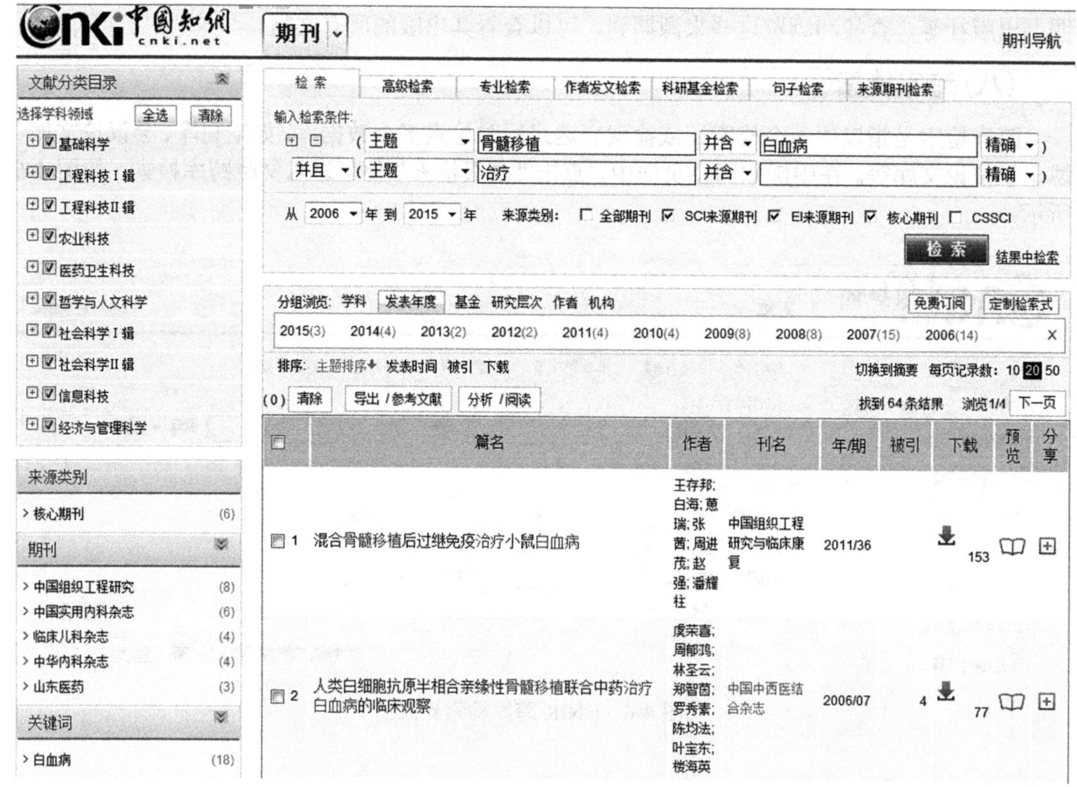

图 4-7 实例基本检索结果界面

(2)进入高级检索界面。

(3)选择检索项，并输入检索关键词或检索式。该课题检索项都选择“主题”，输入关键词：“骨髓移植”“白血病”“治疗”；逻辑运算符选择：并含。

(4)匹配方式：精确；时间范围限制为：2006 年到 2015 年；来源类别勾选：SCI 来源期刊，EI 来源期刊，核心期刊。

(5)点击“检索”按钮进行检索，得到 63 条检索结果，如图 4-8 所示。

高级检索中，具有“中英文扩展检索”这项功能，能自动扩展检索词，得到更多检索结果，找到 78 条结果，如图 4-9 所示。

(三)专业检索

检索步骤：

(1)选择数据库：CNKI 的中文期刊全文数据库。

(2)进入专业检索界面。

(3)输入检索表达式：主题=骨髓移植 AND 主题=白血病 AND 主题=治疗。

(4)时间选择 2006～2015 年。匹配方式：精确，如图 4-10 所示。

(四)跨库检索

检索步骤：

(1)进入跨库检索界面。

(2)选择检索项，输入检索词或检索式。检索项都选择“主题”，输入关键词：“骨髓移植”“白血病”“治疗”；逻辑运算符选择：并且。

(3) 匹配方式：精确；时间范围选择从 2006～2015 年。

(4) 点击“检索”按钮，开始进行检索，如图 4-11 所示。

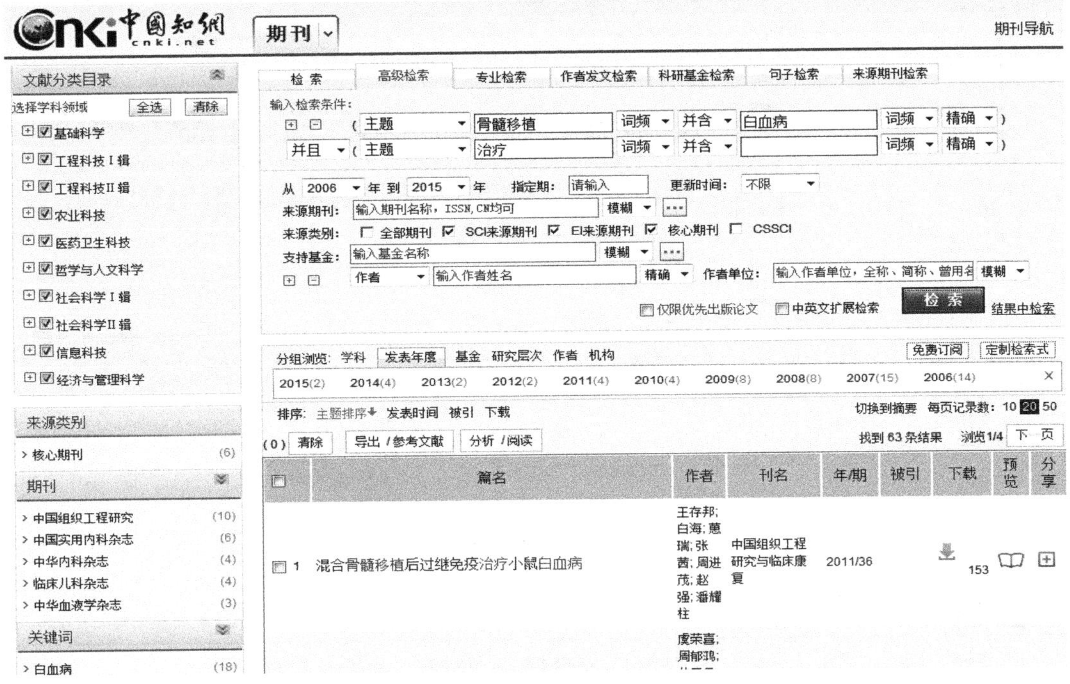

图 4-8　实例高级检索结果界面

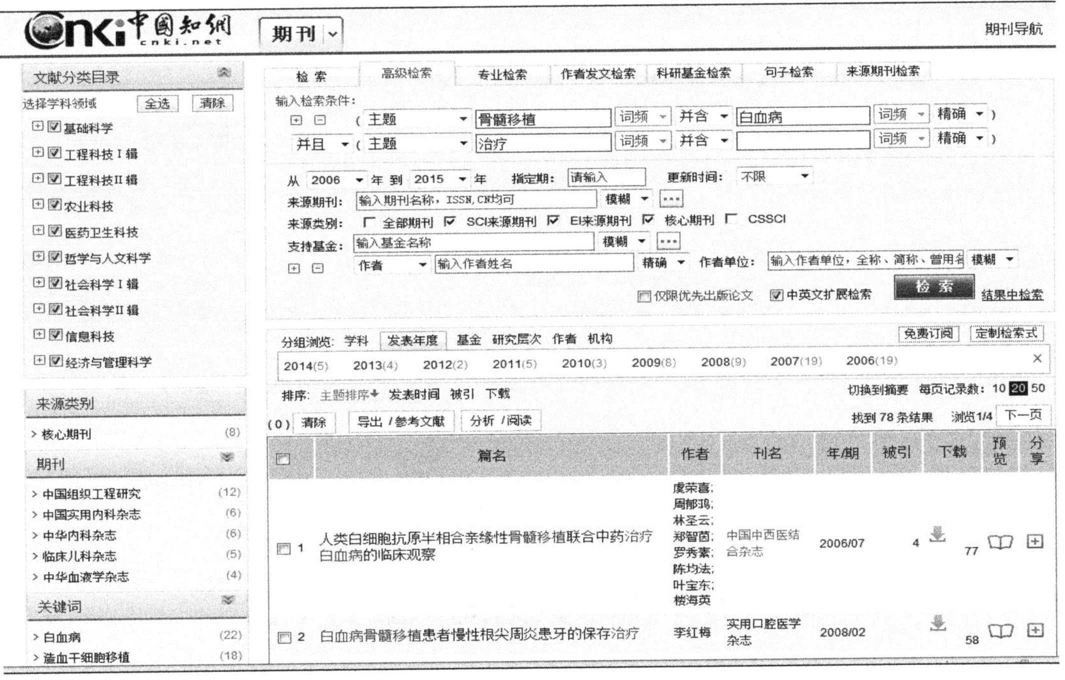

图 4-9　实例中英文扩展检索界面

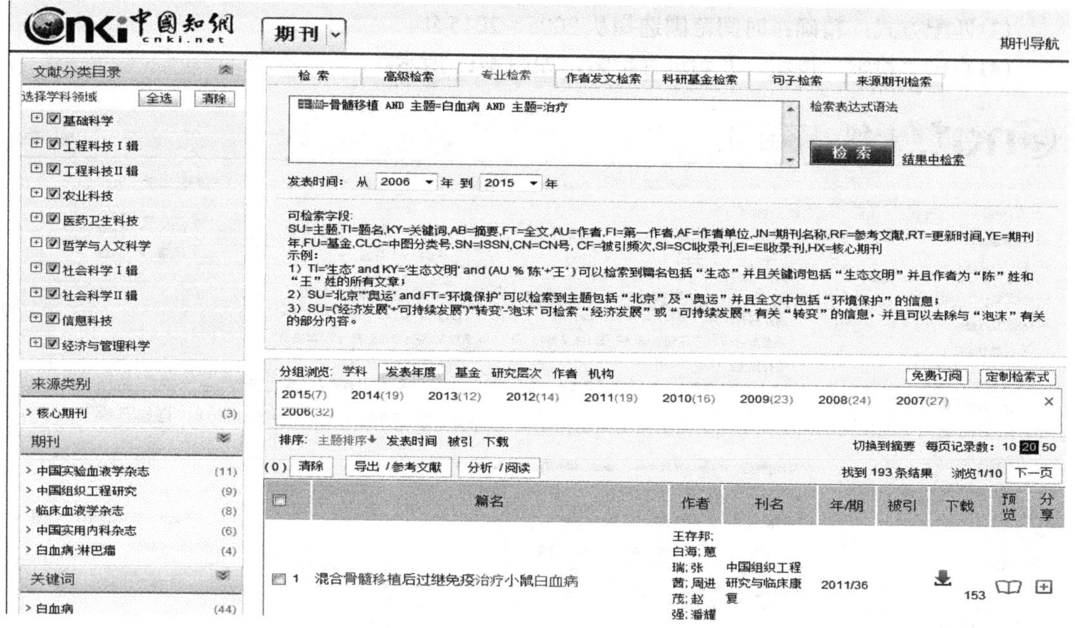

图 4-10 实例专业检索结果界面

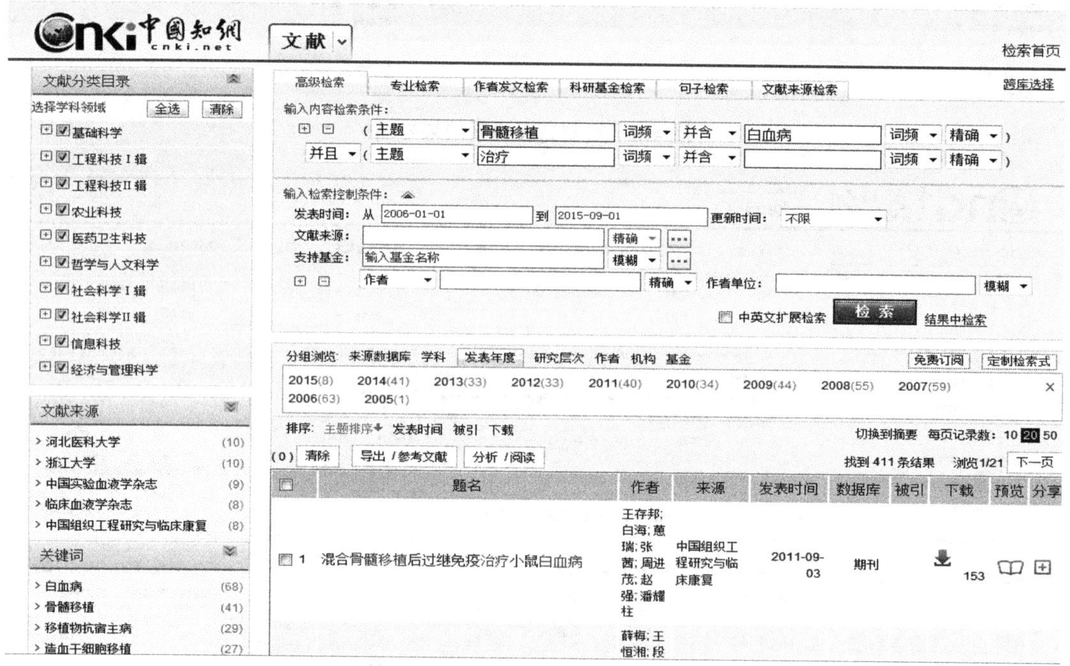

图 4-11 实例跨库检索结果界面

第二节 万方数据知识服务平台

一、资源概述

万方数据知识服务平台是万方数据股份有限公司建设的通过 Internet 提供信息服务的平

台，包括中国学位论文、会议论文、中文期刊论文、科技成果、专利技术、标准法规、各类科技文献等文献数据库，以及科技机构、公司产品等事实数据库，数据库总量近百个。万方数据知识服务平台含有全文信息资源、文摘题录信息资源及数据型动态信息资源。全文资源包括学术期刊、学位论文、会议论文、专利技术、法律法规。文摘、题录及事实类数据库资源包括大量科技文献、政策法规、名人机构、科技专家、企业产品等。

学术期刊全文数据库是万方数据知识服务平台的重要组成部分。该数据库收录了 1998 年以来 7000 余中期刊，其中核心期刊 2500 多种，核心刊收齐率达到 98%，中国医药卫生领域的期刊 1100 余种，包括中华医学会和中华医师协会独家授权的数字化出版期刊 200 余种。期刊论文总数量达 1700 余篇，每年约增加 200 万篇，每周两次更新。学术期刊全文数据库分为 8 大类：哲学政法、社会科学、经济财政、教科文艺、基金科学、医药卫生、农业科学和工业科学，94 个类目。

学位论文数据库收录了自 1980 年以来我国自然科学领域各高等院校、研究生院及研究所的硕士研究生、博士及博士后论文。收录单位达到 700 多家，主要包括全国 211 重点高校和国家工程院、农科院、医科院、林科院等重点科研机构(其中 211 高校占 70%以上)。目前已有 199 万条数据，其中全文 130 万篇以上，每年的新增量为 15 万余篇，学科范围覆盖自然科学总论、数理化、天文、地球、生物、医药、卫生、农林、工业技术交通、航空、环境等专业。

会议论文数据库收录 1985 年至今由中国科技信息研究所提供的国家级学会、协会、研究会组织召开的近 10000 个全国性学术会议(全部为一级学术会议)论文。会议论文覆盖自然科学、工程技术、农林、医学、人文社科等领域，目前已有 180 万条数据，全文 130 万篇以上，并以每年 18 万篇的速度增长。

外文文献数据库包括外文期刊论文和外文会议论文。外文期刊论文收录了 1995 年以来世界各国出版的 12634 种重要学术期刊，每年论文增加量约百万余篇。外文会议论文收录了 1985 年以来世界各主要学会、协会、出版机构出版的学术会议论文，每年增加论文 20 余万篇。

专利文献数据库收录了国内外的发明、实用新型及外观设计等专利 2700 多万项，内容涉及自然科学各个学科领域。

中外标准数据库综合了由国家技术监督局、建设部情报所、建材研究所等单位提高的相关行业各类标准的题录，包括中国标准、国家标准及各国标准等 27 万多条记录。

中国企业、公司及产品数据库(CECDB)始建于 1988 年，有万方联合国内近百家信息机构共同开发的，现已涵盖了 96 个行业的近 20 万家企业的详尽信息，是国内外工商界了解中国市场的一条途径。国际著名的美国 DIALOG 联机系统已将 CECDB 定为中国首选的经济信息数据库。

二、检 索 平 台

通过访问 http：//g.wanfangdata.com.cn，即可登录到万方数据知识服务平台主页，如图 4-12 所示。万方数据知识服务平台提供单库检索和跨库检索两种方式。

(一)单库检索

以学术期刊全文数据库为例，介绍单库检索方法的使用。简单检索是系统默认的检索方式，如图 4-13 所示。在检索词输入框中输入检索词或检索式，点击“检索论文”或“检索刊名”按钮便可。当用户输入检索词时，系统会智能推荐一些相关的检索词供用户选择或参考。

图 4-12　万方数据知识服务平台主页

图 4-13　万方单库简单检索界面

检索结果可以按相关度优先、新论文优先、经典论文优先、仅相关度、仅出版时间、仅被引次数等进行排序。在右侧，检索结果自动按学科、论文类型、出版年份进行聚类，方便用户使用。在检索结果界面中，系统提供了二次检索的功能，可通过选择标题、作者、关键词、年代字段，是否具有全文等，点击“在结果中检索”按钮进行再次检索，得到更准确的结果，如图 4-14 所示。

(二)跨库检索

1. 简单检索　万方数据知识服务平台跨库简单检索界面如图 4-12 所示。只需在检索词输入框中输入检索词或检索式，点击“检索”按钮便可，系统自动在期刊论文、会议论文、学位论文、外文期刊、外文会议论文等多个数据库中进行检索。在检索结果界面中，系统提供了二次检索的功能，跟单库简单检索的类似。

2. 高级检索　跨库高级检索界面如图 4-15 所示，在左侧，可以指定资源库，即选择文献类型。指定资源库后，再选择检索字段、输入相应的检索词进行检索。

3. 专业检索　专业检索的检索表达式使用 CQL 检索语言，含有空格或其他特殊字符的单个检索词用引号(“”)括起来，多个检索词之间根据逻辑关系，用“and”或“or”连接。输入完检索表达式后，点击“检索”按钮进行检索。跨库专业检索界面如图 4-16 所示。

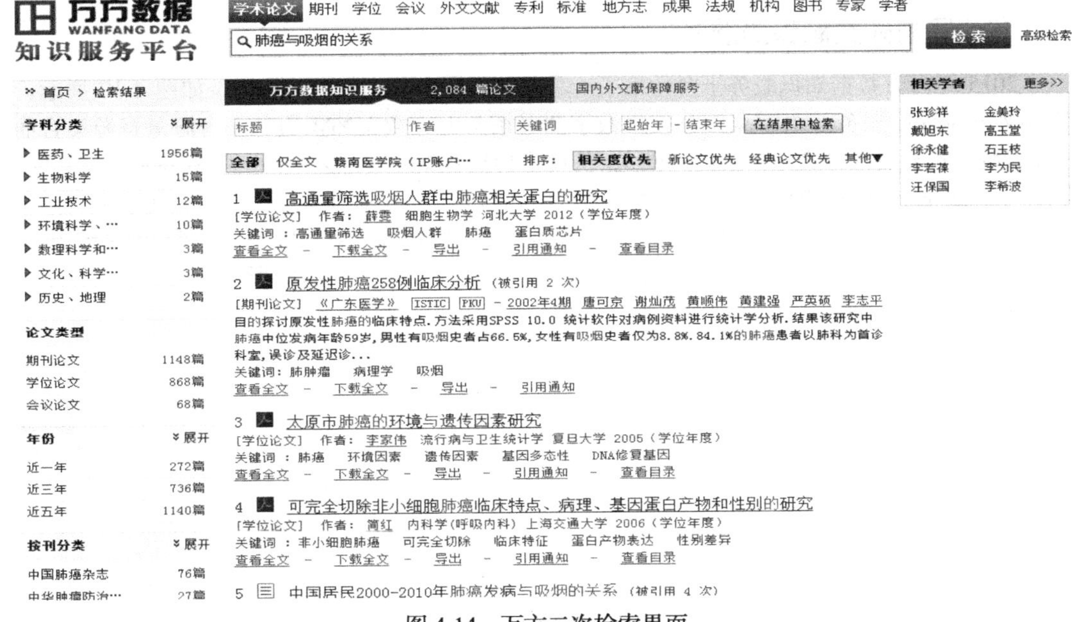

图 4-14　万方二次检索界面

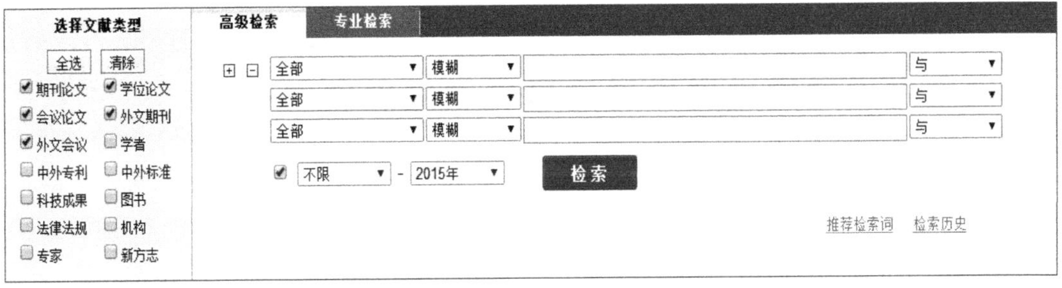

图 4-15　万方跨库高级检索界面

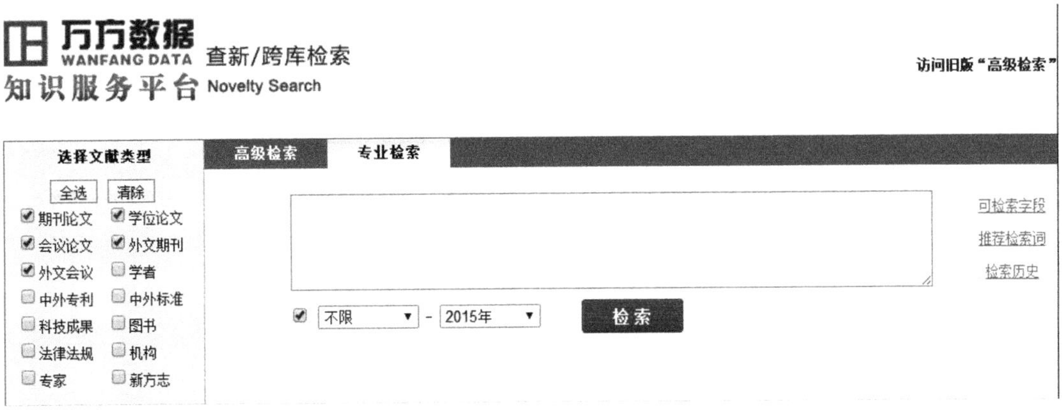

万方数据 WANFANG DATA 知识服务平台 查新/跨库检索 Novelty Search
访问旧版“高级检索”
选择文献类型
全选 清除
期刊论文 学位论文
会议论文 外文期刊
外文会议 学者
中外专利 中外标准
科技成果 图书
法律法规 机构
专家 新方志
高级检索 专业检索
可检索字段
推荐检索词
检索历史
不限 - 2015年 检索

图 4-16　万方跨库专业检索界面

（三）国内外文献保障服务

2015 年万方数据知识服务平台新增了一项服务：国内外文献保障服务，如图 4-17 所示。国内外文献保障服务是由国家工程技术数字图书馆与万方数据知识服务平台海量资源集合而成，系统在扩充资源种类和数量的基础上，实现了异构数据库资源之间的一站式检索发现功能，增加了高质量珍稀资源的原文传递服务，为教学、科研工作者提供更多、更全、更优质、更便捷的知识发现保障。目前，该服务仅面向机构用户。“国内外文献保障服务”系统的检索结果要通过原文传递的方式获取，用户需要填写原文传递表单，如图 4-18 所示。点击页面右上角的“查询订单”，即可查看所申请原文的传递状态。

万方数据
WANFANG DATA
知识服务平台
学术论文 期刊 学位 会议 外文文献 专利 标准 地方志 成果 法规 机构 图书 专家 学者
肺癌与吸烟的关系
检索
首页 > 检索结果
万方数据知识服务
国内外文献保障服务 2,810 篇论文
文献类型
排序: 相关度 时间 题名
中文期刊 1628
中文会议 102
中文学位 1080
1 吸烟患者BALF中NO含量变化与肺癌的关系
[期刊论文]《中国初级卫生保健》 - 2001年015卷008期 29页 共1页 王笑歌 吴立华 张滨彩
目的:探讨非肺癌吸烟患者BAIF(支气管肺泡灌洗液)中NO(一氧化氮)含量变化与肺癌患者和非吸烟者的相互关系.方法:对24名支气管肺癌(病理为鳞状上皮癌)的吸烟者、24名非肺癌的吸烟者和24名不吸烟者BALF中的NO含量进行测定....
关键词: 吸烟 NO BALF 肺癌
请求原文传递
2 五项坏习惯带来肿瘤危险
[期刊论文]《中老年保健》 - 2011年007期 P.46-46页 共1页
据统计，30%的肿瘤发病都与长期吸烟有关，肺癌与吸烟的关系更加密切．约15%的吸烟者将有可能患肺癌。
关键词: 肿瘤 坏习惯 长期吸烟 吸烟者 肺癌
请求原文传递

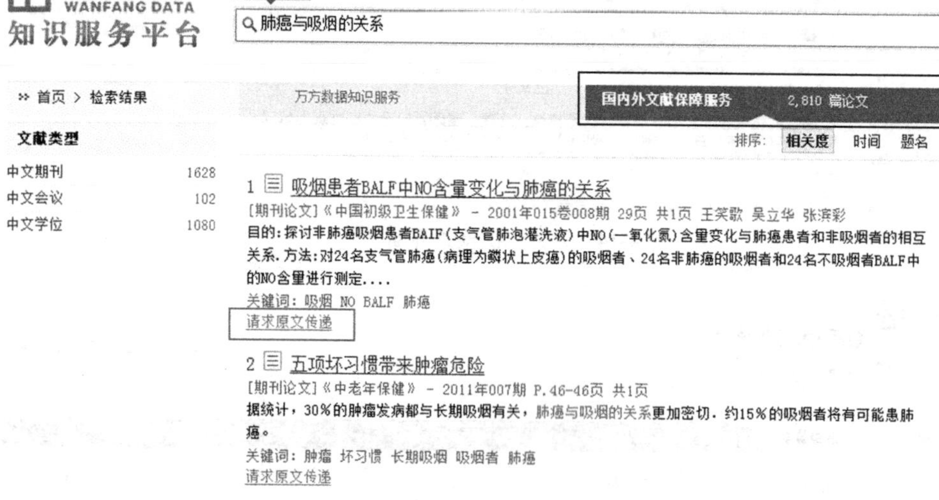

图 4-17 万方国内外文献保障服务界面

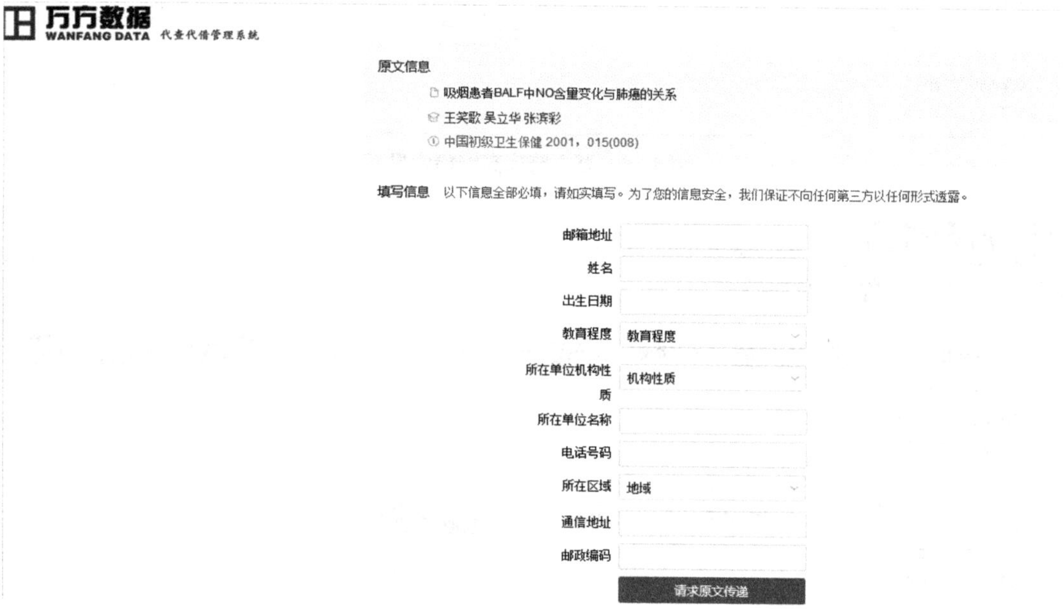

万方数据
WANFANG DATA 代查代借管理系统
原文信息
吸烟患者BALF中NO含量变化与肺癌的关系
王笑歌 吴立华 张滨彩
中国初级卫生保健 2001，015(008)
填写信息 以下信息全部必填，请如实填写。为了您的信息安全，我们保证不向任何第三方以任何形式透露。
邮箱地址
姓名
出生日期
教育程度 教育程度
所在单位机构性质 机构性质
所在单位名称
电话号码
所在区域 地域
通信地址
邮政编码
请求原文传递

图 4-18 万方原文传递表单界面

三、检 索 示 例

用同一个课题实例，介绍万方数据知识服务平台四种检索方式的检索步骤。

检索课题：肺癌与吸烟相关的文献

课题分析：对课题进行分析，得到合适的检索词：肺癌、吸烟。

(一)简单检索

检索步骤：

(1)选择数据库：万方数据知识服务平台的学术期刊数据库。

(2)输入检索关键词“肺癌”“吸烟”，点击“检索论文”如图4-19所示。

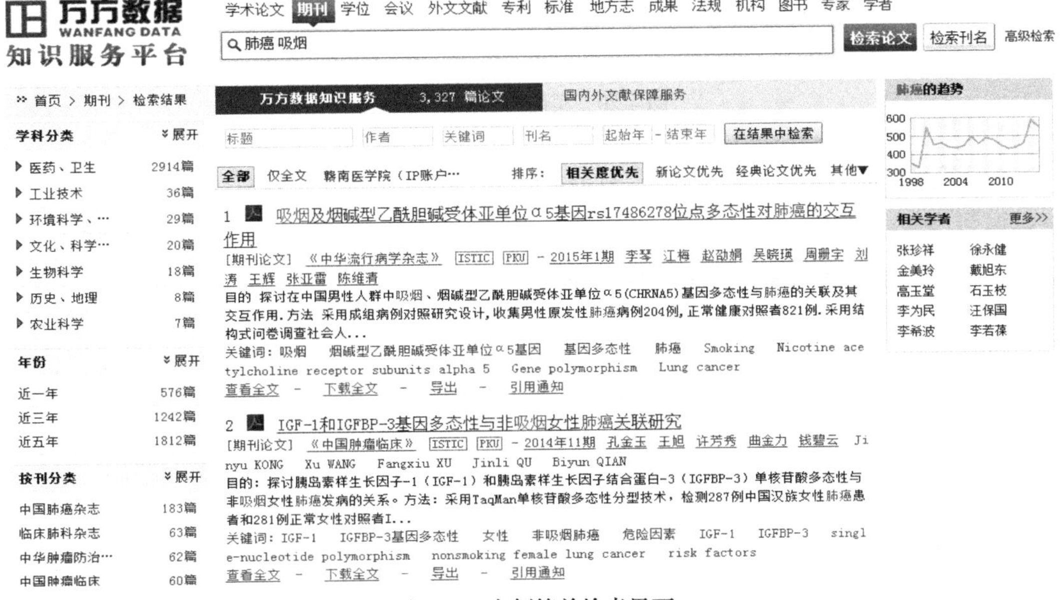

图4-19 实例简单检索界面

共检索出3327篇期刊文章。在检索结果中二次检索，我们只需要近四年发表的期刊论文，在年限范围内输入：2012和2015，点击“在结果中检索”，如图4-20所示。

(二)跨库检索

检索步骤：

(1)进入跨库检索界面。

(2)输入检索关键词“肺癌”“吸烟”，点击“检索”，如图4-21所示。

共检索出4899篇结果，比单库检索的结果数多，因为跨库检索把符合条件的期刊论文、学位论文、会议论文、外文期刊、OA论文都检索出来。其中，期刊论文3327篇，学位论文：1353篇，会议论文：217篇，外文期刊：1篇，OA论文：1篇。

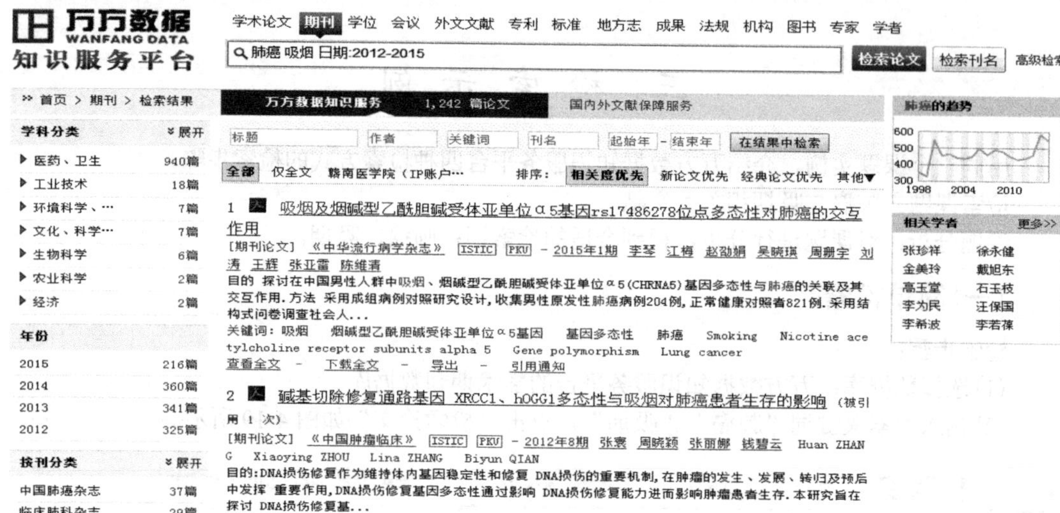

图 4-20 实例二次检索界面

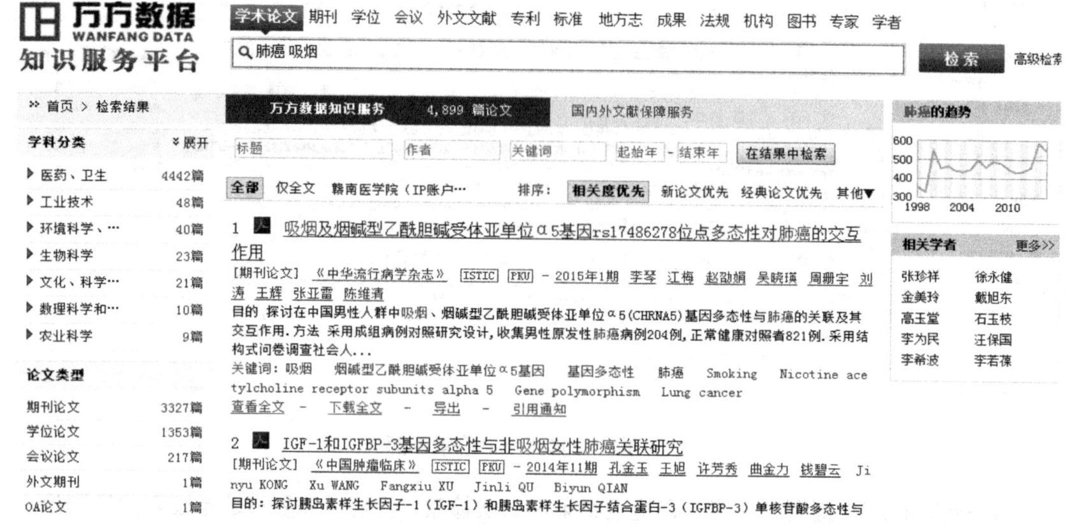

图 4-21 实例跨库检索界面

（三）跨库高级检索

检索步骤：

(1)进入跨库高级检索界面。

(2)分别选择检索项目：全部，输入检索关键词“肺癌”和“吸烟”，匹配方式选择：“模糊”，两个检索条件行之间选择逻辑“与”，点击“检索”，如图 4-22 所示。

（四）跨库专业检索

检索步骤：

(1)进入跨库专业检索界面。

(2)输入检索表达式：(主题=“肺癌”)and (主题=“吸烟”)，点击“检索”便可，如图 4-23 所示。

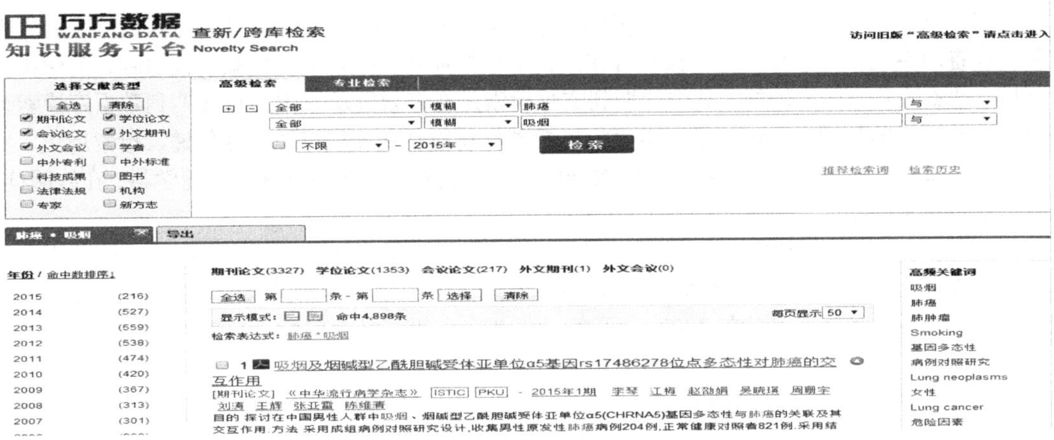

图 4-22　实例跨库高级检索界面

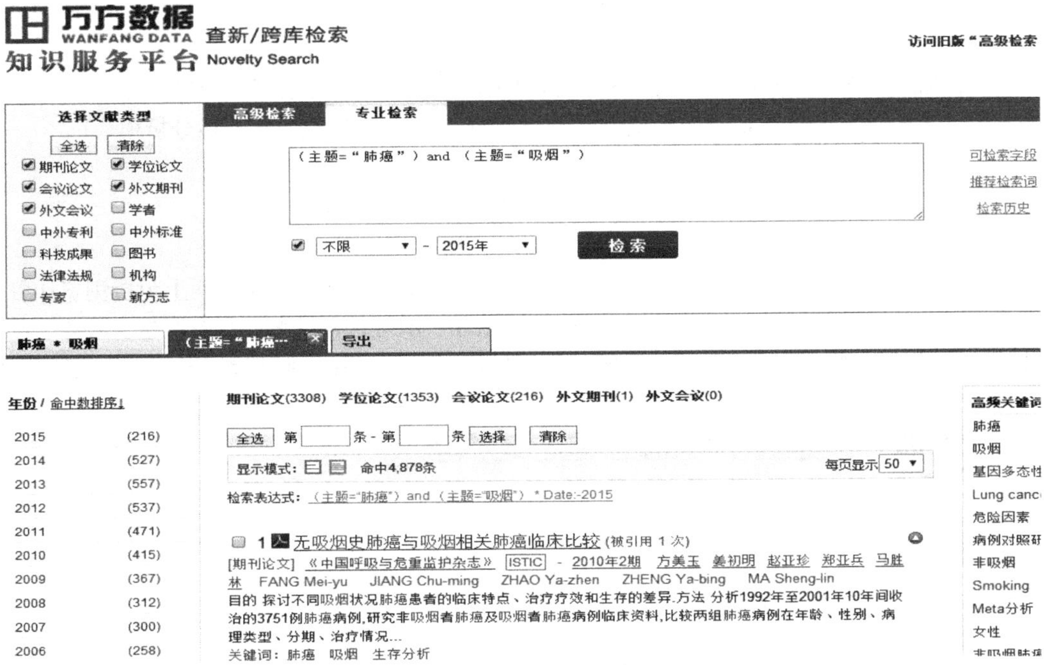

图 4-23　实例跨库专业检索界面

第三节　维普期刊资源整合服务平台

一、资　源　概　述

重庆维普资讯有限公司，是中国第一家进行中文期刊数据库研究的机构。《维普期刊资源整合服务平台》是重庆维普资讯有限公司推出的中文科技期刊资源一站式服务平台，它的服务范围从单纯的全文保障服务延伸到引文追踪、情报分析等服务，为用户提供最具创新力的期刊资源研究学习平台。

维普期刊资源整合服务平台主要包括《中文科技期刊数据库》《中文科技期刊数据库(引

文版)》《外文科技期刊数据库》《中国科技经济新闻数据库》《中国科学指标数据库》《维普行业资源系统》等子数据库。该平台在结构上包括期刊文献检索，文献引证追踪、科学指标分析、搜索服务这四大功能。其中的期刊文献检索是在有效继承原中文科技期刊数据库检索查新及全文下载的基础上，进行了检索流程的梳理和功能优化，新增了文献传递、检索历史、参考文献、基金资助、期刊被知名国内外数据库收录情况查询、选择查询的主题学科、在线阅读、相似文献提示等功能。

《中文科技期刊数据库》是我国最大的数字期刊数据库，是维普期刊资源整合服务平台的重要组成部分(期刊文献检索模块)。该数据库收录了中国境内历年出版的中文期刊 12 000 余种，全文 4000 余万篇，引文 7000 余万条，分 8 个专辑：社会科学、自然科学、工程技术、农业科学、医药卫生、经济管理、教育科学、图书情报。

《中文科技期刊数据库(引文版)》(Chinese Citation Database)，简称 CCD，是维普期刊资源整合服务平台的重要组成部分(文献引证追踪模块)，是目前国内规模最大的文摘和引文索引型数据库。该产品采用科学计量学中的引文分析方法，对文献之间的引证关系进行深度数据挖掘，可广泛用于课题调研、科技查新、项目评估、成果申报、人才选拔、科研管理、期刊投稿等用途。

《中国科学指标数据库》(China Science Indicators Database，CSI)是维普公司推出的一款文献计量工具产品，是维普期刊资源整合服务平台的重要组成部分(科学指标分析模块)。

二、检 索 平 台

维普期刊资源整合服务平台为用户提供了网上包库、本地镜像安装、网上免费浏览计费下载等方式。在浏览器地址栏输入 http：//lib.cqvip.com，即可进入维普期刊资源整合服务平台的主页，如图 4-24 所示。主要有基本检索、传统检索、高级检索、期刊导航和检索历史等功能。

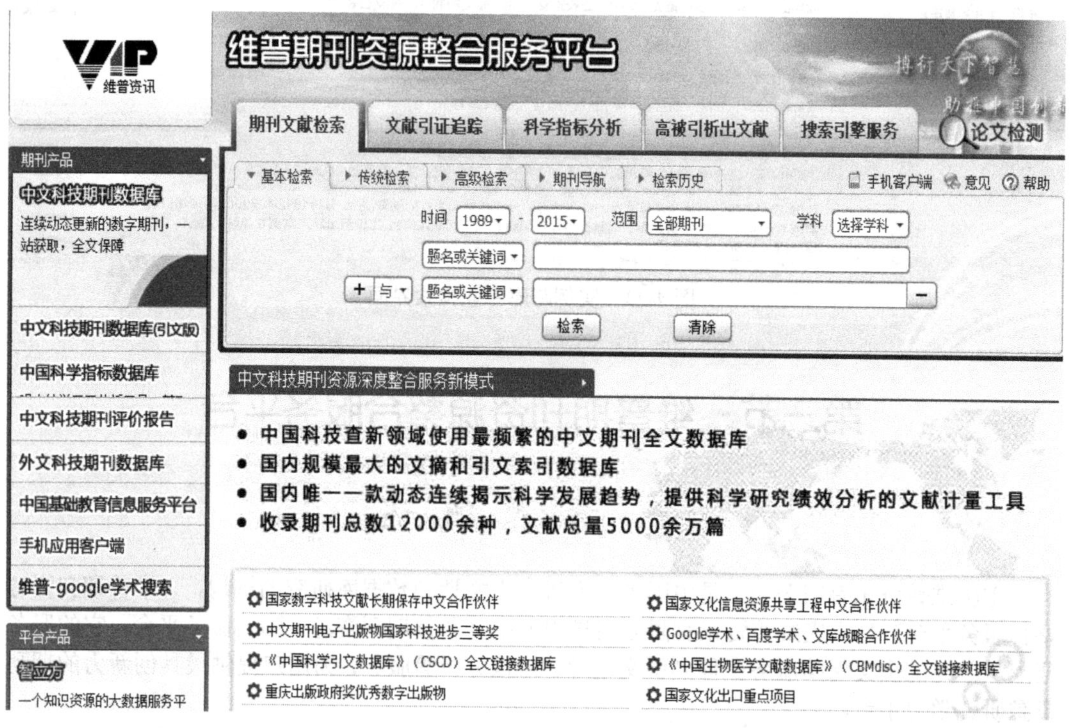

图 4-24 维普期刊资源整合服务平台主页

(一)基本检索

在基本检索界面中，如图 4-24 所示，可以选择期刊年限范围、期刊范围、学科领域、题名、关键词等。

1. 时间 对检索时间范围进行限定。点击两个年限框，选择您所要检索期刊的年限范围，年限从 1989 年至今，任用户选择。

2. 范围 对检索期刊的范围进行限定。点击范围框，提供的选择有：全部期刊、核心期刊、EI 来源期刊、SCI 来源期刊、CA 期刊、CSCD 期刊、CSSCI 来源期刊。

3. 学科领域 对检索的学科范围进行限在定。点击学科框，可选择以下各学科：管理学、教育学、力学、天文地球、矿业工程、金属学及工艺、电子电信、建筑科学、纺织、环境科学、石油工业、中国医学、药学、畜牧兽医、政治法律、语言文字、经济学、心理学、物理、材料科学、石油工业、机械工程、电气工程、水利工程、交通工程、核科学、基础医学、农学、水产科学、文化科学、文学艺术、图书馆情报学、数学、生物、化学化工、冶金工业、能源动力、计算机与自动化、食品、航空航天、临床医学、预防医学卫生学、林学、哲学宗教、体育、历史地理。

4. 检索项 即检索字段，包括任意字段、题名或关键词、题名、关键词、文摘、作者、第一作者、机构、刊名、分类号、参考文献、作者简介、基金资助、栏目信息等。

5. 检索条件行 一个检索项和一个输入框组成一个检索条件行。默认检索条件行为两行。可点击“+”号，进行增加一个检索条件行；点击“－”号，减少不要的检索条件行。

6. 逻辑运算符 选择逻辑“与”“或”“非”，构造复杂的检索表达式。

在检索结果界面可以进行再次检索，包括“在结果中搜索”“在结果中添加”和“在结果中去除”这三种方式，根据用户自己的需要进行缩小或扩大检索范围、精练检索结果。

(二)传统检索

维普期刊资源整合服务平台为方便老用户，保留了旧版系统中的检索界面。点击“传统检索”进入传统检索界面，如图 4-25 所示。传统检索中，输入框中输入检索词，选择期刊范围、检索年限、检索入口后，点击“检索”按钮进行检索。同时也可以在左侧分类导航树中选择分类类别或期刊类别进行限制，还可在输入框中直接输入检索表达式进行检索。

(三)高级检索

高级检索提供多重的检索方式，可查询满足多个检索条件的文献，使检索结果更准确。在维普期刊资源整合服务平台中，高级检索提供了两种方式：向导式检索和直接输入式检索。

1. 向导式检索 向导式检索采用分栏式检索词输入方法，是布尔逻辑式检索的表现形式，如图 4-26 所示。不仅可以选择逻辑运算、检索项、匹配方式等，还可以进行相应字段扩展信息的限定，大大提高了检索的准确率。

用户在检索时根据自己的检索需求选择检索项，输入检索词，并选择逻辑与、逻辑或、逻辑非进行组配逻辑关系。向导式检索操作严格按照检索词输入框从上到下的顺序进行。

高级检索界面右侧提供了五个扩展按钮，实现检索词的扩展功能。用户在扩展按钮的输入框中输入相应的检索词，再点击其对应的扩展按钮，系统将给出与输入词相应的信息。我们详细地介绍一下这几个扩展按钮的功能：

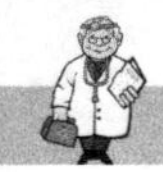

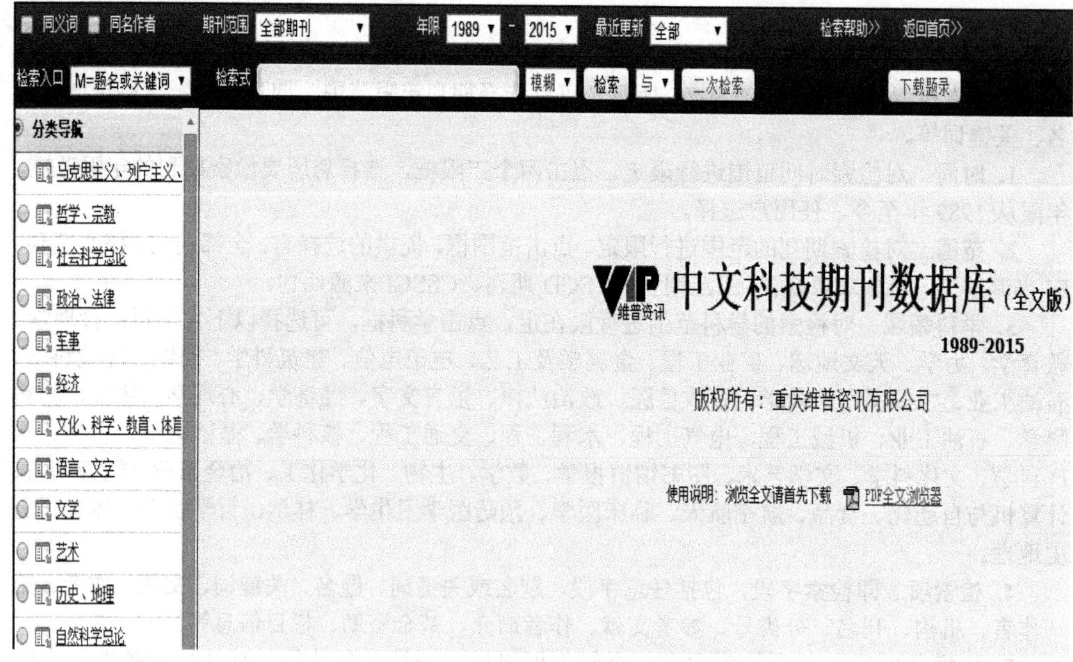

同义词 同名作者 期刊范围 全部期刊 年限 1989 - 2015 最近更新 全部 检索帮助>> 返回首页>>
检索入口 M=题名或关键词 检索式 模糊 检索 与 二次检索 下载题录
分类导航
马克思主义、列宁主义、
哲学、宗教
社会科学总论
政治、法律
军事
经济
文化、科学、教育、体育
语言、文字
文学
艺术
历史、地理
自然科学总论
维普资讯 中文科技期刊数据库(全文版)
1989-2015
版权所有：重庆维普资讯有限公司
使用说明：浏览全文请首先下载 PDF全文浏览器

图 4-25 维普传统检索界面

维普资讯 维普期刊资源整合服务平台
期刊文献检索 文献引证追踪 科学指标分析 高被引析出文献 搜索引擎服务 论文检测
基本检索 传统检索 高级检索 期刊导航 检索历史 手机客户端 意见 帮助
M=题名或关键词 查看同义词
与 A=作者 同名/合著作者
与 C=分类号 查看分类表
与 S=机构 查看相关机构
与 J=刊名 期刊导航
检索 清除
更多检索条件
时间：
时间：1989 - 2015 更新时间：最近一周
专业限制：
经济管理 哲学宗教 生物学 天文地球 化学工程 矿业工程 石油与天然气工程 冶金工程 金属学及工艺 机械工程
动力工程及工程热物理 电子电信 电气工程 自动化与计算机技术 建筑科学 水利工程 轻工技术与工程 交通运输工程
航空宇航科学技术 环境科学与工程 核科学技术 医药卫生 农业科学 一般工业技术 社会学 政治法律 军事 文化科学
语言文字 文学 艺术 历史地理 自然科学总论 理学 兵器科学与技术
期刊范围：
全部期刊 核心期刊 EI来源期刊 SCI来源期刊 CAS来源期刊 CSCD来源期刊 CSSCI来源期刊

图 4-26 维普向导式高级检索界面

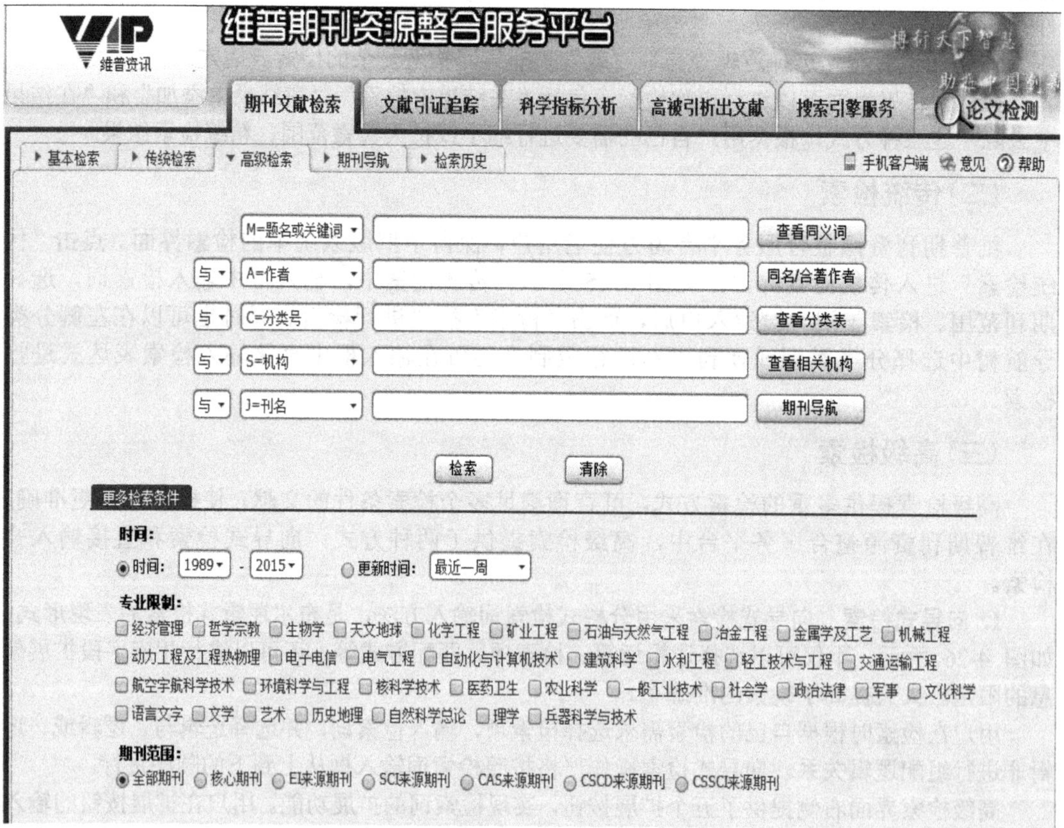

(1) 查看同义词：可以查看用户输入词的同义词或近义词。例如，用户输入“冠心病”，点击查看同义词，即可得到“冠心病”的同义词，有：冠状动脉粥样硬化性心脏病、冠状动脉硬化，用户可以选择其中部分同义词或全部同义词进行扩大检索范围。

(2) 同名/合著作者：可用来查看同名作者所在的不同单位，通过选择作者单位来限制同名作者的范围。

(3) 查看分类表：点击该按钮，可以显示分类表页，操作方法同分类检索。

(4) 查看相关机构：用来查看与用户输入的检索机构相关的机构，例如，用户输入“中华医学会”，点击“查看相关机构”，则结果显示中华医学会所属机构的列表。

(5) 期刊导航：用于帮助用户得到输入期刊的详细信息。特别提醒一下，输入的刊名必须准确无误，才可查看该期刊的信息情况。

用户可以在“更多检索条件”中，进一步缩小检索范围，如限制出版时间、所属专业、期刊范围等，得到更精确的结果。

2. 直接输入式检索 用户在输入框中直接输入由逻辑运算符、字段标示符及检索词等构成的检索表达式，点击“扩展检索条件”按钮并对相关检索条件进行限制后，再点击“检索”按钮进行检索，如图 4-27 所示。

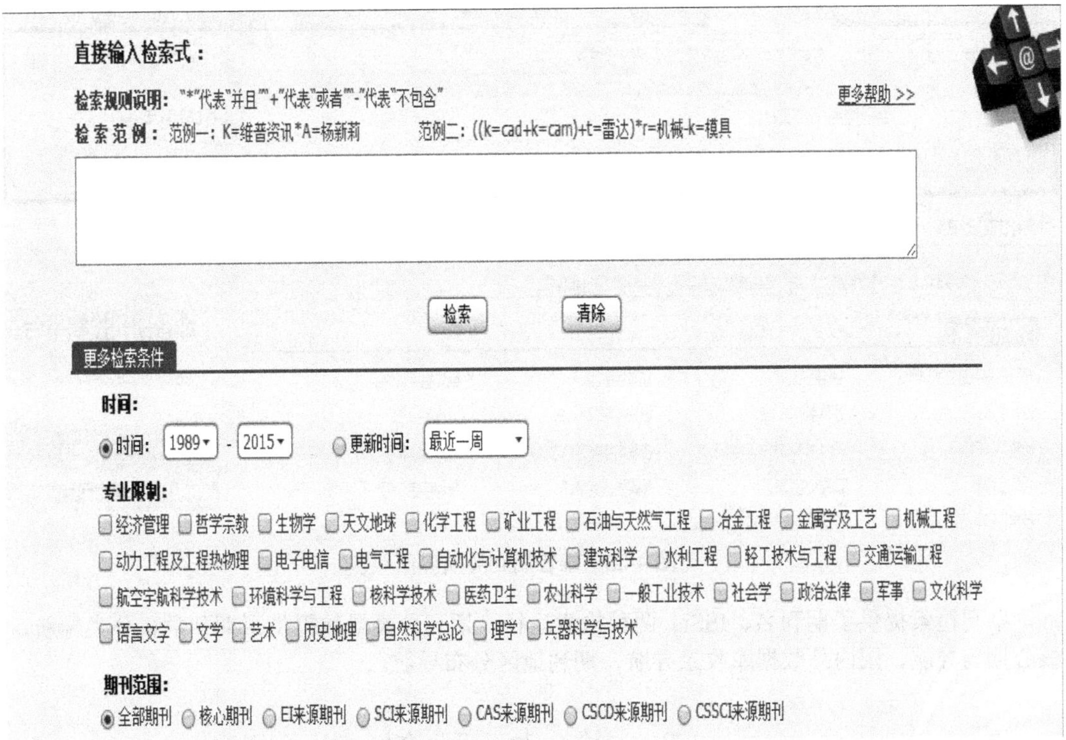

图 4-27 维普直接输入式高级检索界面

直接输入式检索也提供了“更多检索条件”进行限制。直接输入式检索方式功能强大，特别适合复杂课题的检索，但要求用户自己会构造检索式。一般来说，直接输入式检索适用于专业的图书馆工作人员，其他用户建议使用向导式检索。

检索表达式中的字段标示符，如表 4-2 所示。

表4-2 检索字段的代码对照表

字段	代码	字段	代码
任意字段	U	机构	S
题名或关键词	M	刊名	J
关键词	K	第一作者	F
作者	A	题名	T
分类号	C	文摘	R

(四)期刊导航

维普期刊资源整合服务平台提供了期刊检索、按字顺查找、期刊分类导航三种方式浏览和查找期刊，如图4-28所示。

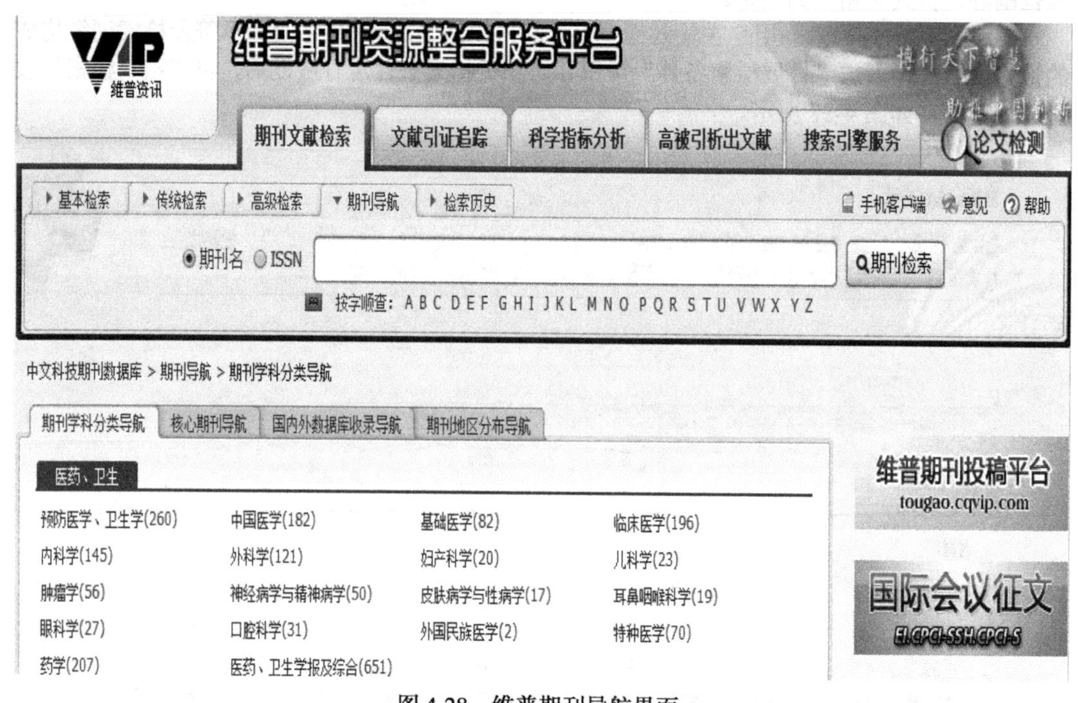

图4-28 维普期刊导航界面

期刊检索提供了期刊名、ISSN两种检索途径。期刊分类导航提供了期刊学科分类导航、核心期刊导航、国内外数据库收录导航、期刊地区分布导航。

三、检 索 示 例

用同一个课题实例，分别介绍维普期刊资源整合服务平台的基本检索、高级检索的具体检索步骤。

检索课题：检索“维生素C对糖尿病肾病的作用”方面的期刊文章，要求期刊发表时间：2012～2015年。

课题分析：对课题进行分析，得到合适的检索词：维生素C、糖尿病肾病。

(一)基本检索

检索步骤:

(1)选择数据库:中文科技期刊数据库。

(2)进入维普期刊资源整合服务平台基本检索界面。

(3)时间:2012～2015,范围:全部期刊,学科:全选。

(4)选择检索项:任意字段,在输入框中分别输入:维生素 C,糖尿病肾病。

(5)选择逻辑运算符:与。

(6)点击“检索”按钮进行检索,如图 4-29 所示。

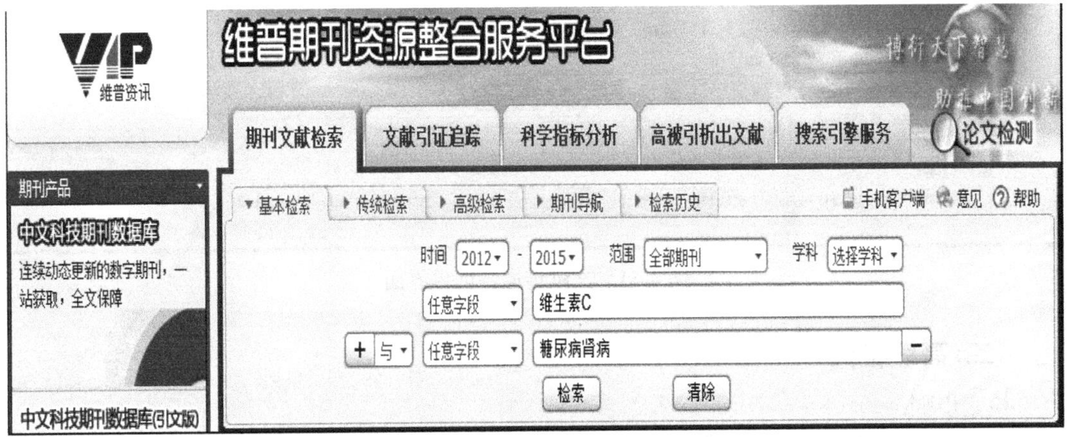

图 4-29　实例基本检索界面

共检索到 105 篇符合条件的期刊文章,如图 4-30 所示。有全文的文章提供了在线阅读和下载全文;没有全文的文章可以通过文献传递获取,读者需要填写以下咨询申请表单便可通过邮件索取全文,如图 4-31 所示。

图 4-30　实例基本检索结果界面

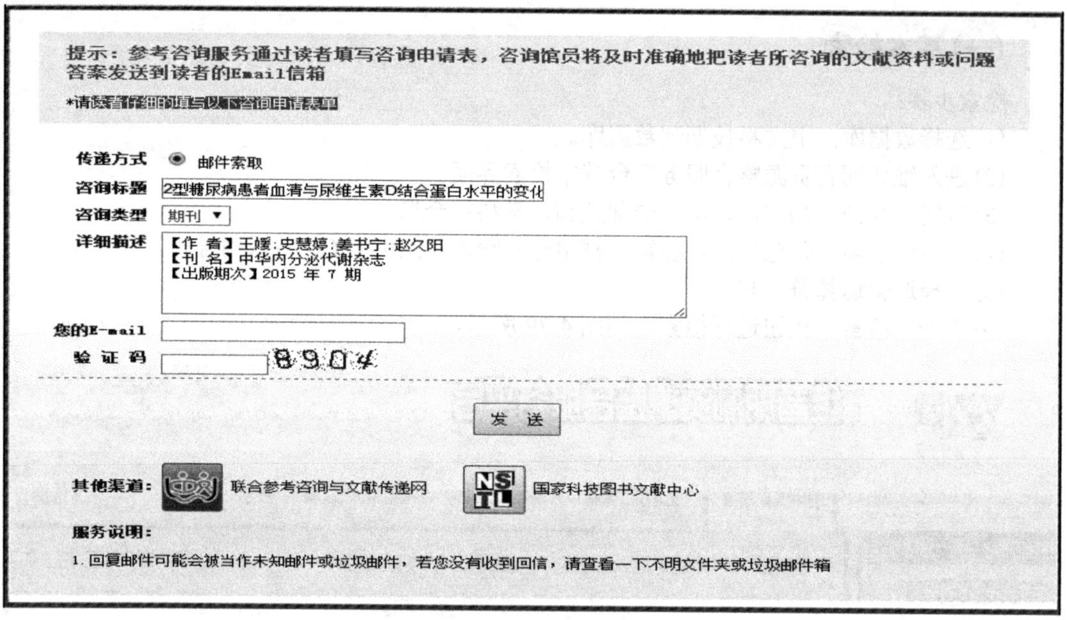

提示：参考咨询服务通过读者填写咨询申请表，咨询馆员将及时准确地把读者所咨询的文献资料或问题答案发送到读者的Email信箱

*请读者仔细的填写以下咨询申请表单

传递方式 ◉ 邮件索取

咨询标题 2型糖尿病患者血清与尿维生素D结合蛋白水平的变化

咨询类型 期刊

详细描述 【作 者】王媛;史慧婷;姜书宁;赵久阳
【刊 名】中华内分泌代谢杂志
【出版期次】2015 年 7 期

您的E-mail

验 证 码 8904

发 送

其他渠道： 联合参考咨询与文献传递网 国家科技图书文献中心

服务说明：

1. 回复邮件可能会被当作未知邮件或垃圾邮件，若您没有收到回信，请查看一下不明文件夹或垃圾邮件箱

图 4-31 文献传递咨询单界面

（二）高级检索

检索步骤：

（1）选择数据库：中文科技期刊数据库。

（2）进入维普期刊资源整合服务平台高级检索界面。

（3）选择检索项：任意字段，在输入框中分别输入：维生素 C，糖尿病肾病。

（4）选择逻辑运算符：与。

（5）时间设置为：2012～2015 年。

（6）专业限制：医药卫生。

点击“检索”按钮进行检索，如图 4-32 所示。检索结果数为：101 篇，如图 4-33 所示。

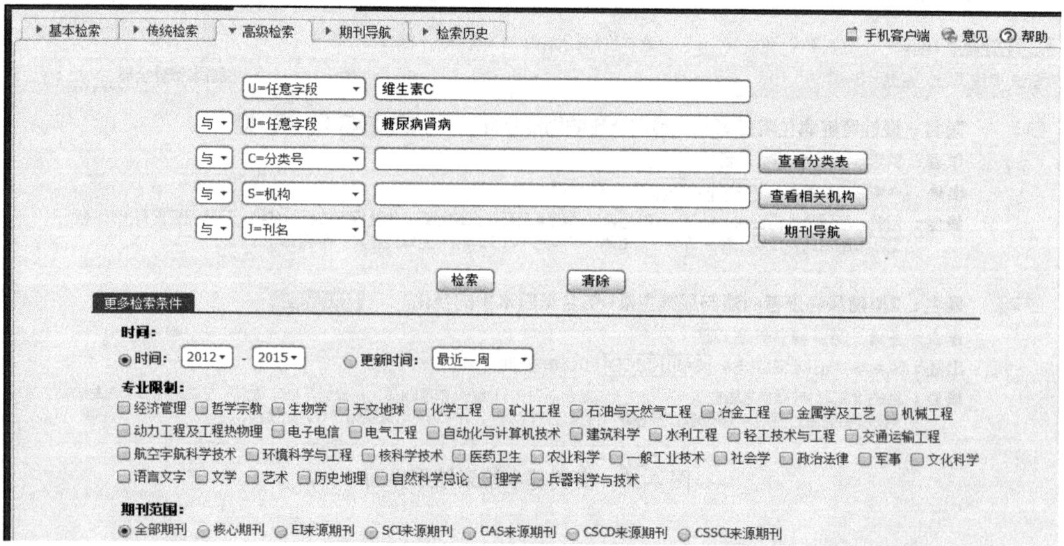

基本检索 | 传统检索 | 高级检索 | 期刊导航 | 检索历史　　手机客户端 意见 帮助

U=任意字段 维生素C

与 U=任意字段 糖尿病肾病

与 C=分类号　查看分类表

与 S=机构　查看相关机构

与 J=刊名　期刊导航

检索　清除

更多检索条件

时间：

◉时间：2012 - 2015　○更新时间：最近一周

专业限制：

□经济管理 □哲学宗教 □生物学 □天文地球 □化学工程 □矿业工程 □石油与天然气工程 □冶金工程 □金属学及工艺 □机械工程 □动力工程及工程热物理 □电子电信 □电气工程 □自动化与计算机技术 □建筑科学 □水利工程 □轻工技术与工程 □交通运输工程 □航空宇航科学技术 □环境科学与工程 □核科学技术 □医药卫生 □农业科学 □一般工业技术 □社会学 □政治法律 □军事 □文化科学 □语言文字 □文学 □艺术 □历史地理 □自然科学总论 □理学 □兵器科学与技术

期刊范围：

◉全部期刊 ○核心期刊 ○EI来源期刊 ○SCI来源期刊 ○CAS来源期刊 ○CSCD来源期刊 ○CSSCI来源期刊

图 4-32 实例高级检索界面

图 4-33　实例高级检索结果界面

第四节　SpringerLink 电子期刊数据库

一、资 源 概 述

德国施普林格 Springer 是世界上著名的 3 大科技出版集团之一。SpringerLink 是 Springer 出版社于 1996 年推出的全球首个电子期刊全文数据库。它是集期刊、图书、会议录、参考工具书、丛书为一体的电子出版物平台，在线提供 2600 多种同行评议期刊、4.5 万余种图书，1244 种丛书、189 中参考工具书和 2.3 万余种实验室指南。

SpringerLink 根据学科门类可分为 24 个学科(Discipline)：建筑与设计(Architecture & Design)、天文学(Astronomy)、生物医学科学(Biomedical Sciences)、商务与管理(Business & Management)、化学(Chemistry)、计算机科学(Computer Science)、地球科学与地理(Earth Sciences & Geography)、经济(Economics)、教育与语言(Education & Language)、能量(Energy)、工程学(Engineering)、环境科学(Environmental Sciences)、食品科学与营养(Food Science & Nutrition)、法律(Law)、生命科学(Life Sciences)、材料学(Materials)、数学(Mathematics)、医学(Medicine)、哲学(Philosophy)、物理学(Physics)、心理学(Psychology)、公共卫生(Public Health)、社会科学(Social Sciences)、统计学(Statistics)。

SpingerLink 提供免费检索，可免费在线浏览检索结果的目次、摘要，可以导出单篇文献的题录。一些图书和实验室的部分内容可以通过点击“Look Inside”命令进行在线浏览。此外，SpingerLink 平台中包含了 293 中开放获取(Open Access，OA)期刊。

二、检 索 平 台

SpingerLink 电子期刊数据库的登录网址为： http：//link.springer.com，界面如图 4-34 所示。

SpinerLink 数据库在主页提供了浏览及简单检索功能，用户可以先得到一个较为粗糙的检

索结果，再通过自己的检索需求进行再次检索，从而得到自己所需的文献资源。

（一）浏览方式（Browse）

1. 按学科分类浏览（Browse by discipline） Springer Link 将学科分为 24 个大类，大类下再按出版物名称字顺进行排序，用户可以根据自己选择的学科范围进行浏览。在 SpringerLink 主页的左侧提供了学科分类列表，如图 4-34 所示，可直接通过点击学科分类名链接打开该学科的所有文献记录列表。例如，要检索出医学（Medicine）学科方面的文献，只需在学科分类列表中点击“Medicine”便可浏览。还可通过在浏览结果页面的左侧所提供的二次检索功能（Refine Your Search）中，通过选择文献类型（Content Type）、子学科分类（Subdiscipline）、语言（Language）等对浏览结果进行进一步的限定，从而得到更精确的文献。凡是检索结果上方有黄色锁状图标，只能查到题录、文摘等部分内容；如果没有 图标，则可访问所有内容并提供下载全文。

2. 按文献类型浏览 SpringerLink 将所有类型按期刊（journals）、图书（books）、丛书（series）、实验指导（protocols）、参考工具书（reference works）等进行划分，各内容下再按出版物名称字顺进行排序，用户可以根据自己的需要进行浏览。比如，点击图 4-34 中的“books”，得到所有图书列表，按书名的首字母顺排列显示，如图 4-35 所示。与按学科分类浏览相同，可以通过在浏览结果页面的左侧所提供的二次检索功能（Refine Your Search）中，对结果进行进一步的限定，从而得到所需要的文献。

图 4-34 SpinerLink 数据库主页

（二）检索方式（Search）

1. 简单检索 在 SpringerLink 首页上方有一简单检索框，如图 4-34 所示，可直接输入关键词进行检索。检索项可以是全文、主题、作者、文章题名、出版物等。SpringerLink 默认在标题、摘要和全文中进行检索。

2. 高级检索 点击“Advanced Search”，即进入高级检索界面，如图 4-36 所示。用户只需在相应的字段中填入检索词便可。

图 4-35　SpinerLink 按文献类型浏览界面

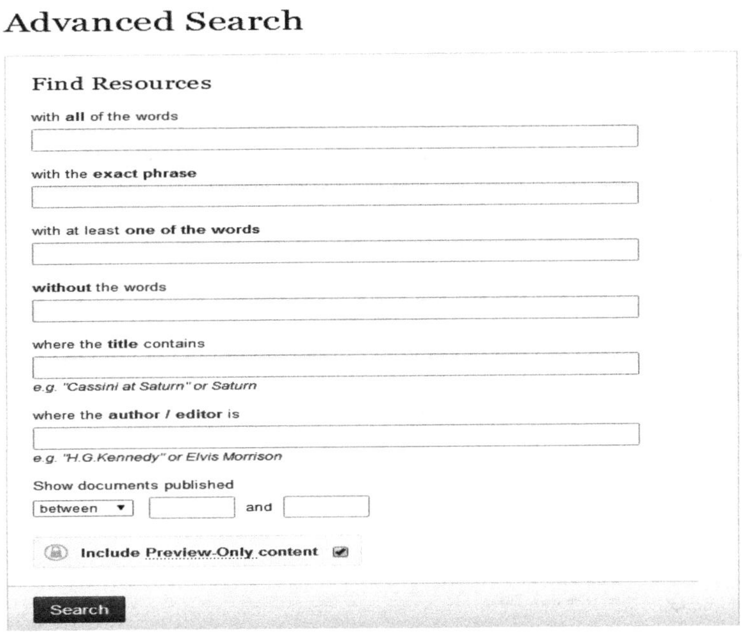

图 4-36　SpinerLink 高级检索界面

三、检 索 示 例

(一)简单检索

检索课题：检索干细胞移植相关的文献。

检索步骤：

(1) 对课题进行分析，得到合适的检索词：干细胞移植，其英文单词为：Stem Cell Transplantation。

(2) 在输入框中输入检索词“Stem Cell Transplantation”，点击“Search”按钮，如图 4-37

所示，共检索出 52034 篇结果。

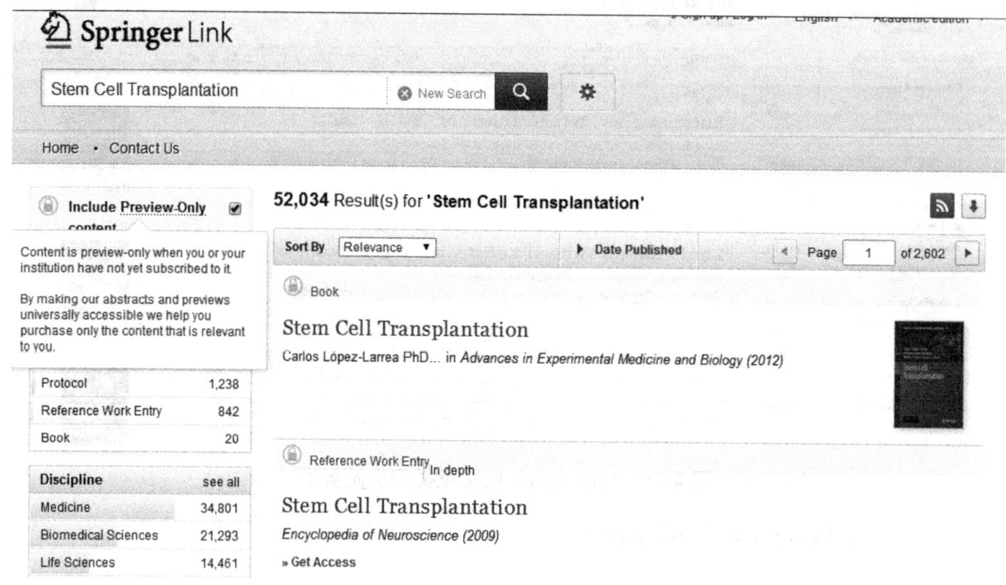

图 4-37　实例简单检索界面

在检索结果中进行二次检索：设置 Content Type 为 Article，Discipline 为：Life Science，Data Published：2013～2015 年，得到 2453 篇检索结果，如图 4-38 所示。

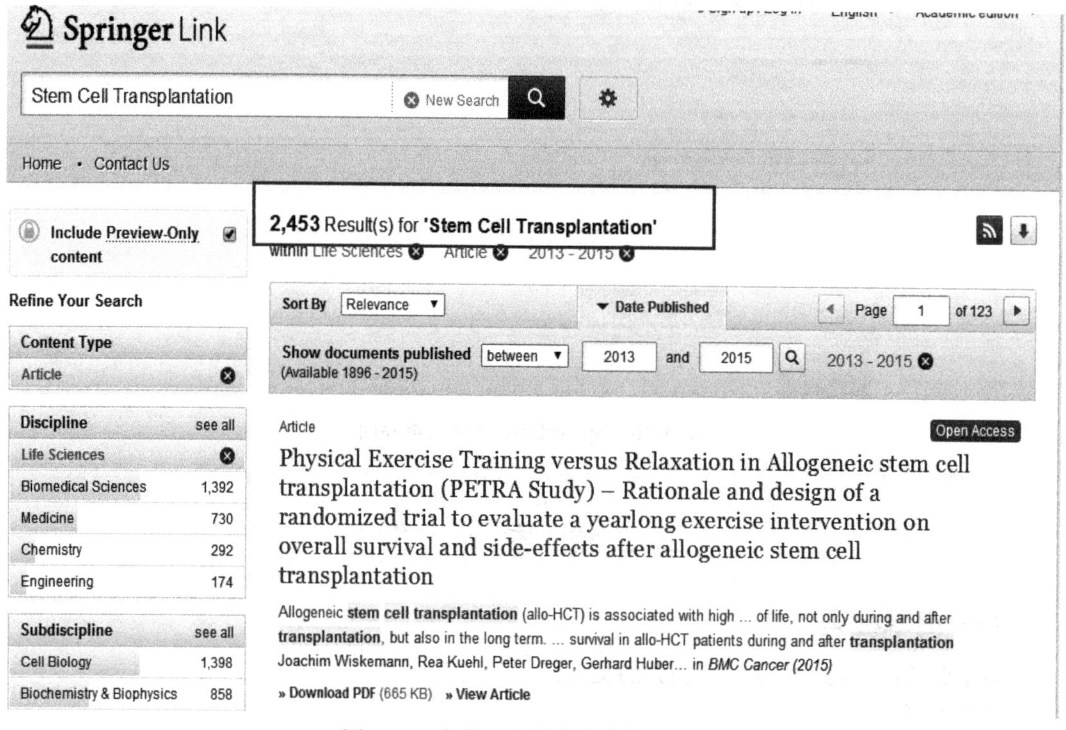

图 4-38　实例二次检索检索结果界面

（二）高级检索

检索课题：查找 2013 年至今发表的，文章题名中含有“lung cancer”，文章中任意字段含有关键词“Drug Therapy”。

检索步骤：

（1）进入高级检索界面。

（2）在相应检索项后输入关键词，点击“Search”按钮，如图 4-39 所示。共检索出 835 篇结果，如图 4-40 所示。

Advanced Search

Find Resources

with **all** of the words

Drug Therapy

with the **exact phrase**

with at least **one** of the words

without the words

where the **title** contains

lung cancer

e.g. "Cassini at Saturn" or Saturn

where the **author / editor** is

e.g. "H.G.Kennedy" or Elvis Morrison

Show documents published

between　2013　and　2015

Include Preview-Only content

Search

图 4-39　实例高级检索界面

图 4-40　实例高级检索结果界面

第五节　爱思唯尔 ClinicalKey 全医学平台

一、资源概述

爱思唯尔(Elsevier)出版集团是全球最大的出版商和信息提供商之一，服务内容涉及科学、医疗、商务和风险管理等多个领域，被 SLA 评为“百年来最有影响力的生物医学和生命科学出版商”。爱思唯尔出版的期刊种类多，学术价值很高，大部分期刊被 EI、SCI 和 SSCI 等二次文献数据库所收录。

ClinicalKey 是爱思唯尔 2012 年全新推出的超级医学平台，此平台基于爱思唯尔的全部医学内容开发，针对用户需求，建立了全新的医学分类法系统，旨在帮助用户用最短的时间、最简洁的方式找到最想要的资源。ClinicalKey 平台综合了多个数据库，包括 Journals Consult，MD Consult，First Consult，Imaging Consult，Expert Consult，Clinical Pharmacology，Procedures Consult 在内的爱思唯尔医学数据库及第三方如美国国立卫生研究院(National Institute of Health，NIH)的内容，可以满足医学专业人士多方面、深层次的需求。

(一) ClinicalKey 的特点

1. Comprehensive(综合全面)　包括 13 大类资源，期刊、参考书、视频、图片、影像、临床试验、诊疗指南、药物专论等。

2. Trusted(值得信赖)　内容来源于爱思唯尔、美国国立卫生研究院和各专业协会等，高度权威。

3. Speed to Answer(快速解答)　丰富多样的资源类型、细致的专科分类、全新的医学分类法系统保证用户快速找到解决问题所需资源。

4. Convenient(简单易用)　检索界面简单，支持手机、平板和台式机访问，无需下载 App，您可以在任何移动终端，使用浏览器访问 ClinicalKey；同时能与电子病历完美地整合在一起。

(二) ClinicalKey 主要包含的资源

1. 全文期刊(Journal)　530 多种全文期刊，其中 SCI 收录 410 余种，全球排名第一的期刊 14 种，排名前 25%的 170 种，包括 the Lancet 系列、JACC 系列、Gastroenterology、Brain Research 等顶级期刊。

2. 北美临床(Clinics)　50 多种广受欢迎的专家综述系列期刊，其中 SCI 收录 38 种，刊载最新最精的针对临床疑难文章的专家综述，9%的数量贡献 24%的期刊使用率。

3. 全文图书(Book)　1100 多种医学图书，包括如圣经级的参考书如《格氏解剖学》《西氏内科学》《尼尔森儿科学》等，权威教科书如《奈特人体解剖图谱》《Robbins 基础病理学》《Guyton 医学生理学》《Thompson & Thompson 医学遗传学》等。

4. Medline　2100 多万条医学文摘，涵盖全球最核心的 5600 多种医学核心期刊，源自 NIH。

5. 床旁治疗(ClinicalKey Vitals)　700 多个床旁治疗(point of care)外科主题，以外科为主，包括普外、胸外、外科肿瘤、骨外、妇产外科、足踝手外科等，以简明扼要的方式提供临床决策所必需的信息，源自全新的 ClinicalKey Vitals。每个 Vitals 主题都提供内容来源(北美临床系列)文献的全文链接。

6. 操作视频(Procedures Consult)　200 多个临床操作视频，并配有文字、图解等诠释操作流程和关键点，可在线播放，源于 Procedures Consult 操作视频数据库。

7. 医学视频(Medical /Surgical videos)　17 000 多个涵盖内、外、妇、儿各医学专科及教学、实验视频。

8. 影像图片(Image)　220 多万张医学影像、照片、图片、图表等，涵盖原 Imaging Consult 影像数据库。

9. 循证医学专论(Evidence Based Medicine)　850 多个以疾病为主题的循证专论，源自 Frist Consult 循证医学数据库。

10. 药物专论(Drug Monograph)　2900 多个以药物为主题的专论，来源于 Gold Standford's monographs。

11. 临床试验(Clinical Trials)　140 000 多个来源于美国国立卫生研究院(NIH)在全球范围的注册的临床试验。

12. 诊疗指南(Practice Guidelines)　4500 多份权威诊疗指南，来源于欧美的专业学、协会。

13. 患者教育(Patient Education)　15 000 多份患者教育讲义，来源于 ExitCare　LLC、Gold Standford、AAFP、Ferri's Netter Patient Advisor 等机构和权威著作。

二、检 索 平 台

通过访问 https：//www.clinicalkey.com，即可登录 ClinicalKey 全医学平台主页，如图 4-41 所示。登录 ClinicalKey 全医学平台，建议使用浏览器：Firefox，Google Chrome，Safari，IE8 版本以上。

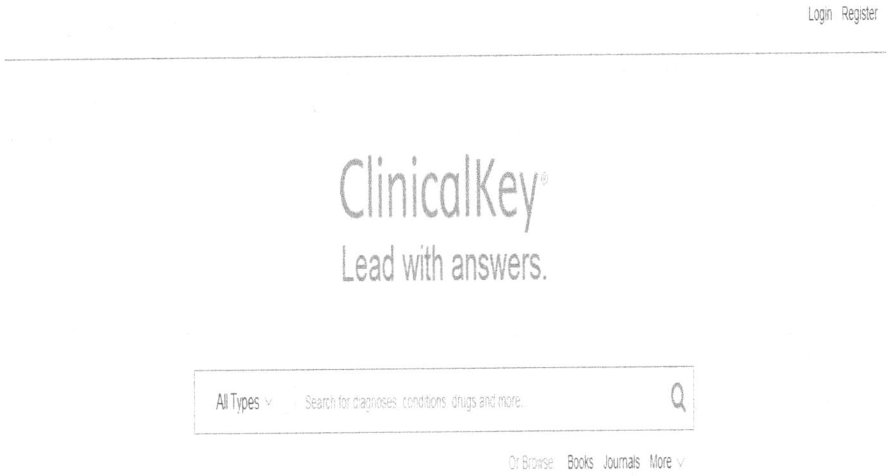

图 4-41　ClinicalKey 主页

(一)注册登录

在使用 ClinicalKey 之前，建议先注册个人账户。注册个人账户后，如图 4-42 所示。注册成功后就可以用自己的账户和密码进行登录。

ClinicalKey

Login Register

All Types Search for diagnoses, conditions, drugs and more... Books Journals More

Register

Registration is quick and free. It allows you to personalize these Elsevier Products if you have access. For example you can stay up-to-date with Search Alerts and Document Citation Alerts or keep track of your research with Saved Searches.

Privacy policy

Your details

First name:

Family name:

E-mail and password

Enter a password between 5 and 200 characters. Your e-mail address w

E-mail address:

Password:

Your role: Select your role in your organization

Please select at least one subject area of interest

Agricultural and Biological Sciences
Arts and Humanities
Biochemistry, Genetics and Molecular Biology
Business, Management and Accounting
Chemical Engineering
Chemistry

Please select at least one subject area of interest

Linguistics
Materials Science
Mathematics
Medicine and Dentistry
Neuroscience
Nursing and Health Professions
Pharmacology, Toxicology and Pharmaceutical Science
Philosophy
Physics and Astronomy

Other settings

I wish to receive information from Elsevier B.V. and its affiliates concerning their products and services

* I have read and understood the Registered user agreement and agree to be bound by all of its terms.

Register

图 4-42 ClinicalKey 注册用户界面

在登录状态下使用，可以享有一些个性化功能，具体如下：

(1)保存和浏览搜索记录(Save Searches) 用来保存用户输入的各种搜索词语，同时也方便用户查看和修改已保存的搜索记录。点击搜索结果页面左上方的“Save Searches”旁边“+”，便可保存该搜索词条。若要查看和修改已保存的搜索记录，点击“Save Searches”即可。

(2)保存的内容(Save Content) 用来保存用户阅读过或有兴趣的一些文献资料，便于用户再次不用检索便可直接阅读浏览。用户将把选中的内容拖到屏幕右上方“Save Content”按钮区域用来保存阅读记录。当用户点击其账户时，从下拉菜单中选择“Save Content”来阅读保存内容。

(3)PPT 制作工具(Presentation Maker) 提供用户把需要的图片保存在 Presentation Maker，再从 Presentation Maker 导入到 PPT 中。选中需要图片或影片拖拽到“Presentation”按钮进行保存；点击“Presentation”按钮或从用户个人账号的下拉菜单中选择“Presentation”，查看或删除保存的图片；点击“Presentation Maker0”窗口上方的“Export to PowerPoint”按钮，即可把图片导入到 PPT 中进行编辑处理。

(4)下载图书全文(Download) 图书里面的章节全文要求用户登录后才可下载，不过期刊文章全文无需登录个人账号便可直接下载。

ClinicalKey 主要提供两种使用检索方式：浏览和检索。

(二)浏览(Browse)

ClinicalKey 为图书(Books)、期刊(Journals)、药品专论(Drug Monographs)、诊疗指南(Guidelines)、患者教育(Patient Education)、多媒体(Multimedia)等提供浏览入口，如图 4-43 所示。

ClinicalKey
Logi
All Types　Search for diagnoses, conditions, drugs and more...　Books　Journals　More
Browse ClinicalKey Sources
Available Sources
Books
Journals
Drug Monographs
Guidelines
Patient Education
Multimedia
Featured Content
Abeloff's Clinical Oncology
Current Surgical Therapy

图 4-43　ClinicalKey 浏览主界面

我们以图书为例，介绍浏览方式的使用。点击图 4-43 的“Books”或输入框后面的“Books”便可进入图书浏览页面，如图 4-44 所示。ClinicalKey 收录的全部图书 Books 按书名字顺排列，用户可以通过直接输入书名、选择书目首字母进行检索。在图书浏览界面中，系统提供一个过滤器：Specialties（临床专科），方便用户通过过滤器来查找图书。比如，用户要找一本图书名为“Nelson Textbook of Pediatrics”，可以在“Browse Books”下面的输入框中直接输入书名进行查找，也可以通过首字母“N”进行查找。查找到该书后，用户点击图书名便可打开该书的详细信息页面，如图 4-45 所示。特别提醒：ClinicalKey 收录的参考书需一章一章地下载，前提是用户已注册账户并成功登录。

其他资源类型的浏览界面跟图书浏览界面基本一样，只不过各自提供的过滤器有所不同，比如，期刊（Journal）浏览只提供了一个过滤器 Specialties；药品专论浏览提供了四个过滤器：Drug Class（药品等级）、Adverse Reactions（不良反应）、Indications（适应证）\Contraindications（禁忌证）；诊疗指南浏览和患者教育浏览都提供了两个过滤器：Specialties（临床专科）和 Authoring Organizations（创作组织）。多媒体浏览提供的过滤器为：Specialties 和 Media Type（多媒体类型）。

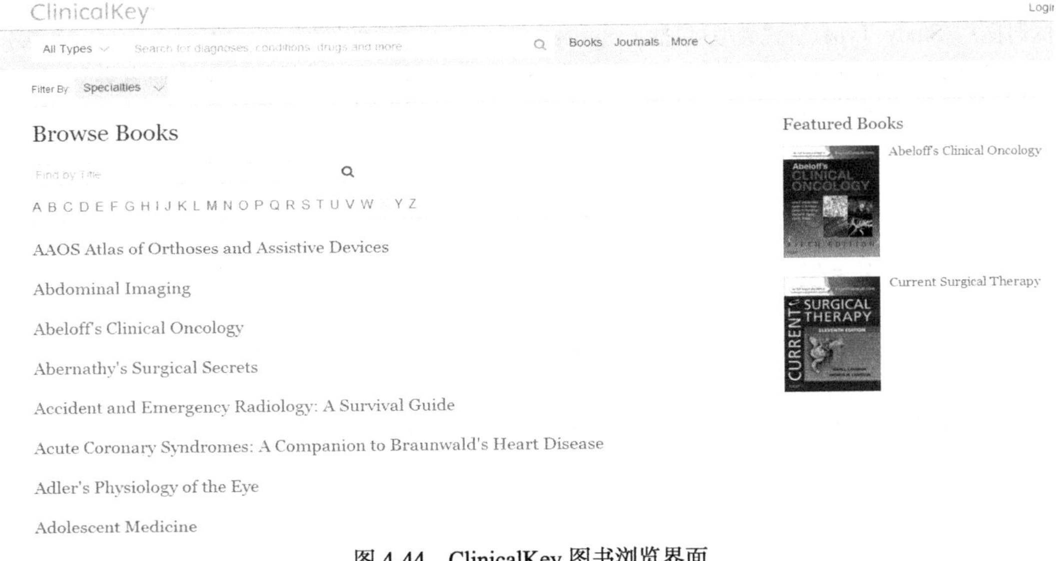

图 4-44　ClinicalKey 图书浏览界面

ClinicalKey

All Types　Search for diagnoses, conditions, drugs and more...　Books　Journals　More

Nelson Textbook of Pediatrics, Twentieth Edition

Kliegman, Robert M., MD
Copyright © 2016 by Elsevier, Inc.

Table of Contents

Front Matter
Copyright
Dedication
Contributors
Preface
Videos
1. Overview of Pediatrics
2. Quality and Safety in

schenckii)
243. Zygomycosis (Mucormycosis)
244. Pneumocystis jiroveci
245. Principles of Antiviral Therapy
246. Measles
247. Rubella
248. Mumps
249. Polioviruses
250. Nonpolio Enteroviruses

476. Hereditary Clotting Factor Deficiencies (Bleeding Disorders)
477. Von Willebrand Disease
478. Hereditary Predisposition to Thrombosis
479. Thrombotic Disorders in Children
480. Postneonatal Vitamin K Deficiency

图 4-45　ClinicalKey 图书信息页面

(三) 检索

ClinicalKey 主页中就提供了检索功能。其检索基于先进的语义检索技术，操作简单，只需在输入框中输入关键词即可，检索结果比较准确，如图 4-41 所示。先选定资源类型：All type，Books，Journals，Clinical Trials，Drug Monographs，Guidelines，Patient Education，First Consult，Medline，Multimedia、Procedures Consult。系统默认为：All Type。当用户在检索栏开始键入检索词，智能检索即启动工作，自动为用户提供检索建议：相关医学主题、内容来源和作者。在检索结果页面中，系统提供了四个过滤器：Source Type(资源类型)、Study Type(研究类型)、Specialties(专科)、Date(出版时间)。Study Type(研究类型)包括了 Systematic Reviews(系统性综述)、Meta Analysis(荟萃分析)、Randomized Control Tri(随机对照试验)和 Narrative Review(叙述性综述)4 大研究类型。出版时间可以按照日期(近 6 个月、12 个月、18 个月、2 年或 5 年出版)进行筛选。

三、检 索 示 例

检索课题：检索慢性阻塞性肺病相关的文献。

检索步骤：

(1) 对课题进行分析，得到合适的检索词：慢性阻塞性肺病，其英文单词为："Chronic obstructive pulmonary disease"。

(2) 选择资源类型：All Type，在输入框中输入检索词"Chronic obstructive pulmonary disease"。如图 4-46 所示。

ClinicalKey®
Lead with answers.

All Types　Chro

Suggestions: Heart rate; Chromosome; High pressure liquid chromatography procedure; rheumatoid arthritis; leukemia; chronic obstructive pulmonary disease

Books and Journals: Advances in Chronic Kidney Disease; Chronic Kidney Disease, Dialysis, and Transplantation; Neurostimulation for the Treatment of Chronic Pain

Authors: CHROM, A; Chromý; Chrow, L; Lee, Chrono; Chrobak, A; Chrobak, C P; Chrobak, D

Contact Us　Resource Center　Privacy Policy　Registered User A

图 4-46　实例检索界面

(3) 点击检索按钮，检索结果如图 4-47 所示。

ClinicalKey　Login　Registe

All Types　chronic obstructive pulmonary disease　Books　Journals　More

DISEASE OVERVIEW

Chronic obstructive pulmonary disease

Ferri's Clinical Advisor 2016　Conn's Current Ther...　Goldman-Cecil Medi...　Goldman-Cecil Medi...　First Consult　More Results

Ferri, Fred F., M.D., F.A.C.P.　View book

Chronic Obstructive Pulmonary Disease

Definition　Etiology　Diagnosis　Differential Diagnosis　Imaging Studies　Treatment

Definition

Chronic obstructive pulmonary disease (COPD) is an inflammatory respiratory disease usually caused by exposure to tobacco smoke. It is characterized by the presence of airflow limitation that is not fully reversible. The pathophysiology of COPD is related to chronic airway irritation, mucus production, and pulmonary scarring. Traditionally, COPD was described as encompassing *emphysema*, characterized by loss of lung elasticity and destruction of lung parenchyma with enlargement of air spaces, and *chronic bronchitis*, characterized by obstruction of small airways and productive cough >3 mo for more than 2 successive yr. These terms are no longer included in the formal definition of COPD, although they are still used clinically. Although emphysema and chronic bronchitis are commonly associated with COPD, neither is required to make the diagnosis.

Latest Definition Articles　chronic obstructive pulmonary disease & Definition Results

Specialty Views　Related Drugs　Related Patient Education　Latest Articles　Related Guidelines

图 4-47　实例检索结果界面

点击图 4-47 中的“More Results”显示更多的检索结果，共检索出 25168 条结果。利用系统提供的过滤器进行筛选检索结果，例如 Study Tape 设为：Systematic Reviews，共得到 423 条结果，如图 4-48 所示。每条检索结果前会显示其资源类型，如 FIRST CONSULT、BOOK CHAPTER、MEDLINE 等。

ClinicalKey

All Types　chronic obstructive pulmonary disease　Books　Journals　More

Filter By:　Source Type　Study Type　Specialties　Date

Systemati...

423 results　Sort by: Relevance

Subscribed Content

MEDLINE

Pulmonary rehabilitation for chronic obstructive pulmonary disease.

The Cochrane database of systematic reviews.
McCarthy, Bernard; Casey, Dympna... Show all. Published January 1, 2015.

MEDLINE

Mucolytic agents versus placebo for chronic bronchitis or chronic obstructive pulmonary disease.

The Cochrane database of systematic reviews.
Poole, Phillippa; Chong, Jimmy; Cates, Christopher J. Published January 1, 2015.

图 4-48　实例过滤检索结果界面

第六节　EBSCOhost 数据库

一、资 源 概 述

EBSCO 是目前世界上最大的期刊和全文数据库的生产商、代理商，能提供数据库、期刊、文献订购及出版等服务，开发了 300 多个在线文献数据库产品，设计自然科学、社会科学、生物医学、人文艺术等多个学科领域。EBSCOhost 是 EBSCO 公司为其 300 多个数据库检索设计的检索系统，文献主要来源于以美国为主的国外期刊、报纸等，其中全文期刊有相当一部分是 SCI、SSCI 的来源期刊，很多期刊可回溯到 1965 年或创刊年，最早可追溯到 1918 年。部分全文期刊的收录年限长达 30～120 年。

EBSCOhost 检索系统包含的主要数据库如下。

1. Academic Search Premier　简称 ASP，综合性学术期刊数据库涵盖政治、信息科学、物理、科技、工程、教育、艺术、文学、语言学、医药学以及妇女研究、护理、人文社会研究等学科，收录超过 8200 种出版物的索引、文摘，其中，自然科学期刊 2401 种，社会科学期刊 3100 多种，生物医学期刊 2400 多种，人文艺术期刊 720 多种。

2. Business Source Premier　简称 BSP，商业资源电子文献全文数据库总收录期刊 4432 种，其中提供全文的期刊有 3606 种，总收录的期刊中经过同行鉴定的期刊有 1678 种，同行鉴定的期刊中提供全文的有 1067 种，被 ISCI & SSCI 收录的核心期刊为 398 种。涉及的主题范围有国际商务、经济学、经济管理、金融、会计、劳动人事、银行等。

3. CINAHL Plus with Full Text（护理全文数据库）　提供最全面的护理及医疗保健期刊全文，收录 760 多种可从 CINAHL 检索的期刊全文以及 CINAHL 索引中的许多最受欢迎期刊的全文。CINAHL Plus with Full Text 是研究护理及医疗保健文献各个方面的权威工具。全文内容可追溯至 1937 年。

4. Dentistry & Oral Sciences Source（牙医与口腔卫生全文数据库）　涵盖了牙科领域相关的方方面面，包括牙齿公共健康、牙髓学、面部疼痛与外科手术、齿科学、口腔与上颌面病理学/外科学/放射线学、畸齿矫正学，儿童牙病学、牙周病学和假牙修复学。

5. eBook Collection　电子图书全文数据库。

6. ERIC　提供了教育文献和资源，该数据库中包含超过 130 万条记录，并提供了 Current Index of Journals in Education 和 Resources in Education Index 中所含期刊的信息。

7. GreenFILE　提供人类对环境所产生的各方面影响的深入研究信息。其学术、政府及关系到公众利益的标题包括全球变暖、绿色建筑、污染、可持续农业、再生能源、资源回收等。本数据库提供近 384000 条记录的索引与摘要，以及 4700 多条记录的 Open Access 全文。

8. Health Source-Consumer Edition（保健信息库）　提供近 80 种全文杂志。

9. Library，Inflammation Science &Technology Abstracts　简称 LISTA，将 560 多本核心期刊、近 50 本领先期刊和近 125 本精选期刊，以及书籍、研究报告和学报编入索引。主题涵盖图书馆管理、分类、编目、文献计量学、网络信息检索、信息管理等。收录的内容最早可追溯到 1960 年代中期。

10. MEDLINE　医学文摘数据库，提供了有关医学、护理、牙科、兽医、医疗保健制度、临床前科学及其他方面的权威医学信息，采用了包含树、树层次结构、副标题及展开功能的 MeSH（医学主题词表）索引方法，可检索 5400 多种流行生物医学期刊中的引文。

11. Newspaper Source　报纸资源数据库，完整收录了 40 多种美国和国际报纸以及精选的

389 种美国地方性报纸全文，此外，还提供电视和广播新闻脚本。

12. Professional Development Collection　收录了 550 多种教育核心期刊的全文数据库。

13. Regional Business News　提供综合性地区商务出版物的全文信息，包含 80 多篇涉及美国所有城市和农村的地区商务报告。

14. Rehabilitation & Sports Medicine Source（康复与运动医学全文数据库）　收录 190 多种运动与康复期刊的全文，是供医院康复和运动临床医师使用的主要数据库，包含 1963 年至今的全文资料以及该学科的主要学术文章。

15. World Magazine Bank（世界杂志银行）　250 种主要英语国家的出版物全文汇总。

16. Poetry & Short Story Reference Center（诗歌与短篇小说数据库）　收录超过 698 000 篇古今诗篇、5000 种以上的短篇小说、逾万部戏剧作品、6800 多种人物传记和超过 4700 篇演讲稿。提供 60 多家知名出版社出版的 500 多册关于诗歌、戏剧和短篇小说的电子书，以及由美国诗歌协会等专门机构录制的访谈或由诗人亲自朗读自己作品的音视频资料，专门提供 50 多份教学指南。

17. Humanities International Complete（人文学全文数据库）　对于人文学科各方面的专家学者、教师学生是非常宝贵的资源。收录内容涵盖了全球文学、学术、创造性思维方面的内容。HIC 是图书馆提供人文学科完整全文资源收录必备的学术资源。特别的是，该数据库收录了逾 130 种欧洲语言全文期刊（如法语、德语、西班牙语、意大利语、葡萄牙语）。

18. Points of View Reference Center（思辨能力数据库）　旨在提高学习者的辩证思维能力。可为英语辩论、演讲及议论文写作训练提供海量论据素材。涉及 290 个热门话题，每个主题均提供翔实的客观描述、背景知识及支持论点和反对论点。针对每个主题的辩证思考指南可帮助学习者判断事实与观点、拓展论据、引导辩论和撰写议论文。

二、检 索 平 台

在浏览器中输入网址 http：//search.ebscohost.com，便可进入 EBSCOhost 主页，如图 4-49 所示。EBSCOhost 提供了英文、繁体中文、简体中文、发文、德文、西班牙文等多种语言检索界面，本章节是以简体中文界面为例。Select New Service（选择服务），我们选择第三个："EBSCO 学术资源检索平台（收录 SCI/SSCI 逾 1500 种全文期刊）"。

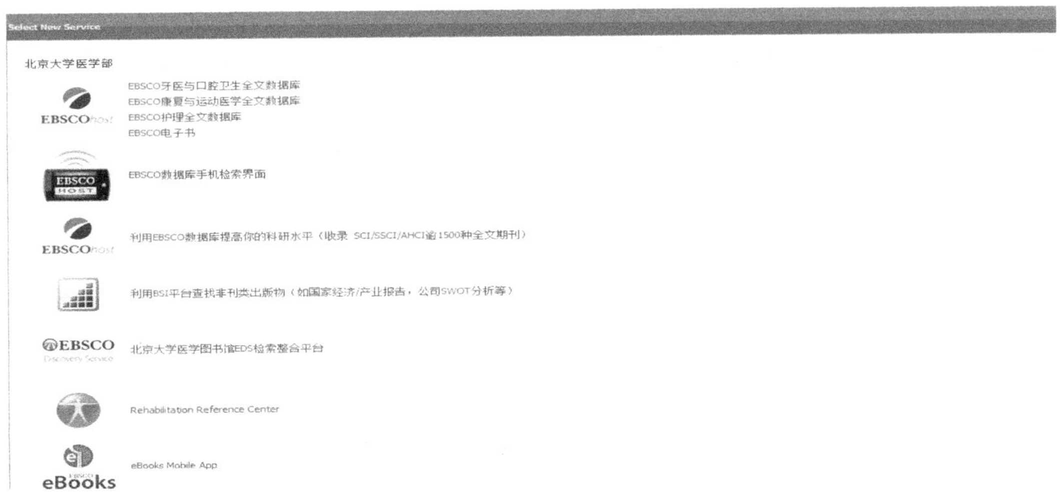

图 4-49　EBSCOhost 主页

由于 EBSCO 旗下的数据库偏多，因此检索时候需要先选定待检索的数据库，才能进行检索。要在一个数据库中进行检索，请单击列出的数据库名称便可。如果想选择多个数据库进行跨库检索，请选中数据库前面的方框，并单击继续，如图 4-50 所示。EBSCO 在检索过程中，可随时重新选择数据库。

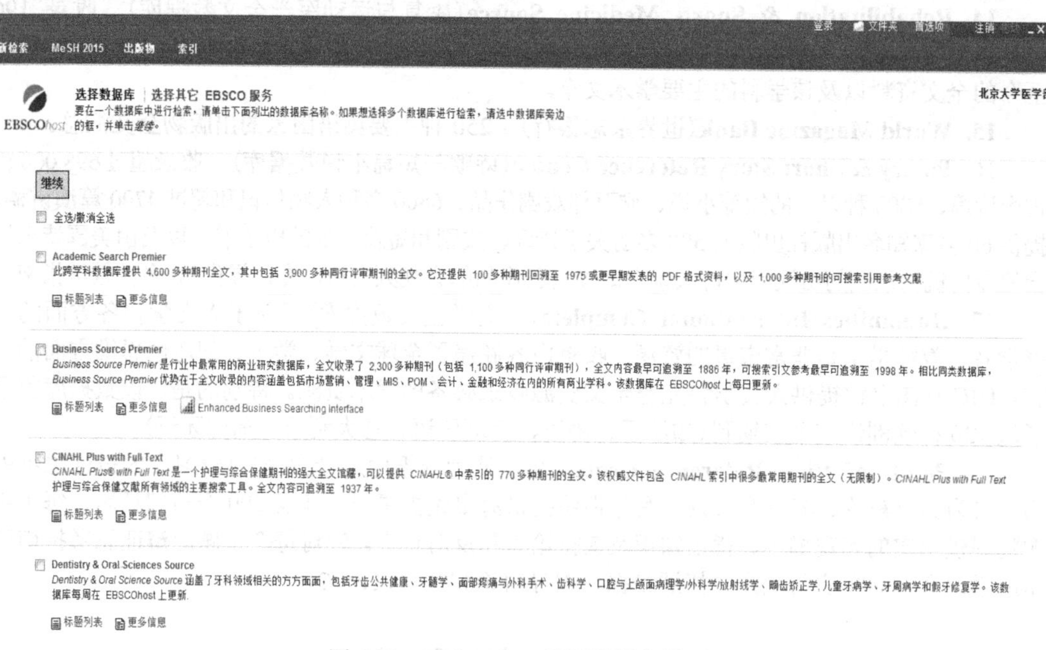

图 4-50 EBSCOhost 选择数据库界面

EBSCOhost 还提供一些通用工具，简单介绍一下，方便用户使用该数据库。新检索：返回预设的默认检索界面。文件夹：显示用户在系统文件中保存的检索式、检索结果等信息。首选项：设定使用偏好。用户可以根据自己的需要进行设置检索结果清单中每页显示的记录数量及文章信息的详见程度。语言：进行多种语言检索界面的转换。帮助：为用户提供在线浏览和检索的使用手册。

(一)基本检索

基本检索界面只提供一个检索词输入框，直接输入检索词进行检索就可以进行检索，如图 4-51 所示。如要进行准确的检索，还需要用户自己添加检索字段、检索预算符或选择检索选项等限定。

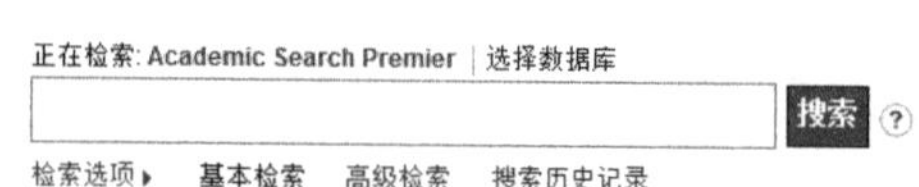

图 4-51 EBSCOhost 基本检索界面

(二) 高级检索

点击 EBSCO 搜索框下方“高级检索”链接，进入高级检索界面。高级检索由 3 行检索框及每个检索框后提供了可选的检索字段，行与行之间的检索词可通过布尔运算符(AND、OR、NOT)进行组配检索。若检索条件行不够的话，可点击右侧的“+”按钮进行添加，最多可显示 12 行。同时，也可以点击“-”按钮进行删除多余的检索条件行。高级检索的检索模式及限制结果与基本检索界面大致一样，只是在限制结果中比基本检索界面多了各种限制条件，如文献类型、语言、出版物类型，出版日期等。高级检索界面如图 4-52 所示。

图 4-52　EBSCOhost 高级检索界面

(三) 出版物检索

出版物是 EBSCOhost 收录期刊的目录列表，按字顺排列，每一种期刊都列出收录年限、收录类型(文摘还是全文)，点击之后可以查看更详细的说明，如图 4-53 所示。

图 4-53　EBSCOhost 出版物检索界面

(四)参考文献检索(Cited References)

参考文献检索能够帮助用户扩大检索范围，提供从引文作者(Cited Author)、引文题名(Cited Title)、引文来源(Cited Source)、引文年限(Cited Year)、引文的所有字段(All Citation Fields)等方面进行检索，如图 4-54 所示。

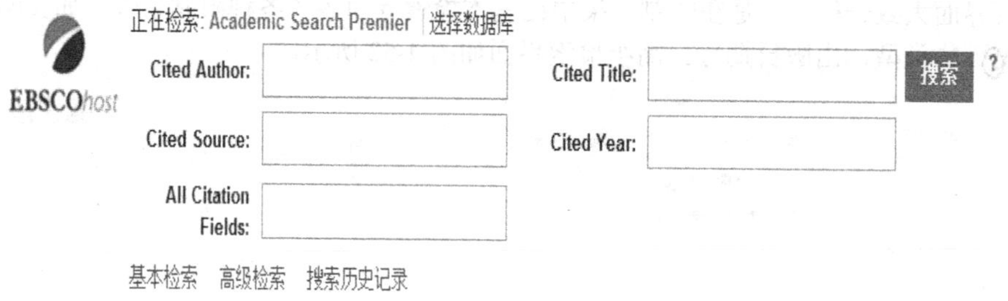

图 4-54 EBSCOhost 参考文献检索界面

(五)图像检索(Images)

图像检索是 EBSCOhost 的一个特色检索功能，检索界面如图 4-55 所示。图像检索可在人物图片(Photos of People)、自然科学图片(Natural Science Photos)、某一地点的图片(Photos of Places)、历史图片(Historical Photos)、地图(Maps)等选项中进行检索。图像类型有：黑白照片、彩色照片、图形、地图、图标、图解、插图。

图 4-55 EBSCOhost 图像检索界面

(六)索引检索(Indexes)

索引是 EBSCOhost 数据库中自建的些索引，用来浏览或辅助检索，检索界面如图 4-56 所示。索引检索可从索引浏览选项下拉框中选择作者(Author)、作者提供的关键词

(Author-Supplied Keywords)、公司实体(Company Entity)、文献类型(Document Type)、DUNS号(DUNS Number)、登记日期(Entry Date)、地理术语(Geographic Terms)、标题词(Headings)、ISBN、ISSN、语言(Language)、NAICS代码或叙词(NAICS Code or Description)、人物(People)、出版物名称(Publication Name)、综述和产品(Reviews & Products)、汇编(Thesaurus Terms)、证券代码(Ticker Symbol)、出版年(Year of Publication)等18选项进行浏览和检索。

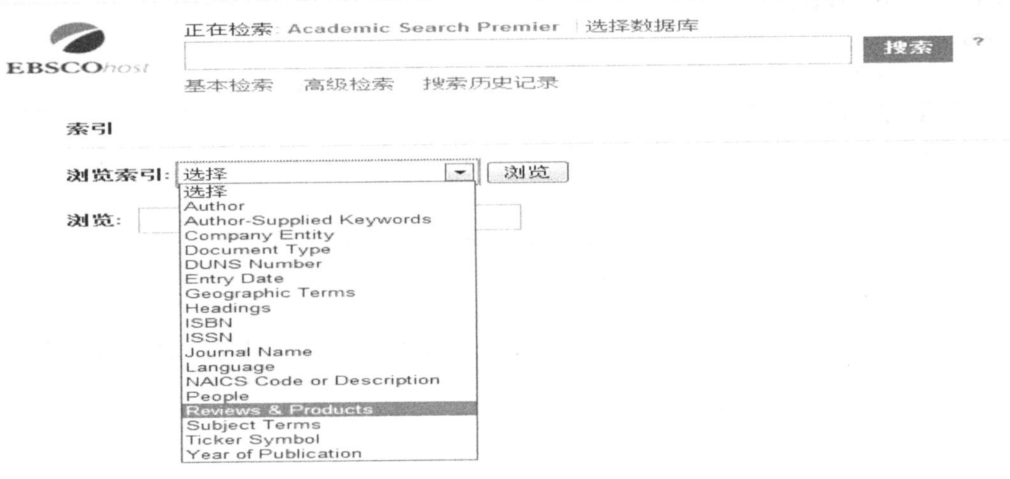

图4-56 EBSCOhost索引检索界面

(七)主题词

主题词是通过EBSCO自建的主题词表进行检索。该主题词表是按主题词的字母顺序进行排列，可以点击左上角的“上一条”和“下一页”进行浏览，查看需要的主题词；也可以在检索词输入框中输入检索关键词进行检索，如图4-57所示。选择结果排序方式：一是按“词语的开始字母”排列，二是按“词语包含”排列，三是按“相关性排序”。

图4-57 EBSCOhost主题词界面

三、检 索 实 例

(一)简单检索

检索课题：在 EBSCO ASP“Academic Search Premier”数据库中检索出题名含有“cell biology”这个关键词的相关文献。

检索步骤：

1. 选择数据库 进入 EBSCO 学术资源检索平台，并选择数据库 Academic Search Premier，点击该数据库名称便可。

2. 用检查词进行检索 进入简单检索界面，在输入框中输入检索词“cell biology”进行检索，共得到 182436 篇文章。

3. 筛选检索结果 在检索结果页面的左侧菜单栏的“精确搜索结果”“出版日期”“资源类型(Source Types)”等限定项进行检索范围的缩小，从而得到更精确的检索结果。其中，“精确搜索结果”提供了：全文、有参考、学术(同行评审)期刊三个复合选项；“资源类型”的复合选项有：所有结果、学术理论期刊、杂志、评论、报纸、贸易出版物等。我们分别选择 “学术(同行评审)期刊”“学术理论期刊”，出版日期设定为：2012～2015 年，得到 70 686 篇文章，检索结果如图 4-58 所示。

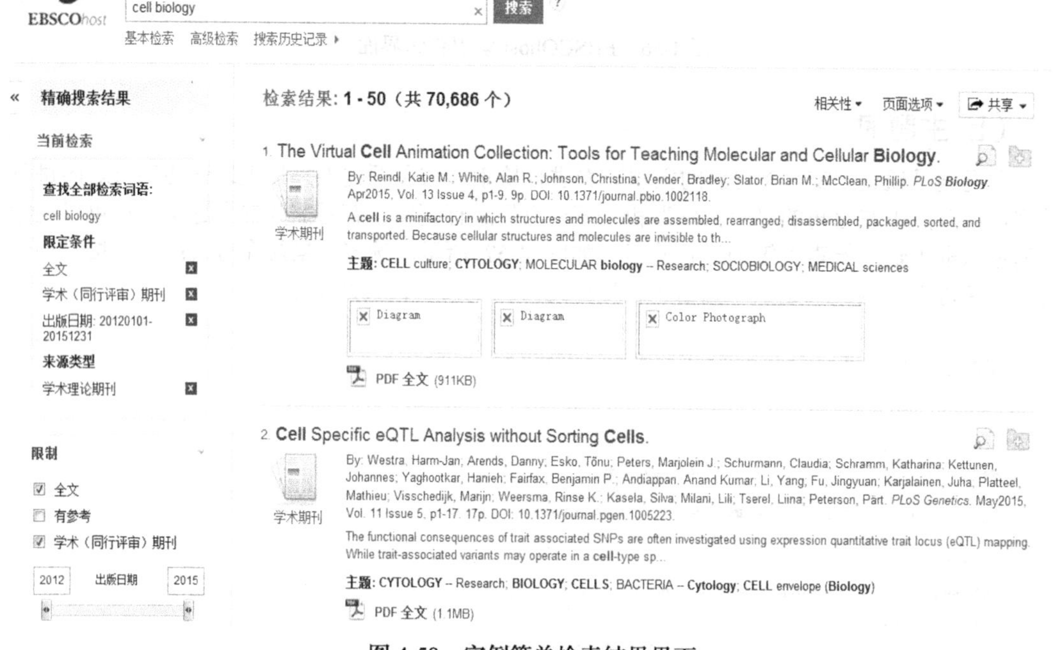

图 4-58 实例简单检索结果界面

(二)高级检索

检索课题：在“Academic Search Premier”数据库中查找出主题包含有“bone marrow transplantation”和“leukemia”这两个关键词的文献，要求 2000 年以后发表的，能全文浏览。

检索步骤：

1. 选择数据库 进入 EBSCO 学术资源检索平台，并选择数据库 Academic Search Premier，点击该数据库名称便可。

2. 进入高级检索界面 通过上述步骤1进入了基本检索界面，然后选择“高级检索”进入高级检索界面，如图4-59所示，在第一行检索条件行中，输入框输入关键词“bone marrow transplantation”，在第二行检索条件行的输入框输入关键词“leukemia”，在两行的检索项下拉菜单中都选择“SU 主题”，逻辑关系选择“AND”，在“检索选项”的限制结果中，选中“全文”复选框，完成这些设置后点击检索按钮进行检索，得到618篇文献。

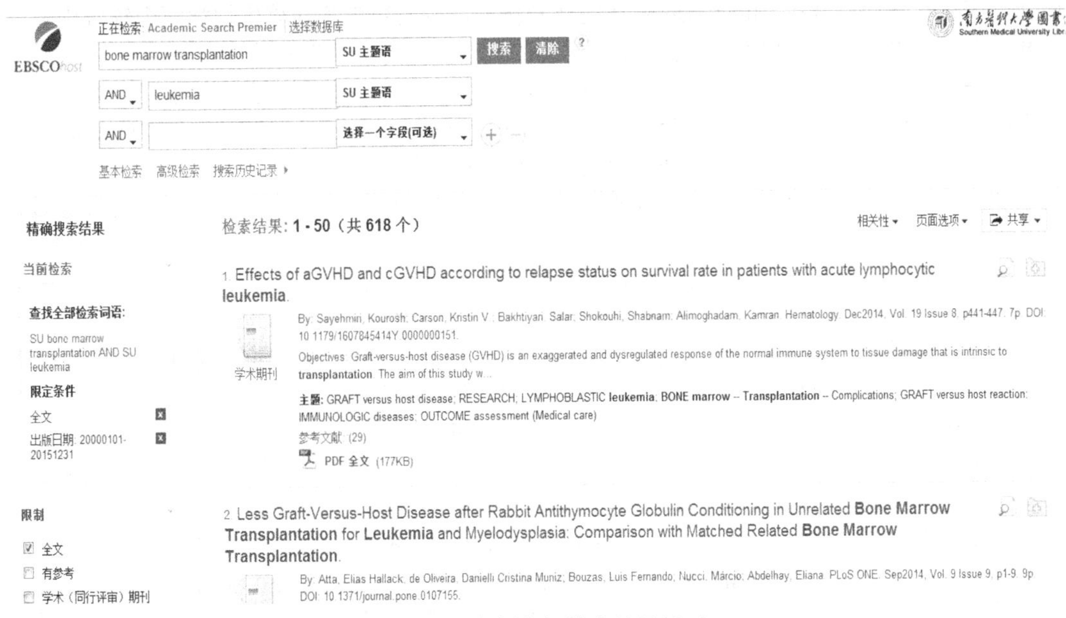

图4-59 实例高级检索结果界面

第七节 牛津期刊数据库

一、资源概述

牛津大学出版社(Oxford University Press，简称OUP)拥有五百多年的出版历史，是世界上最大的大学出版社。牛津大学出版社每年出版的250种期刊中，有超过2/3的期刊是与全球最有影响力的学协会和国际组织合作的，确保了期刊的高品质和权威性。根据2012年ISI期刊引证报告(2012 ISI Journal Citation Reports)统计，牛津期刊中27.08%的期刊在各自学科领域排名前10%，80%的期刊排名前50%。期刊内容可回溯至1996年。

牛津期刊数据库的主要内容

1. 医学分库 收录87种高影响力期刊，涵盖多个学科领域，包括肿瘤学、心脏病、心血管学、妇产科、生殖学、风湿病学、流行病学、麻醉学、公共卫生、职业病学、肾病学、放射科学、神经系统/神经学、老年病学、儿科学、毒理学等多个学科。该库既适合科研环境中使用，也适用于临床应用。其中Human Reproduction Update(《人类生殖快讯》)在妇产科学和生殖生物学两个领域一直排名第一；Epidemiologic Reviews(《流行病学评论》)在公共环境和职业卫生领域排名第一；而Brain、BJA：British Journal of Anaesthesia、European Heart Journal、Human Reproduction、Molecular Biology and Evolution等刊都是名列前四的高影响力刊物。

2. 生命科学分库 收录39种期刊。该分库中许多高影响期刊都位于科学研究的最前沿，从迅猛发展的分子和计算生物学到植物学、海洋生物学、行为生态学、生物物理和生物化学。

其中 Bioinformatics、Journal of Petrology、Systematic Biology、Tree Physiology 等刊都是位列三甲的重要刊物，而 Molecular Biology and Evolution、Journal of Experimental Botany、Toxicological Sciences 也是知名度较高，国内学者不可或缺的资源。

3. 数学和物理学分库 收录 34 种期刊。该分库从纯数学到应用数学，以及辐射科学都有涉及。有关应用数学的期刊包括更多专业领域，如统计学、数学物理、数学管理、数学医学，以及计算机科学等。其中 Biostatistics 在统计和概率，以及数学和计算生物学两个领域排名第二和第四；而 IMA 的系列期刊，伦敦数学学会的会刊等都为全球学者熟知和使用。

4. 法律分库 收录 32 种期刊。法律分库为司法咨询和研究提供了重要的信息资源，尤其是在国际法方面有很强的实力，如 European Journal of International Law 和 Journal of International Economic Law 等国际知名期刊，在研究商业法的同时，还考量商业法与贸易和经济学之间的关系和互动。该分库既有学术性的，也有适合从业人员使用的刊物，包括一些重要专业领域，如法医学和环境法、犯罪学、知识产权法，以及政策制定等课题。

5. 人文科学分库 收录 65 种期刊。该分库整合了历史、文学、宗教、哲学、艺术、语言学，以及音乐等多个学科的刊物，为图书馆提供了一套珍贵资源。Notes and Queries 创刊于 1849 年，是牛津出版最早的学术刊物；Applied Linguistics 和 ELT Journal 也位居全球发行和使用量最大的英语语言教学类刊物之列；艺术类期刊方面，牛津从艺术评论，到音乐、歌剧、设计等领域都有权威期刊，如 Early Music、Oxford Art Journal 等。

6. 社会科学分库 收录 53 种期刊。分库中收录很多出众的期刊，从经济学、商业史和全球发展，到宗教、社会政治和法律。其中，尤其政治学和经济学最为见长，如 Political Analysis 在政治学领域中排名第一；Journal of Public Administration Research and Theory 在公共管理学科排名第二；而 The World Bank Economic Review、European Review of Agricultural Economics、Journal of Economic Geography、The Review of Financial Studies 等刊都是经济学领域排名前五位的重要刊物。

二、检 索 平 台

通过网址 http：//www.oxfordjournals.org，可以访问牛津期刊数据库主页，如图 4-60 所示。牛津期刊数据库提供了多语种界面，如英文、中文、日语等，用户可自由选择。

图 4-60 牛津期刊数据库主页

在牛津期刊数据库中，用户可以访问其收录的期刊从 1996 年至今出版的全部期刊文章内容；如果用户想查找 1995 年以前出版的期刊文章，需要访问牛津过刊回溯数据库。牛津过刊回溯数据库(收录年限：1849～1995 年)已被 NSTL(国家科技图书文献中心)购买，用户可登录到 NSTL 的检索平台上检索使用(http：//archive.nstl.gov.cn/Archives)。另外，牛津期刊数据库收录的期刊也可通过 Highwire 页面进行访问。登录到 Highwire 平台后，点击“O”进入 Oxford University Press(牛津大学出版社)。牛津期刊数据库的文章目次和文摘对所用用户都是免费的，Open Access 方式发表的文章也是免费获取的。

牛津期刊数据库提供了浏览和浏览两种检索方式。

(一)浏览

在牛津期刊数据库主页中可以直接按刊名字母顺序浏览期刊(Journals A-Z)打开期刊列表，如图 4-61 所示。也可以通过学科进行浏览期刊。系统将全部期刊分为 5 个学科：Arts & Humanities、Law、Medicine & Health、Science & Mathematics 和 Social Science。在浏览时，点击所需浏览的学科便可进入该学科浏览界面，系统按期刊名字顺排序方式将列出该学科的全部期刊。比如，想查找“epidemiological Reviews《流行病学评论》”，用户可以选择学科“Medicine & Health”，然后在“E”字母开头的期刊列表中找到该期刊。点击期刊名，打开该期刊主页，如图 4-62。点击“View Current Issue”可浏览最新一期目次文章；点击“Browse the Archive”或右上角“ARCHIVE”可浏览该期刊所有年份的内容。在期刊页面中，提供了刊物内的简单检索和高级检索(Search this Journal)。

图 4-61　牛津期刊数据库按刊名字母顺序浏览界面

(二)简单检索

在牛津期刊数据库的主页上方提供了简单检索功能。用户只需输入检索词，系统默认的检索字段为所有字段，系统将包含该检索词的文章都检索出来。

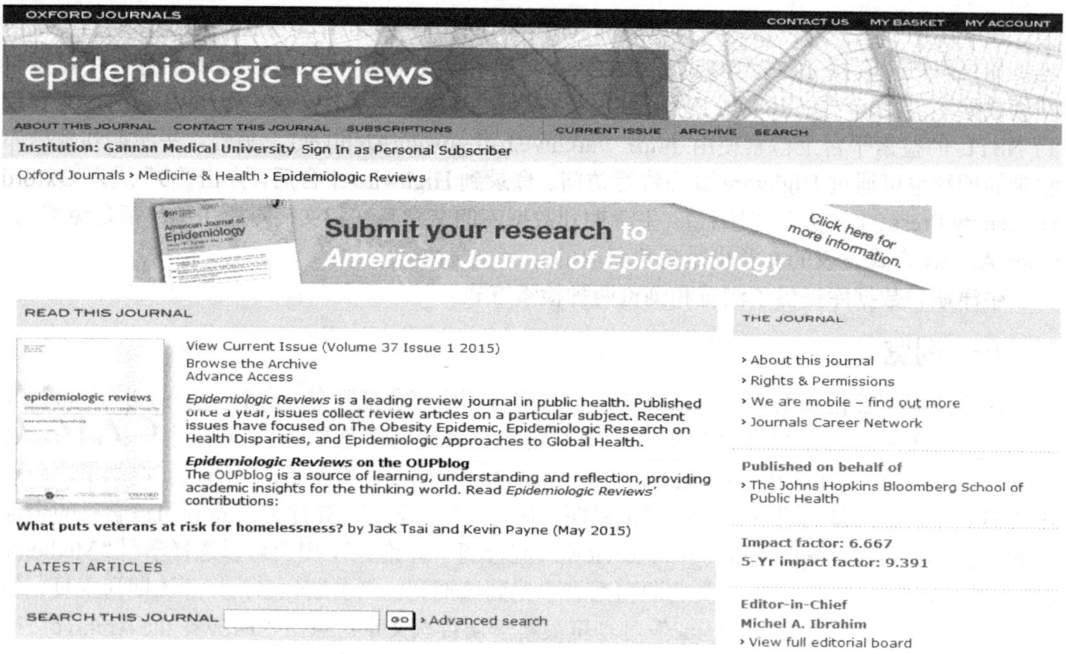

OXFORD JOURNALS CONTACT US MY BASKET MY ACCOUNT

epidemiologic reviews

ABOUT THIS JOURNAL CONTACT THIS JOURNAL SUBSCRIPTIONS CURRENT ISSUE ARCHIVE SEARCH

Institution: Gannan Medical University Sign In as Personal Subscriber

Oxford Journals › Medicine & Health › Epidemiologic Reviews

Submit your research to American Journal of Epidemiology Click here for more information.

READ THIS JOURNAL

View Current Issue (Volume 37 Issue 1 2015)
Browse the Archive
Advance Access

Epidemiologic Reviews is a leading review journal in public health. Published once a year, issues collect review articles on a particular subject. Recent issues have focused on The Obesity Epidemic, Epidemiologic Research on Health Disparities, and Epidemiologic Approaches to Global Health.

***Epidemiologic Reviews* on the OUPblog**
The OUPblog is a source of learning, understanding and reflection, providing academic insights for the thinking world. Read *Epidemiologic Reviews'* contributions:

What puts veterans at risk for homelessness? by Jack Tsai and Kevin Payne (May 2015)

LATEST ARTICLES

SEARCH THIS JOURNAL GO › Advanced search

THE JOURNAL

› About this journal
› Rights & Permissions
› We are mobile – find out more
› Journals Career Network

Published on behalf of
› The Johns Hopkins Bloomberg School of Public Health

Impact factor: 6.667
5-Yr impact factor: 9.391

Editor-in-Chief
Michel A. Ibrahim
› View full editorial board

图 4-62　牛津期刊数据库期刊信息界面

(三)高级检索

在牛津期刊数据库主页，点击“Advanced Search”进入高级检索界面，如图 4-63 所示，

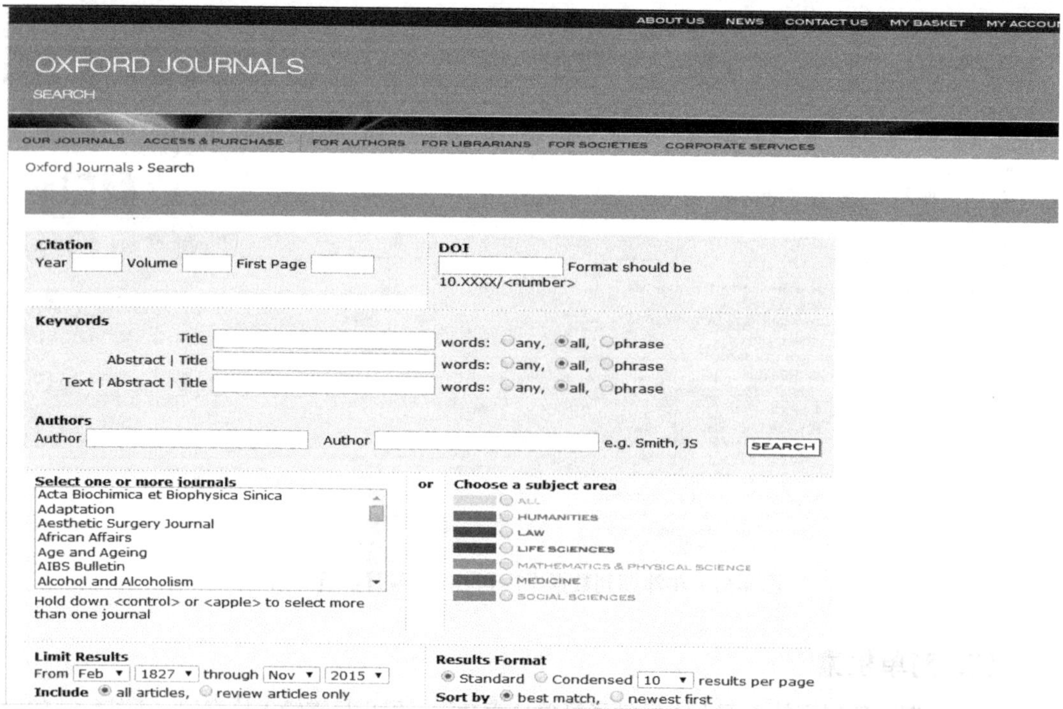

ABOUT US NEWS CONTACT US MY BASKET MY ACCOUNT

OXFORD JOURNALS
SEARCH

OUR JOURNALS ACCESS & PURCHASE FOR AUTHORS FOR LIBRARIANS FOR SOCIETIES CORPORATE SERVICES

Oxford Journals › Search

Citation
Year Volume First Page

DOI
Format should be 10.XXXX/<number>

Keywords
Title words: any, all, phrase
Abstract | Title words: any, all, phrase
Text | Abstract | Title words: any, all, phrase

Authors
Author Author e.g. Smith, JS SEARCH

Select one or more journals
Acta Biochimica et Biophysica Sinica
Adaptation
Aesthetic Surgery Journal
African Affairs
Age and Ageing
AIBS Bulletin
Alcohol and Alcoholism
Hold down <control> or <apple> to select more than one journal

or

Choose a subject area
ALL
HUMANITIES
LAW
LIFE SCIENCES
MATHEMATICS & PHYSICAL SCIENCE
MEDICINE
SOCIAL SCIENCES

Limit Results
From Feb 1827 through Nov 2015
Include all articles, review articles only

Results Format
Standard Condensed 10 results per page
Sort by best match, newest first

图 4-63　牛津期刊数据库高级检索界面

可通过引文(Citation)、文章 DOI、关键字(Keywords)已经作者名字(Authors)进行检索。用户可以对检索范围进行限定，限定在某种或某些(Select one or more Journals)或某学科(Choose a subject area)期刊中，也可以在牛津期刊所有刊物中进行检索。对检索结果进行限制(Limit Result)，限定出版年限，选择是全部文章(all article)还是仅限评论文章(review article only)等。提供不同方式显示检索结果：详细显示(Standard)或简单显示(Condensed)。

三、检 索 实 例

(一)基本检索

检索课题：检索出包含“arabidopsis genome”这个检索词的所有文章。

检索步骤：

(1)在牛津期刊数据库主页中的输入框中检索词“arabidopsis genome”。

(2)击“Search”进行检索共检索出 90 794 条结果，如图 4-64 所示。每条检索结果右侧的链接中可直接进入期刊主页(Journal Home)、文章摘要(Abstract)、全文页面(Full Text)、下载页面(PDF)。

Oxford Journals › Search › Results

Results 1-10 (of 90794 found)

Next 10»

standard / condensed citation format

10 / 25 / 40 / 60 / 80 results per page

best matches / newest / oldest first

My search criteria:
arabidopsis genome (anywhere in article)

Save this search to my Personal Archive

Download all citations on this page to my citation manager

☑ **For checked items below:** Go ◉ **view abstracts in new window** ○ **download to citation manager**

Please note that articles prior to 1996 are not normally available via a current subscription. In order to view content before this time, access to the Oxford Journals digital archive is required. Alternatively, you may purchase short-term access on a **Pay per Article** basis.

ANNALS OF BOTANY

ORIGINAL ARTICLES:

MICHAEL D. BENNETT, ILIA J. LEITCH, H. JAMES PRICE, and J. SPENCER JOHNSTON

Comparisons with *Caenorhabditis* (~100 Mb) and Drosophila (~175 Mb) Using Flow Cytometry Show Genome Size in Arabidopsis to be ~157 Mb and thus ~25 % Larger than the Arabidopsis Genome Initiative Estimate of ~125 Mb

Ann. Bot., Apr 2003; 91: 547 - 557.

›......respectively, for **genomes** of 125 or...NORs by the **Arabidopsis Genome** Initiative...regions of the **arabidopsis genome** Accurate...and animal **genomes** (Bennett...regions of the **arabidopsis genome** Accurate...and animal **genomes** (Bennett......

›Journal Home
›Abstract
›Full Text
›PDF
›Content Snapshot

AoB PLANTS

RESEARCH ARTICLES:

Diana E. Wolf, Janette A. Steets, Gary J. Houliston, and Naoki Takebayashi

Genome size variation and evolution in allotetraploid *Arabidopsis kamchatica* and its parents, *Arabidopsis lyrata* and *Arabidopsis halleri*

AoB Plants, 2014; 6: plu025.

›......gemmifera |**Arabidopsis** kamchatica |**Arabidopsis** lyrata |C-value...cytometry|**genome** size|**genome**...all plant **genomes** sequenced...kamchatica **genome** size was 3...the parental **genomes**, the total...kamchatica. **Arabidopsis** l. petraea......

›Journal Home
›Abstract
›Full Text
›PDF

图 4-64 实例简单检索结果界面

(二)高级检索

检索课题：检索出“Life Science”学科中题名中包含“arabidopsis genome”这个检索词的文章，要求出版年限为：2010 年至今。

检索步骤：

(1)进入高级检索界面。

(2)在 Title 后的输入框输入检索词“arabidopsis genome”。

(3)选择“Life Science”，设置年份为：2010～2015 年，如图 4-65 所示。

(4)点击“Search”进行检索，共得到 22 条结果，如图 4-66 所示。

Oxford Journals > Search

Citation
Year Volume First Page

DOI
Format should be 10.XXXX/<number>

Keywords
Title arabidopsis genome words: any, all, phrase
Abstract | Title words: any, all, phrase
Text | Abstract | Title words: any, all, phrase

Authors
Author Author e.g. Smith, JS SEARCH

Select one or more journals
Acta Biochimica et Biophysica Sinica
Adaptation
Aesthetic Surgery Journal
African Affairs
Age and Ageing
AIBS Bulletin
Alcohol and Alcoholism
Hold down <control> or <apple> to select more than one journal

or

Choose a subject area
ALL
HUMANITIES
LAW
LIFE SCIENCES
MATHEMATICS & PHYSICAL SCIENCE
MEDICINE
SOCIAL SCIENCES

Limit Results
From Feb 2010 through Dec 2015
Include all articles, review articles only

Results Format
Standard Condensed 10 results per page
Sort by best match, newest first

Reset form Help SEARCH

图 4-65 实例高级检索界面

Oxford Journals › Search › Results

Results 1-10 (of 22 found)

Next 10»

standard / condensed citation format
10 / 25 / 40 / 60 / 80 results per page
best matches / newest / oldest first

My search criteria:
arabidopsis genome (all words in title)
Feb 2010 through Dec 2015

Save this search to my Personal Archive
Download all citations on this page to my citation manager

☑ **For checked items below:** Go **view abstracts in new window** **download to citation manager**

Please note that articles prior to 1996 are not normally available via a current subscription. In order to view content before this time, access to the Oxford Journals digital archive is required. Alternatively, you may purchase short-term access on a **Pay per Article** basis.

Systematic Biology
REGULAR ARTICLES:
Noah W. M. Stenz, Bret Larget, David A. Baum, and Cécile Ané
Exploring Tree-Like and Non-Tree-Like Patterns Using Genome Sequences: An Example Using the Inbreeding Plant Species *Arabidopsis thaliana* (L.) Heynh
Syst Biol, September 2015; 64: 809 - 823.

‣Journal Home
‣Abstract
‣Full Text
‣PDF

Journal of Experimental Botany
RESEARCH PAPER:
April H. Hastwell, Peter M. Gresshoff, and Brett J. Ferguson
Genome-wide annotation and characterization of CLAVATA/ESR (CLE) peptide hormones of soybean (*Glycine max*) and common bean (*Phaseolus vulgaris*), and their orthologues of *Arabidopsis thaliana*
J. Exp. Bot., August 2015; 66: 5271 - 5287.

‣Journal Home
‣Abstract
‣Full Text
‣PDF
‣Supplementary Data

图 4-66 实例高级检索结果界面

第八节　Wiley Online Library

一、资源概述

John Wiley & Sons Inc.是有 200 年历史的国际知名专业出版机构，在化学、生命科学、医学以及工程技术等领域学术文献的出版方面颇具权威性，2007 年 2 月与 Blackwell 出版社合并，两个出版社的出版物整合到同一平台上提供服务。

2010 年 8 月，Wiley 正式向全球推出了新一代在线资源平台“Wiley Online Library”以取代已使用多年、并获得极大成功与美誉的“Wiley InterScience”。同时，所有的内容和许可都已转移至新的平台，确保为用户和订阅者提供无缝集成访问权限。

作为全球最大、最全面的经同行评审的科学、技术、医学和学术研究的在线多学科资源平台之一，“Wiley Online Library”覆盖了生命科学、健康科学、自然科学、社会与人文科学等学科领域。它收录了来自 1500 余种期刊、10 000 多本在线图书以及数百种多卷册的参考工具书、丛书系列、手册和辞典、实验室指南和数据库的 400 多万篇文章，并提供在线阅读。该在线资源平台具有整洁、易于使用的界面，提供直观的网页导航，提高了内容的可发现性，增强了各项功能和个性化设置、接收通讯的选择。

二、检索平台

Wilkey Online Library(http：//onlinelibrary.wiley.com)提供了浏览和检索两种方式，如图 4-67 所示。

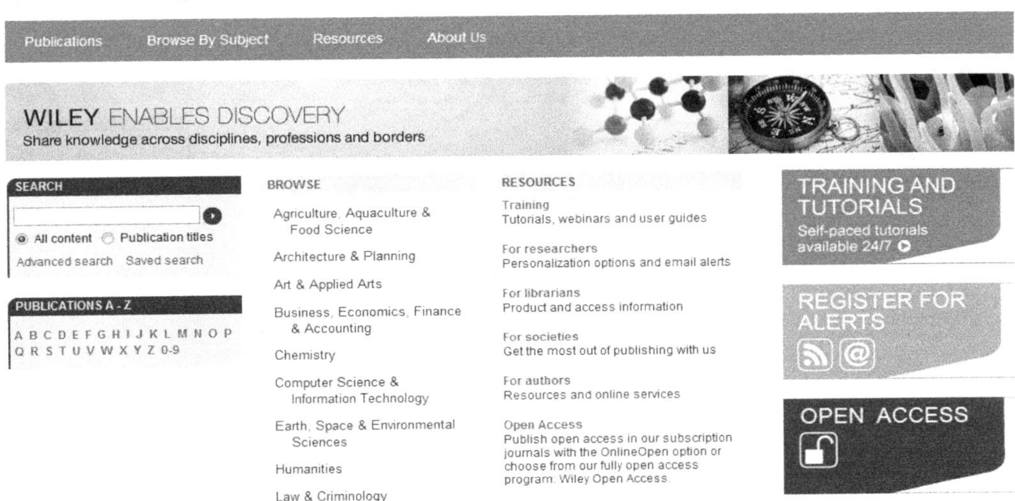

图 4-67　Wilkey Online Library 主页

(一)浏览

1. 按字母顺序浏览(Publication) 在主页中直接按字母顺序浏览出版物(Publication A-Z)或在点击“Publication”均可打开出版物列表。在出版物列表的右侧都有该出版物的类型，如BOOK(图书)、JOURNAL(期刊)、BOOK SERIES(丛书系列)、DATABASE(数据库)、LAB PROTOCOL(实验指南)，其中，在线参考工具书包含在图书类别中。用户可以利用页面右侧的功能进行精选浏览结果，如输入出版物的题名、设置出版物的类型(Publication Type)。

2. 按学科主题浏览 系统将全部资源分为17个大类：Agriculture，Aquaculture & Food Science、Architecture & Planning、Art & Applied Arts、Business，Economics，Finance & Accounting、Chemistry、Computer Science & Information Technology、Earth，Space & Environmental Sciences、Humanities、Law & Criminology、Life Sciences、Mathematics &Statistics、Medicine、Nursing，Dentistry & Healthcare、Physical Sciences & Engineering、Psychology、Social & Behavioral Science、Veterinary medicine。每个大类下又分为若干二级主题，在浏览时，点击所需浏览的二级主题便可进入该主题浏览界面，系统会列出该主题重点推荐的四种期刊，同时在界面右侧会显示三级主题的选项，点击各主题会列出相应主题的书刊列表。

(二)基本检索(basic search)

在Wilkey Online Library各个页面中都提供了基本检索功能，系统默认的检索字段为篇名、文摘、作者、作者机构和关键词等。用户只需输入检索词点击检索便可。基本检索提供两个选择：All content 和 Publication titles。

(三)高级检索(Advanced search)

高级检索可选择的检索字段有：篇名、作者、作者单位、文摘、关键词、资助机构、全文检索等。在主页或任何页面屏幕右上方的检索框下面的“Advanced search”进入高级检索界面，如图4-68所示。在输入框中输入检索词，在下拉框中选择检索字段和逻辑运算符，设定检索结果的出版年限。点击“Add another row”进行添加检索条件行，“Search Tips”(检索小技巧)可以帮助用户充分运用强大的检索功能。

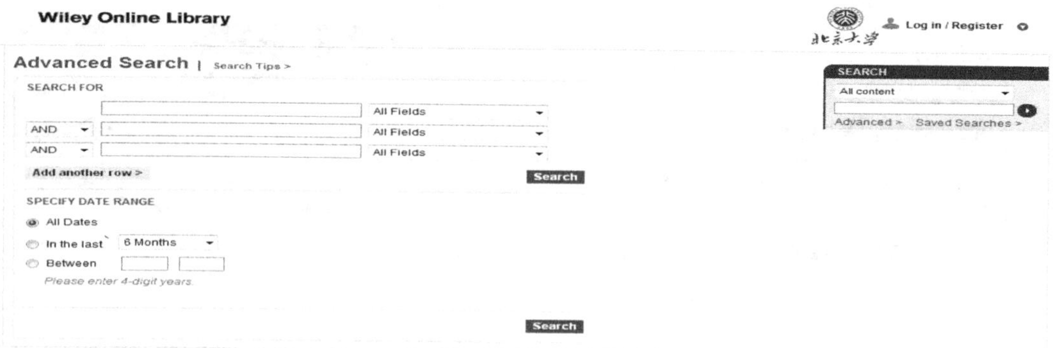

图4-68 Wiley Online Library高级检索界面

三、检 索 实 例

(一)基本检索

检索课题：检索出题名为“CA”的期刊。

检索步骤：

(1) 在输入框中输入“CA”。

(2) 选择“Publication titles”选项。

(3) 点击“Search”进行检索，共得到 1 条结果，如图 4-69 所示。

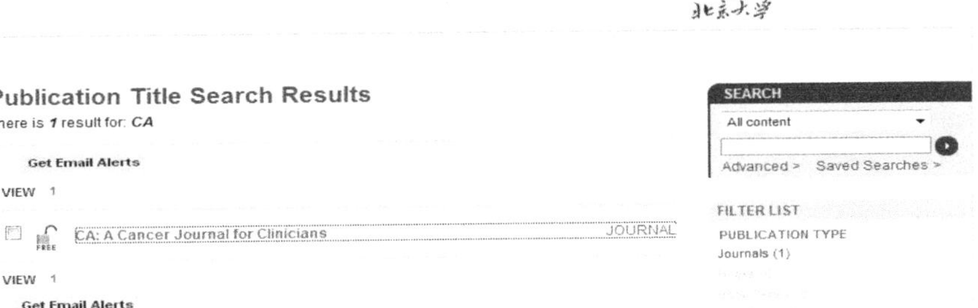

图 4-69 实例基本检索结果界面

(二) 高级检索

检索课题：检索出摘要中包含“prostate”“cancer”和“diagnosis”关键词中包含“psa”的文献。

检索步骤：

(1) 进入高级检索界面。

(2) 输入相应的检索词，选择对应的检索字段，如图 4-70 所示。

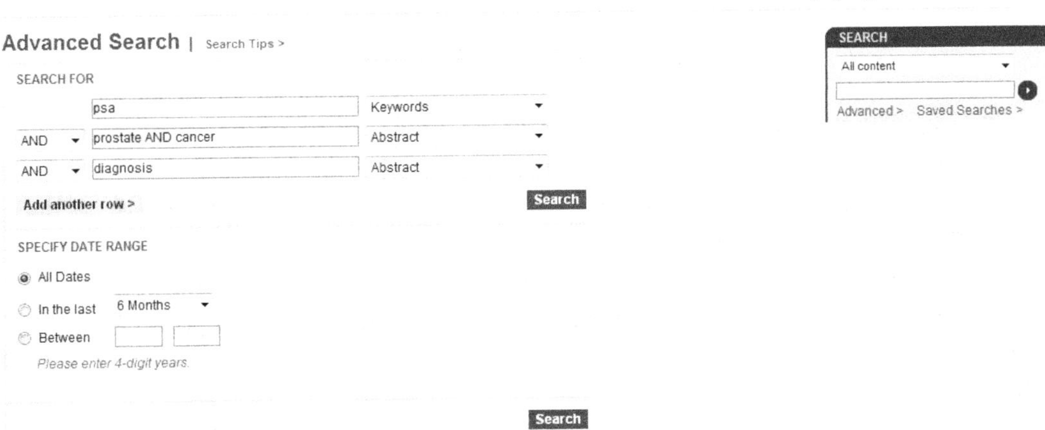

图 4-70 实例高级检索界面

(4) 点击“Search”进行检索，共得到 112 条结果，如图 4-71 所示。

Wiley Online Library

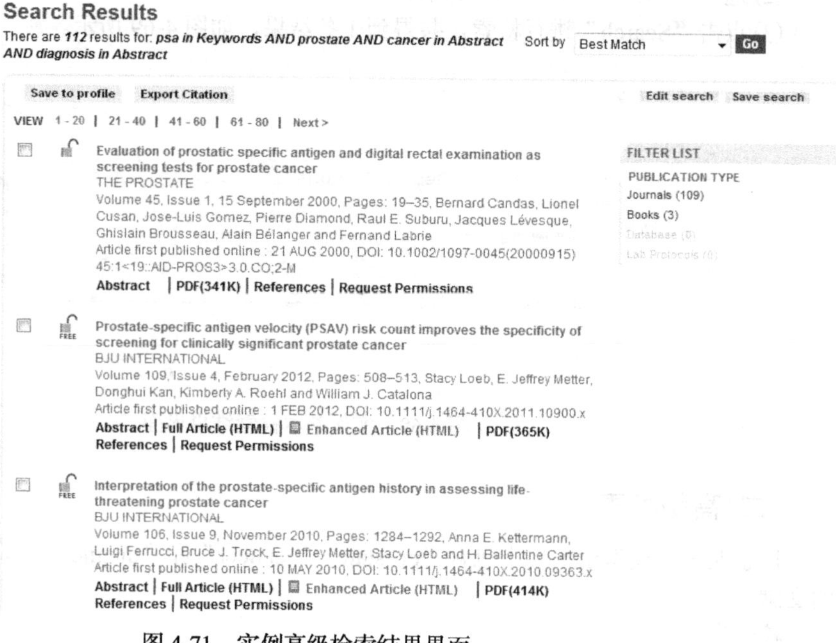

图 4-71 实例高级检索结果界面

第九节 其他外文全文数据库

一、Science Online

Science 周刊由 Thomas Edison 创办于 1880 年，1900 年起成为美国科学促进会(American Association for the Advancement of Science，简称 AAAS)的官方刊物。Science 是各国科学家公认的世界一流科技学术期刊，被誉为“诺贝尔奖获得者的摇篮”，主要包含了科学新闻报道、综述、分析、书评等部分，都是权威的科普资料。

Science Online(http：//www.sciencemag.org)创建于 1995 年，是 Science 杂志的在线数据库。Science Online 还包括《今日科学》(Science Now)《科学快讯》(Science Express)《科学信号》(Science Signaling)科学转化医学(Science Translational Medicine)和科学职业网(Science Careers)等资源。

Science Now 每天都会为在线用户提供几篇关于科研成果或科学政策的最新消息；另外也会提供每周出版的 Science 杂志中收录的新闻类文章。这些消息简洁扼要，使读者花费少量时间就能及时了解世界各地各科研领域的最新进展。

Science Express 预先出版 Science 中具有重要价值的研究论文，每周精选 3～4 篇。

Science Signaling《科学信号》，即原 Science STKE——《细胞信号转导》，发表代表细胞信号转导方面最新研究进展的同行评审原始研究文章，包括信号转导网络、系统生物学、合成生物学、细胞通路计算与建模、药物研发等快速发展的领域内的关键研究论文。

转化医学，即基础研究从实验室发现转变为临床应用的过程，是一个需要多学科合作的新兴学科领域。Science Translational Medicine《科学转化医学》是美国科学促进会(AAAS)推出

的最新官方刊物，为所有相关成熟和新兴学科的基础研究、转化研究和临床研究的专业人员及受训人员提供思想沟通和交流的论坛，其宗旨是将基础科学家和临床研究者联系起来，以改善全球患者的护理。

Science Careers 为科学家们通过网络谋职及寻找各种基金资助项目、科研合作项目提供信息；提供与之相关的文献和议题，并设讨论区供科学家们交• 求职经验。

Science Online 提供了关键词或作者姓名检索，也可以按日期或主题分类浏览期刊。

二、Nature

Nature 周刊(http：//www.nature.com)是世界上最早的国际性科技期刊，1869 年创刊。报道和评论全球科技领域里最重要的突破。其办刊宗旨是：将科学发现的重要结果介绍给公众，让公众尽早知道全世界自然知识的每一分支中的所有进展。

Nature 网站涵盖的内容相当丰富，不仅提供 1987 年 6 月到最新出版的《Nature》杂志的全部内容，而且可以查阅其姊妹刊物《Nature》出版集团(The Nature Publishing Group)出版的 8 种研究月刊、7 种评论月刊、1 种百科全书以及最新引进的 EMBO Journal 和 EMBO reports。EMBO Journal 是分子生物学的 10 种顶尖杂志之一，EMBO reports 旨在提供分子生物学各个领域的短讯、快报和评论。

Nature 平台提供期刊浏览和检索两种功能，其浏览功能分为按刊名和按学科主题两种方式，检索功能包括简单检索和高级检索。

三、Emerald 数据库

Emerald 于 1967 年由来自世界著名百所商学院之一 Bradford University Management Center 的学者建立。主要出版管理学、图书馆学、工程学等专业领域的期刊。Emerald 全部期刊都是同行评审的，以保证高学术质量。2012 年 Emerald 收录期刊达到 290 种。

(一)Emerald 数据库的主要内容

Emerald 数据库平台包括了两个全文数据库和 4 个文摘数据库，具体如下：

1. Emerald 管理学全集(Emerald Management Xtra，简称 EMX) 提供了 Emerald 出品的 170 多种高质量的管理学全文期刊，Emerald Management Review 管理学评论，以及案例分析、预选文集、采访录、书评、专业的教学资源和作者及研究资源在内的许多管理学科其他辅助内容。无论是要阐述某个观点的讲师、开展新研究项目的学者、准备撰写论文的学生或是商业经理、专业图书馆员，在 EMX 中都能找到问题的答案。

2. Emerald 工程图书馆(Emerald Engineering Library，简称 EEL) 收录 17 种高品质的同行评审工程学期刊，几乎全被 SCI、EI 收录。涵盖先进自动化、工程计算、电子制造与封装、材料科学与工程等领域。该数据库所有期刊内容经同等专家评审，确保每篇文章具有既定的学术标准和价值，是工科院校的重要参考资源。

3. 土木工程文摘库(International Civil Engineering Abstracts，简称 ICEA) 收录了来自全球著名的 150 多种期刊的超过 120000 的文摘，内容涵盖建筑管理、环境工程和结构工程等。著名的期刊包括 ASCE Journal of Structural Engineering(USA)，Engineering with Computers(UK)，International Journal for Numerical Methods in Engineering(UK)等。

4. 国际计算机文摘库(Computer Abstracts International Database，简称 CAID) 收录了超过 140000 来自于 200 多种计算机期刊的文摘，涉及人工智能，通信和网络和系统工程等专业领域。

著名期刊有 ACM Trans. On Computer Systems (USA), The Computer Journal (UK), SIAM Journal on Computing (USA) 等。

5. 计算机和通讯安全文摘库(Computer and Communications Security Abstracts，简称 CCSA) 提供了超过 100 多种期刊的 9000 多篇文摘内容，主要覆盖的领域包括电子商务安全、网络安全和第三方信任等。同时该数据库还包括每年 40 多个国际重要会议的会议录文摘。

6. 图书馆和信息管理文摘库(Current Awareness Abstracts，简称 CAA) 提供了全球 400 多种核心期刊中出版的每一篇有关图书馆学和信息管理科学的文章，26 000 多篇文摘存档回溯至 1989 年，并且每月更新。CAA 同时以纸质期刊出现，每年 6 期印刷版本。

(二) 检索方式

通过网址 http://www.emeraldinsight.com，可访问 Emerald 数据库主页。Emerald 数据库提供两种检索功能：浏览和检索。

四、BMJ 数据库

BMJ 出版集团成立于 1840 年，是英国医学会(British Medical Association，简称 BMA)的一部分，作为医学和专业期刊领域领先的出版社，BMJ 多年来一直致力于“为医疗、保健专业人员以及科研团体和公众出版权威的出版物”，旗下产品包括 BMJ Journal Collection、Clinical Evidence、Best Treatments、BMJ Learning。

BMJ Journal Collection 期刊专辑(网址：http://journals.bmj.com)包括 BMJ 旗下 30 种期刊，涵盖综合医学、临床专科、流行病学、、药品、病历、医学教育、询证医学和健康等领域。著名的《英国医学期刊》(British Medical Journal)是世界四大医学期刊之一，其他期刊在其专业领域都享有很高声誉。

BMJ Clinical Evidence(临床实证)是一个不断更新的有关常见临床干预影响实证的最佳资源。它主要提供病症的概述，以及该病症的预防和治疗高于手段的优缺点总结，涵盖了治疗和护理中最常见的疾病。

Best Practice(最佳实践)基于询证医学的临床诊疗决策支持和学习工具，不仅完全整合了 Clinical Evidence“临床证据”中的临床治疗证据；它还增添了由全球知名权威学者和临床专家执笔撰写的，以个体疾病或症状为切入点，涵盖基础、预防、诊断、治疗和随访等各个关键环节的内容，提供在临床工作流程的各个关键环节需要的信息和知识。尤其收录上千种的临床疾病和上万种的诊断方法，以及 3000 多项的诊断性检测和四千多篇的诊断和治疗指南，均有比较高的参考价值。此外，Best Practice 还嵌入了国际公认的药物处方指南以及患者教育内容以及大量的病症彩色图像和证据表格等资料，并可在平台上定制本国语言的标准与指南。

五、SpecialSciDBS 国道外文专题数据库

国道数据是国内最早从事专题数据库开发、推广服务的信息技术公司之一，多年致力于高校、科研机构、行政机关和企事业单位图书馆、信息中心的数字化建设事业。随着全球化进一步加深，图书情报机构对国外文献资源需求骤增。国道数据与国外资讯机构合作，开发、整合外文信息资源，竭力打造中国最大的特色专题数据平台(SpecialSciDBS)。目前，该平台拥有全文数据 650 万篇，并以每年更新 55 万篇的速度增长，拥有高校、科研机构、企业等集团用户 1300 余家，个人注册账户 6 万多个。国道数据以其拥有自主知识产权的数据库超市发布及搜索系统，专业的数据编辑加工团队，国际化的视角，为广大科研、教学工作者架起了一座了解国

外最新科技情报资讯的桥梁。国道外文专题数据库是国内最大的外文特色专题数据平台，该平台现有全文数据 1000 万篇，年更新量 70 万篇。

SpecialSciDBS 平台可供查询的外文电子资源，囊括高科技前沿的生命科学、信息科学、能源科学、海洋科学、材料科学、空间科学、环境科学、软科学、先进制造技术 9 大门类，涵盖了自然科学、农业科学、医药科学、工程与技术科学、人文与社会科学等学科，涉及教育、食品、信息电子、化工冶金、土木建筑、农业、机械、医药卫生、经济管理、金融财会、法律、标准等 59 个专题领域。SpecialSciDBS 收录的文献类型涉及论文、报告、电子图书、课件、会议记录、议题议案、白皮书、专栏专题、法规标准、新产品介绍 10 种，统一采用 PDF 格式。

SpecialSciDBS 适用于科技查新、课题跟踪、论文写作与文献参考、教学备课与课程开发、学生学习等。SpecialSciDBS 分为五大专辑 60 个专题库，覆盖多个学科。收录了欧美国家 1995 年以来多个领域的科技文献。资源类型涉及学术论文、技术报告、会议记录、议题议案、专栏评述、法规标准、新产品资讯、专利、机构出版物及其他 10 种类型，因专题而异。

SpecialSciDBS 专题数据库提供三种检索方式：快速检索、高级检索和专业检索。快速检索是默认在“全文”字段，对所选择的专题库中进行检索的方式，适合快速定位。高级检索支持对多字段按照布尔逻辑关系，区分单词和词组，并可设定年限与文献类型，选择所需专题库的检索方式。专业检索是通过构造检索表达式，同时对多字段，按照布尔逻辑关系，区分单词及词组，选择所需要的专题库的检索方式。

六、Annual Reviews

Annual Reviews（http：// www.nanualreviews.org）是在 1932 年创立的以出版综述评论性期刊为主的一家出版社，目前出版近 50 种期刊，内容涉及生物医学、生命科学、物理学和包括经济学在内的社会科学等领域。Annual Reviews 为年刊，每种期刊每年只出版一期，所有的文章均是各学科领域的权威、顶尖的科学家撰写的，主要内容包括回顾各学科最前沿的研究进展，为学科研究提供方向性指导。Annual Reviews 刊登的每篇文章都至少引用 130 篇以上的参考文献，平均每篇文章 30 页。根据 JCR 统计，Annual Reviews 期刊是引用率最高的期刊，其出版的所有期刊在各自领域均排名前十。Annual Reviews 平台提供期刊浏览和检索功能，支持个性化设置。

分析与思考

1. 请使用中国知网的跨库检索查找赣南医学院老师近五年来发表的关于“农村订单式定向医学生培养”方面的文章。

2. 请利用 ClinicalKey 全医学平台查找并下载书名为“Gray’s Anatomy”《格氏解剖学》的图书全文。

3. 请在 EBSCOhost 的“Academic Search Premier” 数据库中检索有关“乳腺癌的 P53 基因研究”方面的文献。

4. 请在 SpringerLink 数据库中检索近 10 年来有关“禽流感疫苗研制”方面的文献。

5. 请熟练掌握本章介绍的各全文数据库所提供的各项检索功能。

（兰月华）

第 5 章　引文信息检索系统

我们所学的大多数检索工具都是以文献内容的分类和主题作为主要检索途径。这种方式符合人们的思维习惯，因而成为最为常用和传统的方式。全世界每年都会发表巨量的科技文献，这些文献都不是孤立的，文献之间相互影响、相互联系、相互引用，构成一个巨大的文献网，为人们提供了关联度极高的文献资源空间。当研究人员使用传统的主题词或关键词检索它们时，只能依赖本身研究领域或自己对该项目的理解所选的专业词汇，即使是最有经验的研究人员也常常会遗漏很多重要的文献资料，特别是在跨学科或边缘学科的研究领域。鉴于此，研究人员在实践中经常使用另外一种检索方式，就是通过引文索引工具检索文献的途径。

引文索引是对传统检索系统的一种补充和改革，它揭示了科学技术之间引证与被引证的关系，是从文献之间相互引证的角度，提供新的检索途径，提高检索结果的相关性。引文索引不仅仅提供资料信息，更重要的是提供研究的思路；引文索引将过去、现在以至将来的相关文献信息连接起来，将不同学科、不同领域的相关研究连接起来，研究人员由此可以发现许多过去不知道然而却非常重要的信息，从而产生许多新的创见与发现。本章主要介绍引文、来源文献、引文索引、引文数据库、引文分析、影响因子等基本概念；学习引文索引的编制原理、引文索引的作用与意义、JCR 数据库概况及功用、影响因子的评价功能、ISI 系列引文检索数据库概况以及 SCI 网络版和我国国内常见的一些引文数据库的概况和检索方法。

第一节　引文数据库的基本概念

一、引文、引文索引的基本概念

(一)引文(Citation)

在科学著述活动中，作者往往要直接或间接地引用他人的著述，以提供文章的佐证，提供历史背景材料，来加强论述的可信度，帮助读者更好地理解作者的观点。这些引用他人的著述就是引文。引文是学术论著的一个很重要的部分，有关标准或规范对之有着明确的定义。引文可以描述为：在文献 A 中提到或描述了文献 B，并以文后参考文献或注释的形式列出文献 B 的出处，其目的在于指出信息的来源，提供某一观点的依据，借鉴、陈述某一事件、事实等。这时，我们称文献 B 为文献 A 的引文，称文献 A 为文献 B 的引证文献。引文通常也称为被引文献或参考文献，引证文献通常也称为来源文献(source item 或 source document)。从上述引文的定义描述中可知，引文有两种类型，一是参考文献，一是注释。参考文献是作者写作论著时所参考的文献书目，一般集中列出来。根据援引的精确度，参考文献可分为引用性文献和参考性文献两种。而注释是对文献正文中某一特定内容进一步注释或补充说明，可分为：文中注、脚注、尾注和文中引等。注释一般排在该页的地脚；尾注也可列入参考文献的范畴。

（二）引文索引（Citation Index）

创办ISI（Institute for Scientific Information，美国科技信息研究所）的美国人尤金.加菲尔德（Eugene Garfield）可称为引文索引的创始人。引文索引顾名思义就是引文的索引，是提供某一作者及其著作在别的作者的著作中被引用状况的一种索引，又称引证索引。引文索引是以语义稳定的引文作为文献的标引词，建立起能够展示文献之间内在联系的索引系统。标引词的选择可以是题名、作者、刊名、地址等。引文索引以被引用文献——引文为标目，继而列出引用过该文献的全部文献（来源文献），因此它也是以文献之间的引证关系为基础的一种文献索引。

引文索引的基本编制原理是根据文献的相互引用关系建立索引系统。文献之间的相互引用构成文献网络。使用这种方法建立的索引系统，可以检索到一族文献，且可通过不断追溯检索，能获得更多的相关文献。因此，引文索引最核心的部分是引证索引和来源索引。引文索引给出了原文参考，即引用该文的文献的清单，可使用户能够找到与已知文献有关系的（近期）文章。根据引文在正文中的位置，可分为文内引文、页下引文和末尾引文（将引文放在篇章或书的末尾）。根据援引的性质，可分为书目引证和参见引证。

二、引文索引的作用

引文索引是按照论文之间引证与被引证的关系进行排列而编制的一种索引。引文索引遵循了科学研究承前启后的规律，从整体上说是把一篇具体的论文同全部发表过的论文之间的关系全部展示出来，打破传统的学科分类界限，不拘泥于一个选题或一个狭窄的知识领域，而是整个科学的任何一个门类，从多角度反映学科之间的相互交叉、相互渗透的关系。引文是科学交流的工具，它可以用来跟踪科学的发展方向。它还能够提供研究思路，将某一课题的过去、现在和未来的信息连接起来，将不同学科、不同领域的信息连接起来。还可以了解某一论点或某一发现的演进过程，了解这些论点或发现的应用情况，同时可以在更大的时空范围内了解某学科或技术的历史发展进程。

引文索引不同于一般概念上的索引，既是参考工具，也是一种独立的情报检索系统。它提供了一种新颖而实用的检索途径，是研究科学学和文献计量学必不可少的工具。对于引文的分析是一种科学的研究方法，也是研究科学的方法。引文分析是通过对某种学术期刊及其所载论文或某个作者及其所发表论文被引用的情况进行统计分析，来判断某种期刊或某项研究成果的影响力大小。它不仅反映科研成果的学术价值，还能系统反映某一领域的科研进展。通过引文索引，集中、重点研究引文，研究引文的数量、文献类型、语种分布、主题特点、时间及出处等，其主要作用在于探讨科学的结构、评价与选择期刊、确定核心期刊、明确科研人员文献使用习惯、考察学科著作与科学家的学术价值和社会影响。目前引文统计与分析被应用于职称评审、成果申报、机构评估、项目考核等众多领域，成为人们日益关注的一项科研活动。

引文检索是我国科技查新的一个重要内容和指标，评估和鉴别某一研究工作在学术界产生的影响力，从一个侧面反映科技成果被认可和利用程度及其学术价值，评价技术成果的影响度，为选拔优秀科技人才，科研课题立项和科研基金的合理投入寻求基于实证的科学依据。立项时的引文检索除起到查新效果外，还可同时提供课题组成员论文被引情况的引文分析，从而证明课题组成员的整体科研实力，也可为项目的成功中标增添一个有力的砝码。医学领域是自然科学的一个大领域，需要研究的课题非常广泛，通过考证引文之间的关系追溯其研究的理论基础、科学依据和研究价值，这在科学选题和科研立项等工作中是不可或缺的、具有重要意义的程序和环节。

伴随科学技术、特别是计算机技术和信息技术的发展，引文索引的载体形式从印刷型、书本式演变为现代化、网络化的数据库。目前数据库式的引文索引以其方便、快捷受到欢迎。引文数据库是特定来源和用途的文献集合体，是具有特殊检索功能的文献数据库。引文数据库是二次文献库，主要依据文后的参考文献为信息对象，由来源文献和被引文献两部分组成，揭示两者的有机联系，把一篇论文和其他论文之间有意义的联系突显出来，服务于论著与科学的研究，是情报检索系统中非常重要的检索工具和情报评价工具。

三、引文分析计量指标：影响因子

引文分析就是利用各种数学和统计学的方法以及比较、归纳、抽象、概括等逻辑方法，对科学期刊、论文、著者等分析对象的引用和被引用现象进行分析，以揭示其数量特征和内在规律的一种文献计量研究方法。影响因子(Impact Factor，IF)是引文分析最常用的方法之一，它是美国 ISI(科技信息研究所)的 JCR(期刊引证报告)中的一项数据。一种期刊的影响因子，指的是该刊前二年发表的文献在当前年的平均被引用次数。即某期刊前两年发表的论文在统计当年的被引用总次数除以该期刊在前两年内发表的论文总数。计算公式为：影响因子=(该刊前 2 年发表的论文在统计当年被引用的总次数)/(该刊前 2 年内发表的论文总数)。影响因子是 1972 年由尤金·加菲尔德提出的，现已成为国际上通用的期刊评价指标，它不仅是一种测度期刊有用性和显示度的指标，而且也是测度期刊的学术水平，乃至论文质量的重要指标。由于它是一个相对统计量，所以可公平地评价和处理各类期刊。通常，期刊影响因子越大，它的学术影响力和作用也越大。

在 1998 年，美国科技信息研究所所长尤金·加菲尔德博士在《科学家》(The Scientists)杂志中叙述了影响因子的产生过程。说明他最初提出影响因子的目的是为《现刊目次，Current Contents》评估和挑选期刊。目前人们所说的影响因子一般是指从 1975 年开始，《期刊引证报告》(Journal Citation Reports，JCR)每年提供上一年度世界范围期刊的引用数据，给出该数据库收录的每种期刊的影响因子。JCR 是一个世界权威性的综合数据库，它的引用数据来自世界上近 4000 家出版机构的 8000 多种期刊，专业范围包括科学、技术和社会科学。JCR 目前是世界上评估期刊唯一的一个综合性工具，因为只有它收集了全世界各个专业的期刊的引用数据，JCR 数据库有许多很好的界面，显示了期刊之间引用和被引用的关系。可以告诉人们，那些是最有影响力的期刊，那些是最常用的期刊，那些是最热门的期刊。除影响因子外，JCR 还给出了：引文和论文数量；立即影响指数；被引半衰期；引用半衰期；源数据列表；引用期刊列表；被引期刊列表；学科领域；出版社信息；期刊题名变化。

JCR 内容分为两个版本，一是 JCR Science Edition，提供 SCIE 中所收录的科学技术领域 8336 种期刊的引文分析信息；另一是 JCR Social Sciences Edition，提供 SSCI 中所收录的社会科学领域 2966 种期刊的引文分析信息。JCR 对期刊之间的引用和被引用数据进行统计、运算，并针对每种期刊定义了影响因子等指数加以报道。一种刊物的影响因子越高，也即其刊载的文献被引用率越高，一方面说明这些文献报道的研究成果影响力大，另一方面也反映该刊物的学术水平高。因此，JCR 以其大量的期刊统计数据及计算的影响因子等指数，而成为一种期刊评价工具。图书馆可根据 JCR 提供的数据开发和管理期刊馆藏和制定期刊引进政策；出版商和编辑可根据 JCR 提供的数据来测定期刊的市场影响力和评审编辑策略；研究者可根据 JCR 提供的数据发现在哪里可以找到与他们各自领域相关的当前读物；论文作者可根据期刊的影响因子排名来确认刊登作者文章的期刊的学术

地位，识别最恰当最有影响的期刊发表其文章。

《期刊引证报告》2015 年版包含了自然科学和社会科学领域的两个版本，涵盖了来自 82 个国家涉及 237 个学科大类的 11719 本期刊。与 2014 年相比，53%的杂志影响因子增加。美国《临床医师癌症杂志》(CA：A Cancer Journal for Clinicians)《新英格兰医学期刊》(New England Journal of Medicine，NEJM) 与《化学评论》(Chemical Reviews) 再次包揽了榜单的前三甲，影响因子分别为 115.84、55.873、46.568。著名的《柳叶刀》(The Lancet) 杂志今年排到了第 4 位，影响因子 45.217，较去年上升了 4 个名次(去年影响因子 39.207)；而《自然》(Nature)《科学》(Science)《细胞》(Cell) 杂志分别排在第 7、16 和 20 位，对应的影响因子为 41.456、33.611、32.242。与去年相比，Nature 下降了 2 个名次、Science 上升了 1 个名次、Cell 下降了 4 个名次。排名靠前的还有《美国医学会杂志》(The Journal of the American Medical Association，JAMA) (影响因子 35.289、第 13 位) 以及《Nature》旗下的诸多子刊。

一般来说学术期刊被引用得越多，影响因子通常越高，也就是说杂志被关注得越多。医学类好多杂志如《新英格兰医学期刊》《柳叶刀》等因为看的人比较多，影响因子有些是很高的，尤其是综述类杂志。但是，问题也不是绝对的。不能单单凭影响因子 (IF) 的高低来判断期刊的权威性，如美国科学院院报 (PNAS) 虽然每年的 IF 在 10.0 左右，但是大家都知道其在学术界的影响力和权威性与《Nature》《Science》等 IF 在 30.0 以上的杂志几乎旗鼓相当。而且几乎每个学术领域都有自己的顶尖杂志，如糖尿病学、肝脏学等，暂且不管其影响因子大小，公认的权威杂志就是含金量最高的。而古生物学、系统分类学等领域的很多杂志也有 SCI 收录的，但由于专业性太强，很少有人能看懂，也基本没什么应用价值，IF 就很低。但是在其自己的领域，也有可能是最权威的。

第二节　常用引文数据库介绍

一、ISI 系列引文检索数据库

(一) 数据库概况

基于引文索引这一独特的检索技术，由尤金·加菲尔德所创建的科学信息研究所 (ISI) 建立了一系列引文索引数据库。这些引文索引数据库收录范围广泛，内容涉及科学技术的各个领域(包括医学和农业)。它们主要收录全球权威学术期刊和专利文献，同时也收录正式出版的会议录、论文集、专著丛书、通讯、摘要、评论等。它把每篇被收录文献后所附的参考文献，无一遗漏地认真著录，按照一定格式编排并索引。经由引文索引系统周期性报道，不仅可以最快速地回溯到某一研究课题的历史性记载，更可以追踪到最新的研究进展。

ISI 系列引文索引数据库经过不断发展，已经成为当今世界最为重要的大型数据库，是目前国际上最具权威性的、用于基础研究和应用基础研究成果的重要评价体系。这些系列检索数据库中，最为重要和著名的 SCI (Science Citation Index) 是 ISI 1961 年编辑出版的一部世界著名的大型学科检索工具，它不仅是整个自然科学领域里四大检索工具之一，也是生物医学科学领域研究人员经常使用的检索工具之一。SCI 是迄今国际上最权威的科学技术文献的索引工具，收录了世界范围内自然科学领域最重要的文献，覆盖数、理、化、工、农、林、医及生物学等广泛的学科领域。它是目前衡量国内大学、科研机构和科学工作者学术水平的最重要的依据。最初为印刷版，后来发行了 CD-ROM 版，1997 年，Thomson

将 SCI、SSCI、A&HCI 整合，利用互联网的开放环境，创建了网络版的多学科文摘数据库——Web of Science。

目前，Web of Science 基于 Web of Knowledge 平台运行。Web of Science 是著名综合性引文数据库，其核心库由 SCIE、SSCI(社会科学引文索引)、A&HCI(艺术与人文引文索引)构成。通过 Web of Science 可以直接访问 ISI 的 5 大引文索引数据库与 2 个化学数据库。5 个引文索引数据库包括：Science Citation Index Expanded (SCI-EXPANDED，科学引文索引，以下简称 SCI-EXPANDED)、Social Sciences Citation Index (SSCI，社会科学引文索引)和 Arts & Humanities Citation Index (A&HCI，艺术人文引文索引)、Conference Proceedings Citation Index-Science (CPCI-S，科学会议论文引文索引) 和 Conference Proceedings Citation Index-Social Science & Humanities (CPCI-SSH，社会科学与人文艺术会议论文引文索引)；2 个化学数据库是 Current Chemical Reactions (CCR，最新化学反应数据库) 和 Index Chemicus(IC，化学索引，检索新化合物)。5 个引文索引数据库的数据可以一直回溯到 1900 年。这一丰富的综合性信息来自于全球 12 000 多份权威的、高影响力的学术期刊和超过 170 000 种会议录。

Web of Science 收录范围广泛，内容涉及科学技术的各个领域，经过不断发展，已经成为国际上最具权威性的、用于科学研究的重要评价体系。Web of Science 还具备链接各种其他学术资源(学术会议录、专利、基因/蛋白质序列、生物科学信息、电子文献全文、期刊影响因子、图书馆馆藏文献系统)的功能。在 Web of Science 系列引文索引数据库中，最为重要的是 SCI-EXPANDED(Science Citation Index Expanded)数据库，SCI-EXPANDED 是 SCI 的网络版。作为世界知名的引文索引数据库，SCIE 包含 176 个学科，自然科学和工程领域内的 8600 多种高质量学术期刊近百年的数据内容，使用 SCIE，能够轻松破解最新、最重要的科技文献在期刊与期刊之间、数据库与数据库之前以及出版社与出版社之间的壁垒，帮助科研人员能够轻松地找到世界范围内，自己研究领域最新、最相关、最前沿的科技文献，激发科研人员的研究思想，获取更多的研究思路。SCI 网络版通过 Web of Science 提供服务。ISI 通过它严格的选刊标准和评估程序挑选刊源，而且每年略有增减，从而做到 SCI 收录的文献能全面覆盖全世界最重要和最有影响力的研究成果。鉴于网络版 SCI 检索使用的普遍性，下面以 SCI-EXPANDED 为例介绍 Web of Science 的检索方法。

(二)检索方法

1. 检索词输入规则 Web of Science 支持布尔逻辑检索、截词检索、位置检索等。常用的输入规则有：

(1)检索运算符：Web of Science 支持国内外检索系统通用的布尔检索法，包括逻辑与、逻辑或、逻辑非等。其运算符号有：AND、OR、NOT、SAME 和 NEAR/x。AND、OR 和 NOT 的用法与 MEDLINE 中的相同。这里，使用位置运算符 SAME 连接两个检索词，可将检索结果定在凡是同一个句子中或者一个关键词短语里包含这两个检索词(检索词前后顺序不限)的文献为命中文献。如输入检索词 SARS SAME diagnosis，可能会检索出包含 SARS diagnosis、diagnosis for SARS、SARS virus for diagnosis 等的记录。使用临近算符 NEAR/x 操作，NEAR 代表所链接的两个词之间的词语数量小于等于 x，默认的使用 NEAR 的缺省值是 15。例如：canine NEAR/10 virus 、canine NEAR virus。

当使用多个运算符时可用括号决定优先顺序，一个检索式中最多可使用 49 个布尔运算符。当 AND、OR、NOT、SAME 和 NEAR/x 同时出现时，其运算顺序为( )→NEAR/x→ SAME→NOT→AND→ OR。但当这些运算符不作为运算符，而作为检索词的一部分时，要用双引号标识检索词，将其作为一个整体进行检索。如，要检索由 O.R.Koechli 撰写的文章，用 KOECHLI “OR”。另外还要注意，在“主题”字段中，可以使用 AND，但在“出版物名称”或“来源出

版物”字段中却不能使用；在多数字段中使用 NEAR，但不要在“出版年”字段中使用；在“地址”字段中可以使用 SAME，但不能在其他字段中使用。使用检索运算符时不区分大小写，例如，*OR*、*Or* 和 *or* 返回的结果相同。

(2) 截词符：Web of Science 的截词符包括有限截词符“？”、“$”和无限截词符“*”。一个有限截词符只代表一个字符，一般用在检索词中间；一个无限截词符可以代表 0 至数个，一般用在检索词末。用*号作为截词符，可将一个单词的不同拼写形式检索出来。如用 ENZYM*，可检索到 ENZYME、ENZYMATIC 等所有词首含有 ENZYM 的单词。如果要检索 IL*，至少可以检索出 IL1、IL-1、IL2、IL-2 直至 IL-30 等的几乎所有有关白细胞介素的文献。而有限截词符?与$只能检索出那些包含 0～1 个字符或汉字的记录(?代表 1 个字符：如 Car? 可检索到 Cars，Care 等词语；$表示 0～1 个字符：如 Cell$可检索到 Cell，Cells 等词语)。

(3) 姓名输入：当采用作者途径进行个人收录检索时，规范第一作者姓名的缩写是一项关键性的工作，但我们只要掌握了网络版 SCI 对姓名的缩写规则就能保证查全率。ISI 系列数据库采用特殊的作者著录形式：无论是外国人还是中国人一律是“姓(全)-名(简)”的形式，即姓用全部字母拼写，名仅取首字母。对于中国人的名字，有时 ISI 公司的著录人员难以区分出姓与名，或者各种期刊对作者形式的要求也不完全一致，所以检索时要注意使用各种可能出现的形式才会查全，以“张建国”和“李岩”为例，如表 5-1 所示。

表5-1 SCI中作者的著录形式

中文姓名	在 SCI 中的可能形式	注
张建国	Zhang JG(一般)； Zhang J；Jianguo Z(较少)	大小写均可； 网络版中姓与名之间可用“-”号或空格
李岩	Li-Y；Yan-L	

显然，形式一样不意味着是同一作者，如张加刚、张季高、章菊歌等都是 zhang jg 的形式。所以检索时需要一一鉴别，最好用合作者、作者单位等已知字段来限制检索，提高查准率。

(4) 其他符号：自 1998 年输入的数据开始，非字母数字字符和人姓名的空格都被存储在数据库的不同字段中，如要检索数年的文献，必须要确定所输入的检索词是否能将数据库中以不同方式表达的词汇检索出来。例如，要检索 C.D.O Brian 撰写的文章，要用检索式 O BRIAN CD OR OBRIAN CD。这样，才能把所要检索的文献查全。带有“-”连字符的单词或短语的检索，可通过使用运算符“OR”，将不带连字符和用空格代替连字符的两种形式连接起来检索，以达到较高的查全率。

(5) 补充说明：Web of Science 检索词输入可用大写、小写或大小写混用，检索结果都相同(如，AIDS、Aids 以及 aids 可查找相同的结果)；同时 Web of Science 没有规范化的主题词，因此若要追求文献查全，需要考虑同一检索词的不同表达形式并用 OR 连接，且尽量采用截词符，以减少漏检；并且对词组、短语实现精确检索时使用引号“ ”，如“bearing capacity”“stem cell”等；检索精确匹配的短语时，请不要在引号内部使用 $ 符号，否则将检索不到结果。

2. 主要检索功能 Web of Science 数据库提供的检索方式主要有：基本检索、作者检索、被引参考文献检索、化学结构检索和高级检索。其中化学结构检索是针对 CCR 和 IC 数据库的，因此，这里不作介绍。首先，输入网址：http: //www.webofknowledge.com 访问 Web of Science™ 平台，在 Web of Science™ 页面点击“所有数据库”右侧的下拉菜单，则可以看到所有可供检索的数据库，点击“Web of Science™ 核心合集”链接即可进入。

(1) 基本检索：即利用主题、标题、作者、出版物名称等字段组配检索，这种检索方式适用于检索特定的研究主题、某个作者或机构发表的文献、特定期刊特定年代发表的文献等。Web of Science™ 数据库的默认检索界面为基本检索(图 5-1)，在此界面可按如下步骤进行检索：①选择

检索途径：可供选择的字段包括 Topic(主题)、Title(标题)、Author(作者)、Group Author(团体作者)、Editor(编者)、Publication Name(出版物名称)、Year Published(出版年)、Address(地址)，Conference(会议)、Language(语种)和 Grant Number(授权号)等字段。如选择主题途径，是指在文献的题名、摘要和关键词中检索。②输入检索词：确定检索字段后，在检索词输入框中输入单个检索词或由逻辑运算符连接多个检索词构成的检索表达式。如要检索“SARS 诊断试剂方面”的相关文献，可使用检索式“SARS AND diagnositic agents”进行检索。查找有关“帕金森病基因治疗方面”的英文文献，可在检索提问框中输入“Parkinson* Disease* AND Gene Therapy”。出版物名称检索时要求使用期刊的全称，此时可结合其他字段进行组配检索，如输入 Cancer * OR Journal of Cancer Research 可查找发表在 *Journal of Cancer Research* 或 *Cancer* 或 *Cancer Letters* 杂志上的文章。③确定检索时间范围：默认为 All Years，或直接输入时间范围。

图 5-1 Web of Science^{TM} 基本检索界面

这里，需要注意的是作者、地址字段的输入方法。

作者字段的输入方法为：国内作者，姓的全拼+空格+名的拼音首字母；国外作者，姓的全拼+空格+名的首字母。如：检索汪和平教授论文收录情况，在作者字段对应的检索框中可输入：WANG HP（姓、名之间有空格）。如要检索钟世镇院士(Zhong Shi-Zhen)发表的文章被 SCI 收录情况，可输入“ZHONG S*”。多个作者检索时可用 AND 或 OR 连接，如“O'BRIAN C* OR OBRIAN C*”。利用通配符检索对于查找国内作者发表的文献特别有用，如要检索姚开泰院士(YAO kai-tai)的论文是否被 SCI 收录，可考虑使用“YAO K*”进行检索以防遗漏。团体作者检索同人名作者，只不过团体名称使用简称，如 WHO、NIH。

地址字段的输入方法：选用地址字段时，要注意查看缩写列表，并优先选用。机构名称经常用缩写，例如 university 用 univ，college 用 coll，hospital 用 hosp。如：检索东北师范大学的论文收录情况。首先，写出对应的英文：Northeast Normal University。然后，查看缩写列表，

Northeast 的缩写为 Ne，University 的缩写为 Univ。最后，列出检索式：地址=Ne Nor* Univ OR Northeast Nor* Univ *。为提高文献的查全，也要注意机构名的不同表达方式，例如，检索 University of California-Los Angeles 的学者发表的文献，可以在 Address 检索提问框内输入 UCLA OR Univ Calif* Los Angeles.检索时可用 SAME 连接机构及地点，如“南方医科大学生物化学教研室”，可输入“South Med Univ SAME Dept Biochemistry”。

(2) 作者检索：使用“作者检索”（Author Search）功能（图 5-2），可以简单方便地确认并检索出特定作者的所有作品。通过关注您了解的作者相关信息，“作者检索”功能可将同名的不同作者所著的作品区分开来。作者姓名的形式为：姓氏在先，名字首字母（最多四个字母）在后。姓氏可以包含连字号、空格或撇号。

图 5-2　Web of Science™ 作者检索界面

例如：Wilson SE ；O'Grady AP ；Ruiz-Gomez M ；De La Rosa JM ；Van der Waals JE。

检索步骤为：①在“姓氏”字段中输入作者的姓氏。②在“姓名首字母”字段输入作者姓名中的最多 4 个首字母。单击“添加作者姓名的不同拼写形式”显示另一行的“姓氏”和“姓名首字母”字段。此功能允许您检索作者姓名的多个不同拼写形式。您可以检索作者姓名的最多 5 种不同拼写形式。例如：Row 1 = De La Rosa JM 和 Row 2 = DeLaRosa JM。系统查找所有记录，其中该作者以其姓名的这两种不同拼写形式发表论文。③选中“仅限精确匹配”复选框。此步骤为可选操作。此功能将检索限定为与所输入的内容完全匹配的作者姓名。④界面中“选择研究领域”按钮为可选操作，单击“完成检索”按钮直接转至“检索结果”页面。⑤界面中“选择组织”按钮为可选操作，单击“完成检索”按钮直接转至“检索结果”页面。

(3) 被引参考文献检索：被引参考文献检索（Cited Reference Search）是从被引用文献查到引用（施引）文献的过程，即用发表文章的参考文献作为检索点进行检索，主要用于查找作者论文的被引用情况，揭示文献之间引用与被引用的关系，进一步揭示与研究相关的文献信息。这是该检索系统特有的检索方式，将一篇文献作为检索对象，直接检索引用该文献的文献；特别适用于检索一篇文献或一个课题的发展，并了解和掌握研究思路。在利用该种检索方式时，一定要注意查看“被引著作”字段提供的“期刊缩写列表”。在检索结果的基础上，可进一步查看

“引证关系图”，了解该文献引证与被引证情况，从而追踪课题的发展。

被引参考文献检索界面提供的可检索字段主要有：①Cited Author(被引作者)：输入格式为第一作者的姓(不超过 5 个字符)+空格+名的首字母(不超过 3 个字符)；②Cited Work(被引著作)：著作的标题，输入著作标题缩写的部分字符(不超过 20 个)。输入框下方点击期刊缩写列表可显示 ISI 来源期刊的缩写形式；③Cited Year(被引年份)：即该被引用文献的发表年代。另外，被引参考文献检索界面还可以进行被引卷、期、页和标题检索。

被引作者检索是输入被引作者的姓名来进行检索，可参看被引作者索引(Cited author index)。被引作者的输入规则与作者检索的输入相同，检索时姓前名后，名用缩写，如 O’BRIAN C，为方便查全，可使用通配符*，也可使用逻辑运算符，如 O’BRIAN C* OR OBRIAN R*。检索结果显示的为简单记录格式，包括论文被引频次、被引作者、被引期刊、年代、卷、起始页码。如为图书则只有被引频次、被引作者、被引期刊和出版年代。如为专利则只有被引频次、被引作者、被引专利号和专利授权国家。点击被引频次隐含链接，可获得所有引用该论文的来源文献。

也可输入期刊或图书名称进行检索，输入专利号可查专利的被引用情况。因为被检索的期刊或图书书名要求用缩略语，此时可参考被引文献索引(cited work index)或 ISI 期刊简称一览表(the Thomson ISI list of journal abbreviations)。如果对刊名的缩写和全称无把握时，可用截词符，如 brit* j* ophthalmol*、Chinese J Med*。

还可输入被引论文的出版年代如 2003，也可输入某一时期发表论文的时间跨度如 2002～2005，这样就可检索该时间段内所有文章的被引用情况。

检索举例：下面以检索中山大学刘祖国教授发表在 British Journal of Ophthalmology 1999 年第 83 卷上的论文被人引用情况为例，介绍被引参考文献检索的简单步骤：①分别输入被引文献作者(liu zg)、被引期刊名(Brit J Ophthalmol)、被引文献发表年(1999)，点击检索(图 5-3)；②检索返回为被引文献的索引列表(图 5-4)，提供的信息分别是：被引作者、被引著作、出版年、卷、期、页、标识符、施引文献数和查看记录；③勾选相应条目后，点击完成检索，得到引用(施引)文献(图 5-5)。

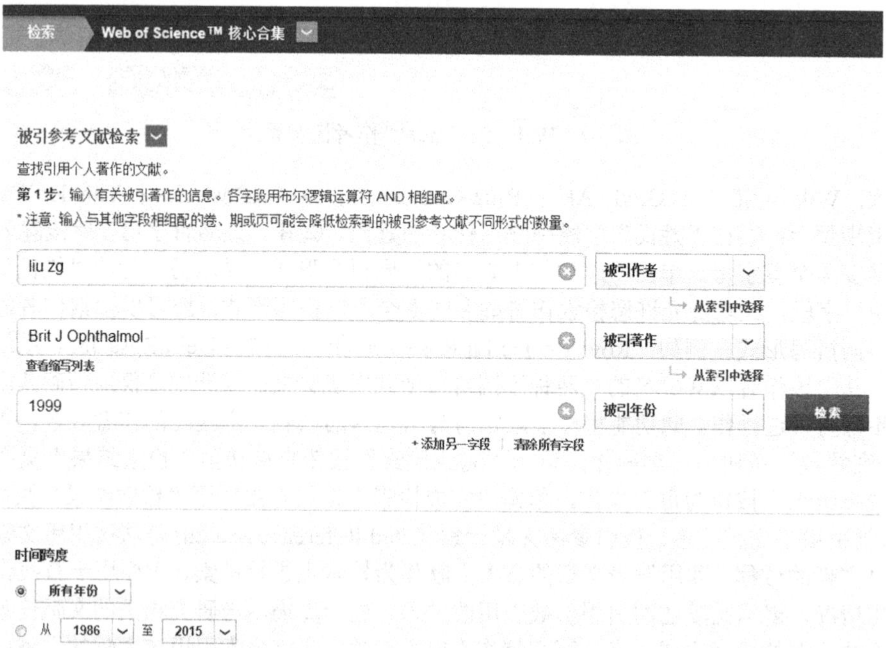

图 5-3 Web of Science^{TM} 被引参考文献检索界面

检索

被引参考文献检索

查找引用个人著作的文献。

第 2 步：选择被引参考文献并单击 "完成检索"。

提示: 查找 被引参考文献的不同形式 (有时引用了同一文献的不同页面，或者引用论文不正确)。

被引参考文献索引
参考文献： 第 1 - 1 条，共 1

选择页面 全选* 全部清除 完成检索

选择	被引作者	被引著作 [显示完整标题]	出版年	卷	期	页	标识符	施引文献**	查看记录
☐	Liu, ZG + [显示所有作者]	BRIT J OPHTHALMOL	1999	83	7	774	10.1136/bjo.83.7.774	149	查看记录 在 MEDLINE 中
选择	被引作者	被引著作	出版年	卷	期	页	标识符	施引文献**	查看记录

选择页面 全选* 全部清除 完成检索

通过语种和文献类型限制检索结果:

All languages
English
Afrikaans
Arabic

All document types
Article
Abstract of Published Item
Art Exhibit Review

*"全选" 向被引参考文献检索添加前 500 个匹配项，而非所有匹配项。

** 施引文献计数适用于所有专辑和所有年份，并非仅适用于当前的专辑和年份限制。

图 5-4 Web of Science™ 被引参考文献索引列表界面

检索 我的工具

检索结果: 102
(来自 Web of Science 核心合集)

您的检索: 被引作者: (liu zg) *AND* **被引著作:** (Brit J Ophthalmol) *AND* **被引年份:** (1999) ...**更多内容**

创建跟踪服务

精炼检索结果

在如下结果集内检索...

Web of Science 类别

☐ OPHTHALMOLOGY (90)
☐ SURGERY (21)
☐ OPTICS (8)
☐ RADIOLOGY NUCLEAR MEDICINE MEDICAL IMAGING (4)
☐ BIOCHEMICAL RESEARCH METHODS (4)

更多选项/分类...

精炼

文献类型

☐ ARTICLE (96)

排序方式: 出版日期 (降序)

☐ 选择页面 保存至 EndNote online 添加到标记结果列表

☐ 1. **The Unevenness and Non-orthogonal State of Distribution of Corneal Thickness and the Influence on Correction of Myopic Astigmatism by LASEK**
作者: Wang, Shulin; Wang, Xin; Liu, Mingna; 等.
CELL BIOCHEMISTRY AND BIOPHYSICS 卷: 73 期: 1 页: 35-40 出版年: SEP 2015
出版商处的全文 查看摘要

☐ 2. **Corneal Epithelial Thickness Map in Long-Term Soft Contact Lenses Wearers**
作者: Hong, Jiaxu; Qian, Tingting; Yang, Yujing; 等.
OPTOMETRY AND VISION SCIENCE 卷: 91 期: 12 页: 1455-1461 出版年: DEC 2014
出版商处的全文 查看摘要

☐ 3. **Retinal Topography of Myopic Eyes: A Spectral-Domain Optical Coherence Tomography Study**
作者: Oh, In Kyung; Oh, Jaeryung; Yang, Kyung-Sook; 等.
INVESTIGATIVE OPHTHALMOLOGY & VISUAL SCIENCE 卷: 55 期: 7 页: 4313-4319 出版年: JUL 2014
出版商处的全文 查看摘要

☐ 4. **Utility of Theoretical Hirschberg Ratio for Gaze Position Calibration**
作者: Jagini, Kishore Kumar; Vaidyanath, Harini; Bharadwaj, Shrikant R.
OPTOMETRY AND VISION SCIENCE 卷: 91 期: 7 页: 778-785 出版年: JUL 2014
出版商处的全文 查看摘要

☐ 5. **Corneal radius of curvature after anterior lamellar versus penetrating keratoplasty**

图 5-5 Web of Science™ 被引参考文献检索结果界面

(4)高级检索：本系统的高级检索(Advanced Search)，指使用字段标识、运算符来创建检索式，只适用于经验用户。Web of Science™中的高级检索只限于来源文献检索，不用于引文检索。高级检索在检索表达式中可以使用字段标识符、逻辑运算符、括号、截词符等。高级检索界面利用字段标识符、检索词和运算符构建复杂的检索式时，不能在一个检索式中混合使用字段标识符。高级检索界面可使用的检索字段包括：TS=主题、TI=标题、AU=作者、GP=团体作者、SO=出版物名称、PY=出版年、AD=作者地址、OG=组织扩展、SG=下属组织、SA=街道地址、CI=城市、PS=省/州、CU=国家/地区和 ZP=邮政编码等。可使用的运算符包括 AND、OR、NOT 、SAME 和 NEAR。

如要检索军医大学发表的论文，可以使用以下检索式进行检索：AD=mil AND AD=med AND (AD=univ OR AD=col) AND CU=China。如要检索“第一军医大学”发表的文章被 SCI 收录情况，可在该检索式的基础上用 AND 连接(PS=Guangdong OR CI=Guangzhou OR CI=Canton OR ZP=510515)。

高级检索页面的下方列出了检索历史。对于复杂的课题，可在检索提问框中一次性输入复合检索式，也可以先分步检索，然后通过检索式序号进行逻辑组配。

检索举例：利用 Advanced Search 检索有关“肝癌的基因芯片”的文献。

检索方法一：分别检索“基因芯片”和“肝癌”的文献，再进行逻辑组配。

#1 TS=(microarray* OR gene chip*)

#2 TS=(liver* OR hepatocellular) SAME (cancer* OR carcinoma* OR neoplasm*)

#3 TS=hepatoma*

#4 #1 AND (#2 OR #3)

检索方法二：一次性输入检索词和逻辑运算符(图 5-6)。

TS=(microarray* OR gene chip*) AND TS=(((liver* OR hepatocellular) SAME (cancer* OR carcinoma* OR neoplasm*)) OR hepatoma*)

检索 Web of Science™ 核心合集

高级检索

使用字段标识、布尔运算符、括号和检索结果集来创建检索式。结果显示在页面底部的"检索历史"中。(了解高级检索)

示例 TS=(nanotub* AND carbon) NOT AU=Smalley RE
#1 NOT #2 更多示例 | 查看教程

TS=(microarray* OR gene chip*) AND TS=(((liver* OR hepatocellular)SAME(cancer* OR carcinoma* OR neoplasm*))OR hepatoma*)

检索

通过语种和文献类型限制检索结果:

All languages
English
Afrikaans
Arabic

All document types
Article
Abstract of Published Item
Art Exhibit Review

时间跨度

所有年份

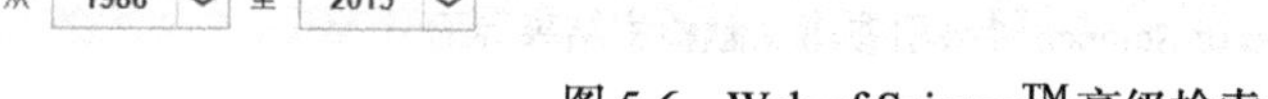

图 5-6 Web of Science™ 高级检索界面

本例中，因肝癌有多种表达方式，为避免漏检，使用了同义词和位置符号 SAME(表示检索词出现在同一个句子中)。

该检索系统对高级检索中检索表达式的书写有一定的要求，只有那些熟练运用逻辑运算符和字段标识符的检索者才能获得满意的检索结果。

(三)检索结果的管理

1. 检索结果显示

(1)排序方式：可将检索结果按照出版日期、被引频次、第一作者、来源出版物名称、会议标题等升序或降序排列。

(2)每页显示记录数：默认每页显示 10 条记录，还有 25 或 50 条记录可供选择。

(3)全记录显示格式：点击单篇论文标题，获得记录的详细内容(图 5-7)。SCI-EXPANDED 单篇文献的全记录显示内容主要包括：①文章标题：非英文文献翻译成英文；②所有作者姓名：第一个列出的作者是通讯作者，如果期刊提供通讯作者，通常还提供电子邮箱地址；③被引用频次：点击可显示引用该篇文献的一组相关文献；④引用的参考文献：点击可显示该篇文献的参考文献；⑤英文摘要：不收录非英文摘要；⑥关键词：为作者提供的关键词；⑦K 附加关键词：来自被引参考文献的标题，不是所有文章都有附加关键词；⑧作者地址：所有作者地址都被收录，并可进行查询；⑨此外，还有出版商、学科分类、ISSN 等内容。

Up-regulation of SPOCK1 induces epithelial-mesenchymal transition and promotes migration and invasion in esophageal squamous cell carcinoma

作者: Song, XP (Song, Xiaopeng)[2,1]; Han, P (Han, Ping)[1]; Liu, J (Liu, Jingmei)[1]; Wang, YW (Wang, Yunwu)[1]; Li, DX (Li, Dongxiao)[1]; He, JY (He, Jiayi)[1]; Gong, J (Gong, Jin)[1]; Li, MK (Li, Mengke)[1]; Tu, W (Tu, Wei)[1]; Yan, W (Yan, Wei)[1] 更多内容

JOURNAL OF MOLECULAR HISTOLOGY
卷: 46 期: 4-5 页: 347-356
DOI: 10.1007/s10735-015-9627-2
出版年: OCT 2015
查看期刊信息

摘要
Invasion and metastasis are the major causes of death in patients with esophageal squamous cell carcinoma (ESCC). Recent studies have confirmed that SPARC/osteonectin, cwcv and kazal-like domains proteoglycan 1 (SPOCK1) plays multiple roles in cancer progression. This study aims to explore the clinical characteristics of SPOCK1 in ESCC and its roles in the migration and invasion of ESCC cell lines. In this study, the up-regulation of SPOCK1 expression was frequently detected in primary ESCC tumor tissues compared with those in non-tumor tissues, which was significantly associated with tumor invasion (p = 0.004) and distant metastasis (p = 0.010). SPOCK1 was expressed at higher level in TE13 cells as compared to the low malignant Eca109 and TE1 cells. Overexpression of SPOCK1 in Eca109 cells decreased the expressions of epithelial marker E-cadherin and ZO-1, while increased mesenchymal marker Vimentin and N-cadherin levels. After ectopic expression of SPOCK1, Eca109 cells exhibited a morphological change from an epithelial cobblestone phenotype to an elongated fibroblastic phenotype, concomitant with cytoskeletal rearrangements and increased migration and invasion, suggesting that EMT occurs. While silencing SPOCK1 in TE13 cells had the opposite effects. These results suggest that up-regulation of SPOCK1 in ESCC induces EMT, thus promotes migration and invasion in ESCC cells.

关键词
作者关键词: SPOCK1; Epithelial-mesenchymal transition; Esophageal squamous cell carcinoma; Migration; Invasion
KeyWords Plus: HEPATOCELLULAR-CARCINOMA; TUMOR-METASTASIS; CANCER; PROTEIN; DIFFERENTIATION; MICROARRAY; EXPRESSION;

引文网络
0 被引频次
28 引用的参考文献
查看 Related Records
查看引证关系图
创建引文跟踪
(数据来自 Web of Science™ 核心合集)

全部被引频次计数
0 / 所有数据库
0 / Web of Science 核心合集
0 / BIOSIS Citation Index
0 / 中国科学引文数据库
0 / Data Citation Index
0 / SciELO Citation Index

此记录来自:
Web of Science™ 核心合集

建议修正
如果希望提高此记录中数据的质量提供修正建议。

图 5-7 Web of Science™ 全记录显示格式界面

2. 精炼检索结果 在检索结果界面可选择多种方式对检索结果进行精炼，如按照学科领域、文献类型、作者、来源刊名、出版年、会议名称、机构名称、语种和国家/地区等方式进行操作(图 5-8)。

3. 分析检索结果 引文索引数据库不仅提供检索功能，还具备引文分析功能，可用来评价个人的科研学术成就，评价某种期刊的质量，评价某一组织机构的科研水平，评价某一学科的发展状况和趋势等。在检出文献的基础上，可从多个角度对文献进行分析(图 5-9)，检索结果可按照作者、国家/地区、文献类型、机构名称、语种、出版年、来源出版物名称等对检索结果进行分析，在分析结果列表界面可对分析结果进行保存。

检索结果: 93
(来自 Web of Science 核心合集)

您的检索: TS=(microarray* OR gene chip*) AND TS=(((liver* OR hepatocellular) SAME(cancer* OR carcinoma* OR neoplasm*))OR hepatoma*) ...更多内容

创建跟踪服务

精炼检索结果

在如下结果集内检索...

Web of Science 类别

文献类型
- ☑ ARTICLE (93)
- ☐ PROCEEDINGS PAPER (1)

更多选项/分类...

精炼

研究方向

作者

团体作者

排序方式: 出版日期 (降序)

选择页面　保存至 EndNote online　添加到标记结果列表

1. Adaptation of HepG2 cells to a steady-state reduction in the content of protein phosphatase 6 (PP6) catalytic subunit
作者: Boylan, Joan M.; Salomon, Arthur R.; Tantravahi, Umadevi; 等.
EXPERIMENTAL CELL RESEARCH 卷: 335 期: 2 页: 224-237 出版年: JUL 15 2015
出版商处的全文　查看摘要

2. YAP is a critical oncogene in human cholangiocarcinoma
作者: Pei, Tiemin; Li, Yuejin; Wang, Jiabei; 等.
ONCOTARGET 卷: 6 期: 19 页: 17206-17220 出版年: JUL 10 2015
查看摘要

3. Myocyte enhancer factor 2C regulation of hepatocellular carcinoma via vascular endothelial growth factor and Wnt/beta-catenin signaling
作者: Bai, X. L.; Zhang, Q.; Ye, L. Y.; 等.
ONCOGENE 卷: 34 期: 31 页: 4089-4097 出版年: JUL 2015
出版商处的全文　查看摘要

4. CIP4 promotes lung adenocarcinoma metastasis and is associated with poor prognosis
作者: Truesdell, P.; Ahn, J.; Chander, H.; 等.
ONCOGENE 卷: 34 期: 27 页: 3527-3535 出版年: JUL 2015
出版商处的全文　查看摘要

5. Thyroid hormone-mediated regulation of lipocalin 2 through the Met/FAK pathway in liver cancer
作者: Chung, I-Hsiao; Chen, Cheng-Yi; Lin, Yang-Hsiang; 等.
ONCOTARGET 卷: 6 期: 17 页: 15050-15064 出版年: JUN 20 2015

图 5-8　Web of Science^{TM} 精炼检索结果界面

结果分析

<<返回上一页

93 个记录。TS=(microarray* OR gene chip*) AND TS=(((liver* OR hepatocellular)SAME(cancer* OR carcinoma* OR neoplasm*))OR hepatoma*)
分析: 文献类型: (ARTICLE) AND 文献类型: (ARTICLE) AND 研究方向: (ONCOLOGY) AND Web of Science 类别: (ONCOLOGY) AND Web of Science 类别: (CELL BIOLOGY) AND 文献类型: (ARTICLE) AND 文献类型: (ARTICLE)

根据此字段排列记录:	设置显示选项:	排序方式:
国家/地区 文献类型 编者 基金资助机构	显示前 10 个分析结果。 最少记录数 (阈值): 2	◉记录数 ○已选字段

分析

请使用以下复选框查看相应记录。您可以选择查看已选择的记录，也可以排除这些记录 (并查看其他记录)。

→ 查看记录　× 排除记录　将分析数据保存到文件　◉ 表格中显示的数据行　○ 所有数据行 (最多 200,000)

	字段: 国家/地区	记录数	占 93 的 %	柱状图
☐	PEOPLES R CHINA	33	35.484 %	
☐	USA	31	33.333 %	
☐	JAPAN	16	17.204 %	
☐	GERMANY	8	8.602 %	
☐	TAIWAN	7	7.527 %	
☐	ITALY	6	6.452 %	
☐	FRANCE	5	5.376 %	
☐	CANADA	4	4.301 %	
☐	NETHERLANDS	3	3.226 %	
☐	SPAIN	3	3.226 %	
	字段: 国家/地区	记录数	占 93 的 %	柱状图

→ 查看记录　× 排除记录　将分析数据保存到文件　○ 表格中显示的数据行　○ 所有数据行 (最多 200,000)

图 5-9　Web of Science^{TM} 分析检索结果界面

4. 检索结果输出 选择输出记录范围，可勾选记录前的复选框，将切题文献做标记。也可以选择列表中的所有记录，或页面上的所有记录，或某一范围内的记录。然后选择输出方式，系统输出主要有将所选记录打印、通过电子邮件发送所选记录、将所选记录添加到标记结果列表、将所选记录保存到 EndNote online 等多种方式。

二、中国科学引文数据库

(一)数据库概况

中国科学引文数据库(Chinese Science Citation Database，简称 CSCD)1989 年由中国科学院国家科学图书馆创建，是我国第一个引文数据库。CSCD 收录了我国数学、物理、化学、天文学、地学、生物学、农林科学、医药卫生、工程技术、环境科学和管理科学等领域出版的 1100 多种中英文科技核心期刊和优秀期刊，包含从 1989 年到现在的论文记录 426 万余条，引文记录近 4910 万条。

中国科学引文数据库内容丰富、结构科学、数据准确、功能完善、使用方便，系统除具备一般的检索功能外，还提供新型的索引关系——引文索引。使用该功能，可以帮助用户迅速从数百万条引文中查询到某篇科技文献被引用的详细情况，还可以从一篇早期的重要文献或著者姓名入手，检索到一批近期发表的相关文献，对交叉学科、新学科的发展研究以及定量地分析、评价各种科学技术活动具有十分重要的参考价值。

中国科学引文数据库还提供了数据链接机制，支持用户获取全文。由于 CSCD 建库历史悠久、专业性强、数据准确规范、检索方式多样、完整、方便等特点，自提供使用以来，深受用户好评，在科研院所、高等学校的课题查新、基金资助、项目评估、成果申报、人才选拔以及文献计量与评价研究等多方面得到广泛应用，已成为我国最具权威的科技引文检索工具，被誉为“中国的 SCI”。

CSCD 于 1995 年出版了我国的第一本印刷本《中国科学引文索引》，1998 年出版了我国第一张中国科学引文数据库检索光盘，1999 年出版了基于 CSCD 和 SCI 数据，利用文献计量学原理制作的《中国科学计量指标：论文与引文统计》，2003 年开始上网服务，推出了网络版。2005 年 CSCD 出版了《中国科学计量指标：期刊引证报告》。2007 年 CSCD 与美国 Thomson-Reuters Scientific 合作，将 CSCD 引入 ISI Web of Knowledge 平台，实现了与 ISI Web of Science 跨库检索，成为 ISI Web of Knowledge 平台上第一个非英文语种的数据库。

CSCD 分为核心库和扩展库，其数据库的来源期刊每两年遴选一次。每次遴选均采用定量与定性相结合的方法，定量数据来自于中国科学引文数据库，定性评价则通过聘请国内专家定性评估对期刊进行评审。定量与定性综合评估结果构成了中国科学引文数据库来源期刊。核心库的来源期刊经过严格的评选，是各学科领域中具有权威性和代表性的核心期刊，扩展库的来源期刊经过大范围的遴选，是我国各学科领域优秀的期刊。CSCD 来源期刊(2015～2016 年版)共遴选来源期刊 1200 种，其中中国出版的英文期刊 194 种，中文期刊 1006 种；核心库 872 种(以备注栏中 C 为标记)；扩展库 328 种(以备注栏中 E 为标记)。

检索 CSCD 可登录中国科学文献服务系统平台(ScienceChina，http：//sdb.csdl.ac.cn)。该平台由 CSCD、中国科学文献计量指标数据库(CSCD-ESI)、中国科技期刊引证指标数据库(CSCD-ESI)、中国科学院学位论文数据库等数据库组成，是中国科学院国家科学图书馆创建的一个基于文献检索、引文链接、全文获取、网络咨询为一体的信息服务平台，该平台为这些数据库检索提供了统一的检索界面。下面以中国科学文献服务系统平台为主，介绍 CSCD 的使用方法。

(二)检索途径和方法

中国科学文献服务系统平台提供了简单检索、高级检索、来源刊浏览等功能。

1. 简单检索 简单检索界面为该平台的默认界面(图 5-10)。用户可根据下拉菜单，直接在选定的检索字段中输入检索词，进行快捷检索，并可以进行多个检索字段的组合检索。简单检索提供引文检索和来源文献检索。

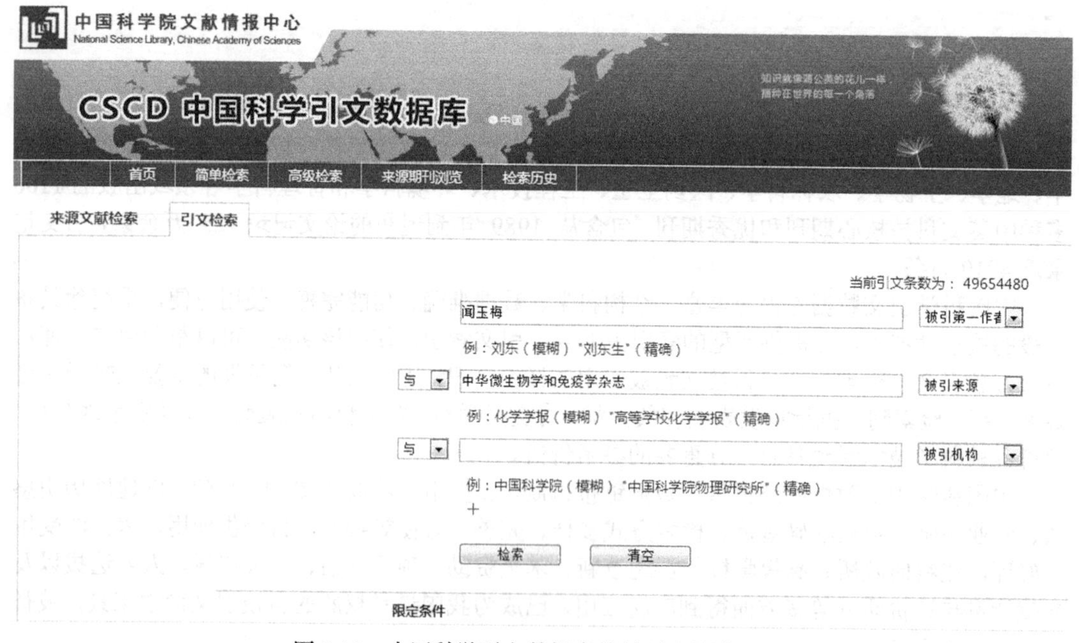

图 5-10 中国科学引文数据库简单引文检索界面

(1)简单引文检索：引文检索是指以参考文献的被引作者、被引第一作者、被引来源、被引机构、被引实验室、被引出版社、被引文献主编为检索词来查找文献的检索方法。在简单引文检索界面，平台提供了多检索词及多字段的组合检索。检索时，首先根据检索要求在检索字段下拉框中选择检索字段，检索字段可为被引作者、被引第一作者、被引来源等，然后在文本框中输入检索词，选择完毕，在限定论文被引年份和论文发表年份文本框内输入限定年限，就可以进行检索。平台支持 3 个检索词的组合检索，选择多个检索词时需选择检索词之间的逻辑组合关系“与”或者“或”。

检索举例：检索闻玉梅教授发表在“中华微生物学和免疫学杂志”上的文献被人引用(引证)的情况，检索步骤如下：

点击 http://sdb.csdl.ac.cn，进入中国科学引文数据库，选引文索引，在第一个检索提问框内输入“闻玉梅”，字段选“被引第一作者”，运算符选“与”，第二个检索提问框内输入“中华微生物学和免疫学杂志”，字段选“被引来源”(图 5-10)，点击“查询”，检索结果得到若干条记录，点击每篇被引用文献后的“引证文献”，就可得到引用文献的题录一览。

(2)简单来源文献检索：来源文献检索是指以本文(来源文献)的作者、第一作者、题名、刊名、ISSN、文摘、机构、实验室、关键词、基金名称为检索词来查找文献的检索方法。简单来源文献检索的界面与简单引文检索类似，只是在限定条件上增加了“学科范围”的选项。其检索方法同引文检索。

2. 高级检索　点击导航栏上的“高级检索”标签进入高级检索界面(图 5-11)，高级检索提供了两种检索式构造方式，用户可以根据检索系统提供的检索点，任意组配检索式进行检索。高级检索也提供引文检索和来源检索。

图 5-11　中国科学引文数据库高级引文检索界面

(1) 高级引文检索：高级引文检索界面分为两部分，上部分为检索式直接输入区，下部分为检索词组合输入区。检索时可在检索界面上部的检索式输入框中直接输入“字段名称”和“布尔连接符”以及检索内容，直接构造检索式进行检索；也可利用平台提供的九个检索点，在检索界面下部的检索词组合输入框内填入相应检索词，点击增加，使平台自动生成检索语句进行检索。高级检索默认为模糊检索。如检索作者刘东生发表文献有哪些被源自“第四纪研究”的文献引用，可以使用检索式：citation_author：刘东生 and citation_derivation_gf：第四纪研究。

检索举例：检索闻玉梅教授发表在“中华微生物学和免疫学杂志”上的文献被人引用(引证)的情况，检索步骤如下：

点击 http：//sdb.csdl.ac.cn，进入中国科学引文数据库，点击高级检索，选引文检索，在被引作者框内输入“闻玉梅”，在被引来源框内输入“中华微生物学和免疫学杂志”，分别点击两个输入框后的“增加”按钮，点击“查询”按钮，检索结果得到若干条记录，点击每篇被引用文献后的“引证文献”，就可得到引用文献的题录一览。

(2) 高级来源检索：高级来源检索界面类似于高级引文检索，高级来源检索提供了十一个检索点，在检索框中输入“字段名称”和“布尔连接符”以及检索内容构造检索式；也可以在最下方的检索框填入相应检索词，点击增加，将自动生成检索语句。

3. 来源刊浏览　点击导航栏上的“来源刊浏览”标签进入来源刊浏览检索界面。来源刊浏览主要是提供中国科学引文数据库来源期刊浏览，来源刊浏览检索界面提供按刊名字顺浏览检索和按刊名、ISSN 检索的功能。检索时可选择期刊名称的首字母，浏览找到所查期刊进行检索；也可在期刊检索的下拉框中选择检索字段，在文本框中输入相应的检索词，进行检索。在检索结果界面，点击“刊名”，可查看该期刊的详细信息；点击该期刊的卷期，查看该期刊相应卷期的具体来源文献信息。平台提供来源刊文献的详细信息，这些信息包括题名、作者、机构、文摘、出处、ISSN、关键词、学科、基金、参考文献、引证文献和相关文献等。

例如检索期刊“现代临床医学”。第一步：打开 http：//www.sciencechina.cn 页面；第二步：选择来源刊浏览；第三步：或者在期刊检索的下拉框中选择检索字段“刊名”，在文本框中输入“现代临床医学”，点击“检索”（图 5-12）。

图 5-12 中国科学引文数据库来源刊浏览检索界面

（三）检索结果管理

1. 检索结果限定 来源检索和引文检索的检索结果可以通过“结果限定”来限定检索结果。引文检索结果可以从被引出处、年代和作者三个方面来进行结果限定；来源检索结果可以从来源、年代、作者和学科四个方面来进行结果限定。

2. 检索结果排序 来源检索和引文检索的检索结果可以进行排序，点击结果输出列表中相应字段名称，可以实现相应字段的排序，来源检索结果可以按照题名、作者、来源和被引频次进行排序，引文检索可以按照作者、被引出处和被引频次进行排序。

3. 检索结果细览 点击检索结果列表中每条记录题名中的“详细信息”，可以查看该条记录的详细信息。检索结果详细信息界面可以查看该条记录的题名、作者、作者机构、文摘、来源、ISSN、关键词、基金、参考文献，引文文献、相关文献和其他链接。其中，作者、关键词、基金都可以进一步链接，进行检索。

在该界面的右栏还可查看来源文献的引证文献，检索查看与来源文献作者相关、关键词相关和参考文献相关的文献。

4. 检索结果输出 检索结果提供三种输出方式：E-mail、打印和下载。检索结果可以通过勾选每条记录前的选择框，或者直接选中“本页”或者“所有记录”进行输出结果的选择，对选中的结果直接点击 E-mail、打印和下载即可进行相应操作。

三、其他可检索引文的数据库

（一）中国引文数据库

中国引文数据库是中国学术文献网络出版总库的一个重要子数据库，该库收录了中国学术期刊（光盘版）电子杂志社出版的所有源数据库产品的参考文献，并揭示各种类型文献之间的相互引证关系。内容涉及期刊类型引文、学位论文类型引文、会议论文类型引文、图书类型引文、专利类型引文、标准类型引文、报纸类型引文等。它不仅可以为科学研究提供新的交流模式，

同时也可以作为一种有效的科学管理及评价工具。

中国引文数据库在提供传统检索功能的基础上，增加了数据统计、最近新增资源、H 指数图、最新被引文献、高被引期刊、高被引作者、高被引院校、高被引医院、高被引文献和高被引专题等版块。在高级检索界面既可进行引文检索又可进行源文献检索(图 5-13)。

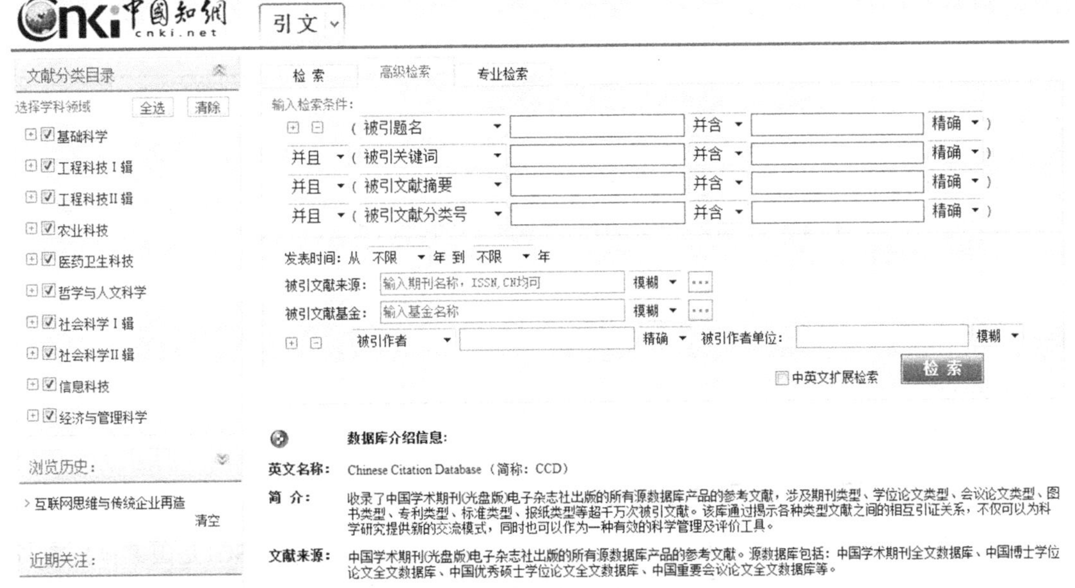

图 5-13 中国引文数据库高级引文检索界面

(二)中文科技期刊数据库(引文版)

《中文科技期刊数据库(引文版)》(Chinese Citation Database)，简称 CCD，是维普在 2010 年全新推出的期刊资源整合服务平台的重要组成部分，是目前国内规模最大的文摘和引文索引型数据库。CCD 以全文版为基础开发而成，数据库涉及源文献 480 多万篇，参考文献 1830 多万篇。该库可实现参考文献与源文献之间的切换检索，用户若同时购买了全文数据库和引文数据库，还可以通过开放接口将引文功能整合在全文数据库中，实现引文检索与全文检索的无缝链接操作。该库采用科学计量学中的引文分析方法，对文献之间的引证关系进行深度数据挖掘，除提供基本的引文检索功能外，还提供基于作者、机构、期刊的引用统计分析功能，可广泛用于课题调研、科技查新、项目评估、成果申报、人才选拔、科研管理、期刊投稿等用途。

《中文科技期刊数据库(引文版)》收录文摘覆盖 8000 多种中文科技期刊，引文数据加工追自 2000 年，是全新的引文索引型数据库，能帮助客户实现强大的引文分析功能，并采用数据链接机制实现同维普资讯系列产品的功能对接定位，提高科学研究的效率。中文科技期刊数据库(引文版)有灵活的检索方式，包括：基本检索、作者索引、机构索引、期刊索引(图 5-14)。有强大的分析功能，含有：多种文献类型引用统计、参考文献汇总、引证文献汇总、引用追踪、H 指数、知识节点链接、全文链接、高影响力元素揭示、合著作者、合作机构。

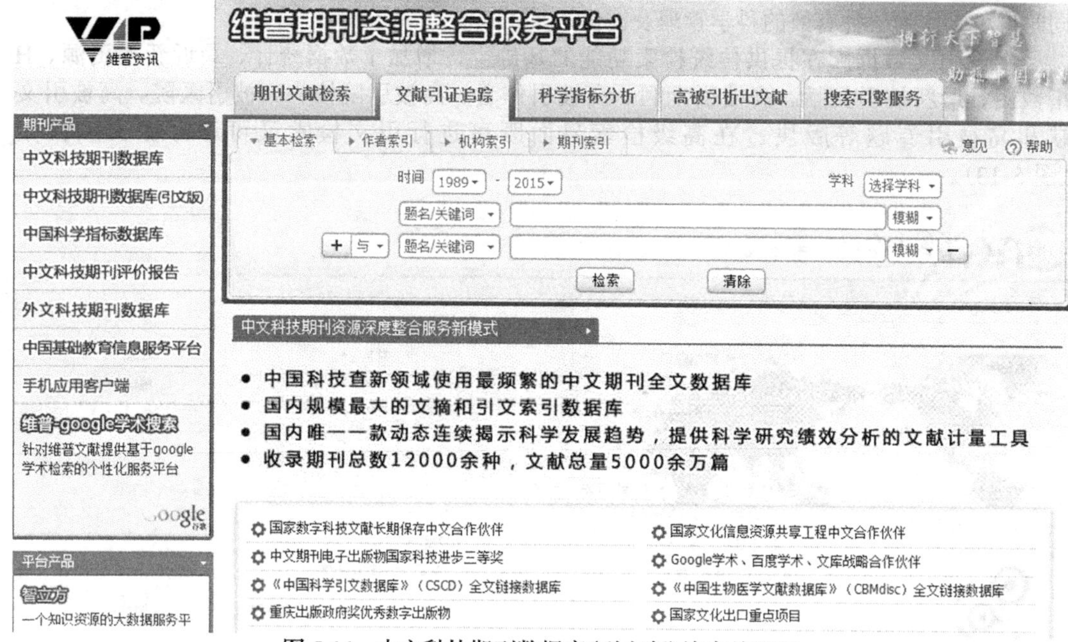

图 5-14 中文科技期刊数据库(引文版)检索首界面

(三) NSTL 国际科学引文数据库

国际科学引文数据库(Database of International Science Citation，DISC)是国家科技图书文献中心(National Science and Technology Library，NSTL) 自 2006 年开始历时三年投入建设的以科学引证关系为基础集文献发现、引文链接、原文传递为一体的外文文献数据服务系统。系统集成了 NSTL 外文期刊文献数据库(来自 17 000 多种外文期刊)和优选的理、工、农、医各学科领域的部分优秀西文期刊(来自 3000 多种西文期刊)的引文数据，并揭示和计算了文献之间的相关关系和关系强度，为科研人员提供了检索发现世界上重要的科技文献，了解世界科学研究与发展脉络的强大工具，在全国范围内为用户提供参考文献检索、原文传递、参考咨询服务。

系统提供文献发现的功能，用户可以从集成的大规模的外文文献数据集合中检索和浏览信息。为帮助用户更好地定位需要的文献，系统提供了检索结果的可视化分析功能，可以通过检索结果分组、关键词云图、论文发表年代分布、被引年代分布、作者合作关系状态、引用强度等可视化分析图形，实时联机分析检索结果，帮助用户在大量的检索集合中根据文献间的相关关系找到自己需要的文献。同时系统也提供引文检索的功能，以发现一篇文献的被引用情况、一个作者的论文影响力、一种期刊、图书、专利等文献的影响力，从而获取在科学研究中产生重要影响的有价值的文献信息。系统与 NSTL 文献原文传递和代查代借系统无缝链接，支持用户快速获取文献全文。

目前数据库包含外文期刊篇名数据 1400 余万条，并以年 200 万条的速度增长；外文引文数据 5000 万条，并以年 3000 万条的速度增长。NSTL 国际科学引文检索系统的网址为：http://disc.nstl.gov.cn/disc/view/m01/A0100.xhtml，其检索界面提供了文献检索、引文库收录文献检索、参考文献检索和检索历史，图 5-15 为系统的引文检索界面。

(四) 中国生物医学期刊引文数据库

中国生物医学期刊引文数据库(Chinese Medical Citation Index，CMCI)是由解放军医学图书馆数据库研究部研制开发的，我国第一个生物医学领域规模最大的专业引文数据

库。CMCI 收录了 1994 年以来中文生物医学期刊 1700 余种，累积期刊文献题录摘要信息 470 余万篇，并含有参考文献，涵盖了该领域的核心期刊和重要期刊，全面再现了我国生物医学期刊的引文全貌，涉及基础医学、临床医学、预防医学、药学、医学生物学、中医学、医院管理及医学情报等多个学科。该数据库数据每月更新，一年出版 12 期光盘。实现了发表文献查询、引文查询、出具引证报告等功能一体化。该库自 2004 年正式推出以来，已被全国医学院校、医院、科研机构、出版编辑部门广泛使用，尤其成为卫生查新单位的必备检索工具之一。该库主要用于文献检索、查新报奖、学术绩效评价、职称评定、优秀人才评价、期刊评优、科研决策等。该查询系统比较系统全面地反映了我国中文医学期刊文献的引用和被引用情况。

图 5-15　国际科学引文数据库引文检索界面

该数据库检索途径多，有作者检索、刊名检索、复合检索、期刊目录检索等多个检索入口；具有作者/年、作者、题名/年、题名、出处等扩展检索方式，可检出更多的相关引文，扩大了选择范围，提高了查全率和查准率；为使用户能够方便有效地利用国内几大期刊全文数据库的文献，实现了全文链接，最大限度保障用户的文献需求；数据库具有医学同义词概念扩展检索功能，系统检索时会自动寻找所输入检索词的同义词，并以逻辑或的关系进行运算。

例如，用户需要检索“小儿麻痹症”方面的文献，只要输入下面同义词中的任何一个词(脊髓灰质炎；脊髓前角灰质炎；小儿麻痹症；小儿麻痹；脊灰；小儿惊瘫；poliomyelitis；infantile paralysis；polio；central myelitis)，系统即可自动检索到所有含有小儿麻痹症同义词的文献；具有引证报告输出功能，方便查新报奖。提供两种输出格式：详细格式和简要格式，操作简便。例如，查找出某一课题组发表的文献，可以一键输出其全部被引用情况，生成引证报告；具备文献计量统计分析功能。可对检索结果直接进行文献计量分析，系统提供对文献的发表情况、文献的被引情况、期刊的被引情况的统计功能，便于读者从中发现高影响力的论文、作者和期刊，把握科学研究的热点和动态。

分析与思考

1. 陈老师的研究领域是健康评估，想了解国外健康评估都在做什么研究、主要的研究人员及哪些 SCI 期刊收录这类研究比较多？ 该如何入手解决这样的问题呢？

2. 小张是一名护理方面的教研人员，想了解国外护理方面都在做哪些高水平的研究，哪些杂志是护理方面的 SCI 收录期刊？要想在护理学方面发表 SCI 收录论文，该如何入手呢？

3. 吴医生在申报某省国际合作项目时需要查找国外合作方提供的一篇文章被引用情况 (TI=The destruction of the lower urinary tract by ketamine abuse：a new syndrome?)，以便了解课题相关的后续研究进展。请你帮助查找相关信息。

4. 侯金林教授是南方医科大学附属南方医院传染科医生，曾先后获国家科技进步奖二等奖、军队科技进步奖二等奖、广东省丁颖科技奖、总后科技新星等多种奖励。侯教授现拟申报国家科学技术奖进步奖，在报奖材料中需要提供相关论著的被引用情况。怎样获得侯教授论文的被引情况呢？

5. 请使用 SCI 检索一下中国作者 2012～2015 年发表的文献，哪个机构发表的文献最多？在哪个杂志发表文献最多？

（朱卫东）

第6章 特种文献信息检索

特种文献是指那些公开或内部发行、出版形式与收藏单位都比较特殊的科学资料，其特色鲜明、内容新颖广泛、数量庞大、科技含量较高、类型复杂多样，能够从多个侧面反映当前科技发展的前沿动态和水平，因而具有较高的参考价值和学术利用价值，是非常重要的信息源。特种文献一般包括会议文献、科技报告、专利文献、学位论文、标准文献、科技档案、政府出版物、产品说明书等。本章主要介绍了与医学专业领域关联度较高的会议文献、专利文献、学位论文、标准文献的国内外信息资源的主要分布情况及其获取途径。

第一节 医学会议类信息检索

一、医学会议信息

全球每年召开医学会议不计其数，会议内容也是随着时代的发展日新月异，会议讨论内容多为当前医学学科发展过程中的疑难问题，及时掌握各类会议信息，有助于医学研究人员了解最新研究动态，并及时参与其中。我们可通过网络搜索引擎的关键词或分类专栏搜索、相关学/协会网站发布的信息、专业期刊刊登的会议通知获取医学会议的相关信息，也可通过一些特定的专业会议网站获取较为全面的会议信息。例如，中华医学会的学术活动(http：//www.cma.org.cn)、Docter's Guide：Congress Resource Center(http：//www.docguide.com/crc)、HONMeetings(http：//debussy.hon.ch/cgi-bin/confevent)、中华首席医学网(http：//conference.9med.net)、丁香会议(http：//meeting.dxy.cn)、医学学术会议服务平台(http：//www. medmeeting.org)、首席医学网-医学会议(http：//conference.9med.net)、好医生会议(http：//conference. haoyisheng.com)等。

(一)中华医学会的学术活动

中华医学会网站的学术活动栏目提供当年医学会各专业委员会即将召开的会议消息，该会议信息由医学会各专业委员会及各地区分会于前一年底上报，属一级会议信息，比较权威全面。访问中华医学会网站，点击“学术活动”可了解将召开的所有一级会议计划(图6-1)。

(二)中华首席医学网

中华首席医学网成立于2003年，2008年更名为首席医学网。由华夏时代(中国)投资集团投资创办，通过互联网为医学专业人士提供一个开放的学术交流及服务的平台。首席医学会议频道与医学学会组织、继续教育项目单位合作，提供医学会议资讯，会议的跟踪报道，往年会议信息，可在线报名参加。

(三)Docter's Guide：Congress Resource Center

通过美国医生指南网站可以进入医学会议资源中心数据库，用户可通过关键词检索和学科分类、会议日期及会议地点浏览等方式检索会议信息。数据库提供会议的名称、举办日期、地点、联系人、联系电话及Email等基础信息，以及会议举办城市的天气、购物、名胜等详细信息。会议信息来自全球多个地区，包括北美、拉丁美洲、西欧、东欧、亚洲、中东、澳大利亚、

大洋洲和非洲等，同时还收录了部分网上会议信息。

图 6-1 中华医学会网站的会议消息查询界面

（四）HONMeetings

HONMeetings 是 HONMedhunt 医学信息门户网站的一个子数据库，能够提供北美、南美、欧洲、大洋洲、亚洲、非洲、加勒比海和中东等地区将要举行的国际医学会议信息。用户可通过关键词、会议日期、会议地点及会议主题或字顺等途径检索相关会议信息。

二、医学会议论文数据库

学术会议文献是指科技人员在学术会议上发表的论文，其特点是：学术性强，内容新颖，质量高。会议文献是国际学术交流的重要组成部分，许多重大发现往往在学术会议上公之于众，它能较快地反映科技新进展。因此，会议文献是了解世界各国科技发展水平和动向的重要情报源。

会议文献按出版时间的先后分会前、会间和会后三种文献类型：

会前文献：指会议召开前出版的会议论文预印本或会议论文摘要，在会前分发给会议参加者以便研讨。会前文献比会后文献要早 1～3 年，有的会议会后不出版会议录．预印本就成为会议唯一的资料。因此，科技人员很重视会前文献。

会间文献：主要是一些会议期间的开幕词、讲演词、会议决议等行政事务性资料。其中，会议决议是重要的会议文献。

会后文献：主要是指会议结束后正式发表的会议论文，是会议文献中的主要部分。通常把会议、论文汇编成册以会议录、会议论文集、学术讨论论文集、会议论文汇编、会议记录、会议报告、会议文集等多种名称出版，主要出版形式有图书、期刊、科技报告和视听资料等。会后文献比会前文献更完整、成熟，是科技人员查阅的最主要会议文献。

（一）中国学术会议文献数据库

中国学术会议文献数据库(China Conference Paper Database，简称 CCPD)（http：//www.wanfangdata.com.cn)（图 6-2）由中文全文数据库和西文全文数据库两部分构成，内容涵盖人文社会、自然、农林、医药、工程技术等各学科领域，是目前国内收集学科最全、数量最多的会议论文数据库。

万方数据 WANFANG DATA 知识服务平台 查新/跨库检索 Novelty Search

访问旧版"高级检索"请点击进入

选择文献类型 高级检索 专业检索

全选 清除

期刊论文 学位论文 会议论文 外文期刊 外文会议 学者 中外专利 中外标准 科技成果 图书 法律法规 机构 专家 新方志

会议—会议名称 模糊 与

会议—主办单位 模糊 与

全部 模糊 与

不限 - 2015年 检索

推荐检索词 检索历史

欢迎使用万方数据查新咨询服务中心！

您可以通过系统给您提供的各种检索以及辅助分析工具，对查新点的新颖性进行查证。

确定检索词，您可以：

提供一段文本（比如科学技术要点），由系统给您推荐检索词

确定检索策略，您可以：

使用"主题"字段检索：主题字段包含标题，关键词，摘要

使用"标题或关键词"字段检索，即标题或者关键词

如果您有任何意见和建议，欢迎与我们联系！

我们的联系方式是：

图 6-2 中国学术会议文献数据库高级检索界面

该数据库以国家级学会、协会、研究会组织、部委、高校召开的全国性学术会议论文为主，每年涉及近 3000 个重要的学术会议。"中文版"所收会议论文内容是中文；"英文版"主要收录在中国召开的国际会议的论文，论文内容多为西文。收录了自 1983 年至今中文会议，每年增加约 20 万篇全文，每月更新。

(二)国内外重要会议论文全文数据库

国内外重要会议论文全文数据库(http://www.cnki.net)的文献是由国内外会议主办单位或论文汇编单位书面授权并推荐出版的重要会议论文，是中国学术期刊(光盘版)电子杂志社编辑出版的国家级连续电子出版物专辑。重点收录 1999 年以来，中国科协系统及国家二级以上的学会、协会，高校、科研院所，政府机关举办的重要会议以及在国内召开的国际会议上发表的文献。其中，国际会议文献占全部文献的 20%以上，全国性会议文献超过总量的 70%，部分重点会议文献回溯至 1953 年。目前，已收录出版国内外学术会议论文集 27 879 本，累积文献总量 2 509 641 篇。产品分为十大专辑：基础科学、工程科技Ⅰ、工程科技Ⅱ、农业科技、医药卫生科技、哲学与人文科学、社会科学Ⅰ、社会科学Ⅱ、信息科技、经济与管理科学。十专辑下分为 168 个专题。收录年限为：自 1953 年至今的会议论文集。产品形式有：WEB 版(网上包库)、镜像站版、流量计费。

(三)国家科技图书文献中心中文会议论文数据库

国家科技图书文献中心中文会议论文数据库(http://www.nstl.gov.cn)，是中科院文献中心、中国科学技术信息研究所、机械工业信息院、中国化工信息中心、冶金信息院情报所、中国医学科学院情报所、中国农业科学院图书馆和中国标准研究院所收藏中文会议录的题录信息。主要收录了 1985 年以来我国国家级学会、协会、研究会以及各省、部等组织召开的全国性学术会议论文。数据库的收藏重点为自然科学各专业领域，每年涉及 600 余个重要的学术会议，年增加论文 4 万余篇，每季或月更新。目前收录了近 5000 万条会议论文。

（四）国家科技图书文献中心外文会议论文数据库

国家科技图书文献中心外文会议论文数据库（http://www.nstl.gov.cn），是中科院文献中心、中国科学技术信息研究所、机械工业信息院、中国化工信息中心、冶金信息院情报所、中国医学科学院情报所、中国农业科学院图书馆和中国标准研究院所收藏外文会议录的题录信息。由国家科技图书文献中心建立，主要收录了 1985 年以来世界各主要学协会、出版机构出版的学术会议论文，部分文献有少量回溯。学科范围涉及工程技术和自然科学各专业领域。每年增加论文约 20 余万篇，每周更新。

（五）上海图书馆会议资料数据库

国内各科学技术机构、团体和主管机关举办的专业性学术会议是科技交流的重要渠道，这些会议资料集中反映科技最新成果和发展趋势，是重要的科技情报来源，深爱广大科技研究和教育人员重视。1995 年，上海图书馆与上海科技情报所合并，建立上海图书馆会议资料数据库（http://www.library.sh.cn/skjs/hyzl），并自 1958 年起征集入藏各种科技会议文献，形成专业收藏。现提供 1986 年至今约 40 万件资料网上篇名检索服务，以后每年新增数据 3 万条。读者可按照篇名、作者、会议名、会议地名、会议时间等进行检索，并且提供全文复印服务。

（六）Conference Proceedings Citation Index

Conference Proceedings Citation Index（CPCI）包括两个子数据库：Conference Proceedings Citation Index –Science（CPCI-S）和 Conference Proceedings Citation Index –Social Science & Humanities（CPCI-SSH），收录了 1990 年以来多种出版形式的国际会议文献，有三种会议文献类型标识：Meeting Summary、Meeting-Abstrac、Proceedings Paper，既能检索会议文献，又能检索会议文献的被引情况。CPCI 整合到 Web of Science™ 检索平台的 Web of Science™ 核心合集中（图 6-3），检索会议文献时可选择 SCI-E 或 CPCI-S。

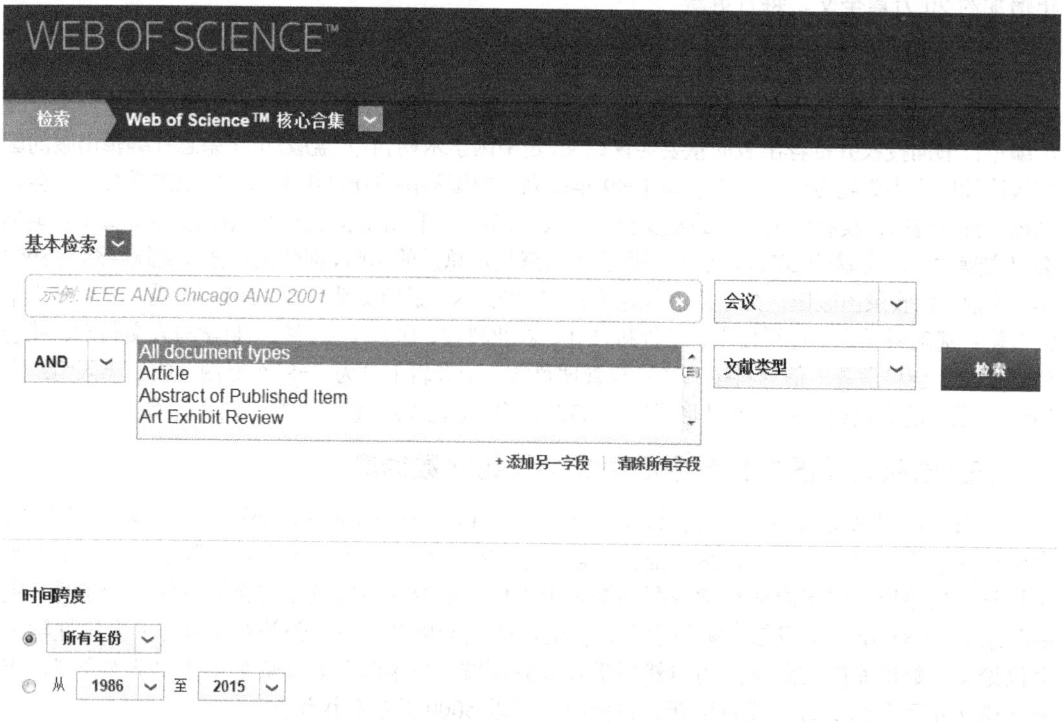

图 6-3 Web of Science™ 核心合集会议文献基本检索界面

(七) OCLC FirstSearch 中的会议论文数据库

OCLC (Online Computer Library Center) 中有 PapersFirst 和 Proceedings 两个供检索会议的题录型数据库。PapersFirst(国际学术会议论文索引)提供"大英图书馆资料提供中心(The British Library Document Supply Center)"的会议录中所收集的自 1993 年 10 月以来在世界各地的学术会议(代表大会、专题讨论会、博览会、座谈会以及其他会议)上发表的论文，可通过馆际互借获取全文。该库目前包括 520 万条记录，每半月更新一次。Proceedings(国际学术会议录索引)是 PapersFirst 的关联库，它提供在世界各地举行的学术会议上发表的论文的目录表。

第二节 学位论文类信息检索

学位论文是高等学校或研究机构的毕业生为取得学位资格而撰写的学术性研究论文，一般是在导师的知道下完成的。从内容来看，学位论文可分为两种类型：一种是作者参考了大量资料，进行了系统的分析、综合，依据充实的数据资料，提出本人的独特见解，称为综论；另一种是作者根据前人的论点或结论，经过实验和研究，提出进一步的新论点。从学位名称角度划分，学位论文有博士论文和硕士论文及学士论文。学位论文内容系统、数据翔实，有新见解、新思路，对科学研究有较高的参考价值。作为一种特殊类型的文献，学位论文有自己的独特之处。①创新性强。学位论文一般都涉及本专业领域的前沿问题，所做的工作是前人尚未研究过或尚未研究成熟的课题，比较新颖。②科学性强。学位论文都是在某一学科的资深专家、学者的指导下完成，研究的问题比较专一，研究方法与研究过程论述得比较详细、具体、系统，讨论分析具有独到的见解，尤其是博、硕士学位论文，都具有较高的学术水平。③实用性强。有些博、硕士学位论文很有开发价值，可以直接进行科技成果转化，具有很强的实用价值。

在我国，中国科学技术情报研究所是收藏国外学位论文较多的单位。北京图书馆收藏了 1983 年由美国友好书刊基金会赠送的美国 1938～1977 年博士论文的缩微胶卷。1986 年，清华大学订购了美国部分著名大学，如麻省理工学院(1983 年以来的)、加利福尼亚大学伯克利分校、斯坦福大学(1984 年以来某些系的)博士论文的缩微平片。学位论文作为珍贵的文献情报资源，不仅充分展示了研究生教育的庞大阵容，而且从侧面反映了科学研究的整体水平和巨大潜力，具有极高的收藏和使用价值，是各级各类数字图书馆建设不可或缺的一次文献。博硕士学位论文作为了解国内外科技发展动态的重要信息媒介，具有很好的参考与借鉴价值，因而日益受到国内外科技界的关注。了解学位论文的获取方法，对于广大科研人员具有重要意义。

一、中文学位论文检索

中文学位论文检索在国内有专门的数据库或检索系统，如中国优秀博硕士学位论文全文数据库、中国学位论文全文数据库 、CALIS 学位论文中心服务系统、北京协和医学院博硕学位论文库、读秀知识库、NSTL、中国国家图书馆等。

(一) 中国优秀硕士学位论文全文数据库

中国优秀硕士学位论文全文数据库(http://www.cnki.net)，简称 CMFD(图 6-4)，是国内内容最全、质量最高、出版周期最短、数据最规范、最实用的硕士学位论文全文数据库。内容覆盖基础科学、工程技术、农业、哲学、医学、哲学、人文、社会科学等各个领域。截止到 2012 年 6 月，收录来自 621 家培养单位的优秀硕士学位论文 146 万多篇。重点收录 985 高校、211 高校、中国科学院、社会科学院等重点院校高校的优秀硕士论文、重要特色学科如通信、军事学、中医药等专业的优秀硕士论文。产品分为十大专辑，包含基础科学、工程科技Ⅰ、工程科技Ⅱ、农业科技、医药卫生科技、哲学与人文科学、社会科学Ⅰ、社会科学Ⅱ、信息科技、经济与管理科学，十大专辑下分为 168 个专题。收录从 1984 年至今的硕士学位论文，产品形式包括 WEB 版(网上包库)、镜像站版、光盘版、流量计费。

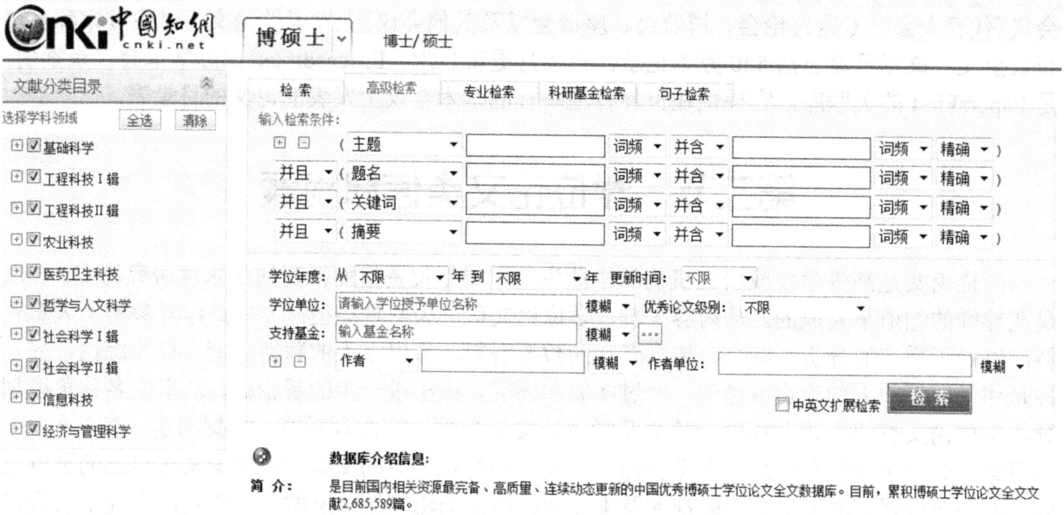

图 6-4　CNKI 学位论文高级检索界面

(二) 中国博士学位论文全文数据库

中国博士学位论文全文数据库(http：//www.cnki.net)，简称 CDFD(图 6-4)，是国内内容最全、质量最高、出版周期最短、数据最规范、最实用的博士学位论文全文数据库。内容覆盖基础科学、工程技术、农业、医学、哲学、人文、社会科学等各个领域。收录全国 985、211 工程等重点高校，中国科学院、社会科学院等研究院所的博士学位论文。截止到 2012 年 6 月，收录来自 404 家培养单位的博士学位论文 17 万多篇。产品分为十大专辑，包含基础科学、工程科技Ⅰ、工程科技Ⅱ、农业科技、医药卫生科技、哲学与人文科学、社会科学Ⅰ、社会科学Ⅱ、信息科技、经济与管理科学，十大专辑下分为 168 个专题。收录从 1984 年至今的博士学位论文，产品形式包括 WEB 版(网上包库)、镜像站版、光盘版、流量计费。

(三) 中国学位论文数据库

北京万方数据股份有限公司加工的中国学位论文文摘数据库 (http：//www.Wanfangdata.com.cn)(图 6-5)，是国内最早、最全的学位论文数据库，收录了 1977 年以来全国各高等院校、研究所及研究生院等送交的自然科学领域的硕士、博士和博士后论文，总计超过 300 万篇学位论文的相关信息。鉴于广大科研院所、高校及教育机构对于学位论文一次文献的强烈需求，万方数据又研制开发出中国学位论文全文数据库，用以推进科技文献的知识共享和传播。中国学位论文全文数据库是万方数据知识服务平台的重要组成部分，精选全国重点学位授予单位的硕士、博士学位论文以及博士后报告，内容涵盖理学、工业技术、人文科学、社会科学、医药卫生、农业科学、交通运输、航空航天和环境科学等各学科领域，是我国收录数量最多的学位论文全文数据库。数据库服务对象主要是各高等院校、科研院所、科研管理部门及公共图书馆等机构，为科研学术提供成果查重和项目咨询，促进成果创新和学术交

流，有利于学术打假和版权保护。

万方数据 WANFANG DATA 知识服务平台 查新/跨库检索 Novelty Search

访问旧版“高级检索”请点击进入

选择文献类型　全选　清除
期刊论文　学位论文　会议论文　外文期刊　外文会议　学者　中外专利　中外标准　科技成果　图书　法律法规　机构　专家　新方志

高级检索　专业检索

学位—专业　精确　与
学位—学位授予单位　精确　与
学位—导师　模糊　与
学位—学位　模糊　与
不限 - 2015年　检索

推荐检索词　检索历史

欢迎使用万方数据查新咨询服务中心！
您可以通过系统给您提供的各种检索以及辅助分析工具，对查新点的新颖性进行查证。

图 6-5　中国学位论文数据库高级检索界面

（四）CALIS 学位论文中心服务系统

CALIS 学位论文中心服务系统（http: //etd.calis.edu.cn/ipvalidator.do）（图 6-6），由 CALIS 全国工程文献中心（清华大学图书馆）建立，面向全国高校师生提供中外文学位论文检索和获取服务。至 2013 年 6 月，博硕士学位论文数据逾 384 万条，其中中文数据约 172 万条，外文数据约 212 万条，数据持续增长中。该系统采用 e 读搜索引擎，检索功能便捷灵活，提供简单检索和高级检索功能，可进行多字段组配检索，也可从资源类型、检索范围、时间、语种、论文来源等多角度进行限定检索。系统能够根据用户登录身份显示适合用户的检索结果，检索结果

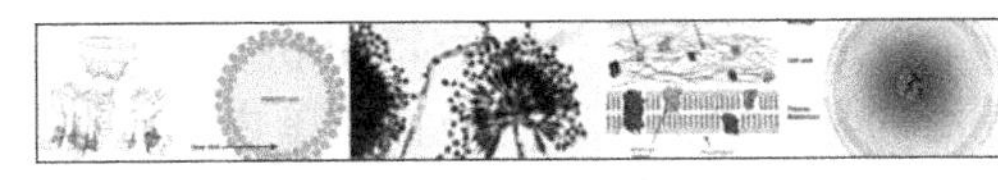

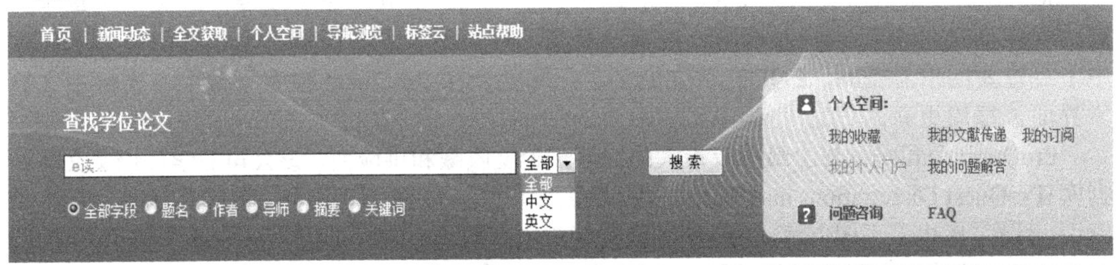

新闻公告　查看所有新闻
CALIS三期学位论文中心服务系统正式上线 2011-12-21
CALIS三期学位论文项目成立项目实施组 2011-12-21
CALIS三期学位论文项目建设协议书签订情况 2011-12-21
CALIS三期学位论文项目管理组举行第一次工作会议 2011-05-10

学位论文传递服务

读者指南　更多

CALIS学位论文中心服务系统面向全国高校师生提供中外文学位论文检索和获取服务。目前博硕士学位论文数据逾384万条，其中中文数据约172万条，外文数据约212万条，数据持续增长中。该系统采用e读搜索引擎，检索功能便捷灵活，提供简单检索和高级检索功能，可进行多字段组配检索，也可从资源类型、检索范围、时间、语种、论文来源等多角度进行限定检索。系统能够根据用户登录身份显示适合用户的检索结果，检索结果通过多种途径的分面和排序方式进行过滤、聚合与导引，并与其他类型资源关联，方便读者快速定位所需信息。

图 6-6　CALIS 学位论文中心服务系统检索界面

通过多种途径的分面和排序方式进行过滤、聚合与导引，并与其他类型资源关联，方便读者快速定位所需信息。

数据库所收录的外文学位论文主要来自 ProQuest 公司的学位论文全文数据信息和 NDLTD(网上国际学位论文共享项目)的学位论文题录数据信息；中文学位论文主要来自国内的 80 余家主要大学，是国内极为丰富的学位论文文献来源，可检索 1980 年以来 CALIS 各成员馆的学位论文，提供题录、文摘、章节试读，部分可下载全文。该系统提供检索结果与 CALIS 文献传递系统链接，读者可以直接在线提交申请，获取学位论文全文。所有论文均提供文献传递服务，成员馆用户免费使用。

(五)国家科技图书文献中心-中文学位论文库

国家科技图书文献中心提供中文学位论文数据库(http：//www.nstl.gov.cn)，收录了近 60 万余篇中文学位论文。检索时用户须勾选相应数据库选项，然后在检索输入框中直接输入检索内容，可进行多项内容的逻辑组配检索。

中文学位论文数据库数据库主要收录了 1984 年至今我国高等院校、研究生院及研究院所发布的硕士、博士和博士后的论文。学科范围涉及自然科学各专业领域，并兼顾社会科学和人文科学，每年增加论文 6 万余篇，每季更新。

二、外文学位论文检索

外文学位论文检索有国外专门的数据库或检索系统：OCLC FirstSearch、PQDT；网络免费资源：NDLTD、OADT、DART；国内数据库或网站：ProQuest 博士论文全文数据库、CALIS 学位论文中心服务系统、读秀知识库、NSTL 、机构库等。

(一)ProQuest Dissertations and Theses 全文数据库

PQDT 学位论文全文库(http：//pqdt.bjzhongke.com.cn/)(图 6-7)是世界上最大和最广泛使用的学位论文库，也是目前国内唯一提供国外高质量学位论文全文的数据库，主要收录了 1861 年至今来自欧美国家 2000 余所知名大学的优秀博硕士论文摘要，北美地区每年通过的学位论文 90%以上收入该库。内容涉及文、理、工、农、医等多个领域，是学术研究中十分重要的信息资源。PQDT 学位论文全文库整合在 ProQuest 检索平台上，支持中文检索界面。每周更新。

ProQuest 公司是世界上最早及最大的博硕士论文收藏和供应商，该公司的学位论文文摘数据库(ProQuest Dissertations and Theses 文摘数据库)收集有 250 万篇国外高校博硕士论文的文摘索引。目前，国内若干图书馆、文献服务机构每年联合购买一定数量的 ProQuest 学位论文全文。由北京中科进出口有限责任公司和 CALIS 共同开发建立了 ProQuest 学位论文全文数据库，在全部订购机构内实现网络共享，即凡参加联合订购的机构均可共享整个集团订购的全部学位论文资源。这些被订购的学位论文全部收录在 ProQuest 学位论文全文数据库中，目前学位论文总量逾 35 万篇，年增 2 万多篇。目前有三个镜像站：CALIS 中心、上海交大、中国科技信息研究所。

(二)OCLC FirstSearch：WorldCat Dissertation

OCLC FirstSearch：WorldCat Dissertation(http：//firstsearch.oclc.org/FSIP/)所收录的论文主要来自欧美几千所大学(哈佛、耶鲁、斯坦福、麻省理工、剑桥、牛津等)，共有博硕士论文 800 多万条。该数据库为题录数据库，但从数据库高级检索的“互联网资源”中，可获得近 20% 约 100 多万篇论文全文，免费下载。

ProQuest 学位论文全文检索平台

站点：中信所　简体中文

登录

欢迎使用！

用户名：

密码：

登录　注册

图书馆员登录

相关链接

ProQuest

北京中科进出口有限责任公司

欢迎访问ProQuest学位论文管理系统

PQDT学位论文全文库是目前国内唯一提供国外高质量学位论文全文的数据库，主要收录了来自欧美国家2000余所知名大学的优秀博硕士论文，涉及文、理、工、农、医等多个领域，是学术研究中十分重要的信息资源。

2015年9月22日，新上线论文1251篇，总上线论文535938篇，请查询访问

检索

全部　只显示有全文的结果　高级检索　帮助

学科导航

Applied Sciences(183463)
Biological Sciences(81996)
Communications and the Arts(31138)
Earth and Environmental Sciences(33684)
Education(50868)
Health Sciences(43039)
Language, Literature, and Linguistics(27766)
Philosophy, Religion, and Theology(14516)
Psychology(28313)
Pure Sciences(88082)
Social Sciences(115893)

版权声明：本数据库仅限于购买了学位论文全文使用权的学校和机构使用。请用户尊重并维护原作者和出版者的知识产权利益。如果发现有违反版权法规定的恶意下载等行为，我们将有权停止违规IP的使用权限，并通报给相关机构做出处理。

图 6-7　PQDT 学位论文全文库检索首界面

(三) The Networked Digital Library of Theses and Dissertations

The Networked Digital Library of Theses and Dissertations（NDLTD，网络博硕士学位论文数字图书馆）（http：//www.ndltd.org），是美国弗吉尼亚理工大学 1997 年建立的网上全球学位论文共建共享项目，收录全球多个国家和地区的博硕士学位论文。开放获取，互联网用户可免费检索和浏览论文摘要，并下载部分论文的全文。根据作者意愿，全文下载分为无限制下载、有限制下载和不能下载三种方式。

(四) Institutional Repository

Institutional Repository(机构库、机构仓储、机构典藏库、机构资源库、机构知识库)(http：//www. opendoar.org)，是搜集、组织、存储一个或多个学术机构(如大学、院系、研究所、图书馆、博物馆等)的专家、教师、学生等创造的可供机构内外用户共享的相关数字知识资源系统，并为用户提供广泛的检索。含有多种资源类型，包括会议论文、期刊论文、学位论文、学术成果、科研报告、课件、参考书目、图片资料、软件等。

(五) 国家科技图书文献中心—外文学位论文库

国家科技图书文献中心提供外文学位论文数据库(http：//www.nstl.gov.cn/)，收录了 3 万余篇外文学位论文。检索时用户须勾选相应数据库选项，然后在检索输入框中直接输入检索内容，可进行多项内容的逻辑组配检索。

外文学位论文数据库(图 6-8)收录了美国 ProQuest 公司博硕士论文资料库中 2001 年以来的优秀博士论文。学科范围涉及自然科学各专业领域，并兼顾社会科学和人文科学。该数据库将每年递增约 2 万篇最新博士论文，更新时间为每年年底。由于该数据库正在建设中，有极少原文暂不能提供。此数据库提供单位为中国科技信息研究所。

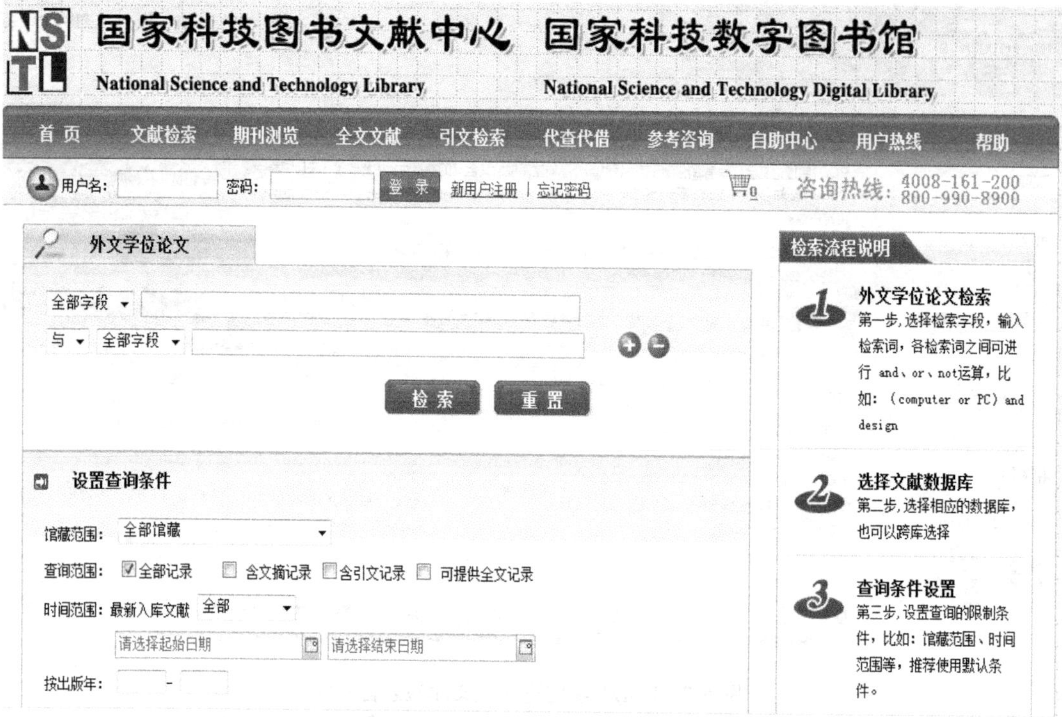

图 6-8 NSTL 外文学位论文库检索界面

第三节 专利类信息检索

专利信息是一类非常重要的技术信息，其中有 70%的信息不可能从其他的技术文献中获得，因此查询和利用专利信息就显得尤为重要。随着计算机与网络技术的飞速发展，可通过 Internet 检索的专利数据库以及与专利有关的各种信息越来越丰富，利用 Internet 进行专利信息检索，已成为获取专利信息的主要手段及一种新的趋势。20 世纪 90 年代后期中国知识产权部门和专利信息服务机构在网上建立了大量的专利数据库，从而为中国的专利数据库打开了网络服务之门。在以《发明专利公报》《实用新型公报》《外观设计公报》以及《中国专利索引》为法律依据和数据蓝本的基础上，建立的官方与商用检索系统已多达上千种。

专利(patent)是指获得专利权的发明创造，专利文献是包含已经申请或被确认为发现、发明、实用新型和工业品外观设计的研究、设计、开发和实验成果的有关资料，以及保护发明人、专利所有人及工业品外观设计和实用新型注册证书持有人权利的有关资料已出版或未出版的文件(或其摘要)总称。作为公开出版物的专利文献主要有：各种类型的专利说明书、专利公报、文摘和索引，以及发明、实用新型、工业品外观设计的分类表等。发明专利权的期限为 20 年，实用新型专利权和外观设计专利权的期限为 10 年，均自申请日起计算。

一、国内专利信息资源

国内专利信息资源的获取渠道主要有：中国国家知识产权局(SIPO)专利检索与查询系统；中国知识产权网 CNIPR 专利信息服务平台； 综合性文献检索系统：CNKI、万方、读秀、NSTL 等。

(一)中国国家知识产权局专利检索与查询系统

中国国家知识产权局专利检索与查询系统(http：//www.sipo.gov.cn/zljsfl/)(图 6-9)收录了 103 个国家、地区和组织的专利数据，以及引文、同族、法律状态等数据信息，其中涵盖了中国、美国、日本、韩国、英国、法国、德国、瑞士、俄罗斯、欧洲专利局和世界知识产权组织等。数据更新：中外专利数据，每周三；同族、法律状态数据，每周二；引文数据，每月更新。检索功能包含：常规检索、表格检索、药物专题检索、检索历史、检索结果浏览、文献浏览、批量下载等。分析功能有：快速分析、定制分析、高级分析、生成分析报告等。此外该数据库系统还可以进行中国专利公布公告、中国专利审查信息、多国发明专利审查信息、中国专利事务信息的查询。

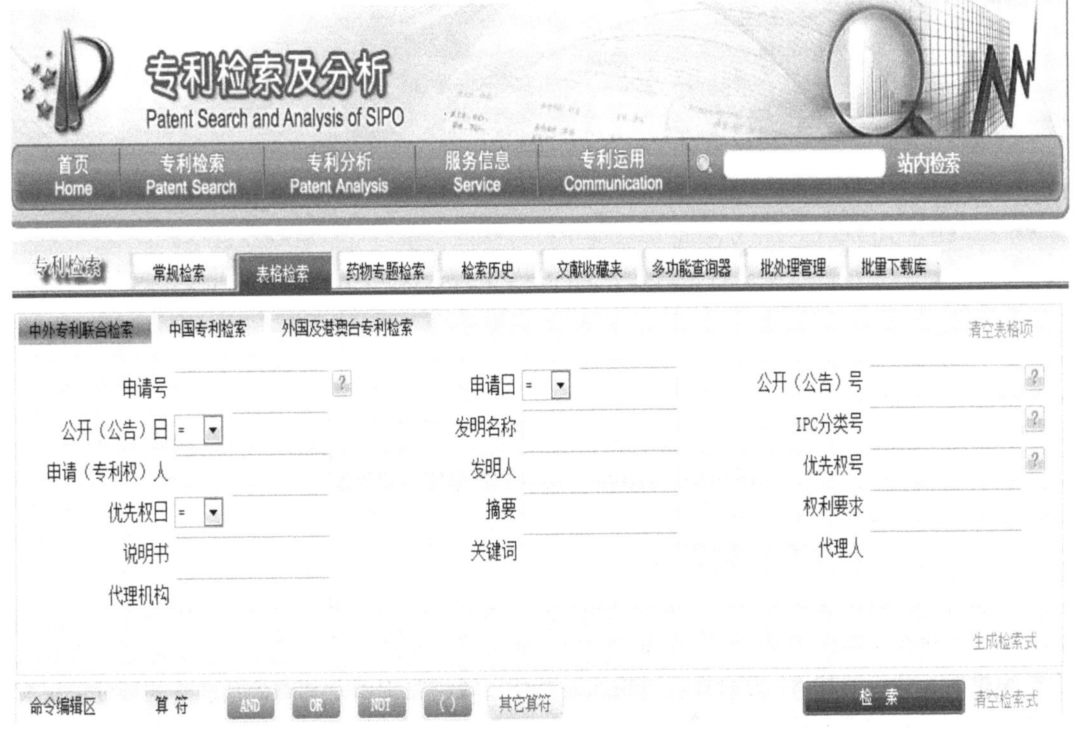

图 6-9　中国国家知识产权局专利检索与查询界面

(二)中国知识产权网专利信息服务平台

CNIPR 中外专利数据库服务平台(http：//www.cnipr.com)(图 6-10)是在原中外专利数据库服务平台的基础上，吸收国内外先进专利检索系统的优点，采用国内先进的全文检索引擎开发完成的。本平台主要提供对中国专利和国外(美国、日本、英国、德国、法国、加拿大、EPO、WIPO、瑞士等 98 个国家和组织)专利的检索。

平台提供的检索功能包括中外专利混合检索(在原平台基础上，检索功能新增法律状态联合检索、即时统计筛选、高亮显示、语义检索、相似性检索、公司代码检索等)、IPC 分类导航检索、中国专利法律状态检索、运营信息检索。检索方式除了表格检索、逻辑检索外，还提供二次检索、过滤检索、同义词检索等辅助检索手段。

专利服务的数据范围包括中国专利(包括中国发明、中国实用新型、中国外观设计、中国发明授权、中国失效专利及中国香港、中国台湾专利)及国外专利(包括美国、日本、英国、德国、法国、加拿大、EPO、WIPO、瑞士等 98 个国家和组织)。

CNIPR 中外专利数据库服务平台使用权限：免费检索，免费下载全文，免费导出文献记录。特色检索功能：失效专利检索。其他检索服务：专利法律状态、专利运营信息等。

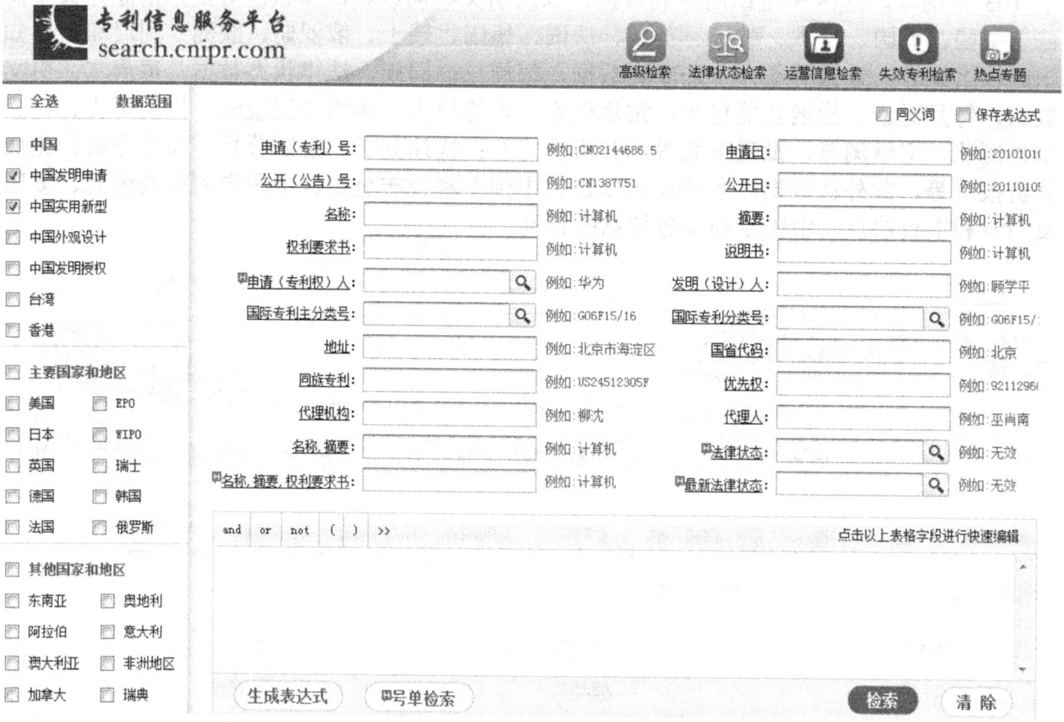

图 6-10　CNIPR 中外专利数据库检索界面

(三) 中国专利信息检索系统

中国专利信息检索系统(http：//www.cnpat.com.cn/) 由中国国家知识产权局中国专利信息中心提供。它包含了中国国家知识产权局自 1985 年以来公布的所有发明专利和实用新型专利及有待审批的专利申请共 81 万余件，可检索专利或在线浏览中国专利的公开文本和部分审定文本(tif 文件)，以及专利的法律状态信息。

该检索系统提供了申请号、申请日、公开号、公告号、IC 分类号、发明名称、摘要等 22 个检索入口，每个检索入口可输入多个关键词，词之间的可使用逻组配符*、+等，通过检索入口下方的“命令行检索”可将各检索入口的检索命令进行综合逻辑组配。

二、国外专利信息资源

20 世纪末，各国专利局和专利性国际组织纷纷利用因特网免费传播专利信息，因特网专利文献检索系统逐渐形成体系，具有数据量大、更新及时、使用方便的特点，很多数据库能够直接浏览全文，为世界各地的用户快捷地获取专利信息提供了非常有益的工具。

国外专利信息资源主要有：Derwent Innovation Index；Espacenet Patent Search (http：//www.epo.org/searching.html)；PATENTSCOPE (http：//patentscope.wipo.int/search/en/search.jsf)；书目型数据库：Scopus、Biosis Previews、 SciFinder Scholar；各国的权威专利机构及知识产权机构网站，如美国专利商标局网站专利数据库(USPTO，http：//patft.uspto.gov)、日本特许厅网站专利数据库(IPCL，http：//www.jpo.go.jp/)、欧洲专利局 esp@cenet 网络数据库(http：//ep.espacenet.com)。

(一)德温特世界专利索引数据库(DII)

英国德温特公司的出版的世界权威的专利数据库(图 6-11)，内容包括：德温特世界专利索引(Derwent World Patents Index，WPI)；德温特专利引文索引(Patents Citation Index，PCI)；德温特化学资源(Derwent Chemistry Resource)。三个子数据库是：Chemical Section、Electrical and Electronic、Engineering。

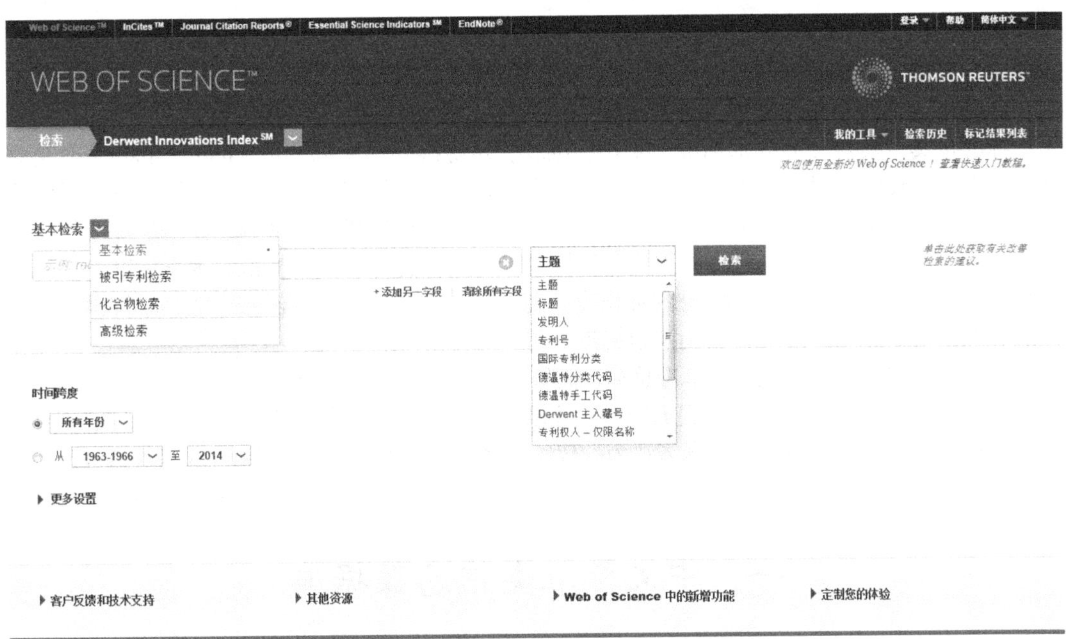

图 6-11 Web of Science™检索平台的 DII 基本检索界面

DII 收录了全球 40 多个专利机构的 1000 多万项基本发明，3000 多万个专利，整合在 Web of Science™ 检索平台上，通过学术论文和技术专利之间的相互引证关系，建立了专利与文献之间的连接，为研究人员提供世界范围内的化学、电子与电气以及工程技术领域内综合全面的发明信息。

DII 的数据每周更新并回溯至 1963 年。利用 DII，用户可以得到完整的专利书目信息，包括所有引用该专利的专利和该专利所引用的专利。DII 提供基本检索、被引专利检索、化合物检索和高级检索四种方式。

DII 只收录发明专利，拥有强大的检索、精练、分析、引用与跟踪等功能，部分提供专利说明书全文链接，并对收录专利进行再加工，对同族专利加以整合。

(二)PATENTSCOPE

世界知识产权组织(WIPO)(http://patentscope.wipo.int/search/en/search.jsf)成立于 1967 年，是联合国下属自筹资金的组织，目前拥有 187 个成员国、由来自 116 个国家约 1238 名工作人员组成，总部位于瑞士日内瓦。网站的 PATENTSCOPE 数据库提供给全球用户可以访问专利合作条约(PCT)的专利申请，在申请日之后的全文格式数据均可查询。可输入检索的关键词包括申请人名称、国际专利分类和多种语言的检索条件。

(三)美国专利商标局网站专利数据库(USPTO)

美国专利商标局网站(http://patft.uspto.gov)是美国专利商标局建立的政府性官方网站，该网站向公众提供全方位的专利信息服务。美国专利商标局已将 1790 年以来的美国各种专利的

数据在其政府网站上免费提供给世界上的公众查询。该网站针对不同信息用户设置了：专利授权数据库、专利申请公布数据库、法律状态检索、专利权转移检索、专利基因序列表检索、撤回专利检索、延长专利保护期检索、专利公报检索及专利分类等。数据内容每周更新一次。

第四节　标准类信息检索

标准(Standard)是对重复性事物和概念所做的统一规定，它以科学、技术和实践经验的综合成果为基础，经有关方面协商一致，由主管机构批准，以特定形式发布，作为共同遵守的准则和依据。内容涉及国民经济各个领域，包括质量、安全、卫生等多种类型。

标准按其性质可分为技术标准、工作标准和管理标准。技术标准(Technical Standard)是对产品和工程建设的质量、规格、技术要求、生产过程、工艺规范、检验方法和计量方法所做的技术规定，反映了当时的技术工艺水平及技术政策，是组织现代化生产、进行科学管理的具有法律约束作用的重要技术文献。根据适用范围可分为国际标准、区域标准、国家标准、地方标准和行业标准及企业标准。根据内容可分为基础标准、产品标准、零部件标准、原材料标准和方法标准。根据成熟程度又可分为法定标准、推荐标准和试行标准。

我国在 1978 年 5 月成立国家标准总局，同年 9 月参加国际标准化组织，现由国家技术标准局负责对标准化工作的领导和管理。根据国家标准化管理条例，我国标准分为国家标准、行业标准(部标准)和企业标准三级。标准的编号方法为：代码+序号+年代。代号采用两位大写汉语拼音字母表示。国家标准代号是 GB，如：GB/T3859.3-1993，表示是 1993 年颁布的国家推荐(T)标准。

一、中文标准类信息数据库

网上中文标准类信息数据库很多，有的是学会与协会办的，有的是各省市、各行业办的。此外，有些综合性数据库中包含了标准数据库，如万方数据库、中国知网、NSTL 中有中国标准、国际标准与各国标准，数据库检索结果可获得标准题目、标准号、起草日期、颁布日期等。常见的一些可检索标准文献的数据库有：中国标准服务网、中国知网、万方数据资源系统、NSTL 中外标准数据库、中国标准服务网、中国标准在线服务网、标准网等。

(一) 中国标准服务网(CSSN)

中国标准服务网(http：//www.cssn.net.cn)，是国家级标准信息服务门户，是世界标准服务网的中国站点(图 6-12)。中国标准化研究院标准馆负责网站的标准信息维护、网员管理和技术支撑。该服务网由国家标准化管理委员会提供中国国家标准数据，国外标准数据从国外标准化机构获取；提供中国国家标准、中国行业标准、地方标准、国际标准、国外标准、国外学(协)标准、技术法规、标准化期刊等百余种数据库的免费检索，标准原文由中国标准化研究院标准馆有偿提供。

中国标准化研究院标准馆收藏有 60 多个国家、70 多个国际和区域性标准化组织、450 多个专业学(协)会的标准以及全部中国国家标准和行业标准共计约 60 多万件。可检索中国国家标准、国际标准、发达国家的标准数据库等 15 种。

(二) 国家标准查询网

国家标准查询网是专业权威的科技创新公共标准服务平台(图 6-13)，平台拥有 400 个国内外标准组织、120 万份标准题录、60 万标准文本，并获得国家创新基金项目。及时收录各行业标准、国家标准、地方标准、ISO/IEC/BS/ASTM 等国际组织标准。平台数据中心由标准数据库、专题标准数据库、TBT/SPS 通报数据库、技术法规数据库、期刊文献数据库、研究成果数据库组成。

图 6-12 中国标准服务网的标准高级检索界面

图 6-13 国家标准查询网标准检索首界面

标准数据库收录有包括国家标准、行业标准、国际标准化组织标准、主要发达国家的国家标准、国外主要专业团体标准在内的 50 多万份标准文本。通过本数据库，用户可以查询到每个标准的题录信息(包括标准的中英文名称、有效性、替代关系、采标关系等)。

专题标准数据库包括了按产业整理归类的国内、国外标准的查询以及购买。

TBT/SPS 通报数据库可以根据通报号、组织成员国、标题关键字对技术性贸易壁垒/实施动植物卫生检疫措施的协议的通报进行查询。

技术法规数据库包括美国 CFR 技术法规，欧盟 Eur-Lex 法规，国内技术法规的检索。

期刊文献数据库收集了与平台研究专题有关的权威性研究报告、主流专业期刊文章、各产业发展相关的学术论文、政府指导文件、技术报告等综合性文献。

研究成果数据库可查找不同研究专题中的研究成果，包括产业专题和 TBT 应对研究。

(三)工业标准咨询网

工业标准咨询网(http://www.csres.com)是专业权威的标准门户网站(图 6-14)，成立于 2005 年 5 月，是目前国内最大、最全的标准化信息服务平台之一，也是目前国内在线咨询量最多的网站之一。工业标准咨询网目前已形成了一套完整的网上标准化信息查询服务系统，提供 400 免费电话、QQ、MSN 和 WEB 客服等在线交流工具和用户进行一对一的人性化服务，为广大用户提供方便、快捷的优质标准化信息服务。工标网采用智能化搜索引擎，只需要输入简单的关键字系统就会自动匹配出相关标准，同时显示各个标准时效以及替代情况。

图 6-14 工业标准咨询网标准检索首界面

工标网拥有海量的标准数据库，同时与行业内系统协作，工标网库内标准包括：国家标准、行业标准、国家军用标准、ISO(国际标准化组织)、ASTM(美国材料与实验协会)、IEC(国际电工委员会)、DIN(德国标准化学会)、EN(欧洲标准)、BS(英国国家标准学会)、JSA(日本标准)等数十个国家的近百万条标准。

通过与国内标准化研究机构的合作关系，可及时得到国内标准的更新数据，以及标准化动态。最新标准公告最迟可在公告发布一周内查询到。国际标准化信息来源全球最大的标准专业网站 IHS.COM。

二、外文标准类信息数据库

(一)国际标准化组织(ISO)

ISO(International Organization for Standardization)(http://www.iso.org)，是世界上最大的

非政府性标准化专门机构，它在国际标准化中占主导地位。ISO 成立于 1947 年 2 月 23 日，总部设于瑞士日内瓦。ISO 的主要活动是制定国际标准，它负责除电工领域外的一切国际标准化工作，协调世界范围内的标准化工作，组织各成员国和技术委员会进行情报交流，以及与其他国际性组织进行合作，共同研究有关标准化问题，推动国际贸易的发展。

ISO 由 110 多个成员国组成，包括欧共体和欧盟的所有成员国，美国、日本、中国、新加坡等。截止 2005 年，ISO 标准已近 13 000 项，涉及除电子、电气外的所有领域。随着国际贸易的发展，对国际标准的要求日益提高，ISO 的作用也日趋扩大，世界上许多国家对 ISO 也越加重视。ISO 的目的和宗旨是在世界范围内促进标准化工作的开展，以利于国际物资交流和互助，并扩大在知识、科学、技术和经济方面的合作。通过 ISO 在线网站，可查询 16 000 多条国际标准信息(图 6-15)。ISO 的所有标准每隔 5 年将重新审定一次，使用时应注意利用最新版本。

ISO　Standards　About us　Standards Development　News　Store　Search ISO

Advanced search for standards and/or projects

Search criteria

Search scope

Published　Under development　Withdrawn

Projects deleted (last 12 months)

Keyword or phrase

(e.g. chemical, chem*, "chemical tests")

in Titles Abstracts Full text of standards

ISO number (e.g. 1,400,9001)

ISO part number (e.g. 1,3,4)

Document type All by default

Can't find what you are looking for?

Tips on how to use the search function can be found on the Help on using search page. If this doesn't help, contact us.

Predefined searches

Standards published this week

Standards published last week

Standards published this month

Standards published last month

Standards published since start of the current year

More searches

ISO Catalogue

图 6-15　ISO 网站标准高级检索界面

(二)德国标准化学会(DIN)

德国标准化学会(http：//www.din.de/de)，德文名称：Deutsches Institut für Normung e.V.，德文缩写：DIN，是德国最大的具有广泛代表性的公益性标准化民间机构，成立于 1917 年，总部始终设在首都柏林。DIN 是德国的标准化主管机关，作为全国性标准化机构参加国际和区域的非政府性标准化机构。

DIN 是一个经注册的私立协会，大约有 6000 个工业公司和组织为其会员。设有 123 个标准委员会和 3655 个工作委员会。DIN 的成员来自工业、协会、公共当局、商业、贸易及研究组织。供职于 DIN 的永久性雇员负责协调国家层面的标准化工作，并负责组织德国参加欧洲和国际层面的标准化工作。

DIN 通过制定规范和标准，对工业、国家和整个社会提供服务。DIN 为非营利性组织，DIN 的主要任务是与各利益相关方密切合作，制定协商一致的标准，以满足市场的需求。目前大约有 28 000 位专家为标准化工作贡献自己的技术和经验。经德国联邦政府同意，DIN 被认可为在欧洲和国际标准组织中代表德国利益的国家标准机构。DIN 目前开展的标准工作中，80%以上

是关于国际标准层面的工作。DIN 网站提供标准类信息检索，可直接查找相关标准信息。

(三)国际电工委员会

国际电工委员会(International Electrotechnical Commission，IEC)(http：//www.iec.ch/)(图 6-16)成立于 1906 年，至 2015 年已有 109 年的历史。它是世界上成立最早的国际性电工标准化机构，国际标准化活动就是从电工领域开始的。IEC 是由各国电工委员会组成的世界性标准化组织，负责有关电气工程和电子工程领域中的国际标准化工作，其目的是为了促进世界电工电子领域的标准化。国际电工委员会的总部最初位于伦敦，1948 年搬到了位于日内瓦的现总部处。

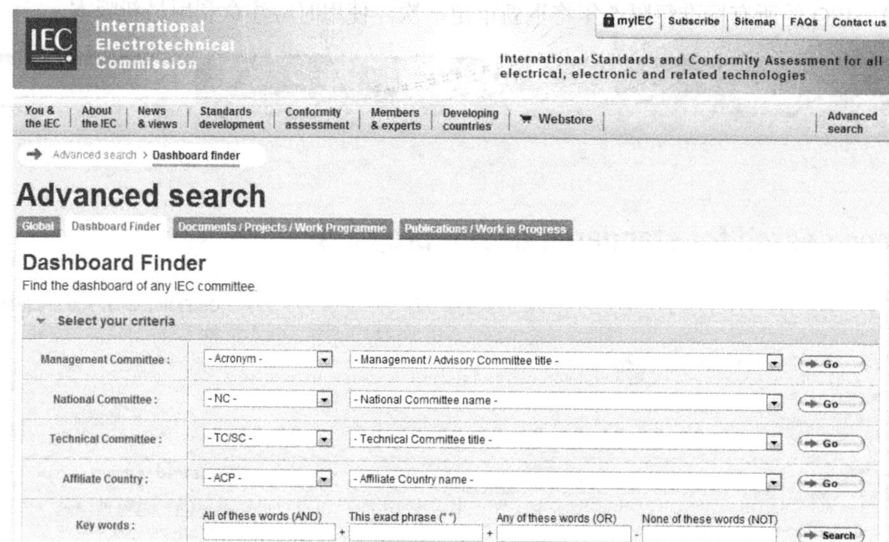

图 6-16　国际电工委员会网站标准高级检索界面

1947 年 ISO 成立后，IEC 曾作为电工部门并入 ISO，但在技术上、财务上仍保持其独立性。根据 1976 年 ISO 与 IEC 的新协议，两组织都是法律上独立的组织，IEC 负责有关电工、电子领域的国际标准化工作，其他领域则由 ISO 负责。IEC 的宗旨是促进电工电子领域中标准化及有关方面问题的国际合作，增进相互了解。为实现这一目的，出版包括国际标准在内的各种出版物，并希望各国家委员会使用这些国际标准。IEC 的工作领域包括了电力、电子、电信和原子能方面的电工技术，现已制订国际电工标准 3000 多个。

近 20 年来，IEC 的工作领域和组织规模均有了相当大的发展。今天 IEC 成员国已从 1960 年的 35 个增加到 60 个。他们拥有世界人口的 80%，消耗的电能占全球消耗量的 95%。IEC 标准号结构形式为标准代号 IEC+顺序号+制定年份。例如 IEC335-2-1980。

分析与思考

1. 请查出我国最新的瓶(桶)装饮用水卫生标准，该标准是否采用了国际标准？

2. 转化医学(Translational Medicine)是近年来国际医学健康领域出现的新概念。中山大学转化医学国际联合研究中心于 2013 年被科技部认定为国家级国际科技合作基地。请查找最近国内外是否即将召开有关转化医学的学术会议？

3. 请利用 PQDT 检索中国大陆地区开展鼻咽癌(nasopharyngeal carcinoma；nasopharyngeal neoplasm；

nasopharyngeal cancer；nasopharynx cancer）研究的学位授予单位及其学位论文数。

4. 某医科大学某课题组就发明的一种华支睾吸虫病 ELISA 诊断试剂盒申请了国内专利。请查找该试剂盒由哪几部分组成？如何使用？目前其专利权归属如何？

5. 帕拉米韦（商品名“Rapiacta”）是一种新型流感病毒神经氨酸酶抑制剂，对甲型、乙型和禽流感病毒均有很强的抑制作用，但其缺陷在于口服生物利用度低，目前只能通过静脉注射给药。某研究团队计划采用靶向前药策略对帕拉米韦的化学结构进行修饰，即把帕拉米韦原药结构的羧基修饰成羧基乙氧基氨基酸、羧基乙氧基二肽或羧基乙氧基三肽，胍基修饰成羧基乙氧基氨基酸、羧基乙氧基二肽或羧基乙氧基三肽，以提高其口服生物利用度。

请查找国内外是否已有人采用该技术来改造帕拉米韦的化学结构？

（朱卫东）

第7章 网络医学信息资源检索

随着计算机网络技术的发展，网络信息资源不断丰富，信息的获取和传播日趋便捷，这在很大程度上改变了人们的工作、学习和生活方式。网络医学信息资源在医学的各个领域，如医学教育、医学科研、医疗过程及医学专业交流中日益成为不可或缺的重要参考内容。因此，了解现存的医学网络信息资源的特点和类型，掌握快捷有效地查寻所需医学信息的方法，将有助于广大医学生的专业学习及专业研究。为此，本章主要介绍了网络信息资源与搜索引擎、国内外重要基础医学网络资源、国内外重要临床医学网络资源、网络医学参考工具书和网络免费医学信息资源等方面的知识内容。

第一节 网络信息资源与搜索引擎

一、网络信息资源概述

（一）网络信息资源的概念

网络信息资源（Network Information Resources）是指以数字化形式记录的，以多种多媒体形式表达的，存储在网络计算机磁介质、光介质以及各类通信介质上的，并通过计算机网络通信方式进行传递和再现的信息集合，这些信息表现为文字、图像、声音、动画、视频等。

网络医学信息资源（Network Medical Information Resources）是指以电子数据的形式将生物医学相关的文字、图像、声音、动画、视频等多种形式的信息存放在光磁等非印刷型的载体中，并通过网络通信、计算机或终端等方式再现出来的信息资源。按其发布形式分为数据库资源、电子出版物资源、医学新闻资源、生物医学软件资源、医学教育资源、市场信息资源、循证医学资源和参考信息资源等。

网络信息资源检索（Network Information Resources Search）则指用户通过网络检索接口软件，提出查询请求并获得网络资源的过程。检索软件是基于网络的分布式特点开发和应用的，即数据分布式存储，大量的数据可以分散存储在不同的服务器上；用户分布式检索，任何地方的终端用户都可以访问存储数据；数据分布式处理，任何数据都可以在网上的任何地方进行处理。

（二）网络信息资源的特点

与传统的信息资源相比，网络信息资源在数量、结构、分布、传播范围、类型、载体形态、控制机制和传递手段等方面都有着明显的差异，呈现出新的特点。这些新的特点赋予了网络信息资源检索与利用的新的内涵。

1. 信息量大，覆盖面广 网络信息资源极为丰富，信息的含量非常大。据统计，截止2014年12月，中国网站总数达到了335万个，网页总数达到1899亿个。由于信息源的增多，网络信息生产速度快，学科覆盖面广，涵盖了各学科领域。因此，在互联网上可以找到各个学科领域的信息资源，方便科研工作者的学术研究。

2. 信息层次多，品种多样 网络信息资源的层次众多，有一次信息、二次信息、三次信息等；有文本、图像、表格、超文本等静态信息；还有声音、动画等多媒体信息。它包括各种数据库、电子书刊、电子报纸、搜索引擎/分类指南、网络学术资源学科导航、BBS 和新闻组等资源，覆盖了各地域、各语种的信息资源。也即网络信息资源是多媒体、多语种、多类型信息的混合体。

3. 信息传播速度快，时效性强 网络信息资源由于网络的动态更新和快捷的实时传递，在充分发挥信息的时效价值方面有着不可替代的优势。每天都有大量新的信息资源上网，原有的信息资源也在不断更新和完善，总是能保证 Internet 用户得到最新最及时的信息资源。例如美国 PudMed 数据库、中国 CNKI 期刊全文数据库等都是每日更新，用户能很快检索到最新的数据信息。

4. 共享性强，检索方便快捷 网络信息资源是一个开放的系统，任何人和机构都能直接连上互联网，在网上搜索所需信息，信息资源的共享成了它最大的特点和优点。同时，网络信息资源利用超文本链接，构成了立体网状文献链，把不同国家、不同地区、各种服务器、网页、不同文献通过结点链接起来，增强了信息间的关联程度。通过各种专用搜索引擎及检索系统使信息检索也变得方便快捷。更重要的是，同一种信息资源可以用多种方式来访问，生物医学上最典型的例子就是 DNA 序列数据库 GenBank，几乎目前所有的网络工具都可以访问它。

5. 信息资源的交互性强 与传统的媒介相比，交互性是网络信息传播的一大特点，具体体现在它具有主动性、参与性、交互性和操作性。因为网络是一种双向媒介，它的传播模式不是一点对多点，而是多点对多点，因此人们随时可以在网络上交互信息。

6. 信息内容广泛，质量良莠不分 网络信息资源几乎包含了科学、政治、商业、娱乐等所有领域，在网上不仅有题录、摘要乃至全文，还有许多专门数据库及虚拟图书馆。但是，这些网络信息大都没有经过严格的审查，信息发布具有很大的随意性和自由度，缺乏必要的过滤监督和质量控制，因此信息质量良莠不分、参差不齐。正式出版物与非正式出版物交织在一起；科技信息、学术信息、商业信息、个人信息与一些暴力、色情等污染信息混为一体；既有大量国际水平的研究成果，也有许多涂鸦之作和虚假信息，给利用有价值的网络信息带来极大的不便。

7. 信息分散无序，缺乏统一管理 网络信息资源的分散表现在信息没有一个控制中心，各种信息分布在不同网站，由不同的管理人员管理，并且信息的 URL、链接、内容都处于经常性的动态变化中，其变化、更迭、新生、消亡随时都在发生。这种前所未有的自由度使网络信息资源的共建和共享变得潜力无穷，然而也使信息资源处于无序状态，而且海量的信息和快捷的传播加剧了这种无序状态，许多信息资源缺乏加工和组织（只是时间序列的信息堆积），缺乏统一管理。因此，信息检索的完整性、全面性和系统性难以保证。

（三）网络医学信息资源的类型

网络医学信息资源种类繁多，按照不同的标准可以划分为不同的类型。

1. 按信息的用途划分

（1）搜索引擎（Search Engine）和馆藏联机目录（Online Public Access Catalog，OPAC）：搜索引擎是互联网上具有检索功能的网页。其功能是接受用户的提问，通过采集网页信息，为查询者提供相关信息所在的网址。除了常用的综合性搜索引擎，如 Google、百度、Yahoo!等，还有学术搜索引擎和医学专业搜索引擎，如 Medical Matrix、HONselect、HONHunt 等。搜索引擎是快速查找相关信息的不可或缺的网络工具。

馆藏联机目录是各图书馆现实馆藏文献的检索系统，在揭示馆藏文献内容和提供检索、馆藏利用以及馆际互借、资源共享等方面发挥着非常重要的作用。目前，全球有上千所著名的公共图书馆、大学图书馆及学术机构将其馆藏目录通过互联网向公众免费开放。这些图书馆馆藏目录检索系统称为“联机公共检索目录”（Online Public Access Catalog，OPAC）。例如，美国国立医学图书馆（NLM）（http://www.nlm.nih.gov）在网上提供馆藏目录检索。我国的中国高等教

育文献保障系统(CALIS))和国家科技文献图书中心(NSTL)，通过网络提供中外文书刊联合目录和会议学位论文的检索、馆际互借和文献传递服务。世界上最大的联机图书馆文献数据中心OCLC 系统也连入互联网，内容涉及科技、医学、人文科学和社会科学。越来越多的图书馆在提供联机馆藏目录的同时，开始提供流通服务，读者可联机提出借阅请求，图书馆可将图书或文献邮寄给读者。

(2)网络数据库(Network Database)：网络数据库主要是指出版商和数据库生产商在 Internet 上发行的出版物和数据库。它可以是电子图书、电子期刊、电子报纸等一次文献数据库，也可以是文摘、索引、目录等二次文献数据库。网络数据库通常经订购后直接通过互联网或经本地镜像站点访问检索，同时依托网络发行传递的快捷方便，将信息检索、原文传递和最新文献报道等服务融为一体。

题录型数据库中最著名的是美国国立医学图书馆(National Library of Medicine，NLM)免费提供的 PubMed 数据库，此外，TOXNET、CANLIT、美国专利数据库、中国期刊题录数据库、中国专利数据库等也都是提供免费检索。商用数据库如著名的联机检索系统 Dialog 和 STN 都通过网络提供多种医学数据库查询。国内有中国生物医学文献数据库(CBM)、中文生物医学期刊数据库(CMCC)及中国科技文献数据库(CSTDB)等题录型数据库，可以对光盘塔局域网或网上注册的用户提供服务。

全文型数据库目前主要有 ProQuest Medical Library、OVID、Science Direct 全文检索系统、EBSCO 数据库及中国知网(CNKI)提供的清华全文期刊数据库、中国博士论文全文数据库等，这些数据库大都需付费或注册使用。

事实型数据库主要提供百科知识、具体事实、基因序列、药物结构、医学图像、病理切片等信息。如提供百科知识的大英百科全书(Encyclopedia Britannica)、维基百科；提供植物药信息的“中国植物志”；提供文献计量和引文分析信息的 SCI；提供生物学事实信息的 NCBI 下属的系列数据库如基因序列库、核酸序列库、蛋白结构库等。

数据型数据库主要提供各种统计数字、参考值、科学测量数据、科学观测数值等。如提供世界卫生统计数据的 GHO、美国卫生部疾病预防和控制中心的 National Center for Health Statistics 等。

(3)电子出版物资源(Electronic Publication Resources)：通过网络浏览、下载、阅读资料，已逐渐成为现代人的阅读习惯，这得益于网络上大量的以 PDF 文件形式存在的电子出版物。电子出版物主要包括电子图书、电子期刊和电子报纸等。

与印刷型图书、参考工具书相比，电子图书内容更丰富，使用更方便，数据更新颖。Merck 公司在网上提供默克(Merck)诊断治疗手册、药物手册及医学信息手册的部分内容，可免费利用；Free-ebook 网提供包括医学健康在内的免费图书；超星公司对国内 40 多万种图书进行数字化加工，并提供网上阅览服务，其中生物医学图书有几千种；Elsevier、Springer 也将一些经典的教材、著作和图谱，制作成电子书发行，如《西氏内科学》《格氏解剖学》等。

电子期刊也是如此。大量传统期刊建立了自己的网站，在网上提供检索、阅览、下载和提交论文等服务，其中有很多期刊由原来的订阅方式改进为开放存取，提供用户免费阅读和下载。目前网上免费生物医学期刊主要有 Highwire Press、PubMed Central、DOAJ 等。我国部分期刊也有自己的网站，提供目次、文摘和部分全文，如万方数据资源系统和中国学术期刊网提供数字化的期刊，有近 2000 种科技期刊全文在网上供注册用户使用。另外还有一些是新创办的开放存取电子期刊，如 PLoS 系列期刊，由于其获取方便、质量高而逐渐受到业界的关注。

目前全球上网的报纸已有几千种。各大传统报纸都发行了自己的网络版，如国外有 Science Daily、Physiweekly、International Medicine World Report 等，国内有《健康报》《中国医学论坛报》《中国中医药报》等。

(4)网络医学教育信息资源(Network Medical Education Resources)：包括针对医学专业人员

的职业教育资源和针对普通大众及患者的普及教育资源。前者有来自于各医学院校的继续医学教学内容，也有来自专门网站的资源，如由 WHO Collaborating Center University of Pittsburgh 创办的 SuperCourse，就提供了卫生和预防医学领域的各种专题讲座达 5520 个（31 种语言），这些讲座由来自 174 个国家的 56 000 个科学家免费提供。Medical student.com 链接到在线医学教材、医学期刊、继续医学教育和论坛考试信息等。中国高等学校教学资源网（http://www.cctr.net.cn/）集中了国内的精品课程。目前，许多专业生物医学网站都专门设有针对普通大众及患者的医学信息，如美国癌症学会、美国内科医师学会、美国癌症研究所下的医生咨询数据库（PDQ）都提供丰富可靠的病人教育资源。一些权威协会、期刊的网页中也提供病人教育信息，包括各种疾病的病因、诊断、治疗标准和预后等详细易懂资料。

（5）网络循证医学资源（Network Evidence-Based Medicine Resources）：循证医学（EBM）是遵循科学证据的临床医学。1979 年英国 Archie Cochrane 提出以系统综述来总结和更新医学各科临床随机对照实验结果，并于 1993 年成立世界 Cochrane 中心协作网。迄今 Cochrane 协作网已发展成为包括六大洲 13 个国家，有 15 个中心的世界性组织。

（6）其他医学信息资源（Other Medical Resources）：包括医药市场信息资源、生物医学软件资源、医院、医学院和医生信息资源以及一些如论坛、博客、播客、电子邮件、电子公告、邮件讨论组、网络新闻组等资源。

2. 按采用的网络传输协议划分

（1）WWW 信息资源：WWW（World Wide Web，万维网）是指建立在超文本（Hypertext）、超媒体（Hypermedia）技术的基础上，集文本、图形、图像、声音为一体，并通过浏览器（Browser）提供一种友好生动的图形查询界面的网络信息资源形式。由于它能方便迅速地浏览和传递分布于网络各处的文字、图像、声音和各种超文本信息，因此在 20 世纪 90 年代中后期得到迅速发展。它是全世界人们查找和共享信息的最佳方式。互联网上的 WWW 服务器以每年翻几番的速度增长，成为互联网信息资源的主流。

（2）Telnet 信息资源：Telnet 是 Internet 的远程登录协议，允许用户将自己的计算机作为某一个 Internet 主机的远程终端与该主机相连，从而使用该主机的硬件、软件和信息资源。简言之，就是通过远程登录后，可以访问、共享远程系统中的资源。目前许多机构都建立了可供远程登录的信息系统，如各类图书馆的公共目录系统（OPAC）、信息服务机构的综合信息系统、政府和公共事业部门的信息系统、商业化数据库系统等。例如：美国国会图书馆信息系统所提供的目录数据、联邦立法数据、版权数据、盲文和视听资料数据、外国法律数据、机构数据等，用户可通过 Telnet 进行查询。

（3）FTP 信息资源：FTP（File Transfer Protocol，文件传输协议）是互联网上历史悠久和应用广泛的网络工具。它允许人们通过协议连接到 Internet 的一个远程主机上读取所需文件，并下载到自己的计算机上。传送的文件可以是文本、图像、声音、多媒体、数据库和可执行的二进制代码。从某种意义上来说，FTP 就相当于在网络上两个主机间拷贝文档。它曾经是互联网信息流量的主力，目前仍然是获取免费软件和共享软件资源不可或缺的工具。

（4）USENET/Newsgroup 信息资源：USENET 是 Internet 上的一种应用软件，用于提供新闻组（Newsgroup）服务。在这个服务体系中，有众多的新闻服务器，它们作为 Internet 主机运行的服务器（News Server）软件，接收和存储有关主题的消息，供自己的用户查阅。用户可在自己的主机上运行新闻组阅读器软件（News Reader），申请加入某个新闻组，并从服务器中读取新闻组消息或将自己的意见发送到（称为“张贴”）新闻组中。用户可查阅别人的意见并予以回复，由此反复形成讨论，所以新闻组又称“电子论坛”。

（5）Listserv/Mailing List 信息资源：互联网上进行交流和讨论的工具主要有三种，除上述的 USENET/Newsgroup（新闻组）外，还有 Listserv（电子邮件群）和 MailingList（用户邮件群）。这三种工具的原理和功能非常相似，均用于网络用户间的信息交流。

(6) WAIS 信息资源：WAIS (Wide Area Information Server，广域信息服务器) 是由思维计算机公司等设计的一种双层客户机/服务器结构的网络全文信息资源和检索体系。WAIS 客户机管理输入输出，将用户检索要求转换成标准检索指令传送给 WAIS 目录服务器或数据库服务器，或接受和显示检索结果。目录服务器提供 WAIS 网络中各个数据库服务器的名称、网络地址、内容描述和关键词。在一个 WAIS 检索过程中，客户机首先检索目录服务器，获得相关数据服务器名称，再从中选择合适的数据服务器，修改和重新执行原有检索，获得按检索词出现次数降序排列的相关数据文件名称，用户可直接调出和浏览这些文件。如今，我们可用万维网浏览器来做 WAIS 客户机，直接在浏览器地址输入框内输入 WAIS 目录服务器的 URL。

(7) Gopher 信息资源：Gopher 又称信息鼠，是一种基于菜单的网络服务，类似万维网的客户/服务器形式的信息资源体系。全部操作是在一级级菜单的指引下，用户只要在树型结构排列的多层菜单中逐级深入，选择特定的选项，就可以检索到所需要的信息，而不必考虑这些信息的存储方式和存储地点。这也反映了 Gopher 的另一优势，即它可以跨越多个计算机系统，运行本地计算机的 Gopher 客户程序就可以与世界各地任何一个 Gopher 服务器连接并共享信息。此外，Gopher 还可以提供与其他信息系统，如 WWW、FTP、Telnet、WAIS 等的连接。

3. 按医学信息的专业内容划分 按医药卫生的学科属性进行划分，网络信息资源可分为综合医学网站资源和专科医学网站资源。综合性医学网站，如美国国家卫生研究院的网站 (http://www.nih.gov)、美国国家医学图书馆 (http://www.nlm.nih.gov) 等，提供了卫生信息和数据库、生物学伦理和生物技术技术资源、资助项目和医学新闻等医学综合信息。网上也有大量的针对专科医学的信息资源，如各种专业协会的网站，诸如美国预防医学会 (http: //www.acpm.org)、美国生理学会 (http://www.the-aps.org)、美国胃肠病协会 (http://www.gastro. org)、美国牙科协会 (http://www.ada.org) 等，提供了大量的有关专业领域的信息资源。

二、搜索引擎

Internet 的飞速发展，网上资源日新月异，呈爆炸性增长，且网络信息浩瀚纷杂，如何高效、准确地找到自己所需的信息已成为用户迫切关注的问题。为此，各种网络信息检索工具应运而生。网络搜索引擎正是一种能够通过 Internet 接受用户的查询指令，并向用户提供符合其查询要求的信息资源网址的系统。

搜索引擎 (Search Engine)，广义上是指一种基于 Internet 的信息查询系统，包括信息存取、信息管理和信息检索；狭义上是专指伴随着 WWW 信息资源出现的、为搜索 Internet 上的信息而设计的检索软件。搜索引擎既是用于检索的软件，又是提供查询、检索的网站。因此，搜索引擎也可称为 Internet 上具有检索功能的网页。搜索引擎具有检索面广、信息量大、信息更新速度快、特定主题的检索专指性强等特点，被誉为网络信息检索的导游。

搜索引擎的种类很多，按不同标准划分有不同的类型。按检索方式划分有主题分类指南和关键词搜索引擎两类；按检索机制划分有独立搜索引擎和元搜索引擎两类；按检索内容范围可将搜索引擎划分为综合型搜索引擎 (也叫通用搜索引擎)、专业搜索引擎和学术搜索引擎等。目前，网络上数以万计的搜索引擎随着信息技术和网络检索技术的迅速发展，其检索功能也不断得到加强。

(一) 综合型搜索引擎

1. Google Google (http://www.google.com) 成立于 1998 年，创始人为斯坦福大学的两名博士生 Larry Page 和 Sergey Brin。Google 是目前被公认的全球最大的搜索引擎，也是第二代搜索引擎和关键词搜索引擎。Google 在网页级别技术、动态摘要、网页快照、Daily Refresh、多文

档格式支持、多语言支持、图像搜索、用户界面等方面进行革新，它以检索功能强大、搜索信息准确而备受赞誉。Google 允许以多种语言进行检索，在操作界面中提供包括英、法、德、日、俄、中文等 30 余种语言选择，同时还可以在多达 10 多个国别的专属引擎中进行选择。其网页评级机制 PageRank 于 2001 年被授予了美国专利。

Google 平均每月更新一遍，对部分网页每日更新。目前提供 Google 工具条、网页快照、图像搜索、新闻组及网页目录搜索等服务功能。

2. 百度 百度(http://www.baidu.com)是全球最大的中文搜索引擎、最大的中文网站。成立于 1999 年，采用“超链分析”技术搜集了 3 亿中文网页，搜索范围涵盖了中国、新加坡等华语地区以及北美洲、欧洲等部分站点，拥有世界上最大的中文信息库，被认为是第二代中文搜索引擎核心技术的代表。百度搜索简单方便，是集新闻、网页、贴吧、知道、MP3、图片、视频、地图、百科等搜索为一身的综合性搜索引擎。检索词间的空格默认为逻辑关系。特色检索栏目有百度百科、百度文库等。

3. Yahoo! Yahoo!(http://www.yahoo.com/)成立于 1994 年，是由美籍华人 JerryYang(杨志远)与 David Filo 创办，是最老的“分类目录”搜索数据库，也是目前最重要的搜索服务网站之一，它所收录的网站全部被人工编辑按照类目分类。其数据库中的注册网站无论是在形式上还是内容上质量都非常高，有英、中、日、韩、法、德、意、西班牙、丹麦等 12 种语言版本，各版本的内容互不相同，提供目录、网站及全文检索功能。其目录分类比较合理，层次较深，类目设置比较适合检索，检索结果精确度较高。其中文网址是：http://cn.yahoo. com。

(二)专业搜索引擎

专业搜索引擎是特定学科的信息检索工具，用来搜集和组织专业性较强的学术信息资源。专业搜索引擎具有很强的学科针对性，能够排除冗杂信息，提高检索的查准度。

下面介绍几种重要的医学专业搜索引擎。

1. Medical Matrix(医源) Medical Matrix(http://www.medmatrix.org)是 1994 年由堪萨斯大学创建，现由美国 Medical Matrix L.L.C.主持，是目前最重要的临床医学专业搜索引擎之一。致力于提高医务人员利用网络临床医学资源的效率，服务对象主要面向临床医师和卫生工作者。Medical Matrix 以搜集网上的临床医学信息为主，且收录的网站全部经过资深医学编辑的认真评审、归类分级并做简要概括。在等级评价标准方面，特别注重考查网站信息质量、内容丰富程度、多媒体特性和可获取性等指标，以保证质量。并对所收录的资源质量分为五级，分别用一至五颗黄色五角星(★)表示。Medical Matrix 将经过审核评定为最精彩、最权威的网站标为五星级资源(★★★★★)。

Medical Matrix 的检索方法有关键词检索和分类目录检索两种。在使用前必须先进行注册。

(1)关键词检索：Medical Matrix 提供了两种关键词检索方式：基本检索和高级检索。为了方便用户正确输入关键词，Medical Matrix 在主页提供了拼写检查工具“Medical Spell Checker”。用户输入一个单词后，系统能返回词形相近的若干单词供选择。

1)基本检索：在主页的检索框中输入关键词，选择关键词匹配方式和检索范围，点击 Search 按钮进行检索。

匹配方式：Medical Matrix 关键词匹配方式有三种：Exact Phrase、All Words 和 Any Words。例如，检索关于“再生障碍性贫血”的网站资源，输入“aplastic anemia”关键词后，应首选“Exact Phrase”匹配方式(系统默认的匹配方式)，然后可根据需要选择其他匹配方式。因为“Exact Phrase”匹配方式能提高检准率，其他匹配方式有助于提高检全率。

检索范围：系统提供 Entire Site(所有网站)(系统默认值)、News Resources Only(仅限于新闻资源)、Path./Clinical Image Resources Only(仅限于病理/临床图像资源)、X-Ray Image Resources Only(仅限于 X 线图像资源)、Patient Education Resources Only(仅限于病人教育资

源)、CME Resources Only(仅限于继续医学教育资源)、Drug Categories Only(仅限于药物类资源)等七个选择范围。

2)高级检索：在主页点击“Advanced Searching Options”，进入高级检索界面，如图 7-1 所示。与基本检索相比，高级检索提供了更加强大的检索功能：①同义词检索功能(选定“Also search for synonyms of search term”)，有利于提高查全率。②检索范围更精确，不仅包括基本检索所有类目，还增加了 Abstracts、Cases、Continuing Education(CE)、Classifieds、Directories、Educational Materials、Forums、Full Text/MultiMedia、Journals、Maior Sites/Home Pages Practice Guidelines/FAQs、Procedures、Searches、Textbooks 等十多个类目。

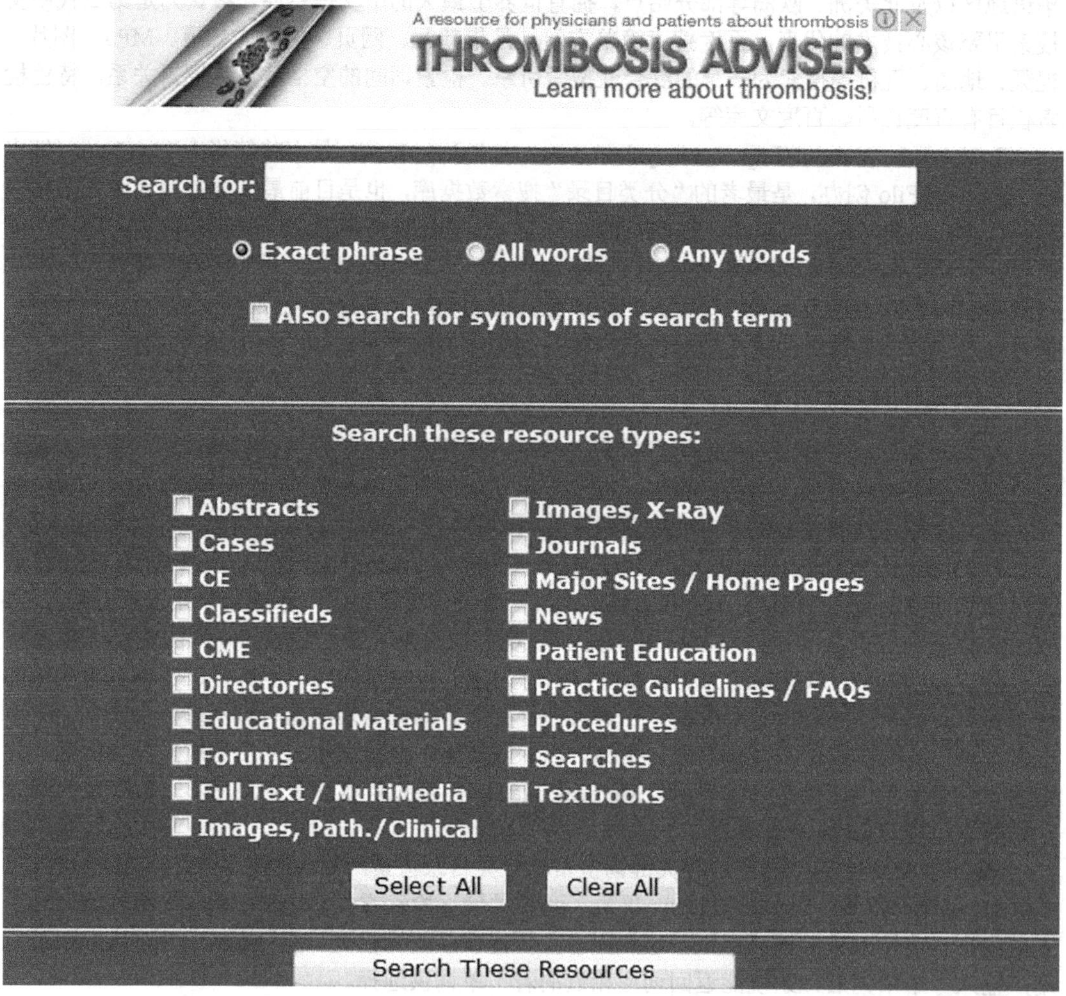

图 7-1 Medical Matrix 高级检索界面

(2)分类目录检索：用户在页面所列的主题类别中进行逐层选择，通过超级链接，最终获得所需网站的列表。Medical Matrix 将临床医学资源分为以下八个大类(图 7-2)：专业(Specialties)、疾病(Diseases)、临床实践(Clinical Practice)、文献(Literature)、教育(Education)、卫生保健和职业(HealthCare and Professionals)、医学计算、网络和技术(Medical Computing、Internet and Technology)、市场(Marketplace)八个大类，每一类下又继续细分。

大类下根据疾病和临床医学学科的特点分为 120 个小类(按字顺排列)，每个小类下再根据内容的性质分为 News(新闻)、Full Text/MultiMedia(全文和多媒体)、Abstracts(摘要)、

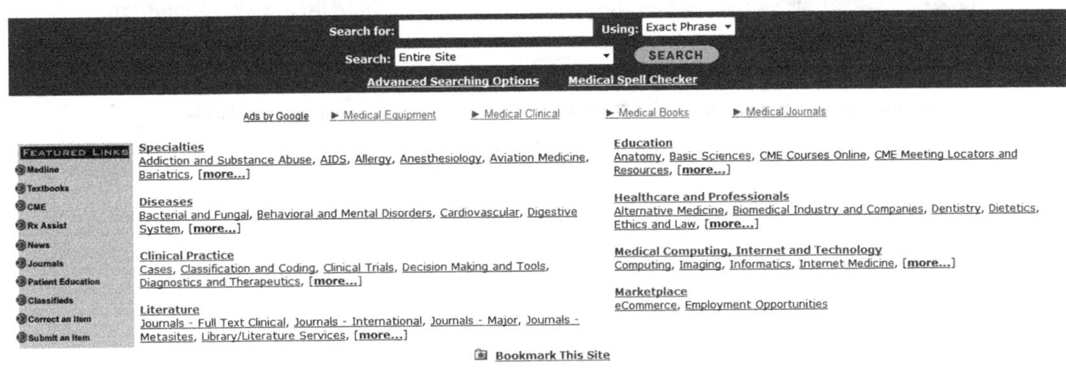

图 7-2 Medical Matrix 分类目录界面

Textbooks（教科书）、Major Sites/Home Pages（主要网址/主页）、Procedures（操作手册）、Practice Guidelines/FAQS（实践指南/常见问题答疑）、Case（病例）、Images、Path / C1inical（影像学/病理切片）、Patient Education（患者教育）、Educational Materials（教育资源）等 3 级类目。

在主页面的左栏还有一个"featured links（特色连接）"分类，包括 News（新闻）、Journals（期刊）、Patient Education（患者教育）、Textbooks（教科书）、CME（医学继续教育）等。点击此分类目录，可以了解该类目下收录的所有网站情况，通常情况下这些类目又组成了上述八大类目的子类目。这种资源分类方法类似 MeSH 的主题词和副主题词结构。

2. HONselect HONselect（http://www.hon.ch/HONselect/）是一个多语种、智能型、功能强大的针对医药卫生领域中不同种类网络信息资源的搜索引擎，具有英文、法文、德文、西班牙文、葡萄牙文和汉语等六个版本。HONselect 又是一个整合后新的医疗与健康消息搜索引擎，其核心是美国国家医学图书馆（NLM）的医学主题词表（MeSH）中 33 000 多个医学主题词。HONselect 不仅允许用户查访 33 000 多个医学主题词的树状等级结构和释义，而且提供通过 MeSH 系统将四个独立分散的数据库整合到一起（表 7-1）后的信息资源查询。

表7-1 HONselect整合的四个数据库

数据库	功能简介
Medline	最具权威的医学文献数据库
HONmedia	HON 收录的 1200 个不同主题的 1700 多个医学影像资源均按 MeSH 表进行分类标引
NewsPage	每日更新的医学新闻
MedHunt	针对医药卫生领域的医学专业搜索引擎

（1）特色：该搜索引擎采用统一的检索界面对 MeSH 词、权威科学论文、医疗信息、Web 地址和多媒体资源提供一站式搜索服务。这是对传统搜索引擎单纯的网站查询模式的大胆革新。HONselect 在信息量、易用性、多功能等诸多方面首屈一指。此外，多语种及使用 MeSH 系统组织网络信息资源，也是其突出特色。

（2）检索方法：HONselect 提供了分类目录检索和关键词检索两种检索方式。如图 7-3 所示：

1）分类目录检索：HONselect 提供了四种分类目录检索入口：①"Explore the 33 000 Separate Medical MeSH Terms" 允许用户浏览整个 MeSH 系统，默认状态下，疾病类主题词是展示在主页上，层层深入选择，最终找到合适的主题词和资源列表。②"Select a Subject form Four Popular Categories" HONselect 将所有主题词整合在四组类目下：Diseases（疾病）、Viruses&

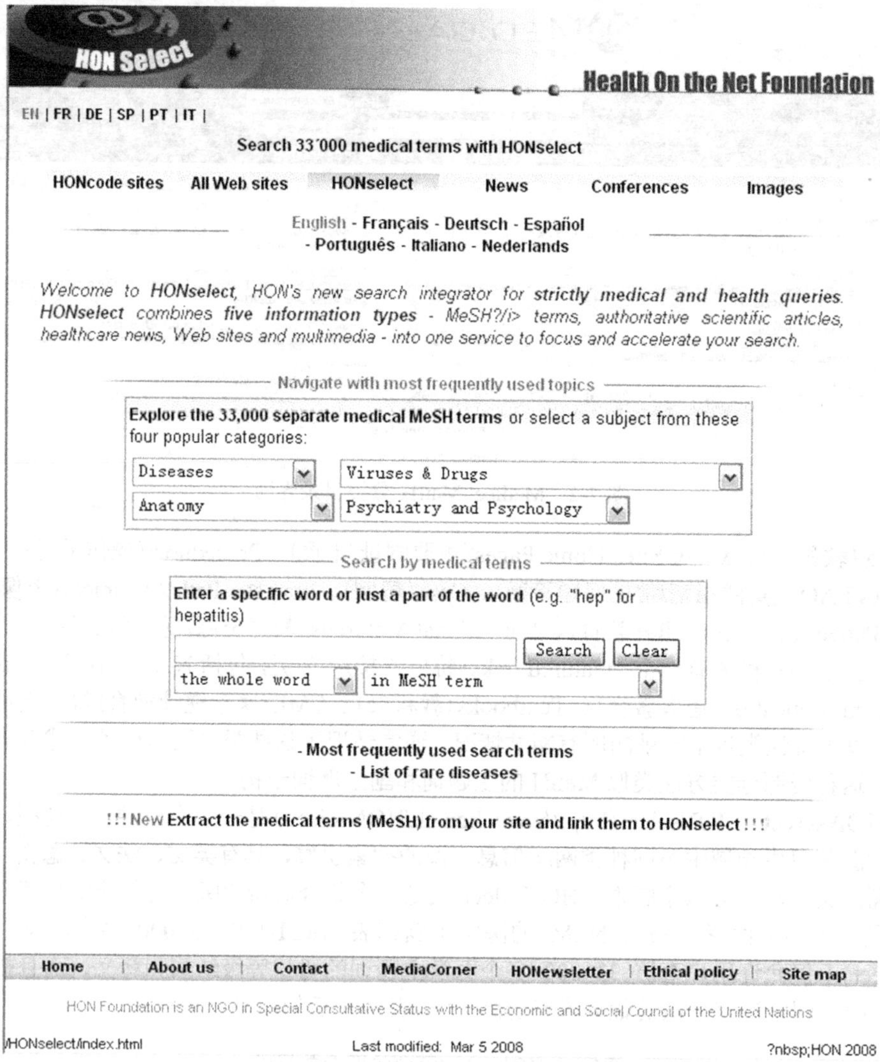

图 7-3　HONselect 的分类目录检索和关键词检索界面

Drugs(病毒和药物)、Anatomy(解剖)、Psychiatry and Psychology(精神病学和心理学)。从这四组类目的下拉式菜单中选择一个主题后，系统自动查找并进入 MeSH 的相应位置，列出相关的资源。③“List of favorites” 按英文字母顺序列出了人类常见疾病的主题词。每个主题词都是一个超链接，点击后，进入 MeSH 词的相应位置并列出资源。④“List of rare diseases” 按英文字母顺序列出了人类罕见疾病的主题词。每个主题词都是一个超链接，点击后，进入 MeSH 词的相应位置并列出资源。

2) 关键词检索：用户可在文本框中输入一个单词或单词的一部分，如“park”代表“Parkinson”；也可在表单中输入一个以上的单词，这时，这些单词中的虚词一般会被忽略(与 MedHunt 的处理原则相同。例如，输入“heart and diseases”或“heart or diseases”都将检索“heart diseases”)。如果输入了一个以上的单词，那么可以在下面的下拉菜单中选择是检索“整个单词”，还是检索“单词的一部分”，是仅在 MeSH 词中检索，还是在 MeSH 及其描述中检索。

(3) 检索结果：如果 MeSH 中有不止一个主题词含有用户的检索词，则全部列出；和检索词密切相关(但不含有检索词)的主题词也全部列出。用户可根据需要选择其中的一个主题词进入。无论是哪种检索方法，结果显示的页面格式基本相同。HONselect 检索结果页面的组成结构见表 7-2。

表7-2　HONselect检索结果页面的组成结构

基本组成内容	包含的具体信息
MeSH Hierarchy	给出主题词的释义以及能与之组配的副主题词，也给出可检索的相关词，并显示选定主题词在 MeSH 树状结构中的位置
MEDLINE's articles	包括 PubMed 检索关键词的链接，可以选择进入全部类目(ALL)或者病因、诊断、治疗、预后及其回溯检索和精确检索
Web Resources	显示该关键词检出的全部网站(网页)的列表。对每个网页，都有网页介绍，网页名称、所属网站、所属网站介绍等内容
Medical Images	显示该关键词检出的全部医学影像的缩略图和名称。点击缩略图或名称能够打开该影像，影像清晰，有部位名称和解释
Medical News	显示近期相关新闻的列表。通过点击新闻标题阅读新闻
Medical Conferences/Events	近期相关会议或事件列表。列出时间、名称、性质、国家
C1inical Trials	列出来自 Clinical Trials. gov 网站的临床试验信息

3. Medscape、RxList　MedScape 和 RxList 是 WebMD 旗下的两个重要门户网站。WebMD 是目前美国最大的医疗健康服务网站，拥有全球最丰富的健康医疗资讯。创立于 1996 年，曾用名 Healthscape、Healtheon、Healtheon/WebMD。WebMD 提供医疗卫生信息、疾病症状清单、药物信息、医生博客、个人信息存储等服务。

Medscape(http://www.Medscape.com)最初由美国 Medscape 公司于 1994 年研制，1995 年 6 月投入使用，由功能强大的通用搜索引擎 AltaVista 支持，可检索图像、声频、视频资料，是 Web 上最大的免费提供临床医学全文文献和继续医学教育资源(CME)的网点，目前属于 WebMD 旗下的一个专业门户网站。该网站涵盖 30 多个医学领域的最新信息，提供经同行评议的原始研究论文、继续医学教育信息、MEDLINE 数据库检索、每日医学新闻、医学会议、药物信息、药物交互检查器、医生论坛等，用户注册后即可免费获得所有服务。

该网站主页上(图 7-4)提供专业类目(Special Ties)(按英文首字母顺序排列)导航和关键词

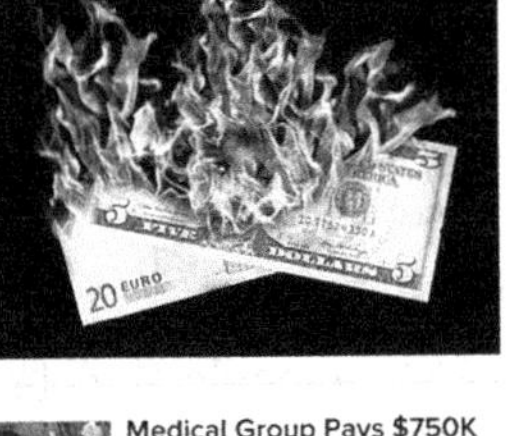

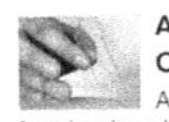

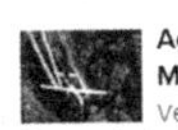

图 7-4　Medscape 主页

检索服务。此外，还提供了“Drugs & Diseases”和“CME & Education”两个链接。通过“Drugs & Diseases”可以查找药物、疾病和一些规程(procedures)。单击“CME & Education”则链接到“Medscape Education(其网址为 http://www.medscape.org)”，其主要是为医生、护士和其他医护专业人员提供继续教育，包括 30 多个提供 CME/CE 课程和网站。

RxList(http://www.rxlist.com)作为 WebMD 旗下的又一重要门户网站，主要为用户提供最新的详细的药物信息，这些信息来源于药剂师和医生的专业文献和一些权威的网站或数据库如 FDA、First Data Bank 等。用户可以通过药名首字母索引检索(普通药名或商品名皆可)，也可以直接在检索框中输入普通药名或商品名进行检索。

4. Oncolink Oncolink(http://www.oncolink.org)是由美国宾夕法尼亚大学癌症中心(UPCC)于 1994 年开发的一个免费全文癌症信息检索网站，是 Internet 上的第一个多媒体肿瘤学信息资源服务中心。信息内容涉及肿瘤学研究最新进展、肿瘤诊断和治疗，以及病因、普查和预防等，旨在向肿瘤患者和医护人员提供原始文献和高质量的网络癌症信息资源。Oncolink 的主页内容包括：主题菜单、导航菜单、帮助系统与相关链接、专题分类菜单等，其中专题分类菜单是分类检索的主体。

(三)学术搜索引擎

学术搜索引擎是垂直搜索引擎的一种，在技术上与普通搜索引擎是一样的，只是设定的搜索范围不同而已。学术搜索引擎以网络学术资源为索引对象，一般涵盖互联网上的免费学术资源和以深层网页形式存在的学术资源，通过对这类资源的爬行、抓取、索引，以统一的入口向用户提供服务。学术搜索引擎使用户可以通过一个简单的界面访问多种异构分布的资源。

1. Google 学术搜索 Google 学术搜索(http://scholar.google.com.cn)是建立在 Google 搜索引擎的基础上，直接面向科研需要的学术资源的网络检索工具。Google 学术搜索不仅从 Google 收集的上百亿个网页中筛选出具有学术价值的内容，而且最主要的方式是通过与传统资源出版商的合作来获取足够的、具有学术科研价值的文献资源。其文献信息来源主要有以下几个方面：一是学术性商业数据库，如 Association for Computing Machinery、PubMed、IEEE 等；二是出版社的网站，如 Springer、Wiley 等；三是域名为“.gov”“.org”“.edu”的网站，即政府机关、教育机构的网站。

Google 学术搜索的检索范围涉及医药、物理、经济及计算机科学等多个学科领域，搜索的文献类型包括学术性刊物文章、研究机构论文、技术报告、摘要等。2006 年中文版的 Google 学术搜索正式上线后，可帮助用户搜索到万方数据资源系统、维普资讯、主要大学发表的学术期刊及论文、公开的学术期刊以及网上可以搜索到的各类文章、技术报告和摘要等中文学术资料。此外，Google 学术搜索还推出了一项新的服务——统计指标(Google Scholar Metrics)，即提供按 h5 指数和 h5 中位数排名的期刊列表，帮助用户了解高被引期刊和热门期刊。

Google 学术搜索的检索功能灵活、强大，可支持多种字段检索、特定文件类型检索等，并可以按用户的习惯设置检索界面。Google 学术搜索提供基本检索和高级检索两种检索模式。基本检索为默认模式，使用简单、快捷，用户可通过 Google 学术搜索主页(图 7-5)直接输入关键词、人名、期刊名或人名和期刊名的组配缩小检索范围，获取所需的学术文献信息。而高级检索用户则可进行特定条件限定检索。Google 学术搜索高级检索界面设置了 4 个选项限定内容，包括查找文章(fand articles)、作者(authored)、出版物(published)、日期限制(dated)。

快讯 统计指标 设置

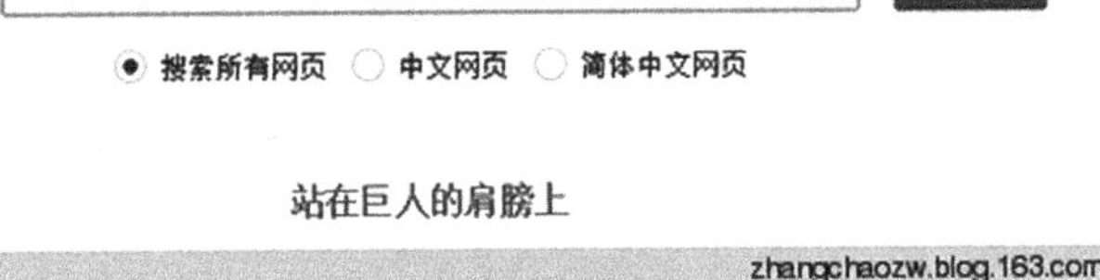

图 7-5 Google 学术搜索主页

2. 百度学术搜索 百度学术搜索(http://xueshu.baidu.com)是百度旗下的提供海量中英文文献检索的学术资源搜索平台(2014 年 6 月初上线)，涵盖了各类学术期刊、会议论文，旨在为国内外学者提供最好的科研体验。百度学术搜索可检索到收费和免费的学术论文，并可通过时间筛选、标题、关键字、摘要、作者、出版物、文献类型、被引用次数等细化指标提高检索的精准度。百度学术搜索频道还是个无广告的频道，界面极为简洁(图 7-6)，保持了百度搜索一贯的简单风格。

Baidu 学术

高级搜索 百度一下

全部领域 换

采空区	83.2万	光子带隙	78.3万	预防和控制	77.0万
红壤	88.6万	白芍	83.7万	诺贝尔文学奖	79.1万
罗马帝国	82.7万	断奶仔猪	77.5万	光子晶体波导	79.7万
幼儿教育	78.1万	农村信用合作社	86.0万	上海博物馆	80.7万
高中数学	84.1万	预应力混凝土	80.7万	农艺性状	83.6万
露天矿	84.5万	稻纵卷叶螟	78.0万	群决策	77.1万
音乐教育	77.0万	小菜蛾	78.3万	ajax	77.0万

图 7-6 百度学术搜索主页

在百度学术搜索页面下，会针对用户搜索的学术内容，呈现出百度学术搜索提供的合适结果。用户可以选择查看学术论文的详细信息，也可以选择跳转至百度学术搜索页面查看更多相关论文，还可以选择将搜索结果按照“相关性”“被引频次”“发表时间”三个维度分别排序，以满足不同的需求。

第二节　国内外重要基础医学网络资源

基础医学属于基础学科，是研究人的生命和疾病现象的本质及其规律的自然科学。基础医学信息资源随着医学科学的不断发展而剧增，基础医学研究出现了既高度分化，又高度综合的局面。学科分支逐渐增多，且各分支之间相互交叉渗透，造成边缘学科和新兴学科不断涌现。基础医学信息资源已成为医学工作者学习、科研和创新的有力工具。网络基础医学信息资源的分类和分布与其他医学信息资源的一样，既包括数据库，也包括网站、论坛等。

一、国外基础医学信息资源网站

(一) The American Association Anatomists (美国解剖学家协会，AAA)

美国解剖学家协会(http://www.anatomy.org) 1888 年创建于美国华盛顿，是美国最大的解剖协会。其成员来自于世界各国的相关专业，包括医学基础教育、医学图像工作、细胞生物学、遗传学、分子发育学、内分泌学、组织学、神经科学、法医学、显微镜、自然人类学等。初始旨在促进解剖科学的发展，现今它已成为众多致力于解剖学形态、功能的研究及教育人员的家园。其网站主页上(图 7-7)有多个栏目，其中 Resources 比较有情报检索价值，包括了工资和培训调查、求职中心、资源链接和 Web 档案等内容。主页上方的“Anatomy connected”可点击查看最新消息，如与解剖学相关的最新学术进展，各有关协会即将召开的会议摘要，相关机构最新动态，最新推荐的免费论文全文，最新研究课题及资助项目信息等。

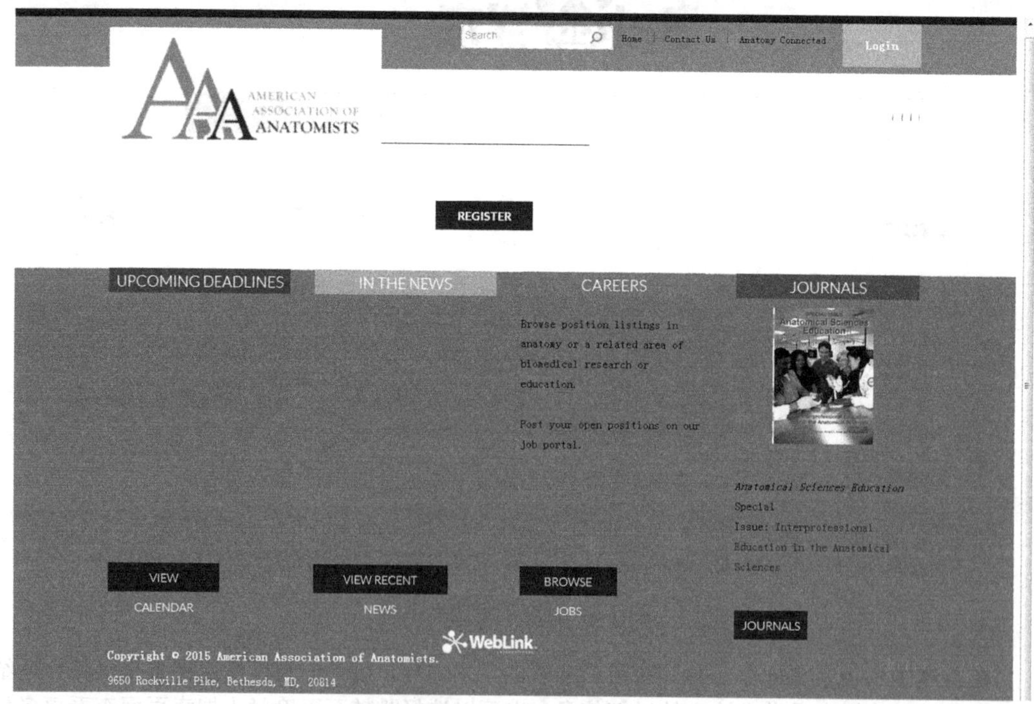

图 7-7　AAA 网站主页

(二) American Physiological Society（美国生理学会，APS）

美国生理学会（http://www.physiology.org 或 http://www.the-aps.org）是一个致力于提升生理学领域教育、科研和推广的非营利性组织。创建于 1887 年，现拥有超过 10 500 名会员，且绝大多数会员都持有生理学、医学或其他卫生领域的博士学位。学会出版 14 种专业期刊和学会通讯，以及生理学系列丛书和手册，涵盖生理学领域所有研究主题。

(三) American Society for Pharmacology and Experimental Ther-apeutics（美国药理学与实验治疗学学会，ASPET）

美国药理学与实验治疗学学会（http://www.aspet.org）创建于 1908 年，目前有 4800 名成员，其中包括药学研究领域、医药工业和政府代表等。该网站以对抗疾病致力开发新药与治济为宗旨，内容丰富，主要包括会议与产品、出版物、药理学教育资源、药学资源链接、培勘计划、政府与公共事务等，其中出版物包括该学会的 5 种期刊。

(四) College of American Pathologists（美国病理医师学会，CAP）

美国病理医师学会（http://www.cap.org/）是目前世界上最大的一个由病理医师组成的联合会，包括世界各国 1500 多个会员及实验室团体。其目标是致力于临床实验室步骤的标准化和改进，所产生的影响超过了其他任何一个组织，被公认为是实验室质量保证的领导者。

(五) American Society for Biochemistry and Molecular Biology（美国生物化学与分子生物学会，ASBMB）

美国生物化学与分子生物学会（http://www.asbmb.org）是一个非营利性的科学与教育组织。成立于 1906 年，拥有来自学院、大学、政府研究室等研究机构的会员 10 000 多人。学会致力于通过出版物、学术会议和人才培养来促进生物化学与分子生物学的发展。该网站的内容主要包括 Membership（成员信息）、Publications（出版物）、Meetings（会议）、Public Affairs（公共事务）、Education（教育）、Minority Affairs（少数民族事务）等。

(六) Federation of American Societies for Experimental Biology（美国实验生物学联合会，FASEB）

美国实验生物学联合会（http://www.faseb.org）是一个独立的学会成员联盟。成立于 1912 年，致力于通过研究人类的健康状况、思想及工作能力来促进生物医学和生命科学的发展。该网站包括美国生理学会（APS）、美国生物化学与分子生物学会（ASBMB）、美国药理学与实验治疗学学会（ASPET）、美国研究病理学会（ASIP）、美国营养科学学会（ASNS）、美国免疫学家协会（ASI）、美国解剖学家协会（AAA）、美国人类遗传学会（ASHG）、生物物理学会（BS）、蛋白质学会（PS）、美国骨与无机物研究学会（ASBMR）美国临床研究学会（ASCI）、内分泌学会（ES）、发育生物学学会（SDB）等二十多个主要成员学会。通过该网站也可以链接到这些学会的网站。其主页如图 7-8 所示。

图 7-8 FASEB 网站主页

二、国内基础医学信息资源网站

(一)综合性的基础医学资源网站

1. 基础医学科学数据共享网 基础医学科学数据共享网(http://www.bmicc.cn/web/share/home)作为国家科技基础条件平台建设下医药卫生共享项目的子项目，其主要目的就是实现我国网络环境下的基础医学信息资源整合。自 2004 年正式投入建设，目前基础医学科学数据共享网共整合了来自清华大学、北京大学、中科院生物物理所、中国医学科学院、军事医学科学院等 10 多家单位的 31 个数据库资源和四个工具软件，并实现了统一的浏览界面、统一的查询界面、统一的返回界面，用户可以随机点击，动态共享。

该网站根据数据内容的不同，将整合的 31 个数据库分为以下 4 类：一是人群调查及人体数据资源；二是分子机制类数据资源；三是模式生物类数据资源；四是实验材料数据资源。网站主页如图 7-9 所示。提供平台站内搜索、整合数据库的数据检索和元数据检索等三大检索功能，实现了跨操作系统，支持多种语言、多种浏览器检索。支持的操作系统有 Solaris10、Linux Server、Win2000 Server、Win2003 Server 等；支持的浏览器种类有 Internet Explorer、火狐(Firefox)、傲游(Maxthon)、Opera 等。

2. 基础医学教学资源网 网址为 http://www.basicmed.com。

3. 基础医学网址大全——金叶天盛医学导航 网址为 http://www.meddir.cn/cate/135.htm。

4. 基础医学——医学论坛网 网址为 http://www.cmt.com.cn/slist/124.html。

5. 医学全在线下载 网址为 http://www.med126.com/yisoft。

6. 中国健康网 网址为 http://www.69jk.cn。

7. 基础医学——首席医学网 网址为 http://www.9med.net/literature/list.php?catid=251。

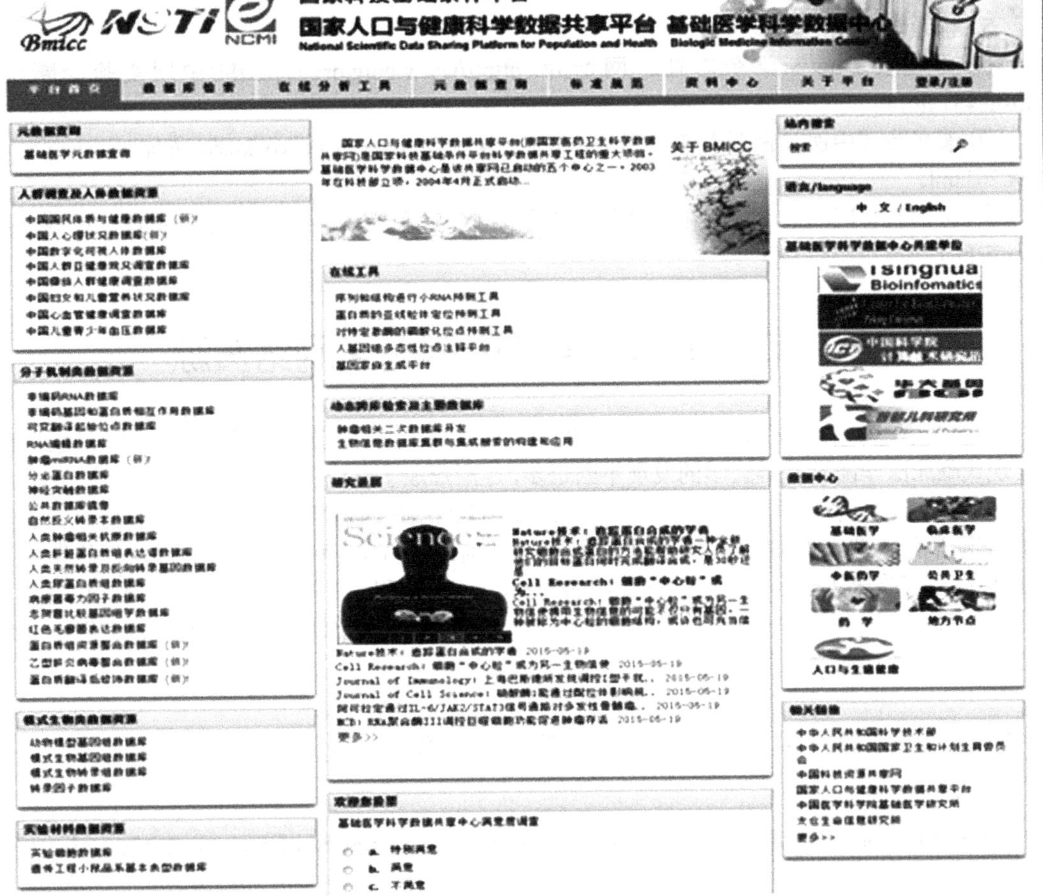

图 7-9　基础医学科学数据共享网主页

(二) 基础医学各学科主要网站

1. 病理学类

(1) 病理网站 (经典)：网址为 http://library.med.utah.edu/WebPath。

(2) 中国病理学网：网址为 http://www.pathology.cn。

(3) 中国远程病理中心：网址为 http://www.cipc.org.cn。

(4) 中华病理技术网：网址为 http://www.dingw.com。

(5) 华夏病理网：网址为 http://www.ipathology.cn。

2. 解剖学类

(1) 中国解剖网：网址为 http://www.china-anatomy.com。

(2) 协和解剖教学网：网址为 http://anatomy.sbm.pumc.edu.cn。

3. 微生物学类

(1) 中国科学院微生物研究所信息网络中心：网址为 http://sdb.im.ac.cn/im/infonet/infonet.shtml。

(2) 微生物馆-中国科普博览：网址为 http://www.kepu.net.cn/gb/lives/microbe/microbe_basic。

4. 组胚学类

(1) 上海交通大学医学院组织胚胎学网：网址为 http://basic.shsmu.edu.cn/hisemb。

(2) 第四军医大学组织学与胚胎学专业网站：网址为 http://dhe.fmmu.edu.cn。

5. 诊断学类

(1)中国实验诊断学杂志社：网址为 http://www.cntg.org.cn/zazhi/中国实验诊断学/kanshe457.html。

(2)朱文锋《中医诊断学》教学片(全集)：网址为 http://www.youku.com/playlist_show/id_3269626.html。

(3)医学教育网——诊断学精品课程、电子图书：网址为 http://www.med66.com/web/zhenduanjichu。

第三节　国内外重要临床医学网络资源

临床医学是研究疾病的病因、诊断、治疗和预后，提高临床治疗水平，促进人体健康的科学。现代临床医学随着基础医学的发展不断进步，逐渐形成了临床专业的许多分支学科。Internet上的临床医学信息资源丰富而多样，几乎没有哪一个网站能包容所有的临床医学资源。随着现代临床医学分科越来越细，网络临床医学信息资源也日益趋向专科化、专业化，从而信息服务定向化。以下临床医学信息资源网站介绍的选择，主要注重网站内容的质量、资料的权威性、服务的集成、网站的可靠性和稳定性，但在成千上万的临床医学信息资源网站中，它们虽是精华，也只能管中窥豹，可见一斑。

一、国外临床医学信息资源网站

(一)American College of Physicians-American Society of Internal Medicine(美国内科医师学会——美国内科学会，ACP-ASIM)

美国内科医师学会——美国内科学会(http://www.acponline.org)成立于1915年，是美国最大的医学专业协会，也是国际影响最大的内科学团体。其使命是通过提供优秀的、专业的内科学临床诊疗服务来提高医疗水平。该网站的主要读者对象是内科医生和内科各专业的医务人员，包括心血管学、胃肠病学、肾病学、肺病学、内分泌学、血液学、风湿病学、神经学、肿瘤学、传染病学、变态反应和免疫病、老年病学等学科。该网站提供的服务很多，内容涉及临床、科研和教育各方面，主要栏目有Clinical Information(期刊)、Running A Practice(实践)、Education & Recertification(教育与认证)、Residents & Fellows(住院医师)、Medical Students(医学生)、Patients & Families(患者与家庭)。其主页如图7-10所示。

(二)Internal MDLinx(内科医学网)

MDLinx(http://www.mdlinx.com)由近40个专业网站组合而成，Internal MDLinx(http://www.mdlinx.com/internal-medicine)只是其中的一个关于内科学的网站。该网站由内科临床医师自发组织创建，致力于为内科医师提供一次到位的全面的服务，提供最集中的专业信息资源。其主要功能是为内科医生提供各种内科疾病的诊断、治疗等临床信息。主要用户对象是临床医师、护士。网页定期更新，用户可在网页左侧的目录中选择学科专业，查看最新的消息、文摘或全文(部分免费)，还可输入关键词进行检索。Internal MDLinx主要栏目有：Top Internal Medicine Articles(高质量的内科学文献)、Resource Directories(资源目录)、Feature(特色服务)。

图7-10　ACP网站主页

(三) **American Heart Association**(美国心脏协会，AHA)

美国心脏协会(http://www.heart.org/HEARTORG/)是美国全国性的非政府卫生机构，是国际学术影响较大、历史悠久的心血管系统学术团体，致力于降低心血管疾病的残障率和死亡率。该网站提供丰富的科研、医疗、教学资源与信息。主要栏目有：Heart Attack/Stroke Warning Signs(心脏病发作/中风先兆体征)、American Stroke Association(ASA，美国中风协会)、Diseases & Condition(具体疾病)、Hearthy Lifestyle(健康生活方式)、Advocacy-Take Action(行动)、Publication & Resource(出版物和资源)、Science & Professional(专业知识)、Heart & Stroke Encyclopedia(心脏和中风百科全书)、Media(媒体)。

(四) **American College Cardiology**(美国心脏病学会，ACC)

美国心脏病学会网站(http://www.acc.org)创建的主要目的是为心血管专业人员提供高质量的继续教育机会，并为心血管疾病的治疗提供权威的临床实践指南、治疗标准和最新信息，以促进心血管疾病的基础和临床研究。ACC最初作为教育机构成立于1949年，现拥有会员超过26 000名，其使命是通过对医务人员的专业教育、鼓励专业人员进行科学研究、制定心血管疾病的诊疗标准和指南、开展大众健康规划等措施来为心血管系统疾病提供最佳治疗和预防手段。

该网站提供的主要服务包括三个方面，即临床实践、继续教育和信息服务。

(五) **Joslin Diabetes Center**(Joslin糖尿病中心)

Joslin糖尿病中心(http://www.joslin.harvard.edu)，建于1898年，附属于哈佛医学院，是一

个国际性的糖尿病治疗、研究和教育机构，拥有 25 个地方治疗中心。作为非营利性的国际组织，它一直致力于寻找糖尿病治疗方案和改善糖尿病病人生活质量。在糖尿病治疗方面的重要进步，包括怀孕期糖尿病的治疗、应用激光外科治疗糖尿病眼病，以及糖尿病的早期诊断。Joslin 提供了范围很广的临床服务，涵盖基础和临床的研究项目、医学继续教育，同时 Joslin 也出版期刊、书籍、videos 和其他资料。其站点的主要栏目有：Diabetes Information 、Clinic、Research、News 、Solutions、Store 、Suport Josiln 等。

（六）American Association for Thoracic Surgery（美国胸外科协会，AATS）

美国胸外科协会（http://www.aats.org）重视其教育职能，举办的年会、学会等在专业领域内享有较高声誉。在网站首页上提供了这方面的大量信息，如在华盛顿举行的第 81 届、82 届年会网络出版物、2001 年度报告等。在第 81 届年会出版物中设 7 个专题列出相关文献，即成人心脏外科、先天性心病、胸外科总论、科技全会、住院医师论坛、急症抢救与技术论坛和争鸣等。该协会的主要栏目有 Association 、Membership 、Educational Programs、Publications、Government Relations、Search 、Contact 等。

（七）OBGYN.net（妇产科学网）

妇产科学网（http://www.obgyn.net）是一个为妇产科学医师、相关公司专业人员及女性用户服务的综合防治性妇产科学网站，同时也是相关人员发表妇产科学领域文章的园地，提供丰富的妇产科学信息资源，包括文献、新闻、学术会议、图像信息等。该网站主要栏目：News、Blog、Image IQ、Conferences、Infertility、Pregnancy and Birth、Surgical Gynecology、Menopause、Ultrasound 等。

二、国内临床医学信息资源网站

（一）医学空间

医学空间网站（http://www.medicalspace.cn/）是由上海赛亚信息咨询有限公司建设经营的，于 1999 年开始运营，其目的是为临床医师和医药界人士提供互联网上的医学信息咨询和服务。医学空间网站的内容非常丰富，质量也比较高。其特色是对国外医学研究进展、医学会议的报道比较全面，并出版了多种电子期刊，及时反映肝脏、消化病和呼吸等学科的国外研究动态，还可通过医学资源页面链接到国外比较著名的医学网站，可作为国内医学专业人员了解国外医学进展的窗口。主要栏目有：新闻、会议、MS.TV、文献和 CME（主页见图 7-11）。此外，医学空间还为会员提供按心血管科、消化内科、风湿免疫等 30 个学科划分的更详细的学科相关信息。医学空间会员为免费注册。

（二）医业网

医业网（http://www.yiyee.com）是一个由一批获得国内外博士学位的医生、电脑工程师、经济学家创建的专业医疗网站，由北京爱生谊联网络信息科技有限公司主办，得到国家卫生部门、医学会、美国国立医学图书馆、国内外数家一流医院、美国知名医疗网支持。该网站专门为医生服务，致力于关爱医生、服务医生，为医生提供医学信息和各方面专业化、高品质、全方位的服务。

医业网提供 50 多个专题，主要栏目设有医学资讯、医学互联、会议中心、进修信息、大众健康、医药机构、企业专区等。提供资料检索、科研指导、治疗讨论、执业资格、工作机会、进修学习等各方面的信息与服务。特别是“医学互连”栏目设置了通往其他提供医学信息网站

图 7-11 医学空间网站主页

的快速通道，有免费查询 MEDLINE 、常用医学搜索引擎、医学影像信息资源、国际医学期刊站点等链接。网站有内部的搜索引擎，方便站内资源的检索。

医业网的医学资源由中国国家图书馆提供国内学术期刊及论文的资料支持，国际学术期刊及论文将由 NLM 提供资料支持，可从资源上保证信息来源的准确。

(三)临床智库

临床智库(http://www.cicaline.com)是中国最大的医学资源免费共享平台。基于共享互助和智点激励机制，旨在帮助临床工作者获取所需信息知识，一站式满足在线查阅文献、寻求专业帮助和交流学习需要的医学网站。

(四)国内其他临床医学网站

1. 临床医学网址大全——金叶天盛医学导航 网址为 http://www.meddir.cn/cate/952.htm。

2. 临床医学——医学论坛网 网址为 http://www.cmt.com.cn。

3. 中国健康网 网址为 http://www.69jk.cn。

4. 临床医学——首席医学网 网址为 http://www.9med.net/literature/list.phpcatid=305。

5. 中华消化网 网址为 http://www.csge.org。

6. 上海血液学研究所 网址为 http://www.sih.org.cn/index.html。

7. 365 心血管网 网址为 http://www.365heart.com。

第四节 网络医学参考工具书

一、网络参考工具书概述

（一）网络参考工具书的概念

参考工具书是根据一定的社会需要，全面系统地汇集一定范围内的文献资料，经审定整理或概括，按特定方法加以组织编排，提供某方面的基本知识或资料线索，专供查检和查考的特定类型的图书，如辞典、年鉴、百科全书、手册等。参考工具书因具有概括性、知识性和权威性以及参考性、易检性等优点，一直是指示读书门径、学习和研究不可或缺的有力助手。

网络参考工具书从广义上看，是指一切用来查检和查考的数字型资料，如有道词典、百度百科、金山词霸等。从狭义上讲，网络参考工具书则是指将传统的印刷型参考工具书数字化后形成的网络版。

（二）网络参考工具书的特点

与传统的印刷型参考工具书相比，网络参考工具书有以下特点。

1. 内容丰富多彩 网络参考工具书由于存储容量大，在印刷版的基础上增加了许多新的内容，且普遍使用多媒体，呈现出视频、音频等多媒体效果，具有动态性和即时性。

2. 使用方便快捷 网络参考工具书可供用户随时随地联网使用，并可实现多用户共享。利用先进的检索技术又增加了许多新的检索功能和检索途径，提高了检索速度，使用户可方便快捷地找到所需资源。

3. 数据更新速度快 网络参考工具书的更新速度较印刷型参考工具书要快得多。一般网络参考工具书是按季、按月、按周，甚至按天更新的，因而在新颖性方面占有更大优势。

（三）网络参考工具书的类型

网络参考工具书实质上是一种网络检索工具，它以网络为门户，具备突出的“工具”性质，是工具书与现代信息技术相结合的产物。网络参考工具书在很多方面克服了印刷版的不足，迎合大众的需求，逐步成为检索的主要工具。网络参考工具书大体可分为三种类型。

1. 衍生型网络工具书 是指传统参考工具书数字化后形成的网络版。这类工具书以纸质版工具书为蓝本，完全不改变传统工具书的内容和体系，只是新增了相关条目之间的联系。比如商务印书馆的“工具书在线(http://refbook.cp. com.cn/refbook/banquan.htm)”便是一例。

2. 集成型网络工具书 包括两种情况：一种是多种工具书的集成整合网站；另一种是以某一知名工具书为主在此基础上整合其他资源，既保留了原有工具书的权威性、科学性和内容特色，又集成了其他工具书，同时对网络资源进行筛选与提供，如不列颠在线。

3. 开放型网络工具书 是指使用 Wiki(维基)技术的网上免费参考工具书，也称 Wiki 百科。Wiki 是一种超文本系统，这种超文本系统支持面向社群的协作式工作，不仅可以在 Web 的基础上对 Wiki 文本进行浏览，而且可以任意创建和更改。换言之，每位访问者可以同时扮演读者和作者的双重角色。

二、网络医学参考工具书选介

网络参考工具书具有解决人们关于何时、何地、何人、何事的提问，或关于字词、文句的释意、学习资源的获取等功能。本节重点介绍几种相关网络工具书以供参考。

(一)词典

1.《道兰插图医学词典》(Dorland's Illustrated Medical Dictionary) 《道兰插图医学词典》(http://www.mercksource.com)是世界著名的权威性医学词典，纸质印刷版初版于 1900 年。该词典收词广泛、释义精确、补充新词及时。编有医学词源，并附有插图和缩略语。

2. 在线医学词典(On-line Medical Dictionary，OMD) 在线医学词典(OMD)(http://www.online-medical-dictionary.org/)是由 Graham Dark 博士创建，收录 46000 多条医学术语，内容涉及生化、细胞生物、化学、临床医学、分子生物学、生物物理、植物生物学、放射学和技术等学科。

3.《新编全医药学大词典》 《新编全医药学大词典》是一款供医学、药学等专业人士使用的医药学词典软件，由北京金叶天翔科技有限公司于 2009 年开发。其以全国自然科学名词审定委员会医学名词分会公布的词汇为框架，提供英汉、汉英对照，收词量 200 余万条，其中公共词汇 60 万条，并含有 MeSH 词数据(主题词的英文释义、MeSH 相关词、医学同义词)；该词典涵盖了临床各科、基础医学、分子生物学、药物、器械和中医中药等领域的最新词汇，且其根据自身的生词求解系统提出和解决新的医学科技词汇，使词汇具有不断满足最新医学及科研的要求，是目前较权威、较全面和实用性强的集医学、药学和器械学为一体的大型工具词典软件之一。

4.《中医方剂金典》(V1.0.126 个人版) 《中医方剂金典》是一款中医药实用软件。它是使用 VB6.0(SP5)编写而成的。采用微软 Access2000 数据库，通过 ADO 数据控件操纵 Jet4.0 引擎实现对数据库的访问。数据库包括以下字段：方名、出处、分类、组成、方诀、功用、主治、用法、禁忌、方义、化裁、附方、附注、文献、研究、运用等。

(二)药典

1.《马丁代尔大药典》(Martindale:The Complete Drug Reference) 《马丁代尔大药典》(http://www.drug.future.com/mt/)是一部由英国大不列颠药物学会(The Pharmaceutical Society of Britain)的药物科学部所属的药典出版社编辑出版的深受药剂师、医师及药物制造商们青睐的非法定药典，同时有电子版。1883 年出版第一版，目前最新版为 2009 年的第 36 版。

该药典收录了 5500 多篇药物专论、6 万种专利制剂、600 种疾病治疗方案、200 篇草药专论、5000 种草药制剂和 32 个国家的 10 900 多家生产商的信息。每版都及时补充最新临床研究的成果和共识，可供用户方便快捷地检索药品的用法、不良反应、分子式、同义药名、制造商及商品名信息。提供在线查询该药典各药物专论全文，以英文通用名、专论名为关键字，支持模糊检索。药物专论全文为 PDF 格式，查看需安装 PDF 阅读器。

2.《新编临床用药参考》 《新编临床用药参考》，原名《医师用药参考》(http://drug.medlive.cn/android.html)是由北京金叶天翔科技有限公司于 2001 年研发推出的一款专业的临床合理用药和审查的参考类工具，也是其系列医学专业软件之一。可提供关于临床常用药物的系统资料，是临床医师和药师的得力助手。

该参考涵盖了国家食品药品监督管理局(SFDA)和制药企业提供的药品说明书 20 000 余份、7 万余种中西药名称、国内外用药指南 2200 余份、不良反应信息的个例报道 15 万份、用药审查数据 15 万余条(涉及药物相互作用、配伍禁忌、交叉过敏、禁慎用情况等)、国内外用药指南 2200 余份、实验室检验参考资料 480 余份。所有资料均来源于国家食品药品监督管理局、药品生产企业、《药典》、临床药学权威专著及医药学核心期刊等，并经中国药学学会组织的临床药学专家组审核。该软件提供多种查询方式，可以通过药物、ADR 信息及药物指南实现查询，包括药物分类、药名、药物条件、不良反应报告、诊疗指南、临床检验检索等检索。

3.《中国植物志》 《中国植物志》(http://frps.eflora.cn/)是目前世界上最大型、种类最丰富的一部植物巨著，基于全国 80 余家科研教学单位的 312 位作者和 164 位绘图人员 80 年的工作积累，经 45 年艰辛编撰而完成的。全书 80 卷 126 册，共 5000 多万字，记载了我国 301 科 3408 属 31 142 种植物的科学名称、形态特征、生态环境、地理分布、经济用途和物候期等。网络检索可通过学名、异名、中文名及拼音等途径。主页如图 7-12 所示。

图 7-12 《中国植物志》主页

(三)百科全书

1.《不列颠百科全书》(The Encyclopaedia Britannica) 《不列颠百科全书》(http://www.britannica.com)原名《大英百科全书》，是著名的 ABC 三大百科全书之"B"，是世界公认的最具权威性、知识性、大容量性的经典百科全书。印刷版 1768 年初版发行，2001 年秋季发行全新改写的 32 卷印刷版 Encyclopaedia Britannica。网络版 1999 年推出，可使用的内容包括《韦氏大字典》和《大英百科全书》，可免费使用 14 天，继续使用则每月要支付 5 美元。但其中的一些资料可以从大英百科网站查看到。

2.《美国大百科全书》(The Academic American Encyclopaedia) 《美国大百科全书》是著名的 ABC 三大百科全书之"A"。其印刷版于 1829 年出版。Grolier 的联机核心产品百科全书便是基于 The Academic American Encyclopaedia 而发行的。网站提供 284 000 条以上相互链接的条目，通过其 Internet 索引，可将自身网站中 310 000 条以上的收藏内容链接于 WWW 中 40 000 个以上的站点，有 30 天免费试用期。

3.《A.D.A.M.卫生插图百科全书》(The Adam Health Illustrated Ency- clopedia) A.D.A.M.卫生插图百科全书(http://www.nlm.nih.gov)是由 A.D.A.M.公司制作的医学百科全书。设立于美国国立医学图书馆的 MEDLINEplus 网页上，可免费查询，内容可靠，有由医生评述的 4000 余

条关于疾病、试验、综合征、损伤和外科方面的条目。此外，还有大量医学照片和插图，多达 10 000 页。可按概念相关性进行查询。

4.《生命科学百科全书》(Nature Encyclopedia of Life Sciences，Nature ELS)《生命科学百科全书》(http://www.els.net/WileyCDA)是目前较为全面的生物科学参考工具书，由 Nature 于 2001 年 4 月推出。其最后更新时间是 2003 年 12 月 12 日，新增 25 个新条目，改写 118 条。从发布至今已新增 437 条，改写 561 条。总条目几乎达到 3000 条。事业机构注册后可免费试用。

5. About.com　About.com(http://www.about.com)是创办于 1997 年的医学百科网站，提供 70 000 主题的医学条目，内容涉及养育、卫生保健、烹饪、旅行及其他广泛的与生活和健康有关的概念的解释。

6. 互动百科　互动百科(http://www.hudong.com)是全球最大的中文百科网站，创建于 2005 年。其使命是致力于为数亿中文用户免费提供海量、全面而及时的百科信息，并通过全新的 Wike 平台不断改善用户对信息的创作、获取和共享方式。自创建到 2011 年 4 月止，互动百科已发展成为由超过 327 万用户共同打造的，涵盖 518 万词条、53.7 万亿文字、565 万张图片的百科网站。

7. 维基百科(Wikipedia)　维基百科是一个基于 Wike 技术的多语言百科全书协作计划，也是一部用不同语言写成的网络百科全书。其目标和宗旨是为全人类提供自由的百科全书，即用他们所选择的语言书写而成的，是一个动态的、可自由访问和编辑的全球知识体。故被称作为“人民的百科全书”。

中文维基百科(http://zh.wikipedia.org)于 2002 年正式成立，同时还设有其他独立动作的中文方言版本，如闽南语维基百科、粤语维基百科、文言文维基百科、客家语维基百科等。

8. 中国知网百科　中国知网百科(http://epub.cnki.net/kns)汇集了国内外众多词典，如《现代汉语新词语词典》《临床医学多用辞典》《化学物质辞典》《中国学前教育百科全书》和《麦克米伦百科全书》等，每个词条提供释意及来源词典。

(四)年鉴

1.《急症医学年鉴》　《急症医学年鉴》(http://www.acep.org/11560.html)是美国急救医师协会(American College of Emergency Physicians，ACEP)的官方出版物，由 Mosby 公司出版。该刊对 ACEP 成员免费提供网站内容，适用于急救的临床研究、小儿科急救护理、伤害预防等。

2.《内科年鉴》　《内科年鉴》是由美国内科医师学会主办，1927 年创刊，为双月刊。主要栏目有：《原始论文》《技术札记》《综述》《公共医学问题》《读者来信》《进展》等。提供网上免费阅读 1993 年以来的文献全文。

(五)手册

Merck 诊疗手册(The Merck Manual of Diagnosis and Therapy) Merck 诊疗手册(http://www.merckmanuals.com/professional)是世界上较为广泛使用的医学参考书，也是非常著名的疾病诊断和治疗手册。该手册由美国默克药物公司于 1899 年首次出版，之后相继出版了系列诊疗手册，如《老年病学手册》《默克家庭诊疗手册》《默克健康与老龄化手册》等，并翻译成 16 种语言，发行量超过了一千万本，它也是英语中连续出版的最古老的医学参考书。

该手册详述了内科、儿科、老年病、眼科、耳鼻喉科、妇科、精神病科及其他特殊科目的经过核查的疾病信息，为医学专家、药师、医学生和其他健康从业者提供准确而值得依赖的医药信息。读者可输入关键词对其进行检索，免费阅读全文。目前已开通默克年鉴网络版，无需注册即可免费使用。不仅提供文本内容的浏览，且提供多媒体资源，包括 580 幅医学照片，36 个音频文件及 4 个视频文件。另外，默沙东中国公司亦提供中文版的免费在线阅读，网址

http://www.msdchina.com.cn/merck-manual/Pages/home.aspx。

第五节 网络免费医学信息资源

网络免费信息资源是指在互联网上可以免费检索、阅读、下载和利用的具有学术研究价值的所有类型资源的总称。随着网络技术的发展和科学技术的广泛开展，网络免费信息资源成倍增长，与商业学术资源形成共存互补的局面。目前网上的免费学术资源基本涵盖了所有类型的学术文献，已成为图书馆数字信息资源的重要补充，越来越多的用户开始把网络作为获取学术信息资源的重要手段。因此，只有进一步掌握网络学术信息资源获取的知识与方法，才能在科学研究中把握先机。

网络免费医学信息资源是指在互联网上可以免费获得的具有学术研究价值的生物医学及其相关学科领域的电子资源，它可以是数据库、电子图书、电子期刊、电子公告栏、电子论坛、电子预印本系统、网上书店，以及政府、高校、信息中心、协会或组织网站，也可以是医学软件、博客、WiKi、百科词典等。网络免费医学信息资源包括开放存取学术资源、免费电子图书、医学统计信息资源、生物医学图像资源和网络医学参考工具等。其中网络医学参考工具参见本章第四节。

一、开放存取学术资源

开放存取（Open Access，OA）发端于20世纪90年代，是全球科技界、学术界、出版界、信息传播界为推动科研成果的自由传播和利用而发起的运动。其目的是让任何人都可以及时、免费、不受任何限制地通过网络获取各类文献，包括经过同行评议过的期刊文章、参考文献、技术报告、学位论文等全文信息，用于科研教育及其他活动。开放存取也可以被理解为一种学术信息共享的自由理念和出版机制，即作者发表研究成果和学术文章，不是为了获得金钱回报，而是传播、交流思想和研究成果；同时，开放存取又是基于订阅的传统出版模式以外的另一种出版形式，即一种“发表付费，阅读免费”的出版形式。

开放存取期刊（Open Access Journals，OAJ），即可以通过网络免费阅读和下载的期刊。既可能是新创办的电子出版期刊，也可能是由已有的传统期刊转变而来。下面介绍一些重要的提供OA期刊的网站。

（一）High Wire Press

High Wire Press（http://highwire.stanford.edu）是美国斯坦福大学图书馆（Standford University Library）于1995年建立的一个电子出版机构。随着其旗下生物化学杂志（JBC Online）的发行，以及科学（Science）、神经科学杂志（the Journal of Neuroscience）等一系列著名期刊的加盟，High Wire Press很快成为全世界最具影响力的提供期刊开放存取和其他免费全文的出版商，自称拥有全球最大的免费全文学术文献库。High Wire Press提供来自于独立的学术出版商、社团、协会和大学出版社的高质量的期刊、图书和参考工具书，以及会议录的检索和下载。内容覆盖生物学、医学、社会学、人文科学及其他自然科学领域，迄今为止已超过3000余种。其中，期刊按全刊免费（free SITE，105种）、过刊免费（free back ISSUES，276种）（分6个月、12个月、18个月或36个月后免费）、试用期免费（free TRIAL，37种），以及付费下载（pay per view，1364种）等形式提供使用。

该网站主页提供出版物浏览和检索功能。出版物浏览可以按刊名（Title）、出版商（Publisher）和期刊主题（Topic）进行浏览。

检索功能提供基本检索和高级检索两种检索方式。基本检索(Search)即快速检索，可直接在检索框内输入关键词进行检索(图 7-13)；点击“more searchoptions”则可进入高级检索。高级检索(Advanced Search)页面，可进行特定字段的检索，并可限定检索时间、检索范围、是否综述文献等。同时在页面下方直接列出期刊目录供选择，进行免费注册后，可在自己喜爱的期刊中进行检索。

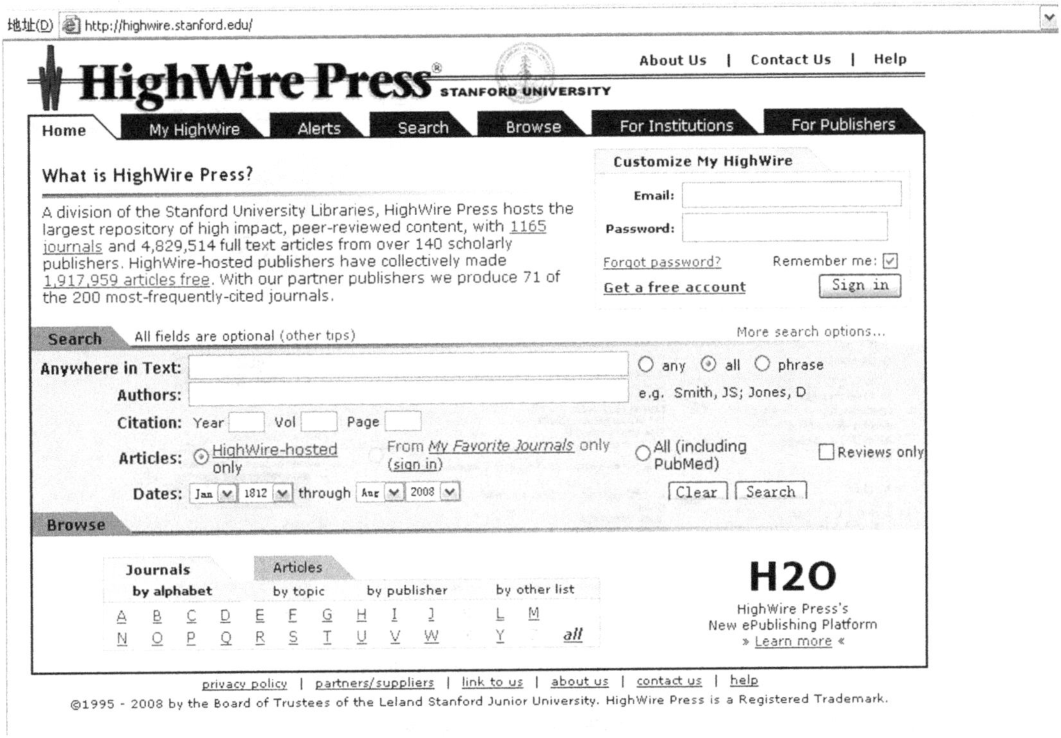

图 7-13　HighWire 的基本检索界面

通过 HighWire 检索到的结果，都是直接链接到各自期刊的网站，由于期刊网站的不同，所提供的原文的格式和服务也不尽相同。另外，系统在高级检索中，还提供检索结果格式的选择和按照匹配程度等排序功能。

(二) Free Medical Journals (FMJ)

Free Medical Journals (FMJ) (http://www.freemedicaljournals.com) 是由法国的 Bernd Sebastian Kamps 建立的免费医学期刊信息网站，由 AmedeoGroup 发布于 2000 年，提供免费的医学期刊网站链接服务，目的是促进网上免费医学期刊的利用。截至 2015 年 8 月，该网站收录了 4809 种 OA 期刊。FMJ 不断见证着 OA 的活力，以及“自由获取科学知识”这种出版的新标准对医学实践和发展的重要影响。FMJ 提供四种期刊浏览方式(图 7-14)：

(1) 按主题检索期刊：FMJ 所有期刊归于 92 个主题，点击某个主题时，将显示该主题下的所有期刊，并按 ISI 影响因子高低排序。用户也可根据需要选择按字顺排序。每种期刊提供刊名、语种、ISSN 号、ISI 影响因子、期刊提供免费的年限及免费时间等信息。

(2) 按 FMJ 影响因子排名浏览期刊：分前 20 名、21～40 名、41～60 名、61～80、81～100 等栏查找，每种期刊除了提供上述信息外，还给出 FMJ 的影响因子。

(3) 按提供免费的时间浏览期刊：分为“即刻(immediately)”“1～6 个月以后”“7～12 个月以后”“更长时间以后”4 栏查找。

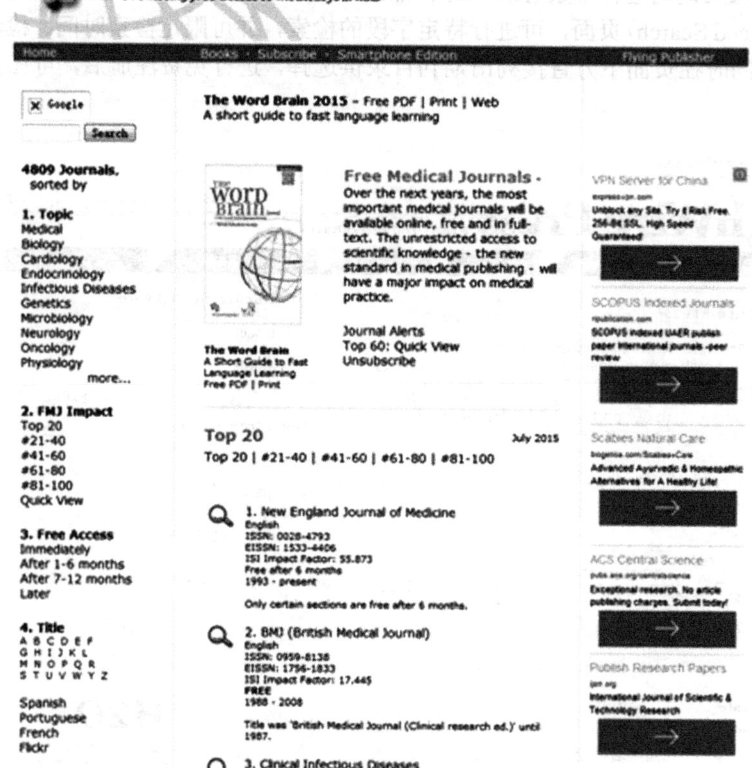

图 7-14 Free Medical Journals Site 网站主页

(4)刊名首字母索引和法语、葡萄牙语和西班牙语免费浏览期刊。

通过该网站可链接其姊妹网站 AMEDEO-The Medical Literature Guide(http://www.amedeo.com)和FreeBooks4Doctors(http://www.freebooks4doctors.com)。FreeBooks4Doctors 是一个免费医学电子图书网站(参见本章本节二)。

(三)PubMed Central(PMC)

PubMed Central(PMC)(http://www.ncbi.nlm.nih.gov/pmc/)是由美国卫生研究院(NIH)旗下的国立医学图书馆(NLM)和国家生物技术信息中心(NCBI)开发维护的生物医学和生命科学期刊文献免费数字化存档系统。其目的是保存生物医学和生命科学期刊文献中的原始研究论文全文，免费提供使用。美国卫生研究院(NIH)发布政策声明，凡是由 NIH 基金资助的项目，其科研成果发表后必须将全文发送至 PMC，供永久开放存取。截至 2015 年 8 月底，已达到 1710/3341 种。

该网站提供了检索词输入检索、期刊浏览和即将上网期刊预报等服务功能(图 7-15)。

1. 检索词输入检索 用户可以用 MeSH 词检索，也可以进行特定字段检索，并且可以在“Search History”界面进行提问表达式之间的逻辑运算，检索规则与 PubMed 一致。检索结果揭示文章题名、作者、来源出处、PMC 号、文摘、网页格式和 PDF 格式全文链接，并提供本数据库中所收录的作者的其他成果链接和相关文献链接。

2. 期刊浏览 系统提供期刊刊名字顺表，以供用户查询。用户可以浏览，也可以检索特定期刊，或检索发表在特定期刊上的文献。

PMC
US National Library of Medicine
National Institutes of Health
PMC
Search
Journal List Limits Advanced
Help

PMC
PubMed Central® (PMC) is a free full-text archive of biomedical and life sciences journal literature at the U.S. National Institutes of Health's National Library of Medicine (NIH/NLM).

PubReader
A whole new way to read scientific literature at PubMed Central

Get Started
PMC Overview
Users' Guide
Journal List
PMC FAQs
PMC Copyright Notice

Participate
Add a Journal to PMC
Participation Agreements
File Submission Specifications
File Validation Tools

Keep Up to Date
New in PMC | RSS
PMC Announce Mail List
Utilities Announce Mail List
Tagging Guidelines Mail List

Other Resources
PMC International
Open Access Subset
E-utilities
NLM LitArch
PMC Citation Search

3.5 MILLION Articles
are archived in PMC.
Content provided in part by:
1710 Full Participation Journals
313 NIH Portfolio Journals
3341 Selective Deposit Journals

Public Access
Public Access and PMC
How Papers Get Into PMC
NIH Manuscript Submission System
My Bibliography
PMCID/PMID/NIHMSID Converter

You are here: NCBI > Literature > PubMed Central (PMC)
Write to the Help Desk

GETTING STARTED
NCBI Education
NCBI Help Manual
NCBI Handbook
Training & Tutorials
Submit Data

RESOURCES
Chemicals & Bioassays
Data & Software
DNA & RNA
Domains & Structures
Genes & Expression
Genetics & Medicine
Genomes & Maps
Homology
Literature
Proteins
Sequence Analysis

POPULAR
PubMed
Bookshelf
PubMed Central
PubMed Health
BLAST
Nucleotide
Genome
SNP
Gene
Protein
PubChem

FEATURED
Genetic Testing Registry
PubMed Health
GenBank
Reference Sequences
Gene Expression Omnibus
Map Viewer
Human Genome
Mouse Genome
Influenza Virus
Primer-BLAST
Sequence Read Archive

NCBI INFORMATION
About NCBI
Research at NCBI
NCBI News
NCBI FTP Site
NCBI on Facebook
NCBI on Twitter
NCBI on YouTube

图 7-15 PubMed Central 检索与期刊浏览界面

3. 最新消息 在期刊名字母列表下，有“PMC news”一栏，用来发布数据库变更及有关 PMC 的消息，提供 RSS 功能，方便读者通过定制 RSS feed 服务，及时获得数据库的变化。

(四) BioMed Central (BMC)

BioMed Central (BMC) (http://www. biomedcentral.com) 英国一家独立的 STM(科学、技术和医学) 出版商，是开放存取出版领域的先驱。秉承“开放存取”才能有助于科学研究的高效传播理念，致力于推动开放存取这一新的出版模式。目前，BMC 拥有 200 多种经同行评审的开放存取学术期刊，涵盖生物学和医学各领域，所有原创研究型文章在出版发表之后立即通过互联网向用户开放，用户可以在网上永久性免费访问。各期刊中的所有研究型文章均经过严格的“公开同行评议”，连同文章发表前的记录(包括提交的版本、评审人员的报告和作者的答复等)一并刊出。

BMC 还整合了 Chemistry Central 以及 Springer 出版集团的 OA 期刊，共 300 余种。目前

BMC 已有 97 种期刊被 ISI 收录，77 种期刊具有影响因子。出版发表的所有研究型文章即时在 PubMed 以及其他一些国际化的存储库存档，BMC 也允许作者将他们出版的官方最终版本即时存储到开放仓储或个人主页中。BMC 主页面如图 7-16 所示。

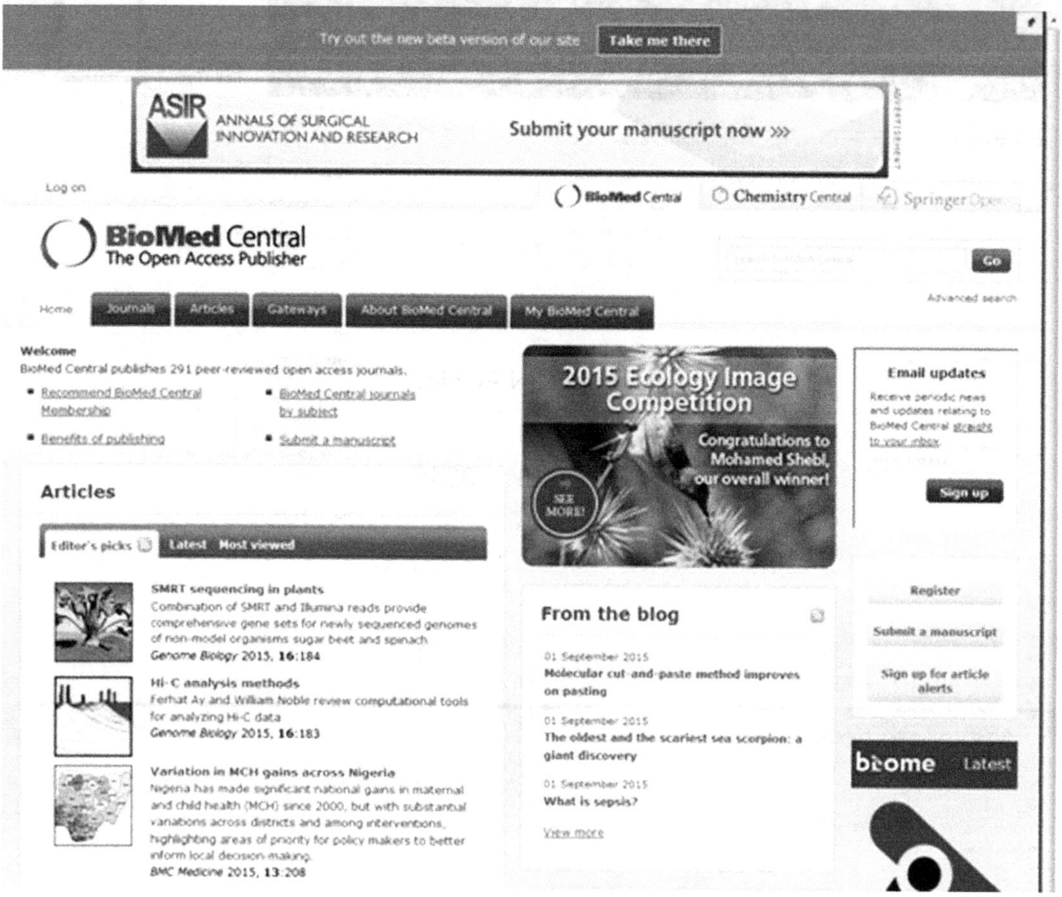

图 7-16　BioMed Central 网站主页

BMC 提供按刊名字顺浏览(Journals A～Z)和按学科主题分类浏览(Subject areas)。点击 Journals A～Z，则所有期刊按名字顺序排列，每种刊后标有开放获取状态；选择进入某一个期刊的页面后，点击“archive”可以按年、卷、期浏览期刊论文。文章浏览提供多种方式，默认按出版时间浏览所有文章，也可以过滤出 most popular 的文章、包含增补材料的文章、最近发表的文章或按专辑浏览文章，在文章浏览页面可以将结果发送到文献管理软件。

(五) Directory of Open Access Journals (DOAJ)

DOAJ(http://www.doaj.org)是由瑞典 Lund 大学图书馆于 2003 年创建并推出的一个综合性的 OA 期刊导航网站。DOAJ 的目标是旨在覆盖所有学科、所有语种的高质量的开放获取同行评审期刊。DOAJ 对准入期刊进行严格的质量控制，期刊均经同行评议或符合编辑质量控制。截至 2015 年 8 月底，已经提供 10529 种 OA 期刊的访问，其中 6441 种期刊支持论文级检索，收录论文总量达 2 083 494 篇，内容涉及农业和食物科学、生物学与生命科学、化学、地球与环境科学、健康科学、数学与统计学、物理学与天文学、社会科学、技术工程等 17 个学科主题领域。

DOAJ 主页将原来的期刊浏览(Browse)和检索功能(Search)合二为一。如图 7-17 所示。

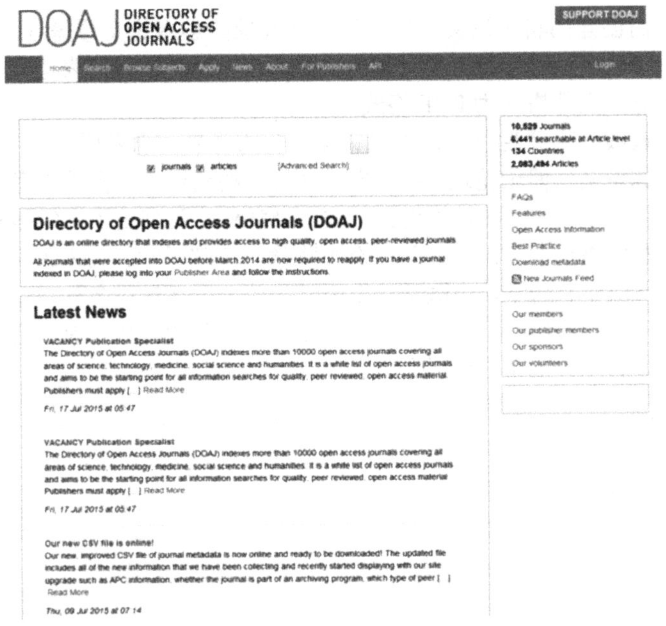

图 7-17　DOAJ 网站主页

用户可在主页的检索框中输入检索词，检索相关期刊和(或)文章；也可点击“Advanced Search”进入高级检索界面。在检索框中输入检索词进行检索时，可更改结果显示的数量(默认显示前 10 条记录)、结果的排序方式(默认按相关度排序)；也可选择检索字段(系统提供所有字段、标题、关键词、主题、ISSN 号、DOI 号、期刊出版国、语种、出版者、作者、文章摘要、出版年、刊名、提供者等)，同时左栏的过滤器可进一步限定检索词所在期刊、主题、出版国和语种等。此外，还可以直接点击左栏的各链接，实现其浏览功能。比如：欲按主题浏览期刊，则可在“Journals”&“Articles”中选择点击“Journals”，在其下显示的主题列表中选择想浏览的主题即可，可更改主题显示数量查看更多主题(系统默认显示前 10 个主题)。也可按刊名查找期刊，点击左栏期刊名称，即可看到该刊所载文章的标题、主题、出版商、出版国、语种、作者、全文链接、摘要(点击 expand 可查看)等信息。若要下载全文可点击全文链接。

(六) The Public Library of Science (PLOS)

PLOS (http://www.plos.org) 是一个由科学家和临床医师建立的致力于推动全球范围的科学和医学文献免费获取的公共资源系统。这是一个非营利性组织，但其目标是创办国际一流水平的期刊并提供开放获取。自 2003 年创办第一份期刊 PLOS Biology 以来，迄今共出版了 7 种期刊，内容涵盖生物学、医学、遗传学、病原学等，均经同行严格评议，全部都是 OA 期刊。目前这些期刊的影响因子和学科影响力都在不断提升。

该网站提供期刊浏览和检索功能。网站首页上列有全部期刊的链接，点击期刊名则可进入期刊主页，点击 Browse 可浏览该刊各期内容，也可以在检索框内输入关键词检索相关文献。点击 Advanced Search 则进入高级检索界面，进行多字段的布尔逻辑组配检索，并可以选择检索的期刊范围(Filter by Journal)、主题范畴(Filter by Subject Category)和文献类型(Filter by Article Type)。

(七) 中国科技论文在线

中国科技论文在线 (http://www.paper.edu.cn) 是经教育部批准，由教育部科技发展中心主办，针对科研人员普遍反映的论文发表困难，学术交流渠道窄，不利于科研成果快速、高效地转化为现实生产力而创建的科技论文网站。该网站收录的学术论文覆盖各个学科，截至 2014 年 5 月，收录的论文已超过百万篇。提供国内优秀学者论文、在线发表论文、各种期刊论文的检索和免费下载服务，文件格式为 PDF 格式。

中国科技论文在线的主要栏目有：首发论文、优秀学者、自荐学者 、名家推荐、科技期刊、热度视界、专题论文、博士论坛、OA 资源平台、高校认可、招聘信息、电子杂志等。网站主页如图 7-18 所示。如“在线首发论文”按一级学科分类列出了一级学科名称及其所收录的文献量。其中涉及生物医学类的一级学科有生物学、基础医学、临床医学、预防医学与卫生学、军事医学与特种医学、药学、中医学与中药学。单击一级学科名称，即可以看到每一个一级学科下又分为若干个二级学科，如“中医学与中药学”下设有中医基础理论、中医诊断学、中医内科学、中医外科学等多个二级学科。

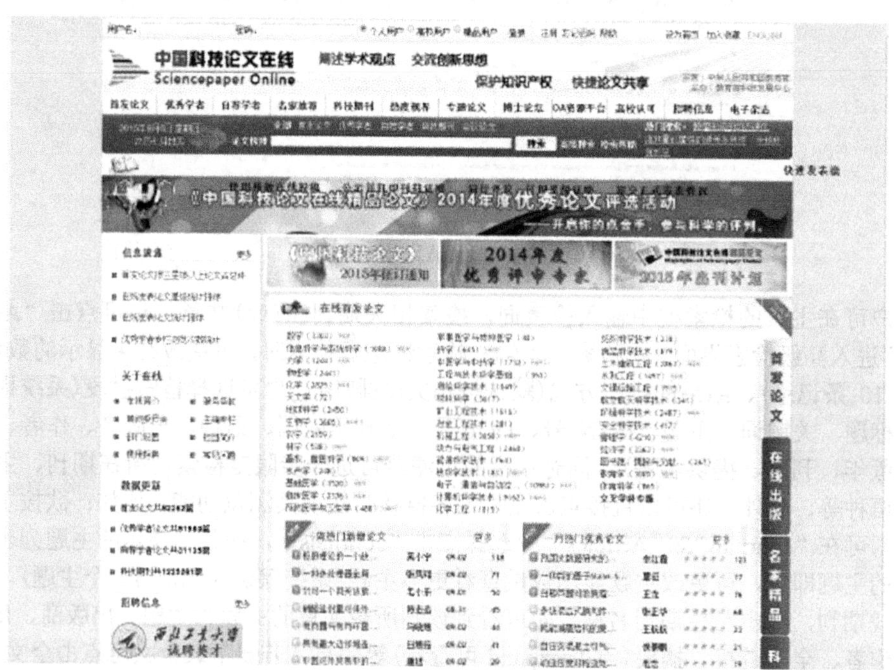

图 7-18 中国科技论文在线主页

中国科技论文在线提供论文的在线检索与按学科类别浏览两种功能。其中检索包括快速检索和高级检索，快速检索为一框式检索模式，输入检索词，在所有可检字段匹配。高级检索提供全文、题目、作者、作者单位、摘要、关键词等，检索框之间支持布尔逻辑运算，检索词支持精确与模糊匹配。高级检索提供语种，时间的限定，并可以对检索结果进行排序，设置每页显示的检索结果条数。

(八)中国预印本服务系统

中国预印本服务系统(http://prep.istic.ac.cn/main.html?action=index)是由中国科学技术信息研究所与国家科技图书文献中心联合建设的，以提供预印本文献资源服务为主要目的的实时学术交流系统。于 2004 年 3 月 15 日正式开通服务。该系统由国内预印本服务子系统和国外预印本门户(SINDAP)子系统构成。但是，目前“国外预印本门户”因丹麦科技大学图书馆技术信息中心关闭其平台而停止服务。主页面如图 7-19 所示。

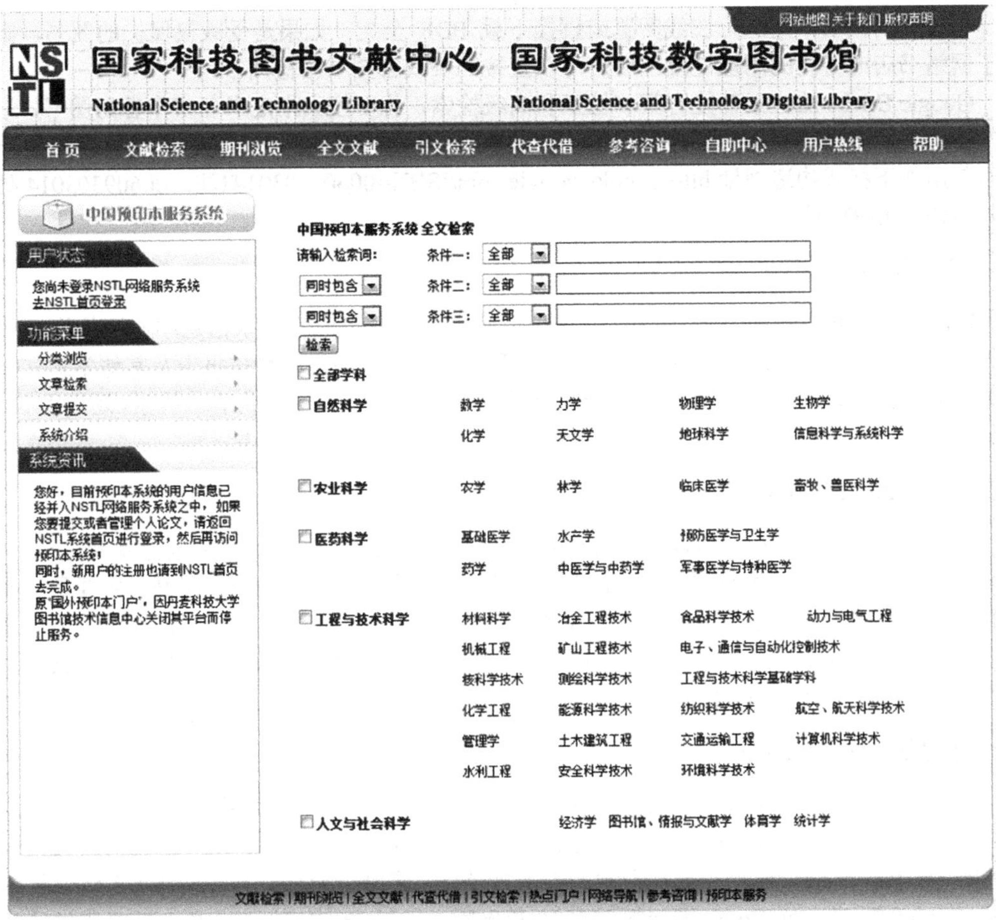

图 7-19　中国预印本服务系统界面

国内预印本服务子系统主要收藏国内科技工作者自由提交的预印本文章，可以实现二次文献检索、浏览全文、发表评论等功能。国外预印本门户（SINDAP）子系统是由中国科学技术信息研究所与丹麦技术知识中心合作开发完成的，它能实现全球预印本文献资源的一站式检索。通过 SINDAP 子系统，用户只需输入检索式一次即可对全球知名的 16 个预印本系统进行检索，并可获得相应系统提供的预印本全文。目前，SINDAP 子系统含有预印本二次文献记录约 80 万条。

该系统提供按学科分类浏览和文章检索两种功能。点击页面左侧的“分类浏览”，则显示自然科学、农业科学、医药科学、工程与技术科学、人文与社会科学等 5 大类，点击相应的大类，展开小类进行浏览。文章检索提供 3 个检索式输入框，检索框之间可以进行布尔逻辑运算，提供全部、标题、摘要、关键词及作者 5 个检索字段，并可以限定检索的学科范围。

二、免费电子图书

（一）Google Books

Google Books（http://books.google.com）是 Google 公司于 2004 年开始实施的一项计划，Google 公司与牛津大学、纽约公共图书馆、密歇根大学、斯坦福大学、哈佛大学学术研究机构合作，由 Google 公司免费将其纸质资源数字化并提供免费服务，目前参与合作的机构已达 20 000 多个。Google Books 可以实现图书的全文搜索，如果是不受版权保护的图书、出版商或作者授权的图书，用户可在线阅览或直接下载 PDF 全文；如果是受版权保护的图书，则提供了网络书店或借阅的网址链接，用户可以直接购买或去图书馆借阅。

Google Books 的检索功能有基本检索和高级检索，若要搜索指定书名或作者的图书，最快捷的方式就是利用其高级检索功能，在相应的字段输入要搜索的内容即可。若是知道 ISBN 号，则可使用如下格式构造网址 http://books.google.com/ISBN=00609303014（注：00609303014 处为实际所知的 ISBN 号）。

（二）Bookshelf

Bookshelf（http://www.ncbi.nlm.nih.gov/books）是美国国家生物技术信息中心网络资源的重要组成部分，提供了超过 700 种生物学、医学和生命科学的教材、科技报告及其他学术文献电子图书的浏览检索和内容阅览。它不仅提供对整本图书及书中章节和内容的检索，还提供 NCBI 其他资源（如 PubMed、Gene、OMIM、PubChem 等数据库）的相关信息。

（三）Free Books 4 Doctors（FB4D）

Free Books 4 Doctors（FB4D）（http://www.freebooks4doctors.com）是由创建免费期刊 Free Medical Journals 的同一家公司——Amedeo 公司建立。提供了 364 种电子图书，主要是经典医学教材的免费阅读，部分可提供免费 PDF 格式下载和 MP3 下载。其主页提供 5 种图书检索途径：图书主题（Topic）检索、FB4D 影响因子（FB4D Impact）排行榜检索、语种（Language）检索、出版年（Year）和星级（Stars）检索。

（四）Bartleby.com

Bartleby.com（http://www.bartleby.com）是一个提供免费图书在线阅览和下载的网站，于 1993 年由 Bartleby 出版公司创建。该网站涵盖了《莎士比亚全集》《圣经》《格氏人体解剖学》《哈佛经典收藏作品》等世界最有影响力的系列著作。其中，Henry Gray 的《人体解剖学》（Anatomy of the Human Body）第一版于 1918 年出版，经过 38 次修订、再版，广泛吸纳了生物学、医学的最近研究进展，已经远远超越了人体解剖学的传统概念，大大丰富了解剖学的理论内涵，拓宽了其应用范畴。其内容之深广、编排之合理、插图之新颖都是其他解剖学书籍所无法比拟的，被誉为人体解剖学之最。Bartleby 版的《格氏人体解剖学》（电子版）提供主题索引、图文并茂，包含了 1247 幅高质量的解剖学图片。

（五）The National Academies Press（NAP）图书

The National Academies Press 图书（http://www.nap.edu）是美国国家科学院下属的学术出版机构，主要出版美国国家科学院、美国国家工程院、医学研究所和国家研究委员会的报告。从 1992 年开始将印刷本逐渐数字化成电子图书。目前通过其主站点可以免费在线浏览 3000 多种电子图书。内容覆盖环境科学、生物学、医学、计算机科学、地球科学、数学与统计学、物理、化学、教育等诸多领域。电子图书采用 PDF 文档格式，保持图书的原貌，并提供网上免费浏览；也可进行全文检索、打印，无需下载电子图书专用阅读软件。进入主页后可以按学科分类浏览，也可以在书名或全文中输入检索词进行检索。在每一本书中既可以按目次和章节阅读，也可输入检索词进行全文检索，然后直接点击进入有关的章节或页面。

三、医学统计信息资源

医学统计数据是医学研究的重要结果也是医疗决策的重要依据。各国的卫生统计数据既可通过国际组织如世界卫生组织的网站发布，也可以通过各国的统计局或卫生部的网站发布。

(一) 世界卫生组织全球卫生观察站 (WHO Global Health Observatory，GHO)

世界卫生组织全球卫生观察站 (http://www.who.int/gho/en/) 是世界卫生组织旗下的一个向全球提供各种医学标准、疾病的监测数据、全球性卫生统计数据、流行病学数据等的检索系统。通过 GHO 可获得大量的统计数据和资料，如疾病负担统计、死亡原因统计、世界卫生报告年度统计、卫生从业人员统计、人口统计、HIV/AIDS 信息与数据、精神病死亡率统计、免疫接种统计等统计数据，以及疾病负担计划、国际疾病分类法及 WHO 术语信息系统、全球酒精数据库、基因组与世界卫生等，与卫生和卫生统计有关的信息资料。

点击左栏 “Data repository” (数据储存库)，可查看该库下的 50 多个医疗相关数据库，涉及死亡率疾病负担等范围广泛的指标清单。可以按主题、国家进行选择，查询世界各地卫生相关统计数据和其成员国的国家统计数据和卫生概况。也可点击上方的 Data (数据)，进入各数据库查看 (图 7-20)。

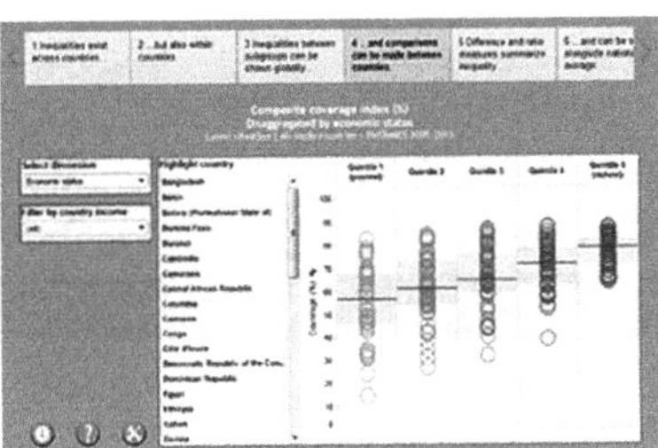

图 7-20　GHO 各数据库界面

(二) 中华人民共和国国家卫生和计划生育委员会

中华人民共和国国家卫生和计划生育委员会 (http://www.nhfpc.gov.cn) 的 “统计数据” 栏目可提供我国卫生事业各项统计资料，以公报、月报、季报、年报、专题、统计提要和统计年鉴的形式公布。

(三) 美国国家卫生统计中心 (National Center for Health Statistics)

美国国家卫生统计中心 (http://www.cdc.gov/nchs) 是发布全美国卫生各项统计信息的权威网站。涵盖公众健康状况、医疗卫生保健系统、疾病监测、生物医学和卫生服务研究等各领域的数据信息，资源非常丰富。

(四)英国国家统计局(Office for National Statistics)

英国国家统计局(http://www.statistics.gov.uk)的“health & Care”栏目提供英国国家医疗卫生统计数据的查询。

四、生物医学图像资源

网络上的生物医学图像资源主要有实体相片、计算机模拟图片、显微镜下图片、各种放射学图谱等。按内容可分为解剖学、生理学、病理组织学、寄生虫学、外科手术、皮肤病皮损及眼底图谱等。大多数的综合搜索引擎，如 Google、Yahoo!等，都有“图像”栏目，点击相应按钮即可进行检索。另外，通过专业搜索引擎和专业图库网站也可获得专业图像资源。

(一)HONmedia

HONmedia(http://www.hon.ch/cgi-bin/HONmedia/)是由瑞士日内瓦的健康在线基金会(HON)(http://www.hon.ch)推出的一个多媒体资源搜索引擎。HON 通过人工编制的方式建立独立媒体库，该库涵盖了 1700 个主题的 3300 幅图片及动态图像，并通过链接美国多所医学院校网站，不断搜索网络媒体添加新的图像链接。可从 HON 主页(图 7-21)进入，点击栏目“Medical Professional”进入医学专业界面，再点击左侧的“HONmedia”即可进入。HONmedia 提供了三种检索方式：

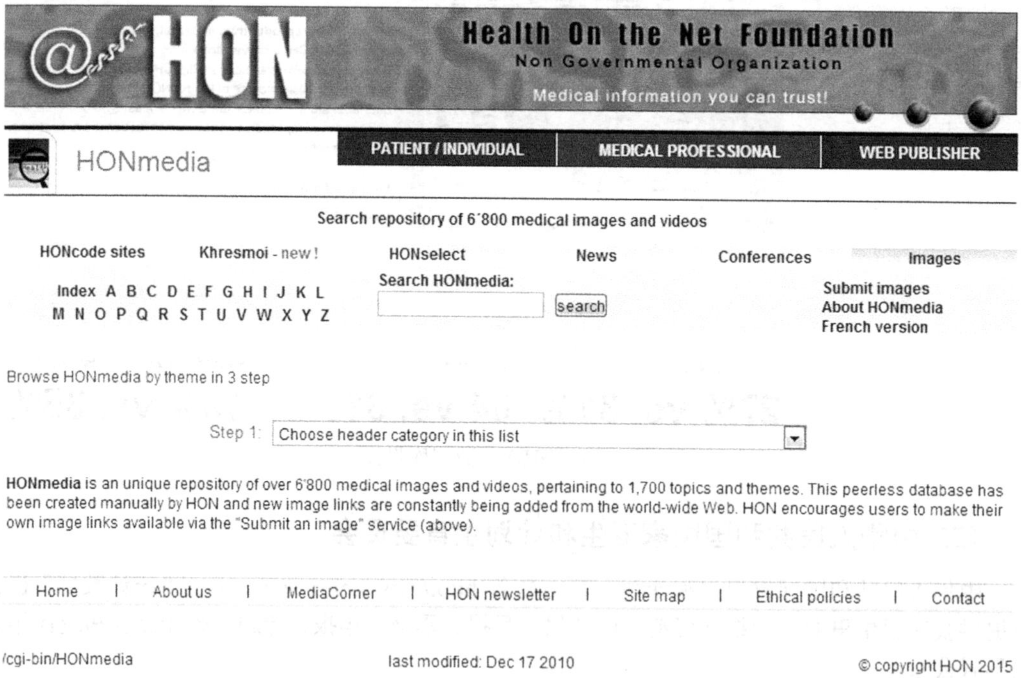

图 7-21 HONmedia 主页

1. 首字母索引检索 点击欲查找的图片名称的首字母，即可获得以该字母起头的所有图片的列表。如要检索“糖尿病“的图像资料，则可在索引中点击字母“D”，即可进入所有 D 起头的图片列表，选择“diabetes”点击，就可获得有关图片或视频。命中图像资料显示出其所属的主题类别、图像标题、图像来源。图像可点击放大、打印或下载。

2. 关键词检索 在输入框内输入检索词“diabetes”，点击“search”直接进行检索。

3. 主题/分类检索　通过 HON 提供的主题分类 3 个步骤进行检索。第一步(Step1)通过下拉菜单选择大类(分为解剖学、有机体、疾病、化学制剂和药品等十一大类)；第二步(Step2)，选择下位类；第三步(Step3)，选择术语。如检索“diabetes”，通过以下步骤：Diseases——Nutritional and Metaboiic Diseases——Diabetes Mellitus(图 7-22)。

Health On the Net Foundation
Non Governmental Organization
Medical information you can trust!
PATIENT / INDIVIDUAL　MEDICAL PROFESSIONAL　WEB PUBLISHER
HONmedia
Search repository of 6´800 medical images and videos
HONcode sites　Khresmoi - new !　HONselect　News　Conferences　Images
Search HONmedia: Diabetes Mellitus search
Index A B C D E F G H I J K L M N O P Q R S T U V W X Y Z
Submit images　About HONmedia　French version
Browse HONmedia by theme in 3 step
Step 1: Diseases - 5051
Step 2: Nutritional and Metabolic Diseases - 32
Step 3: Diabetes Mellitus - 5
Images 1 to 5 of 5 images for Diabetes Mellitus
Click below to enlarge　movies　Preventing Type 2 Diabetes - [5 min 36 sec]　Diabetes (nihseniorhealth.gov)　Copyright © NIHSeniorHealth
Click below to enlarge　Insulin Pump　Copyright © MedlinePlus (www.nlm.nih.gov)
Click below to enlarge　movies　Native Americans and Diabetes - [4 min 44 sec]　Diabetes (nihseniorhealth.gov)　Copyright © NIHSeniorHealth
Click below to enlarge　movies
Click below to enlarge　movies

图 7-22　diabetes 图片检索结果界面

(二) Nucleus

Nucleus(http://www.nucleuscatalog.com)是于 1999 年由 Nucleus 公司创建并维护的图像数据库。该图库提供 15 000 幅经医学专业人士审核的医学各类图像及三维动画，图像清晰精美，标注详细。图库主页提供关键词检索，也可通过人体系统分类、医学领域导航进行检索。点击“Browse”还可进一步按类型和语种检索。“Advanced Search”(高级检索)可同时限定图像的类型，包括所有类型、插图、图表、解剖学模型等，语种和检索领域。如图 7-23 所示。

(三) 中药图像数据库

中药图像数据库是由中国香港浸会大学(Hongkong Baptist University)中医药学院与大学图书馆共同创建的中药材图像数据库和药用植物图像数据库，提供了有关中药和药用植物的图像信息，见第九章第五节。

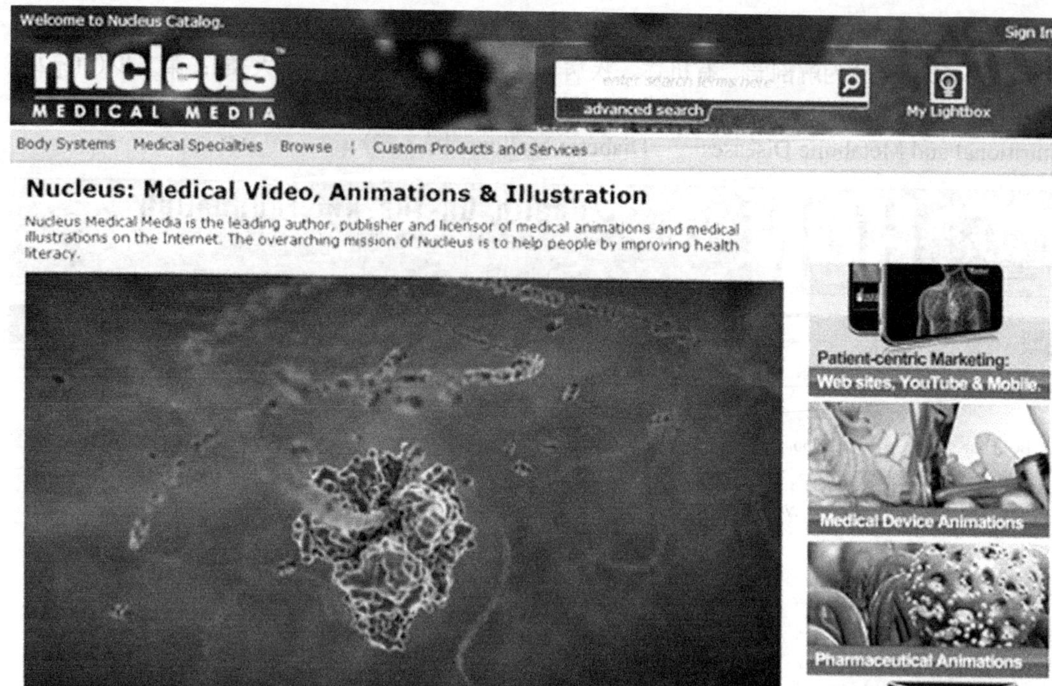

图 7-23 Nucleus 主页

分析与思考

案例一：阿尔茨海默病(Alzheimer's disease，AD)即所谓的老年痴呆症，是一组病因未明的原发性退行性脑变性疾病。但人们对它的可能发病机制所知甚少，近年来研究显示，阿尔茨海默病的发生与载脂蛋白 E(ApoE)基因有关。某研究生想了解这方面的研究背景，从而为进一步选题作准备。他应该如何开始呢?

思考:

1. 阿尔茨海默病和载脂蛋白 E 的定义是什么？是谁首先提出了阿尔茨海默病这一概念的?
2. 如何查找关于老年痴呆症相关信息的可信医学网站？其医学主题词是什么?
3. 如何查找关于“Alzheimer's disease”与“ApoE”研究的期刊论文？如何选择最重要的文章来阅读？有哪些网站提供其免费全文的链接?

提示:

1. 通过 MeSH(CBM/PubMed/FMJS/honselect)、The Merck Manuals 或者 Google Scholar，使用 define 功能可查到相关定义；百度百科、维基百科、CNKI 百科可查到相关历史。
2. 使用 honselect、Medical Matrix 等搜索引擎搜索可信的医学网站。
3. 查找某主题的期刊文献可通过前述各期刊数据库查找，或通过学术搜索引擎查找；期刊论文全文的获取方法详见本章第五节。

案例二：某同学在临床实习时，接触到了一名糖尿病(Diabetes)患者，指导老师进行了一系列的用药指导，该学生还想进一步了解有关“糖尿病”的更多信息，他该如何做?

思考：

1. 如何获得更多的可靠信息？近期是否有相关的临床研究？新闻或会议召开？

2. 如何查找最新的有关糖尿病的用药指导？

3. 由 Diabetes Control and Complications Trial Research Group 编写的“The effect of intensive treatment of diabetes on the development and progression of long-term complications ininsulin-dependent diabetes mellitus”一文被引用次数可以通过哪些网站查找？如何获得原文以仔细阅读？

4. 如何查找 I 型糖尿病在各国的死亡率？

提示：

1. 使用 honselect、Medical Matrix 等搜索引擎搜索可信医学网站、临床研究、新闻和会议消息。

2. 临床药物手册及药典可提供用药指导。

3. 文章的被引用次数是文章质量的一个重要指标，Google Scholar 等可提供被引次数的检索；期刊论文全文的获取方法详见本章第五节。

4. 卫生统计数据可通过各国的统计网站或 WHO 的 GHO 数据库查到。

（姚慧君）

第8章 循证医学及证据检索

循证医学是临床医学实践中发展起来的一门新兴交叉学科，它的形成和发展对医学研究、临床实践、医学教育、卫生事业决策管理产生了巨大的影响。当代信息科学、生物医学科学以及经济的高速发展，在经济全球化的今天必然要使人类的知识“更新换代”，而循证医学的产生与发展就是在医学方面的体现。本章介绍了循证医学国内外的发展、循证医学证据及证据系统、循证医学网络资源、循证医学证据检索实践案例及循证医学证据的评价及利用。指引医学生对临床中所遇到的实际问题，进行系统的医学文献检索，以获得当前最好的临床研究证据，并结合临床的具体实际和病人的喜好，做出医疗决策。

第一节 循证医学概论

一、循证医学的定义

循证医学(Evidence-based medicine，缩写为EBM)最初由来自加拿大多伦多麦克马斯特大学(McMaster University)的David L Sackett教授和他的同事们在1996年首次提出，将其定义为:“明确、明智、审慎地应用最佳证据做出临床决策的方法”，后来 David L Sackett教授在2000年新版“怎样实践和讲授循证医学”中，再次定义循证医学为“慎重、准确和明智地应用当前所能获得的最好的研究依据，同时结合医生的个人专业技能和多年临床经验，考虑病人的价值和愿望，将三者完美地结合制定出病人的治疗措施”。 EBM是医生在临床实践中必须遵循的科学原则，其核心思想是对临床中所遇到的实际问题，进行系统的医学文献检索，经过仔细的筛选，以获得当前最好的临床研究证据，并结合临床的具体实际和病人的喜好，做出医疗决策诊治疾病。它提倡将临床医师个人的临床实践和经验与客观的科学研究证据结合起来，将最正确的诊断、最安全有效的治疗和最精确的预后估计服务于每位具体患者。其核心思想是：医疗决策应尽量以客观研究结果为依据。医生开具处方，制订治疗方案或医疗指南，政府机构作出医疗卫生决策等，都应根据现有的、最好的研究结果来进行。

循证医学与传统医学有着重要的区别见表8-1：

表8-1 传统医学与循证医学实践模式的区别

区别点	传统医学	循证医学
证据来源	医师经验、动物实验、 教科书、零散的临床研究	全面、系统、高质量的研究证据
搜集证据	不系统全面	系统全面
评价证据	不重视	重视
判效指标	实验室指标的改变、仪器或影像学结果(中间指标)	病人最终结局（终点指标）
治疗依据	基础研究/动物实验的推论、小样本试验、个人临床经验	当前可得到的最佳、临床研究证据
医疗模式	疾病/医生为中心	病人为中心

二、循证医学的发展进程

(一) 循证医学在国外的发展

循证医学的开创性研究是与英国著名流行病学家、内科医生阿尔希·考科蓝(Archie Cochrane 1909—1988)的名字相联系的。1972 年，他出版了《疗效与效益:健康服务中的随机对照试验》专著，明确提出“由于资源终将有限，因此应该使用已被恰当证明有明显效果的医疗保健措施”，并强调“应用随机对照试验证据之所以重要，因为它比其他任何证据来源更为可靠”。医疗保健有关人员应收集所有随机对照试验结果进行评价，为临床治疗提供当前最好的证据。考科蓝的创新性研究，对健康服务领域存在的如何达到既有疗效、又有效益的争论产生了积极的影响。1979 年，Cochrane 又提出“应根据特定病种/疗法将所有相关的随机对照试验联合起来进行综合分析，并随着新临床试验的出现不断更新，从而得到更为可靠的结论。”1987 年，Cochrane 根据长达 20 年以上对妊娠和分娩后随访的大样本随机对照的试验结果，进行系统评价研究，获得了令人信服的证据，向世人揭示了循证医学的实质。他认为这些研究“成为临床研究和医疗保健评估方面的一个真正的里程碑”，并指出其他专业也应该遵循这种方法。Cochrane 也被公认为循证医学的先驱，他的姓氏 Cochrane 成为循证医学的同义词。

20 世纪 80 年代初期，在临床流行学发源地的 McMaster University，以 David L.Sackett 为首的一批临床流行病学家，在该医学中心的临床流行病学系和内科系，率先对年轻的住院医师进行循证医学培训，取得很好效果。1992 年起在 JAMA 等杂志上发表一系列循证医学文献，受到广泛关注。并由 Brian Haynes 和 David L.Sackett 发起，在美国内科医师学院组织了一个杂志俱乐部(ACPJC)，开始对国际上 30 余种著名杂志发表的论著进行系统评价，并以专家述评的形式在 Annals of Internal Medicine 上发表。1992 年，David Sackett 教授及其同事正式提出了“循证医学”概念，他普及了医学文献严格评价的原理，并教授和指导了世界上几乎所有循证医学运动的领导人。Brian Haynes 开创性地建立结构式文摘二次文献数据库及 Cochrane 协作网，成为循证医学早期发展史上的重要里程碑，而循证医学原理和思想则直接源自他们的工作。

1993 年国际上正式成立 Cochrane Collaboration，广泛地收集临床随机对照试验(RCT)的研究结果。在严格的质量评价基础上，进行系统评价(RS)以及荟萃分析(meta-analysis)，将有价值的研究结果推荐给临床医生以及相关专业的实践者，以帮助实践循证医学。1996 年 Sackett 教授在《英国医学杂志》上发表专论，将循证医学明确定义为“明确、明智、审慎地应用最佳证据做出临床决策的方法”。2000 年 David Sackett 教授在新版《怎样实践和讲授循证医学》中，再次定义循证医学为“慎重、准确和明智地应用当前所能获得的最好的研究依据，同时结合临床医师的个人专业技能和多年临床经验、考虑病人的价值和愿望，将三者完美地结合制定出病人的治疗措施。”

全世界的循证医学中心包括中国 Cochrane(考科蓝)中心在内，至今已发展到 15 个。“循证医学协作网”和“Cochrane 中心”的建立和发展，以及循证医学研究成果的扩大和应用，有力地促进了临床医学从经验医学模式向循证医学转变，促进了循证医学的发展。

(二) 循证医学在国内的发展

我国于 1996 年引进循证医学，由四川大学华西医学中心(原华西医科大学)留学回国人员率先带回循证医学信息和技术，在华西创建了中国的循证医学/Cochrane 中心。1997 年由卫生部批准正式成立了中国循证医学中心并申请注册为中国 Cochrane 中心。1999 年经国际 Cochrane 协作网批准正式注册为中国 Cochrane 中心。该中心组织了对全国临床医师和相关人员的培训，开展了广泛的国际、国内合作。目前，在广州、北京、上海和各个相关高校已经建

立或正在筹建地区性循证医学中心，为循证医学在国内的发展做出了重要贡献。

目前，国内临床医学模式仍停留在传统的经验医学模式，临床研究方法混乱，许多先进的方法不了解、不会用，只能总结临床经验。同时，临床医师也深刻体会到临床研究因为方法学的落后，研究水平很难与基础研究相比。EBM 在我国临床诊疗实践、临床科研、论文撰写等方面的应用还非常薄弱，要改变这一状况，除了普及相关知识外，还要注重采取相应措施，如 EBM 的咨询服务和临床科研方法培训等，使更多临床医师学会运用恰当的方法学原则去评价证据，将最佳证据应用于临床实践；同时参与临床科研，为 EBM 提供证据，从而促进中国 EBM 的发展。2000 年以来，国内许多医学期刊，包括中华医学系列杂志，开始大力宣传 EBM，并结合临床实践，引导临床医师接受 EBM 思想。但总体而言，EBM 还是一个新兴领域，特别是在如何提供证据、产生证据、评价和利用证据方面，所开展的研究还远远不能满足实际需求。

三、循证医学的基本要素

(一)最佳证据

任何医疗卫生方案、决策的确定，都应遵循客观的科学研究产生的证据 ，在互联网时代，要从海量的信息中查找出自己所需的证据，会得到很多的信息，这需要我们寻求最佳证据。最佳证据的识别可从证据的来源、出版时间、研究方案、控制偏倚的措施、数据的统计分析等方面来进行证据的真实性鉴别；从证据的效果(包括相对危险度、相对危险减低率、相对危险增加率、比值比、益一需治数、伤一需治数等指标的点估计与区间估计)来判断证据的重要性，从证据的研究对象与服务对象的比较、利弊比、服务对象的偏好和价值观等方面来判断证据的适用性。

(二)卫生工作者

作为循证医学的实践主体，卫生工作者包括医生、护理人员、预防卫生专业人员等，在工作中具有强大的信息和专业知识优势，在循证医学实践中发挥重要作用。

(三)医疗卫生服务对象

随着社会、经济、卫生的发展，以人为本的服务理念不断深入，作为医疗卫生服务中重要一方，医疗卫生服务对象正由被动地位转向主动地位，一切的医疗服务都是以医疗卫生服务对象为中心。这就需要医务工作者在工作、服务中既要结合最佳的证据和自身的专业知识、经验与技能，又要注意与服务对象的沟通，了解他们的需求，争取在服务中积极配合，才能最终完成循证医学实践。

(四)医疗卫生服务环境

在循证医学实践中，有时有了最佳证据，卫生工作者也有良好的经验、知识和技能，病人也支持、配合，但服务环境跟不上，医疗条件不具备，也不能实施我们的卫生行动计划，因此，医疗环境也很重要。

四、循证医学实践的步骤

循证医学实践的步骤，简单明了来说就五个步骤，即提出问题、查找证据、评价证据、应用证据和后效评价。通常，循证医学实践的实施过程包括：

(一)提出具体的临床问题

提出具体的临床问题是实践循证医学的第一步，也是关键所在，提出一个恰当的问题十分重要。循证医学实践通常起始于一个病例，围绕着这个病例，提出一系列的临床问题，通常包括病人的一些基本情况，对病人实施了哪些干预措施，涉及病因、诊断、治疗、预后等各方面。在临床实践中，每天都会面临许多问题，要想解决所有的问题是不可能的，应勤于思考善于在实践中认真观察、发现问题和提出问题，选择一个来自患者的明确问题，以帮助临床医生缩短检索时间，快速找到恰当的答案。一般来说，所提问题含有PICO(Patient/Population Intervention Comparison Outcome)或PECO(Patient/Population Exposure Comparison Outcome)四个要素，前者适用于预防、诊断、预后相关的问题，后者适用于病因、危险因素相关的问题。举例说PICO的四个要素如下：何种疾患和患病人群；干预措施；对比因素(安慰剂与其他治疗对照)；与患者相关联的结果事件(死亡率、并发症等)。

(二)检索相关文献，全面收集证据

前面提出一个明确的问题以后，就进入检索相关文献，全面搜集证据阶段。根据特定的临床问题，确定恰当的研究类型，再根据相应证据的分级选择恰当的数据库，制定检索策略进行检索。首选二次文献数据库，看该问题是否解决，如果没有再看原始文献数据库，按证据分级逐级降低的顺序检索，直到满足要求。一般具体的有以下五个步骤：①了解所需信息的本质；②确定检索资源(检索系统)；③确定检索词；④制定检索策略；⑤检索文献。

(三)严格评价，找出最佳证据

对所检索出来的证据运用方法学的评价标准，从证据的真实性、可靠性、临床应用价值及适用性等方面进行严格的评价，以决定优先利用哪些证据。

对文献的真实性评价，可通过文献类型和文献来源来初步评价。文献类型是评价文献真实性的指标之一，系统评价、Meta分析、临床实践指南、卫生技术评估类型的文献可以作为优先考虑的证据，是第一选择；单个的随机对照实验和队列研究可作为第二选择；病例对照研究和横断面调查可作为第三选择；病例报告、专家个人意见可作为第四选择；体外实验、动物实验可看作是第五选择。此外，文献来源也是评价文献真实性的指标之一，比方说来自The Cochrane Library和Medline数据库的文献，其质量比较有保障。对文献的真实性进一步评价时，主要关注研究设计和实施的质量，以判断是否存在偏倚的可能。

对证据的重要性评价，是确认证据的真实性没有问题的前提下进行的，着重考察各种研究和实验的效应值的点估计值和区间估计(通常是95%的可信区间)。效应值通常有RR(Relative Risk 相对危险度)、OR(Odds Ratio 比值比)、NNT(Number Needed to Treat 益一需治数)、NNH(Number Needed to Harm 伤一需治数)等。当效果显著且强大，或存在剂量反应关系，或所有的混杂都将减弱干预组效应值时，证据的强度增强。尤其是当效果的可信区间显示的最小可能效果也相当重要时，就更有把握认为该证据有临床重要性。

对证据的适用性进行评价，是确认证据的真实性和重要性没有问题的前提下进行的，着重考察文献显示的研究结果是否能够外推到自己的患者或服务对象身上。应注意以下几个方面：①应注意研究结果的一致性；②应注意证据的直接性；③应注意效果的可转化性；④应注意自己患者的发病率的不确定性；⑤应注意兼顾治疗的收益与损害。

(四)应用最佳证据，指导临床决策

将上述经过严格评价的证据，结合临床专业知识及病人的选择，应用到临床实践与决策中，以便更好地为医疗服务。在循证医学实践中，需要注意把实际情况与文献中的情况作出详细的

比较，严格按照文献中的要求来应用证据。如果有需修改的地方，要给出理由和依据，并做好相关记录，做到痕迹管理条理化，以便在后续的评价中有据可查。

(五)评价实践后的效果和效率

通过以上四个步骤，评价当前最佳证据指导解决具体化问题的效果如何，若成功可指导下一步实践，反之，应具体分析原因，找出问题，再针对问题进行新的循证研究和实践。

第二节 循证医学证据及证据系统

一、证据的分类

(一)按研究方法的不同分类

可将证据分为原始临床研究证据和二次临床研究证据。原始临床研究证据包含随机对照试验、队列研究、病例对照研究、横断面研究。二次临床研究证据包含系统评价、Meta 分析、临床实践指南、卫生技术评估等。

1. 随机对照实验(Randomized Controlled Trials，RCT) 是一种对医疗卫生服务中的某种疗法或药物的效果进行检测的手段，特别常用于医学，生物学，农学。随机对照试验的基本方法是将研究对象随机分组，对不同组实施不同的干预，以对照效果的不同。将研究对象按随机化的方法分为试验组与对照组，然后，试验组给予治疗措施，对照组不给予欲评价的措施，即给予安慰剂(placebo)，前瞻性观察两组转归结局的差别。RCT 的设计要遵循三个基本原则，即设置对照组(control)，研究对象的随机化分组(Randomization)和盲法试验(blind)。盲法试验主要包括单盲试验(single-blinded)、双盲(double blinded)试验等，单盲试验是仅研究者知道每个病人用药的具体内容，而病人不知道，单盲试验虽可以避免来自病人主观因素的偏倚，但仍未能防止来自研究者方面的影响。双盲试验是研究者和病人都不知道每个病人分在哪一组，也不知道何组接受了试验治疗，此法的优点是可以避免来自受试者与研究者的偏倚。RCT 的特征为：①随机分组；②设置对照；③施加干预；④具有前瞻性；⑤论证强度为最强。

2. 队列研究(Cohort study) 是将某一特定人群按是否暴露于某可疑因素或暴露程度分为不同的亚组，追踪观察两组或多组成员结局(如疾病)发生的情况，比较各组之间结局发生率的差异，从而判定这些因素与该结局之间有无因果关联及关联程度的一种观察性研究方法。

队列研究的基本原理是在一个特定人群中选择所需的研究对象，根据目前或过去某个时期是否暴露于某个待研究的危险因素，或其不同的暴露水平而将研究对象分成不同的组，如暴露组和非暴露组，高剂量暴露组和低剂量暴露组等，随访观察一段时间，检查并登记各组人群待研究的预期结局的发生情况，比较各组结局的发生率，从而评价和检验危险因素与结局的关系。根据研究对象进入队列时间及终止观察的时间不同，可分为前瞻性队列研究、历史性队列研究和双向队列研究。

(1)前瞻性队列研究(prospective cohort study)：前瞻性队列研究是队列研究的基本形式。研究对象的分组是根据研究对象现时的暴露状况而定的，此时研究的结果还没有出现，需要前瞻性观察一段时间才能得到。这样的设计模式成为前瞻性研究或即时性队列研究。优缺点：优点是在前瞻性队列研究中，由于研究者可以直接获取关于暴露和结局的第一手资料，因而资料的偏倚较小，结果可信。缺点是所观察的人群样本量很大，观察时间长、花费大，因而影响其可行性。

(2)历史性队列研究(historical cohort study)：研究工作是现在开始的，而研究对象是过去

某个时间进入队列的。其特点是追溯到过去某时期，决定人群对某因素的暴露史，然后追查至现在的发病或死亡情况。由于研究结局在研究开始时已经发生，然后追溯到过去某时期，其性质是回顾性的，故这种设计又叫回顾性队列研究(retrospective cohort study)。这工作，性质上相当于从过去某时点开始的前瞻性队列研究的随访，但实际做的是在现在调查过去的既成事实，这时暴露与疾病或死亡均已成事实，而前瞻性队列研究的随访则是查寻在过程中新出现的病例或死亡及其死因。回顾性队列研究与前瞻性队列研究相比优点是人力、物力可以大为节省，特别是因为研究开始时所研究的疾病已经发生，所以无须多年随访等待。但进行回顾性队列研究的先决条件是存在在每个成员的完整翔实的暴露记录，这样才能正确划分暴露组与非暴露组，还要存在完整翔实的每个成员的疾病或死亡记录，这样才能查清每一成员的转归。

实例如苯胺类染料引起膀胱癌的研究：从上世纪末起即有人怀疑苯胺类染料可能引起染料厂工人的膀胱癌。Case 等从 1950 年开始对英国 21 家化工厂的工人进行了调查。目的是查明制造或使用苯胺、联苯胺、1-萘胺或 2-萘胺能否在从业人员中引起膀胱癌。他们调查得到 1921 年起到 1952 年 2 月 1 日止曾在这些工厂至少工作过 6 个月的人员名单，共 4622 名。在此期间曾在染化行业工作过的人中间发生膀胱癌 444 例，其中属于上述 21 厂名单内且死于膀胱癌者有 127 例。根据 1921～1949 年英国男子膀胱癌死亡率算出预期死亡数(E)(从业人员中女性很少，未作分析)，与实际死亡数(O)比较，接触 2-苯胺者为 O/E=26/0.3，1-萘胺=6/0.7，联苯胺=10/0.72。SMR 分别为 8666.7，857.1，1388.9。提示这 3 种染料有致膀胱癌作用。以后，英国和一些国家禁止生产 2-萘胺与联苯胺，并被国际癌症研究中心(LARC)列入人类致癌物名单(1982)，1-萘胺对人类致癌的证据尚不充分。

(3)双向性队列研究(ambispective cohort study)：根据历史档案确定暴露与否，根据将来的情况确定结局，故这种设计又叫混合性队列研究。该方法不但具有历史性队列研究的优点，还弥补了其不足。

不同队列研究类型的选用原则：

1)前瞻性队列研究：①应有明确的检验假设，检验的因素必须找准；②所研究疾病的发病率或死亡率应较高，如不低于 5‰；③应明确规定暴露因素，并且应有把握获得观察人群的暴露资料；④应明确规定结局变量，如发病或死亡，并且要有确定结局的简便而可靠的手段；⑤应有把握获得足够的观察人群，并将其清楚地分成暴露组与非暴露组；⑥大部分观察人群应能被长期随访下去，并取得完整可靠的资料。应有足够的人、财、物力支持该项工作。

2)历史性队列研究：除考虑前述的①～⑤点外，还应考虑是否有足够数量的完整可靠的在过去某段时间内有关研究对象的暴露和结局的历史记录或档案材料。

3)双向性队列研究：当基本具备进行历史性队列研究的条件下，如果从暴露到现在的观察时间还不能满足研究的要求，还需继续前瞻性观察一段时间时，则选用该研究。

3. 病例—对照研究(case-control study)　亦称回顾性研究，是比较患某病者与未患某病的对照者暴露于某可能危险因素的百分比差异，分析这些因素是否与该病存在联系。是分析流行病学方法中最基本的、最重要的研究类型之一。

病例对照研究基本原理是以现在确诊的患有某特定疾病的病人作为病例，以不患有该病但具有可比性的个体作为对照，通过询问，实验室检查或复查病史，搜集既往各种可能的危险因素的暴露史，测量并比较病例组与对照组中各因素的暴露比例，经统计学检验，若两组差别有意义，则可认为因素与疾病之间存在着统计学上的关联。在评估了各种偏倚对研究结果的影响之后，再借助病因推断技术，推断出某个或某些暴露因素是疾病的危险因素，而达到探索和检验疾病病因假说的目的。这是一种回顾性的，由结果探索病因的研究方法，是在疾病发生之后去追溯假定的病因因素的方法。是分析流行病学最基本、最重要的研究类型之一，使用和理解病例对照研究是现代流行病学方法学的一个重要进展。近年来病例对照研究得到越来越广泛的应用，它是流行病学研究，特别是病因学研究的一个得心应手的工具。

现有部分人认为历史性队列研究与病例对照研究是一回事，其实是有明显不同之处的，历史性队列研究与病例对照研究最明显的不同在于对照组的划分：历史性队列研究先回顾样本人群有无暴露于某种因素，划分的依据是是否暴露于某种因素，而不是是否发病(对照组也可发病)。比方说研究一个200人的人群，里面有60个病人(结局已经出现)，回顾人群的历史材料，200人里有120人暴露于某种因素，因此对照组就是80人(对照组中也可有病人)。而病例对照研究对照组划分的依据是有无发病，而不是有无暴露于某种因素。比方说研究一个200人的人群，里面有60个病人，200人里有120人暴露于某种因素(暴露也可不发病)，因此对照组就是140人(全无发病，但可有暴露)。

其他就是一些指标值以及分析方法的不同：历史性队列研究就是用统计学的方法分析对比暴露组与非暴露组之间的发病率差异有无统计学意义；反之，病例对照研究就是用统计学的方法分析病例组与对照组之间的暴露率差异有无统计学意义。

4. 横断面研究(Case Control Study) 是在某一特定时间对某一定范围内的人群，以个人为单位收集和描述人群的特征以及疾病或健康状况。它是描述流行病学中应用最为广泛的方法。横断面研究又称横断面调查，因为所获得的描述性资料是在某一时点或在一个较短时间区间内收集的，所以它客观地反映了这一时点的疾病分布以及人们的某些特征与疾病之间的关联。由于所收集的资料是调查当时所得到的现况资料，故又称现况研究或现况调查(prevalence survey)；又因横断面研究所用的指标主要是患病率，又称患病率调查。

横断面研究的作用有以下几点：①描述疾病或健康状况的分布；②评价一个国家或地方的健康水平；③研究影响人群健康和与疾病有关的因素；④用于卫生服务需求的研究；⑤用于医疗或预防措施及其效果的评价；⑥用于有关卫生标准的制定和检验；⑦用于检查和衡量既往资料的质量；⑧用于社区卫生规划的制定与评估。

横断面研究的分类主要可分为普查和抽样调查。

前瞻性队列研究、病例对照研究、横断面研究三种研究方法的比较(表8-2)。

表8-2 前瞻性队列研究、病例对照研究、横断面研究三种研究方法的比较

方法学特点	前瞻性队列研究	病例对照研究	横断面研究
样本组成	无病个体	病例与对照	暴露者、现患者或存活者
分组标准	暴露或未暴露	患病或未患病	前两者之一
时间顺序	前瞻性(从因到果)	回顾性(从果推因)	现况
比较内容	暴露者与未暴露者发病或死亡情况	病例与对照过去的暴露情况	暴露者的患病情况或患病者的暴露情况
率	发病率或死亡率	暴露百分比	现患率，暴露率
暴露与疾病联系指标	危险度，相对危险度，率差，PAR	OR，PAR	相对危险度，率差，PAR
优点	暴露资料较正确，可计算发病率及危险度，可同时研究一种暴露与多种疾病的关系，用于检验假设	样本小，获结果快，费用低，无失访，可同时研究一种疾病与多种暴露的关系，筛选病因，可用于少见病研究	获结果迅速
缺点	需大样本和长期随访，费用高，失访问题多，不适用于少见病	样本代表性差，对照选择不易得当，回忆暴露史多偏倚，仅能算OR	因果关系不易确定，仅调查存活者，不适用于病程短和死亡快的病，少见病需调查很大样本，也不适用

5. 系统评价与Meta分析 系统评价是一种全新的文献综合方法，指针对某一具体临床问题(如：病因、诊断、治疗、预后)，系统全面的搜集已发表或未发表的临床研究，采用临床流行病学严格评价文献的原则和方法，筛选出符合质量标准的文献进行定量或定性合并，得出可靠的综合结论。系统评价可以是定性的，也可以是定量的(此种系统综述含Meta分析

的过程）。

Meta 分析（Meta-analysis）：元分析或荟萃分析，其概念为对以往的研究结果进行系统的定量分析。简单来说，Meta 分析是用统计的概念与方法，去收集、整理与分析之前学者专家针对某个主题所做的众多实证研究，希望能够找出该问题或所关切的变量之间的明确关系模式，可弥补传统的 Review Articles（文献综述）的不足。

随着循证医学的兴起，如何系统的总结以往的研究成果，为临床循证决策提供高质量证据日益受到重视，系统综述和 meta 分析已被公认为客观评价和合成针对某一特定问题的研究证据的最佳手段，通常被视为最高级别的证据。

目前，系统综述和 meta 分析两个名词常被混用。系统综述不一定都包括有 meta 分析过程，meta 分析也不一定是系统综述。

6. 临床实践指南（Clinical Practice Guideline）　人们根据特定的临床情况。系统制定出的帮助临床医生和患者做出恰当处理的指导意见。 临床实践指南的新定义（2011 年发布）是：通过系统综述生成的证据以及对各种备选干预方式的利弊评价之后提出的最优指导意见。因此，可以看出，指南如果想要具有可靠性，必须做到：①基于对现有证据的系统评价；②由来自专业团队、各学科的专家和主要相关团体的代表共同制定；③适当的考虑重要患者亚群体和患者偏好；④过程透明，使干扰、偏倚和利益冲突最小化；⑤对各备选干预措施及相应的结局之间的关系提供合理的解释，并对证据质量和推荐意见进行分级；⑥当有重要的新证据时要对原由指南进行合理的重新审议和修订。

7. 卫生技术评估（Health Technology Assessment，HTA）　是指对卫生技术的技术特性、临床安全性、有效性（效能、效果和生存质量）、经济学特性（成本-效果、成本-效益、成本-效用）和社会适应性（社会、法律、伦理）进行全面系统的评价，为各层次的决策者提供合理选择卫生技术的科学信息和决策依据，对卫生技术的开发、应用、推广与淘汰实行政策干预，从而合理配置卫生资源，提高有限卫生资源的利用质量和效率。

（二）按照研究问题的不同来划分

可将证据分为病因临床研究证据、诊断临床研究证据、预防临床研究证据、治疗临床研究证据、预后临床研究证据等。

（三）其他的分类方法

按用户需求来分可将证据分为系统评价、临床实践指南、卫生技术评估、健康教育材料、在研临床研究证据等；按照证据的形式可分为图书、期刊、报纸、虚拟电子文献等；按证据获得的渠道分可将证据分为公开发表的临床研究证据、灰色文献等；按语种来分可将证据分为中文证据和外文证据等。

二、证据的分级

证据是循证医学的基石，遵循证据是循证医学的本质所在。证据的制作者和使用者应尽可能提供和应用当前最可靠的临床证据，这是循证医学的关键。因此，对证据进行分级和评价是循证医学实践的重要内容。

（一）早期的分级

1979 年，加拿大卫生部定期体检工作组（CTFPHE），发表了一份工作报告，首次基于试验设计，将证据分为三级（表 8-3 及表 8-4），设计良好的 RCT 级别最高，专家意见级别最低。将推荐强度按证据级别分为支持和不支持两类，每类又分“充分”，“尚可”和“缺乏”三级。

据此对体检项目一一列出相应证据的质量等级和推荐强度，不仅提高了决策的科学性，也大大方便了医生的工作，此后二十几年，几乎所有分级标准都在此基础上扩展和延伸。

表8-3　1979年CTFPHE证据分级

证据级别	定义
Ⅰ	至少一项设计良好的随机对照试验
Ⅱ-1	设计良好的队列或病例对照研究，尤其来自多个中心或研究组
Ⅱ-2	比较了不同时间、地点的研究证据，无论有无干预措施；或重大结果的非对照研究（如20世纪40年代青霉素的应用）
Ⅲ	基于临床研究、描述性研究或专家委员会的报告，或权威专家的意见

表8-4　1979年CTFPHE推荐强度

推荐强度	定义
A	定期体检中支持考虑该疾病的证据充分
B	定期体检中支持考虑该疾病的证据尚可
C	定期体检中支持考虑该疾病的证据缺乏
D	定期体检中不考虑该疾病的证据尚可
E	定期体检中不考虑该疾病的证据充分

David Sackett 对 CTFPHE 的完善：

1986 年，David Sackett 针对 1979 年标准的以上不足，撰文提出了证据的五分法，首次对 Ⅰ 级证据的 RCT 定义了质量标准，且将证据质量与推荐强度的等级一一对应，如表 8-5 所示。该标准简洁明了，更适于指导临床医生，后经不断修改完善，成为一套完整独立的系统。加拿大医学工作者创造性提出证据分级的理念，首次明确研究证据优于专家经验，不仅成为医学工作者决策的重要依据，也成为后来诞生的循证医学的基本理念之一。

表8-5　1986年David Sackett证据分级及推荐强度

证据级别	定义	推荐强度	定义
Ⅰ	有确定结果的大样本RCT（Ⅰ、Ⅱ型错误都较低）	A	至少一项Ⅰ级试验支持
Ⅱ	结果不确定的小样本RCT（Ⅰ、Ⅱ型错误都较高）	B	至少一项Ⅱ级试验支持
Ⅲ	非随机的同期对照试验	C	只有Ⅲ、Ⅳ、Ⅴ级证据支持
Ⅳ	非随机的历史对照试验		
Ⅴ	无对照的系列病例报道		

（二）牛津证据分级及推荐强度

1998 年，由临床流行病学和循证医学专家共同制定了新标准，并于 2001 年 5 月正式发表在英国牛津循证医学中心的网络上，如表 8-6 所示（此处只列出治疗方面的分级）。该标准首次在证据分级的基础上提出了分类概念，涉及治疗、预防、病因、危害、预后、诊断、经济学分析等七个方面，更具针对性和适用性，成为循证医学教学和循证临床实践中公认的经典标准，也是循证教科书和循证期刊使用最广泛的标准。

表8-6 2001牛津证据分级与推荐意见强度(治疗部分)

证据级别	定义	推荐强度	定义
1a	同质 RCT 的系统评价	A	1a 或 1 b 或 1c 级证据
1b	单个 RCT (可信区间窄)		
1c	全或无病案系列		
2a	同质队列研究的系统评价	B	2a 或 2b 或 2c 或 3a 或 3b 级证据
2b	单个队列研究 (包括低质量 RCT，如随访率<80%)		
2c	结果研究，生态学研究		
3a	同质病例对照研究的系统评价		
3b	单个病例对照		
4	病例系列研究(包括低质量队列和病例对照研究)	C	4 级证据
5	基于经验未经严格论证的专家意见	D	5 级证据

(三)GRADE 标准

2000 年，针对现存证据分级与推荐意见标准的不足，包括 WHO 在内 19 个国家和国际组织共同成立了 GRADE 工作组，由 67 名临床指南专家、循证医学专家、各权威标准的主要制定者及证据研究者通力协作，循证制定出国际统一的证据质量分级和推荐强度标准，并于 2004 年正式推出，如表 8-7、表 8-8 所示。该标准的特点是：第一，明确定义了证据质量和推荐强度，即证据质量指在多大程度上能够确信疗效评估的正确性；推荐强度指在多大程度上能够确信遵守推荐意见利大于弊。第二，统一使用“级别(grade)”代替“证据水平(levels of evidence)”。第三，突破了过去主要从研究设计角度考虑证据质量的局限性，综合考虑研究设计、研究质量、研究结果的一致性和证据的直接性。第四，从使用者而非研究者角度制定标准，拓宽了应用范围，并随时更新。第五，推荐意见将根据当前可得证据的 3 种结论(肯定，否定，不确定)，简化为强弱两级，既充分体现了循证医学立足于用，后效评价的思想，又为未来的发展和向其他领域拓展留下了空间和接口。该标准代表了当前对研究证据进行分类分级的国际最高水平，意义和影响重大。包括 WHO 和 Cochrane 协作网在内的 74 个国际组织、协会已采纳 GRADE 标准，成为证据发展史上的里程碑事件。但其仍以强调临床有效性证据为主，没有包括生物医学领域的全部证据，可看做是对其他领域证据分级和推荐强度的示范标准。

表8-7 2004年 GRADE证据等级

推荐强度	具体描述
高	未来研究几乎不可能改变现有疗效评价结果的可信度
中	未来研究可能对现有疗效评估有重要影响，可能改变评价结果的可信度
低	未来研究很有可能对现有疗效评估有重要影响，改变评估结果可信度可能性较大
极低	任何疗效的评估都很不确定

表8-8 2004年 GRADE推荐强度

推荐强度	具体描述
强	明确显示干预措施利大于弊或弊大于利
弱	利弊不确定或无论质量高低的证据均显示利弊相当

(四)证据金字塔

2001 年，美国纽约州立大学下州医学中心推出证据金字塔(图 8-1)，首次将动物研究和体外研究纳入证据分级系统，拓展了证据范畴，加之简洁明了，形象直观，得到了非常广泛的传播。

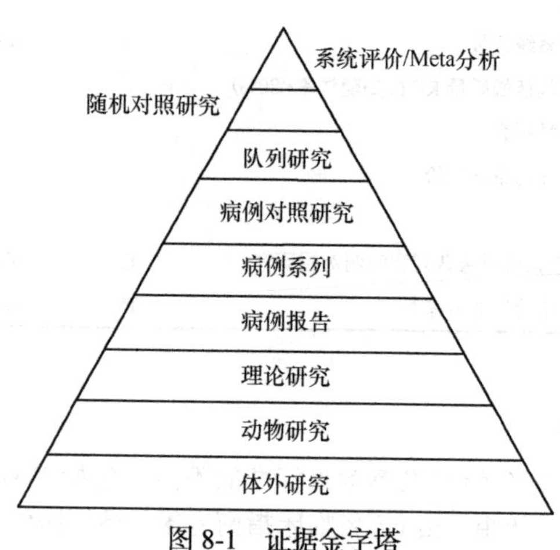

图 8-1 证据金字塔

三、证 据 系 统

循证医学资源分布在大量的医学信息资源中，如何在海量的信息资源中获取可用于临床决策的参考内容是临床医生需要掌握的技能。2001 年，海恩斯(Haynes)最早提出循证医学资源分布的“4S”模型，将循证医学资源分为 4 类；随着循证实践的不断深入和循证医学资源的不断丰富，该模型 2006 年变为“5S”模型，到 2009 年成为最新的“6S”模型。

(一)System(系统)

完善的基于实证的临床信息系统应能综合某一临床问题的所有重要相关实证研究，通过电子病历将特定患者情况自动链接至相关信息，使医生制定医疗决策时，可随时获得相关参考。但是，系统并不能告诉决策者具体如何去做，决策者需要综合实证数据和患者具体情况制定医疗决策，系统只是使与患者疾病有关的所有实证研究能够实时地被医生所了解。在一些随机研究中，具有计算机决策支持的电子病例系统已经在降低医疗费用、提高疗效方面有所体现。如果临床医生所在机构的电子病历系统与计算机决策支持系统连接，实现将患者状况与最新基于证据指南的系统连接，找到答案后就不必再向下层查找。

(二)Summaries(总结)

如果没有基于实证的临床信息服务系统，证据总结则作为下一步选择的最佳资源，包括循证医学临床实践指南和循证医学教科书，均整合了对于特定临床问题的证据资源并提供有规律的更新，例如 Best Practice(原 Clinical Evidence)，UpToDate，医师信息和教育资源(PIER)和 NGC 等，通过明确的评价过程发现和评估解决大量临床问题的证据。

(三)Synopses of Syntheses(系统评价摘要)

如果没找到临床问题的证据总结，就要寻找系统评价摘要，尽管系统评价是具体临床问题所有研究证据的总结，是最佳证据的重要组成部分，但是繁忙的医生很难抽出大量时间浏览这

些文献，系统评价摘要总结了高质量系统综述的成果，可提供支持临床决策的信息。证据摘要可从循证医学期刊中获得，例如《美国内科医师学会杂志俱乐部》(ACP Journal Club)和《循证医学》(Evidence Based Medicine)；也可从疗效评价文摘库(DARE)中获得。

(四) Syntheses(系统评价)

如果未发现证据摘要或需要更详细的信息，就应该查找系统评价。系统评价针对某一具体临床问题、系统全面地检索文献，按照科学标准筛选出合格的研究，通过统计学处理和综合分析，得出可靠结论，用于指导临床实践。系统评价收集文献的全面程度、质量以及综合资料的定量分析方法均优于传统综述，减少了偏倚和错误程度。

(五) Synopses of Studies(原始研究摘要)

如果在以上层次中都没找到解决临床问题的答案，则需要查找原始研究摘要，摘要提供了简要但足够详细的高质量研究总结，这些摘要一般发表在循证医学期刊中，同时会有对研究临床应用的评价。

(六) Studies(研究)

经过评估的证据最后一级是单独的原始研究，提供有关病因、诊断、治疗和预防等的原始研究，通过随机对照、病例对照、队列研究等方法获得的研究结果。经过严格评估的研究出现在 ACPJC PLUS，Evidence Updates 和 Nursing 中，如果在这些经过评估的资源中未发现有用内容，就需要到传统的未经评估的生物医学文献数据库中检索原始研究，医学专业人员必需学会编制合理的检索策略，才能排除质量较低的文献，检索到最佳证据。考虑到未经检索训练的医学专业人员较难编制出合理的检索策略，一些数据库如 PubMed 设有临床咨询专栏，医生可检索到由加拿大麦克马斯特大学专家过滤筛选的最佳证据。

第三节　循证医学网络资源

近年来随着循证医学的迅速发展，网络资源越来越丰富。由 Cochrane 协作网创建的 Cochrane Library 已成为获取循证医学资源的重要数据库，其高质量的系统综述被誉为提供科学证据的最佳来源。由于计算机、现代通讯技术和生物医学信息学的飞速发展，许多著名的生物医学数据库，如：MEDLINE、EMBASE、 BIOSIS、SCI、中国生物医学数据库等纷纷由光盘转向网络，使广大医学专业人员可在网上进行全面、无偏倚的文献检索，进而获取有关某一临床具体问题的摘要，但是文摘的内容并不能完全满足循证医学系统综述的信息需求。目前网络期刊的大量涌现，已促使信息服务机构和出版商开始提供从关键词查询—文摘—原文的一体化服务，为医学专业人员在网上直接获取原文提供了机会，其中不乏提供循证医学资源的著名全文库数据库 OVID、中国最大的全文库中国期刊网等。

此外，随着循证医学的兴起，其网站也日趋完善，几乎囊括了循证医学的各个方面：系统评价数据库、临床实践指南数据库、循证医学期刊、Meta-分析软件、循证医学教学资源和导航等，其中许多资源可免费获取，一些已成为临床医生查阅循证医学资源的重要网站。系统评价是针对某一具体临床问题，系统全面地检索文献，用统一的科学评价标准，筛选出符合标准、质量好的文献，通过综合分析和统计学处理，得出可靠结论，用于指导临床实践。同时随着新的临床研究结果的出现及时更新。临床实践指南是以系统评价为依据，经专家讨论后由专业学会制定。实践指南具有权威性，带有实践指导意义。循证医学期刊是由各国循证医学中心等机构编辑出版的以提供循证医学证据为主要内容的连续出版物。

现在，Internet 网上与循证医学有关的网站已经超过 100 万个，有关循证医学的信息分散在各个 EBM 网站、数据库及期刊中，研究工作者在利用这些信息时应该根据检索目的加以选择。下面就主要的循证医学信息资源加以介绍。

一、循证医学专用数据库

(一) Cochrane 图书馆

Cochrane 协作网是以已故英国著名流行病学家、内科医生 Archie Cochrane(1909/1988) 姓氏命名，在英国合法注册的，非营利性国际学术团体。Cochrane 网的宗旨是制作、保存和传播有关卫生保健措施的系统评价，为确保系统评价的质量，协作网成立了由临床流行病学家、生物医学统计学家和医学编辑专家组成的 8 个方法学工作组，制作了系统评价手册 “Cochrane Handbook” 和相关软件，1996 年 Cochrane 图书馆 (Cochrane Library，CL) 以光盘形式正式发行。

由于 Cochrane 系统评价的质量高，受到了世界范围学术界或科技信息研发机构、公司等的广泛重视。互联网上能免费检索 Cochrane 系统评价的途径很多。如通过 Update Software 公司网址 (http://www.cochranelibrary.com) 检索，通过 PubMed 检索系统 (http://www.ncbi.nlm.nih.gov/sites/entrez/) 和 Cochrane 协作网的网站 (http://www.cochrane.org) (图 8-2) 检索 Cochrane 系统评价摘要。此外还有不少数据库和相关网站收录了 Cochrane 图书馆的内容。例如 OVID 循证医学的数据库，“SumSearch” “TRIP” “Doctors Desk” 等网站。这些数据库和网站在对某个临床问题进行检索时，可同时打开多个数据库，其中包括 Cochrane 系统评价摘要，OVID 循证医学数据库还可提供 Cochrane 系统评价全文等内容。

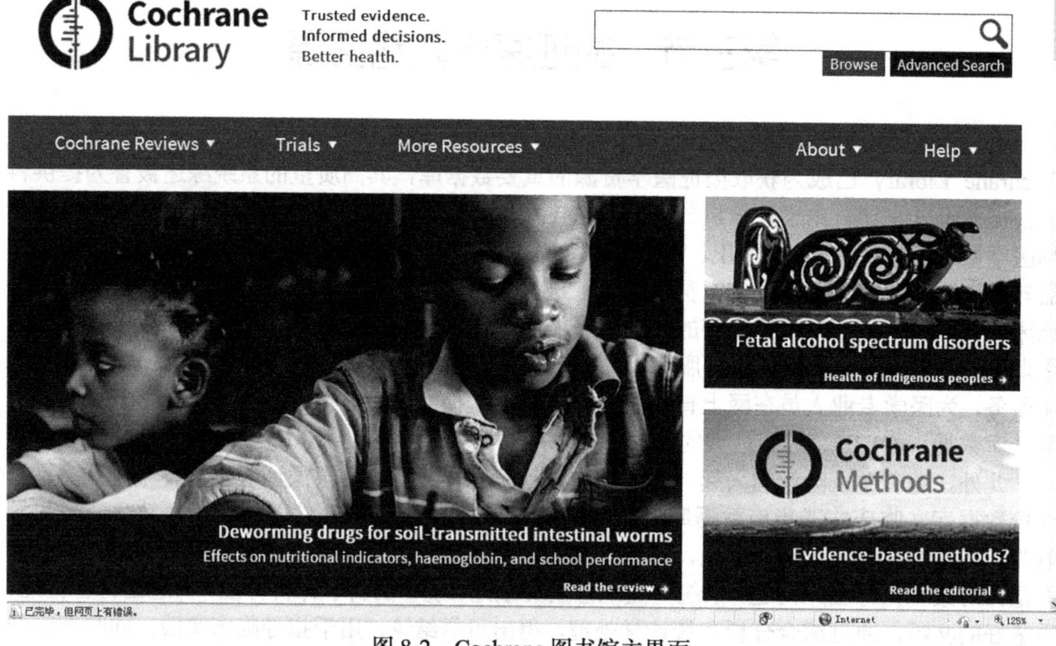

图 8-2 Cochrane 图书馆主界面

Cochrane 图书馆光盘包括以下内容：

1. Cochrane 系统评价资料库 (the Cochrane database of systematic review，CDSR) 该库

分为以下两部分：

(1) 系统评价全文资料库(completed review)：Cochrane 系统评价的全文资料库收集了由 Cochrane 系统评价各专业组(目前有 49 个)完成的系统评价全文。对已发表的系统评价，评价者根据系统评价专业组的要求(也是“Cochrane reviewer's Handbook”的要求)，并根据读者的建议和评价以及阅读和筛选新的临床研究资料，在规定的时间范围内将更新系统评价的内容。浏览 Cochrane 系统评价全文可单击桌面上的“Outline”按钮(大纲模式)浏览指定内容，大纲的内容包括：标题、背景、目的、筛选研究文献的标准、检索策略、评价方法、对研究内容的描述、方法学方面的质量、结果、小结和分析(提供 Cochrane 协作网制作系统评价专用软件进行 Meta-分析所作的图表，该图表能显示纳入研究的特点及研究结果等内容)、讨论、评价者的结论、致谢、参考文献以及评价员的信息(包括联系方式等)。

(2) 疗效评价文摘库(Database of Abstracts of Reviews of Effectiveness，DARE)：该疗效评价文摘库分为以下两部分：

1) Abstracts of quality assessed systematic reviews：该系统评价质量评估文摘库由英国国家保健服务(NHS)评价与传播中心(Centre for Reviews and Dissemination，CRD)，该中心位于英国约克大学的研究人员负责对已发表的系统评价(非 Cochrane 系统评价)进行收集、整理，对其方法学等内容的质量进行再评价，并按该中心规定的格式作出详细的结构式文摘。该结构式文摘除文摘的一般内容外，还包括作者的目的、干预措施类型、研究设计、检索策略、结果评价、作者结论以及该中心的研究人员对该系统评价所作的结论等多方面的内容。DARE 每月更新，可从互联网检索有关内容。

2) Other reviews：bibliographic details only：其他具有学术性质的综述，仅有题录及 CRD 对这些综述进行整理的描述(Record Status)及检索用的主题词。

2. Cochrane 临床对照试验资料库(Cochrane Controlled Trails Register，CCTR) 该资料库由 Cochrane 协作网对照临床试验注册中心(Central Register of Controlled Clinical Trials，CENTRAL)进行管理，其目的是为了向 Cochrane 协作网系统评价专业组和其他制作系统评价的研究人员提供信息。信息的收集来自 Cochrane 协作网各中心、各专业组及志愿者等，他们通过手工检索和计算机检索，从医学杂志、会议论文集和其他来源收集随机对照试验(Randomized Controlled Trials，RCT)或对照临床试验(Controlled Clinical Trials，CCT)文献，并按规定的格式送到 Cochrane 协作网的对照试验资料库注册中心。中心对 RCT 和 CCT 的鉴别及质控有统一的规范。机检数据库包括从 MEDLINE 和 EMBASE 数据库等收集的 RCT/CCT。中国循证医学中心/Cochrane 中心，也按照 Cochrane 协作网的有关要求对中文医学文献进行手工检索和计算机检索，目前检索出的几千条记录被分批译成英文并转入到 ProCite 软件后用 E-mail 送到协作网，经协作网数据库管理中心的工作人员进一步处理，最后被 Cochrane 图书馆分期收载。

3. Cochrane 协作网方法学评价数据库(Cochrane Database of Methodology Reviews) 该库是 Cochrane 图书馆新增加的内容，目前文献量较少。该库包括以下两个部分：

(1) 完整的评价：该评价制定的格式类似于 Cochrane 系统评价，也有研究背景、目的、文献纳入与排除标准、研究设计、检索策略、方法学质量、结果评价、评价者结论等多方面的内容。

(2) 研究方案：有研究背景、目的、文献纳入与排除标准、检索策略、研究方法、参考文献等。

4. Cochrane Methodology Register 该库又称作 Cochrane 协作网方法学文献注册数据库，收录与卫生保健提供证据方面的方法学文献(包括论文与书籍)，以参考文献的格式入库，不少记录有摘要。

5. About the Cochrane Collaboration 该库收录了 Cochrane 协作网，协作网各专业组、

网络和中心等的相关内容。

6. Health Technology Assessment Database(HTA) Cochrane图书馆卫生技术评估数据库收录国际卫生技术评估网络成员单位和其他卫生技术评价机构提供的结构式摘要，其中一些记录是正在进行研究的项目。

7. NHS Economic Evaluation Database(NHS EED) NHS EED又称作英国国家卫生保健服务(系统)卫生经济评价数据库，该库是按一定规范，系统收录各种相关数据库和杂志中卫生保健干预措施的经济学评价记录，记录有详有略，摘要为结构式摘要。

(二)中国循证医学中心数据库

中国循证医学中心(中国Cochrane中心，http://www.cd120.com/cochrane_new/index.htm)，于1996年7月正式在华西医科大学附属第一医院开始筹建，1997年7月获卫生部认可，1999年3月31日，经国际Cochrane协作网指导委员会正式批准注册成为国际Cochrane协作网的第十五个中心。中国循证医学中心现有专、兼职骨干八人，已有华西医科大学各附属医院和全国二十余个兄弟院校数十名临床及其他专业人员参与。中心的建立和运行得到了卫生部、国家自然科学基金委、华西医科大学附属第一医院的支持和国外有关学术团体或组织(包括美国纽约中华医学基金会、中澳机构合作项目，世界卫生组织等)的资助。

Cochrane协作网是一个国际性组织，旨在通过制作、保存、传播和更新医学各领域的系统评价，为临床治疗实践和医疗卫生决策提供可靠的科学依据。中国是发展中国家，拥有世界人口的1/5，要以有限的资源满足13亿人口人人享有健康保健的巨大需求，正面临着极大挑战。合理高效地使用有限的卫生资源已成为急待解决的问题之一。参与国际Cochrane协作网，将促进循证医学在中国的实现与发展，帮助政府卫生决策者作出科学决策及改善临床实践质量，最终提高医疗服务的质量，保证有限卫生资源的合理使用，对中国和世界都有重要价值和意义。

中国循证医学中心是国际Cochrane协作网的成员之一，其主要任务是：①负责收集、翻译本地区发表的和未发表的临床试验报告，建立中国循证医学临床试验资料库，并提交国际临床试验资料库，为中国和世界各国提供中国的临床研究信息；②开展系统评价，并为撰写系统评价的中国协作者提供支持和帮助，为临床医生、临床科研和教学、政府的卫生决策提供可靠依据；③培训循证医学骨干，提供高质量、全方位的骨干人才，推动循证医学在中国的发展；④翻译循证医学知识、宣传循证医学学术思想，使之成为一个卫生技术评价、临床研究及教育的中心；⑤组织开展高质量的随机对照试验及其他临床研究，并进行相应的方法学研究，提供培训咨询、指导和服务，促进临床医学研究方法学的改善和质量的提高。

(三)SumSearch

SumSearch(http://sumsearch.uthscsa.edu/)(如图8-3)是美国Texas大学卫生科学中心支持资助，该校临床信息学主任、内科副教授Bob Badgett负责开发维护并提供免费服务的非营利网站。为保证尽力限制因利益冲突产生的偏倚，SumSearch主要从三个政府机构数据库检取医学证据，即从美国的国家医学图书馆的Medline、NGC(National Guideline Clearing house)和英国政府机构的DARE数据库取材。为提高检索精准度，又采用了一些新的筛选软件，它所检出的证据，分为下列几类：

1. 叙述性(narrative) 综述与编者述评(editorials)多选自New Engl J Med，JAMA，Lancet，Brit Med J，Ann Intern Med等世界顶级杂志。

2. 临床指南(Practice guidelines) 某些指南就是系统综述，多选自NGC和Pubmed，系统综述也选自DARE(含Cochrane综述)。

3. 原始研究论文 多为Pubmed文献。

从该网站首页Search框内输入主题词，首页右侧有提示(Hints)，避用非正规词，可用“AND”

“OR” “NOT” 组配，可用 “$” 或 “*” 截词(truncate)。在首页下栏还有相似于 Pubmed 检索的各种限制和筛选功能，可用以提高精准度。

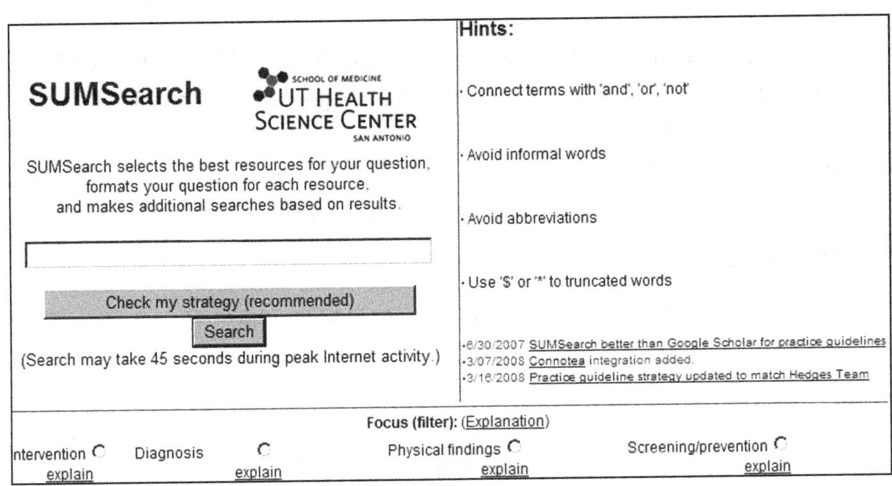

图 8-3 SumSearch 的主界面

(四) TRIP Database

TRIP 数据库(http://www.tripdatabase.com/index.html)(图 8-4)，TRIP=Turning Research into Practice—变研究为临床数据库，始于 1997 年，它所索及的信息源有：Bandolier J Club on the Web，Evidence-based Pediatrics，PedsCCM Evidence-based Journal Club，MeReC，NPC New Medicines，Effective Clinical Practice，CATs-Birmingham Women’s Hospital，Neurology CATs，Bandolier Extra，Evidence-based Medicine，Evidence-based Mental Health，Evidence-based Nursing 等 27 种杂志；北美欧洲的临床指南，等；E-textbooks (如 eMedicine)；医学影像；系统综述；临床计算器等。该数据库对世界银行认定的低收入与低—中收入国家免费开放，我国用户属此范围。输入检索词后，Trip 报告的结果分为循证提要(Evidence Based Synopses)；临床问题

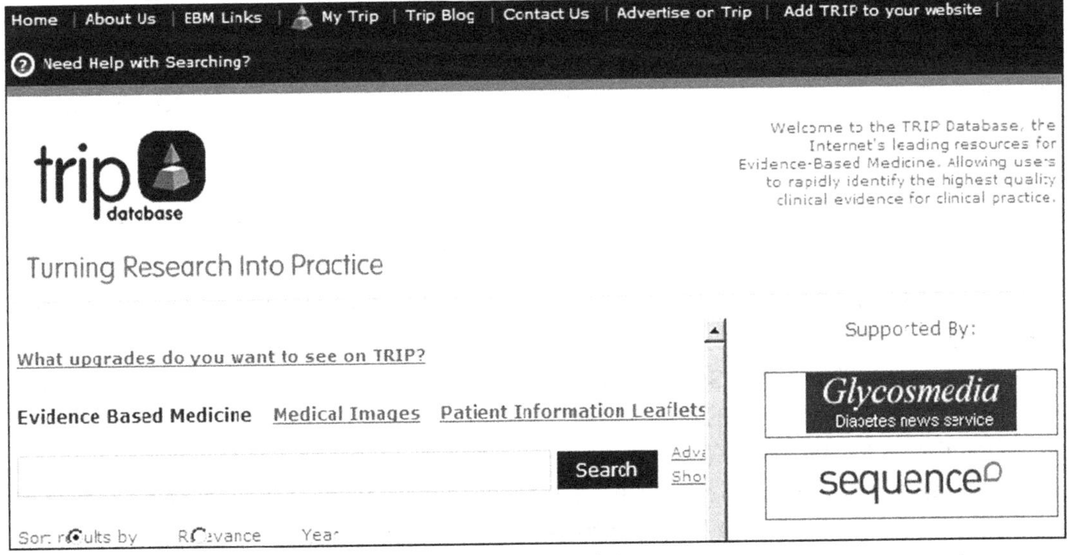

图 8-4 TRIP 数据库主界面

(Clinical Questions)；系统综述；北美、欧洲、其他指南；电子图书；临床计算器；医学影像；病人信息档案；Medline 的治疗、诊断、系统综述、预后论文；New Engl J Med，JAMA，Lancet，BMJ 四刊论文。

从对比可见，SumSearch 选文更严，所选四刊论文其实只是四刊加其他世界顶级杂志的综述与编者述评；选指南限于美国 National Guideline Clearinghouse 和英国的 DARE，选原始论文(PubMed)也有较多限制条件。

TRIP DB 选择面宽于 SumSearch。所选电子图书(主要是 eMedicine 等)，医学影像等对临床医生很实用。所选 Medline 文献，分类更细，便于用户选用。两者可相互补充。

(五) CRD Database

CRD Database(http://www.york.ac.uk/inst/crd/crddatabases.htm) Centre for Review and Dissemination(CRD) Databases 为英国卫生局综述传播中心数据库(图 8-5)，创建于 1994 年，目的是以严格准确的综述形式提供卫生与社会服务中各种卫生保健措施与干预效果的研究信息，数据库由英国 York 大学维护。CRD 包含：DARE 疗效综述文摘库(Database of Abstracts of Review of Effects)，是质量评价综述的结构式文摘；NHS Economic Evaluation Database (NHSEED) 英国卫生局经济评价数据库；Health Technology Assessment(HTA) Database 卫生技术评价数据库；Ongoing Review Database 正在进行的综述数据库。

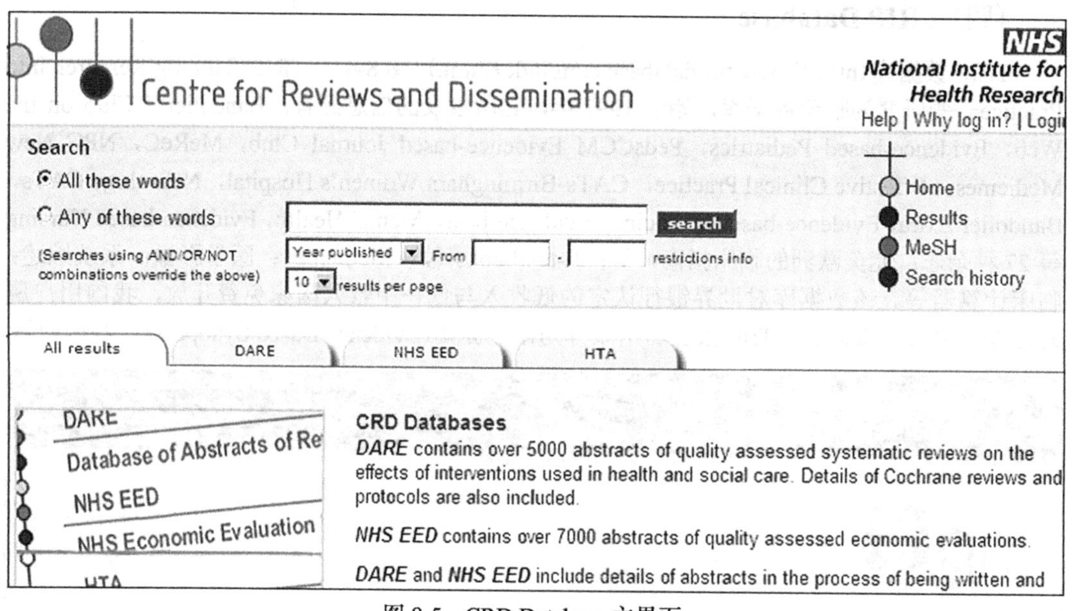

图 8-5 CRD Database 主界面

连接上述网站，在 Search 框中输入关键词，如：①输入 diabetes AND retina 检得 23 条文献。在前 12 条中有 CRD 的文献 3 条，其他 9 条为美、英、瑞典、瑞士、西班牙杂志论文；②输入"Helicobacter Pylori" AND "Stomach Neoplasms"，检得文献 2 条，分别为 Canad Med Assoc J 和 J Nat Cancer Institute 两刊的论文。

由此可知，CRD 数据库中有一部分是他们自身的综述，还有许多是和他们协作但在其他杂志发表的论文。CRD 也承担 NICE 等机构的工作，还是卫生技术评价国际网络 INAHTA(http://www.inahta.org)和国际指南网络 G-I-N (http://www.g-i-n.net)的成员，从此可扩展链接。

TRIP DB 选择面宽于 SumSearch。所选电子图书(主要是 eMedicine 等)，医学影像等对临

床医生很实用。所选 Medline 文献，分类更细，便于用户选用。两者可相互补充。

二、循证医学相关期刊

以下循证医学杂志是用户精选信息的重要工具：

(一)中国循证医学杂志

网址：http://www.cjebm.org.cn/，月刊，四川大学华西医院中国循证医学 Cochrane 中心主编，2001 年创刊。设有述评、论著、方法学、循证病案讨论、医学信息学、发展与动态等栏目，主要发表循证决策、临床医学研究、医疗、教育、中医学、药学、公共卫生等方面论文，其中论著包括病因学、诊断学、治疗学、系统评价、卫生技术评估等方面的内容。以国内临床医师、科研工作者、医学高校教师、卫生管理人员及患者为读者，从创刊至今网上全文免费。

(二)ACP Journal Club

美国内科医师协会杂志俱乐部(ACP Journal Club)主办，网址为：http://www.acpjc.org(图 8-6)，双月刊，1991 年创刊。由各学科临床专家从 100 余种重要临床杂志中，按严格标准选取内科学各领域内论述病因、病程、诊断、临床预测、预防治疗、经济学、质量改善、继续医学教育措施试验等方面最佳原始论文与综述论文。按结构式文摘形式，以可以复制、准确与可以直接应用的方式报告这些论文的目的、方法、结果与循证结论。在结论之后附有该文结果的重要数据、专家评论与参考文献。该刊每期都设治疗学、诊断、预后、病因学、质量改善、读者来信等栏目。每篇论文文题之后星号的多少表示与内科各分支学科相关度。用户点击该刊首页的 Search，然后输入主题词，就可综合检出历年有关文献。网站包含了三种期刊：《ACP Journal Club》(1992 年至今)《Evidence-Based Medicine》及《Annals of Internal Medicine》。该刊要求交费订阅，但 2006 年论文现在尚能免费利用。

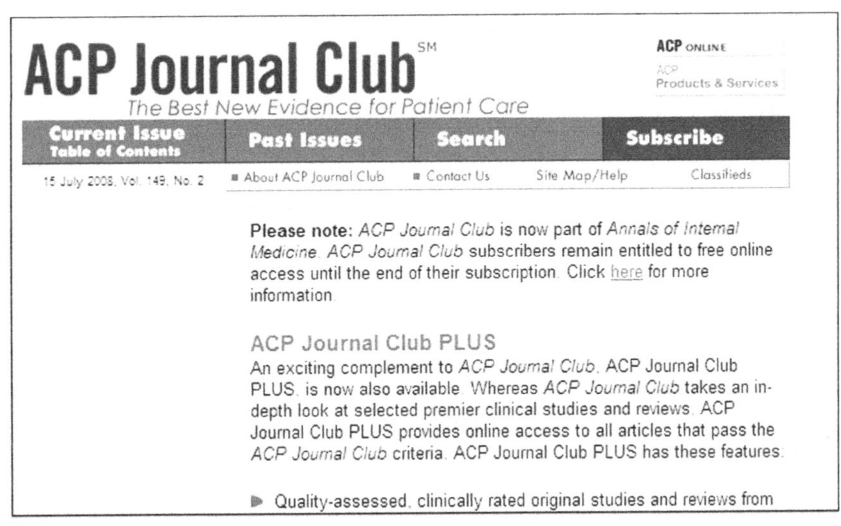

图 8-6　ACP Journal Club 主界面

(三)循证医学杂志(Evidence-based Medicine)

网址为：http://ebm.bmjjournals.com，双月刊，1996 年创刊，由英国 BMJ(British Medical Journal)和美国内科医师协会(American College of Physicians，ACP)联合主办，是最早介绍循证

医学的权威医学期刊，是英国医学杂志出版集团系列刊物之一。出版一年后可网上免费利用。每期所设栏目和ACP J Club相同，该刊为医疗卫生工作者从大量的国际性医学杂志中筛选研究证据，内容涉及全科、内科、外科、妇产科、儿科、精神病、综合与家庭医学等方面。用户点击该刊首页的EBM Collections，可从所需主题选取从2000年至今的文献。该杂志网站提供浏览（browse by issue/topic）和检索（search）两种途径来查看2000年以来各期杂志的文摘或全文。

另外，ACP、EBM两刊的数据都来源于：Medline，EMBASE，Cochrane Review有关参考书，美国、英国临床试验（Clinical Trials）数据库，重要学协会会议录等。信息源比我们仅利用PubMed检得的文献全面、丰富，用户应充分利用这一优点，从而补充PubMed信息源之不足。作为EBM的姐妹刊，还有《循证精神卫生杂志》（Evidence-based Mental Health，http://ebmh.bmjjournals.com/）与《循证护理学》（Evidence-based Nursing，http://ebn.bmjjournals.com/），都是英国医学杂志出版集团的系列刊物，它们各有不同，专业分工，互相补充。

（四）Evidence-based Practice

Evidence-based Practice（http://www.ahrq.gov/clinic/epcix.htm），由美国医疗卫生研究质量管理局（Agency for Healthcare Research and Quality，AHRQ）支持组织从1997年起，在美国和加拿大建立了13个循证医疗实践（Evidence-based Practice）中心，每年完成若干个临床重大问题与技术评价的循证报告。已完成的报告在临床医学方面涉及癌与血液病、补偿与替代医学、饮食补充、耳鼻喉、眼、心血管、肾、肺、精神卫生与精神作用物质滥用、代谢营养与内分泌病、肌肉骨骼病、神经与大脑、妇产科、口腔与胃肠病、病理、儿科、皮肤病；卫生保健方面有生物、财经、信息技术、质量改善与患者安全；技术方法学；相关问题等几大方面。AHRQ循证报告逐年增加，代表美国水平，权且列入期刊范围。点击主页Topic Index A-Z，可循英文字顺检出所需文件。截止2006年5月，已有完成报告136项，另加已发表技术综述13大项和结肠直肠癌筛查文档。

三、临床实践标准和指南

（一）Cochrane Reviews

Cochrane协作网（http://www.cochrane.org/）是一个国际性非营利机构，成立于1993年，以其创始人英国流行病学家A. Cochrane命名。它把卫生保健各种成果进行系统评价完成系统综述、倡导检索并应用临床试验和其他研究的证据、使最新的准确的卫生保健成果信息在全球迅速传播。

Cochrane Reviews有以下专题综述组：急性呼吸道感染，气道（airway），麻醉，背脊骨关节与肌肉创伤，乳癌，结肠直肠癌，消费者（用户）与交流，囊性纤维化与遗传病，痴呆与认知改善，抑郁焦虑与神经官能症，发育，精神社会与学习困难，药物与酒精，耳鼻喉病，有效医疗与医护组织，癫痫，眼与视力，节育（fertility regulation），妇科癌，血液恶性病，心脏，肝胆，HIV/艾滋病，高血压，失禁，传染病，炎性肠病与功能性肠病，损伤，肺癌，月经失调与低生育，代谢与内分泌病，方法学，运动疾病，多发性硬化，肌肉骨骼，新生儿，神经肌肉病，口腔卫生，疼痛，姑息与支持治疗，外周血管病，妊娠与生育，前列腺与泌尿系癌，肾病，精神分裂，性传播疾病，皮肤，中风，吸烟与瘾嗜，上消化道与胰腺病，创伤，共50组。

专业人员撰写的综述信息源不仅限于Medline，还有EMBASE，美国ISI的Current Contents，美英等政府机构的临床试验数据库，英国卫生局的DARE等。有些综述如涉及糖尿病中医治疗等专题的综述，还引用中文与日文的生物医学书目文献数据库。其视野远比PubMed开阔，其结论的可信度更高。

Cochrane 综述全文不能免费检索，但文摘免费开放利用，可链接如下网址下载：http://www.update-software.com/abstracts/crgindex.htm。

(二) 国立指南库 (National Guideline Clearinghouse) NGC

网址：http://www.guideline.gov (图 8-7)，NGC 是一个循证临床实践指南数据库，建于 1998 年，由美国卫生健康研究与质量机构 (Agency for Healhcare Research and Quality；AHRQ)、美国医学会 (American Medical Association；AMA) 和美国卫生健康计划协会 Amencan Association of Health Plans；AAHP) 联合制作 (图 8-6)，每周更新。该数据库能对多篇指南就各项参数进行比较，能合成具有相同主题的指南文献 (系统能对 14 个专题范围的文献进行合成分析)，并在相同和有区别之处以高亮显示。NGC 的宗旨是为临床医生、护士、卫生保健人员、管理者提供临床实践指南及相关证据。

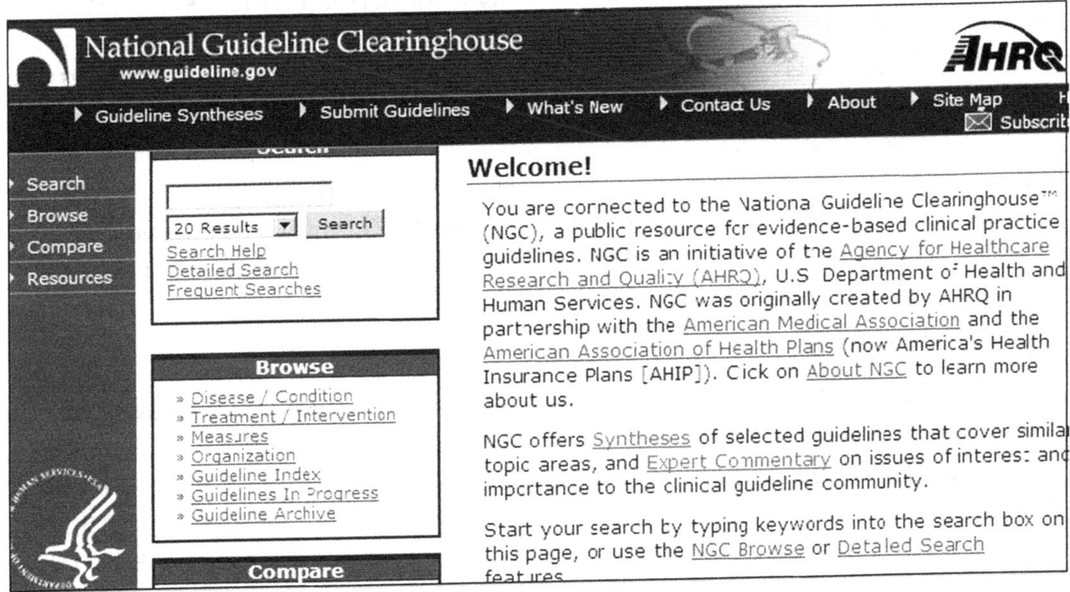

图 8-7 NGC 主界面

NGC 包括检索、浏览、比较及信息资源等功能，位于页面左上角的链接处：

1. Search (检索功能) 分为基本检索 (Basic Search)、高级检索 (Detailed Search) 和检索热门 (Frequent Searches)。基本检索允许用户输入单个词、词组 (加引号) 以及由布尔逻辑运算符构建成的检索式，同时可以用 "*" 进行截词检索。高级检索允许用户进行更加专指的查询，可以分别对关键词、疾病、治疗和干预、指南类别、机构类别、适用对象、临床专业等进行限定，同时可以将检出结果按照相关度以及出版时间排序。热门检索提供用户查找检索次数较多的主题，该页面将检索次数较多的主题按照字顺排列，点击主题的链接即可进行查找。

2. Browse (浏览功能) 该功能提供 Disease/Condition、Treatment/Intervention、Measures/Tools、Organization、Guideline Index、Guidelines In Progress、Guideline Archive 七种浏览途径，每种途径中的指南都有特定的排列方式。例如在 Disease/Condition 浏览途径中，NGC 借鉴了美国国立医学图书馆的医学主题词表的等级分类体系，所有疾病名称按照树形结构表的等级排列，可以进行上、下位类的扩展，每个主题词后对应于指南的条数。再如：Treatment/Intervention 浏览途径是基于美国国立医学图书馆的一体化医学语言系统 (Unified Medical Language System，UMLS) 中对概念的等级排列体系进行浏览。

3. Compare (比较功能) NGC 提供对选定的指南进行并列比较的功能，在使用该功能之前，首先需选定若干指南(可以利用 Search 或 Browse 选定)，点击“Add to My Collection”，然后再进行比较。NGC 会对所选定的指南的题目、发表时间、适用范围、指南的制作者、疾病、临床学科专业、针对读者等各方面信息进行比较。

4. Resources(资源功能) 该功能提供了 NGC 的事实性信息资源，包括参考书目、讨论组、技术报告、临床实践指南术语表等。

(三)HSTAT(Health Services/Technology Assessment Text)美国卫生工作/技术评价文件

美国卫生保健研究与质量管理处(Agency for Healthcare Research and Quality，AHRQ，http://www.ahrq.gov/)原名 Agency for Healthcare Policy and Research(AHCPR)，从首页临床信息之下点击 Evidence-based Practice，可从临床分类中选用本世纪有关各种癌症、补偿和替代医学、饮食补偿、耳鼻喉、眼、心血管、肾、肺、精神卫生与精神作用物质滥用、代谢、营养与内分泌、肌肉骨骼、神经与脑、妇产、口腔与胃肠、疾病、病理、儿科、皮肤、卫生保健、财务与经济、信息技术等方面的循证报告全文。

点击 Technology Assessments 可全文利用各种诊断治疗技术评价报告，从 2001～2004 共 18 件。点击 Technology Assessment Archive，可利用 1990～1999 年的评价报告。

现国立医学图书馆已将 AHRQ 和 NIH 文件汇编成在线图书 HSTAT(Health Service/Technology Assessment Text)美国卫生研究质量管理局 AHRQ 医疗卫生工作/技术评价文件。从以下网址：http://www.ncbi.nlm.nih.gov/books/可免费下载。

(四)NICE 指南

National Institute for Health and Clinical Excellence(NICE，http://www.nice.org.uk/)英国卫生与临床优秀成果研究所，是英国一个独立机构，其指南涉及公共卫生、卫生技术与临床实践三大领域。点击主页的 Our guidance，再点击 NICE guidance by topic，该所已发表或正在研发的指南按主题分类有：血液与免疫系，癌症，心血管，中枢神经系统，诊断操作常规，消化系统，耳鼻，内分泌，营养与代谢，眼，妇产科，传染病，损伤，事故与创伤，精神卫生与行为障碍，口腔，肌肉骨骼，公共卫生，呼吸，皮肤，外科(Surgical Procedures)，治疗操作，泌尿生殖系等学科。

(五)Evidence-based on-call

Evidence-based on-call(http://www.eboncall.org/)是由英国卫生局(NHS)英国卫生科学电子图书馆支持，并交 NHSBUPA 基金会研发的英国循证医学数据库。它提供 38 个 oncall 自身研发的内科病种(conditions)循证摘要，具体内容按 A～T 字顺为：贫血(Anemia)，过敏症，不稳定心绞痛，抗凝血，壁间动脉瘤，哮喘病情加重，房颤，迟缓性心率失常，一氧化碳中毒，心搏停止，蜂窝织炎，胸痛，昏迷，急性冠脉综合征，充血性心衰，慢性阻塞性肺疾病病情加重，深静脉血栓，糖尿病性酮酸中毒，上胃肠道出血，巨细胞动脉炎，高钙血症，高钾血症，高血压危象，低血糖，低钠血症，感染性心内膜炎，炎性肠病，脑(脊)膜炎，心肌梗死，胸膜积液，群落获得性(community-acquired)肺炎，肺栓塞，急性肾衰，镰状细胞危象，癫痫持续状态，中风，晕厥，快速心率失常(Tachyarrhythmia)。

每个指南都按流行、病因、临床特征、鉴别诊断、临床检查、治疗、预防、预后论述。在某些论述部分如注有⊕号，点击可获得更多信息与资料；如注☆，点击就链接一个重大判断性评价主题，如在贫血的流行病学部分报告男、女发病率时有⊕，点击展开，增加了各年龄组的发病率内容。在贫血的病因论述：2/3 病例都因上消化道出血发生缺铁性贫血，此处注☆，点

击，即链接另一篇很详尽的证据，并附重要参考文献。在每篇综述中，对于推荐意见(recommendations)标注 A～D 的等级，表示证据的重要性，但不是该推荐意见的临床重要性。

第四节　循证医学证据检索

前面我们了解过证据金字塔，其内含的资源数量由多到少，级别由低到高，这是由下而上形成的，使用者在检索时，原则上是从上至下选择数据检索，直到找到满意的结果。在这当中，每个数据收录的内容并不是绝对是某一个级别的证据，有的如 PubMed 主要搜集原始研究，但也有相当数量的系统综述及 Meta 分析。而且，如果是系统综述的制作者，要求全面的搜集有关证据，则要尽量搜索所有的数据库。由于金字塔上端的数据库不完善，以及各资源库的数据有重复和交叉，一个一个检索对于使用者来说，是非常繁琐的事情，这时也可以利用跨库检索的搜索引擎，同时检索多个资源系统。

下面以案例的形式来介绍如何检索证据。

案例一：某肿瘤医生欲查找利妥昔单抗治疗弥漫性大 B 细胞淋巴瘤的安全性和有效性。

有人在维普网上用“m=利妥昔单抗”检索，得到 716 篇文章，其中第 339 篇论文标题为:“42 例利妥昔单抗药品不良反应/事件报告分析”(甘戈，孙骏，42 例利妥昔单抗药品不良反应/事件报告分析[J].药学与临床研究杂志，2012，20(1)：80-83.)，其文章指出：利妥昔单抗是一种人/鼠嵌合性单克隆抗体，能特异性地与跨膜抗原 CD20 结合，通过补体和抗体依赖性细胞毒作用以及促进细胞凋亡等机制，导致 B 细胞溶解死亡。在临床上，使用利妥昔单抗联合 CHOP 方案(环磷酰胺、阿霉素、长春新碱和强的松)治疗 CD20 阳性的非霍奇金淋巴瘤，取得了较好的疗效，显著改善 B 细胞非霍奇金淋巴瘤的疗效和预后。然而，近年在其临床研究及应用过程中出现一些严重不良反应，如急性输注反应、血液系统损害、肝损害等。其文中罗列利妥昔单抗的不良反应有：①急性输注反应——寒战、发热、大汗淋漓等；②白细胞、中性粒细胞减少；③肝功能损害；④皮疹；⑤腹痛、恶心、呕吐；⑥肾功能损害；⑦血压升高等。其参考文献列出 13 篇参考文献，包括综述类、报告类、系统评价、Meta 分析等。

上述检索式——“m=利妥昔单抗”的结果中，第 16 篇的标题为“利妥昔单抗联合 CHOP 方案治疗 B 细胞性非霍奇金淋巴瘤疗效观察”(王萍. 利妥昔单抗联合 CHOP 方案治疗 B 细胞性非霍奇金淋巴瘤疗效观察[J].中国实用医药，2015，10(10)；154-156.)，其文中指出：利妥昔单抗主要是利用人工基因工程技术，研制成功的一种人工嵌合型的抗 CD20 单克隆抗体，进入人体后可结合 B 淋巴细胞上 CD20 抗原，利用补体依赖的细胞毒作用并应用抗体依赖的细胞介导的细胞毒作用，实现对肿瘤细胞生长的直接抑制或者诱导肿瘤细胞凋亡，同时还可以增加阿霉素对具有耐药性肿瘤细胞的杀伤作用，具有较好的抗肿瘤效果。联合 CHOP 方案进行治疗，治疗总有效率有所提高，可超过 90%。因此，应用利妥昔单抗治疗非霍奇金淋巴瘤患者的治疗效果，明显高于仅应用 CHOP 方案，值得临床推广。

对于这个临床案例，需要考虑的文献查全了吗？是否漏掉了这个主题的重要文献？要回答这个问题，需要确认两件事：①这样的文献在哪里？中国生物医学文献数据库、中国知网、万方数据知识服务平台、维普网是目前比较常见的中文数据库，它们收集的文献有所不同，万方有中华医学会旗下的电子期刊文献，中国知网有较多的中国硕博论文。②用哪些词来做检索？检索词的提取可以从检索任务中获得，如这个案例有利妥昔单抗及其同义词、近义词和具有相同检索功能的词；弥漫性大 B 细胞淋巴瘤及其同义词、近义词和具有相同检索功能的词；治疗及其同义词、近义词和具有相同检索功能的词；安全性及其同义词、近义词和具有相同检索功能的词；药名和病名的同义词、近义词可能很多，也较容易理解、那什么叫具有相同检索功能的词呢？例如：检索药物使用的安全性，可以用“不良反应”“不良事件”等作为检索词，它们就是与“安全性” 具有相同检索功能的词。此外还要考虑检索字段，常用的检索字段有标题词、关键词、摘要、主题词等，用这些字段检索可使检索结果更准确，而不要先考虑使用“全文”作为字段来检索。此外，还要根据能反映证据质量的“证据的级别”，结合以下问题来识别检索词：利妥昔单抗治疗弥漫性大 B 细胞淋巴瘤的安全性和有效性，哪些属于证据确凿者？哪些属于推测的结果？

本案的目的是了解某种具体的药物的安全性及有效性。治疗淋巴瘤的药很多，就是靶向药物就有抗 CD20 单克隆抗体(利妥昔单抗)、抗 CD22 单克隆抗体(依帕珠单抗)、抗 CD52 单克隆抗体(阿仑单抗)、抗血管内皮生长因子受体单克隆抗体(贝伐珠单抗)、泛素－蛋白酶体抑制剂(硼替佐米)、哺乳动物雷帕霉素靶蛋白(mTOR)抑制剂(依维莫司)、组蛋白去乙酰化酶抑制剂(伏立诺他)等。因此要查找本案例要求的信息，可经过以下 5 步：①了解所需信息的本质：临床医学的信息，出版年代无限定，英文中文文献都需要，先查系统评价和 Meta 分析的文献，如果没有，再查随机对照试验的文献，如果还没有，就查队列研究的文献。②确定检索资源：中文文献可查万方数据知识服务平台、维普网、中国知网、中国生物医学文献服务系统 ；英文文献可按证据系统的等级选择资源，从证据金字塔的顶端往下选择，查 Cochrane Library、康健临床决策循证数据库(Foreign Evidence-Based Medicine，FEBM)、PubMed 等。③确定检索词：关于“利妥昔单抗治疗弥漫性大 B 细胞淋巴瘤的安全性和有效性”的文献，检索词可以是“利妥昔单抗”(Rituximab)“弥漫性大 B 细胞淋巴瘤”(diffuse large B cell lymphoma，DLBCL)、“系统评价”(Systematic Review)“Meta 分析”(Meta Analysis)“随机”(Random)等。参考要检索的数据库词典或者 MeSH 数据子库，选择相应的词汇进行检索。④制定检索策略：先在中文数据库中检索(检索顺序可以是中国生物医学文献服务系统、维普网、中国知网、万方数据知识服务平台)，后在英文数据库检索(检索顺序可以是 Cochrane Library、康健临床决策循证数据库、PubMed)，我们强调先中文后英文，是考虑到人们对母语的把握比外语好，如果对英语的把握与中文一样好，孰先孰后就不是个问题，先检索系统评价、Meta 分析类型的文献、后检索随机对照试验、队列研究类型的文献。⑤检索文献：我们采用[“弥漫性大 B 细胞淋巴瘤” AND“利妥昔单抗” AND“系统评价”]进行检索，字段统一选择“主题”。在中国知网上，检索式见图 8-8，检索结果见表 8-9。

2.输入内容检索条件：

⊞ ⊟	主题	性大B细胞淋巴瘤	词频	并且包含	输入检索词	词频	精确
并且	主题	利妥昔单抗	词频	并且包含		词频	模糊
并且	主题	系统评价	词频	并且包含		词频	模糊

检索文献 ☑ 中英文扩展检索

图 8-8 例一检索式

表8-9 利妥昔单抗治疗弥漫性大B细胞淋巴瘤的安全性和有效性部分检索结果

数据库	检索表达式	结果(篇)	前 2 个	文献语种
中国知网	[主题＝中英文扩展(弥漫性大 B 细胞淋巴瘤)]并且[主题＝中英文扩展(利妥昔单抗)]并且[主题＝中英文扩展(系统评价)](精确匹配)	3	[1] 黄丹. 利妥昔单抗治疗弥漫大 B 细胞淋巴瘤的系统评价和 Meta 分析. 中国优秀硕士学位论文全文数据库. 2012(1) [2] 徐萌. 弥漫性大 B 细胞性淋巴瘤预后相关因素的初步探讨. 中国优秀硕士学位论文全文数据库. 2009(1)	汉语
维普网	[文摘=弥漫性大 b 细胞淋巴瘤]并且[文摘=利妥昔单抗]并且[文摘=系统评价]	1	[1] 范磊，徐卫，李建勇.弥漫大 B 细胞淋巴瘤预后新指标.中国实用内科杂志，2015，35(2)；81-84	汉语

续表

数据库	检索表达式	结果(篇)	前2个	文献语种
PubMed	Rituximab[Title/Abstract] AND diffuse large B-cell lymphoma[Title/Abstract] AND Systematic review[Title/Abstract]	21	[1] Hu C, Deng C, Zou W, Zhang G, Wang J. The Role of Consolidative Radiotherapy after a Complete Response to Chemothera py in the Treatment of Diffuse Large B-Cell Lympho ma in the Rituximab Era: Results from a Systematic Review with a Meta-Analysis. Acta Haematol. 2015，134(2):111-8. [2] Ghose A, Elias HK, Guha G, Yellu M, Kundu R，Latif T. Influence of Rituximab on Central Nervous System Relapse in Diffuse Large B-Cell Lymphoma and Role of Prophylaxis-A Systematic Review of Prospective Studies. Clin Lymphoma Myeloma Leuk. 2015，15(8):451-7	英语
The Cochrane library	Rituximab: ti, ab, kw and diffuse large B-cell lymphoma: ti，ab，kw and Systematic review: ti，ab，kw (Word variations have been searched)	7	[1] Zhang J，Chen B and Xu X. Impact of rituximab on incidence of and risk factors for central nervous system relapse in patients with diffuse large B-cell lymphoma: a systematic review and meta-analysis (Provisionalabstra ct) Leukemia and Lymphoma，2014，55(3): 509-514 [2] Knight C，Hind D，Brewer N and Abbott V. Rituximab (MabThera) for aggressive non-Hodgkin's lymphoma: systematic review and economic evaluation(Provision alabstr act) Health Technology Assessment，2004，8(37): 1-96	英语

案例二：某医生欲查找胃肠道间质瘤的最佳疗法。

分析：本案的目的是了解某种具体疾病的最佳疗法。胃肠道间质瘤的疗法可能有多种，如果不是很清楚，可以先从传统的综述性文献入手，了解到胃肠道间质瘤的疗法概貌之后，再按照案例一那样有针对性地进一步查找某几种疗法的效果。

查找本案例要求的信息，可经过以下5步：①了解所需信息的本质：临床医学的信息，出版年代无限定，英文文献和中文文献都需要，必要时先查传统的叙述性综述，按着查系统评价或Meta 分析的文献，如果没有，再查随机对照试验的文献，如果还没有，就查队列研究的文献。②确定检索资源：中文文献可查万方数据知识服务平台、维普网、中国知网、中国生物医学文献服务系统 ；英文文献可查 Cochrane Library、康健临床决策循证数据库(Foreign Evidence-Based Medicine，FEBM)、PubMed 等。③确定检索词：关于“胃肠道间质瘤的最佳疗法”的文献，检索词可以是“胃肠道间质瘤”(Gastrointestinal Stromal Tumors，GISTs)“治疗”(therapy)“系统评价”(Systematic Review)“Meta 分析”(Meta Analysis)“随机”(Random)等。参考要检索的数据库词典或者 MeSH 数据子库，选择相应的词汇进行检索。④制定检索策略：先在中文数据库中检索，后在英文数据库检索，先检索系统评价、Meta 分析类型的文献、后检索随机对照试验、队列研究类型的文献。⑤检索文献：我们采用[“胃肠道间质瘤”AND“治疗”AND“系统评价”]进行检索，部分检索结果见表8-10，值得注意的是检索的初级结果显示，检索出的文献当中，有些不是所需的，这时需要经过快速阅读标题和摘要决定取舍。要切实回答案例二的问题，需要在检索文献后，投入较多时间来对这种治疗方法进行收集和分类，并根据相同的研究设计条件下加以斟酌和评价。此外，对于“最佳”疗法的定义也要考虑，也就是衡量指标的问题要解决，不同的文献在指标的选择上可能有不尽相同之处，因此需要明确使用相同的指标来加以衡量，唯有这样，才能找到目前“最佳”疗法。

表8-10 胃肠道间质瘤的最佳疗法部分检索结果

数据库	检索表达式	结果(篇)	前2个题录	文献语种
中国知网	[主题=中英文扩展(胃肠道间质瘤)]并且[主题=中英文扩展(治疗)]并且[主题=中英文扩展(系统评价)](精确匹配)	6	[1] 梁冀望，郑志超，张涛等. 腹腔镜切除术治疗胃间质瘤疗效与安全性的系统评价. 中国循证医学杂志 2011，11(7)：819-825. [2] 黄雪，谭至柔，宁红健等. 伊马替尼治疗不能切除和(或)转移性胃肠道间质瘤的系统评价. 胃肠病学和肝病学杂志. 2011，20(6)：549-556	汉语
SinoMed	"间质瘤"[标题:智能] AND "系统评价"[标题:智能]) AND "治疗"[标题:智能]	2	同上	汉语
维普网	[题名或关键词=间质瘤] 并且 [题名或关键词=治疗] 并且 [题名或关键词=系统评价]	3	同上	汉语
万方数据库	主题："间质瘤" * 主题："治疗" * 主题："系统评价"	7	同上	汉语
The Cochrane library	Gastrointestinal Seromal Tumors: ti, ab, kw and Systematic Review: ti, ab, kw.	13	[1] Koh YX，Chok AY，Zheng HL，Tan CS，Chow PK，Wong WK and Goh BK. A systematic review and meta-analysis comparing laparoscopic versus open gastric resecitons for gastrointestinal stromal tumors of the stomach[J]. Annals of Surgical Oncology，2013，20(11)：3549-3560. [2] Wilson J，Cnnock M，Song F，Yao G，Fry-Smith A，Raftery J and Peake D. Imatinib for the treatment of patients with unresectable and/or metastatic gastrointest inal stromal tumours : systematic review and economic evaluation[J]. Health Technology Assessment，2005，9(25):1-142.	英语
PubMed	Gastrointestinal Stromal Tumors [Title/Abstract] AND Systematic Review[Title/Abstract]	21	[1] Abdel-Rahman O，Fouad M. Systemic therapy options for advanced gastrointestinal stromal tumors beyond first-line imatinib: a systematic review. Future Oncol. 2015，11(12):1829-4 [2] Zarkavelis G，Petrakis D， Pavlidis N. Gastrointestinal stromal tumors during pregnancy: a systematic review of an uncommon but treatable malignancy. Clin Transl Oncol. 2015 Jun 9.	英语

第五节 循证医学证据的评价与利用

一、证据的评价依据

检索得到了很多的证据文献，针对这些文献，你可能要了解每篇文献的大致内容，针对每

个证据都要提出以下三个最基本的问题，即：研究的结果是什么?研究的结果是有效的吗?研究的结果对患者有益吗?对此，你可能需要查看文献的实验设计、结果的阐述等各方面，确定研究的有效性；仔细阅读文献的结论部分，看证据的结果是什么；并结合患者的实际情况，看该证据文献是否能应用于自己的患者身上。

二、病因和危险因素的证据及其评价

(一)证据的来源

一般来说，病因和危险因素的证据来自队列研究、病例对照研究、横断面调查等，有的证据来自随机对照试验。此外，针对队列研究、病例对照研究、横断面调查、随机对照试验而作的系统评价和Meta分析其结果通常比对应单个文献结果更可靠。

(二)各类研究设计及其评价要点

1. 队列研究 根据队列研究的特点，评价要点如下：①失访的控制及失访率的报告，这是队列研究中不可避免的偏倚，因为在一个较长的追踪观察期内，总会有对象迁移、外出、死于非终点疾病或拒绝继续参加观察而退出队列。失访从本质上是破坏了原有样本的代表性，因而实质上属于选择偏倚。一项研究的失访率最好不超过10%，如果失访率达到20%以上，则本次研究的真实性值得怀疑；②选择偏倚的控制，如果研究人群在一些重要因素方面与一般人群或待研究的总体人群存在差异，即研究人群(样本)不是一般人群(总体)的一个无偏的代表，将会引起选择偏倚。因此应保证研究的样本人群是总人群的一个无偏样本。队列研究中选择偏倚常发生于：最初选定参加研究的对象中有人拒绝参加；在进行历史性队列研究时，有些人的档案丢失了或记录不全；研究对象由志愿者组成，他们往往或是较健康的，或是有某种特殊倾向或习惯的早期病人，在研究开始时未能发现等，都可造成研究对象的选择偏倚，后者又可称为错误分类偏倚。另外，如果抽样方法不正确，或者执行不严格，则将导致严重的选择偏倚；③数据分析的方法要恰当、合理。

2. 病例对照研究 根据病例对照研究的特点，评价要点如下：①偏倚的控制。尤其是选择性偏倚、信息偏倚的控制措施是否提及并实施；②数据分析方法。包括研究资料的一般性描述、比较病例组与对照组暴露率的差异、比值比及可信区间的估计、显著性检验、归因危险度估计、分层分析、趋势检验等。

3. 横断面调查 根据横断面调查的特点，评价要点如下：①偏倚的控制。这是横断面调查成败的关键。是否坚持随机化原则，是否选用精良的仪器设备并事先做好校准，保证测试结果的准确与可靠。是否严格培训调查员，并对其进行监督和质量控制，统一调查程序和方法，这些都是值得考虑的问题；②数据分析方法。包括研究资料的一般性描述、率的点估计和区间估计、比值比及可信区间的估计、线性回归分析，Logistic回归分析等。

4. 随机对照试验 根据随机对照试验的特点，评价要点如下：①偏倚的控制。选择性偏倚和测量性偏倚是影响研究结果的主要偏倚；②数据分析方法。包括有效率、治愈率、病死率、病残率、相对危险降低率、绝对危险降低率、益一需治数、相对危险增加率、绝对危险增加率、伤一需治数等。

5. 系统评价和Meta分析 根据系统评价和Meta分析的特点，评价要点如下：①原始文献检索策略及方法。检索文献的来源是否完全，是否确定正确的检索词，是否有独立操作的检索方式和方法，并能加以对比；②对原始文献的评价要有一定的标准；③数据分析方法。包括异质性检验、效应模型的选择、效应值的选择、敏感性分析、晋级分析等。

总之，疾病病因的因果推断的证据标准是时间先后顺序、联系强度、剂量反应关系、暴露与疾病的分布一致性、关联的可重复性、关联的合理性、终止效应、关联的“特异性”等。

三、诊断性证据及其评价

(一)证据的来源

一般来说，诊断性证据来自诊断性试验及其系统评价和 Meta 分析，后两者其结果通常比单个文献的结果可靠。

(二)诊断性证据的特点及其评价要点

1. 诊断性证据的特点 ①有明确的诊断金标准和新的诊断性试验需求；②研究对象中有患目标疾病的人和没有患目标疾病的人，每个研究对象都经过两种诊断方法测试；③盲法对比试验结果。

2. 诊断性证据的评价要点 ①偏倚的控制。特别要控制选择性偏倚和测量性偏倚；②数据分析方法。包括敏感性、特异性、漏诊率、误诊率、准确率、患病率、阳性预测值、阴性预测值、阳性似然比、阴性似然比、Jouden 指数、ROC 曲线、分层似然比等。

四、药物不良反应性证据及其评价

国家药品不良反应监测中心的定义：在正常用法用量情况下出现的与用药目的无关的或意外的有害反应。包括副作用、毒性作用、后遗效应、继发反应、过敏反应、特异性遗传素质等。排除有意的或意外的过量误用、药物滥用(包括吸毒)、不按规定方法使用药品等情况引起的责任性或刑事性事件。这种设定是为了便于监测报告制度的建立和工作的开展。

(一)药品不良反应发生的原因

1. 药物方面的因素 ①药物的化学成分、化学结构和理化性质：药物所含的有效成分是药物不良反应的基础，有时化学结构上轻微的改变可使药物不良反应发生明显的变化；②药剂学方面：包括药物有效成分的分解产物、赋形剂、添加剂、稳定剂、化学合成生产中所产生的杂质等，均可引起不良反应。药物的质量：某些药物含有微量杂质，成为发生不良反应的原因。另外，药物在生产过程中也可能混入微量高分子杂质或参入赋形剂，所以同一组成的药物就可因生产厂家不同，制剂技术差别和杂质除去率各异。有的药物在生产和保管过程中受到污染，也可引起不良反应。药物的剂型：同一种药物剂型不同、制造工艺不同，可以使药物吸收和血药浓度有很大的差别，即生物利用度的差别；③药理学方面：与给药方式方法和合理应用药物有关。药物的剂量、剂型、连续用药时间和联合用药不当，都是造成 A 型反应的主要原因。

2. 机体方面的因素 ①种族和民族：不同种族和民族的人有不同的遗传和新陈代谢的特点，对某些药物的感受性存在着明显的差别，这是产生遗传药理学不良反应的主要原因，不同民族药物不良反应发生率也有所不同；②年龄：不同年龄的人对药物的反应不同；③性别：一般情况下女性对药物比较敏感；④血型：这方面报道不多，据报道口服避孕药在少数人可引起静脉血栓，血型为 A 型者多于 B 型；⑤个体差异：不同个体对同一剂量的同一药物可有不同反应，即所谓“生物学差异”现象；⑥用药者的病理状态：许多药物进入人体后，主要经过肝脏进行代谢转化，某些肝脏疾病或肝功能不良者，使用由肝脏代谢的药物容易出现药物不良反应。肾脏是药物及其代谢产物的主要排泄器官，也是人体内仅次于肝脏的主要代谢器官。有肾脏疾病或肾功能不良时，应用肾脏排泄的药物容易出现药物不良反应；⑦饮酒、食物和病人的

营养状况与药物的影响：乙醇能与许多药物产生相互作用，因乙醇本身是许多药物代谢酶的诱导剂，可以加速一些药物在人体的代谢转化，降低疗效。在服用药物的过程中饮酒，许多药物也能加速乙醇对人体的损害，产生严重的醉酒样反应，如服用甲硝唑后饮酒引起的戒酒硫样反应。服用单胺氧化酶抑制剂后饮酒引起酒精中毒反应。

3. 环境因素　人们在生产、生活中接触许多化学物质，能直接影响人们的生理功能，危害人体，产生种种病症，应认真与药物不良反应鉴别。当从事有毒有害物质作业的工人服用药物后，出现可疑的药物不良反应时更应与从事该生产的职业病认真鉴别。

(二)药物不良反应证据的评价标准

药品与不良反应之间的关联性评价是很复杂的，国际上有很多分析方法，我国使用的分析方法主要遵循以下五条原则：①用药与不良反应的出现有无合理的时间关系？②反应是否符合该药已知的不良反应类型？③停药或减量后，反应是否消失或减轻？④再次使用可疑药品是否再次出现同样反应？⑤反应是否可用并用药的作用、患者病情的进展、其他治疗的影响来解释？依据符合以上 5 项条件的多少，判断为“肯定”“很可能”“可能”“可疑”“否定”。

(三)药物不良反应性证据的来源

主要来自药物说明书、专著、期刊、数据库等，从研究方案的不同来看，药物不良反应证据可来自随机对照试验、队列研究、病例对照研究等。

(四)药物不良反应证据的评价

1. 评价证据的真实性　不良反应研究是否采用了论证强度高的研究设计方法？试验组和对照组的不良反应测量方法是否一致？观察期是否长？病因学与不良反应研究因果效应的先后顺序是否合理、是否存在剂量关系、生物学依据是否充分等。

2. 评价证据的重要性　主要是从因果效应强度和精确度来看，前者是点估计后者是区间估计。

3. 评价证据的适用性　不良反应是否与自己的患者临床表现一致？权衡利弊比(LHH)；与患者交流，尊重他们的期望、优选和要求。

分析与思考

1. 何谓循证医学?循证医学的基本要素及实践的步骤有哪些?

2. 循证医学证据的分类有哪些类型?证据系统的“6S”模型包含哪些内容?

3. 循证医学网络资源主要有哪些?

4. 胃食管反流病是指过多胃、十二指肠内容物反流入食管引起胃灼烧、反酸等症状，并可导致食管炎和咽、喉、气管等食管以外的组织损害等病变。近年该类疾病呈逐年上升的趋势，严重影响着人们的生活质量，抑制胃酸分泌是治疗该类疾病的关键。质子泵抑制剂有着抑酸作用强、起效快、持续时间长等优点，临床广泛应用于酸相关性疾病的治疗。兰索拉唑是一种现在广泛应用于临床的质子泵抑制剂。某医生想知道兰索拉唑治疗胃食管反流病的临床效果和安全性如何？他应该如何做？

提示：按检索证据五个步骤。

(1) 明确所需信息的本质：属于临床医学方面信息，需查中英文献，先查系统评价或 Meta 分析>随机对照>队列研究。

(2) 确定检索工具：中国知网、万方数据知识服务平台、维普网、Cochrane Library、PubMed 等。

(3) 提炼检索词：检索词可以是“兰索拉唑”(Lansoprazole)“胃食管反流病”(Gastroesophagealreflux)

“安全性”(Safety)“不良反应”(Adversereaction)“系统评价”(Systematic Review)“Meta 分析”(Meta Analysis)“随机”(Random)等。

(4) 制定检索策略：先在中文数据库检索，然后在英文数据库检索。

(5) 检索文献，找出最佳证据。

5. 系统评价和 Meta 分析的评价要点是什么？

(谢衍金)

第9章 药学信息检索

药学是医学的一个重要分支领域，药学信息检索包括药学研究文献、药物专利、药物产品和市场、药学机构和组织等信息的检索。从检索的具体内容上来说，有药物的化学结构、药理、毒理、药物不良反应、药物的临床应用等。大型的生物医学专业数据库如 MEDLINE、EMBASE、BA、CA 等都可提供这类信息的检索，但各自的侧重点不同。如 MEDLINE 收录的药学文献主要是药物的临床应用、不良反应及药理、毒理学研究内容；EMBASE 主要收录药物药理、药剂研究、毒理、药物滥用等内容；BA 的信息偏重于药物基础研究；CA 的信息偏重于化学制药基础研究。药学信息的检索原理和方法与其他医学信息的检索方法相似，但由于其专业特殊性，也有一些独有的检索字段和方法。本章主要介绍药学相关的专业数据库和基于网络的一些资源。

第一节 SciFinder Web 版

美国化学文摘(Chemical Abstracts，CA)创刊于 1907 年，由美国化学文摘社(Chemical Abstracts service，CAS)编辑出版的检索化学化工、生命科学领域文献的最具权威的检索工具。它收录了 150 个国家、56 种文字、16 万多种期刊和 30 个国家和两个地区的专利文献，文献类型包括期刊、专利、学位论文、资料汇编、技术报告、新书和会议文献，涉及无机化学、有机化学、分析化学、高分子化学、地球化学、环境化学、物理化学、药物学、毒物学、生物学等诸多学科领域。

CA 有 4 种出版类型：印刷型检索刊(CA)、光盘数据库(CD-ROM)、国际联机数据库(Online CA file)和网络数据(SciFinder)，SciFinder Scholar 为 1998 年 CAS 推出的 SciFinder 学术版，SciFinder web 版是美国化学文摘社在桌面客户端版 SciFinder Scholar 的基础上开发的，一种使用浏览器访问的网络检索平台，两者访问的内容是一样的，访问的方式不同，Web 版本比客户端检索功能更加强大。SciFinder web 版不仅包含了印刷版 CA1907 年至今的所有内容，而且还整合了 Medline 医学数据库和近 50 家专利机构的全文专利资料。

SciFinder web 版在充分吸收原书本式 CA 精华的基础上，利用现代机检技术，进一步提高了化学化工文献的可检性和速检性，更整合了 Medline 医学数据库、欧洲和美国等 50 几家专利机构的全文专利资料以及化学文摘 1907 年至今的所有内容。它涵盖的学科包括应用化学、化学工程、普通化学、物理、生物学、生命科学、医学、聚合体学、材料学、地质学、食品科学和农学等诸多领域。它可以透过网络直接查看“化学文摘”1907 年以来的所有期刊文献和专利摘要，以及八千多万的化学物质记录和 CAS 注册号。

一、SciFinder Web 版概述

SciFinder Web 含有 6 个各具特点的数据库，如图 9-1 所示。

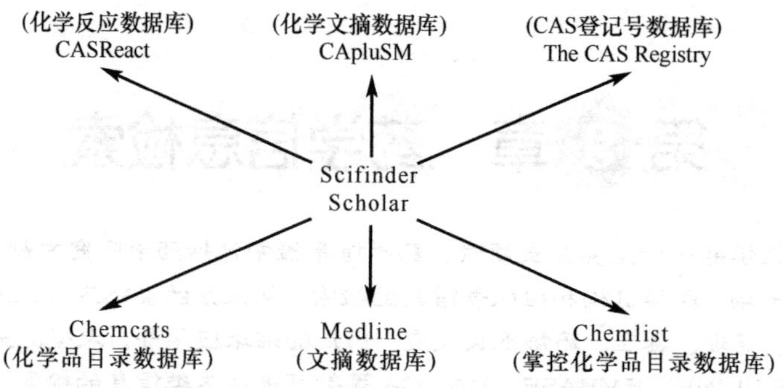

图 9-1 SciFinder Scholar 所含数据库

1. CAplusSM(化学文摘数据库) 包含来自 150 多个国家、9000 多种期刊的文献，覆盖 1907 年到现在的所有文献以及部分 1907 年以前的文献，包括有期刊、专利、会议录、论文、技术报告、书等，涵盖化学、生化、化学工程以及相关学科，还有尚未完全编目收录的最新文献，每天更新 3000 条以上。

2. MEDLINE(文摘数据库) 包含来自 70 多个国家、3900 多种期刊的生物医学文献，覆盖 1951 年到现在的所有文献，以及尚未完全编目收录的最新文献，每周更新 4 次。

3. The CAS REGISTRY(CAS 登记号数据库) 涵盖从 1957 年到现在的特定的化学物质，包括有机化合物、生物序列、配位化合物、聚合物、合金、片状无机物。REGISTRY 包括了在 CASM 中引用的物质以及特定的注册。例如：管制化学品列表如 TSCA 和 EINECS 中的注册，每天更新约 7 万条，每种化学物质有唯一对应的 CAS 注册号。

4. CASREACT(化学反应数据库) 包括从 1907 年到现在的单步或多步反应信息。CASREACT 中的反应包括 CAS 编目的反应以及下列来源：ZIC/VINITI 数据库(1974～1991，by InfoChem GmbH)，INPI(Institut National de la Propriete Insutrielle，法国)1986 年以前的数据，以及由教授 Klaus Kieslich 博士指导编辑的生物转化数据库，每周更新约 700～1300 条。

5. CHEMCATS(化学品目录数据库) 化学品的来源信息，包括化学品目录手册以及图书馆等在内的供应商的地址、价格等信息。

6. CHEMLIST(掌控化学品目录数据库) 1979 年到现在的管制化学品的信息，包括物质的特征、详细目录、来源以及许可信息等。包含约 24 万种化合物的详细清单，来自 13 个国家和国际性组织，每周更新约 50 条新记录。

二、SciFinder Web 版检索和检索后处理

SciFinder web 主要有文献检索(References)、物质检索(Substances)、反应检索(Reactions)，共三种检索途径，Analyze、Refine 和 Categorize 三种工具及 SciPlanner 功能。

(一)文献检索

(1)Research Topic(主题检索)，如图 9-2 所示。在 Describe your topic using a phrase 检索框中输入关键词、短语或句子搜索研究领域，运用关键词之间的关系迅速检索相关的结果。在输入检索词时注意以下几点：①使用简易英语指定 2～3 个概念；②包括连接概念所需的介词和冠词；③在同义概念后用括号标明首字母缩写词或同义词；④使用逻辑算符排除特殊术语。

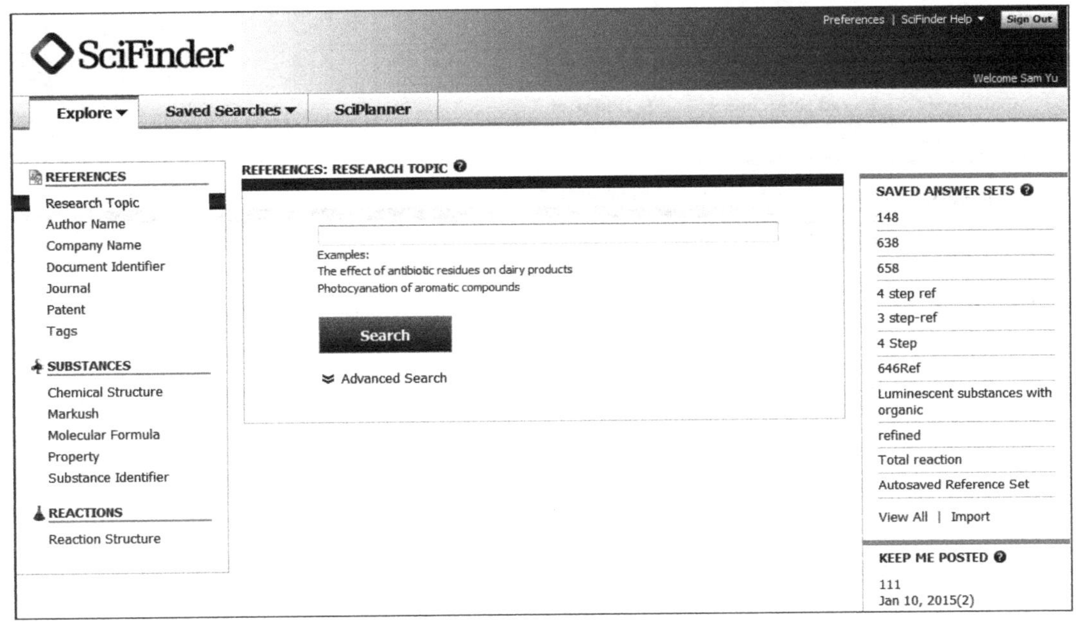

图 9-2　Research Topic 检索界面 1

(2) Author Name (作者检索)，在输入检索词时注意以下几点：①输入有关此姓名尽可能多的信息，如姓、名(或缩写)、中间名等。②请根据需要输入空格、连字符和省略符。③使用相当的字符来代替特殊字符，如使用 a 或 ae 来替代“?”。④选择“查找”以了解姓氏的其他拼写方式，从而应对姓名的变更及印刷上的区别。⑤对于复杂的姓名，可使用多种搜寻方法并选择能提供最佳结果的方法。

(3) Company Name/Organization (公司或机构检索)，查找与特定公司、学术机构或政府组织相关的信息，在输入检索词时注意以下几点：①一次仅输入一个组织。②通常情况下，要扩大答案集，请使用较少的短语。要缩小答案集，请使用较多的短语。输入的短语越多，查询越详细。③SciFinder 在检索结果时，会考虑各种拼写方式、简写、缩写及相关短语，但不会涉及合并与收购。④SciFinder 自动搜索相关短语组。例如，输入“company”和“co.”将返回相同的结果。

(4) Document Identifier (文献标识检索)：根据文献标识符查找文献，如 CAS 物质登记号。

(5) Journal (期刊检索)：可输入期刊名称、期卷号、起始页面查询。

(6) Patant (专利检索)：专利号、专利授予人、专利发明人的名字必须至少填写一项，年代可选填。

(7) Taps (Taps 检索)：主题检索举例：如 在 REFERENCES：REARCH TOPIC 档目内输入“displaces oil with surfactant”如图 9-3 所示，最多输入 5 个术语，术语之间最好用英文的介词如 of、with、beyond、in、on、as 等连接。

检索得出候选项和相关的结果集，如图 9-4、图 9-5 所示，Concepts 做了同义词、单复数、不同时态的扩展，closely associated 表示两个术语之间紧密相关，引文排序—— Citing Reference 功能把历史上被引用最多的文献排在前面，如图 9-6 所示。

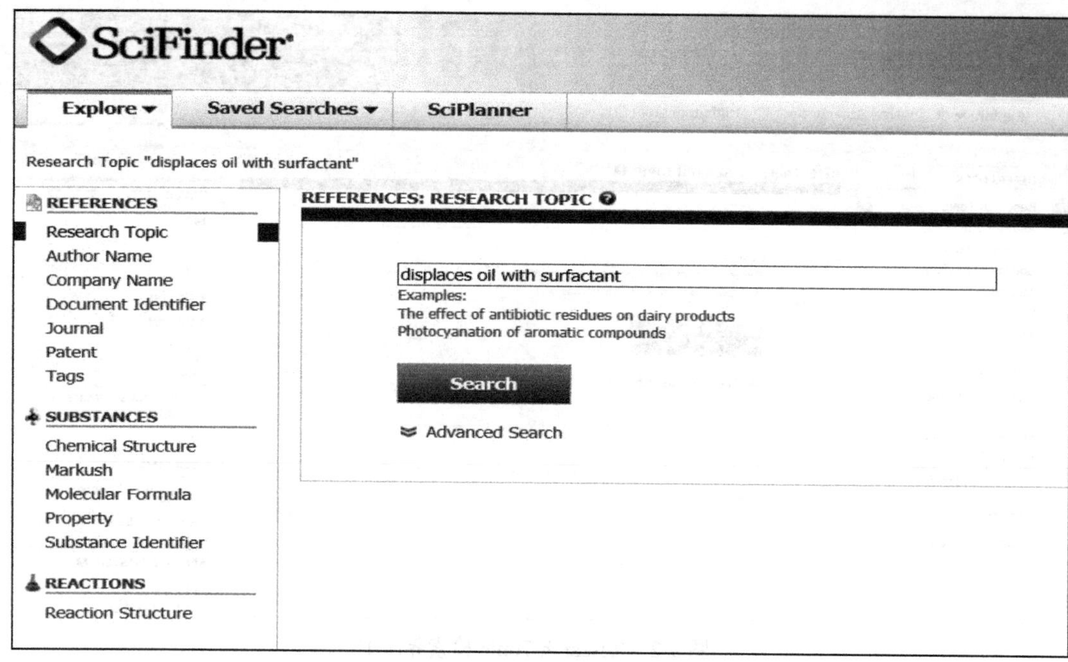

图 9-3 Research Topic 检索界面 2

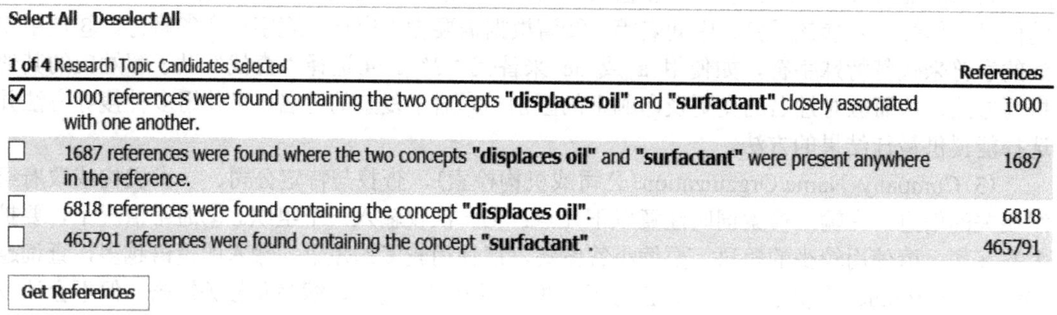

Select All Deselect All

1 of 4 Research Topic Candidates Selected

		References
☑	1000 references were found containing the two concepts **"displaces oil"** and **"surfactant"** closely associated with one another.	1000
☐	1687 references were found where the two concepts **"displaces oil"** and **"surfactant"** were present anywhere in the reference.	1687
☐	6818 references were found containing the concept **"displaces oil"**.	6818
☐	465791 references were found containing the concept **"surfactant"**.	465791

Get References

图 9-4 Research Topic 检索界面 3

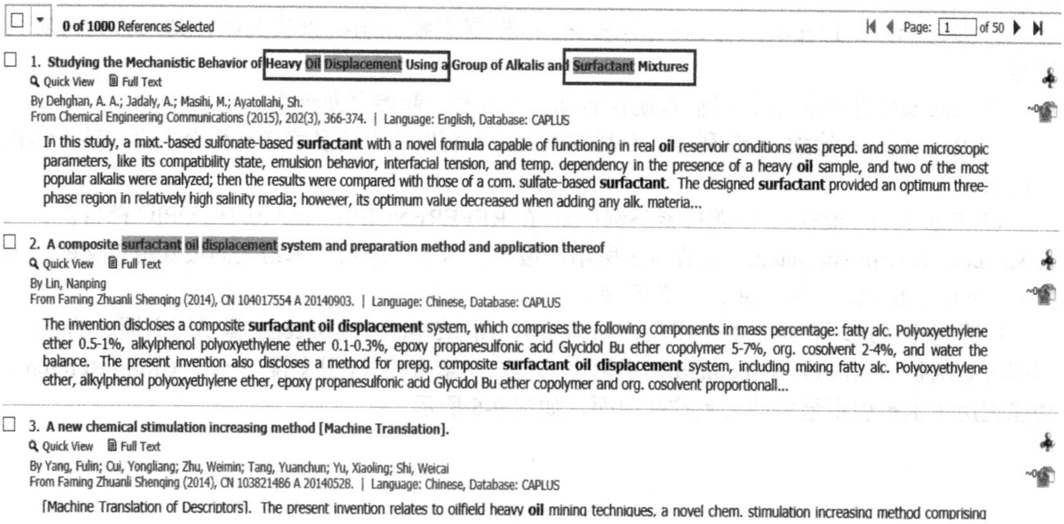

☐ **0 of 1000** References Selected   Page: 1 of 50

☐ 1. **Studying the Mechanistic Behavior of Heavy Oil Displacement Using a Group of Alkalis and Surfactant Mixtures**
Quick View Full Text
By Dehghan, A. A.; Jadaly, A.; Masihi, M.; Ayatollahi, Sh.
From Chemical Engineering Communications (2015), 202(3), 366-374. | Language: English, Database: CAPLUS

In this study, a mixt.-based sulfonate-based **surfactant** with a novel formula capable of functioning in real **oil** reservoir conditions was prepd. and some microscopic parameters, like its compatibility state, emulsion behavior, interfacial tension, and temp. dependency in the presence of a heavy **oil** sample, and two of the most popular alkalis were analyzed; then the results were compared with those of a com. sulfate-based **surfactant**. The designed **surfactant** provided an optimum three-phase region in relatively high salinity media; however, its optimum value decreased when adding any alk. materia...

☐ 2. **A composite surfactant oil displacement system and preparation method and application thereof**
Quick View Full Text
By Lin, Nanping
From Faming Zhuanli Shenqing (2014), CN 104017554 A 20140903. | Language: Chinese, Database: CAPLUS

The invention discloses a composite **surfactant oil displacement** system, which comprises the following components in mass percentage: fatty alc. Polyoxyethylene ether 0.5-1%, alkylphenol polyoxyethylene ether 0.1-0.3%, epoxy propanesulfonic acid Glycidol Bu ether copolymer 5-7%, org. cosolvent 2-4%, and water the balance. The present invention also discloses a method for prepg. composite **surfactant oil displacement** system, including mixing fatty alc. Polyoxyethylene ether, alkylphenol polyoxyethylene ether, epoxy propanesulfonic acid Glycidol Bu ether copolymer and org. cosolvent proportionall...

☐ 3. **A new chemical stimulation increasing method [Machine Translation].**
Quick View Full Text
By Yang, Fulin; Cui, Yongliang; Zhu, Weimin; Tang, Yuanchun; Yu, Xiaoling; Shi, Weicai
From Faming Zhuanli Shenqing (2014), CN 103821486 A 20140528. | Language: Chinese, Database: CAPLUS

[Machine Translation of Descriptors]. The present invention relates to oilfield heavy **oil** mining techniques, a novel chem. stimulation increasing method comprising

图 9-5 Research Topic 检索界面 4

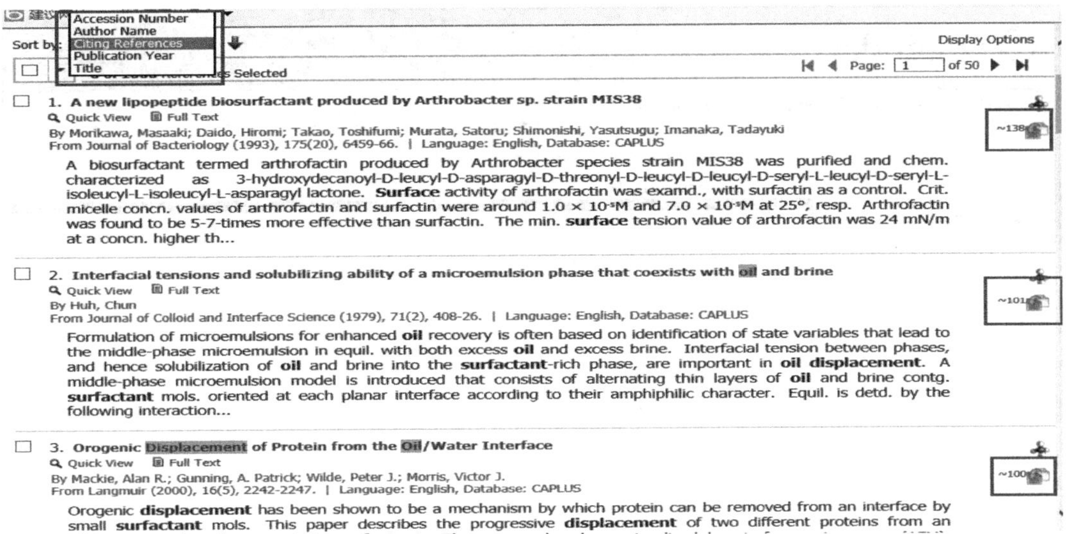

图 9-6　Research Topic 检索界面 5

(二)物质检索

物质检索包括 Chemical Structure(结构式检索)、Molecular Formula(分子式检索)、Substance Identifie(物质标识检索)、Property(理化性质检索)、Markush 检索。

(1) Substance Identifie(物质标识检索)，如图 9-7 所示。根据文献标识符查找文献，如：专利号、CA 文件号，直接输入物质的名称、CAS No、俗名，都能检索，一次最多检索 25 个物质。

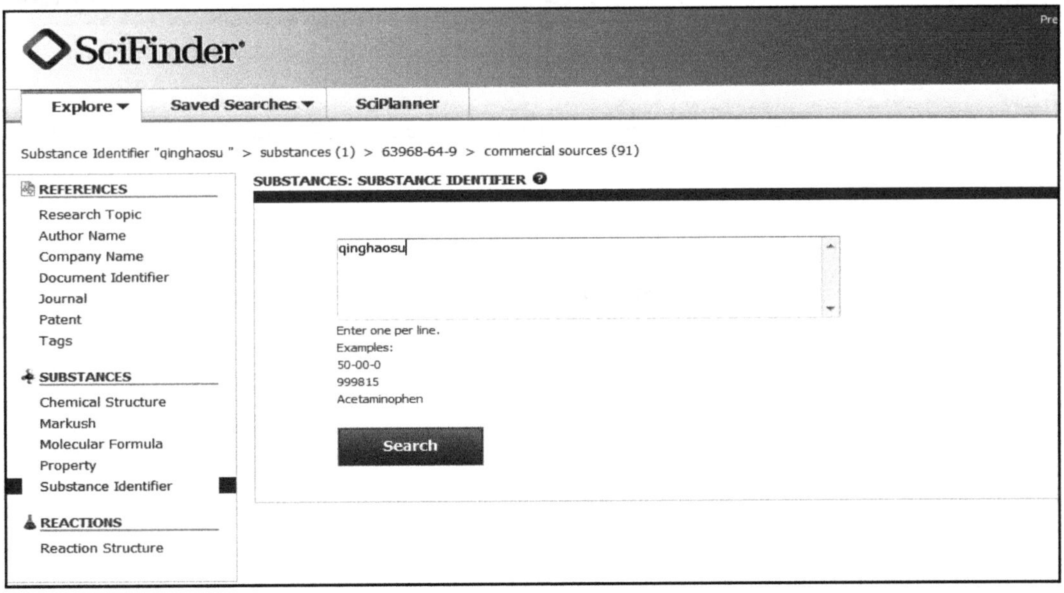

SciFinder
Explore　Saved Searches　SciPlanner
Substance Identifier "qinghaosu " > substances (1) > 63968-64-9 > commercial sources (91)
REFERENCES
Research Topic
Author Name
Company Name
Document Identifier
Journal
Patent
Tags
SUBSTANCES
Chemical Structure
Markush
Molecular Formula
Property
Substance Identifier
REACTIONS
Reaction Structure
SUBSTANCES: SUBSTANCE IDENTIFIER
qinghaosu
Enter one per line.
Examples:
50-00-0
999815
Acetaminophen
Search

图 9-7　物质标识检索界面

(2) Property(理化性质检索)，如图 9-8 所示。检索具有特定物化属性的物质。

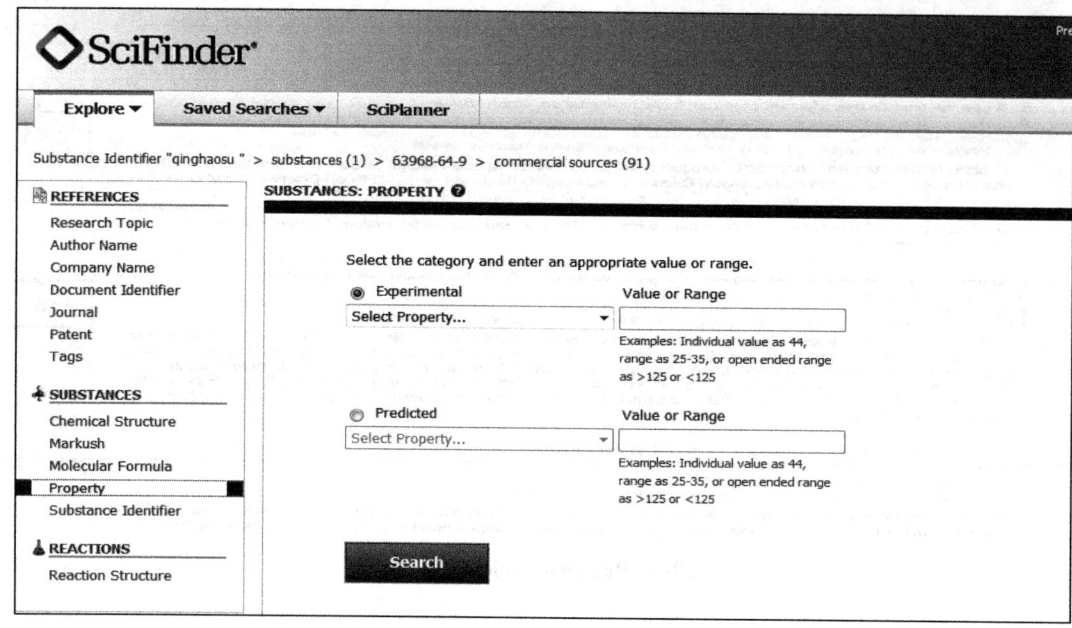

图 9-8 理化性质检索界面

(3) Molecular Formula（分子式检索），如图 9-9 所示。输入分子式检索相匹配的文献和物质信息。分子式输入规则为：CH 写在前面，其他按照字母顺序；对于多组分物质，用“.”将不同的组分分开；聚合物用括号表示，括号外用 x 表示起始物；用 n 表示终产物；区分大小写。

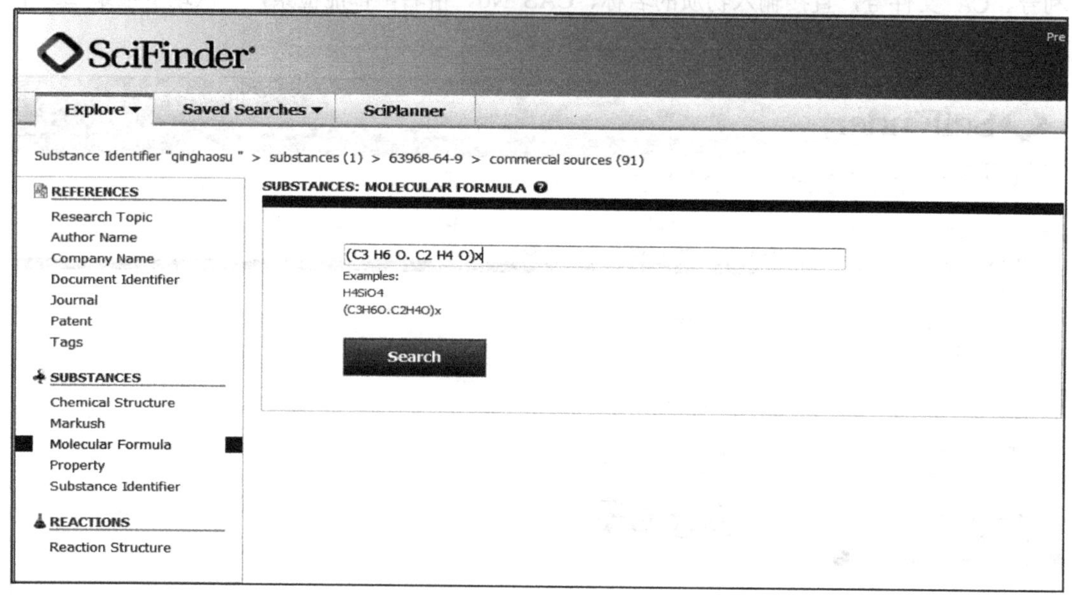

图 9-9 分子式检索界面

(4) Chemical Structure（结构式检索），如图 9-10 所示。结构式检索通过 SciFinder 的结构绘图工具，如图 9-11 所示，可绘制化学结构，然后找出与此结构相匹配的特殊物质或物质组，包括盐。例如：检索包含以下核心结构的所有物质，如图 9-12 所示。获得的是包含所绘制结构片段的所有化合物，如图 9-13 所示。与所绘制结构不同的可能是原子上面的取代物不同，又或者环系发生稠环等，这时可以使用结构的 Analyze/Refine 功能，对检索到的结果进行处理。

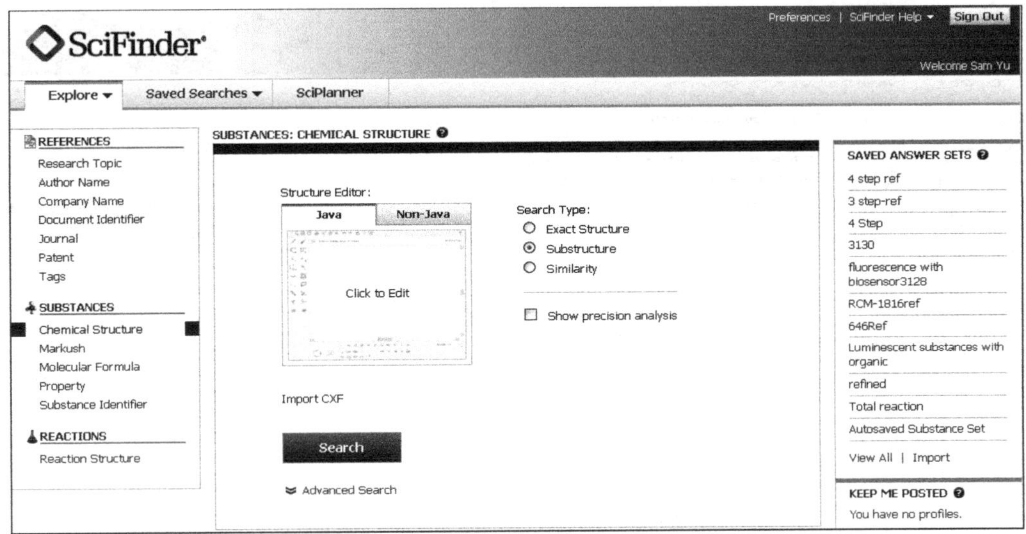

图 9-10　Chemical Structure 检索界面 1

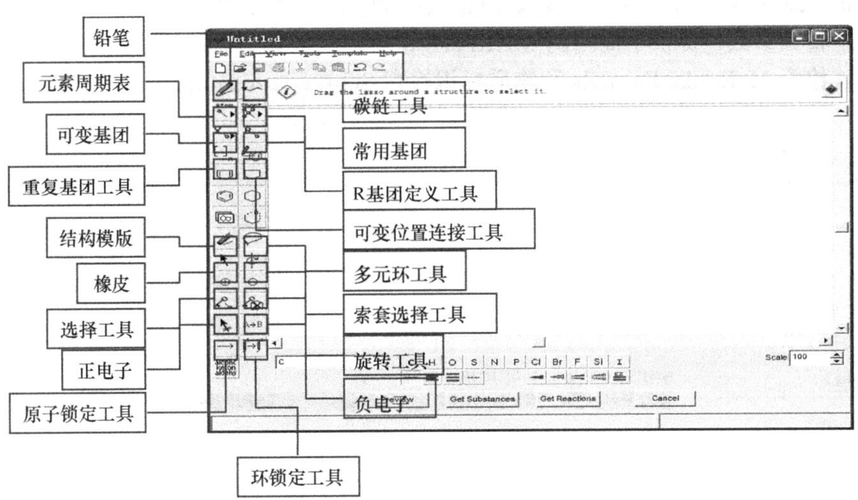

图 9-11　SciFinder 化学结构的绘制界面

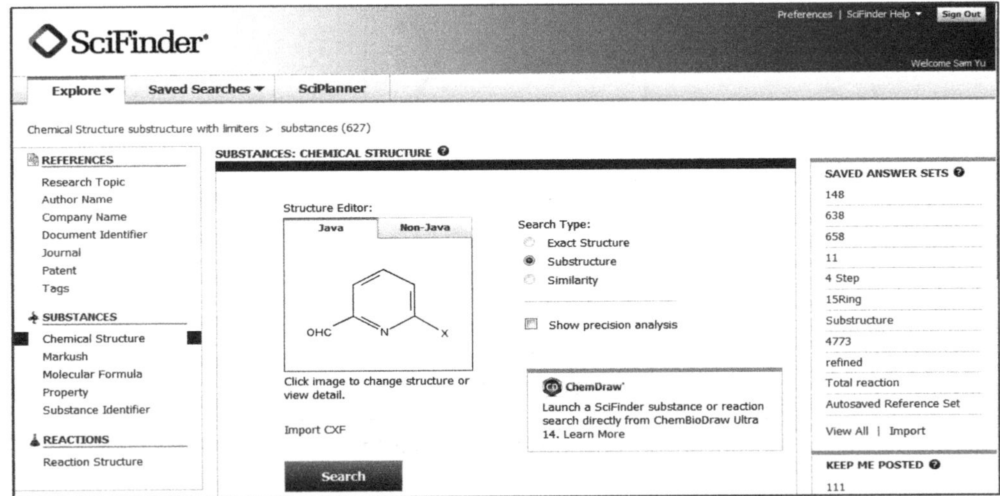

图 9-12　Chemical Structure 检索界面 2

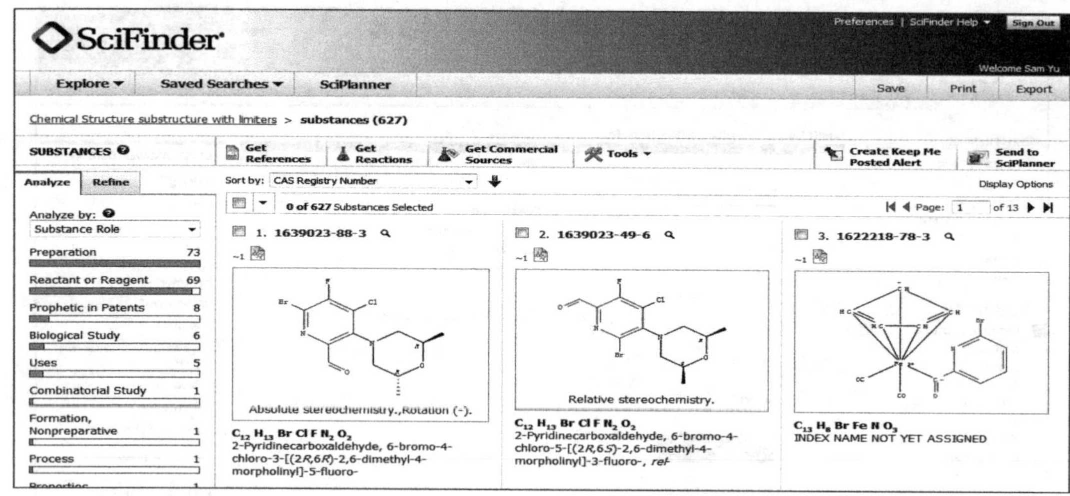

图 9-13　Chemical Structure 检索界面 3

（5）Markush 检索，如图 9-14 所示。Markush 检索是对 REGISTRY 的一个补充：它通过预先设定一些检索参数，提供了简易的 MARPAT 检索，能检索到通过结构检索检不到的专利，分为分子式检索 Molecular Formula 和物质标识检索 Substance Identifier。

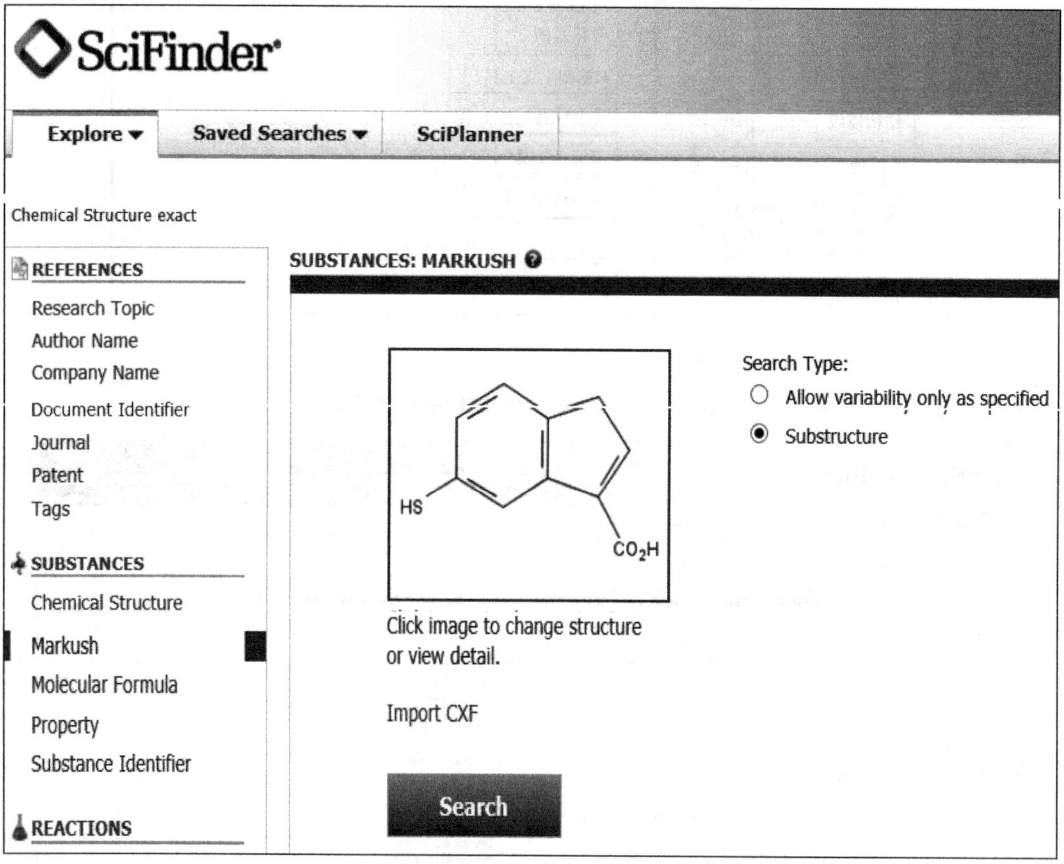

SciFinder
Explore
Saved Searches
SciPlanner
Chemical Structure exact
REFERENCES
Research Topic
Author Name
Company Name
Document Identifier
Journal
Patent
Tags
SUBSTANCES
Chemical Structure
Markush
Molecular Formula
Property
Substance Identifier
REACTIONS
SUBSTANCES: MARKUSH
HS
CO_2H
Click image to change structure or view detail.
Import CXF
Search
Search Type:
Allow variability only as specified
Substructure

图 9-14　Markush 检索界面 3

(三)反应检索

反应检索可以通过结构或者官能团来查找反应信息，定义每一物质在反应中的角色，可以使用亚结构检索的全部功能，也可以允许或者禁止进行附属取代或者环系变换，查询结构式确定的有机化合物，还可以检索物质的盐、同位素等。

例如：要求检索吡啶环 2，3，4 位上存在一个硝基还原成氨基，吡啶环 5，6 位上存在一个卤素，进入 REACTION STRUCTURE，如图 9-15 所示，Allow Variability only as specified 表示：只在所绘制的位点上发生变化，Substructure 表示：除了在所绘制的位点上发生变化外，还能在结构中没有绘制出来的 H 上做随意的取代，Advanced Search 可以设置反应的溶剂，产率，步数等，通过检索得到以下结果，如图 9-16 所示。

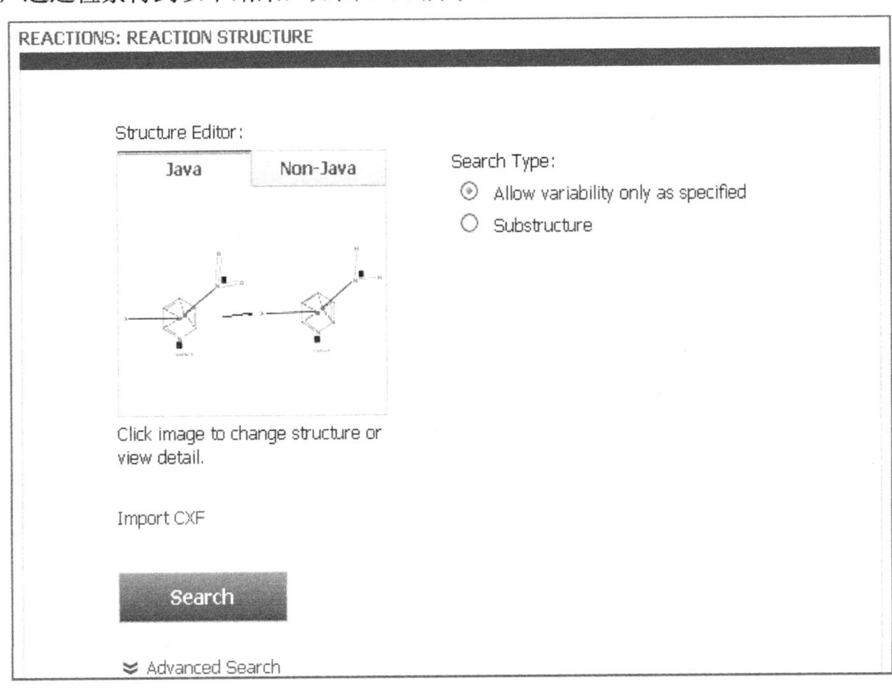

图 9-15 Reaction 检索界面 1

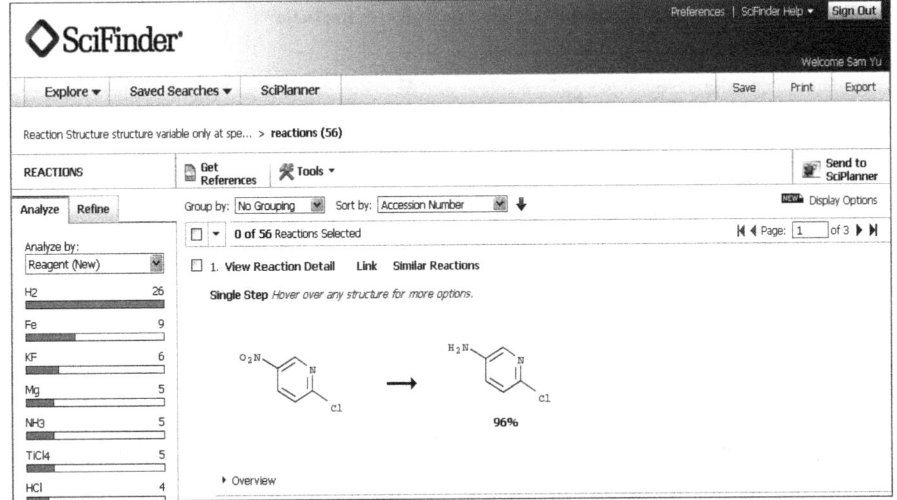

图 9-16 Reaction 检索界面 2

通过工具栏里的 Group By Transformation 功能，针对检索结果中的单步反应，将具备同样反应变化的反应合并，如图 9-17 所示，将多步反应集中在最后的选项，如图 9-18 所示。

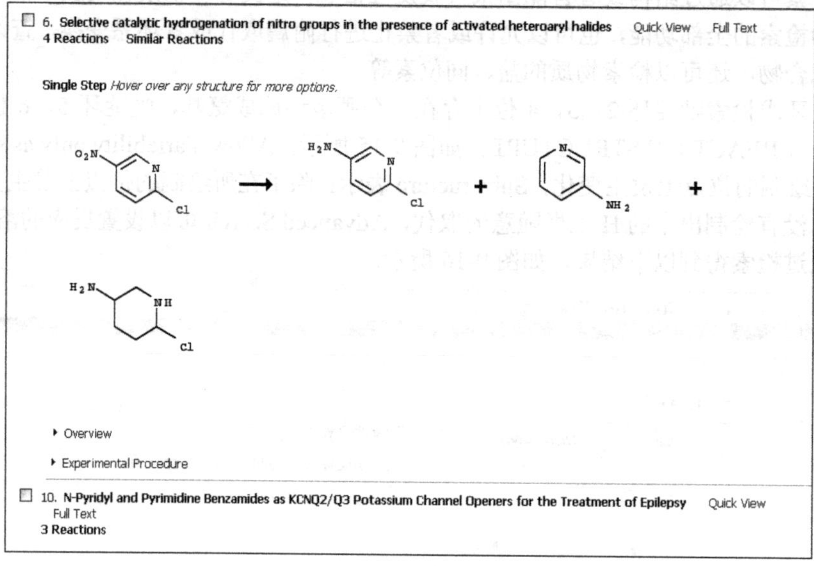

图 9-17 Reaction 检索界面 3

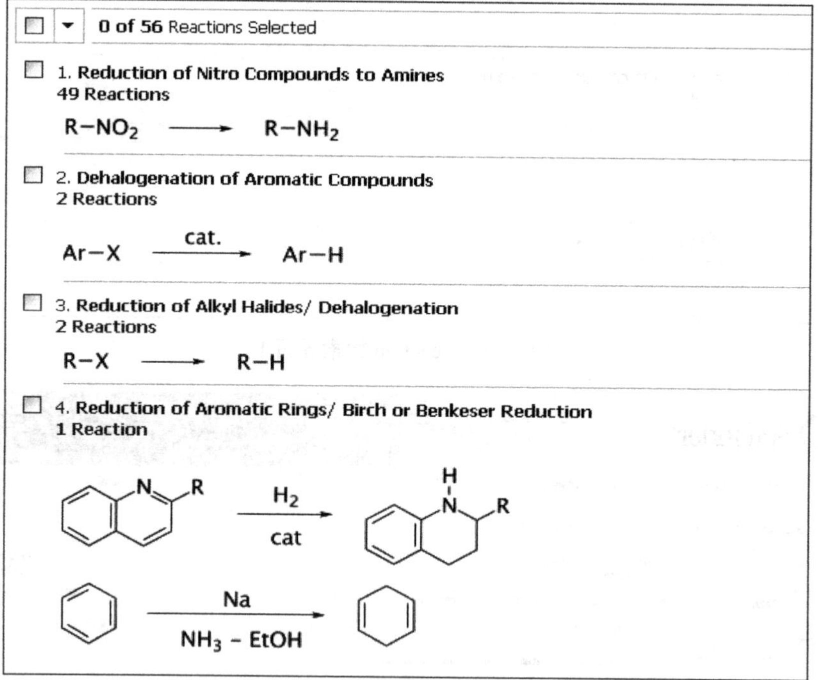

图 9-18 Reaction 检索界面 4

（四）检索后处理方式

对于大量的文献结果，SciFinder 提供三种文献检索后处理方式：Analyze、Refine 和 Categorize。

1. Analyze 分析工具　Analyze 为检索者提供了 12 种分析方法，如表 9-1 所示：

表9-1　Analyze分析方法

Author Name	该研究领域发表文献的主要研究者
CAS Registry Number	该研究领域报道的物质
CA Section Title	文献的学科分类
Company/Organization	该研究领域发表文献记录较多的机构
Database	文献记录来源的数据库
Document Type	文献发表类型
Index Term	文献的索引词(研究内容)
Journal Name	文献经常发表的期刊
Language	文献发表的语言
CA Concept Heading	文献的概念术语
Publication Year	通过年代分析最新和最老的研究报道
Supplementary Term	文献的辅助索引词

分析后的结果可按照字母顺序或出现频率进行排序，方便检索查看获取信息。Analyze Index Term 分析帮助检索者对文献的内容做大致浏览，右侧的 Analyze 栏最多给出 10 个，可以点击 Show More 获得全部分析结果，左侧的 Analyze 栏最多选择 1 个，Show More 可以多选，如要对所检索出的杂志中有关“hydrogen　storage materials”为主题的杂志进行分析，可点击“Analyze by Journal Name”，得出以下结果，如图 9-19 所示。

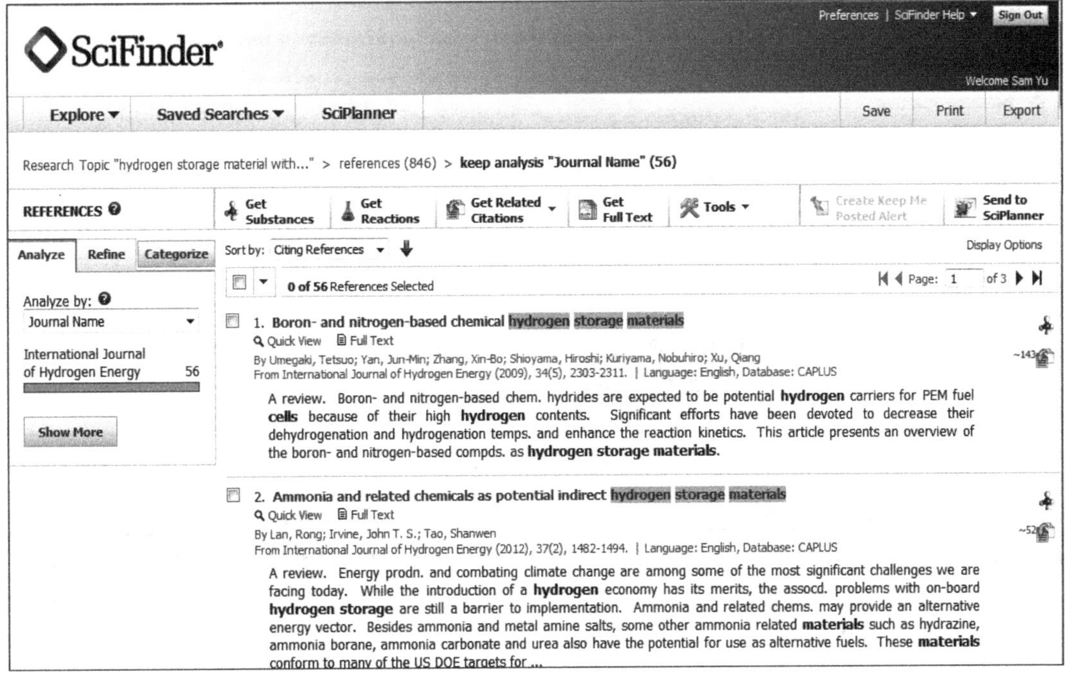

图 9-19　Analyze 界面

2. Refine 限定工具 Refine 为检索者提供了 7 种限定方法，如表 9-2 所示：

表9-2 Refine限定方法

Research Topic	主题
Author	作者
Company Name	机构名
Document Type	文献类型
Publication year	出版年
Language	语种
Database	数据库

如：要对所检索出的公司中限定“China(中国)”范围，可点击 Refine 下的 Company Name 档，可以获得来自中国机构发表的文献，如图 9-20 所示。

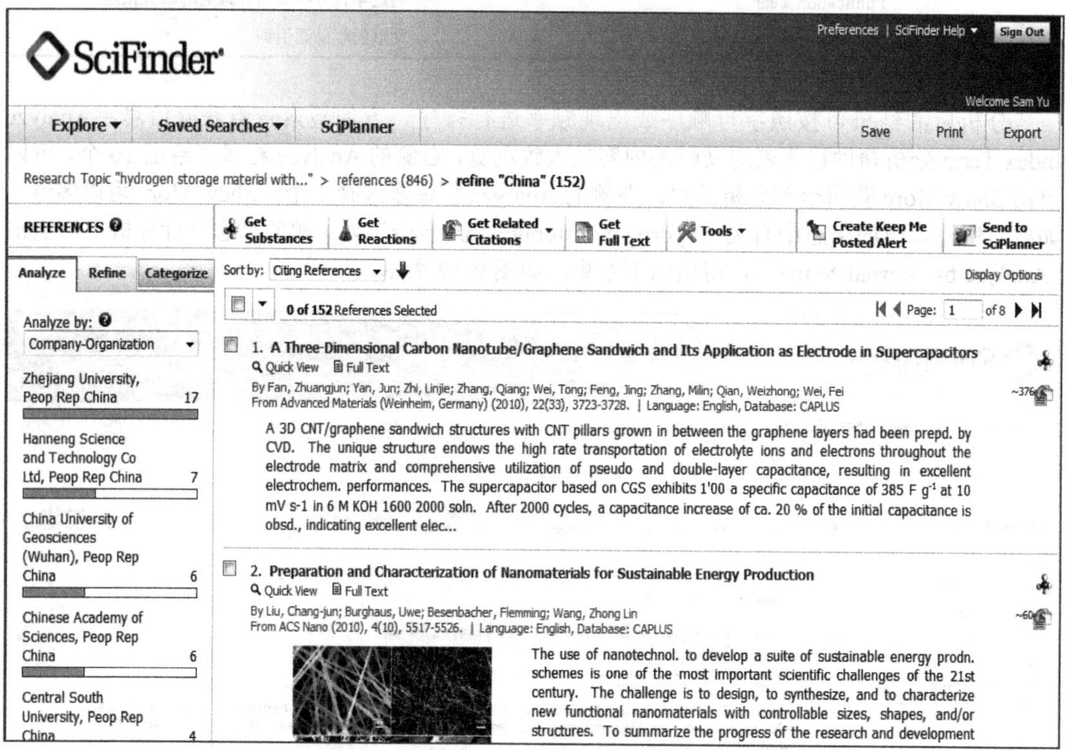

图 9-20 Refine 界面

3. Categorize 系统分类工具 Categorize 可对研究主题进行具体的分类，把已检索出来的文献按一定的学科进行分类，且每个一级类目下都有详细的二级类目，系统会智能列出每个二级类目下更为详细的三级类目，供检索者选择，检索者只需要层层点击，最终获得更为精确的检索结果，如图 9-21 所示。

Categorize

1. Select a heading and category.　　2. Select index terms of interest.

Category Heading	Category	Index Terms		Selected Terms
All	Substances in biology (8690)	1 2 3 4 … 31 Select All Deselect All		
General chemistry	Organisms (3043)	Animal	254	
Biotechnology	Animal pathology (295)	Plant (Embryophyta)	132	
Biology	Processes & systems (240)	Mouse	114	
Synthetic chemistry	Anatomy (343)	Ganoderma lucidum	78	
Genetics & protein chemistry	Immunology (207)	Streptomyces	67	
Physical chemistry	Substances in adverse effects (634)	Ginseng (Panax pseudoginseng)	61	
Technology	Endocrinology (133)	Escherichia coli	57	
Polymer chemistry		Astragalus membranaceus	55	
Analytical chemistry		Fungi	47	
Catalysis		Plant Extracts	46	
Environmental chemistry		Plant Preparations	46	
		Plant (Embryophyta), medicinal	42	
		Staphylococcus aureus	42	

Biology > Organisms

OK　Cancel

图 9-21　Categorize 界面

(五) SciPlanner

SciPlanner 是一个特定的工作区域，针对要研究的物质，能快速查找合成路线并找到支持的文献信息，具有简洁方便的工作平台，帮助对合成路线进行整理，所有文献、物质、反应信息都可以导出至一张工作表中，让用户用一种更加直接的方式去组织、管理检索结果。

例如：当检索“6-氨基青霉烷酸参与合成 Amoxicillin 的反应”中获得 15 条其他原料合成阿莫西林的反应时，可以看到有 1 条反应推送到 SciPlanner，如图 9-22 所示，拖入反应进入编辑窗，如对其中一个物质的合成很感兴趣，可以直接点击，使用物质标准菜单，如图 9-23 所示，最终获得它的合成方法即中间体的合成路线，如图 9-24 所示。

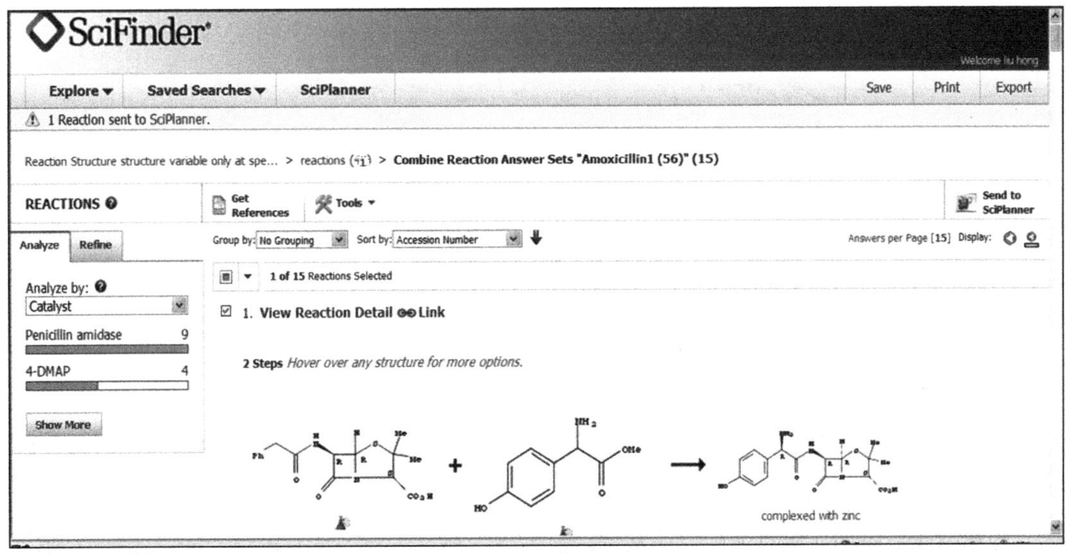

图 9-22　Explorer 界面

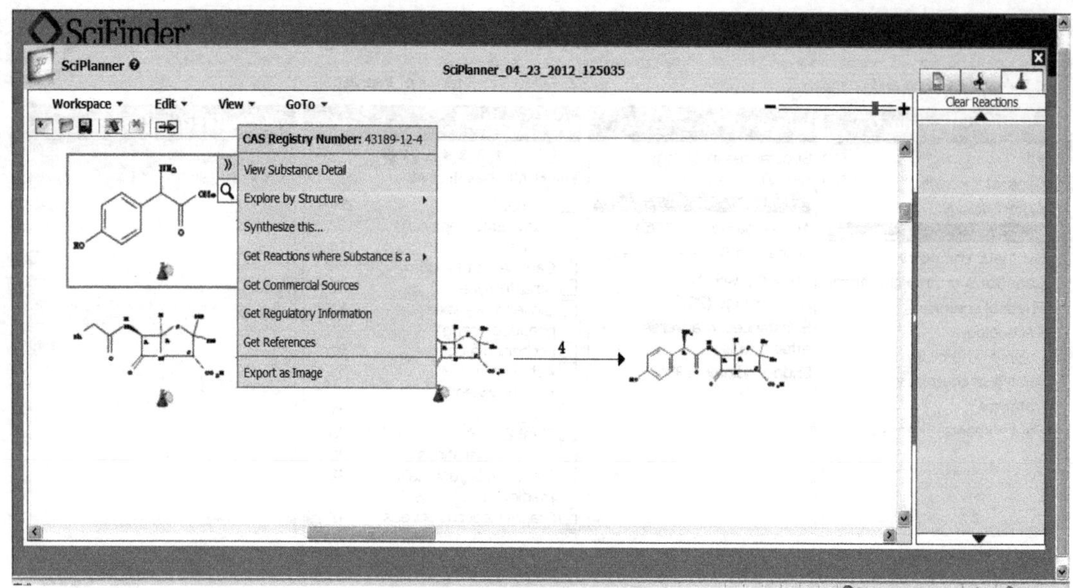

图 9-23 SciPlanner 界面

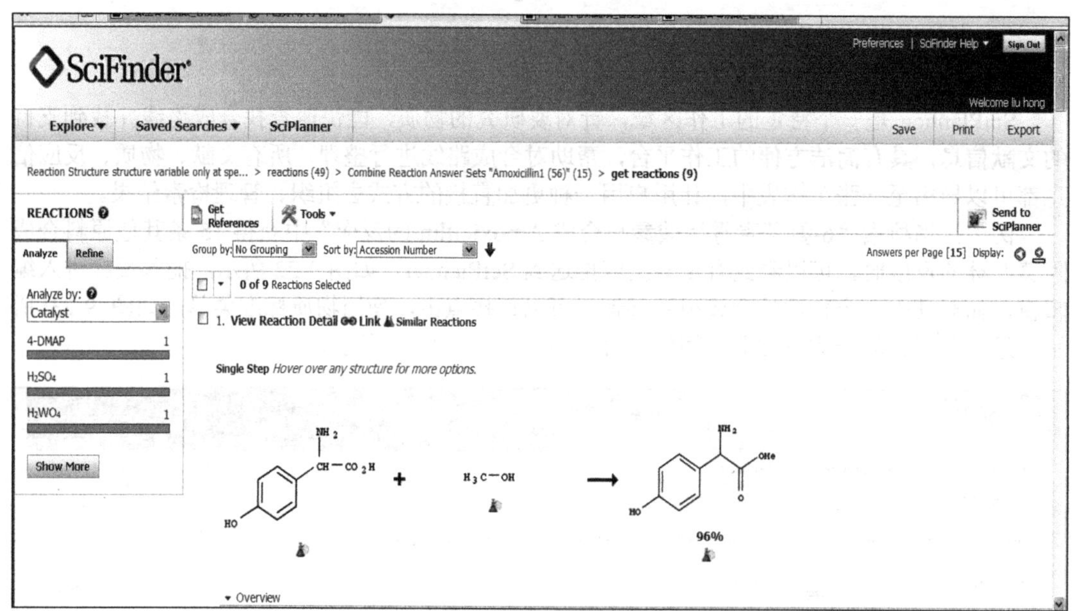

图 9-24 SciPlanner 界面

三、检索结果的输出和保存

SciFinder Web 版允许打印参考文献、物质和反应的结果，以及把结果保存至计算机上的文件中。

(一)打印

选择想要打印的结果，选中对应条目前的方框，然后选择文件(File)打印(Print)。如未选择特定的答案，SciFinder 将打印所有的答案。选择打印格式，指明是否包含任务历史。还可以输入打印标题，然后单击确定进行打印。

(二) 保存

选择想要保存的答案，可选择 Save 和 Export 两种方式。

1. Save　将检索结果保存到 CAS 的服务器上，需要登录 SciFinder 才能打开。

2. Export　将结果保存到本地电脑，其中 Citation manager 保存成 RIS 格式，用于导入 EndNote 等文献管理工具，Offline Review 保存成 PDF、RTF 格式，用于脱机浏览。

第二节　网络版化学手册数据库——Reaxys

Reaxys 是一个全新的辅助化学研发的在线解决方案，是 Elsevier 于 2009 年 1 月 1 日新推出的基于网络的数据库，它将著名的 CrossFire Beilstein、Gmelin、Patent Chemistry 数据库进行整合。Beilstein 是世界上最大的关于有机化学事实的数据库，能帮助有机化学研究人员形成新思路、设计合成路径(包括起始原料和中间体)、确定生物活性和物理性质、了解外界环境对化合物的影响等。Gmelin 是关于无机和金属有机化合物的结构及相关化学、物理信息的数据库，可以用结构、亚结构和反应式检索，记录包含 800 多种化学和物理数据字段的内容，包括电、磁、热、晶体以及生理学数据。Reaxys 比较而言具有以下特点和优势：

1. 方便使用和管理　Reaxys 是一个基于网络的数据库，不需要用户另外安装客户端软件。Reaxys 基于 IP 进行访问，用户只要在有效 IP 范围内，均可以登录系统。

2. 检索结果的整合与统一显示　在 Reaxys 平台，所有检索结果统一显示在一个窗口中，更有利于用户快速获得所需的相关信息。

3. 新的功能和工具　Reaxys 拥有更强大的、更人性化的工具和特性，比如按照领域或者数值范围进行过滤和筛选，检索过程中的可视化，利用 synthesis planner 设计和优化多步合成路线，将检索结果以 PDF、WORD、EXCEL 形式导出，或整合到其他文献管理系统中等。

4. 内容定期自动更新　Reaxys 的内容每 2～4 周更新一次，系统自动进行。

5. 新增引文数据及商业数据链接　2014 年 4 月 16 日 Elsevier 推出新版 Reaxys。

一、Reaxys 资源简介

(一) CrossFire Beilstein Database

CrossFire Beilstein Database 来源于著名的《贝尔斯坦有机化学手册》，收录自 1771 年至今的 3600 万条反应信息、3.5 亿条通过事实认证的物质理化性质数据信息，为世界上最大的有机化学数值和事实型数据库，涵盖了详细的药理学、环境病毒学、生态学等信息资源。

(二) CrossFire Gmelin Database

CrossFire Gmelin Database 来源于《盖墨林无机与有机金属化学手册》，为世界上最全面的无机化学和金属有机化学数值和事实库，覆盖了 1972 年至今的文献，超过 240 万的化合物、超过 124 万篇文献、超过 185 万个可查询反应，涵盖了详细的理化性质、地质学、矿物学、冶金学、材料学等方面的信息资源。

(三) Patent Chemistry Database

该数据为 Beilstein 的完美补充，收录来自世界知识产权组织(1978 年至今)、美国专利局(1976 年至今)、欧洲专利局(1978 年至今)的英文专利信息，涵盖的国际专利类别[IPC](1976 年之后)有：C07(有机化学)、A61K(药物、医药、牙医、化妆品制备)、A01N 生物杀灭剂(农用化学品、消毒剂等)、C09B(染料，可能具有药理学活性)。数据库包含了超过150万个化学反应，160多万个有机、无机、金属有机化合物和聚合物及相关的数据。

2014年4月16日，Elsevier推出新版Reaxys，新版Reaxys集结有机化学(CrossFire)、无机化学及有机金属化学(Gmelin)三大数据库，数据内容从核心400化学专业期刊扩充至16 000笔相关化学出版品，另外涵盖了世界、美国及欧洲三大专利数据库，数据内容均来自“经实验验证”高质量文献(均非计算数据)，REAXYS在内容上更整合PubChem(提供有机小分子生物活性数据)及eMolecules(提供原料药品购买信息)。

二、Reaxys数据库对电脑软硬件要求

Reaxys无须客服安装任何客服端软件，只需要在有效IP范围内，直接输入www.reaxys.com即可访问该数据库，其对浏览器、操作系统等软件、硬件有明确的要求，如表9-3所示：

表9-3 Reaxys 对电脑软件、硬件的要求

操作系统版本	Windows 2000 Windows XP Windows Vista
浏览器必须允许Java和cookie运行	IE 7及其以上、Firefox 3及其以上
JAVA	Sun Microsystems Java Version 5.0 or Java Runtime Environment (JRE) Version 1.5.0
结构式画图软件	-Marvin Sketch -Symyx ISIS Draw -Symyx Draw -CrossFire Structure Editor

三、Reaxys的功能特点

在Reaxys的起始界面，如图9-25所示，可以进行三种方式的检索：文献检索、反应检索和通过名称、分子式等方式进行的物质信息检索。定制化的检索方式可支持文字检索和化学结构检索两种方式，范围包括500个检索项目。这些项目涉及130多个主题包括物化性质、光谱数据、热力学数据、电化学和磁化学数据。此外，Reaxys还配备了基于元素周期表的分子式书写工具，如图9-26所示，以方便无机化学和金属有机化学类的检索需求。

图9-25 Reaxys首页

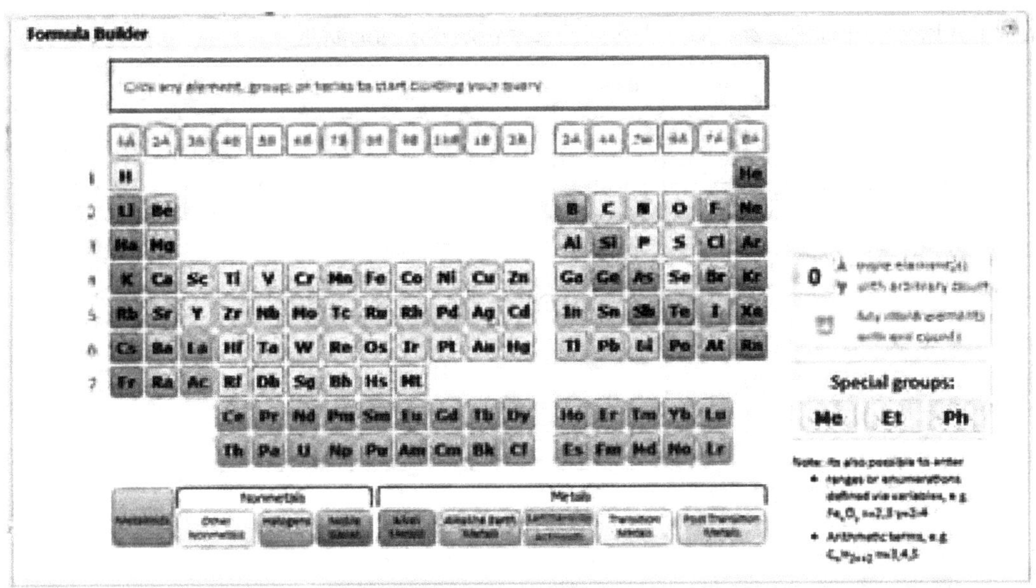

图 9-26 分子式书写工具界面

此外，除原有三大重要功能：自动合成工具(Auto plan)、可视化分析系统(Analysis view)以及多样化结果输出功能(Report)外，新增了周期表分子式建立系统(Formula Builder)、合金搜寻指令(Alloy Query Builder)以方便各领域用户建立不同搜寻指令，并增加智能型快速搜寻字段(Ask Reaxys)及 Reaxys 词汇索引系统(Reaxys Tree)。

(一)Reaxys 数据库检索方式

Reaxys 数据库有三种基本检索方式：文献检索、反应检索和物质与性能检索。

1. 文献检索 文献检索主要提供基本检索(Form-based)和高级检索(Advanced)。基本检索提供了快速检索(Quick Search)功能，对一个或两个关键词的检索，以及对作者/专利权人(Author/Assignee)、刊名(Journal Title)、专利号(Patent Number)、专利国(Patent Country)和出版年(Publication Year)等途径的检索。高级检索(Advance)需要编写检索式，检索框下面提供了详细的检索领域，选择检索域代码或称字段代码(field code)填写域值(field value)，输入检索词进行检索。本数据库支持多字段同时检索，字段间的逻辑关系包括“near”“and”“next”“not”“or”和“proximity”六种。当输入的词不确定时，还可以使用截词符“*”代替任意多个字符进行检索，且系统支持左截断或者右截断。

2. 反应检索 反应检索，相当于反应式检索(Reaction)和条件检索(Conditions)组合的联合检索可以更加准确地得到所需要的反应。

3. 物质与性能检索 物质结构检索(Substances)和性能检索(Properities)组合的联合检索，并可单独进行检索，通过联合检索可以更加精确地得到检索者所需要的物质。

(二)Ask Reaxys

Ask Reaxys 像使用其他日常搜索引擎一样，能按照使用者描述问题的习惯，直接输入使用者想询问的问题，Reaxys 会根据底层算法自动识别问题并以最恰当的模式返回相关的答案，如文档、合成计划或者物质属性数据等。

(三)Reaxys Tree

Reaxys Tree，如图 9-27 所示，能将整个 Reaxys 信息分类进行可视化分析，方便使用者浏览整个数据库，并且轻易发现看似不相关的化学信息点之间的联系。

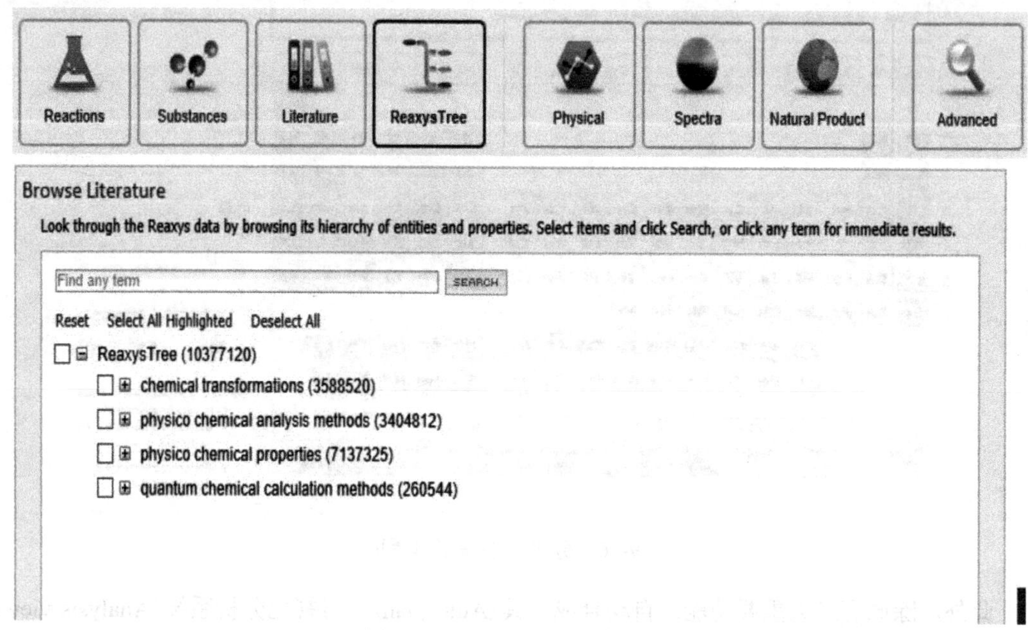

图 9-27 ReaxysTree 检索界面

(四) 自动制定合成计划功能

能省去费时费力挑取中间体的过程，直接获得目标化合物全面的合成计划路线，如图 9-28 所示。并与化合物采购信息库如 eMolecules、Accelrys ACD 和 PerkinElmer ChemACX 数据库无缝连接，提供多样的原料价格信息。

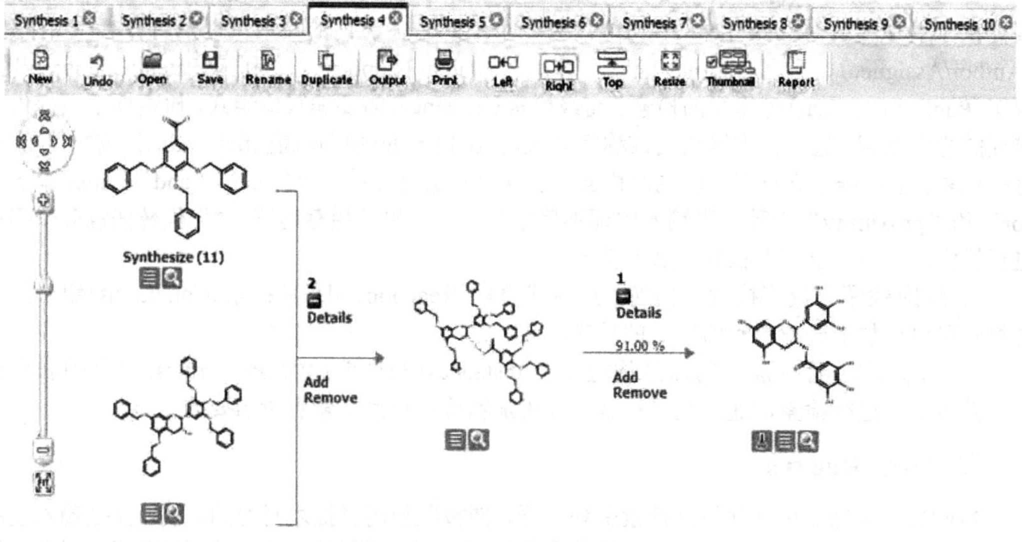

图 9-28 Reaxys 合成路线界面

(五) 检索结果分析功能

Reaxys 分析视图可根据使用者的需求展现结果之间的联系，如可以快速地查看研究人员或

者组织在相应的研发领域中处于活跃地位；根据产率对结果进行排序；或评估某种催化剂或者试剂与特定的反应类型之间的关系，如图9-29所示。

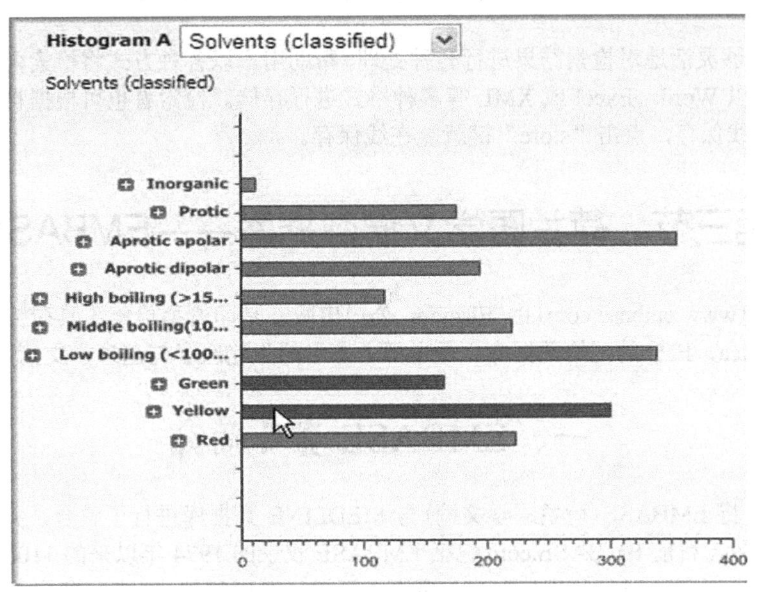

图9-29 Reaxys分析视图界面

(六)Reaxys报告系统

Reaxys 报告系统可以注释并导出所检索的结果或者合成计划，方便使用者进行数据的分享，如图9-30所示。

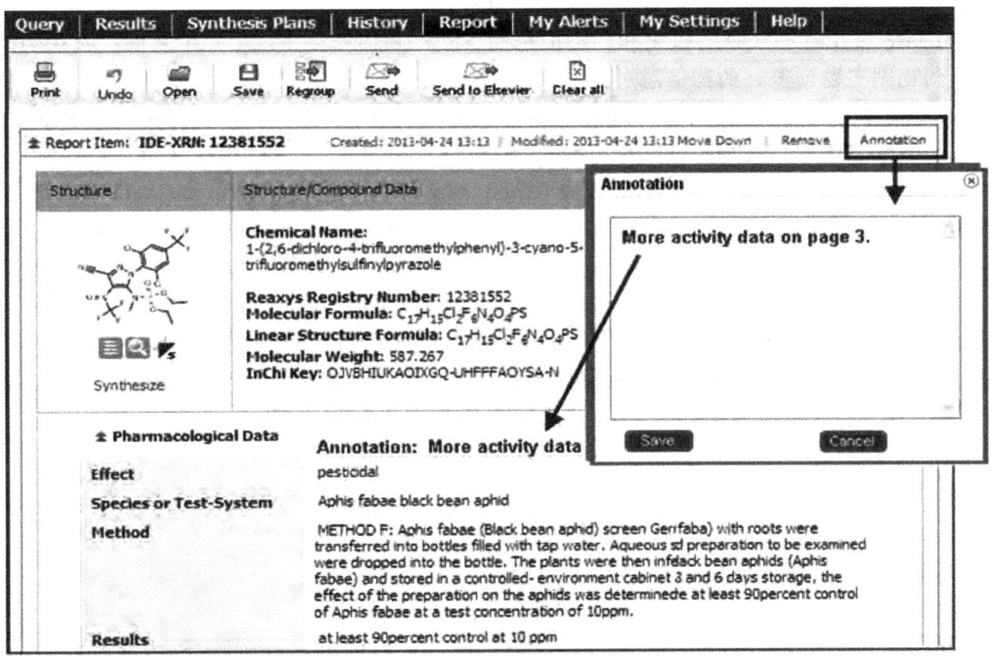

图9-30 Reaxys报告系统注释界面

此外，Reaxys 可兼容多种来自如：Accelrys、Perkins Elmer 和 IDBS 的电子实验记录本系统。

四、检索结果的输出和保存

Reaxys 能够灵活地对检索结果进行各种处理，帮助用户以各种方式将检索内容自动生成图表和报告，并以 Word、Excel 或 XML 等多种格式进行存储。检索者也可根据自己的需求进行检索结果的在线保存，点击“store”键就能在线保存。

第三节 荷兰医学文摘数据库——EMBASE

EMBASE(www.embase.com)由 Elsevier 公司出版，是印刷型检索工具荷兰《医学文摘》(Excerpta Medica，EM)的网络数据库，是世界上著名的生物医学与药理学文摘型数据库。

一、EMBASE 资源简介

EMBASE 将 EMBASE(荷兰医学文摘)与 MEDLINE 数据库进行了整合，并从 MEDLINE 中去掉重复记录，目前 EMBASE.com 包括 EMBASE 收录的 1974 年以来的 1100 多万条记录，和 MEDLINE 收录的 1966 年以来的 600 多万条记录，并以每年 60 多万条记录的速度递增。EMBASE 收录了世界上 80 多个国家/地区出版的 7500 多种期刊，特别是涵盖了大量的欧洲和亚洲的医学刊物。

EMBASE 包含的学科范围有：药物研究、药理学、配药学、药剂学、药物副作用、毒物学、人体医学(临床与实验)、基础生物医学、生物工艺学、生物医学工程与仪器、保健策略与管理、药物经济学、公众、职业与环境保健、污染、药物依赖性与滥用、精神病学、替代与补充医学、法医学、兽医学、牙科医学、护理学、替代性动物实验。

EMBase 突出药物文献的收录和药物信息的反映，具体体现在以下几个方面：收录药物文献多、药物副主题词多、药物信息字段多。

EMBase 有三个独立的数据库：Excerpta Medica Database(EMBase)、EMBASE Drugs and Pharmacology(EMDP)、EMBASE Psychiatry(EMPS)。

MBase 的规范词系统(EMTREE)：EMBASE.com 特有的生命科学词典 EMTREE，是对生物医学文献进行主题分析、标引和检索时使用的权威性词表，包含超过 5 万多个药物与医学索引术语、10 000 条代码、20 多万条同义词(包括所有的 MeSH 术语)配以 17 个核心的药物关联词、47 个给药途径关联词和 14 个疾病关联词，检索的网罗度和专指度超过 MeSH，并可在 EMBASE 和 MEDLINE 间同时检索，优化了学科检索的相关性和精确性，特别在药物检索方面，保证较好的查全和查准。EMTREE 的印刷版分三册，第一册是字顺表(Alphabetical Index)，第二册是树型结构(Tree Structure)，第三册是轮排词索引(Permuted Term Index)。EMTREE 中的叙词具有以下特点：

(1)自然语序，不用倒置。

(2)名词采用单数形式。

(3)采用美式拼法。

(4)很少采用缩写或简称。

(5)希腊字母用英语字母拼出。

(6)通常不用连字符、撇号、省字号和逗号等(化学名称例外)。

14 个疾病连接词是：Complication(并发症)、Congenital disorder(先天性异常)、Diagnosis(诊

断)、Disease Management(疾病处理)、Drug resistance(抗药性，1996年新增)、Drug therapy(药物治疗)、Etiology(病因学)、Epidemiology(流行病学)、Prevention(预防)、Radiotherapy(放射疗法)、Rehabilitation(康复)、Side effect(不良反应或副作用)、Surgery(外科手术)、Therapy(治疗)。

17个主药物连接是：Adverse drug reaction(药物不良反应)、Clinical trial(临床试验)、Drug administration(投药方式)、Drug analysis(药物分析)、Drug combination(药物联用)、Drug comparison(药物对比)、Drug concentration(药物浓度)、Drug development(药物开发)、Drug dose(药物剂量)、Drug interaction(药物相互作用)、Drug therapy(药物治疗)、Drug toxicity(药物毒性)、Endogenous compound(内源性化合物)、Pharmaceutics(药剂学)、Pharmacoeconomics(药物经济学)、Pharmacokinetics(药代动力学)、Pharmacology(药理学)。

2000年1月，EMbase新增了47个给药途径连接词，如 Bucccal drug administration(颊部给药)、Epidural drug administration(硬膜外给药E)、Inhalational drug administration(吸入给药)、Intrabronchial drug administration(支气管内给药E)、Intraarterial drug administration(动脉内给药)等，其中关联词中文译名后面标有E的，都是EMTREE独有的关联词。

EMBASE.com的检索规则包括：

(1) 支持逻辑运算：AND(空格)、OR、NOT。

(2) 支持短语检索：直接输入单词或词组，短语检索需要加引号(单、双引号都可以)，如输入“Lung cancer”是作为短语检索，若输入Lung cancer就是按照Lung AND cancer来检索。

(3) 支持位置算符：例如，检索“acute * 1 Leukemia”(加引号，次序不可颠倒)，可以检索到acute lymphoid leukemia(最多间隔一个单词)。

(4) 支持截词符号：“*”代表零或任意一个字符，例如，cat*可检索cat、cats、catatonic和catastrophe。Catheter?可检索到catheters。

EMBase.com主页有4个检索选项，分别为Search(检索)、EMTREET(主题词)、Journals(期刊)和Author(作者)(图9-31)。在Search检索选项下又细分Quick Search(快速检索)、Advanced Search(高级检索)、Drug Search(药物检索)、Disease Search(疾病检索)、Article Search(文章检索)。

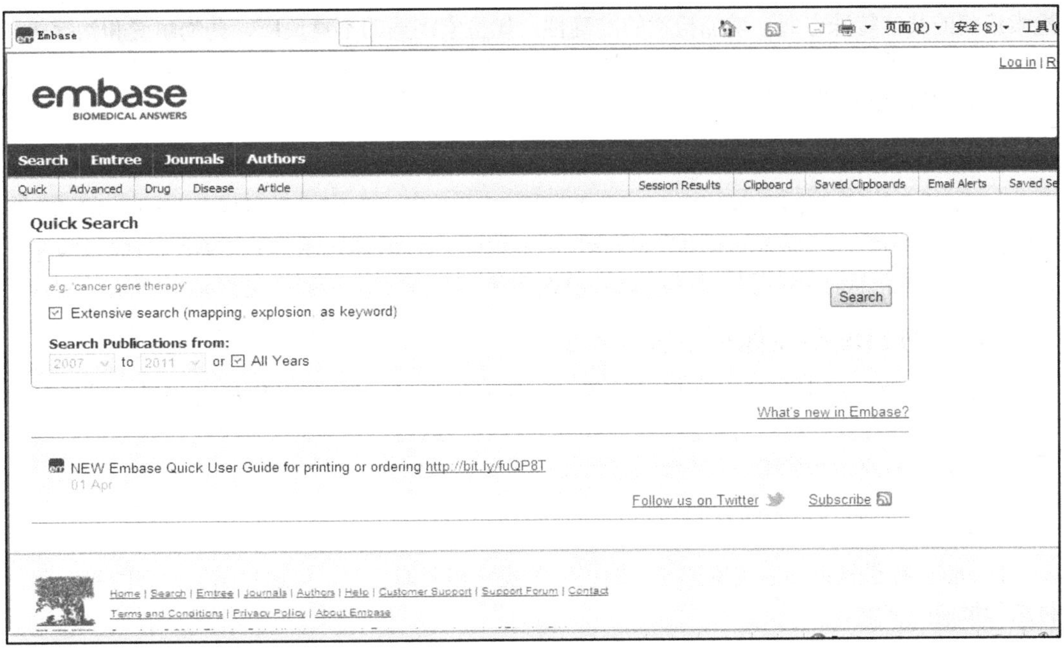

图9-31 EMBASE首页

二、检索途径与检索方法

（一）Quick Search（快速检索）

使用自然语言检索，可用单词或词组进行检索，检索词组时需加单（双）引号。词序无关，且检索不分大小写。如："cystic fibrosis"可选择只检索在选定天数内新增的记录。检索结果显示可按结果的相关性或出版年限来排序。可选定不同的格式（简短记录、详细记录或全文）显示结果，下载保存结果，把结果发送到电子信箱（Text or HTML）及获取全文。

（二）Advanced Search（高级检索）

该检索提供灵活和可控制的检索方法，可用来编制复杂检索式，可进行术语对照检索，如检索："mad cow disease"术语对照为"bovine spongiform encephalopathy"；可进行扩展检索（即包括被检索词及其所有下位词的检索），可仅检索以关键字为重点内容的文章，提高相关性；可检索自特定日期以来新增的记录，限制选项广泛，如学科、出版物类型、人类、性别、年龄段、语言、人类与动物研究类型等。

（三）Drug Search（药物检索）

Drug Search 提供药物副主题词检索，如药物副作用反应、临床试验、药物分析等。限制选项：出版日期、结果显示排序、是否带有文摘、是否选自主要期刊以及文献的研究重点等。提供药物联接（Drug Links），其中包括 17 个核心的药物联接和 47 个药物管理联接，增强索引的深度。

（四）Disease Search（疾病检索）

Disease Search 主要用于检索疾病，应用疾病、失调、症状或异常的有关词汇及同义词作为检索词而设计的检索。提供疾病副主题词检索，对输入的疾病名称的检索进行进一步限定，检索疾病的某些特殊方面。增加检索的准确性，如检索疾病的不良反应、药物耐受和治疗等。限制选项：出版日期、结果显示排序、是否带有文摘、是否选自主要期刊以及文献的研究重点（人类或动物、成人或儿童、性别）等。

（五）Article Search（文章检索）

Article Search 利用文章检索，可以快速准确查找特定文献。系统会给出某篇文章的已知信息，点击检索即可。如对文章作者和该作者发表的期刊进行检索。如果根据已知信息不能检索到特定文献，系统会给出匹配信息的文献列表。限制选项：出版日期、期刊名称及其缩写、CODEN 号码、ISSN 等。

（六）EMTREE（主题词表辅助检索）

EMTREE 将所用主题词分为 15 个大类。"Browser by Facet"可以显示这 15 个大类，利用 Find Term 可以查找与输入的检索词或词组所对应的主题词，主题词按照概念等级以树状结构显示，可以查看从一般到专指的任意主题词。

（七）Journals（期刊检索）

Journals 提供根据刊名浏览期刊，即按字顺找到相关期刊后，可逐步浏览期刊的卷、期、目录和每期的文章。

（八）Authors（著者检索）

Authors 可根据作者的名字找到相应的记录。检索时，作者姓在前，名的缩写在后面。如：

El-badry K，当作者名称较长或不确定时，可检索前半部分主要词根，以获得更多的检索结果。

三、检索结果的输出的输出和保存

EMBase的检索结果可按照出版时间顺序和相关度排序，可选择4种不同的格式(题录、题录和摘要、短记录格式和全记录格式)显示。除了显示单个命中记录，还可以对多个记录进行显示、打印、输出到文献管理软件以及订购全文，或者把所选择的多个记录暂存在剪贴板里。

第四节 其他药学信息资源

除以上专业医药学数据库外，还有其他一些搜索工具和网站提供药学信息。

一、搜索引擎

我们可以利用搜索引擎强大的信息抓取功能获取相关信息，包括药学文献、专利、药品组织与管理等信息。如综合性搜索引擎Google、百度等，专业性的搜索引擎工具HONselect等(详见第七章)。

二、药学组织机构

(一)国内药学组织

1. 中华人民共和国国家食品药品监督管理局(SFDA) 网址是http：//www.sfda.gov.cn，首页如图9-32所示。国家食品药品监督管理局负责对药品的研究、生产、流通、使用进行行政监督和技术监督；负责食品、保健品、化妆品安全管理的综合监督，组织协调和依法组织开展对重大事故查处及负责保健品的审批。

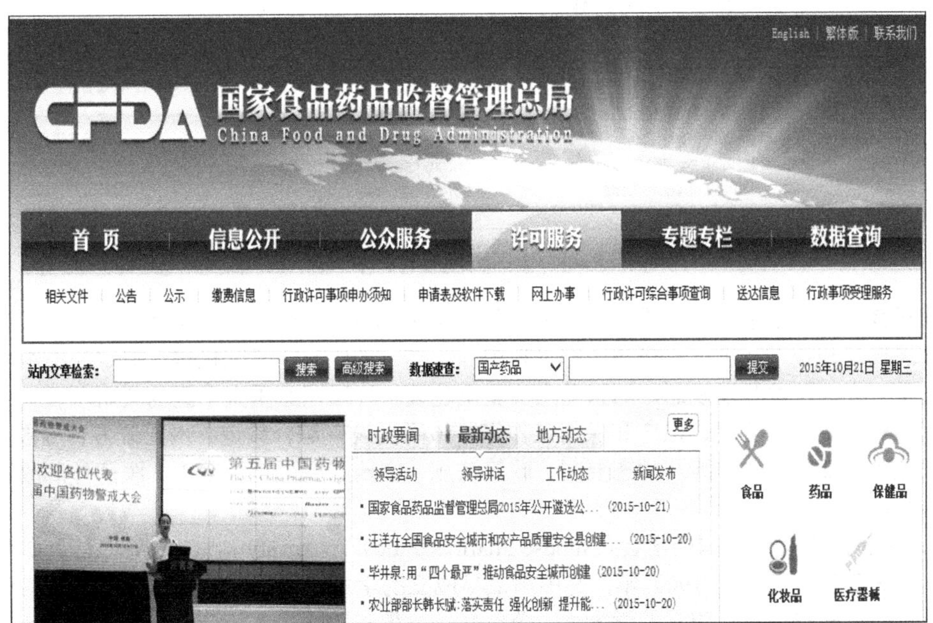

图9-32 国家食品药品监督管理局首页

网站设机构介绍、法规文件、公告通告、数据查询、办事指南、在线服务等栏目。①法规文件：含药品管理法、医疗器械监管条例、局令、规范性文件、工作文件等；②公告通告：含批准临床研究新药公告、国家药品临床研究基地、质量公报等；③在线服务：提供药品受理进度和药品注册申报受理情况的查询；④数据查询：分基础数据库查询和列表查询。基础数据库是药监局批准的药品、医疗器械信息。列表数据查询包括 OTC 药品说明书、执业药师名单、批准临床研究的新药、药品注册批准信息、药品临床研究基地名单等 13 个数据库，以列表的形式向用户提供快速搜索和高级搜索。

2. 中国中医药管理局 网址是 http://www.satcm.gov.cn/，首页如图 9-33 所示。国家中医药管理局的主要职责包括依据国家政策和法律法规，拟定中医、中医中药结合、中西医结合以及民族医疗医药的方针、政策和发展战略；组织起草有关法律、法规并监务评定标准和医疗、保健、护理等人员执业资格标准并监督实施；参加制定国家基本药物目录和执业中药师资格标准；规划、指导和协调中医医疗、科研、教学机构的结构布局及其运行机制的改革；拟定各类中医医疗、保健等机构管理规范和技术标准并监督执行；对中医医疗、预防、保健、康复、护理及临床用药等进行监督和业务指导。

图 9-33 中国中医药管理局首页

依据有关规定在中医行业推行医药人员执业资格制度；研究和指导中西医结合工作，拟定有关管理规范和技术标准；监督和协调管理中西医结合的医疗、研究机构；拟定和组织实施中医药科学研究、技术开发规划，加强重点实验室建设；管理国家重大中医药科研项目，组织重大中医药科技成果的奖励、推广和保密工作等。该网页设有综合频道、网上政务、专题频道、公益频道四大部分，内容涉及动态要闻、政策法规、中药产业、统计数据、医药体制改革、专科专病等内容。

3. 中国药学会 中国药学会(Chinese Pharmaceutical Association，CPHA)，首页如图 9-34 所示。中国药学会成立于 1907 年，是中国最早成立的学术团体之一，是由全国药学科学技术工作者自愿组成依法登记成立的学术性、公益性、非盈利性的法人社会团体，是国际药学联合会和亚洲药物化学联合会成员。

图 9-34　中国中国药学会首页

中国药学会的主要任务是开展药学科学技术的国内外学术交流；编辑出版、发行药学学术期刊、书籍；发展同世界各国及地区药学相关团体、药学科学技术工作者的友好交往与合作；举荐、表彰、奖励在科学技术活动中取得优异成绩的药学科学技术工作者；开展对会员和药学科学技术工作者的继续教育培训；普及推广药学以及相关学科的科学技术知识；接受政府委托，承办与药学发展及药品监督管理等有关事项，组织药学科学技术工作者参与国家有关项目的科学论证和科学技术咨询；开展医药产品展示、提供医药技术服务与推广科研成果转化等活动。

(二) 国外药学组织

1. 美国食品与药品监督管理局(Food and Drug Administration，FDA)　网址：http://www.fda.gov，首页如图 9-35 所示。

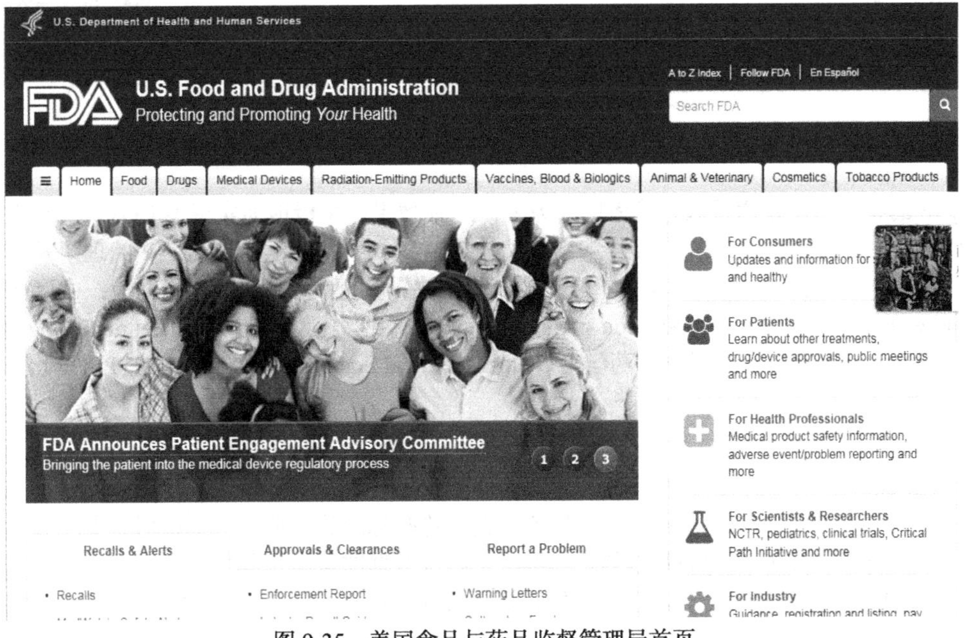

图 9-35　美国食品与药品监督管理局首页

FDA是美国食品与药品管理局的简称。该机构收载了大量药物方面的信息，并将这些信息分为12大类：食品、人用药物、生物学、兽用药物、化妆品、医疗器械与放射健康、自由论坛、野外作业、儿童与烟草、毒理研究、医学信息、健康与人类服务部。用户可直接进入FDA相关类目进行检索，检索结果准确、新颖。FDA提供了生物制品、化妆品、食品、人用药品、兽用药品及医疗器械等方面的最新信息。其中FDA药品批准表收载了FDA每月最新批准的药品信息，是医药工作者不可或缺的重要信息来源。

2. 国际药学联合会(International Pharmaceutical Federation，FIP)　(https://www.fip.org/)，首页如图9-36所示，FIP是一个以欧洲为主的非政府药学组织，1912年在荷兰海牙注册，拥有85个国家和地区的100多个药学团体组成的世界性药学组织，会员人数已达50余万，国际药学联合会的目的是代表并服务于全球的药学和制药科学。国际药学联合会的目标是服务于全球的药学和药剂学；它在发展药学科学与药学实践、促进这方面的教育中，占有重要地位。

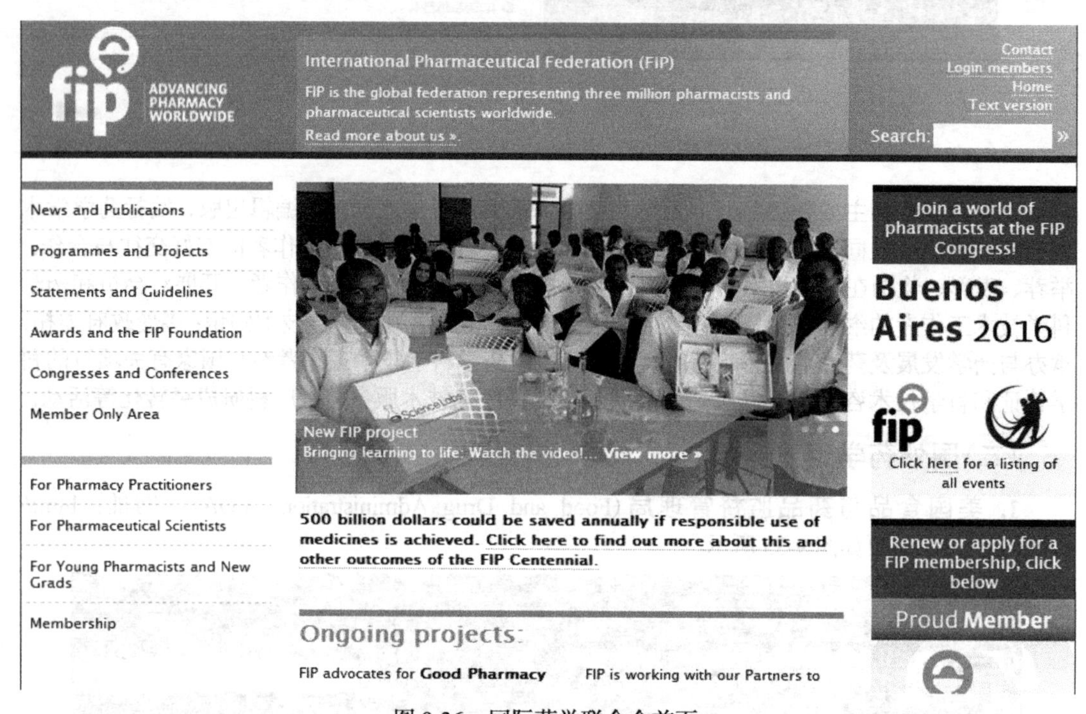

图9-36　国际药学联合会首页

FIP的各种活动是为了改善患者医疗方面的远期效果，积极地为实现WHO(为所有人提供医疗服务)的目标而努力。中国药学会1947年加入FIP。中国药学会作为FIP的理事长单位，每年组织国内的药学代表参加大会。FIP会员名录中国名下的3个学术团体为：中国药学会(Chinese Pharmaceutical Association，CPHA)；中国台湾药学会(Pharmaceutical Society of China.Taiwan，PSCT)；中国香港药学会(Pharmaceutical Society of Hong Kong，PSHK)。

三、药典和药物手册

药典是国家颁布的有关药品规格、制剂工艺、检验标准的法典，是管理药品生产与质量的依据，药物手册是汇集药物的基本知识、参考资料或数据的参考工具书，常以图表为主，附简要的文字说明，具有主体明确、信息密集、资料可靠等特点，详见有关章节。

四、各国专利

专利信息是一种重要的科技信息源，具有技术性和法律性，内容新颖，范围广泛、系统性强、实用，是广大科研人员需要查询的重要信息资源。药品专利信息已成为药学工作者的重要信息来源之一。通过登录各国专利网站可检索到各国关于药品药物的专利信息，检索方法见前述有关章节。

第五节　中国中医药学信息检索

随着我国对中医药学的深入研究，以及日本、韩国及欧美国家对中医药的研究，使中医药学得到了长足的发展，产生了大量的相关信息，下面介绍几种常用的中医药数据库和网站。

一、中国中医药数据库

中国中医药数据库，网址 http：//www.cintcm.com，如图 9-37 所示，该数据库是中国中医科学院中医药信息研究所自 1984 年开始建设的中医药学大型数据库，目前共有数据库 48 个，数据总量 120 余万条，包括中医药期刊文献数据库、疾病诊疗数据库、各类中药数据库、方剂数据库、民族医药数据库、药品企业数据库、各类国家标准数据库(中医证候治则疾病、药物、方剂)等相关数据库。

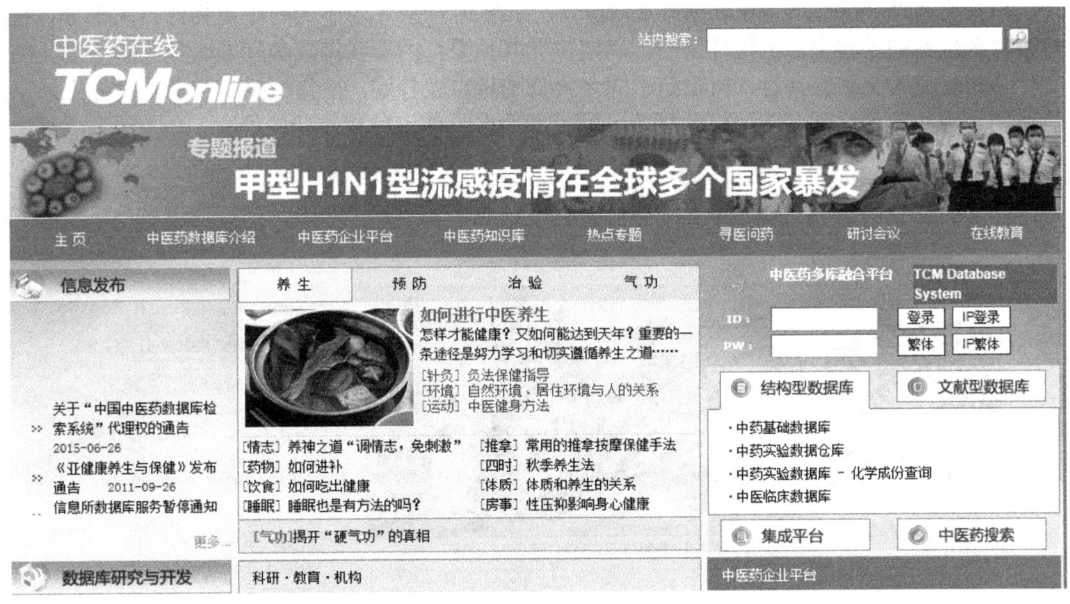

图 9-37　中国中医药在线首页

所有的数据库都可以通过中医药数据库检索系统提供中文(简体、繁体)版联网使用；部分数据提供英文版；所有数据库还可以获取光盘版。

中医药数据库检索系统可以实现单库与多库选择查询。单表数据库检索可选择最专指的一个数据库进行相应字段的检索。多库可以进行跨库、多类检索。

二、中国医药网

中国医药网(http：//www.pharmnet.com.cn)如图 9-38 所示，是目前国内客户量最大、数据最丰富、访问量最高的医药信息平台，内含 40 多个专业小数据库，近百万条医药产品记录，是医药行业人士进行信息查询、网络贸易、技术研发的较好选择。

新闻资讯 市场分析 | 医药营销 | 企业新闻 | 滚动新闻
TPP协议对生物制药业的5大影响
[行业] 上端被外企把控 中国沦为青蒿素原料供应地 10-10
[政策] CFDA征求《医疗器械工艺用水质量管理指南》 10-10
[医院] 联合排查涉医矛盾隐患 依法维护医疗秩序 10-10
[市场] 国内抗阿尔茨海默症药物市场 三大主力走势 10-10
[医改] 甘肃完善医疗救助 重特大疾病救助病种50种 10-10
[政策] 公立与社会医疗机构准入监管等标准无区别 10-10
[警示] 招标大年：13家医药企业被踢出市场两年！ 10-10
[财经] “国产医疗设备破冰之困”——艰难的突围 10-10
[市场] 信息量超大！从天猫医药馆9月数据看到什么？ 10-10

请输入关键词 招商 搜索
药品招标 器械招标 耗材招标
[甘肃] 白银市公安局DNA建库耗材单一来源采购公告
[福建] 龙岩市公安局实验室试剂及耗材项目结果
[宁夏] 贺兰县卫生局医疗卫生机构二类疫苗更正
[宁夏] 2016年宁夏新生儿疾病筛查试剂变更公告
[安徽] 芜湖市不能报送安徽省医药集中采购平台
[甘肃] 甘肃省关于拟撤废原中标品规的公示(第
[黑龙江] 黑龙江省扩大免疫实验室检测耗材谈判公告
[福建] 福建总队医院血气分析仪专用试剂标前公示
[陕西] 陕西省调整部分入围药品信息的公示

图 9-38 中国医药网首页

三、植 物 通

植物通网站(http：//www.zhiwutong.com)，如图 9-39 所示，中药材中植物药占大部分，在对植物药检索的过程中，植物种属的准确定位尤其重要，由于我国幅员辽阔、多民族多地区的文化节相互交融又独立共存，植物药中同名异物的现象较普遍。植物的拉丁学名是世界上通用的博物名称，起名原则有着严格的规范，规范的命名方便了对植物药的检索。

图 9-39 植物通网站首页

植物通——植物数据库提供了拉丁文或中文名的检索，同时增加了同物异名/别名功能，方便检索，本网站无须用户注册便可在线查询。

四、中药材图像数据库

2013 年香港浸会大学的中医药学院与图书馆共同建立了中药材图像数据库（http：//library.hkbu.edu.hk/electronic/libdbs/mmd/index.html），如图 9-40 所示，该数据库收录了 420 多种常用中药材的图像和详尽文字数据，设有强大的进阶检索功能。所有中药材图片都采用多角度展示，甚至有显微鉴别图，所有图片文字都可免费下载。数据库总浏览量已过百万，用户来自一百六十多个国家并广泛用于内地中医药高校教学。

图 9-40　中药材图像数据库界面

五、药用植物图像数据库

由香港浸会大学中医药学院与图书馆共同建立的中药材图像数据库（http：//library.hkbu.edu.hk/electronic/libdbs/mpd/index.html），如图 9-41 所示，该数据库收集了常用中药材 420 余种，以高清图像展示药材的外观特征，以文字记载药材的性状品质、性味功效等综合信息，以图解形式对每种药材的性状鉴别及部分品种的显微鉴别进行了详尽说明比较并提供了便捷的检索平台。

六、其他中医药学信息资源

除了上述资源，还可通过一些生物医学及综合性数据库，如中国生物医学数据库（CBM）、中国学术期刊网络出版总库、万方数据资源系统电子化期刊和维普中文期刊数据库等搜索中医药学的相关文献，这些数据库的详细介绍见相关章节。

图 9-41 药用植物图像数据库界面

分析与思考

案例一：我国女药学家屠呦呦获得 2015 年诺贝尔医学奖，举国沸腾。她和她的团队不仅仅研究出新型抗疟疾药青蒿素，拯救了全球数百万人的性命，也填补了我国内陆诺贝尔奖的空白，屠呦呦表示：青蒿素是传统中医药送给世界人民的礼物。然而，青蒿素相关药物的专利却并不属于中国，这一切引发了某医科大学研究生小王的一系列思考。

问题：

1. 可以通过哪些渠道获取青蒿素类药物的相关研究报道？青蒿素及其衍生物的专利报道应该如何获取？

2. 世界上最早关于青蒿素的产品专利是哪个国家申请的？

3. 青蒿素来源于中草药青蒿吗？哪些数据库或网站可以获得可靠的青蒿的性状、性味、功效等信息？

4. 在文献数据库中检索青蒿的相关文献，怎样才能保证查全？应选用哪些数据库为宜？

案例二：实习生小李同学在医院临床实习时，遇到了一位患者，主要症状为眼睛瘙痒、鼻部痒、鼻部塞、打喷嚏和流清水状白色鼻涕等，与感冒相似，带教的老师诊断为过敏性鼻炎，并给予布地奈德(budesonide)治疗，该同学想通过信息检索了解关于布地奈德(budesonide)治疗过敏性鼻炎的最新研究。

问题：

1. 小李可否利用 EMBase 数据库查找有关布地奈德(budesonide)治疗过敏性鼻炎的文献？该如何检索？有哪些途径？

2. 如果要提高检索结果的准确性和全面性，小李该选择哪个检索途径比较好？如何检索？

（欧小琴）

第10章 特殊信息资源及利用

随着交互网络的日趋强大，交互网络资源即特殊信息资源得到了极大的开发和利用，这不仅直接改变了人们的生活、工作及学习方式，还促进了人们更加全面地获取网络信息资源。本章对具有代表性的特殊信息资源 Web2.0、学科信息门户、MOOC 学习平台、医学下载资源、交互学习资源以及消费者健康信息网站等做了简要介绍，便于读者了解和掌握这些资源的获取和利用。

第一节 Web2.0 技术及利用

一、Web2.0 概 述

（一）Web 2.0 的概念

Web2.0 是 2003 年之后互联网的热门概念之一，其已成为网络传播研究的热点。Web2.0 是互联网的一次理念和思想体系的升级换代，由原来的自上而下的由少数资源控制者集中控制主导的互联网体系转变为自下而上的由广大用户集体智慧和力量主导的互联网体系，其内在的动力来源是将互联网的主导权交还个人从而充分发掘了个人的积极性参与到体系中来。广大个人所贡献的影响和智慧以及个人联系形成的社群的影响替代了原来少数人所控制和制造的影响，从而极大解放了个人的创作和贡献的潜能，使得互联网的创造力上升到了新的量级。

Web2.0 是 Web1.0 互联网上的升级，是相对 Web1.0 的新的一类互联网应用的统称。web1.0 谈门户，web2.0 谈个人化；web1.0 谈内容，web2.0 谈应用；web1.0 谈商业模式，web2.0 谈服务；web1.0 谈密闭、大而全，web2.0 大家谈开放、谈联合；web1.0 谈网站中心化，web2.0 谈个人中心化；web1.0 谈一对一，web2.0 谈社会性网络；web1.0 不知道你是谁，web2.0 你去年干了什么我一清二楚甚至想要干什么我也知道。因此，Web2.0 具有参与性、松散耦合性、协同性、集成性、整合性、平台独立性、网络外部性、轻量型应用、持续更新性等特征。

这种个性化的传播方式，读与写并存的表达方式，社会化的联合方式，标准化的创作方式，便捷化的体验方式，高密度的媒体方式，使得 Web2.0 带来了一场真正的网络革命。

（二）图书馆 2.0

随着 Web2.0 的发展，图书馆 2.0 也相应地应用了 Web2.0 技术和理念为图书馆用户提供按需订阅的信息服务，如互联网作为平台、利用集体智慧、用户添加数据、支持社会性网络、丰富用户体验等，它以用户需求为导向（或者以服务为导向）而不是以技术为导向。众多的 Web2.0 服务，如博客（Blog）、RSS、百科全书（Wiki）、网摘、社会网络（SNS）、即时信息（IM）、P2P 等，向图书馆揭示了在网络环境下拓展图书馆信息资源、延伸图书馆信息服务、提升并实现图书馆服务理念的无限可能。

RSS 技术在信息推送、信息聚合和读者个性化订阅方面有广泛的利用空间。利用 RSS 订阅图书馆公告、业界新闻，订阅新书通告、最新上架随书光盘、预约取书通知，订阅参考咨询、留言板，订阅博客、播客、BBS 论坛，订阅检索结果，订阅商业数据库，订阅主题资源等。例如，美国肯塔基州大学图书馆提供了 RSS 订阅留言板的服务等。通过 RSS 订阅咨询平台，当咨询员解答某个用户的问题时，能让更多人了解该问题的解决方法和途径，既节省了那些具有相同问题的用户再提问和信息搜索时间，同时也解决了用户的潜在问题需求。

博客作为网络上的一种信息组织记录形式，是图书馆特别是国外图书馆应用最多的Web2.0技术之一。目前国外很多图书馆将博客作为图书馆信息的发布平台，提供用户建议博客、专业学科博客以及博客聚合服务，建立部门博客社区和用户教育及培训博客，把图书馆做成一个专业性的博客网站。如美国宾厄姆顿大学图书馆就提供了“科学图书馆博客”“国际研究资源博客”“贸易学博客”“电影学博客”等。厦门大学图书馆提供的“图林网志聚合”服务，以及上海大学图书馆提供的“新闻聚合系统(图情版块)”，都是从多个博客站点搜集最新动态，并在一个界面中提供给读者进行阅读。

二、Web2.0 主要技术应用

(一)博客

1. 博客 “博客”译自英文Weblog/blog，中文意思是“网络日志”，后来缩写为Blog，而(Blogger)就是写Blog的人，我们习惯将博客(Blogger)和所写的Blog都混称为博客。简言之，Blog就是以网络作为载体，简易迅速便捷地发布自己的心得，及时有效轻松地与他人进行交流，再集丰富多彩的个性化展示于一体的综合性平台，是一种通常由个人管理、不定期张贴新文章的网站，是社会网络媒体的一部分。博客上的文章通常根据张贴时间，以倒序方式由新到旧排列。许多博客专注在特定的课题上提供评论或新闻，其他则被作为比较个人的日记。一个典型的博客结合了文字、图像、其他博客或网站的链接及其他与主题相关的媒体，能够让读者以互动的方式留下意见。大部分的博客内容以文字为主，但是仍有一些博客专注在艺术、摄影、视频、音乐、播客等各种主题。

Blog是继Email、BBS、ICQ之后出现的第四种网络交流方式，至今已十分受大家的欢迎，是网络时代的个人“读者文摘”，是以超级链接为武器的网络日记，是代表着新的生活方式和新的工作方式，更代表着新的学习方式。

2. 博客的分类

(1)按功能一般将博客分为两种类型：第一种是基本博客，它是Blog中最简单的形式，包括单个作者对于特定的话题提供相关的资源，发表简短的评论，这些话题几乎可以涉及人类的所有领域；第二种是微型博客，博客作者不需要撰写很复杂的文章，而只需要抒写140字。目前，微博是全球最受欢迎的博客形式(如新浪微博、腾讯微博)。

(2)按存在方式一般将博客分为三种类型：第一种是托管博客，只要通过简单注册申请，无须自己注册域名、租用空间和编制网页，即可免费拥有自己的Blog空间，是最“多快好省”的方式；第二种是自建独立网站的Blogger，有自己的域名、空间和页面风格，有最大限度的管理权限，但是需要自己会网页制作，懂得网络知识等；第三种是附属Blogger，将自己的Blog作为某一个网站的一部分，如一个栏目、一个频道或者一个地址；第四种是独立博客，一般指采用独立域名和网络主机，在空间、域名和内容上相对独立的博客。独立博客相当于一个独立的网站，而且不属于任何其他网站。

3. 免费博客的创建 目前，国内像新浪、网易、搜狐等许多门户网站都开辟了博客空间，只要履行简单的申请手续，任何人都可以建立自己的博客。这些网站提供了简单的博客创建程序，用户只要根据网站的向导提示即可创建一个免费博客，它不仅仅提供了模板和丰富的个性化功能，还配备了相册、音乐、圈子等功能。

免费博客创建步骤：

第一步，登录该网站，按步骤申请一个有效的用户名；

第二步，使用新申请的用户名登录进入网站主页，点击进入“博客”页面，阅读“博客使

用手册”，按照向导提示申请自己的博客，通常需要输入博客日志标题和网志描述；

第三步，为博客选择一个风格模版。

4. 博客搜索　随着博客的兴起，各大搜索引擎纷纷推出了博客搜索功能，博客搜索可以通过博文标题、博主名称等途径进行检索。一般有以下三种途径：

第一种是利用分类搜索引擎，如搜狐、新浪(图 10-1)、网易等，找到博客网站列表，然后进入博客网站，使用站内搜索查找具体的博客。对于医学类博客，可以通过北京金叶天翎科技有限公司的导航网站“医学导航”中的“医学博客”的分类导航进行查找。

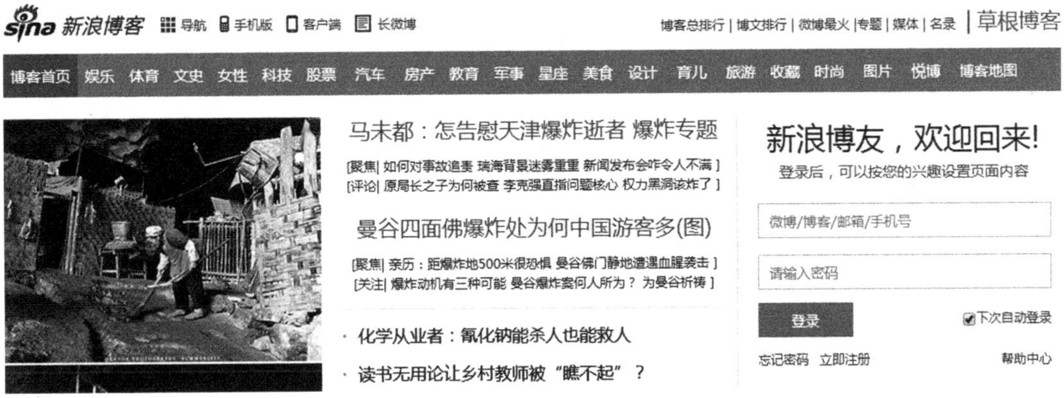

图 10-1　新浪博客首页

第二种是通用搜索引擎，如百度(图 10-2)、搜狗、谷歌等，选用适当的关键词，配合特定语法(如 inurl：blog 等)直接搜索具体的博客。

Baidu 网站　新闻　网页　贴吧　知道　音乐　图片　视频　百度一下　设为首页　网友留言

返回首页>博客

博客综合				
百度空间	网易博客	新浪博客	QQ空间	人人网
51空间	博客网	博客大巴	搜狐博客	Msn空间
和讯博客	凤凰博客	聚友网	赛我网	CSDN博客
天涯博客	教育人博客	东方财富博客	瑞丽博客	点点网
上证博客	教师博客	雨后池塘	阿里网商博客	明星博客
腾讯博客	韩寒博客	cntv博客		
微博				
新浪微博	腾讯微博	网易微博	搜狐微博	嘀咕
139说客	街旁	微博达人	推他	微游戏
博客周边				
豆瓣	QQ书签	百度搜藏	有意思吧	乌有之乡
草根网	译言	价值中国	互动百科	糗事百科
喷嚏网	知乎	磨铁中文网		
酷博精选				
煎蛋	科学松鼠会	专利之家	爱稀奇	蜗牛博

图 10-2　百度博客搜索主页

第三种是采用专门对博客站点内容进行搜索并提供博客信息检索服务的专业检索引擎和检索服务。

5. 应用　丁香博客(http：//www.dxyer.cn/)是国内规模最大、最受专业人士(以临床医生为主)喜欢的生物医药技术行业网络传媒平台(图 10-3)，其博客按行业、专业、地域进行了分类。

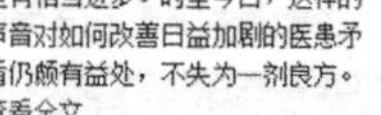

图 10-3　丁香博客主页

输入网址，进入丁香博客导航界面，选择北京西苑医院医师李博的博客——甫寸，点击后进入博客空间(图 10-4)。

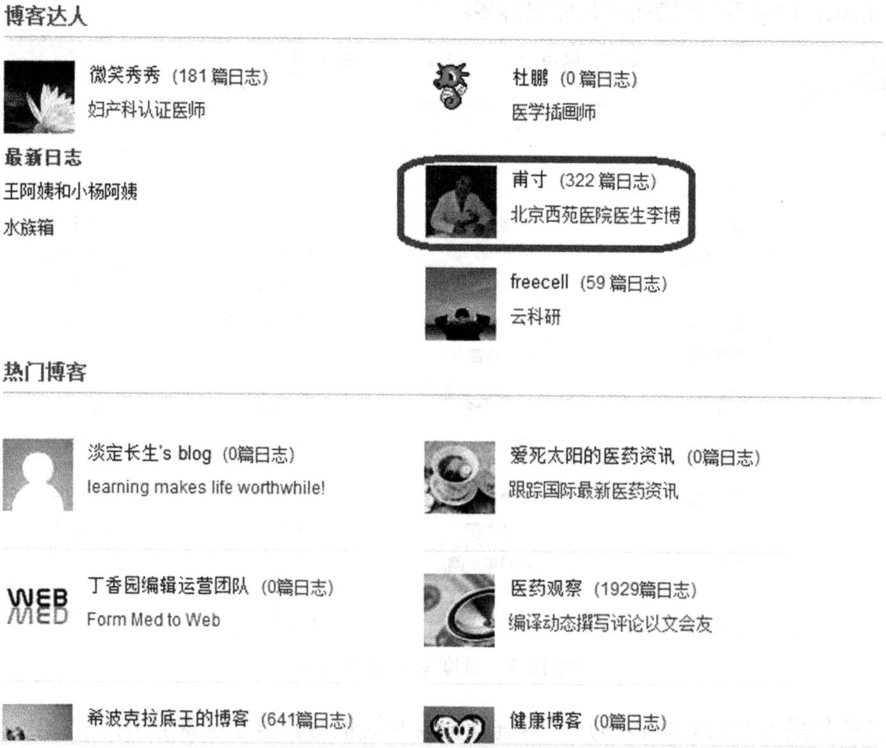

图 10-4　丁香博客主页

(二)RSS——简单信息聚合

1. RSS 概述　RSS(Really Simple Syndication)是站点用来和其他站点之间共享内容的一种简易方式(又称聚合内容)。RSS 实用的思想最早追溯到 1995 年，通俗地描述 RSS 就是会自动向订阅者推送感兴趣的内容的小工具，其订阅结果的每一条目都以标题和摘要形式出现，方便用户快速、高效地浏览，用最少的时间来获得最需要的信息。

新华网 2004 年推出了 RSS 服务，也是国内首家提供 RSS 聚合新闻服务的网站。目前，新浪、搜狐、网易等门户网站均提供信息推送服务。除此之外，中国知网提供 RSS 期刊订阅以及 RSS 关键词订阅，为用户提供最新的期刊论文信息。微软公司新推出的浏览器也支持 RSS 功能。

2. RSS 的使用　下载并安装一个 RSS 新闻阅读器，从网站提供的聚合新闻目录列表中订阅感兴趣的新闻栏目内容，订阅后将会及时获得所订阅新闻频道的最新内容。国内 RSS 阅读器主要有新浪点点通阅读器、看天下、GreatNews(中文版)等。

以在中国期刊全文数据库中对《中国介入影像与治疗学》进行 RSS 订阅为例。

第一步，打开中国期刊全文数据库主页，点击页面右侧“特色导航”中的“期刊大全”进入期刊导航界面。期刊导航中提供了多种导航方式：期刊检索(可以按刊名、ISSN、CN、检索词检索)、专辑导航、优先出版期刊导航、独家授权期刊导航、总库收录期刊导航、数据库刊源导航、期刊导航、出版地导航、主办单位导航、发行系统导航、期刊荣誉榜导航、世纪期刊导航、核心期刊导航等，此外也可以按照期刊的首字母进行查询。

第二步，选择一种方式进行检索(图 10-5)，例如：选择“专辑导航”，进入期刊检索界面。

图 10-5　《中国介入影像与治疗学》检索界面

第三步，选中《中国介入影像与治疗学》，点击进入该刊界面(图 10-6)，单击期刊封面上方的 RSS 订阅，即弹出一个对话框提示：RSS 订阅地址已存复制到剪贴板中，可以在阅读软件中增加频道。

(三)Wiki——百科全书

1. Wiki 的概述　Wiki 一词来源于夏威夷语的“wee kee wee kee”，原意为“快点快点”。在中文里，“维”指网络，“基”指基础，合起来就是网络的基础。Wiki 是一种多人协作的写作工具。Wiki 站点可以有多人(甚至任何访问者)维护，每个人都可以发表自己的意见，或者对共同的主题进行扩展及探讨，方便交流。Wiki 是一种超文本系统。这种超文本系统是支持面向社群的协作式写作，同时也包括一组支持这种写作的辅助工具。该系统可以在 Web 的基础上对 Wiki 文本

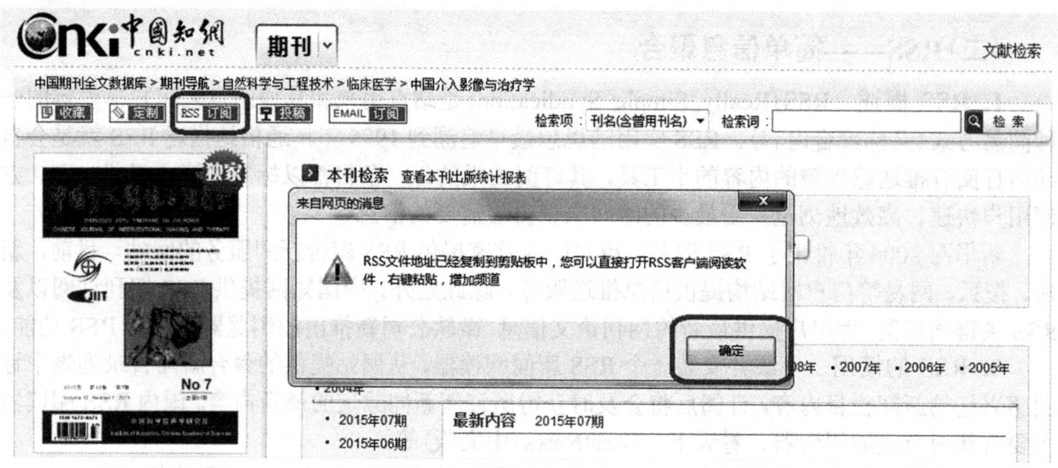

图 10-6 《中国介入影像与治疗学》RSS 订阅界面

进行浏览、创建、更改，为面向社群的协作式写作提供必要帮助，为社群提供简单的交流工具。可以说，Wiki 系统属于一种人类知识网络系统，与其他超文本系统相比，其使用更方便、更开放。用简单的话来说，Wiki 就是人人都可以参与编写的百科全书。十多年来，Wiki 的概念也得到丰富和传播，网上也相继出现了许多类似的网站和软件系统，其中最有名的就是维基百科。

2. 国内外优秀百科

(1) 维基百科：维基百科(http://wikipedia.org)是一个基于 Wiki 技术的全球性多语言百科全书协作计划，同时维基百科也是一部用不同语言写成的网络百科全书，其目标及宗旨是为全人类提供自由的百科全书——用他们所选择的语言来书写而成的，是一个动态的、可自由访问和编辑的全球知识体。其内容不仅包括了传统百科全书的条目，还包括了年鉴、地名词典、时事等条目。维基百科已成为互联网上最流行的参考咨询网站之一，对于学习或论文写作等帮助极大(图 10-7)。

图 10-7 维基百科主页

截至 2014 年 7 月 2 日，维基百科条目数第一的英文维基百科已有 454 万个条目。全球所有 282 种语言的独立运作版本共突破 2100 万个条目，总登记用户也超越 3200 万人，而总编辑次数更是超越 12 亿次。

(2) 大众百科：大众百科(http：//www.baike.com/)始于 2006 年 9 月 15 日，由维基百科共同创办人拉里·桑格创办，是以 Wiki 技术为基础的在线百科全书。大众百科以建立一个由“阅读科学和知识的受教育有思想的人”编写的“新知识汇总”为目标，希望推行一种专家文化和一个鼓励学科专家进行编辑而大众尊重专家意见的社区。

(3) 百度百科：百度百科(http：//www.baike.baidu.com/)是百度公司推出的一部内容开放、自由的网络百科全书平台，其测试版于 2006 年 4 月 20 日上线，正式版在 2008 年 4 月 21 日发布，截至 2014 年 11 月收录词条数量已达 1000 万个。百度百科旨在创造一个涵盖各领域知识的中文信息收集平台。其本着平等、协作、分享、自由精神提倡全民参与，充分调动互联网用户的力量，汇聚上亿用户的头脑智慧，积极进行交流和分享。同时，百度百科实现与百度搜索、百度知道的结合，从不同的层次满足用户对信息的需求。

(4) 互动百科：互动百科(http：//www.hudong.com/)是全球最大的中文百科网站之一，致力于为数亿中文用户免费提供海量、全面、及时的百科信息，并通过全新的维基平台不断改善用户对信息的创作、获取和共享方式。互动百科以词条为核心，与图片、文章等其他产品共同构筑一个完整的知识搜索体系，提供百科及热门分类。本着网络面前人人平等的原则，互动百科提倡所有人共同协作，编写一部完整而完善的百科全书，让知识在一定的技术规则和文化脉络下得以不断组合和拓展。目前，互动百科已经形成集互动百科、小百科、HDWIKI 三大业务平台于一体的战略格局，具有明显的行业竞争优势。

(四) 网摘

网摘又称“网页书签”(Social Bookmark)，直译为“社会化书签”。网摘是一种服务，它提供的是一种收藏、分类、排序、分享互联网信息资源的方式。通俗地说，网摘就是一个放在网络上的海量收藏夹，将网络上零散的信息资源有目的地进行汇聚整理然后再展现出来。网摘可以提供很多本地收藏夹所不具有的功能，它的核心价值已经从保存浏览的网页，发展成为新的信息共享中心，通过知识分类机制使具有相同兴趣的用户更容易彼此分享信息和进行交流，能够真正做到“共享中收藏，收藏中分享”。如果每日使用网摘的用户数量较大，用户每日提供的链接收藏数量足够，网摘站就成了汇集各种新闻链接的门户网站，呈现出一种以知识分类的社群的景象。

网摘的应用价值在于：

第一，保存用户在互联网上阅读到的有收藏价值的信息，并作必要的描述和注解，积累形成个人知识体系。

第二，用户间彼此分享收藏信息。知识分享可以大大减低所有参与的用户得到信息的成本，使用户更加轻松地得到更多数量、更多角度的信息。

第三，方便同类人群交流。通过网摘的知识分类，用户可以更快结交到具有相同兴趣和特定技能的人，形成交流群体，互相增强知识，满足沟通、表达等社会性需要。

第四，满足人收藏、展示的性格需求。

Del.icio.us 是互联网最早的网摘站点，其后有 Furl(http：//www.furl.net)等跟进者。国内最早的专业网摘站点是 2004 年 10 月开始上线运行的 365key(http：//www.365key.com)，它通过与内容提供商进行合作的模式向国内提供网摘服务。在 365key 取得广泛关注后，“网摘”这个名词在 365key 站长曾登高、著名 Blogger 洪波等一批专业人士的推广下迅速传播开。几家网站也纷纷推出自己的网摘服务平台。一些专业人士和网友也开始积极使用各种各样的网摘。随后推出的网摘服务有博采中心、新浪 ViVi、和讯部落、百度搜藏、天极网摘等。

（五）SNS——社会网络

SNS，第一种解释是 Social Networking Service（社会性网络服务），既指帮助人们建立社会性网络的互联网应用服务，也指社会现有已成熟普及的信息载体，如短信 SMS 服务。第二种解释是 Social Network Site，（社交网站或社交网）。第三种解释是 Social Network Software（社会性网络软件），是一个采用分布式技术，通俗地说是采用 P2P（Peer to Peer）技术构建的下一代基于个人的网络基础软件。

按照哈佛大学的心理学教授 Stanley Milgram 1967 年创立的六度分割理论，最多通过六个人你就能够认识任何一个陌生人，借此每个个体的社交圈都不断放大，最后成为一个大型网络。目前 SNS 的含义还远不止“熟人的熟人”这个层面，比如根据相同话题进行凝聚（如贴吧）、根据爱好进行凝聚（如 Fexion 网）、根据学习经历进行凝聚（如 Facebook，人人网）、根据周末出游的相同地点进行凝聚、根据中国农民应用网络的方式凝聚（如农享网）等，都被纳入“SNS”的范畴，例如，蜂巢网就是一家专门为视觉艺术家服务的 SNS 网站。目前以开心网、人人网及豆瓣网为代表的 SNS 社区深受大家的欢迎，越来越多的互联网企业也发布了自己的 SNS 社区类产品，如搜狐白社会、新浪微博、淘宝网淘江湖等。

（六）IM——即时信息

即时信息（Instant Messaging，IM），是一种可以让使用者在网络上建立某种私人聊天室的实时通讯服务。IM 早在 1996 年就开始流行了，当时最著名的 IM 工具是 ICQ，最初由几个以色列人开发，1998 年被美国在线收购，现在仍然是最受欢迎的即时聊天工具。IM 不仅为人们的生活带来了很大的方便，还应用于一些商业活动中，例如网络在线服务。

大部分的即时通讯服务提供了状态信息的特性——显示联络人名单，除了文字外，在频宽充足的前提下，大部分 IM 服务事实上也提供视讯通讯的能力。目前在互联网上受欢迎的即时通讯软件包括腾讯 QQ、微信、钉钉、百度 HI、飞信、易信、阿里旺旺、京东咚咚、yy、Skype、Google Talk、icq、FastMsg 等。

（七）P2P——对等网络

对等网络（Peer-to-Peer Network，P2P）是人们对传统的客户/服务器模式变革的一种产物，近年来得到了极大的关注和广泛应用，尤其是 P2P 资源共享系统，渗透进人们生活的各个方面。对等网络的核心特点是参与网络活动的所有节点均处于平等的位置，没有主从之分，贡献资源的同时，从其他节点获取所需的资源或服务。在 P2P 系统中，不存在集中的服务器，资源分布于网络中各个对等的节点上，由节点协同完成资源定位等资源管理工作。

P2P 资源共享系统一直受到产业界和学术界的极大关注，并被广泛应用于各个领域，可归结为以下几点：

第一，内容共享系统。BT、eMule、迅雷等软件通过提供丰富的影像、图书资料等资源以及良好的用户体验，吸引了庞大的用户群体，从而实现大范围内的资源共享。

第二，计算共享系统。典型的有 SETI@Home、Genome@Home。SETI@Home 利用全球联网的计算机共同探寻地外文明，通常是在用户屏幕保护模式下或以后台模式运行，在不影响用户正常使用的情况下，实现全球联网的计算机的计算共享。Genome@Home 以设计新的蛋白质和基因为目标，研究天然基因组的变化规律以及天然基因和蛋白质的工作原理，是首个研究蛋白质折叠的分布式计算项目。

第三，视频共享系统。典型的有 PPLive、PPStream、QQLive 等。随着网络宽带的扩张以及费用的降低，越来越多的用户倾向于使用这些软件享受体育比赛和重大活动的直播、影视节目轮播、点播、聊天室广播、网络电台等业务。

第二节　学科信息门户

一、学科信息门户概述

(一) 学科信息门户的概念

学科信息门户(Subject Information Gateway，SBIG)是针对特定学科或主题领域，按照一定的资源选择和评价标准、规范的资源描述和组织体系，对具有一定学术价值的网络资源进行搜集、选择、描述和组织，并提供浏览、检索、导航等增值服务的专门性信息网站。作为一个新型的信息服务平台，它通过灵活的整合、可靠的组织，无缝地链接用户所需的信息资源和信息服务，将一个分布式的纷繁复杂的信息空间组织成一个相对集中的方便用户利用的信息系统，提供浏览和检索双重功能来满足用户科学研究和教育等方面的信息需求，并在此基础上支持个性化集成定制服务。

通常，学科信息门户按照其组织的信息资源所涉及的学科范围进行分类，可分为三类：综合性的学科信息门户，如美国 WWW 虚拟图书馆(WWW Virtual Library)；多学科的学科信息门户，如英国的社会科学学科信息门户(The Social Science Information Gateway 职简 SOSIG)；单一学科的学科信息门户，如中国国家科学数字图书馆(CSDL)中的化学和图书情报学等学科信息门户。

(二) 学科信息门户的特点

学科信息门户作为一种网络信息资源深层组织和服务模式，其最主要的特点包括以下几点：

(1) 资源大多是经过人工严格选择的。即资源选择主要是由编辑人员和信息或学科专家来完成，而不是完全通过自动化的手段来获取信息。

(2) 只收集符合某种质量选择标准的网上资源。根据门户发布的质量标准对资源的主题、资源类型、目标信息源、难度水平等判断，以决定一条资源是否可以收录到门户中。

(3) 由学科和信息专家或图书馆员对资源进行加工描述。学科信息门户的核心作用之一，是生成描述网络资源的元数据。这些对资源的描述能帮助用户有效地鉴别出哪些资源是自己真正需要的，而不必在网上到处浏览一些信息含量很少的网站，这就大大节省了用户的时间。

(4) 通过主题结构浏览资源。学科信息门户的魅力不仅在于高质量的资源，也在于基于学科分类法访问资源的方便性。

(5) 通过对信息资源和信息服务过程的整合提供集成化的信息服务功能，提供信息的个性化定制与推送和讨论组服务。

二、国内外医药学相关学科信息门户

(一) 国内医药相关学科信息门户

1. CALIS 重点学科网络资源导航库　“重点学科网络资源导航数据库”(http://navigation.calis.edu.cn) 是国家“211 工程”中国高等教育文献保障系统(CALIS) 最早计划建立的六个

数据库之一，也是国内首个全国性的网络资源合作整序计划。该数据库于1998年开始建设，2004年CALIS启动对该项目的升级，成为CALIS“十五”重点建设项目之一。至2008年9月共有38所学校54个一级学科的数据通过审核和更新，基本覆盖了我国高校的主要重点学科，涵盖哲学、经济学、法学、教育学、文学、历史学、理学、工学、农学、医学和管理学等11个学科门类。

2. NSTL重点领域信息门户 国家科技数字图书馆重点领域信息门户是由NSTL组织建设的网络信息资源服务栏目之一(http://www.nstl.gov.cn/NSTL/nstl/facade/hotweb.jsp)。该门户是面向科学研究团队、科研管理工作者、情报服务人员等不同人群，可按领域专题定制的知识服务平台。该平台能实现自动搜集、遴选、描述、组织和揭示各机构发布的重大新闻、研究报告、预算、资助信息、科研活动等，提供内容浏览、专题定制和邮件自动推送等服务，可帮助用户快速了解和掌握领域内科研发展态势，掌握同行或竞争对手的科技活动动向，发现领域重点及热点主题，把握领域发展概貌，辅助科技决策。

目前，NSTL提供的重点领域信息门户包括：纳米科技、集成电路装备、水体污染治理、可再生资源、宽带移动通信、数控机床、食品与营养、农业立体污染防治、重大传染病防治、新药创制等。

3. 化学学科信息门户 化学学科信息门户(http://chin.csdl.ac.cn)是由中国科学院过程工程研究所、中国科学院化学研究所、中国化学会共同创建，是中国科学院知识创新工程科技基础设施建设专项“国家科学数字图书馆项目”的子项目。化学学科信息门户建设的目标是面向化学学科，建立并可靠运行Internet化学专业信息资源和信息服务的门户网站，提供权威和可靠的化学信息导航，整合文献信息资源系统及其检索利用，并逐步支持开放式集成定制(图10-8)。

图10-8 化学学科信息门户首页

(二) 国外医药相关学科信息门户

1. INFORMINE INFOMINE(http: //informine.ucr.edu)是由加利福尼亚大学、威克福斯特大学、加利福尼亚州立大学、底特律-麦西大学等多家大学或学院的图书馆联合建立，为大学教师、学生和研究人员提供网络学术资源的学科信息门户。它拥有电子期刊、电子图书、公告栏、邮件列表、图书馆在线目录、研究人员人名录，以及其他类型的信息资源 40 000 多个。INFOMINE 对所有用户免费开放，但是它提供的资源站点并不都是免费的，能否免费使用，取决于用户所在的图书馆是否拥有该资源的使用权。

该网站包括：生物、农业和医学数据库，商业和经济数据库，多样性文化及种族资源数据库，电子期刊，政府信息数据库，教育资源数据库(K-12)，教育资源数据库(大学)，Internet 利用工具，地图和地理信息系统(GIS)数据库，物理、工程、计算机和数学数据库，社会学和人类学，视觉艺术和表演艺术数据库等 12 个数据库。其中，生物、农业和医学数据库覆盖了生命、农业和医学的大部分领域，着重于基础理论和相关的应用研究，有关遗传学、生物化学、生态学的资源均能通过特殊主题数据库和检索工具检索到。

2. World Wide Science World Wide Science(http: //WorldWideScience.org)全球在线学科信息门成立于 2007 年，由美国能源部、英国图书馆以及其他 8 个国家参与组建，不仅覆盖了全球的科学和研究成果，还跨越了语言障碍，支持阿拉伯语、英语、汉语、法语、德语、韩语、日语等 10 种语言。该网站通过一种快捷和便利的方式创建了一个巨大的知识库，用户可以输入检索关键词，获得来自 70 多个国家和地区约 80 个数据库中与之相匹配的检索结果，检索结果通常用默认的英文显示。门户首页还有一个部分，即 INTERACTIVE MAP(交互式地图)，用户可以点击地图上的国家进入该国的在线图书馆等精选数据库资源(图 10-9)。

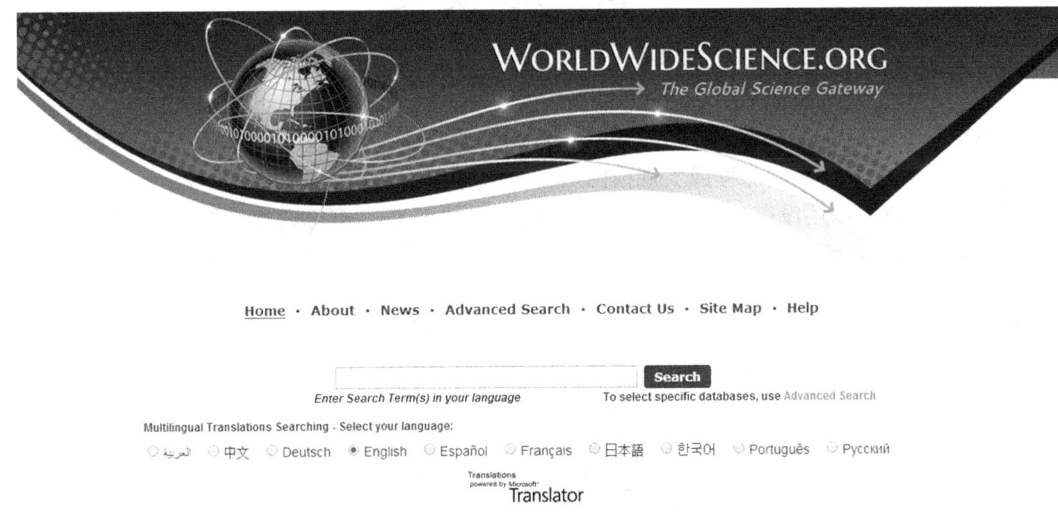

图 10-9 WorldWideScience 首页

3. INTUTE INTUTE(http: //intute.org)是英国最大的学科信息门户网站，由曼彻斯特大学的 MIMAS 牵头，包括七所大学在内的众多合伙人和提供方共同协作组建的网络资源发现门户，该网站汇聚了大量的丰富经验与专业知识，整合了英国社会科学信息门户、生命科学资源导航、物理科学信息门户、工程数学计算机信息门户、地理学与环境科学信息门户、人文科学信息门户、艺术与人文信息门户、社会科学门户等八个非常有名的学科信息资源门户，分为科学技术、人文艺术、社会科学、健康与生命科学四个学科服务模块，20 个学科主题(图 10-10)。

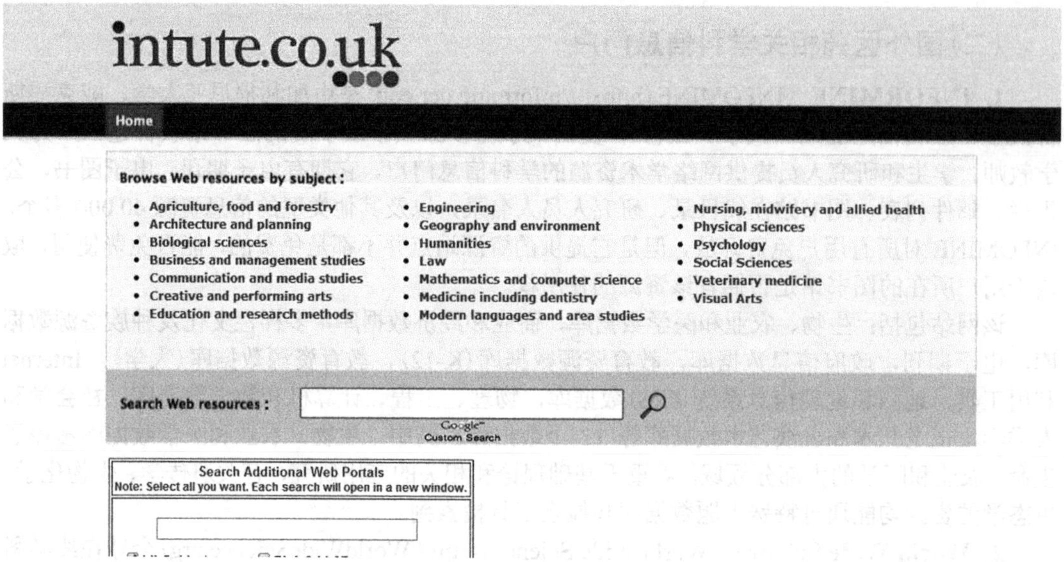

图 10-10 INTUTE 首页

第三节 MOOC

一、MOOC 概 述

(一)MOOC 的概念

MOOC(massive open online course，简称 MOOC)是近年来迅速崛起的一种新型教育模式，可以翻译为大规模开放在线课程或大规模网络公开课，另有一个传神的中文译名——“慕课”。

目前对于 MOOC 还没有一个权威的定义，但一般的来说，MOOC 是一种不限人数的，通过网络学习的课程，作为一种教育资源，它可以被免费获取，是一种新的知识获取渠道和学习模式。

MOOC 与视频公开课不同，公开课的本质是资源的建设，而 MOOC 不仅提供免费资源，而且实现了教学课程的全程参与。具体表现在以下几个方面：

1. MOOC 具有互动性和海量参与者 视频公开课基本上没有师生或学习者之间的互动，学习过程是一个单纯视频观看过程。而 MOOC 则不是单向的接收信息，更有教与学双向互动及学习者之间的交流，它的互动性还体现在学生成绩互评方面。MOOC 还是一种拥有海量参与者的巨型课程，它的呈现与互动方式是针对大规模人群设计的，可容纳上千人同时学习，注册同一课程的学生可以通过加入当地的学习小组或在线论坛等方式，来相互交流、促进学习。

2. MOOC 视频微课程化 视频公开课通常较长，时间基本上是几十分钟甚至一两个小时。这对于时间有限或注意力不集中的人来说，一下看完这么长的视频要求很高。而 MOOC 的视频大多在 10～20min，考虑到大多数人的学习能力，同时还有利于人们的碎片化学习。

3. MOOC 具有完整教学过程 视频公开课是个自学的过程，随到随学，自由安排。而 MOOC 模仿传统教学，有固定的开课时间，过了这一期课程就要等下次开课才能学习(过期课程存档资料可供浏览)，而且课程教学资源的发布也有具体规划，陆续呈现。MOOC 在学习后，会有作业与考试环节，还需要规定时间内按时提交，这也是视频公开课没有的。

(二) MOOC 的学习现状及发展趋势

据 Brandon Alcorn，Gayle Hristensen 和 Ezekiel J.Emauel 于 2014 年 1 月 4 日发表在 *HIGHER EDUCATION* 杂志上的调查结果显示，对于不同类型的课程，MOOC 学员参与的比例及完成率也不同。其中 MOOC 学员参与商业、经济学和社会科学人数占 42%，完成率为 7.2%；参与科学和数学人数占 28%，完成率为 4.6%；参与艺术与人文人数占 28%，完成率为 3.6%；参与公共卫生人数占 18%，完成率为 6.3%。

同时，2013 年 11 月 21 日由 Ezekiel J.Emanuel 发表在 *Nature* 杂志上一篇论文也称“online education：MOOC taken by educated few”，此项调查数据显示，参与调查的学习者中 83%已经有 2～4 年的大专学位了，且 44.2%的参与者的最低学历是学士。他们还发现，在所有 MOOC 学习者中男性占 56.9%，并且几乎 70%的 MOOC 学习者为在职人员。

根据目前的情况总结其发展趋势中具有以下几个方面的特点：

1. 与移动学习相融合 现实发展中，微信、微博等移动应用已经是 MOOC 师生互动的平台之一，MOOC 正随着社交媒体、无处不在的云计算和新技术而发生转变。未来，移动教育将成为 MOOC 的一个重要支撑手段，同时 MOOC 也将向多元化应用、多层次发展的模式转变，反过来还将推动移动学习的应用与发展。

2. 学历认证日益完善 目前已经有大学逐渐开始接受 MOOC 课程的证书，承认其学分。我国教育部也已经将发展在线教育作为深化我国高等教育改革、提高高质量和提升国际竞争力的重大举措，教育部将积极探索学籍、学分、学习证书等制度改革。可以想见，MOOC 学历认证的模式将在不断探索中日益完善。

3. 内容系统质量齐升 为了改变课程品质虽高但零散无序、不成体系的现状，MOOC 平台如 Coursera 平台的 Specializations 专项认证项目、edX 平台的 X-serials courses 都在尝试提供系列化的专业课程。一方面 MOOC 平台会有一套相对严格的准入制度；另一方面喜欢“用脚投票”的 MOOC 学习者将会用行动筛选出优秀的课程，淘汰掉质量不高的课程。

4. 促进实现教育公平 MOOC 将大学里学生多而缺乏交互的基础课程用标准化的在线方式进行传授，实现规模化教学，实现知识的大量复制与传递。名师的教学资源能跨越网络时空被全球学习者获取，从而有可能推动和促进教育国际化、民主化和教育公平。但是只有克服平台壁垒、数字鸿沟和语言鸿沟这些障碍，MOOC 才能真正促进教育公平，从而让更多人受益于此。

5. 国家之间竞争加剧 目前 MOOC 国际扩张的大幕已经拉开，各国除争相在知名 MOOC 平台上开设课程外，还建立新的 MOOC 平台，如欧盟最近建立的 OpenupEd，在德国建立的 iversity。国际扩张将导致全球竞争加剧。

二、国内外各大 MOOC 学习平台

(一) Coursera

1. Coursera 平台基本情况 Coursera 是由斯坦福大学(Stanford University)的计算机科学教授安德鲁·恩格(Andrew Ng，美籍华人，又名吴恩达)和达芙妮·科勒(Daphne Koller)联合创建的一个教育科技公司，旨在同世界顶尖大学合作，在线提供免费的网络公开课程。Coursera 网站的启动稍晚于由斯坦福大学教授塞巴斯蒂安·特伦(Sebastian Thrun)投资的在线教育网站 Udacity，稍早于由麻省理工学院(Massachusetts Institute of Technology，MIT)、哈佛大学(Harvard University)和加州大学伯克利分校(University of California，Berkeley)创立的在线教育网站 edX。但 Coursera 网站支持包括中文在内的多种语言，是目前互联网上课程最多，学科类别最齐全的 MOOC 学习网站。平

台启用不足一年，便吸引来自全球190多个国家和地区的130万学生注册，学习课程达124门。

2013年7月9日，上海交通大学和复旦大学宣布与Coursera确立合作关系。2013年10月8日，Coursera与中国最大的互联网公司之一、也是中国主要的在线公开教育内容分发商网易公司达成合作关系，共同致力于让使用网易平台的海量用户能够便捷使用Coursera丰富的在线课程资源。

2. Coursera平台课程 Coursera平台621门课程中，按学科分类包括艺术27门，生命科学80门，商业和管理69门，化学22门，计算机科学107门，经济和金融66门，教育学73门，能量和地球科学24门，工程师44门，事物和营养学17门，健康和社会80门，人文学科114门，信息、技术和设计63门，法律16门，数学47门，医学65门，音乐、电影和音频27门，物理和地球科学25门。

部分课程可分入不同类别。例如，生命科学课程有80门，医学课程有65门，生命科学和医学相关课程的总数为119门。医学课程详见表10-1。

表10-1 Coursera平台医学课程

序号	开课学校	课程名称	教授
1	University of California，San Francisco 加州大学旧金山分校	Introduction to Clinical Neurology 临床神经病学导论	Daniel Lowenstein，Andrew Josephson & Wade Smith
2	Johns Hopkins University 约翰霍普金斯大学	Design and Interpretation of Clinical Trials 临床试验的设计和解释	Janet Holbrook & Lea T.Drye
3	University of California，San Francisco 加州大学旧金山分校	Nutrition for Health Promotion and Disease Prevention 健康促进和疾病预防营养学	Katie Ferraro
4	Johns Hopkins University 约翰霍普金斯大学	Statistical Analysis of fMRI Data fMRI 数据统计分析	Martin Lindquist
5	University of Virginia 弗吉尼亚大学	Buddhist Meditation and the Modern World 佛教禅修与现代世界	Kurtis R.Schaeffer & David Francis Germano
6	Peking University 北京大学	Bioinformatics：Introduction and Methods 生物信息学：导论与方法	高歌，魏丽萍
7	University of Copenhagen 哥本哈根大学	Diabetes-a Global Challenge 糖尿病：一个全球性挑战	Jens Juul Holst & Signe Sorensen Torekov
8	University of California，San Francisco 加州大学旧金山分校	Caries Management by Risk Assessment (CAMBRA) 龋齿风险评估管理(CAMSRA)	John Featherstone
9	University of California，San Francisco 加州大学旧金山分校	Poisonings in the Home and Community：Assess- ment and Emergency Response 家庭和社区中毒：评估和应急响应	Thomas Kearney
10	The University of Chicago 芝加哥大学	Understanding the Brain：The Neurobiology of Everyday Life 了解大脑：日常生活中的神经生物学	Peggy Mason
11	University of California，San Francisco 加州大学旧金山分校	Genomic and Precision Medicine 基因和精准医学	Jeanette McCarthy & Robert L.Nussbaum
12	The University of Edinburgh 爱丁堡大学	EDIVET：Do you have what it takes to be a veterinarian? EDIVET：如何成为一名兽医？	Jo-Anne Murray，Jessie Paterson，Susan Rhind，Gura Therese Bergkvist，Andrew Gardiner，Catriona Bell，Kay Aitchison & Rachel Whittington
13	The University of Melbourne 墨尔本大学	Epigenetic Control of Gene Expression 基因表达的表观遗传调控	Marnie Blewitt

续表

序号	开课学校	课程名称	教授
14	University of London 伦敦大学	Enhance Your Career and Employability Skills 提升你的职业生涯和就业技能	David Winter & Laura Brammar
15	The University of Edinburgh 爱丁堡大学	The Clinical Psychology of Children and Young People 儿童和青少年的临床心理学	Matthias Schwannauer
16	University of Copenhagen 哥本哈根大学	An Introduction to Global Health 全球卫生导论	Flemming Konradsen，Siri Teller，Alessandro R Demaio，Jeffrey Victor Lazarus，Dan Wolf Meyrowitsch，Peter Furu & Ib C.Bygbjerg
17	University of Florida 佛罗里达大学	The American Disease：Drugs and Drug Control in the USA 美国疾病：美国药物和药物控制	Kevin A.Sabet，Michael F.Nias & Scott Teite lbaum
18	The University of Melbourne 墨尔本大学	Exercise Physiology：Understanding the Athlete Within 运动生理学：深刻理解运动员	Mark Hargreaves
19	University of California，San Diego 加州大学圣地亚哥分校	Drug Discovery，Development & Commercialization 药物发现，开发和商业化	Williams S.Ettouati & Joseph D.Ma
20	Johns Hopkins University 约翰霍普金斯大学	The Science of Safety in Healthcare 医疗保健安全	Cheryl Dennison Himmelfarb & Peter J.Pronovost
21	Columbia University 哥伦比亚大学	Virology I：How Viruses Work 病毒学 I：病毒是如何运作的	Vincent Racaniello
22	Stanford University 斯坦福大学	Practical tips to improve Asian American participation in cancer clinical trials 提高亚裔美国人参加癌症临床试验的实用建议	Kim F.Rhoads
23	University of Michigan 密歇根大学	Understanding and Improving the US Healthc are System 了解和改善美国医疗保健系统	Matthew Davis
24	Johns Hopkins University 约翰霍普金斯大学	Care of Elders with Alzheimer's Disease and other Major Neurocognitive Disorders 对患有阿尔兹海默症及其他主要神经认知障碍的老人的护理	Nancy Hodgson & Laura Gitlin
25	Johns Hopkins University 约翰霍普金斯大学	Training and Learning Programs for Volunteer Community Health Workers 志愿者社区卫生工作者的培训和学习计划	William Brieger
26	University of Pennsylvania 宾夕法尼亚大学	Going Out on a Limb：The Anatomy of the Upper Limb 上肢的解剖学	James S.White & Alexander Stone Macnow
27	Johns Hopkins University 约翰霍普金斯大学	Major Depression in the Population：A Public Health Approach 重性抑郁人群：公共卫生解决办法	William Eaton，Wietse A. Tol & Ramin Mojtabai
28	Stanford University 斯坦福大学	Antimicrobial Stewardship：Optimization of Antibiotic Practices 抗菌药物管理：抗生素实践的最优化	Stan Deresinski
29	Shanghai Jiao Tong University 上海交通大学	Traditional Chinese Medicine with Chinese culture 中医药与中华传统文化	彭崇胜

续表

序号	开课学校	课程名称	教授
30	California Institute of Technology 加州理工学院	Drugs and the Brain 药物和大脑	Henry A.Lester
31	Duke University 杜克大学	Medical Neuroscience 医学神经科学	Leonard E.White
32	Columbia University 哥伦比亚大学	How Viruses Cause Disease 病毒如何引起疾病	Vincent Racaniello
33	Stanford University 斯坦福大学	Child Nutrition and Cooking2.0 儿童营养和烹饪 2.0	Maya Adam
34	Johns Hopkins University 约翰霍普金斯大学	Statistical Reasoning for Public Health：Estimation，Inference & Interpretation 公共卫生领域的统计推理：估计，推理和解释	John McGready
35	The Ohio State University 俄亥俄州大学	Introduction to Pharmacy 药学概论	Kenneth M.Hale
36	Duke University 杜克大学	Introductory Human Physiology 人体生理学导论	Jennifer Carbrey & Emma Jakoi
37	The University of Edinburgh 爱丁堡大学	Equine Nutrition 马营养	Jo-Anne Murray
38	University of Pittsburgh 匹兹堡大学	Disaster Preparedness 灾难预案	Michael Beach
39	University of California，San Francisco 加州大学旧金山分校	Understanding Research：An Overview for Health Professionals 理解研究：卫生领域专业人员基础	Abbey Alkon
40	University of Michigan 密歇根大学	Instructional Methods in Health Professions Education 健康专业教育的教学法	Caren Stalburg
41	Johns Hopkins University 约翰霍普金斯大学	Health for All Through Primary Health Care 初级卫生保健实现全民健康	Henry Perry
42	University of Pennsylvania 宾夕法尼亚大学	Vaccines 疫苗	Paul A.Offit
43	University of Pennsylvania 宾夕法尼亚大学	Fundamentals of Pharmacology 药理学基础	Emma Anne Meagher
44	University of Pennsylvania 宾夕法尼亚大学	Cardiac Arrest，Hypothermia，and Resuscitation Science 心脏骤停，低温与复苏科学	Benjamin Abella
45	University of Pennsylvania 宾夕法尼亚大学	Basic Behavioral Neurology 行为神经学基础	Roy Hamilton
46	University of California，San Francisco 加州大学旧金山分校	Clinical Problem Solving 临床问题解决方案	Catherine R.Lucey
47	University of California，San Francisco 加州大学旧金山分校	Contraception：Choices，Culture and Consequences 避孕：选择，文化与后果	Jerusalem Makonnen
48	Johns Hopkins University 约翰霍普金斯大学	Vaccine Trials：Methods and Best Practices 疫苗试验：方法和最佳实践	Karen R.Charron & Amber Bickzford Cox
49	University of Pittsburgh 匹兹堡大学	Clinical Terminology for International and U.S. Students 国际和美国学生的临床术语	Valerie Swigart & Michael Gold
50	University of California，Irvine 加州大学尔湾分校	Principles of Public Health 公共健康原则	Zuzana Bic

续表

序号	开课学校	课程名称	教授
51	The Ohio State University 俄亥俄州大学	Generation Rx：The Science Behind Prescription Drug Abuse 在处方药下成长的一代：处方药滥用背后的科学	Nicole Cartwright Kwiek
52	Emory University 艾莫利大学	AIDS 艾滋病	Kimberley Sessions Hagen
53	University of Maryland，College Park 马里兰大学帕克分校	Genes and the Human Condition (From Behavior to Biotechnology) 基因与人类(从行为到生物技术)	Raymond J.St.Leger &Tammatha O'Brien
54	University of Pennsylvania 宾夕法尼亚大学	"Pay Attention！！" ADHD Through the Lifespan "注意!!"生命各阶段的注意力缺陷多动障碍	Anthoy L.Rostain
55	University of Pennsylvania 宾夕法尼亚大学	Growing Old Around the Globe 全球老龄化	Sarah Kagan & Anne Shoemaker
56	University of Minnesota 明尼苏达大学	Canine Theriogenology for Dog Enthusiasts 为爱犬人士准备的犬类生殖学	Magaret V.Root
57	University of Geneva 日内瓦大学	Global Health：An Interdisciplinary Overview 全球健康：跨科学概述	Antoine Geissbuhler，Louis Loutan，Samantha Battams，Didier Wernli，Slim Slama & Rafael Ruiz De Castaneda
58	Ludwig-Maximilians-Universität München (LMU) 路德维希马克西米利安慕尼黑大学	Programmed cell death 程序性细胞死亡	Barbara Conradt
59	University of Minnesota 明尼苏达大学	Preventing Chronic Pain：A Human Systems Approach 预防慢性疼痛：人体系统的方法	James Fricton
60	Johns Hopkins University 约翰霍普金斯大学	Guinea Pigs，Heroes & Desperate Patients：The History & Ethics of Human Research 几内亚猪，英雄与绝望的患者：人类研究的历史与伦理	Jeffrey Kahn，Alan C Regenberg，Debra J H Mathews & Joseph Ali
61	University of California，San Francisco 加州大学旧金山分校	Diabetes：Diagnosis，Treatment，and Opportunities 糖尿病的诊断，治疗和机会	Joseph Guglielmo & Lisa A. Kroon
62	Johns Hopkins University 约翰霍普金斯大学	Saving Lives Millions at a Time：Global Disease Control Policies & Programs 拯救百万生命：全球疾病控制政策和计划	Alain Labrique & Karen R. Charron
63	Copenhagen Business School 哥本哈根商学院	An Introduction to Consumer Neuroscience & Neuromarketing 消费者神经科学与神经营销导论	
64	Johns Hopkins University 约翰霍普金斯大学	Global Tuberculosis(TB)Clinical Management and Research 全球结核病(TB)的临床管理和研究	Jason Farley & Richard E. Chaisson
65	University of Illinois at Urbana-Champaign 伊利诺伊大学香槟分校	Sustainable Food Production Through Livestock Health Management 通过畜牧业健康管理实现可持续粮食生产	

3. 平台网址及注册 使用者可通过在搜索引擎Google或百度的搜索框中输入"Coursera"搜索Coursera官网网址进入Coursera平台(图10-11)，也可以直接输入http://www.coursera.org

进入。Coursera 平台要求 Microsoft Internet Explorer(IE)浏览器的版本必须是 IE10 以上，而 Microsoft WindowsXP 操作系统的 IE 浏览器最高只能是 IE8，故使用 IE 浏览器的用户必须使用 Microsoft Windows7 及以上版本。用户也可以下载安装最新版的 Google Chrome 或 Firefox 浏览器访问 Coursera 平台。

图 10-11　Coursera 平台主页

Coursera 平台需要注册才能学习，用户可以点击主页右上角的“注册”进入注册页面，填写电子邮件地址进行注册，也可以在课程浏览界面通过课程右边的注册按钮进行注册。

用户注册成功后 Coursera 平台会发送一封确认信到用户的注册邮箱。再次使用 Coursera 平台进行学习时可直接点击 Coursera 主页右上角的“登录”，根据页面提示输入注册的帐户名(电子邮箱地址)和密码登录，继续已注册加入的课程学习。

4. 课程检索 Coursera 平台多级页面均嵌入了课程检索框，可根据课程名称、类别、大学或老师进行查找。平台亦提供浏览和聚类的方式供读者查询全部 621 门课程，点击页面的“运作方式”，然后点击“运作方式”页面的“马上查找课程”进入课程查询界面(图 10-12)。

图 10-12　Coursera 平台课程查询界面

5. Coursera 课程签名认证 Coursera 课程签名认证是为完成 Coursera 课程的学习者提供的一项选择，使学习者可以获得部分课程的签名认证证书。

Coursera 只有部分挑选的课程提供签名认证计划，课程的签名认证注册页面将在课程开始前几天内开启。学习者开始时可以以普通方式学习提供认证的课程，在课程开始日期后两到三周（具体时间取决于课程时长）的任何时候参加签名认证计划。

6. Coursera 课程学习形式

(1) 视频。课程内容以视频模块展开，每个模块为一个知识点，通常为 10min 左右，短小精炼。每周视频一般为 10 个左右，总时长 1～2h。为方便学习者学习，平台提供教学视频和视频字幕的下载。课程视频多采用面对面谈话方式讲授，或按课堂演讲方式进行。教授风格多样，语言幽默，表情和身体语言丰富，授课氛围轻松。一些课程视频中还会嵌入测试等多种互动方式，增强学生的参与感和学习兴趣，加深学习者对课程内容的理解和掌握，对学习者产生较强的吸引力。

(2) 课程作业及测验。教师会根据课程的类型和特点提出不同的作业和作业形式，如视频、图片、PPT 等，学习者可以通过第三方网站上传作业进行分享和交流。平台还提供同伴互评功能，学习者可根据教师提供的评分规则和要求，对抽选的随机作业进行评分，为教师评分提供参考。学习者每周都需按课程进度要求完成相关测验，测验题目以能实现系统自动评分的选择题、判断题等客观题为主。教师允许学习者多次完成测试，评分要求各有不同。

(3) 教学组织与教学互动。Coursera 平台课程设定了明确的开始和结束时间，以周为时间节点制定详细的教学计划。学习者可随时查阅课程授课安排，定期完成学习任务。教师也会根据教学的实际开展情况、学习者的反馈等对课程安排进行调整，并在学习平台的公告栏公布或向学员发送电子邮件通知。课程组织者也会指导学习者组成学习小组，开展合作学习，并通过社会化公共平台（如 Facebook、twitter、Google+、wiki 等）与教师和同伴开展交流分享学习内容和学习体验。

（二）edX

1. edX 平台基本情况 edX（https：//www.edx.org/）是由哈佛大学和麻省理工学院于 2012 年 5 月 21 日联合创建的免费网络教育项目。两校各投入 3000 万美元作为启动经费，平等共有 edX 平台，日常运营则由位于美国波士顿市剑桥镇的一个非营利组织负责。项目首任主管是麻省理工学院教授阿南特·阿加瓦尔（Anant Agarwal）。从 2012 年秋首批 5 门课程正式上线至今，不足两年时间 edX 平台上已经吸引了来自世界各地 30 余所著名大学的优秀课程 130 多门。课程的主题涉及自然科学与社会科学许多个领域，成为世界上最著名的 MOOC 平台之一。

2. edX 平台课程 目前 edX 平台上开设的 130 余门课程涉及生物与生命科学、商业与管理、化学、计算机科学、医学等多个领域。在这些课程中，大部分使用英文教学，有少数的课程是中文或是法文，一些中文课程带有英文字幕。部分课程具体见表 10-2、表 10-3。

表10-2 Biology & Life Science（生物与生命科学）领域课程16门

序号	课程名称	开课时间	开课学校
1	Global Health：Case Studies from a Biosocial Perspective（全球健康：生物社会视角的案例研究）	2014.2.25	HarvardX
2	Data Analysis for Genomics（基因组学数据分析）	2014 年年初	HarvardX
3	Fundamental of Immunology Part 1（免疫学基础知识 第 1 部分）	2014.3.2	RiceX
4	Genomic Medicine Gets Personal（私人化基因医学）	2014.3.4	GeorgetownX
5	Medicinal Chemistry：The Molecular Basis of Drug Discovery（药物化学：药物发现的分子基础）	2014.3.10	DavidsonX

续表

序号	课程名称	开课时间	开课学校
6	Unlocking the Immunity to Change：A New Approach to Personal Improvement(迎接改变：提升自我的一大步)	2014.3.11	HarvardX
7	The Science of Happiness(幸福科学)	2014.4.1	UC BerkeleyX
8	Introduction to Biomedical Imaging(生物医学成像概论)	2014.4.7	Uqx
9	The Chemistry of Life(生命化学)	2014.4.10	KyotoUx
10	Introduction to Bioethics(生物伦理学导论)	2014.4.15	GeorgetownX
11	Tropical Coastal Ecosystems(热带海岸生态系统)	2014.4.28	Uqx
12	Representations of HIV/AIDS(艾滋病/HIV 病毒的陈述)	2014.9.22	DavidsonX
13	Fundamental of Neuroscience，Part I (神经科学基础，第一部分)	2013.10.31	HarvardX
14	Neuronal Dynamics-Computational Neuroscience of Single Neurons(神经动力学的单神经元计算神经科学)	2013.10.28	EPFLx
15	Introduction to Human Evolution(人类进化导论)	2013.9.25	WellesleyX
16	Introduction to Biology——The Secret of Life(生物学导论——生命的秘密)	2013.9.10	MITx

表10-3 Medicine(医学)领域课程11门

序号	课程名称	开课时间	开课学校
1	Data Analysis for Genomics(基因组学数据分析)	2014年年初	HarvardX
2	United States Health Policy(美国卫生政策)	Early2014	HarvardX
3	Genomic Medicine Gets Personal(私人化的基因医学)	2014.3.4	GeorgetownX
4	Medicinal Chemistry：The Molecular Basis of Drug Discovery(药物化学：药物发现的分子基础)	2014.3.10	DavidsonX
5	Introduction to Biomedical Imaging(生物医学成像概论)	2014.4.7	UQx
6	Heath and Society(健康与社会)	2013.11.15	HarvardX
7	Fundamentals of Clinical Trials(临床试验的基本原理)	2013.10.14	HarvardX
8	Take Your Medicine——The Impact of Drug Development(服用你的药品——药物开发的影响)	2013.9.16	UTAustinX
9	Introduction to Biology——The Secret of Life(生物学导论——生命的秘密)	2013.9.10	MITx
10	Human Health and Global Environmental Change(人类健康和全球环境变化)	2013.5.15	HarvardX
11	Health in Numbers：Quantitative Methods in Clinical & Public Health Research(健康数字：临床和公共健康研究中的定量方法)	2012.10.15	HarvardX

(三)Udacity

1. Udacity 的基本情况 Udacity 是由科技界及 IT 界的领军人物塞巴斯蒂安·特龙(Sebastian Thrun)于2012年创建的，与 Coursera 和 edX 合称为最早成立的三大知名 MOOC 平台，引领着21世纪高等教育的新潮流。

目前，Udacity 平台的注册学生人数达到160万，提供36门在线课程，以计算机学科为主，也包括数学、物理、化学、心理学、遗传学及创业等课程，其中有12门是可提供认证的收费课程(Full Courses)，其余均为免费课程(Free Courses)。

除了利用 Udacity 平台参与课程学习，Udacity 的所有课程视频也可通过 YouTube 访问。2013年6月，Udacity 与国内知名视频网站达成合作协议，成为国内唯一的 Udacity 课程发布渠道平台。目前，优酷教育频道已上线计算机入门、统计入门、创业等8门 Udacity 平台课程，提供近千集翻译成中文的在线视频。

2. Udacity 平台的课程类型　Udacity 平台上的课程分为四类：Data Science（数据科学）、Web Development（网页开发）、Georgia Tech Masters in CS（佐治亚理工学院计算机科学硕士课程）、Other（其他）。课程按难易程度分为三个级别：Beginner（初级）、Intermediate（中级）和 Advanced（高级）。初级课程适合所有人，不需要掌握或只需掌握很少的基础知识；中级课程大多需要一些基础知识，学生可以提前学习这些基础知识；高级课程则要求非常熟悉该学科领域。此外，每门课程的主页上都有“What do I need to know？”（“我需要知道些什么？”）部分，提醒学生想要成功学习该课程需要具备哪些基础知识，以及阅读哪些参考书。Udacity 平台目前提供 12 门有认证证书的收费报读课程，另外还有 24 门免费课程。

3. Udacity 平台的使用　进入 Udacity 主页（https://www.udacity.com），点击“Learn more”即可直接进入课程学习（图 10-13）。

图 10-13　Udacity 主页

页面右上角提供了 Nanodegree（微学位）、Catelog（目录）、Sign in（登录）、Sign up（注册）链接，要使用平台进行课程学习，首先要进行注册。完成注册后，用户使用个人邮箱和密码登录 Udacity 平台即可进行选课、学习。

（四）“爱课程”网——icourses

“爱课程”网是国家教育部、财政部“十二五”期间启动实施的“高等学校本科教学质量与教学改革工程”支持建设的高等教育课程资源共享平台。登录“爱课程”网站（http://www.icourses.cn/home/），通过右上方进行“注册”或直接“登录”（图 10-14）。点击相应主题即可获取课程内容（图 10-15）。

图 10-14　“爱课程”网主页

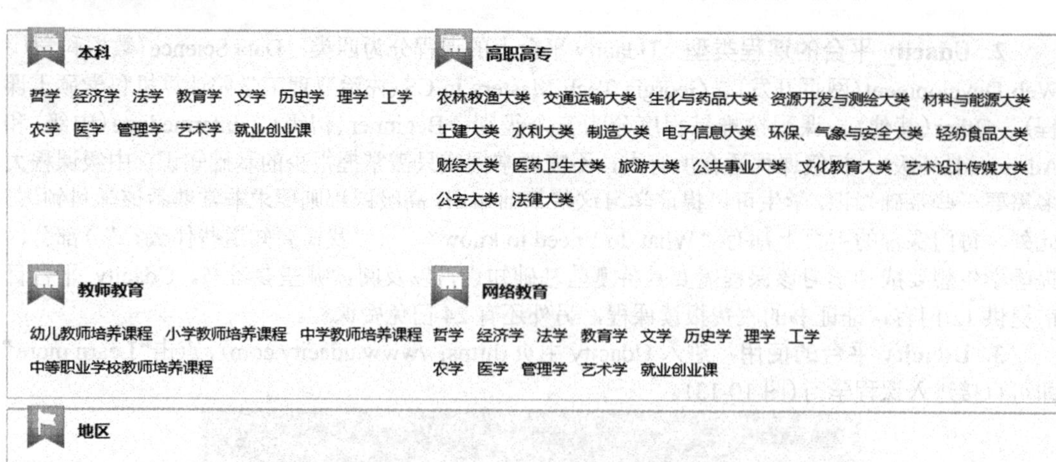

图 10-15 “爱课程”课程界面

(五)学堂在线

“学堂在线”平台(https://www.xuetangX.com)是由清华大学、北京大学、浙江大学、南京大学等 10 余所大学共同创建的 MOOC 平台(图 10-16)。

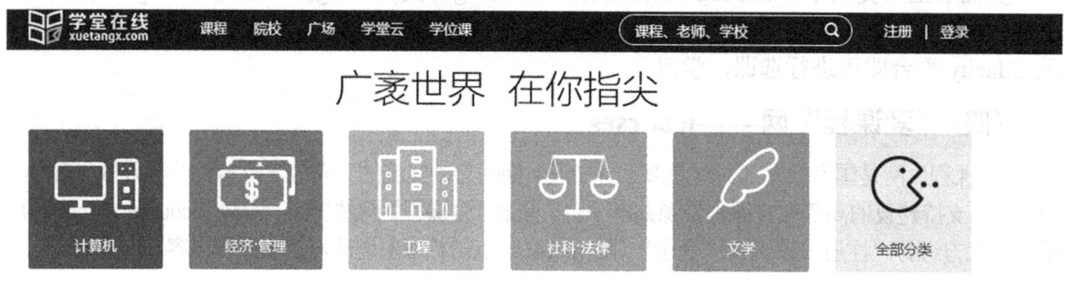

图 10-16 “学堂在线”主页

在主页面右上角进行“注册”或直接“登录”,登录“学堂在线”后就可以查找自己感兴趣的科目(图 10-17)。

(六)MOOC 学院

“MOOC 学院”平台(http://mooc.guokr.com/)(图 10-18)是由果壳网于 2013 年 5 月推出的一个 MOOC 中文交流平台。MOOC 学院的定位是讨论、点评和记录课程,课程是属于其他平台的,MOOC 学院不直接收录课程内容,只是专注于帮助学习者互相交流,发现课程。

图 10-17 “学堂在线”课程界面

图 10-18 “MOOC 学院”主页

通过“注册”或直接“登录”该平台就可以开始学习喜欢的课程(图 10-19)。

(七)网易公开课

“网易公开课”(http：//open.163.com/)是 2010 年网易公司推出的“全球名校视频公开课项目”，首批上线的课程有 1200 集，其中 200 多集配有中文字幕，内容涵盖金融、社会、人文、艺术等多个领域(图 10-20)。

登录网易公开课官网，进行“注册”或直接“登录”进入平台。网易公开课主要由“国际名校公开课”“中国大学视频公开课”“TED”“可汗学院”以及“Coursera”几个板块组成，学习者可以根据个人喜好选择相关的课程进行学习。

图 10-19 “MOOC 学院”课程界面

图 10-20 “网易公开课”主页

(八)其他新兴 MOOC 平台

1. FutureLearn FutureLearn(https：//www.futurelearn.com)成立于 2012 年 12 月，为英国公开大学所有，是英国首个提供高质量 MOOC 服务的平台。2013 年 9 月 18 日以 Beta 测试版的形式上线，开始为全世界的用户提供免费、高质量的在线课程，并会根据用户的反馈意见来调整课程的设置。截止到目前，FutureLearn 的页面课程共有 35 门，涵盖了各个不同的学科范围。其中医学方面的课程有：利兹大学开设的 Exploring anatomy：the human abdomen(探索解剖：人体腹部)、Medicines adherence：Supporting patients with their treatment(药物依从性：药物治疗对病人的医疗支持)，伦敦国王大学开设的 Understanding Drugs and Addiction(了解毒品以及成瘾)，伯明翰大学开设的 Good brain，bad brain：Parkinson's disease(帕金森病)、Good brain，bad brain：drug origins(药物的起源)、Improving your image：dental photography in practice(改善影像：牙科摄影实务)，谢菲尔德大学开设的 Discover dentistry(发现牙医)。课程的开课时长都有所不同，大多数课程都是 6～10 周，但也有些 2～3 周的短期课程。

2. Open2Study Open2Study(https：//www.Open2Study.com)是由澳大利亚私人远程在线

教育机构——澳大利亚开放大学于 2013 年 3 月发布的在线教育平台，是澳大利亚第一个免费的网上教育平台，标志着澳大利亚正式迈入大规模网络公开课程(MOOC)的世界。

3. 中国医学教育慕课联盟　中国医学教育慕课联盟是由国内近 200 家医药院校于 2014 年 3 月 29 日在北京成立的慕课联盟。自中国医学教育慕课联盟成立以来，各成员院校不断加快建设中国高质量医学教育慕课平台和课程体系，大力推动优质资源共享，探索新型医药教育模式，使中国医药教育上升了一个新台阶。

4. 4A 网络教学平台　4A 网络教学平台是国家现代远程教育工程关键技术研究项目《国家现代远程教育支撑系统开发》的研究成果，是我国最早研究开发的网络教学平台。目前该系统符合 SCORM 等国际和国家标准，功能全面，既支持课程教学活动的开展，又支持学校教学资源的建设。该系统在高等教育出版社的立体化教材网络中得到良好运用，是国内主流网络教学平台之一。

第四节　医学下载资源

医学下载资源种类繁多，本节内容所列出的资源仅为部分精选资源。目前，网络上有许多专门的医学软件下载网站，包括临床应用的诊断和治疗类软件、医院管理软件、医学基础学习应用分析软件、共享软件、免费软件和开放源代码软件等。这些软件对医学临床和基础工作及科研教学工作的开展起着非常重要的支持作用。

一、医学软件网站

(一)杰软医学软件园

杰软医学软件园(http：//www.yn8888.com.cn)是昆明杰软科技有限公司自行研制开发出的系列医学软件，其中包括：视频影像系统工作站、数字影像系统工作站(DICOM)、三维影像系统工作站、PACS 影像系统、HIS 医院管理软件等 50 多种软件。

(二)金叶天盛医学导航

金叶天盛医学导航(http：//www.meddir.cn/cate/21.htm)提供各种医学、药学软件网址，以及装机必备软件、医院系统软件网址等(图 10-21)。

图 10-21　金叶天盛医学导航首页

(三)医学全在线

医学全在线(http：//www.med126.com)致力于为中国医务工作者提供动力，专注于各类医学考试，包括医学考研、执业医师考试、执业药师考试、执业护士考试、卫生资格考试等，提供及时医学资讯，考试信息，免费医学资源下载等。医学全在线中的医学软件包括最新中国药品通用名称roboword免安装版、体表面积计算工具、听诊考核v2.02.0、生命奥秘等(图10-22)。

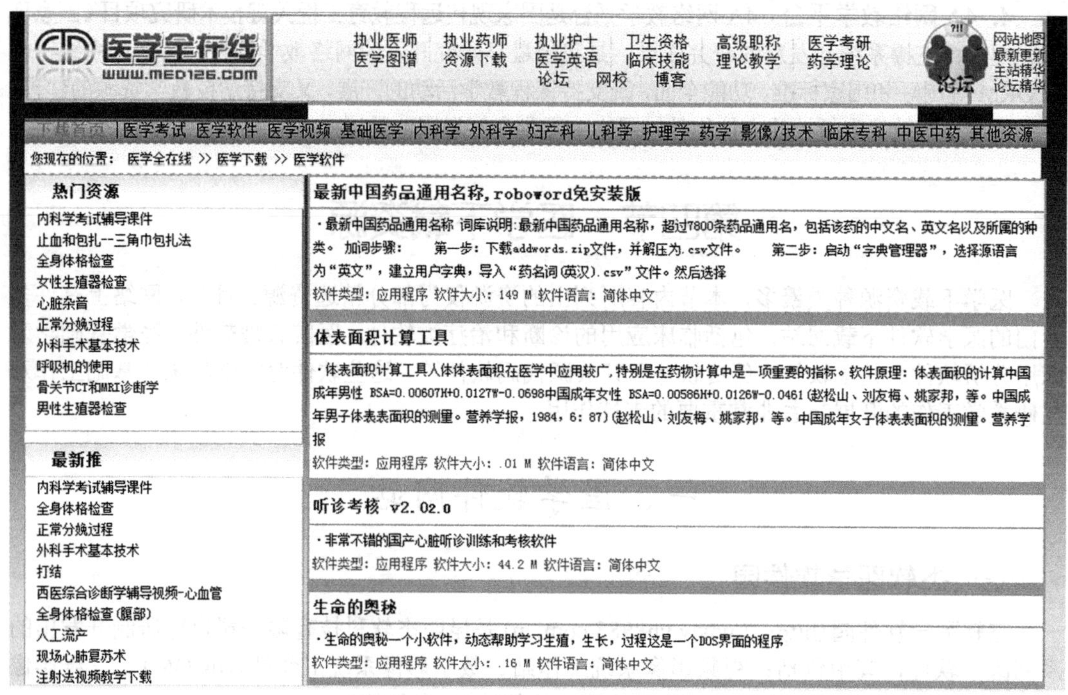

图10-22 医学全在线医学软件下载主页

(四)生物谷网站——生物软件下载

生物谷网站——生物软件下载(http：//www.bioon.com/Soft/)提供生物软件、医学软件、工具软件、英语软件、电子书、多媒体等资源的下载。如：数据作图助手Ⅱv2.1_A、ScanAlyze2.51、国家医药文件汇编、智能医学大全、生物谷RSS阅读器等。

二、医学软件简介

(一)文献管理工具类

1. 医学文献王 医学文献王作为国内第一款针对医务科研人员的医学文献管理软件，具有智能化网上检索、专业化文献管理和自动化嵌入参考文献三大特点。医学文献王能实现PUBMED数据库的本地化检索，并对检索结果进行管理；其字段解释排列清晰，支持其他主流数据库文献文件格式，方便文档导入导出管理。

2. 医学助手软件 医学助手是成都医安苑软件有限公司专为医生所设计的一款免费工具软件，包含医生所常使用的各种医学、药学、ICD-10、医学主题词表(MESH)、文献管理、RSS订阅和个人事务管理等多个功能。其具有强大的树状结构浏览模式和多字段检索模式，操作简

单方便，是医药专业工作者不可或缺的工具。

3. 循证医学 RevMan(Review Manager)　RevMan 软件是国际 Cochrane 协作网制作和保存 Cochrane 系统评价的一个程序，是循证医学中最常用的做系统评价和分析的软件，由北欧 Cochrane 中心制作和更新。该软件的主要特点是可以制作和保存 Cochrane 系统评价的计划书和全文；可对录入的数据进行 Meta 分析并以森林图(forest plot)的图表形式展示；可对 Cochrane 系统评价进行更新；可根据读者的反馈意见不断修改和完善。在信息爆炸的时代，RevMan 软件有助于临床医师对文献进行再分析、判断与评价，在有限的时间内获取更多所需的信息，同时也是循证医学人员必不可少的软件。

(二)生物信息学类

1. DNAStar Lasergene　DNAStar Lasergene 是全面的生物医学软件，用作 DNA 和蛋白质序列分析、重叠群拼接和基因工程管理。它包含了 7 个模块，SeqBuilder(可视化和序列编辑)、SeqMan Pro(序列集结和 SNP 发现)、MegAligen(序列组合)、PrimerSelect(Oligo primer 设计)、Protean(蛋白质结构分析和预测)、GeneQuest(基因查找)、EditSeq(导入特殊文件工具)等。

2. ChemBioOffice Ultra　ChemBioOffice Ultra 是化学家和生物学家所需要的最终极的化学与生物学设计软件，其集强大的应用功能于一身，提供了优秀的化学辅助系统，使研究工作达到一个新的高度。ChemBioOffice Ultra 包括 ChemBioDraw Ultra 化学生物结构绘图、ChemBio3D Ultra 分子模型及仿真、ChemFinder Ultra 化学信息搜寻整合系统等一系列完整的软件。它可以将化合物名称直接转为结构图，省去绘图的麻烦，也可以对已知结构的化合物命名，给出正确的化合物名称。

3. Chemwindow　是一款重要的绘图软件，该软件能绘出各种结构和形状的化学分子结构式及化学图形，具有一般其他绘图软件所不具备的化学分子图形编辑功能。由于 Windows 环境下具有的友好用户界面和便利的切换功能，所以其资料可共享于各软件之间。该软件在绘制化学专业图形方面使用方便且功能强大，可免去许多人工手绘化学分子图形之苦，为日常的教学和科研带来许多方便。此外，Chemwindow 与 Microsoft Word、Power Point 等软件联用，可出色地完成一般化学科技论文的编印及制作出漂亮的专业幻灯片。

4. OSIRIS　OSIRIS 是一款通用医学图像处理与分析软件，主要用于医院放射科的医学影像观察、分析方面，此外还具有存储、捕获医学影像等功能。

(三)统计分析类

1. NoSA　NoSA 覆盖了绝大部分常用的统计分析方法，嵌入了当代数据处理技术，能满足从事各类研究的专家、学者对数据作统计分析的需要，是各专业研究生、本科生统计学教学的优秀课件。其提供的二十万字在线帮助让使用者运用自如。从数据录入与管理、统计分析、绘图，到结果管理，NoSA 风格独特。其核心算法(广义线性模型建模)是创制组全体成员数十年探索的结晶，计算结果通过了 SAS、SPSS 的验证。

2. SigmaStat　SigmaStat 智能统计软件，具有专家系统，引导用户对数据进行统计分析。该软件可与 SigmaPlot 结合生成高质量数据图，也与 Office 完全相容，实现与 Excel、SigmaPlot 系列产品直接互动，绘图能力极强。SigmaStat 是第一个也是唯一的内附专家系统的统计软件，像专业顾问一样引导使用者做统计分析。该软件操作简单，并附有范例档、及使用操作手册，适合对统计知识了解不多的人使用。

第五节　交互学习资源

交互学习就是指学习者利用多媒体计算机技术和网络技术，借助多媒体课件或网上资源，自主进行的一种双向交流式学习方式。在交互式的关系当中，学习资源通过对参与学习的双方起作用，以达到学习的目的。网络上有各种各样的交互式学习资源，包括论坛、博客、维基百科(参见第十章第一节相关内容)等，在交互式网站上读者可以相互交流，也可以与系统之间进行交流。

一、论 坛

(一)丁香园论坛

丁香园论坛(http://www.dxy.cn)包括临床医学讨论一至五区、基础医学讨论区、药学讨论区、生命科学讨论区、实验技术讨论区、预防医学与卫生学讨论区、科研与学习交流区、考试交流区和检索求助区等(图 10-23)。

图 10-23 丁香园论坛网页

(二)医学教育论坛

医学教育论坛(http://bbs.med66.com/)是国内权威的医学远程教育门户网站，主要从事医师资格、卫生资格、执业药师、护士/护师/主管护师考试和继续医学教育等各种医学类考试网上辅导，是广大考生了解医学类考试最新政策和动态的首选网站。其论坛包括医师考试、执业药师考试、卫生资格考试、医学考研考博自考等内容，同时还设置了临床医学讨论区、中医讨论区、药学讨论区等。

(三)小木虫论坛

小木虫论坛(http://emuch.net/bbs/)为小木虫学术科研第一站的互动交流平台。小木虫创建于 2001 年，是中国最有影响力的学术站点之一，会员主要来自国内各大院校、科研院所的博硕士研究生、企业研发人员，该论坛拥有旺盛的人气、良好的交流氛围及广阔的交流空间，已成为聚集众多科研工作者的学术资源、经验交流平台。内容涵盖化学化工、生物医药、物理、

材料、地理、食品、理工、信息、经管等学科，除此之外还有基金申请、专利标准、留学出国、考研考博、论文投稿、学术求助等实用内容。截至 2015 年 2 月 27 日，共 2 740 792 篇主题，73 728 098 篇帖子，3 699 647 位会员。

（四）好医生论坛

好医生论坛（http：//bbs.haoyisheng.com）的主要服务领域包括教育培训、医学信息、信息技术及其他医学和信息技术相结合的衍生服务。其设有论坛综合区、专业一至四区、全科与社区医疗、中医药区、考试交流区、医学教育区等。

（五）爱爱医医学论坛

爱爱医医学论坛（http：//bbs.iiyi.com）是为医学从业人员提供医学专业技术和经验交流，提供执业医师考试辅导，提供全科社区卫生医学的专业论坛，定位以临床实用为主。该论坛是中国最具人气的专门服务于医务人员的医学网站，致力于开展人性化、科学化、信息化的互联网医疗知识技术的交流，推动数字化医学事业发展。

二、交互学习网站

（一）中国医师协会网

中国医师协会网（http：//www.cmda.net/）是由中国医师协会主办，负责中国医师协会信息化工作的管理、统筹规划和信息资源开发利用的网站，其充分发挥和利用互联网的优势，促进了中国医师协会快速发展。中国医师协会网站栏目包括协会动态、热点话题、医学快讯、医师维权、医师培训、视频中心。医师通过该网站可以了解医学发展的动态，以及在行医过程中的一些维权知识与案例分析，进行继续教育和在线培训（视频）等。

（二）医学考试网

医学考试网（http：//www.pmed.cn）是医学考试的专业网站，其栏目包括执业医师、执业药师、卫生资格、医学考研、医学资源、医学论坛等，内容涉及历年各种考试的真题、练习题、各种复习资料、考试之间的学习交流，特别是在医学考研方面其向考生提供了最为关注的全国各地区的相关高校情况（重点学科、名师、研究生待遇）。同时，论坛参与者还提供了各个学校的复试经历、复试题目、近年录取分数、录取比例等相关信息。

（三）汕头大学医学院临床技能中心

汕头大学医学院临床技能中心下属三个网站，即技能中心网、精品课程网和临床实验教学示范中心（http：//cstc.med.stu.edu.cn/newcstc1/index.asp）。网站提供大量资料给学生学习和复习，弥补了诊断学单纯以课堂文字讲授和见习的不足。同时该网站还扩展了学生对诊断学各个主题内容的认识，使学生了解到临床实践知识的博大精深，激发其学习兴趣，产生互动的效果。此外，技能协会精心建设的技能论坛，是学生和教师及网友共同讨论学习问题的园地，学生可以提供和参与病例讨论，交流临床经验和教训，共享学习心得和资料，整个网站的运行和使用体现了互动性和学术性。

（四）精品课程

（1）汕头大学精品课程网站　http：//jpkc.med.stu.edu.cn

（2）北京市精品课程资源网站　http：//jpkc.bjedu.cn

(3)国家精品课程资源网站 http：//www.jingpinke.com
(4)复旦大学精品课程 http：//jpkc.fudan.edu.cn
(5)武汉大学金牌课程 http：//jpkc.whu.edu.cn
(6)四川大学精品课程 http：//v.knowwing.com/special/details/17.html

第六节 消费者健康信息网站

一、健康信息网的概述

健康教育是旨在帮助对象人群或个体改善健康相关行为的系统化的社会活动。健康教育的核心是教育人们树立健康意识、促使人们改变不健康的行为生活方式，养成良好的行为生活方式，以降低或消除影响健康的危险因素。随着网络的进一步发展，越来越多的社会普通大众已经不再满足于被动地从医学从业人员处接受信息，而是主动通过网络等各种渠道来获得自己所需的健康信息。鉴于此，一些政府相关部门、制药公司、医院、健康教育公司等通过网站的形式相继提供了一些针对这些普通人群的健康教育信息。

二、相关消费者健康信息网站

(一)中华人民共和国卫生部

中华人民共和国卫生部(http：//www.nhfpc.gov.cn)主要发布政府卫生相关政策信息，其栏目有政策法规、健康教育、医疗监督、卫生监督、数据查询等。通过该网站相关栏目可以查询相关政策法规、执业医师情况、药典、药品是否正规、医疗卫生监督等相关信息，减少患者上当受骗现象。

(二)中国健康教育网

中国健康教育网(http：//www.nihe.org.cn)由卫生部新闻宣传中心(中国健康教育中心)主办。其主要内容包括国内外健康教育与健康促进最新信息和动态；突发公共卫生事件；疾病控制信息；健康与卫生知识；中心工作动态与项目工作介绍(包括亿万农民健康促进行动、联合国儿童基金会健康促进合作项目、世界卫生组织健康促进学校项目、全球基金结核病项目等的工作进展与动态等)；全国各省市自治区健康教育与健康促进工作信息报道与经验交流；与本行业相关的政策法规介绍；相关培训工作介绍；所编印出版的健康教育宣传材料、音像制品、书籍介绍等。

(三)中国健康促进与教育协会

中国健康促进与教育协会(http：//www.cahep.com)是全国各界健康教育工作者自愿结成的非营利性专业学术团体。该网站的健康管理和高血压管理中心两个栏目便于公众了解如何进行健康管理及高血压管理。

(四)香港政府一站通

香港政府一站通(http：//www.gov.hk/sc/residents)是香港特别行政区的一站式入门网站，让市民轻松方便地获取所需的公共信息服务。其教育专栏的内容包括家庭计划(计划生育)、孕育小生命、儿童健康、青少年健康、男士健康、长者的健康护理、急救、预防意外及药物安全、

运动与营养、口腔健康、心理健康、安全性行为、控烟、药物滥用等。

(五)公共健康教育网

公众健康教育网(http：//www.szhe.com)正式开通于 2001 年，是深圳市健康教育研究所主办的本地化健康教育平台。该网站通过互联网对政府丰富的资源进行整合，为公众提供专业、完善的健康信息服务，如：网上健康社区、专业健康数据库和健康教育视频等。其栏目主要包括心理健康、职业健康、饮食健康、时尚健康、疾病健康、论坛、专家专栏等。

(六)健康报网

《健康报》于 1931 年创建于江西省瑞金市，是中华人民共和国卫生部主管的最具有影响的全国性卫生行业报。健康报网(http：//www.jkb.com.cn)是《健康报》网络版，其通过知识健康、寻医问药、医生论坛、用药咨询、治病顾问、知识与健康等栏目为患者寻医问药铺路架桥。

(七)诺和关怀患者教育

诺和诺德(中国)制药公司是一家主要生产治疗糖尿病的相关药物与装置的制药公司。其网站的诺和关怀患者教育(http：//www.novonordisk.com.cn)的主要内容是普及糖尿病知识，包括饮食、运动、口服药、胰岛素、自我管理等。这些知识有利于患者了解自身的病情发展，进而促使患者更好地配合医生治疗，从而享受更高的生活质量。

(八)寻医问药网

寻医问药网(http：//www.xywy.com)，成立于 2001 年，致力于百姓健康和医疗专业人士服务平台的构建。该网站以“为全民健康导航”为己任，传播“品质生活、健康为先”的理念，为规范就医、合理用药起到了重要的疏导和纽带作用。其依靠自身多年来对医生、医院资源的沉淀积累，成功搭建了由健康资讯、医药搜索查询以及独具自主特色的“有问必答”社区共同构成的医患交流平台，迅速成为广大患者、医疗单位、医药厂商关注的焦点。

(九)生殖就医指南网

生殖就医指南网(http：//www.91zn.cn)是一个针对患者生殖健康教育的资源网站，内容包括生殖系统健康、疾病及优生优育、妇科疾病，以及各种生殖疾病就医指南、视频等，这些指南和视频告诉患者在就医时的注意事项、相关法律法规等方面的知识。

(十)口腔患者交流网

口腔患者交流网(http：//www.kq88.com)是口腔患者和医生专门交流的平台，其论坛分为口腔患者、口腔医生专业两大模块，口腔患者和口腔医生可以在相应栏目发表自己的看法，进行交流与学习，患者也可以就关心的问题向医生提问。

分析与思考

1. 小李是国内医学院校在读学生，本学期学校开设了解剖学和生理学等基础课程，他想了解更多关于课程内容的一些信息，小李该如何做？

提示：

(1)通过论坛、博客等获得更多的学习资源；

(2)利用 MOOC 平台学习国内外开设的关于这两门学科的相关课程。

2. 经过几年的医学专业基础学习后，小李在某医院临床实习，遇到了一名糖尿病患者，他可以通过什么渠道来获得更多关于糖尿病治疗的信息？

提示：

(1) 利用学科信息门户检索出关于糖尿病治疗的相关文献；

(2) 在 CNKI 数据库中使用 RSS 追踪国内外糖尿病的研究动态；

(3) 进入交互学习网站，查找更多关于糖尿病的治疗方案。

3. 小李毕业后在一所社区医院工作。某日该社区居委会邀请小李为社区居民开展一场健康知识讲座，内容要求通俗易懂，贴近生活。为此，小李该从哪几个方面着手准备这次讲座？

提示：

(1) 通过论坛、博客了解更多关于此类社区健康知识讲座的信息；

(2) 进入消费者健康信息网站，获取针对普通人群的健康教育信息。

（刘玉婷）

第 11 章　信息综合管理与评价

在信息检索实践中，用户通过各种渠道有效地获取到自己想要的信息资源后，对所获得的信息资源进行整理、分析、评价、归纳和总结，从而在学术上积累资料，并将之应用于自己的学习和科研中，这是在信息资源检索中非常有意义的一个环节。为此，本章主要讲解了原文获取与文献传递、检索策略制定、检索结果整理分析、医学信息鉴别与评价、学术资料的积累、个人文献信息管理软件、医学科研选题及查新咨询方面的知识内容。

第一节　原文获取与文献传递

一、原文获取的方式

读者为学习和科研检索各类信息资源，最终目的都是查找有用的原始文献，获得第一手学习和科研资料。原始文献即一次文献，简称原文，是以作者本人的科研工作或研究成果为依据撰写的，并公开发行且已进入社会流通使用的专著、期刊论文、会议论文、学位论文、科技报告等。原文往往包含了新理论、新见解、新技术、新发明、新成果等具有创造性的知识信息，有直接参考、借鉴和使用的价值，因而是检索和利用的主要对象。

在网络环境下，读者不仅可以通过所在图书馆的纸质型文献，还可通过所在图书馆的电子全文数据库或互联网上的免费电子资源，以及数据库商或图书馆提供的文献传递与馆际互借服务等方式来获取所需文献的原文。

(一) 本馆资源

即读者所在学校图书馆馆藏资源，包括纸质图书、期刊、报纸、杂志以及各类全文数据库等。选择本馆资源是获取原文的首选，因为用户对自己的馆藏资源更熟悉，用起来方便、耗时少、成本低。但实际过程中，由于经费、专业类别等限制，本馆资源的文献保障率不是很高，往往还需要通过其他手段补充原文获取的方式。

(二) 馆际互借

馆际互借是图书馆之间根据协定相互利用对方馆藏资源来满足本馆读者需求的一种资源共享服务。馆际互借一般针对图书，是一种返还式的文献资源共享方式，是图书馆根据读者需求，将本馆没有收藏的图书，从其他收藏馆借阅过来提供给读者使用的一种服务。馆际互借一般有两种服务方式：

1. 读者自助借阅　在同一地区内或馆际互借联盟成员图书馆之间，互发有一定借阅权限的借书证，当读者有借阅需求时，到图书馆申请后，读者持借书证到其他互借馆去借阅文献。

2. 馆员帮助获取　首先读者向图书馆馆际互借部门提出借阅申请，馆员确定拥有所需文献的图书馆及可接受价格后，向收藏馆发送互借申请借阅，文献借到后再通知读者来馆提取。该服务方式所需时间较长，一般很少使用。

(三)文献传递

文献传递是将用户所需的文献复制品以有效的方式和合理的费用，直接或间接传递给用户的一种非返还式的文献提供服务，它具有快速、高效、简便的特点。文献传递是在馆际互借基础上发展起来的，是馆际互借服务的发展与延伸，是非返还式的文献资源共享方式。文献传递方式有三种：

(1)通过本校图书馆参与的图书馆联盟平台免费传递，如江西省高校数字图书馆；

(2)通过本校图书馆订购的数据库所附带的文献传递服务免费传递，如北京超星公司的读秀数据库所附带的“百链搜索”、重庆维普数据库所附带的图书馆学术交流与文献互助联盟平台；

(3)通过特定的文献保障系统参考咨询平台进行文献传递，这部分往往是有偿提供原文，如中国高等教育文献保障系统(CALIS)、国家科技图书文献中心(NSTL)、中国高校人文社会科学文献中心(CAHSL)。

(四)联系原文作者

读者如果不能得到原文，有时还可以通过直接向原文作者写信、发 E-mail 等方式索取原文，一般来说作者都是很乐意把原文传给求助者的。

(五)论坛求助

现在有文献求助版的专业论坛很多，如读秀数据库提供的“文献互助”平台，“小木虫论坛”提供的文献求助平台，“丁香园”论坛的馆藏文献互助站，“百度学术”里面的文献互助等。

(六)开放获取资源

开放获取资源是网上重要的共享学术文献信息资源，是获取学术文献信息原文的一种重要方式。任何人都可以即时、免费、不受任何限制地通过互联网获取各类文献，包括经过同行评议的期刊文章、参考文献、技术报告、学位论文等的全文信息，用于科研、教学及其他目的。网络上的开放获取资源一般包括以下几种。

(1)OA 期刊：即开放存取期刊，是一种免费的网络期刊，如 NSTL 开放获取期刊中的 DOAJ、国家图书馆特色资源“民国期刊”、BioMed Central、PubMed Central 、HighWire Press 免费电子期刊等；

(2)OA 仓储：即开放存取知识库，包括基于学科的存储和基于机构的存储，如中国科技论文在线、Open DOAR、香港科技大学图书馆知识库等；

(3)其他 OA 资源：如开放的公共信息(专利、标准等)、个人网站、电子图书、博客、学术论坛、文件共享网络等。

二、主要的文献传递服务介绍

(一)CALIS 文献传递服务

CALIS(http：//www.calis.edu.cn/)，中国高等教育文献保障系统(China Academic Library & Information System)的简称，是经国务院批准的我国高等教育“211 工程”“九五”“十五”总体规划中三个公共服务体系之一。CALIS 的宗旨是，在教育部的领导下，把国家的投资、现代图书馆理念、先进的技术手段、高校丰富的文献资源和人力资源整合起来，建设以中国高等教育数字图书馆为核心的教育文献联合保障体系，实现信息资源共建、共知、共享，以发挥最大的社会效益和经济效益，为中国的高等教育服务。

为了更好地在高校开展馆际互借与文献传递服务工作，更好地为读者提供文献传递服务，CALIS 管理中心建立了文献传递网，作为 CALIS 面向读者或文献服务机构提供馆际互借与文献传递服务的整体形象。文献传递网由众多成员馆组成，包括利用 CALIS 馆际互借与文献传递应用软件提供馆际互借与文献传递的图书馆(简称服务馆)和从服务馆获得馆际互借与文献传递服务的图书馆(简称用户馆)。CALIS 文献传递的类型包括图书、期刊、学位论文、会议论文、科技报告、专利文献等。出于版权保护考虑，CALIS 要求读者对图书文献传递请求内容不能超过该书的 1/3，否则视为无效请求。CALIS 江西省文献信息服务中心界面如图 11-1 所示。

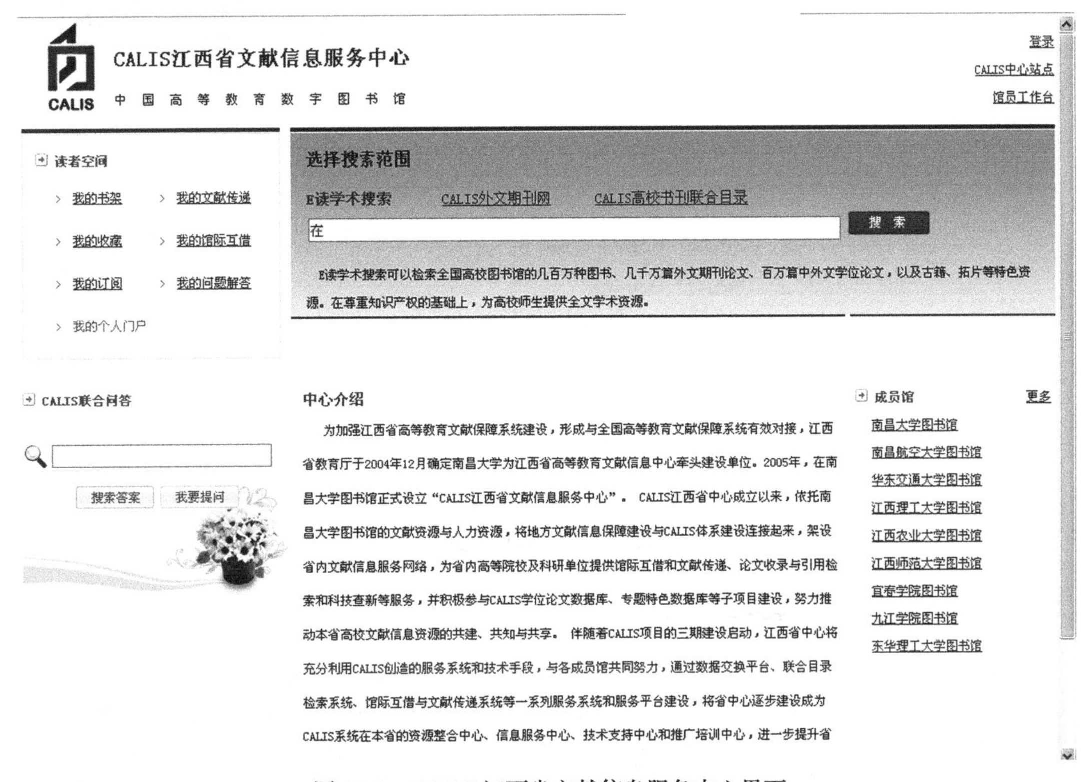

图 11-1　CALIS 江西省文献信息服务中心界面

(二)NSTL 文献传递服务

NSTL(http://www.nstl.gov.cn/)，即国家科技图书文献中心(National Science and Technology Library)，是根据国务院领导的批示于 2000 年 6 月 12 日组建的一个虚拟的科技文献信息服务机构，成员单位包括中国科学院文献情报中心、工程技术图书馆(中国科学技术信息研究所、机械工业信息研究院、冶金工业信息标准研究院、中国化工信息中心)、中国农业科学院图书馆、中国医学科学院图书馆。网上共建单位包括中国标准化研究院和中国计量科学研究院。中心设办公室，负责科技文献信息资源共建共享工作的组织、协调与管理。其宗旨是根据国家科技发展需要，按照“统一采购、规范加工、联合上网、资源共享”的原则，采集、收藏和开发理、工、农、医各学科领域的科技文献资源，面向全国开展科技文献信息服务。

NSTL 文献传递系统采用集中式文献传递服务模式，通过网络向读者提供科技文献资源检索和全文提供服务，为国内的科技创新提供文献保障。目前 NSTL 管理中心在全国各地已经建成了 8 个镜像站和 33 个服务站，构成了辐射全国的网络化的科技文献信息服务体系。NSTL 提供文献传递的资源类型多种多样，包括科技期刊、会议论文、学位论文、科技报告、专利、标

准等文献。NSTL 主页如图 11-2 所示。

图 11-2 NSTL 主页

（三）CASHL 文献传递服务

CASHL（http：//www.cashl.edu.cn/portal/），中国高校人文社会科学文献中心（China Academic Humanities and Social Sciences Library）的英文简称，该项目是教育部根据高校人文社会科学的发展和文献资源建设的需要引进专项经费建立的。其宗旨是组织若干所具有学科优势、文献资源优势和服务条件优势的高等学校图书馆，有计划、系统地引进国外人文社会科学期刊，借助现代化的服务手段，为全国高校的人文社会科学教学和科研提供高水平的文献保障。是全国唯一的人文社会科学外文期刊保障体系。CASHL 由两个全国中心、五个区域中心和十个学科中心组成服务体系，其职责是收藏资源、提供服务。

CASHL 采用的是集中式文献传递服务模式，以服务馆为中心，这是一种无中转的直接服务，读者将文献传递请求直接发送给服务馆，服务馆也将原文直接传递给读者。CASHL 通过检索高校人文社科外文期刊目次数据库提交文献传递请求，当检索高校人文社科外文期刊目次数据库显示无馆藏时，只能向北京大学、复旦大学、武汉大学和厦门大学 4 家图书馆中的一家请求代查代检服务。出于版权考虑，CASHL 要求读者对同一本期刊的文献申请数量不能超过 4 篇，超过部分视为无效请求。CASHL 主页如图 11-3 所示。

（四）读秀学术搜索文献传递

读秀学术搜索集文献搜索、试读、文献传递、参考咨询等多种功能于一体，以海量的数据库资源为基础，为用户提供切入目录和全文的深度检索，以及部分文献的全文试读。读者可以通过阅读文献的某个章节或通过文献传递来获取他们想要的文献资源。

图 11-3　CASHL 主页

读秀学术搜索文献传递不同于一般的图书馆服务，它打破了传统的信息传递方式。其特色在于由机器自动接受文献传递申请，通过用户提交的 E-mail 指令自动进行文献传递，因而信息的获取速度得到极大的提高。为维护原著者和出版者知识产权的利益，读秀电子图书原文传递时规定，每次最多提供 50 页的电子图书原文传递，同一本图书每周传递量不超过全书的 20%。读者先根据显示的目录页，选定所需的页数，提交需求信息，电子图书原文以电子邮件的方式，发送到读者的信箱中，每次发送的原文可以有 20 天的有效期，这一期间内，读者可以随时浏览。读秀提供各种类型的文献资源传递服务，主要包括电子图书，期刊论文、学位论文、会议论文、科技报告、标准、专利等文献。读秀学术搜索主页如图 11-4 所示。

(五)JADL 文献传递服务

JADL(http: //www.jadl.net/)，江西省高校数字图书馆(Jiangxi Province Academic Digital Library)，是在江西省教育厅的领导下，坚持公开、公正、公平的建设原则，坚持整体规划、统一标准、联合建设、分步推进，为全体成员单位及江西省其他机构提供数字文献资源服务。JADL 分为中心馆、区域分中心馆、成员馆三级，目前共有 65 个成员馆。JADL 项目的总体目标是：通过建设面向江西省高等学校及其他相关机构的数字文献资源服务平台，整合各成员馆的现有数字文献资源，在全省高校图书馆及成员单位之间实现数字文献资源的共建、共知、共享。

JADL 文献传递服务采用集中式门户平台和分布式服务结合的方式，为江西省高校读者提供原文传递服务，JADL 检索平台其核心目前还是主要依托百链搜索完成。JADL 提供文献传递的资源类型多样化，包括电子图书，期刊论文、会议论文、学位论文、科技报告、专利、标准等文献。JADL 主页如图 11-5 所示。

图 11-4　读秀学术搜索主页

图 11-5　JADL 主页

三、文献传递示例

下面本书以读秀学术搜索文献传递服务平台为例，分别对电子图书和期刊论文文献的原文传递服务进行举例介绍。

(一) 电子图书原文传递示例

某医学院校的读者需要获取尚鹤睿著的《医患关系的心理学研究》一书全文，具体检索步骤如下：

(1) 首先到本馆 OPAC 里查找本馆资源，未找到本馆收藏该书纸版和电子版全文。

(2) 到读秀学术搜索平台，选择图书检索入口，直接输入书名查找(图 11-6)。

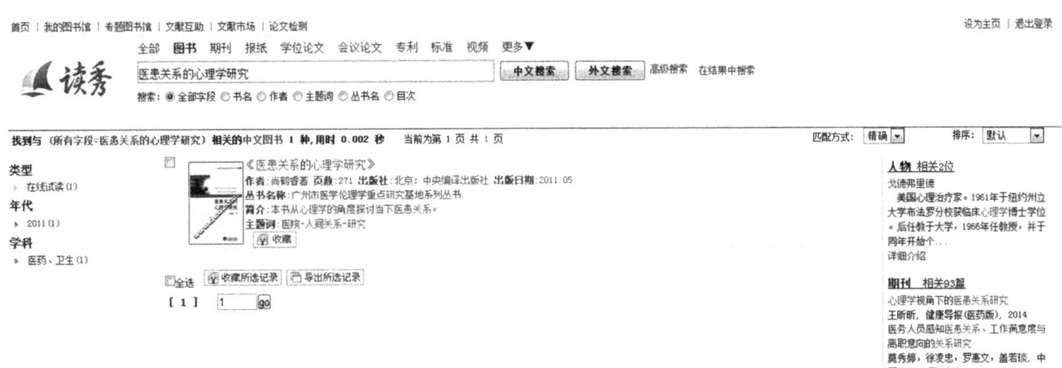

图 11-6　读秀电子图书检索界面

(3) 点击书名，进入图书信息页面，点击页面右侧的“图书馆文献传递”按钮(图 11-7)。

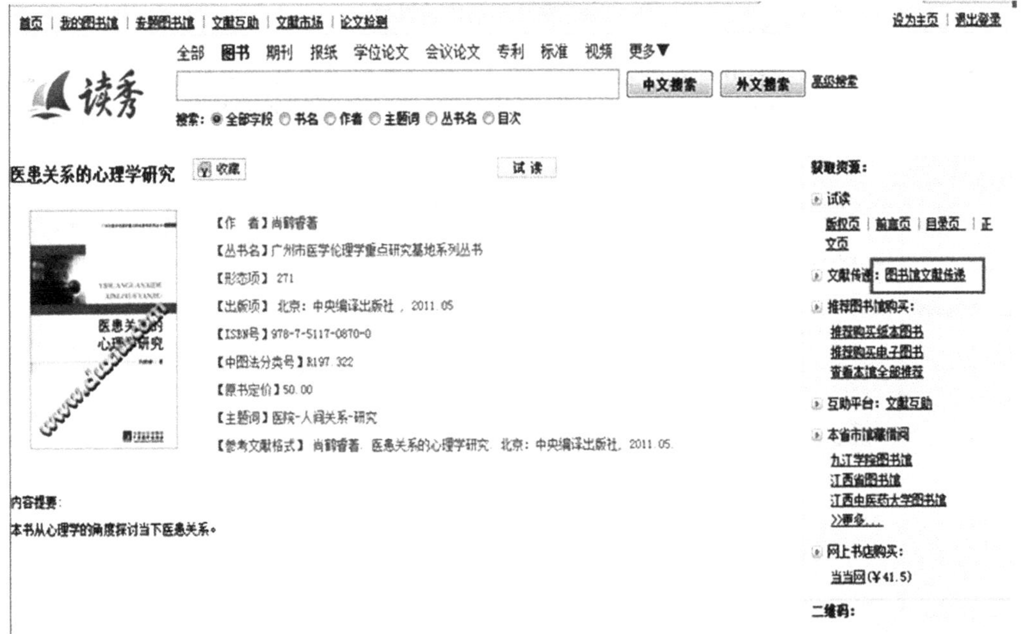

图 11-7　读秀电子图书文献传递界面

(4)进入传递确认页面，填写传递文献起始页，接收 E-mail 等信息，点击确认按钮(图 11-8)。

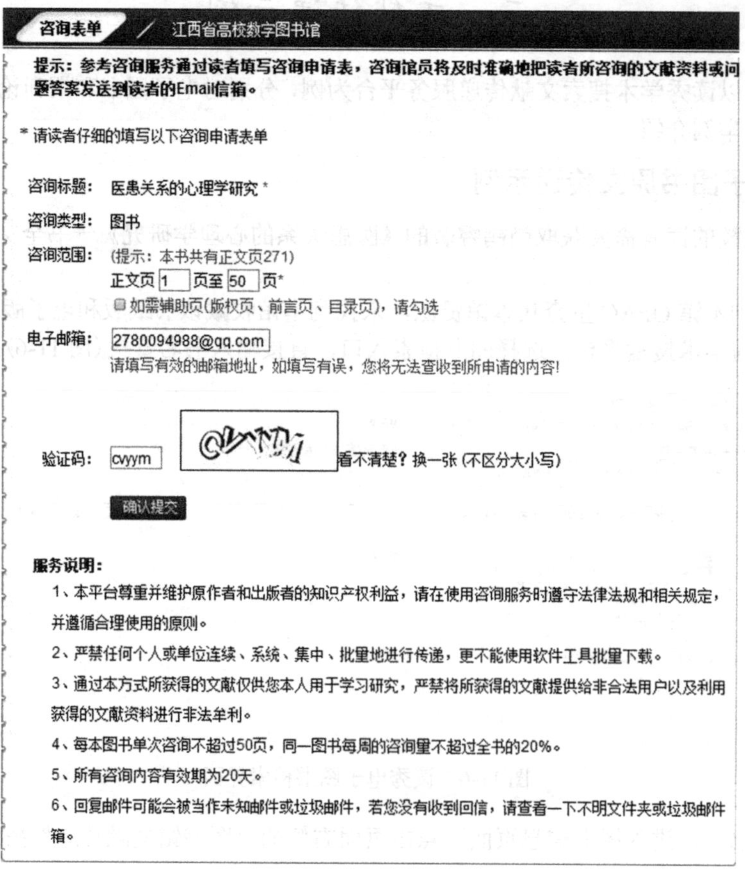

图 11-8 确认图书传递界面

(5)按下确认键后，打开邮箱查收电子原文。因为读秀电子图书是由机器自动进行文献传递服务，所以很快就能收到所申请的传递内容(图 11-9)，收到后点击链接即可打开相关的内容。

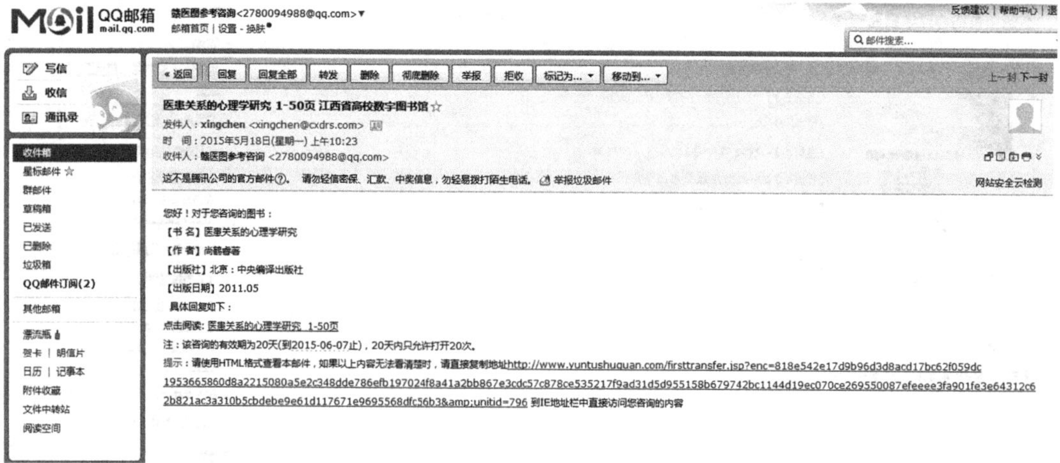

图 11-9 图书原文获取界面

(二)电子期刊论文原文传递示例

某医学院校教师需要获取发表在《中国热带医学杂志》2012 年第 10 期上面的文章“转化医学与医学发展”的全文，具体检索步骤如下：

(1) 首先到本馆所购数据库里查找该论文是否有电子全文，未找到该论文的电子全文。

(2) 到读秀学术搜索平台，选择期刊检索入口，直接输入论文标题(或应用高级检索)查找(图 11-10)。

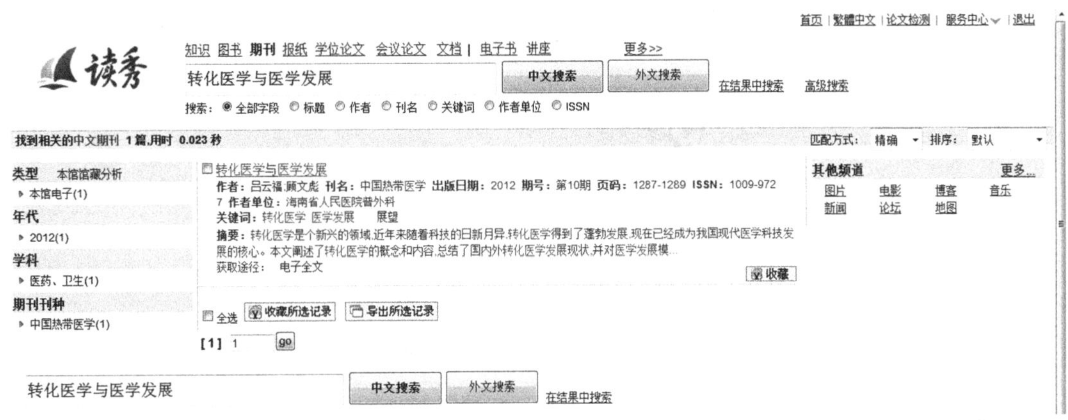

图 11-10 读秀电子期刊检索界面

(3) 点击标题，进入论文信息页面，点击论文详细信息栏右上角的“邮箱接收全文”按钮(图 11-11)。

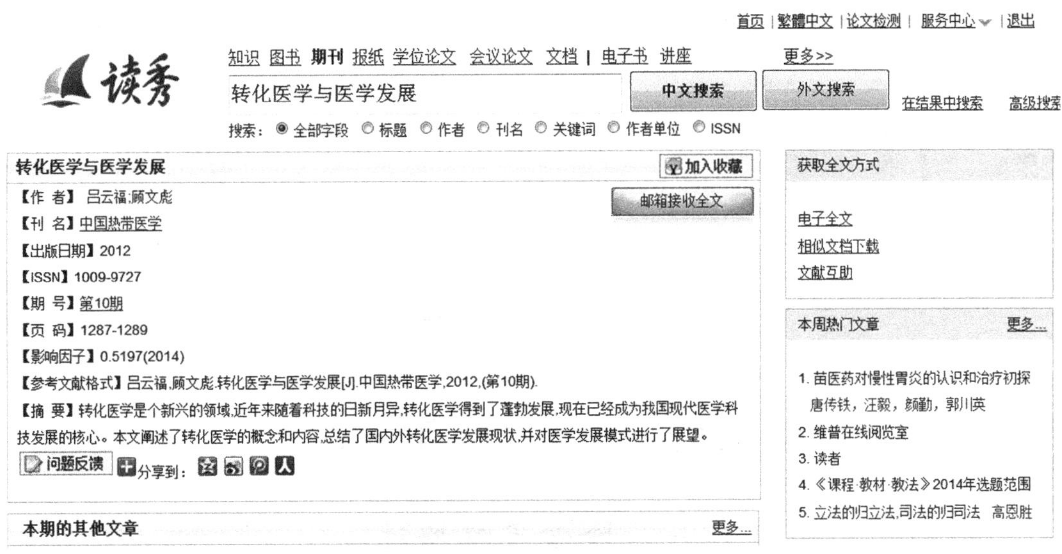

图 11-11 读秀电子期刊原文传递界面

(4) 进入传递确认页面，填写接收 E-mail 等信息，点击确认按钮(图 11-12)。

(5) 按下确认键后，等待邮箱接收电子原文，一般能较快地收到所申请的传递内容(图 11-13)，收到后点击附件，即可下载相关的内容。

全国图书馆参考咨询服务平台

您需要的全文将发送到您填写的邮箱中，请注意查收 。

咨询标题： 转化医学与医学发展

详细信息

电子邮箱： 2780094988@qq.com

请填写有效的邮箱地址，如填写有误，您将无法收到所申请的内容！建议使用网易或QQ等常用邮箱！

验证码： mcmbb 看不清楚？换一张

不区分大小写

确认提交

图 11-12 确认论文传递界面

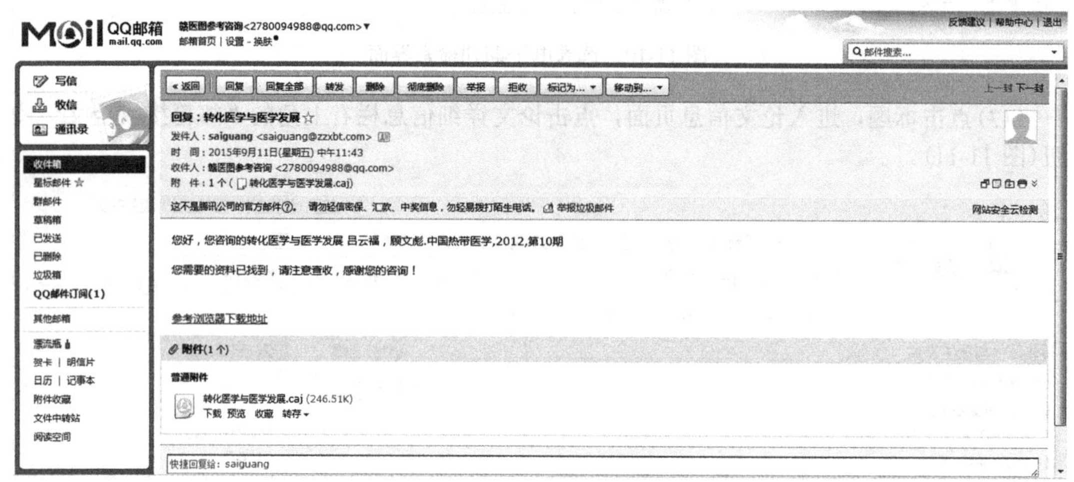

图 11-13 论文全文获取界面

第二节 检 索 策 略

一、检索策略概述

广义的检索策略是指为实现检索目标而制定的计划和实施方案，在整个检索过程中，起科学规划和指导作用。就是在分析课题特征、明确检索目的的基础上，选择合适的数据库和检索系统，确定检索词，选择检索运算符，构建检索式，执行检索，评价检索结果并调整检索式，直至获得较满意的检索结果的全过程。狭义的检索策略指检索过程中构建检索式的环节，包含检索词的确定、运算符的选择，检索字段的设定及限制条件的设置等。

无论是广义的还是狭义的检索策略，其构建过程都是涉及多学科知识与技能的复杂过程。用户对检索课题所在领域的熟悉程度，对所需要信息的明确程度，对数据库及其系统特性和功能的了解程度，编制逻辑检索式的技巧以及调整检索策略的方法等方面都会影响检索的整体效果。制定检索策略是一项全面的知识与技能，也是一种经验，须通过大量的练习，才可获得比较好的检索效果。

二、检索策略的制定

利用计算机检索工具进行检索时，用户构建检索策略的一般过程如下：

(一)分析检索课题，明确检索目标

分析检索课题的目的是使用户明确其课题要解决的问题，这是制定检索策略的根本出发点，也是检索效率高低或成败的关键。

1. 分析课题的主题　即分析课题的主题内容、所属学科性质，明确研究课题所需的信息内容，从而提出能准确反映课题核心内容的主题概念。

2. 确定课题的文献类型　通过对课题进行主题分析后，确定所需信息的文献类型。如果属于基础理论性探讨，要侧重于查找期刊论文、会议论文。如果是尖端技术，应侧重于科技报告。如果属于发明创造，技术革新，则应侧重于专利文献。如为产品定型设计，则需利用标准文献及产品样本。明确课题对检索深度的要求，弄清用户是需要提供题录、文摘还是原始文献。

3. 确定检索时间范围　根据课题研究的起始年代和研究的高峰期确定检索的时间范围。

4. 分析用户的检索评价要求　分析用户对检索评价指标是查新、查准还是查全。一般来说，若要了解某学科、理论、课题、工艺过程等最新进展和动态，则要检索最近的文献信息，强调查“新”；若要解决研究中某具体问题，找出技术方案，则要检索有针对性、能解决实际问题的文献信息，强调查“准”；若要撰写综述、述评或专著等，则强调查“全”。

(二)选择检索工具，确定检索方法

每种检索系统和数据库都有其自身的特点，有综合性数据库和专业性数据库之别，具体的数据库在专业覆盖范围、收录文献类型、文献语种和年限等都存在差异。只有全面了解各种检索系统和数据库的收录情况、标引和检索方法，根据课题涉及的学科和主题概念选择适合的检索系统和数据库，确定最佳的检索方法和途径，才能迅速准确地检索到课题所需要的信息。选择检索工具时可选择一个或多个检索工具，力求查全。

(三)确定检索途径，构建检索表达式

检索表达式，是用来表达用户检索提问的逻辑表达式，是检索策略的具体体现，其关键是正确地选词和配备逻辑算符。根据文献特征确定检索标识，构建检索提问表达式。如果课题属于单一概念，用单个检索词表达即可；对概念复杂的课题，可分解为若干概念单元，通过一定的逻辑算符组配检索词来表达信息需求。另外，在确定检索词时，应尽量选用规范化词，适当选择自由词作为补充。

(四)评价检索结果，修正检索策略

按照预定的检索策略进行检索，并对检索结果的相关性进行分析、评价。评价检索效果通常用查全率和查准率来衡量。查全率和查准率之间有着“互逆”的关系，即查全率提高，查准率就下降，反之亦然。一般来说，查全率在60%～70%、查准率在40%～50%时较为理想。当然，在实际检索过程中，往往很难同时兼顾查全率与查准率，应当根据具体的需要，合理调整

查全率与查准率。如果满足自己的检索需求，则根据需求采用一定的输出方式将检索结果输出。如对检索结果不满意，此时应对检索策略进行调整，以获取更好的检索结果。检索策略的调整可采取扩大检索或缩小检索两种方式。

(1)扩大检索：即增加检索文献量。删除“AND”连接的不重要检索词；增加用“OR”连接的检索词；位置运算符放宽；检索词后用截词符；增加副主题词；选用上位主题词扩检，或选用扩展全部树检索；用“OR”连接主题词和自由词检索；扩大学科范围检索；多检索几个信息检索系统。

(2)缩小检索：即减少检索文献量。增加“AND”连接的检索词；用二次检索；用特定的主题词限定检索；用字段限定检索；用主要主题词进行加权检索、下位主题词检索或不扩展检索；进行文献类型、语种、核心期刊、年份等限定检索；用逻辑非“NOT”来排除无关检索词。

第三节 检索结果的整理分析

一、文献资料整理的重要性

信息检索的最终目的是利用。通过阅读检索到的各类文献，我们可以在继承和借鉴前人研究成果的基础上，开展科研创新工作，以避免重复性研究，节约科研时间，提高工作效率。

在信息检索阶段，利用多种检索技术，我们从不同的信息源查找到了大量的相关文献，如期刊论文、学位论文、报告、实验数据、考察资料等。不同来源、类型和格式的文献如果杂乱无章地保存在计算机的某个文件夹里，利用的时候同样无从下手，在论文的写作过程中，想要找到某篇符合条件的文献，无异于大海捞针。因此，除了信息意识、信息道德、信息获取能力和信息评价能力以外，在信息素养的一系列评价指标中，信息的有效整理与分析利用能力也是核心要素之一。

二、文献资料的整理与分析

(一)文献资料的整理

对文献资料的整理，可分为形式整理和内容整理两个方面。形式整理就是对检索到的各类文献进行分类、标记和存档，以便于日后的检索利用。内容整理则是在阅读的基础上，对文献资料的来源、与研究项目的相关度、学术水平等几个方面进行分析、鉴别和判断，保留对研究项目有价值的文献，剔除不相关和内容质量较差的文献。目前，对文献资料的形式整理，我们通常利用专业化的个人文献管理软件协助进行，这部分内容将在本章第五节中做详细介绍，本节我们主要论述文献资料的内容整理。

在文献检索的过程中，我们通常力求“查全率”，即将所有相关文献全部检索出来，但这样也势必给我们阅读文献带来一定的问题。检索出的文献质量良莠不齐，高质量、有价值的文献占全部文献的一小部分，学术质量一般或对我们研究帮助不大的文献很多，这就要求我们首先对检索到的文献进行筛选和分类，选出重要的、与研究主题高度相关的文献。我们通常用文献所包含信息的可靠性、新颖性和适用性三个方面作为标准筛选文献。

1. 可靠性 ①通常著名出版单位或期刊出版的文献大多由该领域专家同行评议后发表，具有较高的可信度；②学位论文、专利、标准等类型的文献内容也具有较高的可靠性；③被引用次数多，或被其他学者给予较高评价的文献，其内容可靠性也较高；④从文献的内容角度判

断，那些立论科学、论据充分、实验数据准确、逻辑性强、技术成熟的文献，其内容可靠性也较高。

2. 新颖性　一般来说，新研究领域、新发现、新技术其创新性较强，具有较高的新颖性，因此其价值通常也较高。而在原有研究基础上的补充或进一步论述，其内容的新颖性相对较低，其信息的价值也就大打折扣。但有重大突破的研究毕竟是少数，我们在参考时，也要提高分辨能力，不能一味追求突破性的成果而忽视了对成熟理论和方法的掌握。

3. 适用性　一篇文献所包含的价值往往因人而异，同一研究领域，对一个选题具有较高价值的文献，可能对另一个选题的参考意义不大，一篇博士论文可能对一个本科生的参考意义不大，因此，对文献的筛选也要分析具体研究人员的研究水平、科研环境等因素。适用的文献就是价值较高的文献。

(二) 文献资料的阅读分析

科研工作的整个过程都离不开大量学术文献的阅读。对一个学科领域或课题的了解，我们通常首先阅读专业内 1～2 本经典书籍，在此基础上，大量的阅读专业文献，以全面了解本领域各个研究分支和研究现状，最后专注于某一具体研究方向的文献阅读。

在科研活动高度活跃的今天，即使是一个学科中的某个研究方向其文献量通常也非常巨大，研究者不可能有足够的时间和精力全部看完，这就需要在阅读专业文献时掌握一定的阅读方法和技巧。我们将常规的文献阅读规律总结如下：①先看综述性和评论性文献，再看具体研究性文献；②多数文章看摘要，少数文章精读全文；③先阅读中文文献，再阅读外文文献；④优先阅读核心期刊文献，经典文献。

不同研究阶段阅读文献的方法和侧重点也有所不同。

(1) 确立课题阶段：阅读综述性和评论性文献，在此基础上大量阅读有价值的研究文献。

(2) 开展研究阶段：不断追踪本研究领域和方向的研究进展，并精读重点文献，了解其发现和研究问题的方法。

(3) 做实验阶段：针对实验中遇到的问题，有针对性的选读文献。

(4) 论文写作阶段：重点阅读被引率高的文献，学习论文写作技巧。

第四节　医学信息鉴别与评价

一、医学信息的鉴别

对所获得的医学信息进行鉴别的方法就是“去粗取精、去伪存真、由表及里、由此及彼”的过程。“去粗取精、去伪存真”是从信息的外部联系进行分析，对获得的信息去掉粗材，保留精材，去掉虚伪，保留真实，才能为进一步揭示事物本质，为得出正确结论打下基础。“由表及里、由此及彼”是从信息的内部联系入手进行分析，通过综合分析抓住事物之间的因果联系，通过周密的逻辑思维和严谨的推理抓住事物的本质。总之，通过上述鉴别过程，才能获得有价值的信息。

(一) 从文献的外部特征入手鉴别

1. 期刊的级别和类型　核心期刊或经同行评议过的期刊的内容比较真实可靠性强，有较好的新颖性和先进性，而且格式规范严谨。

2. 作者及其单位　高校及各级科研机构的学者发表的论文质量较好，他们往往有较好的工作基础、研究条件及人员队伍，积极主动开展高质量的科学研究。

3. 课题来源 高等级的课题一般有充足的经费支持，课题设计合理，研究方法、技术路线清晰，结论可靠，如国家级课题。

4. 文献被引用及被收录情况 一篇论文是否被世界上著名的生物医学数据库所收录也可以反映该文的质量。另外，论文的被引用次数是反映论文的价值和影响力的客观指标。

（二）从文献的内部特征鉴别

1. 研究方法的评估 判断一篇论文是否有参考价值，首先应着眼于其方法学部分，而不是该研究的目的、研究结果、讨论部分的推理。一般应从以下几方面进行评估：①研究是否具有新颖性；②研究对象描述的是否清晰，研究设计是否合理，是否明确了干预措施或暴露因素等；③是否避免或减少了系统误差；④研究是否符合基本的统计学要求，或者数据分析时采用的统计学方法是否有误等。

2. 采用循证医学的原则和方法评估 一般从以下三个方面进行考虑：①研究的内在真实性，即上述有关研究方法评估所涉及的问题，这是评价论文质量的核心；②研究的临床重要性，即研究本身是否具有临床价值，一般采用客观指标，如诊断试验采用敏感度、特异度、阳性和阴性预测值、似然比及Roc曲线等指标判断其临床价值，干预研究采用相对危险度降低率等干预措施的效应及临床价值；③研究的外在真实性，也称研究的适用性，是指研究结果的推广应用价值，即针对不同地点的不同人群及具体的研究病例，研究结果或结论是否同样适用。事实上，在实践循证医学的过程中，要将证据用于指导临床决策，严格评估其外在真实性是十分重要的，也是临床医生十分关心的问题。

（三）从文献的整体鉴别

一般评估内容包括研究内容是否紧扣题目，通篇构思是否完整，布局是否合理，论点是否鲜明、论据是否充足完备、论证是否合理严谨等几方面。

二、医学信息的评价

（一）医学信息评价方法

目前学术评价主要采用的方法有定性评价、定量评价、专定评议、同行评议和第三方评价等。

1. 定性评价 定性评价是评价者根据自己的主观经验与观察，对所评对象的属性做出判断，定性评价多采用一定的语言来描述评价的结果。

2. 定量评价 定量评价是采用数学的方法，收集和处理数据资料，对评价对象做出定量结果的价值判断。定量评价强调数量计算，以测量为基础，具有客观化、标准化、精确化、量化、简便化等鲜明的特征。

3. 专家评议 专家评议是邀请有关学科的专家、医学信息专家等，按照一定的指标体系对论文、期刊或网站等进行评价。

4. 同行评议 广义的同行评议也可理解为专家评议。目前学界讨论较多的是狭义的同行评议，即作者投稿以后，由刊物主编或纳稿编辑邀请具有专业知识和造诣的同行学者，来评议论文的学术和文字质量，提出意见和判定，主编按评议的结果决定是否在刊物上发表。

5. 第三方评议 由具有一定行业评定资质机构或公司遵照一定规范，对项目、论文或网站进行评价。如查新机构对立项项目或鉴定项目所进行的新颖性论证。

（二）期刊评价

1. 期刊的真实性 每种正式出版发行的期刊都有唯一的“ISSN”号，即期刊的国际连续出版物编号(有些内部出版物没有)，检索者和投稿者对于不熟悉的期刊，应当首先查验其真实性。国家新闻出版总署(http：//www.gapp.gov.cn/)提供期刊真实性查询功能。通过查询能了解到所查期刊是不是正式出版物。

2. 期刊的质量 一般来说，高质量的期刊其文献的质量也往往较高，期刊的质量可以从以下几个方面来评价。

(1)是否被重要数据库收录：如果期刊能被国内、国际重要数据库、会议录收录，那该期刊的质量是比较高的。对国际性期刊进行评价，可查：Science Citation Index(SCI)、Social Sciences Citation Index(SSCI)、Arts & Humanities Citation Index(A&HCI)、The Engineering Index(EI)等系列引文数据库以及 Conference Proceedings Citation Index-Science(CPCI-S)、Conference Proceedings Citation Index-Social Sciences & Humanities(CPCI-SSH)等国际科学技术会议录索引。对国内的期刊进行评价，可查：中国科学引文数据库(CSCD)、中国引文数据库(CCD)、中国科技论文与引文数据库(CSTPCD)、中文社会科学引文索引(CSSCI)以及北京大学发布的最新中文核心期刊要目总览。

(2)期刊影响因子：学术期刊所刊载的论文被引用情况可以用来对期刊进行评价，评价指标有影响因子、即年指标、被引半衰期、总被引频次等。其中影响因子(Impact Factor，IF)是指某期刊近两年所刊载文献的平均被引用率，即某期刊前两年发表的论文在该报告年份中被引用总次数除以该期刊在这两年内发表的论文总数，目前已成为评价期刊质量的一个重要指标。一般认为，期刊影响因子越高，其质量越高。查询外文期刊影响因子，可使用 Web of Science 中的 JCR(Journal Citation Reports)，其中 JCR Science Edition 用于查询自然科学类期刊，JCR Social Sciences Edition 用于查询人文社会科学类期刊。查询中文期刊的影响因子，可使用中国学术期刊(光盘版)电子杂志社和中国科学文献计量评价中心联合推出的《中国学术期刊综合引证报告》。PubMed 中文网旗下的 SCI 期刊数据库也可以查询期刊近十年的影响因子及变化曲线。

(3)国际影响力系数：国际影响力系数是某期刊在本学科范围内国际所有同类刊物中影响因子大小的排名情况，一般是对应于 SCI、SSCI、EI、SCIE 收录。刊物的国际影响力等于影响因子乘以国际影响力系数。排名前 10%，国际影响力系数为 3.0；排名 11%～30%，为 2.0；排名 31%～60%，则为 1.5；61%以后的，则为 1.0。期刊影响因子虽然可在一定程度上表征其学术质量的优劣，但受诸多因素影响，并非是一个最客观评价期刊影响力的指标。国际影响力系数的引入，能弥补单从影响因子来评价不同学科期刊的不足，对影响因子起到一定的校正作用。

(4)编辑团队或论文作者：一般来说，如果主编单位是国际知名协会，其旗下杂志，虽然影响因子未必是该领域最高的，但其影响力也是不可小视的。如果期刊所刊论文的作者多是该领域一流专家，那该刊物的影响力也是很可观的，当然，这类杂志的影响因子往往也很高。

(5)期刊的历史：许多科学期刊具有悠久的历史，如 AJP 系列、Lancet 等，都有上百年或一百多年的历史，这个影响力也是巨大的，虽然 AJP 系列影响因子并不高。

(三)论文的评价

1. 文献的来源 来源可靠、质量高的论文，其自身的可靠性和质量就会得到保障。来源于期刊的论文，可通过上述期刊的评价指标来判断期刊的可靠性和质量，从而初步判断论文的可靠性和质量。若论文来源于网络，则可通过网站的一些评价指标来判断网站的可靠性和质量。

2. 作者的学术影响力 某个专业领域内知名的专家或学者所发表的论文一般质量都是比较高。对于不熟悉的作者，我们又如何来判断其学术水平呢？h 指数(h-index)是一个混合量化指标，最初是由美国物理学家乔治·赫希(Jorge Hirsch)在 2005 年的时候提出来的，其目的是量化科研人员作为独立个体的研究成果。如果一位科学家的出版成果以它们被引生命周期的数字

进行排序的话，那么h指数就是一个最大值，这个最大值是指每篇论文至少被引了h次的h篇文章。H指数越高，说明该作者的影响力就越大。

3. 论文被引用次数 通常情况下，好的、高质量的文献被引用的次数多，有生命力的论点被引用的年限长。所以文献被引情况是评价文献的科学价值和影响力的重要指标。当然，文献被引用次数与其价值之间的关系也不是绝对的。文献的被引用受诸多因素影响，如语种、学科、可获得性等。另外，有些错误的观点、方法、或有争议的结论，后人出于批评或商榷的目的也可能会多次引用。

4. 论文本身的真实性、重要性和相关性 这类评价需要运用检索者本人的专业知识和科研能力，以及数理统计知识综合判断。如临床研究文献，就要考察其研究对象的样本量的大小、有无采用随机和盲法、随访和失访率等来判断其实验结果的真实性；考察研究设计是前瞻性还是回顾性的，来判断其重要性；结合自己的专业知识来判断该文献与自己当前问题的相关性。

5. 同行与专家评议 经同行与专家评议的论文，其真实性及可靠性相对较高。

(四)网络医学信息资源评价

随着互联网信息技术的飞速发展，越来越多的信息资源能从互联网上获取，如各种开放存取资源、医药健康网站资源、博客资源、论坛等。然而，在互联网上，人们可随意发布信息，导致网络信息良莠不齐，所以我们在使用网络信息前，必须对所获得的信息的质量进行评价，确保信息的可靠性。

对网络医学信息资源的评价可以根据用户的经验，但更科学的方法则是应当对网络医学信息资源的评价制定客观的评价标准。对网络上的医学信息资源评价，可以应用“10c”原则。所谓“10c”原则，是指用以下10项标准进行网络医学信息资源的评估：

1. 内容(content) 信息内容可以反映信息的本质。用户通过对信息的浏览，可以了解到信息的倾向性、目的性、学术性，再结合信息发布更新的日期，作出对信息内容的评价。

2. 置信度(credibility) 置信度指的是信息发布者的可信程度，亦即其发布的信息质量是否可靠。一般认为，权威机构或作者发布的信息可靠性要高一些，即置信度要高一些。用户可以从作者(机构)和作者的权威性、信息发布的目的以及网址的后缀名来判断信息的可靠性。

3. 批判性(critical) 浏览信息时，搜索者应利用自己的知识和经验对信息内容进行判断，而不应盲目接受或一概摒弃。

4. 版权(copyright) 版权主要强调的是信息资源中所含的文字、图表、影像、声音等内容的所有权归属，用户在网上使用信息时，必须尊重版权。

5. 引用(citation) 正式的或权威的网上医学信息都会给出引用来源。

6. 连续性(continuity) 用户从某站点选取信息时，应考虑该站点是否可长期依赖，同时还应考虑该站点的收费情况。用户从某站点搜索信息时，要注意信息内容的更新速度和成本的最佳结合。

7. 审查制度(censorship) 可根据站点对资源利用的审查制度和非公开领域的大小，了解某站点或某一信息的可靠性和真实性。

8. 连接性(connectivity) 某站点在面对多个用户的登录要求时，是根据什么机制来满足每个用户的要求的，能否在较短的时间内进入，是否允许多种访问工具，内容是否对各种网络浏览器开放等。

9. 可比性(comparability) 信息在网上发布的同时，是否也以印刷品或CD形式发行，站点中的信息是否全面，用户是否需要对不同时段的数据或统计数字进行比较等，这些都必须由用户结合自己的情况来考虑。

10. 条件(condition) 在搜索信息之前，用户应首先确定自己的信息需求，然后确定使用什么样的资源来满足需求，同时又不会造成大量的数据冗余。最后再根据所获取信息重新调整

自己的信息需求。

第五节　学术资料积累与个人文献信息管理软件

一、学术资料的积累

科研工作特别是撰写论文应尽量收集详细资料，一篇 5000 字左右的论文，可能要搜集几万甚至几十万字的资料。资料是科研和论文写作的基础，没有资料，就如巧妇难为无米之炊，研究无从着手，观点无法成立。所以，详尽收集资料是论文写作之前的一项极重要的工作。

(一) 资料类型

论文写作之前，至少应当占有如下五个方面的资料：

1. 第一手资料　第一手资料是论文中提出论点、主张的基本依据。包括：与论题直接有关的文字材料、数据、图表等，如统计材料、典型案例、经验总结等；自己在实践中获得的感性材料。没有这些资料，撰写的论文只能是空谈。对第一手资料要注意尽早收集，同时要注意其真实性、典型性、新颖性和准确性。

2. 他人研究成果　这是指国内外对有关该课题学术研究的最新动态。对于他人已经解决了的问题不必再重复进行研究，可以此作为出发点，并可从中获得启发、借鉴和指导。对于他人未解决的，或解决不圆满的问题，则可以在他人研究的基础上再继续研究和探索。

3. 边缘学科材料　当今时代是信息时代，人类的知识体系呈现出大分化、大融合的状态，传统学科的分界逐渐被打破，出现了各种边缘学科。掌握边缘学科的材料，可以使我们研究的视野更开阔，分析的方法更多样。如研究公共卫生方面的课题时，往往还得用上社会学、管理学、人口学等学科知识。

4. 权威文献　包括名家论述、政策方针和法律法规等。名人的有关论述极具权威性，对准确有力地阐述论点大有益处。政策方针是党和国家制定的行动准则及前进方向，准确理解和把握政策方针，不至于提出错误的论点。法律法规是依法治国的根本，论文的论点不能违背相应的法律法规。

5. 背景材料　搜集和研究背景材料，有助于开阔思路，提高论文质量。事物的发生，往往都有一定背景，掌握背景材料，科研中才能取得更深入的研究成果。

(二) 对搜集到的资料的整理

对搜集到的资料如何进行整理呢？资料的整理过程实质上是资料的辨析过程，这里有几方面的工作是不可缺少的。

1. 适用性　选择资料时，应以作者所要阐明的中心论点为依据。哪些资料可用，哪些资料不能用，都要根据这个中心论点来决定，资料必须服从于中心论点的统帅。不能把一些不能充分说明问题的资料搬来做牵强附会的解释，也不能将一些不适用的资料塞进论文中，导致论文中心不突出，降低了论文质量。

2. 全面性　如果材料不全面，缺少了某一方面的材料，论文的论述也往往不全面，会出现偏颇、漏洞，或由于证据不足难以自圆其说。如在论述两种事物的关系时，既要搜集两者相互依赖、相互促进的资料，也要搜集两者之间存在矛盾的资料，这样论文才能论述全面。

3. 真实性　资料的真实性直接关系着论文的成败，只有从真实可靠的资料中才能引出科学的结论。在这方面要注意：①尊重客观实际，避免先入为主的思想，选择资料不能夹杂个人的好恶与偏见，不能歪曲资料本来的客观性；②选择资料要有根有据，采用的第一手资料要有来历，选取的第二手资料一定要与原始文献认真核对，以求得最大的准确性；③对资料来源要加以辨别，清楚作者的生活背景、写作意图及政治态度等，并加以客观的分析评价。

4. 新颖性 资料的新颖性包括两方面的含义：一是指前所未有，即新事物、新思想、新发现和新方向等；二是指某事物虽早已存在，但尚未发现其新的价值和新的应用等，这种也是新颖的资料。新颖不仅仅对资料产生的时间有所要求，更重要的是要从常见的资料中发掘新的利用价值。

5. 典型性 资料的典型性就是指这种资料对于它所证实的理性认识来说具有充分的代表性。选择的资料精悍而典型，往往能使问题阐述得更具有无可辩驳的逻辑力量。

二、个人文献信息管理软件

科学地管理文献、有效而准确地使用文献，是一个科学工作者的基本功，也是保证论文质量的一个重要因素。在论文写作的过程中，每位作者都会引用一定数量的参考文献。其实，不仅在论文的写作中需要引用文献，在撰写个人简历、课题申请书、专著以及其他出版物时也常常需要引用参考文献。另外，适当的准确引用参考文献，对于论文的质量有着明显的影响。因此，如何科学地管理文献、有效而准确地使用文献就显得特别重要。

(一)个人文献管理软件主要功能介绍

随着数字化文献的日益增多，为了高效收集、科学管理、便捷调用众多的文献，个人文献管理软件应运而生，成为广大科研工作者进行科学研究、论文撰写的得力助手。个人文献管理软件的主要功能如下。

1. 资源整合检索 提供检索界面，与现有数据库对接，可在线搜索也可过滤导入，允许用户自行添加，方便用户通过多种途径快速创建个人专题参考文献库。

2. 文献管理 支持多种文献类型的存储，包括书目、图像、PDF 文件等，并且可以根据需要对存储的记录进行查找、编辑、排序、统计、查重、全文管理(PDF、图片、表格、其他文件)、链接转换、数据库输出以及合并数据库等操作，实现个人参考文献库的有效组织和管理。

3. 文献引用 与文字处理软件(如 word)无缝集成，在其中嵌入功能菜单，在文献引用时能按要求插入参考文献，自动生成引用标记和规范的、符合出版版式的参考文献格式；也可定位引用参考文献，并可即时查看生成的参考书目。

4. 知识管理 具有笔记功能，可以随时记录阅读文献时的思考，参考文献资料和笔记相关联，方便查询、引用。检索结果可以长期保存，并自动推送符合特定条件的相关文献，便于长期跟踪某一专业学科的研究动态。

5. 投稿模板 提供合乎各种杂志要求的稿件模板，模板中预先定义了相关刊物一篇完整稿件需要具备的所有关键元素，能够协助用户进行稿件的创建，大大简化写作过程。

6. 文献分析 对文献进行分类并且根据关键词相交度整理出所有文献的分布情况，对于课题选择文献分析很有帮助。

(二)常用的个人文献管理软件

目前较为常用的专业化文献管理软件，国内的有 NoteExpress、E-learning、医学文献王等，国外的主要有 EndNote、ReferenceManager 等。NoteExpress 是目前较为流行的一款专业级别的文献检索与管理系统，由北京爱琴海软件公司研发，其核心功能是帮助读者在整个科研过程中有效利用电子资源，检索并管理得到的文献摘要、全文，撰写学术论文、学位论文、专著或报

告等。和国外同类软件相比，NoteExpress 具有更好的中文信息兼容性，更高的效率，对国内用户来说，更容易上手。EndNote 是一款国际通用的文献管理软件，也是 SCI 的官方软件，由美国 Thomson ResearchSoft 公司于 20 世纪 80 年代研发，是国际上较早推出的文献管理软件。EndNote 主要功能包括在线文献搜索、收藏和管理个人文献库图片库、定制文稿等，功能强大，但对于国内用户来说，较难上手。

各种个人文献管理软件主要功能基本相似，本书以 CNKI 的 E-learning 软件为例，介绍此类软件的使用。

(三) CNKI E-learning 的使用

1. E-learning 软件概述 E-learning(http://elearning.cnki.net)是中国知网自主研发的集文献管理、文献研读、笔记记录和管理、参考文献样式编辑等功能于一体的数字化学习和研究平台，目前该软件全免费供广大用户使用，并且有客服在线提供使用指导和帮助。E-Learning 软件的页面主要分为菜单栏、工具栏、导航栏、主界面和底边栏，共五个部分(图 11-14)。

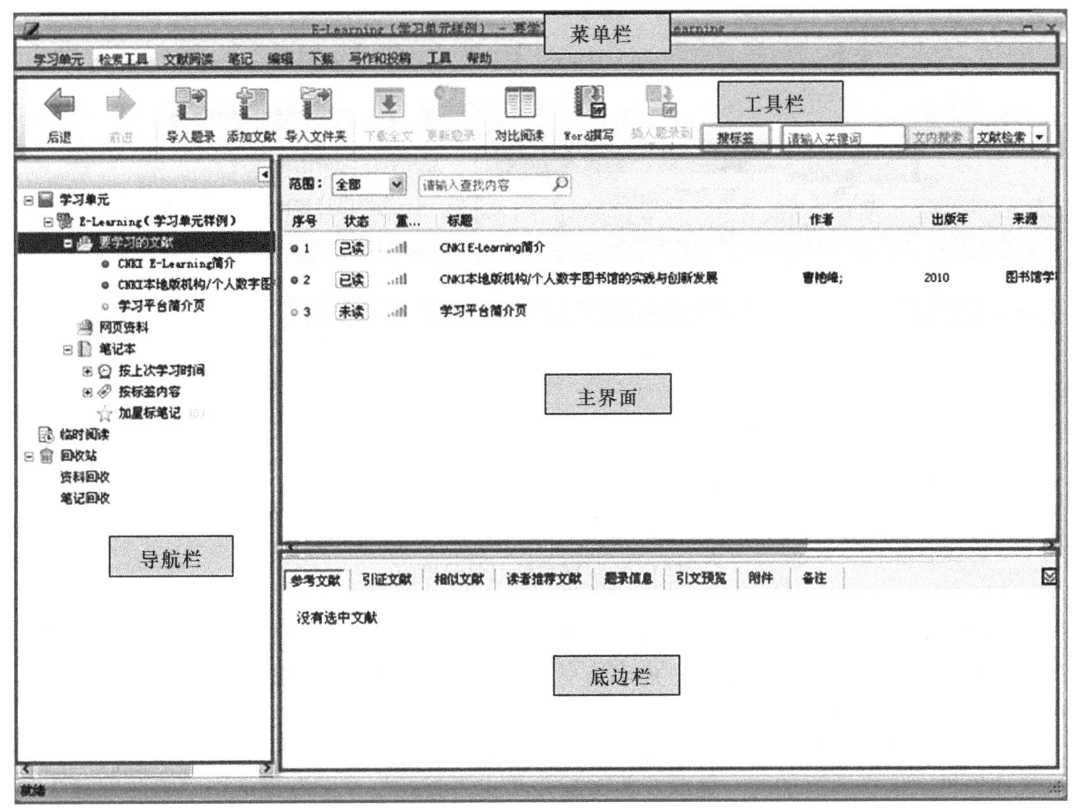

图 11-14 E-Learning 主界面

(1) 菜单栏：包括学习单元、检索工具、文献阅读、笔记、编辑、下载、写作和投稿、工具和帮助。

(2) 工具栏：每个界面的工具栏显示内容不同；包括每个界面的常用功能、搜标签和文内搜索及文献检索功能导航。

(3) 导航栏：包括学习单元、临时阅读和回收站，通过树的形式来管理。

(4) 主界面：文献题录信息列表，包括序号(是否有全文标识)、状态(已读和未读)、重要度、标题、作者、发表时间、来源、类型、上次学习时间和附件。

(5)底边栏：对应于列表中文献的题录、备注、附件和引文预览。

2. E-Learning 软件各模块功能简介

(1)学习单元：学习单元是查找资料、阅读文献、知识管理的最好媒介。通过学习单元可以有计划、有目的、有组织地获取领域知识和技术，实现对新知识的意义建构和对原有知识的改造及重组。在达到探究式的学习过程中，更好、更快地解决学习中的问题。学习单元为用户提供多种学习辅助功能，如检索工具、对比阅读、更新题录、笔记、编辑、下载等。

1)新建学习单元(图 11-15)：①选择菜单栏左侧的“学习单元”菜单下的“新建学习单元”；②单击工具栏上的“新建学习单元”按钮；③右击导航树上的“学习单元”根节点，选择“新建学习单元”；④快捷键“Crrl+N”。

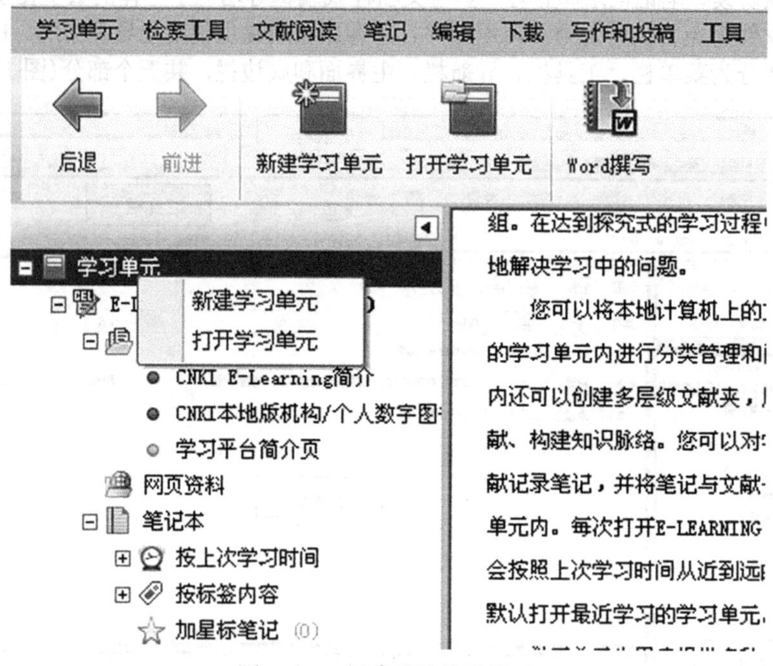

图 11-15 新建学习单元界面

2)打开学习单元：①选择菜单栏左侧的“学习单元”菜单下的“打开学习单元”；②单击工具栏上的“打开学习单元”按钮；③右击导航树上的“学习单元”根节点，选择“打开学习单元”；④快捷键“Crrl+O”。

3)添加文献到学习单元：①右键单击准备添加文献的文献夹，单击 “添加文献”，然后从计算机上选择要添加的一篇或多篇文献，单击“打开”。②左键选中“临时阅读”的某一篇文献，拖拽鼠标到某一学习单元下，再松开鼠标左键即可将该文献添加到指定学习单元中(图 11-16)。

(2)网页资料：网页资料是来源于互联网的资料，其保存在 E-Learning 导航栏中有“网页资料”目录下。用 IE 浏览器打开网页，点击右键，选择“CNKI E-Learning 保存网页”(图 11-17)，即可将网页内容保存到 E-Learning 的“网页资料”目录下供阅读(图 11-18)。

(3)检索工具：包括 CNKI 学术搜索、CNKI 总库检索、学者检索、科研项目检索、工具书检索、学术概念检索、翻译助手、统计指标检索、学术图片检索、学术表格检索等，只要单击菜单栏“检索工具”(或“文献检索”)下相应检索按钮，系统将自动连接到中国织网相关检索页面，如图 11-19 所示。

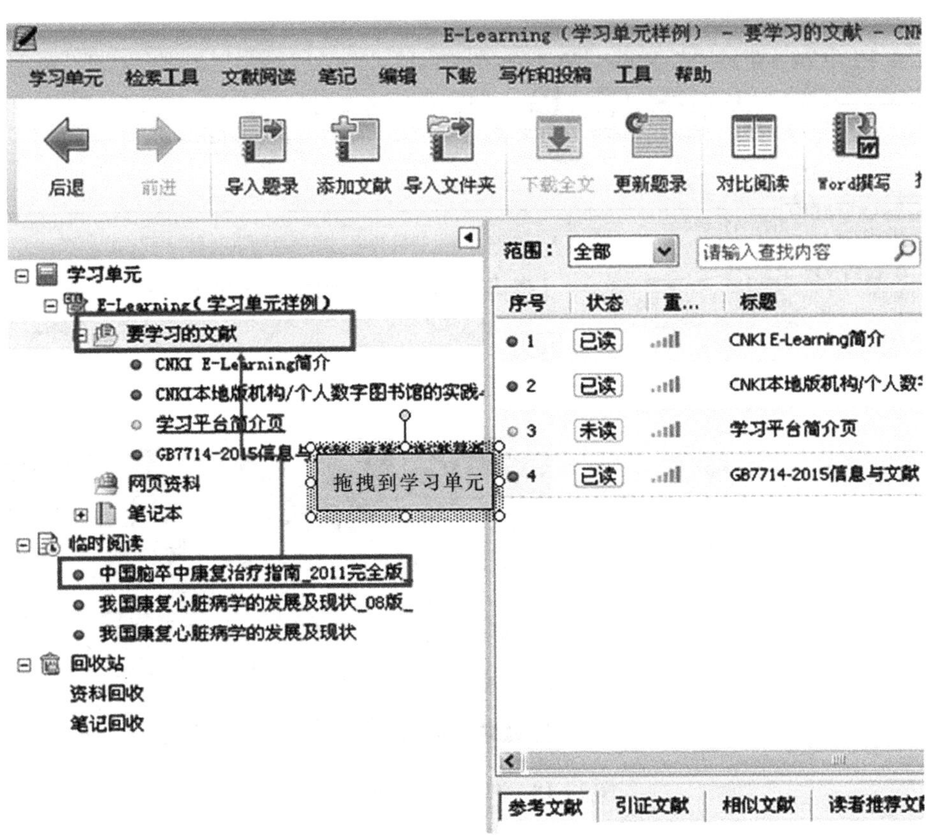

图 11-16　添加文献到学习单元界面

图 11-17　保存网页资料界面

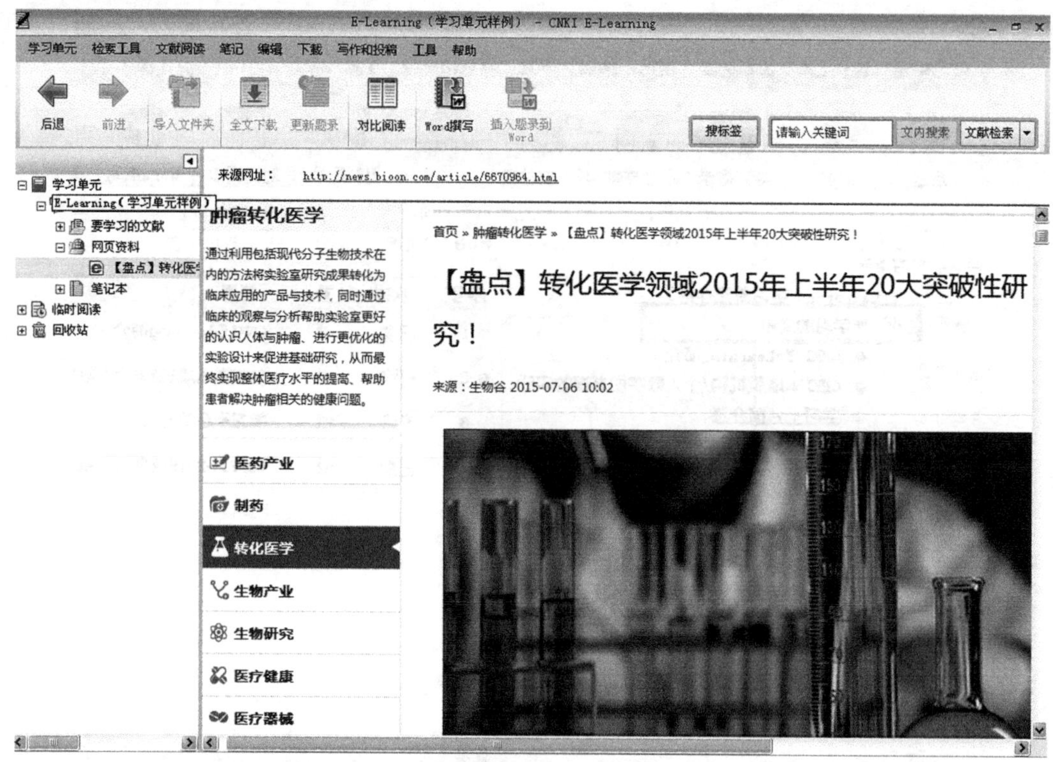

图 11-18　网页资料阅读界面

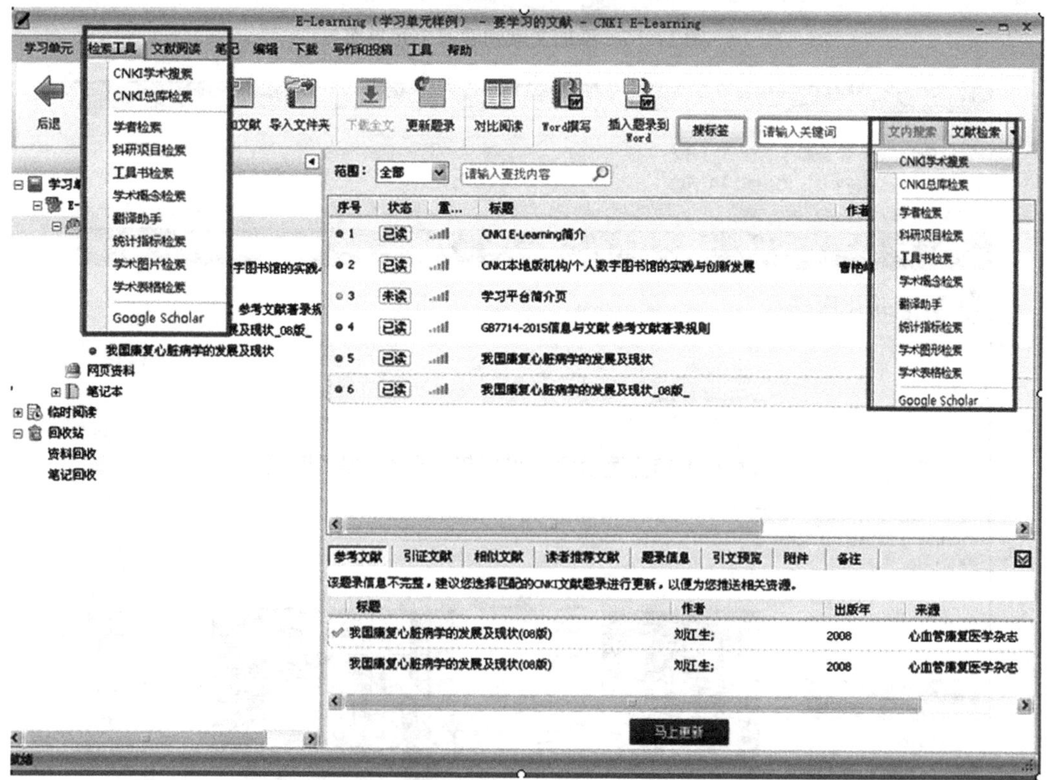

图 11-19　检索工具界面

(4) 文献题录：题录是描述文献的外部特征的条目，例如文献的重要度、标题、作者、发表时间等。E-Learning 主界面即是文献的题录列表，列表中的显示字段主要有：序号、状态、重要度、标题、作者、出版年、来源、类型、上次学习时间和附件。E-Learning 软件具有题录的排序、更新、导入、导出、编辑、检索题录内容和添加备注等功能。如图 11-20 所示。

范围：全部 请输入查找内容

序号	状态	重要度	标题	作者	出版年	来源	类型	上次学习时间	附件
1	未读		学习平台简介页				期刊	2011-11-08 13:45:16	
2	已读		CNKI E-Learning简介				期刊	2015-08-13 17:17:02	
3	已读		GB7714-2015信息与文…				期刊	2015-08-13 17:17:45	
4	已读		CNKI本地版机构/个人…	曹艳峰;	2010	图书馆学研究	期刊	2015-08-13 17:17:54	
5	已读		我国康复心脏病学的发…				期刊	2015-08-13 17:33:44	
6	已读		我国康复心脏病学的发…				期刊	2015-08-13 17:53:25	

题录列表

参考文献 引证文献 相似文献 读者推荐文献 题录信息 引文预览 附件 备注

标题	类型	链接

图 11-20 文献题录界面

(5) 文献附件：文献的附件分为四种类型：全文、相关资料、引证文献、参考文献。E-Learning 软件附件提供导出全文、添加全文、下载全文、添加附件、添加链接和修改附件类型等功能。对于只有题录的文献，双击文献打开时，会出现如图 11-21 所示的提示框，此时，用户可以从本地计算机上添加全文或直接从 CNKI 网站上自动下载全文。

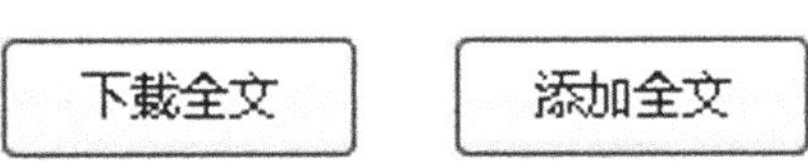

图 11-21 从题录添加全文界面

(6) 文献阅读：E-Learning 能阅读在系统主界面中阅读附件为全文的文献，双击文献题录，即可打开全文，或者在导航栏中直接点击文献题名(含临时阅读和网页资料目录下文献)，也可阅读全文。文献阅读附加功能主要有打开全文、选择文本、选择图像、文字识别、拖拽、页面显示、页面跳转与缩放、对比阅读和文内检索等功能。文献对比阅读界面如图 11-22 所示。

(7) 记录笔记：E-Learning 支持将文献内的有用信息记录笔记，并可随手记录读者的想法、问题和评论等；支持笔记的多种管理方式：包括时间段、标签、笔记星标；支持将网页内容添加为笔记(图 11-23)。

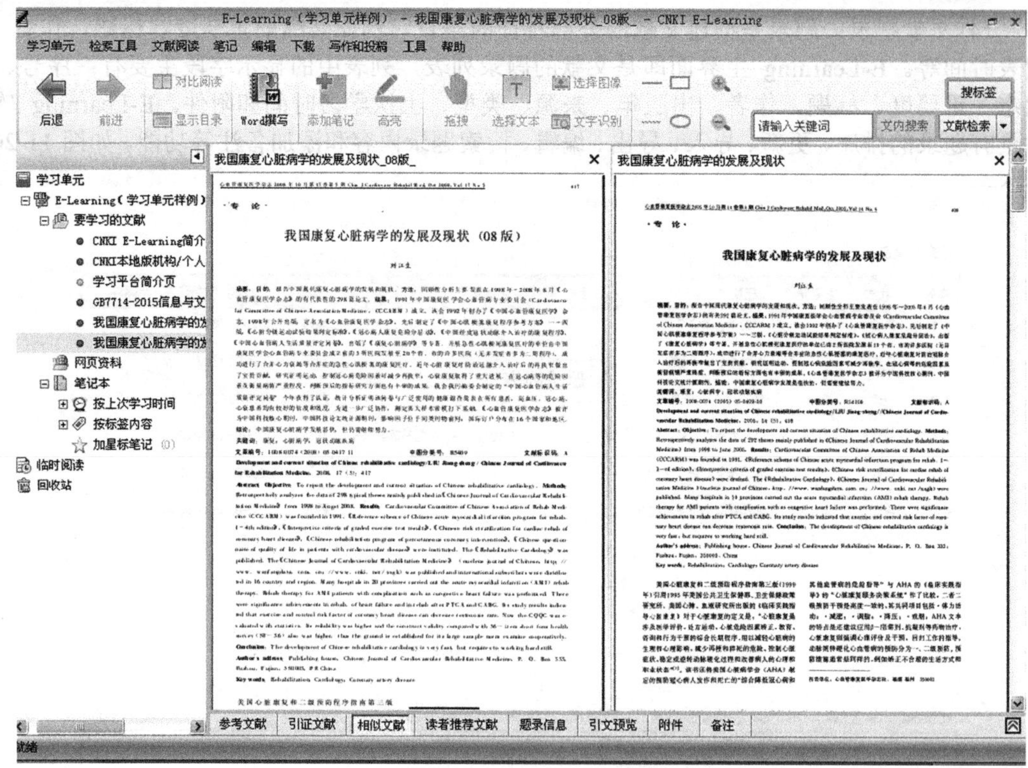

图 11-22 文献对比阅读界面

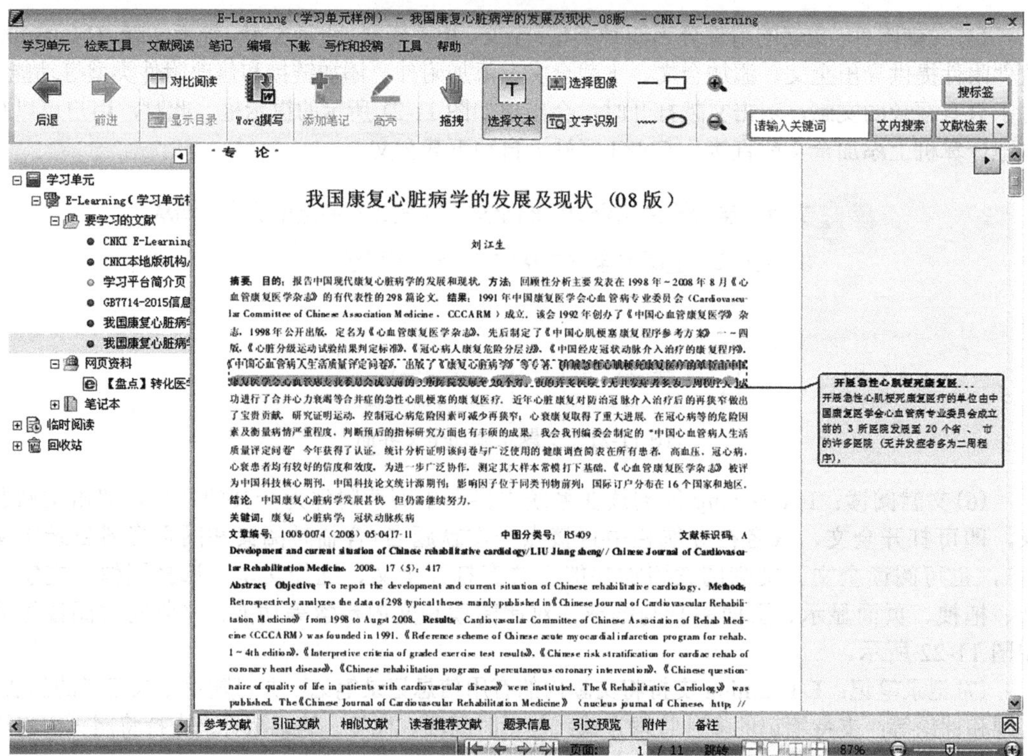

图 11-23 笔记记录界面

1)在菜单栏“笔记”中进行如下操作：选择一段文字后，点击菜单栏“笔记”→“添加笔记”。

2)在工具栏中进行笔记操作：选中一段文字后，点击工具栏上的“添加笔记”。

3)笔记工具除了位于工具栏中之外，当用户单击“选择文本”，在选择文字附近会自动浮现一条快捷工具条，可以更简单方便地进行笔记记录。

(8)参考文献的格式化：用Microsoft Office Word撰写论文的过程中，如果需要E-Learning中的文献作为论文的参考文献，可以通过E-Learning在WORD中的加载项来实现。如图11-24所示。

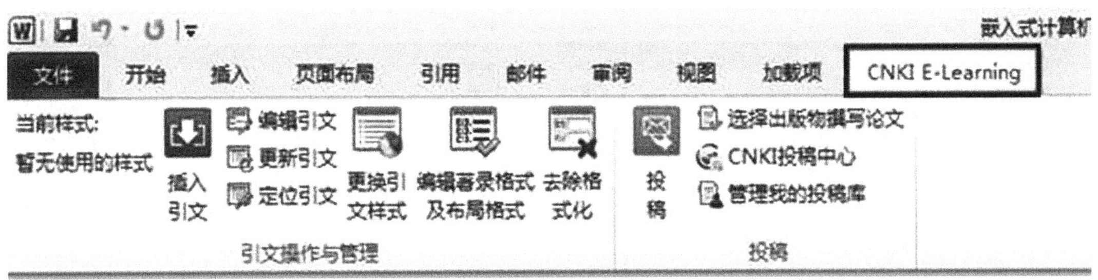

图11-24 E-Learning参考文献加载项界面

1)插入引文：单击“插入引文”，在文献列表中选择多篇将要插入WORD中的文献，单击“确定”，所选择的参考文献即插入到所编辑的论文的光标处，同时，在论文的最后自动插入参考文献条目，如图11-25所示。

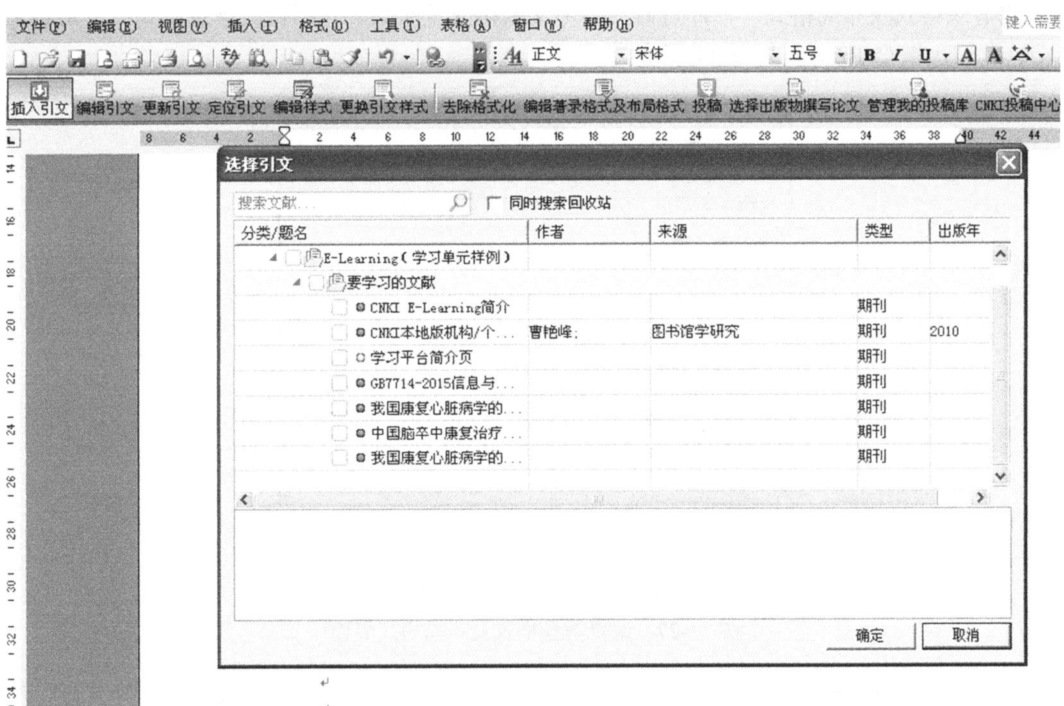

图11-25 引文插入界面

2)编辑引文：单击“编辑引文”，选中一条引文，单击“修改”，即可对文献类型及各类型的不同字段进行编辑(图11-26)。如果已经将文献的题录做了修改，可以单击“更新引文”，参考文献和参考文献条目即可与E-Learning中的文献题录信息保持一致。如果在Word中要对引文样式进行修改，可以单击“更换引文样式”，即可选中样式进行更换。

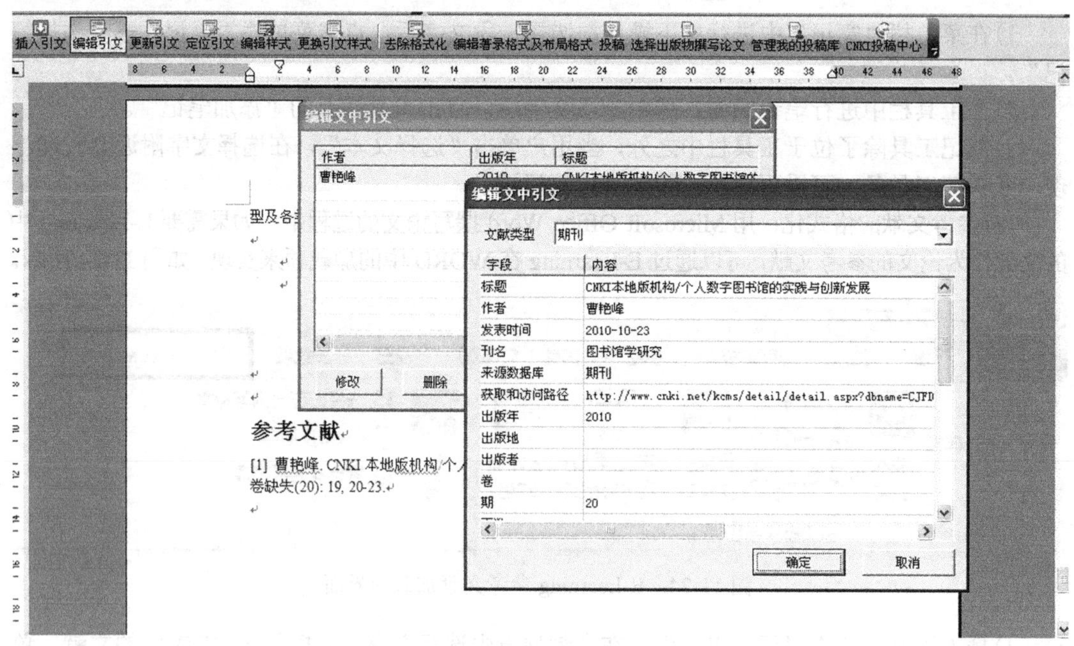

图 11-26 编辑引文界面

3）编辑著录格式及布局格式：在 Word 中要对参考文献格式及布局进行修改时，可以单击“编辑著录格式及布局格式”，即可修改参考文献格式及布局。包括修改著录格式、文后参考文献及文中引文的格式，如图 11-27 所示。

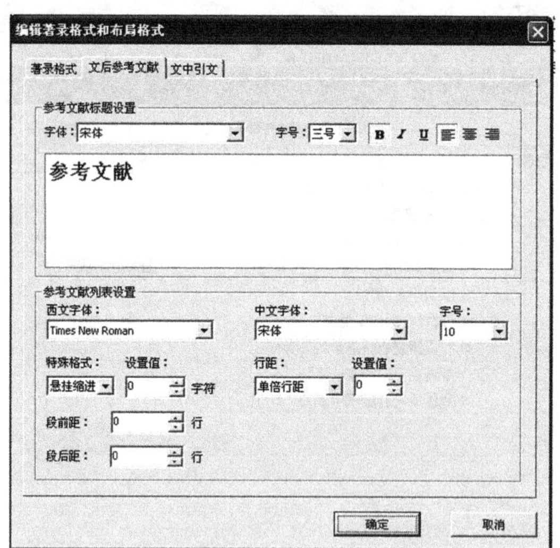

图 11-27 编辑著录格式及布局格式界面

4）定位引文：参考文献与参考文献条目之间可以相互定位。单击想要定位的参考文献，使参考文献处于灰色状态，单击“定位引文，页面跳转到参考文献条目中对应的参考文献，该文献标识处于可编辑状态。反之，单击想要定位的参考文献条目中的文献，单击“定位引文”，页面跳转到文档中的参考文献，标识为灰色状态。

（9）写作与投稿：E-Learning 提供数千种论文模板和相应的参考文献样式，实现选刊投稿（图 11-28）。

图 11-28 写作与投稿界面

第六节 医学科研选题与查新咨询

一、医学科研选题

(一)选题的意义

选题是确定该项科研的目的和对象，是科研工作从预备阶段转入主要阶段的关键步骤，是一个课题开展研究工作的起点。确立一个有创见的课题，往往对科学的发展起着积极的作用。因此，选题工作具有重大的意义，必须予以重视。

(二)医学科研选题的特点

医学是研究人体及其疾病的科学，医学科研是探索生命和疾病现象，阐明人体健康与疾病的关系，建立有效的防病治病方法的认识和实践活动。医学科研的研究对象是人，人既具有生物属性，又具有社会属性，比起其他自然科学来说，明显受生物、心理、社会因素的影响，因而有它独有的特点：

1. 安全性 医学科研研究的主要对象是人，科研成果也直接或间接地应用于人，整个研究过程必须确保安全，保证人的身心健康。

2. 复杂性 科学研究本身是一种复杂劳动，医学科研的安全性，极大地增加了医学科研的复杂性。如临床研究需制定一系列的试验原则、范围、设计方法、道德规范，甚至法律等；动物实验研究，要制造某种疾病的动物模型；人和动物在正常或疾病条件下，机体的理化反应复杂多变，且易受到各种随机因素的影响；人体的精神、心理状况、生理活动和疾病过程还受到社会因素的作用等。

3. 社会性 医学科研是一项崇高而神圣的事业，防病治病、提高人民群众的健康水平是医学科研的目的，社会效益是医学科研的主要目标。

(三)医学科研选题的原则

科研选题的基本原则：需要性、创造性、科学性、可行性、合理性和效益性。

1. 需要性 临床需要，社会发展需要是医学科研选题的主要原则。医学科研应以人类健康需要为首要前提，科研的目的就是为人民群众健康服务。

2. 创造性 科研选题要具有一定的先进性、创新性。没有创造性的科研，不能称之为科

研，只能是重复。

3. 科学性 从事科研工作，一定要有严谨的科学态度，不能弄虚作假，所得出的结论要经得起别人的质疑。另外，科学性还反映在课题设计上，再好的选题，如设计不科学，实验观察结果无法分析，无法形成结论，所有试验也是徒劳的。

4. 可行性 在科研选题时，还应结合本单位实际和个人的能力。一个好的课题，设计也很科学，但在施行过程中，若单位实验仪器设备达不到要求，或实验者不能胜任，这样的课题也无法进行。

5. 效益性 效益性包括社会效益和经济效益。医学科研主要是为人类健康，更多的是创造社会效益，而不是主要创造经济效益。

（四）医学科研选题的步骤和方法

选题是一个理智的判断过程。一般包括选择课题项目、调研文献资料、确定研究目标、制定研究方案、课题分析论证等步骤。

1. 选择课题项目 根据社会需求、本学科现状和发展趋势，结合自己实际能力和研究环境，选择可以胜任的研究项目。这一步需要详细地了解有关课题的背景情况和与课题相关的信息，确定所选课题的研究价值。

2. 调研文献资料 认真查阅文献，深入调查研究，了解课题的使用背景、意义、需要解决的问题、难点及工作所需的设备和条件；了解国内外有关课题的研究历史、进展动态和趋势，掌握前人的研究水平及成果。在此基础上，进行综合分析判断，作为选题的重要依据。

3. 确定研究目标 确定研究目标至关重要，目标不明确，会使研究工作陷入困境，目标过大，研究难出可靠结果。因此，一定要明确题目的界限范围，慎重恰当地确定自己的研究目标。

4. 制定研究方案 制定课题的研究方案，可以使课题有个明确清晰的研究思路，使课题具体化、可操作化，以确保课题的研究质量。

5. 课题分析论证 对所选课题及其研究目标、方案等所有因素进行可行性论证，写出报告。

（五）医学科研选题中应注意几个问题

(1)选题范围要适当，既避免过于广泛，又不能过于狭窄。选题过大，论述起来难以深入，难出成果；选题过于狭窄，结论又缺乏深意。

(2)科研中要敢于问“为什么？”要敢于、善于涉猎新领域，进行探索性研究，所谓“新”，不是整篇皆新，有几处新意就不错了。

(3)选题不要刻意追求“冷门”。选题要从自己实际出发，结合自己专业基础、科研能力和累积的素材，扬长避短，切忌为了刻意求新专选“冷门”。

(4)选题要注意论证角度。论文选题，大题可以小做，小题亦可以大做，关键在于如何确定具体的论证角度。小题目作大文章，可以把问题论得深透；反之，从一大课题中选出个别的具体的细节研究，则可大题小做。

(5)从学习实践中选题。老师在讲课或在学术报告中，某些问题的观点、论证方法和依据都能给予启发，将课内知识与课外阅读、学术活动相结合，便可开拓思路，找到合适的题目。

二、查 新 咨 询

（一）查新咨询的概念

1. 查新咨询简介 “查新”即“科技查新”，根据原国家科委颁布的《科技查新咨询工

作管理办法》，科技查新咨询“系指通过手工检索和计算机检索等手段，运用综合分析和对比方法，为评价科研立项、成果等的新颖性、创造性和先进性或水平提供公开、公知事实依据的一种公众性信息咨询服务工作”。科技查新的实质是文献所包含的内容的“新与旧”的比较，即通过多途径的检索找出全部相关文献，从相关文献中再找出代表当今水平的密切相关文献，然后与查新项目进行比较。科技查新工作是文献检索和情报调研相结合的信息研究工作，现在已成为图书馆提供的一项重要的咨询业务和文献信息服务内容。

2. 查新咨询的相关概念　根据现行的《科技查新规范》(2001 年 1 月 1 日实施)，与查新相关的术语介绍如下：

(1) 查新机构：查新机构是指具有查新业务资质，根据查新委托人提供的需要查证其新颖性的科学技术内容，按照科技查新规范操作，有偿提供科技查新服务的信息咨询机构。

(2) 查新委托人：查新委托人是指提出查新需求的自然人、法人或者其他组织。

(3) 新颖性：新颖性是指在查新委托日以前查新项目的科学技术内容部分或者全部没有在国内外出版物上公开发表过。

(4) 查新项目：查新项目是指被查证(待查证)的科学技术项目。

(5) 查新报告：查新报告是指查新机构用书面的形式就其处理的查新事务和得出的查新结论向查新委托人所做的正式陈述。

(二) 查新的性质

查新是对项目的新颖性、实用性和先进性进行审查，具有科学性、技术性和政策性的特点，有别于文献检索与专家鉴定。查新咨询在性质上与文献检索及专家鉴定既有联系又有区别。

1. 查新咨询与文献检索的区别　文献检索，是提供文献线索或原始文献，供科研人员参考，而不对课题进行分析和评价；而查新咨询则是文献检索与信息调研相结合的信息研究工作，它以科技文献为基础，以文献检索和信息调研为手段，以检出结果为依据，通过阅读原文，综合分析，对科技项目的新颖性、科学性、先进性和实用性进行信息学评价，并写出有根据、有分析、有对比、有建议的查新咨询报告。查新咨询工作的目的是为领导、科技管理机构、评审机构的决策提供依据。因此，有严格的查新检索年限、范围和程序的规定，对查全率和查准率有严格要求，有明确的信息学结论，也具有一定的政策性和法律意义。这些都是单纯的文献检索所不具备的。

2. 查新咨询与专家鉴定的区别　查新咨询工作和专家鉴定是科技管理部门做出决策的左右帮手。它们的工作都是对管理部门负责，但它们的人员组成、作用和具体任务是截然不同的。查新工作由信息咨询人员承担，以审核科研项目的新颖性为主，以检出的国内外文献报道为依据，与申请课题的创新点进行对比分析，做出客观的信息学评价。查新报告仅为管理部门和专家鉴定组提供信息依据，具有重要参考价值，但不具备与专家鉴定结论相同的效力。从事专家鉴定的成员都是项目研究领域的专家或权威，侧重于对课题做出新颖性、科学性、实用性以及在国内外所处的水平等全面评价。鉴定报告是具有权威性的最终结论。

(三) 查新咨询类型及应用

现在的科技查新工作已由传统的创新性查新，发展到针对不同需求的水平查新、专利侵权查新、引文查新、知识产权状况分析等多种情况。具体的应用包括博士论文开题、科技立项、科研成果鉴定、专利申请、奖励申报、新产品开发、引进技术项目论证等。

1. 博士论文开题查新　博士学位论文的开拓性和新颖性是优秀博士学位论文的第一要素，因此，论文开题时的选题新颖性和研究方向的前瞻性是整个博士学位论文撰写工作的关键。博士论文的开题查新是保证选题的科学性、创新性与前瞻性必不可少的重要步骤。另外，现行的博士学位论文匿名评审制，使得博士学位论文须具有真正的新颖性和创造性才能通过匿名评

审，这也要求博士论文开题前必须经过查新的程序。

2. 科技立项查新 科技立项查新是为确定某一课题是否有开展的必要性、可行性、新颖性而提供的一种客观评价依据。立项查新需要对课题的过去和现在进行调查，查清国内外别人已做了哪些工作，取得了哪些成就，最新进展如何，存在哪些问题，发展前景如何等，其目的是帮助科研人员正确立题，正确制定科研目标和规划，以避免或减少重复他人的劳动，提高选题的针对性，增加立项的机会。

3. 科研成果鉴定查新 为评价某一科研课题的新颖性、先进性、实用性而向评审专家提供的一种事实依据，目的在于帮助专家公正、客观地评价研究成果，减少失误，保证成果的质量，增强科学的严肃性，实事求是地反映科研水平。

4. 申请专利查新 主要是针对新颖性的查新。这种查新要根据"世界知识产权组织"的规定，对美、英、德、法、日、俄、瑞等七国和"国际专利合作组织条约"及"欧洲专利公约"两个组织公布的专利进行检查。此外，还要检索本国的专利及非专利文献。这是最典型的查新检索工作。

5. 奖励申报查新 已完成的科研项目在申报比较重要的奖项时，一般要求对成果进行查新，为奖项评审提供客观依据。

6. 新产品开发及引进技术项目论证 除了对其新颖性进行评审外，更要对其实用性、先进性进行评审，以保证新产品投放市场的前景。对引进技术项目，通过查新可提供其可靠性及引进后的使用和开发程度。

(四)查新咨询程序

科技部在《科技查新规范》中，推荐的科技查新程序为：查新委托→查新受理→检索准备→选择检索工具→确定检索方法和途径→查找→完成查新报告→提交查新报告→文件归档。

1. 查新委托

(1)根据《科技查新机构管理办法》和本规范的有关规定，查新委托人自我判断待查新项目是否属于查新范围。

(2)查新委托人根据待查新项目的专业、科学技术特点、查新目的、查新要求以及需要查证其新颖性的科学技术内容，自主选择查新机构。

(3)向查新机构提交在处理查新事务时所必需的科学技术资料和有关材料。

2. 查新受理

(1)根据《科技查新机构管理办法》和本规范的有关规定，查新机构判断待查新项目是否属于查新范围；判断查新项目所属专业是否属于本机构承担查新业务的受理范围。

(2)确定查新员和审核员。

(3)初步审查查新委托人提交的资料是否存在缺陷；是否符合查新要求。判断查新委托人提交的资料内容是否真实、准确。

(4)判断查新委托人提出的查新要求能否实现。

(5)确认能否满足查新委托人的时间要求。

(6)初步判别查新项目的新颖性。

(7)若接受查新委托，查新机构按照本规范的关于查新合同的要求与查新委托人订立查新合同。

3. 检索准备

(1)查新员认真、仔细地分析查新项目的资料，查新委托人提出的查新点与查新要求；了解查新项目的科学技术特点。

(2)在检索前，还要做好以下几项工作：①明确检索目的；②根据检索目的确定主题内容的特定程度和学科范围的专指程度，使主题概念能准确地反映查新项目的核心内容；③确定检

索文献的类型和检索的专业范围、时间范围；④制定周密、科学而具有良好操作性的检索策略。

4. 选择检索工具 在分析检索项目的基础上，根据检索目的和客观条件，选择最能满足检索要求的检索工具。

(1) 手检时，根据专业对口、文种适合、收录完备、报道及时、编排合理、揭示准确的原则，选择检索工具书。

(2) 机检时，在检索前根据查新项目的内容、性质和查新的要求选择合适的检索系统和数据库。

5. 确定检索方法和途径

(1) 根据查新项目所属专业的特点、检索要求和检索条件确定检索方法。

(2) 确定检索途径。①在手检条件下，文献的检索途径就是检索工具书中的目次、正文和辅助索引提供的途径。检索工具书提供的检索途径主要有：分类途径、主题途径、文献名称途径、著者途径、文献代码途径以及其他特殊途径。分类途径和主题途径是手检的主要途径。②在机检条件下，为了确定检索途径，先弄清数据库采用的是规范化词表还是自由文本式词表；指示主题性质的代码是标准的还是任选的；提问式如何填写；再将表达检索提问的各概念依照数据库采用的词表转换成检索语言，即主题词、分类词、关键词等。

6. 查找

(1) 查找时，以机检为主、手检为辅。

(2) 除利用检索工具书和数据库外，必要时还需补充查找与查新项目内容相关的现刊，以防漏检。此外，还应当注意利用相关工具书如手册、年鉴等。

(3) 在得出最终检索结果之前，有时会出现查到的文献极少甚至根本没有查到文献，或者查到的文献太多的情况。还需要对每次检索结果进行检验和调整，以扩检或者缩检。

7. 完成查新报告 查新员按照下述步骤完成查新报告：

(1) 根据检索结果和阅读的需要，索取文献原文。

(2) 对索取得到的文献，根据查新项目的科学技术要点，分为密切相关文献和一般相关文献，并将相关文献与查新项目的科学技术要点进行比较，确定查新项目的新颖性，草拟查新报告。

(3) 聘请查新咨询专家。 在必要时，根据查新项目的所属专业和科学技术特点，以及其他实际情况，选聘若干名同行专家担任查新咨询专家。

(4) 审核员根据本规范、相关文献与查新项目的科学技术要点的比较结果，对查新程序和查新报告进行审核。

(5) 查新员填写查新报告。

(6) 查新员和审核员在查新报告上签字，加盖“科技查新专用章”。

(7) 查新报告由查新机构按年度统一编号，并填写“查新完成日期”。

(8) 整理查新报告附件。 附件包括密切相关文献的原文复印件、一般相关文献的文摘。 查新员应当对所有附件按相关度依次编号。

8. 提交查新报告 查新机构按查新合同规定的时间、方式和份数向查新委托人提交查新报告及其附件。

9. 文件归档 查新员按照档案管理部门的要求，及时将查新项目的资料、查新合同、查新报告及其附件、查新咨询专家的意见、查新员和审核员的工作记录等存档；及时将查新报告登录到国家查新工作数据库。

分析与思考

1. 某公共卫生专业的研究生准备写毕业论文，在浏览文献时，对“癌症患者的生活质量”方面的内容产生了兴趣，通过对各数据库及网络资源检索，找到几百篇相关文献，他想选择一些重要的文献阅读，希望从中找到选题切入点。请问他应该如何系统地分析、筛选、鉴别检索到的信息，并将这些信息融入自己的学术积累中，进而启发思路，逐步确定选题？

2. 某临床医学专业的同学想对“慢性肝炎治疗”方面的研究进展进行调研，他通过对 CBM、CNKI、万方、维普、elsevier、springerlink 等数据库检索，查找到了近百篇较新的相关文献，请问他应该如何有效地来管理这些文献？

3. 某医院张医生准备好了一个科研课题，拟申报省卫计委科技项目，根据相关课题申报规定，需要先对拟申报课题进行科技查新。

问题：

(1) 该查新属于哪种类型查新？

(2) 查新咨询流程有哪些？

（蔡德清）

第12章 信息的综合检索与论文写作

在信息检索实践中，不仅要学会对某种或某类信息资源的检索，还要学会对信息资源的综合检索，并通过对所取得信息的整理、分析、归纳和总结，将各种信息进行重组，达到信息激活和增值的目的。论文是学术研究成果的具体体现。撰写论文是高校教学计划中最重要的实践性环节，也是学术研究的最后一个环节。论文写作是大学生完成学业必须掌握的重要内容，需要融会贯通所学的基本理论与专业知识。为此，本章主要讲解了如何进行医学信息的综合检索和如何运用检索到的文献信息撰写医学论文。

第一节 信息的综合检索

信息的综合检索是指综合使用多种检索方法，采取各种检索途径，对各类用于检索的数据库、网络信息资源、主要印刷型检索工具进行系统检索，从而系统地获取所需要的信息。

一、综合检索的原则

(一)先电子后印刷

随着网络的普及与存储技术的快速发展，越来越多的学术信息资源，被数字化制作成数据库并通过网络提供服务。同时，由于数据库具有收录容量大、检索功能强、便于处理与输出等优势，数字化书刊出版速度快、便于编辑处理，信息的综合检索首选电子文献，而将印刷型文献作为一种必要的补充。

(二)先中文后外文

由于中文不存在自然语言障碍，阅读起来得心应手，先查中文文献，再查相关外文文献，可以省去阅读与中文文献内容基本相同的外文文献的时间。

(三)先近后远，先易后难

先查所在单位和所在地区图书馆的馆藏，并获取相关的原始文献，如果没有，可以利用联合目录数据库查找其他图书馆或信息机构的馆藏，或直接查找国内著名的大型图书馆的收藏情况；对于本馆没有的原文，利用馆际互借及原文传递服务获取，国内无法获取的外文文献可以向国外的图书馆和文献机构联机订购，或者直接去向出版单位索取。通过读秀学术搜索无论是直接获取原始文献还是文献传递、馆际互借甚至文献互助、网上订购都非常有效、方便、快捷。

(四)以实验数据为主

医学研究必须进行相应的科学实验，而实验数据与结果是研究的第一手资料。只要假设合理、实验设备精密、方法科学，实验数据与结果就应该是客观准确的，应成为表述研究成果和

撰写学术论文的主要依据。

二、综合检索分析

面对一个检索课题，一般均应当遵循以下检索步骤：分析课题需求—选择检索工具或系统—确定检索途径和方法—提取主题概念和检索词—实施检索—浏览检索结果（调整检索策略，重新检索）—获取所需信息。在整个检索过程中，应把握好每个步骤，以获取所需要的检索结果。其中分析课题需求、提取检索词、调整检索策略尤为关键。

（一）分析课题需求

分析课题时，首先应明确检索目的，包括课题的主题或主要内容，课题涉及的学科范围，所需信息的数量、语种、年代范围、类型等具体指标。

一般来说，检索课题的类型主要包括以下情况：

(1)寻找针对具体问题的准确答案，或解决问题，或作为论据和引证。

(2)查找特定文献，根据某一篇文献的线索查找原文，或已知某一作者，查询其所有发表的文章。

(3)对某一问题做大致的了解，并就问题的一个方面，表述自己的观点，撰写小型论文。

(4)查询某一专题的前沿和最新资料，了解研究动态、发展趋势。

(5)对某一课题做全面调查研究，了解该课题的整个发展过程。全面而细致地了解国内外有关的所有出版物的情况，年代范围较广，需撰写综述或研究报告。

(6)对某一课题做深入的专题研究，在充分掌握材料和重要研究成果的基础上，提出创新的、具有一定学术水平的观点或论断，撰写研究报告或学术论文。

在以上课题类型中。第（1）（2）种课题只要正确选择了检索工具和参考资源，便可以一步到位查到所需要的信息，很快达到检索目的，如多使用事实型数据库、参考工具书及搜索引擎等。

第 3 种类型课题可能只需要浏览一些简短的摘要或者参考几篇概论性文章就可以了。

第 4～6 种课题则需要搜罗各种翔实、深入的信息，讲求时效性或系统全面，有时还要求学术品质较高的各类型的参考资料，如学位论文、会议论文、研究报告、重要专著甚至视听资料等。

（二）提取检索词

提取检索词是信息综合检索的关键，需要从课题的名称及描述的语句出发提取。一般情况下，可以从以下步骤来进行。

(1)切分到词：对课题语句进行切分，即以词为单位划分句子，切分一定要到词为止，同时也要适度，不能因切分而改变语义。

例：胃切除术后的氨基酸吸收情况研究

拆分为：胃切除、术后、的、氨基酸、吸收、情况、研究

(2)确定核心词：在一组检索词中，往往只有一个词或少数几个核心词，是必须使用的关键词，而其他的词是限定这些核心词的。

例：胃切除术后的氨基酸吸收情况研究

核心词为：胃切除、氨基酸

(3)删除不具有检索意义的虚词及其关键词：不具有检索意义的词有介词、连词、助词、副词等虚词及与课题相关不大的其他关键词。过分宽泛、过分具体的词均可去掉。如：展望、发展趋势、现状、近况、应用、利用、作用等。

例：胃切除术后的氨基酸吸收情况研究

可去掉的虚词及其关键词为：的、情况、研究

(4)删除存在蕴涵关系的可合并词：如果两个词之间存在相互蕴涵的关系，可酌情去掉其中的一个而保留另一个。

例：解热镇痛药布洛芬的药理学研究

布洛芬为一种解热镇痛药，因此，可删除“解热镇痛药”。

(5)补充还原词组： 许多名词是经由词组缩略而成，因此，可以使用与缩略相反的操作即补充还原出一个词的来源词组，并将来源词组作为原词的同义词，补充进检索式。

例：研制→研制+研究*制备

(6)补充同义词或相关词(同一关系)。

例：AIDS 全称 Acquired Immune Deficiency Syndrome，或叫艾滋病；维生素 A 或可称为视黄醇、维他命 A、甲种维生素、vitaminA。

(三)调整检索策略

根据初步检索结果判断，调整检索策略包括检索途径、检索方法，是否扩展检索或限定检索等。

当结果过多过宽则应进行检索细化以缩小检索范围，包括主题细化，通过浏览结果选择更专指的词或下位词，运用逻辑与、逻辑非、位置算符进行限定，指定检索字段，从年代、地理、语言及文献类型上限制，精确检索等。

当结果过少则进行检索扩展，如：对已确定的检索词进行其同义词、相关词、上位词检索，使用截词符，利用检索系统的关联检索、相关关键词检索、引义检索等。

(四)检索效率分析

查全率和查准率是判定检索效果的主要指标，对一个课题项目进行检索，就是要求在取得较高查全率的基础上，保证查准率，同时检索手段必须手检、机检相结合，才能取得较高的检索效率。然而无论是手检、机检，它们所针对的检索工具(或系统)不尽相同，因此所采取的检索策略也有所差异。如果对课题的主题概念把握不好，检索词和检索策略选择不当，也会出现漏检和误检。

(1)主题概念分析有误

例：发生在广东省的流感的预防控制和流行病学研究。

评析：在中国生物医学文献数据库(CBM)中，检索本题中的地理名称“广东省”时，很多用户常常容易使用“地址=广东省”或“作者单位=广东省”，导致检索结果的查准率较低。

分析题意，其目的在于检索关于流感在广东省流行的文献。若从作者单位地址去检索。则检索结果中可能出现该文献的作者位于广东省，但文章并不涉及流感在广东省的流行情况；同时，有非广东省的作者写了发生在广东省的流感流行情况文献，却没有被检索出来。

为提高这道检索题目的查准率，可以使用 CBM 数据库的分类检索，选择 RZ 类地理名称中的“广东省”，或者主题检索使用主题词“广东”。

(2)检索工具有缺陷

例：检索中国科学院陈可冀院士 2005～2010 年发表的论文。

检索结果：中国生物医学文献数据库收录 106 篇，维普数据库收录 85 篇，中国知网收录 126 篇。万方数据库收录 121 篇。

评析：不同的数据库其收录范围、文献类型等并不一样，各个数据库很难将某个学科领域的文献收录全面。中国生物医学文献数据库主要收录生物医学学科的期刊论文、会议论文和汇编资料等，而维普、中国知网和万方数据的期刊全文数据库则收录各综合学科领域的期刊论文，但几个数据库之间有重复收录的期刊，也有不同的收录范围，例如万方数据独家获取了中华医学系列的期刊论文版权。鉴于检索工具收录范围可能存在的缺陷性，需要借助多种工具进行查找以保证检索结果的查全率。

(3)检索词提取有误

例：检索“医院麻醉性镇痛药应用的发展趋势”方面的文献。

评析：根据题目提取出文献主要概念为麻醉性镇痛药、应用、发展趋势。很多用户常常使用检索式“关键词=麻醉性镇痛药 and 应用 and 发展趋势”，导致没有检索结果。在此，“发展趋势”实际上是不具检索意义的词，并且一般不作为关键词进行检索。但另一方面，很多综述类文献的题目常常使用“发展趋势”“研究进展”等词，因此，也可从文献类型为综述对检索结果进行限定。

(4)检索方法和途径选择不当

例：检索“脑瘫患儿的护理方面的文献”。

评析：在维普数据库检索时，根据题意使用检索式为“脑瘫*患儿*护理”进行检索，得到结果较少。分析题意，可将关键词“患儿”使用分类检索儿科 R72 代替，关键词“护理”可使用分类号 R47 代替，以扩大检索范围，提高查全率。

三、综合检索实例

实例一

缺血修饰白蛋白(ischemia modified albumin，IMA)在急性冠状动脉综合征(acute coronary syndrome，ACS)临床诊断中的应用。

1. 检索目的 主要了解缺血修饰白蛋白在急性冠状动脉综合征早期诊断中的检测方法。

2. 题目分析 急性冠状动脉综合征(acute coronary syndrome，ACS)是临床常见的心脏血管急症，也是造成急性死亡的重要原因。心肌缺血是 ACS 最常见的发病机制，临床工作中，有相当一部分症状隐匿的患者实际上是心肌缺血患者，这些患者的病死率比住院患者高 1 倍。因此，一种灵敏的心肌缺血标志物则成为能在 ACS 早期可逆阶段检出，从而使急性缺血患者能够及时、正确地诊断和治疗的关键。

缺血修饰白蛋白(ischemia modified albumin，IMA)是人体血清白蛋白在流经缺血组织时产生的。由于组织局部反应性氧化产物增多、酸中毒、细胞膜上各种能量依赖性离子泵破坏等变化，导致白蛋白结构发生改变，与过渡金属的结合能力下降，形成缺血修饰白蛋白。目前 IMA 的检测方法有白蛋白钴结合试验(albumin cobalt binding，ACB)、比色测定法、免疫化学法、液相色谱法、质谱测定法以及核磁共振法等。

关键词有急性冠状动脉综合征(acute coronary syndrome，ACS)，缺血修饰白蛋白(ischemia modified albumin，IMA)，早期诊断、临床检测、白蛋白钴结合试验、比色测定法、免疫化学法、液相色谱法、质谱测定法、核磁共振法等。

3. 检索工具 CBM、PubMed、Googlescholar、FreeMedline、EMBASE 等。

4. 检索方法

(1)CBM 数据库

#1 主题词＝急性冠状动脉综合征/全部副主题词

#2 缺血修饰白蛋白[智能]OR 主题词＝血清蛋白/代谢

#3 #1 and #2

(2)PubMcd 数据库

#1 Acute Coronary Syndrome/diagnosis

#2 ischemia modified albumin OR Serum Albumin/metabo1ism

#3 #1 and #2

5. 检索结果分析 急性冠状动脉综合征宜作为主题词进行检索，缺血修饰白蛋白作为新兴词汇可以自由词进行检索，同时搭配它的上位词保证查全。发表的最早文献从 1995 年开始，近五年来文献量激增，说明该课题是目前的研究热点之一；国内文献又以综述、概述居多，说明国内对该检测新方法的应用研究还较少。

实例二

中药复方对阿霉素肾病大鼠肾小球足细胞裂隙膜上 Nephrin 和 Podocin 分子表达的影响。

1. 检索目的 学位论文开题查新检索是否有与该研究项目相同或类似的国内外研究报道。

2. 题目分析 该课题的研究内容和目的是通过观察中药复方对阿霉素肾病大鼠模型肾小球足细胞 Nephrin 和 Podocin 分子表达和分布的影响，探讨中药复方对肾病综合征的治疗作用和机制，主要涉及临床医学肾内科和中药药理学。

在对课题进行分析时，要了解课题的全貌，明确课题的主要研究内容、所用方法及技术指标，注意尽量避免使用一些无关概念。要检索出这个课题所需的文献资料，必须首先对该课题进行概念分解和检索词提取。

根据题目进行分析、其主题概念有中药复方、阿霉素肾病、大鼠、肾小球足细胞、Nephrin、Podocin、分子表达。而根据其研究目的，本课题是为了探讨中药复方对肾病综合征的治疗作用和机制，因此可以使用主题词肾疾病和多柔比星代替“阿霉素肾病”作为检索词；Nephrin 和 Podocin 是肾小球足细胞裂隙膜上的分子成分，两者的出现即代表分子表达，因此检索词“分子表达”可去除。

3. 检索工具

(1)国外文献检索工具： MEDLINE 光盘检索系统，Pubmed，EMBase 检索系统，Science Direct 全文数据库。

(2)国内文献检索工具： 中国生物医学文献数据库；中国知网跨库检索平台(期刊全文数据库、博硕学位论文库、会议论文库)；国家科技成果库；国家科技图书文献中心(NSTL)；维普数据库；万方数据库。

(3)生物医学参考书、工具书。

4. 检索式

#1 主题词＝复方/治疗应用 OR 中药(Traditional Chinese Medicine)OR 方剂(Prescriptions or formula)

#2 多柔比星(Doxorubicin)/毒性

#3 主题=肾疾病(Kidney Diseases)/化学诱导/中药疗法/病理学

#4 肾小球足细胞(Podocyte)OR 肾小球/病理学

#5 Nephrin AND Podocin

5.检索策略

#1 AND #2 AND #3 AND #4AND #5

6. 检索结果分析 浏览检索结果，并对检索结果中的相关文献进行分析，发现对肾小球上皮细胞蛋白质及分子组成的研究较多，对肾小球滤过膜电荷屏障的研究上也有一定的认识，但对于以下相关问题未能涉及，比如某些分子足细胞上的具体定位和功能，对这些复杂的蛋白和分子间的相互作用及其相互间的信号传递等。综合分析后得出结论，本课题项目具有新颖性，可以进行学位论文开题。

第二节　医学论文的写作

一、医学论文的定义

医学论文是科学论文的一种，是对医学领域的现象、问题进行探讨、研究和描述的科研成果文献，是医学研究实践和临床观察的总结，是人们对其学术成果与科技信息运用文字、数据、符号、图表加以表达的创造性思维活动，是进行科学概括并上升为理论的文章。医学论文反映的内容主要包括：医学理论、技术、方法的研究与应用、临床经验的总结等。只有将科研成果以论文的形式发表在学术期刊上，一项研究过程才算完成，科研成果才能得到承认。

二、撰写医学论文的意义

(1)它是贮存科研信息的重要载体，是总结科学发现的重要手段，为医学科学事业交流、积累、继承和发展提供了条件和依据。

(2)它是传播科研信息的重要载体，医学论文揭示了健康与疾病转化的规律，对指导医学活动实践，促进人民健康，具有不可忽视的作用。

(3)它是医学研究工作的重要组成部分，是医学科学研究工作的文字记录和书面总结，从事医学科学研究的工作人员，经常撰写医学论文，不但能扩大视野，掌握国内外的医学动态，还能提高科研水平和能力。

(4)它是进行业务考核与职称评定的重要依据之一，是衡量和评价科研水平、科技成果的重要标准。

三、医学论文的特征

医学论文是作者应用文字准确、客观地表达自己科研成果和实践经验的论证文章，是描述原始研究成果的书面报告。它的特征由科学研究性质决定的。因此，必须以严谨的科学态度对待论文撰写，必须遵守以下论文写作原则。

1. 科学性　科学性是科技论文的灵魂和生命，是衡量医学论文水平的首要条件，表现为研究设计科学合理、数据客观真实、方法正确严谨、研究结果忠于原始资料、结论妥当且经得起实践检验等。因此，必须在研究和写作中遵循实事求是的科研态度和科学精神，客观地记述和评价研究成果或实践经验。

2. 创新性　创新性是科学研究的生命和精髓，是衡量论文质量的主要标准。科学研究不能只简单地重复前人的劳动，只有不断地总结超越前人的发现、创造或发明，并进一步补充、完善、改进和延伸，医学研究才能不断进步。创造性包括新技术、新方法、新成果、新理论、新观点和新结论。作为反映医学科研成果的论文，应具有一定的新颖性，如填补空白，前所未有的新发现；完善前人研究，或丰富和延伸前人的理论，或是在方法、设备上的改进，或是新技术、新产品的推广，或是已有的方法在新的领域中的应用等；修正错误，通过研究与实践，批驳他人的错误观点，提出正确的认识或结论。

3. 原创性　科学论文是描述原始研究成果的书面报告，它来源于实践，并接受实践的检验。科学实验和调查研究是医学科学研究中收集材料的主要方法，是创立科学理论和发展科学的基础。科学论文可以说是科学研究工作者对创造性和原创性成果分析和总结并进行发表和答

辩的文字表达形式。

4. 规范性 医学论文是一种规范化的文体，有其特有的格式和极其严格的要求。国际上，不同的期刊都有能反映其特点和风格的写作规范和体例要求。诸如语言文字的表达、技术细节、文献著录、名词术语、数字符号、计量单位等都具有一定的规范。在写作过程中，作者要自觉遵守国际和国家标准，使写出来的论文规范，便于交流。

四、医学论文的种类

(一)按照写作目的划分

1. 学术论文 学术论文是指对医学领域内的某一问题进行研究、讨论和总结，表述医学科学研究成果的文章，包括在理论上的突破、技术方法上的革新、实践应用中的新发现等，目的是向本专业的读者进行学术交流，这类文章一般发表在学术期刊上或在学术会议上进行交流，便于公布科研成果和交流学术信息，篇幅一般控制在3000～4000字。

2. 学位论文 学位论文是指学位申请人为了获得所修学位，按要求而撰写的论文。它反映了学位申请者从事科学研究取得的成果或独立从事科学研究的能力，是考核申请者能否被授予学位的重要依据。

(二)按照医学研究的对象划分

按照医学研究的对象分基础研究论文、临床研究论文和文献研究论文。其中，基础研究论文和临床研究论文也可称为原始论文，是作者的第一手资料。它一般通过科学的实验设计，选择合适的研究对象，进行严密的实验或调查、观察与记录，对相关的数据资料进行收集、整理、分析与归纳，得出正确的结论，加工而成。

1. 基础研究论文 以动物、组织、细胞、分子等作为描述对象。例如，耐钙心肌细胞的分离和电生理特性观察。

2. 临床研究论文 以人或人群作为描述对象。常见的临床研究论文介绍如下。

(1)病例报告：详见本章第四节。

(2)系列病例报告：系列病例报告是对一组相同疾病的有关资料进行分析、讨论的文章。作者根据自己的临床积累与写作目的，将某一时间内相同疾病的病例资料汇集在一起，按照特定的设计或对照原则，对发病病因、临床表现、诊断、治疗或预后等进行统计、分析与整理，以分析该疾病的自然史、临床特点，探讨病因线索或发病机制，验证某种诊疗方法的有效性等，以指导临床实践，促进诊断与治疗水平的提高。

(3)流行病学调查报告：现场调查报告是一种全面的总结形式，与科学论文相比，它可能不够精辟和深入，方法学方面不够严谨，但是更加全面。由于现场调查的题材千差万别，因此现场调查报告的撰写要求也不尽相同。针对群发性疾病的调查，可能侧重于流行病学与统计学方法的综合应用等。完整的现场流行病学调查报告，包括标题、前言(事件经过)、基本情况、核实诊断、流行特征、病因或流行因素推断、验证(分析流行病学)、防治措施与效果评价、问题与建议、调查小结、落款。

(4)病例对照研究论文：病例对照研究论文是通过选择有特定疾病的人群作为病例组，以不患有该病但具有可比性的人群作为对照组，调查他们发病前对某个(或某些)因素的暴露情况，比较两组中的暴露率和暴露水平的差异，研究该疾病与某个(或某些)因素关系的文章。病例对照研究是一种在疾病发生后，按发病与否分成病例组和对照组，由果推因的回顾性研究。

(5)队列研究论文：队列研究论文是指通过将某一特定人群按是否暴露于某可疑因素或按不同暴露水平分为n个组，追踪观察一定的时间，比较两组或各组发病率或死亡率的差异，从

而判断该因素与某疾病有无因果关联及关联强度大小的文章。队列研究是一种在疾病发病前，按暴露与否分成病例组和对照组，由因推果的前瞻性研究。

(6)随机对照试验研究论文：随机对照试验研究论文是通过将研究对象随机分组，对不同组实施不同的干预手段，利用统计学知识，分析对照某种疗法或药物的干预效果的文章。随机对照试验是一种对医疗卫生服务中的某种疗法或药物效果进行检测的重要手段。

3. 文献研究论文 是指通过搜集、阅读某一时间段内的某一专题的大量文献资料，经过分析、评价、筛选，并利用文献定性或定量分析法对纳入文献进行分析整理，从而对当前研究进行报道的一种论文形式。

(1)综述：详见本章第三节。

(2)评述：评述与综述在写法上相似，都是基于已发表的文献资料，但它引用文献的目的是为了论证作者的观点和见解，而不是简单地整理资料和传递信息。在综述上以"述"为主，而在评述上更侧重于"评"，它可以对某一领域的最新进展进行评论，指明当前的空白点、争论的焦点或预测发展趋势，也可以针对某一论著或论文中的某些观点提出不同见解，对研究背景、研究设计、结果讨论、实践意义等方面进行客观评价，有利于读者解读原著。评述的写作对作者的素质要求较高，一般由杂志主编、编委或该领域的学科专家撰写，故又称专家述评。

五、一般医学论文的基本结构

一般医学论文的基本结构主要包括论点、论据和论证三部分。

(一)论点

论点是作者依据材料，经过分析提炼而形成的一种理性认识，是贯穿全文始终的中心思想，是论文的核心。

1. 论点的要求 论点首先必须明确清晰，不能模棱两可。作者对所论证的问题，要明确表示肯定什么，否定什么，赞成什么，反对什么。论点必须行文简洁，高度概括，不要啰唆冗杂。其次，论点必须着眼于当前医学界急需解决的客观需要，只有这样的论点才具有广泛实用的现实意义和学术价值，才能写出高水平的论文。

2. 论点常见的问题

(1)论点不集中：即在一篇论文中解决或提出过多问题，片面追求全面、系统、完整，结果是面面俱到，主次不分，重点不够突出。强调论文要尽量做到全面、完整，绝不是指将问题罗列得越多越好。一篇论文一般只能着重解决一两个问题，这就是论文的重点和中心，而其他有关问题只能处于从属地位，不能与重点和中心问题相提并论，更不能喧宾夺主。

(2)论点的片面性：即作者思想上的绝对化。对所论述的问题不做辩证的、全面的分析，未看到事物之间的内在联系，如在讨论药物的疗效时，忽视了药物的不良反应；在探讨手术治疗疾病的效果时，忽视了手术适应证等，都是片面性的具体表现。

(3)论点不鲜明：即对所论述的问题观点不鲜明，模棱两可，似是而非，含含糊糊。其原因是作者对各种实验观察材料不够详尽，还没有将第一手资料进行归纳整理，对所要阐述的问题没有搞清楚，或者对国内外文献搜集不完整、不确切，因而得不出一个中肯的看法。

(二)论据

论据是从理论上用以证明论点的材料和依据，是论点赖以成立的基础，是论文的重要组成部分。医学论文要求论据确凿、有力，不能有半点虚假，论据要典型、充分，具有说服力，能反映客观事物的本质，能充分证明论点。论据主要来源于三个方面。

1. 客观事实 以客观事实作为论据，是论文成功的重要保证。使用经过调查研究，与论

点有本质联系的事实作为论据，才能使论文立于不败之地。

2. 实验数据　应用处理过的真实实验数据作论据，不仅可以使读者对所阐述的问题了解的更加具体、明白，还能通过对照和比较，形成深刻、鲜明的印象。采用数据来阐明论点，是医学论文中最简明和经常采用的方法。统计数据是事实的总和，运用它来做论据，能收到对照、比较的效果。在实际工作中得到的各种数据，通过统计学的处理，对其中有统计学意义的数据，作为论据来应用。

3. 理论性数据　为了说明论点的正确性，论文中可引用被前人经过反复实验和实践证实了的理论作为论据，即“引经据典”。如一些被公认的定理、公式、定律或某些疾病的病因、病理生理、生化指标、诊断标准、实验方法、手术方法、疗效等都可以充当论据。使用理论性数据前必须核对清楚，避免以讹传讹，错误引用。

在论文写作中，要根据论据与论点的关系，恰当安排论据的主次、详略和先后顺序。论据必须客观、真实、可靠，必须充分、有说服力。引用的论据必须列出出处(即注明参考文献)。

(三)论证

论证是组织、安排和运用论据来证明论点的方法和过程，目的在于揭示论点和论据之间的逻辑关系，即分析问题、解决问题的过程。医学论文的论证方法不是固定不变的，而是灵活多样的。应根据论文的具体内容和写作要求来决定。论证的方法主要有以下几种。

1. 综合归纳法　综合归纳是一种由特殊到一般的论证方法，即从众多的、具有代表性的个别具体事例中，归纳总结出总体事物的普遍规律，或推导出新的结论和方法。采用这种方法，必须特别注意调查研究，需要大量资料，具有一定的数量和代表性，才有说服力。

2. 演绎推导法　演绎推导法是一种由一般到特殊的论证方法，即从一般的医学原理来分析论证个别病例、病案或具体医学现象。演绎法由三个判断构成，一是用来提出问题、分析问题的一般原则，即大前提；二是提出所要分析的那个事物及其某一方面的属性，即小前提；三是表述所推导出的结论。运用演绎推理的关键是大前提必须正确，大小前提之间必须有必然的联系，如果前提不真实，即使推理符合规律，也得不出正确的结论。

3. 比较分析法　比较分析法是通过有可比性的事物进行对比、分析来论证的方法。常常可以根据论文的内容和要求，设计各种图表来进行比较和分析，使读者一目了然。

4. 驳论反证法　驳论反证法是一种间接的论证方法，即作者在立论的基础上，提出与自己认识不同的论点，然后运用摆事实、讲道理的方法，提出自己的主张和看法。

论证的目的在于揭示论点和论据之间的逻辑关系，采用何种论证方法是根据论文的具体内容和写作要求来决定的。论证的过程是逻辑推理的过程，它的意义和作用在于揭示论点和论据之间的必然联系，证实由论据得出论点的必然性。在医学论文写作中，这几种方法往往可以综合运用。

综上所述，论点是医学论文提出的观点、见解和主张，即表述文章要证明的是什么，这是论文的核心；论据是用来证明论点的理由和依据，即文章用什么来证明自己的观点；论证则是用论据来证明论点的具体方法和过程，即文章如何来证明自己的观点。三者之间既有区别又有联系，缺一不可。

六、医学论文的基本格式

医学论文与其他论文不同，它具有较强的逻辑性。医学论文格式是论文的框架，是论文内在逻辑化的外在表现。目前，医学论文的写作普遍采用国际医学期刊编辑委员会(International committee of medical journal editors)推荐的 IMRaD 格式，被称为温哥华格式，即引言、方法、结果和讨论。

我国于 1987 年公布了《科学技术报告、学位论文和学术论文的编写格式》(GB/T7713-1987)

标准文件，对中文医学论文的投稿也有一定的格式规范和要求。根据温哥华格式及我国国家标准的一般规定，国内外医学论文的结构基本相同，按由前至后的顺序依次为标题、作者、作者单位、摘要、关键词、正文、致谢和参考文献等。可概括为前置部分、正文和后置部分。

(一)前置部分

1. 标题 也称题目、文题、题名等，是论文内容的高度概括和准确揭示，也是论文主题和中心的浓缩，反映论文最重要的特定内容，是最准确、最简明的词语逻辑组合，是论文写作的总纲。它是读者最先看到的部分，题目写作的成败，有时会影响论文能否顺利发表、是否能够吸引读者继续阅读下去。标题的书写应符合以下要求：一是准确具体。标题应恰如其分地反映研究的范围和深度，使读者一看就明白本文的目的和意义，尽量避免使用过于宽泛的题目。二是简洁精炼。紧扣文章的主题内容，以最少的词表达最主要的内容，尽可能包含主题词和关键词。中文标题一般不宜超过 20 个字，外文标题一般不宜超过 10 个词。三是新颖醒目。标题就如文章的眼睛，宜使用独特的表达方式引起读者阅读兴趣。拟论文标题应紧紧抓住论文三要素，即研究方法、研究对象和研究目的。

标题在论文写作中非常重要，有经验的作者常在写初稿时拟出若干个题目，在文章修改过程中，随着认识的深化而最后修改选定；也有把标题放在最后来完成，正文写完后写文摘，再从文摘中浓缩出题目来。要努力避免在论文题目上的以下几种通病：有意拔高，题不切文；范围太大，笼统泛指；题目冗长，重复啰唆；语义含糊，逻辑混乱。

标题通常不使用缩写词、化学分子式、专有名词和行话等。避免使用疑问句、主谓宾结构的完全句式或宣传鼓动方式的状语。标题中的数字均用汉语数字，如“十二指肠”不能写成“12 指肠”，“三叉神经”不能写成“3 叉神经”。一般不设副标题，副标题是对文章正标题和全文主旨的补充阐述，若反复斟酌标题确实难以概括文章的中心内容时，可以用副标题来做补充，但必须用破折号或圆括号与正标题分开。例如：网络生物医学信息检索——HONselect 搜索引擎及其利用。

2. 作者 署名应放在标题下方居中的位置。作者应对该项研究作出实质性贡献，能对论文的内容和学术问题负责，并享有论文著作权的人。作者署名要坚持实事求是的原则。我国 GB/T7713-1987 标准规定署名作者必须同时具备以下三个方面的条件：参与选定研究课题和制定研究方案；直接参加全部或部分主要研究工作并作出主要贡献；参加撰写论文并能对内容负责。

作者署名的形式有三种，即个人署名、多位作者署名和集体署名。研究论文主要由个人完成，宜采用个人署名。科研劳动的特点决定了个人署名是作者署名的基本形式。由多位作者共同完成的，宜采用多位作者署名。由集体共同设计，协作完成的科研论文，应采用集体署名。如某些重大的科研项目，往往需要多个专业，甚至多个单位的许多科研人员共同协作才能完成，此种情况应采用集体署名。合写论文的作者署名应以对论文的贡献大小排列，第一作者必须是论文的主要负责人。投稿后作者姓名及其排序一般不应做改动。作者的下行一般要写明所在的工作单位，并注上邮政编码。论文的最后应附有通信作者的详细通信地址和联系方式，便于学术交流和沟通。

3. 摘要 又称提要，是文章主要内容的摘录，起到报道和检索作用。摘要应以最少的文字向读者介绍论文的主要观点和主要内容，是论文内容不加注释和评论的简短陈述，是全文内容的高度浓缩。它以准确而简洁的语言来说明论文的目的、意义、结果和结论，以便读者用最少时间来了解全文。摘要采用第三人称语气，主动语态表述，尽可能采用专业术语，不分段。

根据对原文内容压缩的程度不同可分为指示性文摘、报道性文摘和报道指示性文摘。

(1)指示性文摘：也称说明性摘要，开门见山，只报道原文所探讨问题的范围、目的、方法概论和主要结论，一般不包括具体的数据、方法、设备、结论等内容，不能替代原文，不宜独立存在或作为独立的摘要形式被转载。比较适合于文献综述、述评、临床资料分析或总结、

病例报告的论文摘要的写作。篇幅一般较短，以 100～200 字为宜。

(2) 报道性文摘：也称资料性摘要，是指明文章主题范围及内容梗概的简明摘要，是原文的缩影，基本上能反映出原文的技术内容，包括文章的研究背景、目的、方法、结果和结论等，其中研究过程、结果和结论是应重点叙述的内容。大多数医学论文的摘要为报道性摘要。该种摘要首先介绍研究背景，然后给出研究的问题、方法和结果，最后给出结论。这类文摘是一种不需要查阅原文就能获知其基本内容，并可作为原文加以引用的文摘形式。篇幅长度一般在 250～400 字。

(3) 报道指示性摘要：以报道性摘要的形式表述一次文献中的信息价值较高的部分，以指示性摘要的形式表述其余部分。此种摘要形式适合于病例报告与文献评述结合的论文。

摘要的表现形式为非结构式和结构式两种，但现代医学论文都采用了结构式文摘的表现形式。采用结构式文摘需要作者系统地描述自己研究过程和研究结果，以指导读者科学地阅读和应用，也便于检索。这类摘要除了具有高度概括和简明扼要两个鲜明特点外，最显著的特点是有相对固定的结构形式。根据所分段落或层次的多少，结构式摘要又可分为简化型结构式摘要和完全型结构式摘要。

简化型结构式摘要包括目的(Objective)、方法(Methods)、结果(Results)和结论(Conclusions) 4 个部分。自 1991 年以来，我国的生物医学期刊主要采用结构式摘要。这种 4 段式的摘要模式要层次清晰，内容完整，文字简洁，能反映研究主题。

例如：《还原型谷胱甘肽对急性百草枯中毒治疗作用的实验研究》论文的摘要。

目的：探讨还原型谷胱甘肽对急性百草枯中毒的治疗作用。方法：大鼠用百草枯灌胃(250 mg·kg-1) 染毒后，不同时间腹腔注射还原型谷胱甘肽(GSH)，分别测定染毒后 8 h、24 h、48 h、72 h 大鼠血浆和支气管肺泡灌洗液(BALF) 中丙二醛(MDA) 含量及超氧化物歧化酶(SOD)、谷胱甘肽过氧化物酶(GSH-Px) 的活力，并观察肺组织结构改变。结果：PQ 染毒后血浆及 BALF 中 MDA 显著高于对照组。给予 GSH 治疗后，与 PQ 染毒组相比，血浆和 BALF 中的 MDA 下降；SOD、GSH-Px 逐渐升高。投用 GSH 的不同时间点之间 SOD、MDA 的差异不大。结论：给予还原型谷胱甘肽，可使急性百草枯中毒引起的脂质过氧化损害得到改善。

完全型结构式摘要包括目的(Objective)、研究设计(Design)、研究场所(Setting)、研究对象(Participants)、干预措施(Intervention)、主要结构和测量方法(Main outcome measurements)、结果(Results)、结论(Conclusions) 8 个部分。

在循证医学文献中常见系统评价的结构式摘要包括研究背景(Background)、研究目的(Objectives)、研究策略(Search methods)、选择标准(Selection criteria)、数据采集和分析(Data collection and analysis)、主要结果(Main results)、作者结论(Authors'conclusions)、概要(Plain Language Summary)。

4. 关键词(Key Words)　关键词是表达文章内容特征的具有实质性意义、能代表文章主题内容的词或词组，可以从文章的题目、摘要或正文中提炼出来。

提取关键词时要注意选词的代表性和规范性。一般选择 3～8 个，最多不超过 10 个，选择的关键词一定要能代表文章的主题内容，关键词之间用分号隔开，词末不加标点符号，并标注与中文关键词相对应的英文关键词。关键词要做到规范使用，一般使用《医学主题词表》(MeSH) 中所列的规范词；对于一些新名词、新兴学科，也可使用常用或约定自由词或现行术语。

5. 中图分类号(Class Number)　按照文章所属的学科，根据《中国图书资料分类法》给出文章的分类号，便于检索和编制索引，若文章涉及多个学科，可以给出多个分类号，主分类号应排在第一位。

6. 文献标识码(Document Type Code)　在医学论文中常用文献标识码来代表文献类型。

7. 英文摘要(English Abstract)　目前，国内外大多数医学期刊都要求附有一篇简明的英文摘要，便于国际学术交流。一般包括英文标题，作者和机构名称译名，英文摘要，英文关键词。

在写英文摘要时要注意以下事项：

(1)必须要写好中文摘要：大部分作者的英文摘要都是根据中文摘要翻译而成的。英文摘要是为了方便不具备汉语基础的读者阅读，内容必须忠于原文，不是简单的翻译。因此，英文摘要一般是结构式摘要和报道型摘要。

(2)注意时态：时态的确定应根据论文表达的内容而定。例如：介绍背景资料时，如果句子内容是不受时间影响的普遍事实，就可以使用现在时；在叙述研究目的时，如果使用论文作主语时，多采用现在时。

(3)注意英文标题的翻译：英文标题以短语为主，常见名词短语由一个或几个名词加上其前置和后置定语构成。标题不宜过长，要求确切、简练、醒目，能准确反映论文主题内容。同一篇论文中英文标题要和中文标题相一致。注意标题中的大小写和缩略词的规范。

(4)作者译名：中国人名按汉语拼音拼写，其他非英语国家人名按作者自己提供的罗马字母拼法拼写。

(二)正文

1. 引言(Introduction) 引言又称前言，是一篇论文的开头部分，对正文内容起到提纲挈领的作用，向读者介绍论文的主题、目的和意义等，引导读者阅读全文。引言的内容一般包括：论文的主旨、目的和意义；研究背景及存在的问题；研究对象、范围、方法和意义。引言要精炼简明，一篇好的引言应包括对现阶段国内外最新研究进展的精辟阐述，提出存在的问题及有待研究的问题，阐明本研究的必要性和对现阶段工作的意义。

2. 材料和方法(Materials and Methods) 这部分主要说明研究中的研究对象、研究条件、研究方法和研究过程，便于其他研究者重复、验证，是判断研究论文科学性、可信性、先进性的主要依据。

（1）材料部分

1)研究对象为人群时，要说明例数、性别、年龄、职业、病因、病程、诊断标准、疗效的判定标准、抽样和分组的方法、观察指标等。

2)研究对象为动物、微生物或植物时，要写清楚属、种、族、菌株、品种等，如是动物，还要写清楚年龄、性别、来源、饮食、食量、健康状况和体重等。

3)研究对象为药品、试剂时，应写清楚名称、生产厂家或提供者、批号，化学试剂应说明化学纯度以及确定化学纯度与本次实验的时间间隔等，以便读者分析判断或做重复实验。因为，有些药品、试剂不仅与实验设计的用量、剂型、浓度、保存时间、使用对象等条件有关，而且与提供者、化学纯度等有关；即使同一种药品，出自同一个厂家，批号不同者可能对实验结果产生影响。临床上给换用不同批号的青霉素患者重新做皮肤过敏试验就是这个道理。

4)在研究中使用或涉及仪器设备时，除一般常用仪器设备不必写明厂家、型号外，比较新的，特别是研究中特定的仪器设备(包括记录仪器及其附件、测试仪器或探针、试管、容器等)均应说明生产厂家、型号、规格、特点等。如属自行设计、研制的仪器设备，首次报道时应详细介绍其原理、性能、特征、生产者或合作生产者。一般来说，仪器设备的先进，说明实验手段的先进性，可提高论文的价值。总之，要如实记载所使用的仪器设备。

(2)方法部分

1)应说明研究设计的名称，如前瞻性研究、回顾性研究；应说明实验设计的具体类型，如成组设计、自身配对设计、交叉设计、析因设计等；如是临床试验设计，则应说明临床试验设计的第几期临床试验，采用何种方法。主要做法应围绕可重复、随机、对照、均衡的基本原则概要说明，尤其要说清楚如何控制可能干扰和影响试验结果的非试验因素。

2)要重点介绍分组的原则、每组的例数或动物数、每组的实验条件或对照条件、研究对象的入组条件或剔除条件等。研究对象是人群时，应说明各组的年龄、性别、体重、健康状态，

或疾病诊断依据等。这些是分析、判断实验分组是否科学合理的依据。如果其中有一项分组不合理或未交代清楚，就可能影响实验结果的可信性。

3）说明实验过程中的控制条件，包括共同控制条件和各组控制条件。共同控制条件，如室温、饲养、采样、培养、样本制作过程等，均要说明是否在同等条件下进行。各组控制条件，如药物、试剂、剂量、浓度、给药方法，或食物名称、种类、食量、饲喂方法等。这些是分析判断给定条件和控制条件是否科学、合理的依据。如果其中有一项控制不严或未交代清楚，同样，也可能影响实验结果的可信度。

4）说明实验方法，如果实验方法完全是自创的，除必要的保密内容外，要详细介绍主要设计思想、具体步骤、操作要点等；如果实验方法是在其他方法的基础上改良的，则应较详细地介绍改良部分的内容，引用部分为避免重复可以省略，但要加引参考文献；如果是完全运用其他人的方法，则只需引用文献即可；对于比较复杂的样本检测过程，需列出操作表。写清这些内容的目的，同样是为了确保实验结果的可信度。

5）说明所采用的统计方法，主要介绍对实验或观察数据采用何种统计学方法进行处理。如 χ^2 检验主要用于计数资料的显著性检验；t 检验主要用于比较两均数之间差异性的显著性检验；相关系数 r 用于确定两事物两变量间的相互关系。读者可以根据这些内容，结合资料的特点和性质，分析、判断所用统计方法是否正确，来判断所得结果是否正确可靠。

上述内容是实验研究的客观记录，不一定每篇论文都会涉及，但凡是研究过程中的重要内容，都应实事求是地描述出来，以便读者去分析、判断、参考或重复实验等。

3. 结果(Results)　是实验所获得的数据，观察到的现象，得出的规律、结论及发现的问题，经统计学处理或归纳整理，以文字、图表的形式真实地告诉读者的过程，是论文的重要部分。

撰写结果要注意客观性、准确性和代表性，即把实验或观察所获得的重要内容按逻辑顺序写清楚，不夹杂任何推理分析或评论，以避免与讨论重复。

(1) 重点突出，准确无误：写作前必须归纳、整理、核实观察记录和经统计学处理的检测数据，准确地运用文字、图表，简明扼要地进行表达；修改、定稿时必须反复核对数据，推敲用词。

(2) 鲜明有序：对所获得结果较充实，涉及项目或指标较多时，应做好分级标题，安排前后顺序，才能做到条理清晰。

(3) 实事求是，如实报道：写作时要避免把自己的假设或主观愿望随意更改或编造研究数据和观察结果。只要与课题相关的结果，哪怕是和研究假设相反的结果都应该如实报道，因为在这些实验中可能存在着有价值的发现，对读者有重要的启迪作用。

(4) 避免重复：为了使结果更直观、简洁，论文中常出现文字、图、表三者结合的情况，这时就要避免三者重复叙述。某些内容图表已经有所表示，一般就不用文字表述，避免给人繁琐、多余之感。

各种类型的医学插图与表格是医学论文的重要表达方式，也是医学论文写作的重要组成部分，主要包括非统计图(各种形体图片、组织学图片、解剖图片、各种框图、影像学检查图)和统计图等。图表是形象化的语言，能产生直观的效果，可减少繁琐的文字叙述；能完整、清晰、有力地说明问题；能增加读者的阅读兴趣，便于理解记忆。特别是统计图，能直观简明地表达变量与变量之间的关系，展示某一区域内的不同量的分布情况，某一变量的发展趋势等。

表格设计要清晰、简练、规范，每个表格由表根、表体、表序(例表 1、表 2…)、表题(即表名)和表注(例表 11-2)组成。表格一般采用三线表，可加辅助线，但栏头左上角不用斜线。表内文字左对齐，数字右对齐，序号与小数位数保持一致，未发现的数据用“-”表示，未测或无此项用空白表示。对于表内变量的计量单位，若各栏计量单位均一致，可将计量单位置于栏目标题后面，用括号括起；若各栏计量单位不同，但同一栏的计量单位相同，应统一置于栏目标题后并用括号括起。栏目标题可以使用缩略语，如 kg、mol、DNA、AIDS 等，非标准的符号和缩略语必须在表注中予以说明。

4. 讨论(Discussion) 是研究结果的升华，是从理论上对结果的思考、分析和科学推理，揭示观察到的事实之间的内在关系，并上升到理性认识，从广度和深度两方面来丰富和提高对结果的认识，为文章的结论提供理论上的依据。基本内容包括：

(1)阐述相关概念和基本原理。

(2)概述国内外对本课题的研究近况，概述本研究的结果、结论与国际、国内先进水平相比居于什么地位。

(3)对阳性结果或阴性结果作出合理的解释说明，解释因果关系，并与国内外相关研究的异同进行比较分析。

(4)以本研究的主要结果为依据，着重说明本研究的创新性、亮点及独到的见解，说明本研究结果从哪些方面支持创新点。

(5)提出本研究中存在的不足和缺点，即对研究中存在的缺点、疑点等加以分析和解释，说明偶然性和必然性。

(6)实事求是地说明本研究的局限性和在研究过程中的经验、体会，提出进一步研究的方向、展望、建议和设想。

讨论应将论证中的各条思路合乎逻辑地贯穿起来，并从实验结果出发，紧扣题目。在写作中要注意鲜明性、创新性、客观性和条理性。这是论文中最难写的部分，并占较大篇幅。讨论能否深入，在很大程度上取决于作者理论思维、学术素养、分析能力的高低和文献占有量的多少。

5. 结论(Conclusion) 又称“小结”“总结”，是论文最后的总体结语，是在实验和广泛论证的基础上，经过严密的分析推理，对结果和讨论做严肃的、高度概括的论断。必须要反映论文的目的，对当初提出问题做出明确的回答，即与前言的论点相呼应。内容应包括：

(1)进一步概括提炼主题，高度概括说明研究解决了什么问题，使用了什么方法，发现了什么规律，有什么创新。

(2)在充分论述的基础上，提出最后结论。

(3)简述研究存在的局限性，提出问题、建议和设想。

写结论时要注意：

(1)突出重点，简明扼要，观点鲜明地提出一点或几点见解，难以提出明确结论时，可写成结语，提出设想和建议。

(2)用词准确，表达有条理性，忌言过其实。

(3)精炼、完整，忌重复结果和讨论中的内容。

(4)对不能明确或无确切把握的结论，忌用“证明”“证实”等肯定的词。

(三)后置部分

1. 致谢(Acknowledgements) 详见本章第六节医学学位论文的致谢。这部分在医学论文中常常省略。

2. 参考文献(References) 详见本章第六节医学学位论文的参考文献。

七、医学论文的撰写步骤和方法

(一)选题

选题是医学论文写作的第一步，也是关键的一步。可从已有文献中选题，在查阅文献时得到启发，发现空白点，也可在现有文献的基础上提出新见解、新论点；可从各级课题主管部门下达的课题指南中选题，一般来说，国家课题内容比较广泛，大多是亟待解决的问题；医学工作者可从医学基础和临床方面来选题，如在工作中遇到的各种医学理论和医学技术上的问题，包括改进诊疗方法，发现新病种(症)和疾病的规律，疾病的流行学调查，总结某种疾病的护理经验和教训等。选题一般要遵循以下几条原则。

1. 科学性　科学性是论文选题的首要条件和基本要求。选题要具有充分的理论与实践依据，要符合医学发生、发展和变化的客观规律，要能反映客观事物的本质。

2. 创新性　创新性是衡量一篇医学论文最重要的价值标准。医学研究不仅要善于继承、应用已有的成就，更重要的还在于创新和发展。因此，论文的选题要着眼于创新，强调突破，尽量避免重复。

3. 针对性　针对性是指论文选题目的要明确、具体。文章要解决什么问题，为什么要解决这个问题，有什么条件和要求，都要做到心中有数。要根据医学发展和医疗实践的需要，选择那些有科学价值的问题、与人民健康息息相关的问题和急待解决的问题。

4. 可行性　选题应坚持实事求是，立足现实，充分考虑主、客观条件。考虑自己的知识储备、专业特长、业务能力、技术水平、专业知识的广度和深度；考虑是否有资料来源，如本单位的业务特点、技术状况、设备条件能否保证课题实验的基本需要；考虑选题的研究动态和研究成果，避免盲目和重复。

(二)资料的收集和处理

1. 资料的收集　收集资料包括收集文献资料和收集相关的临床或病历资料、实验观察资料、调查研究资料和其他实物资料。收集文献资料可参照本章第一节。

2. 资料的处理　原始资料是构成论文的最基本因素，是形成论点的基础。对收集到的资料进行处理必须注意根据论文主题取舍资料，注意资料的真实性，选择准确可靠，能反映事物本质的资料，注意选择有说服力的、典型的资料，注意深入理解资料，充分利用资料，注意科学地处理阴性资料。

(三)阅读资料

1. 阅读策略　应根据阅读目的，文献性质、数量和阅读环境等，采取不同的阅读策略，即先读与主题内容相同的中文文献，后读外文文献；先读文摘，后读原文；先粗读，后精读；先读综合性文献，再读专题性文献；先读现刊，后读过刊；先读核心期刊，后读其他刊物。

2. 阅读程序　医学文献作为科技和专业读物，有一定的格式和结构。阅读医学文献要根据其特点，采用合理的阅读程序。

(1)阅读题目：选择切合课题需要的文献。

(2)阅读摘要：了解文献主要内容，进一步判断与课题的紧密关系，决定是否继续阅读。

(3)阅读结论：掌握论点和结论。如果这些内容与自己所掌握的内容无很大差别，就可以不阅读全文。如果对一个论点的正确性有疑问，对某一论据有兴趣，对某些论述、分析方法或数据确实有参考价值，应酌情阅读全文。

(4)阅读正文：可以掌握作者的基本观点、分析方法和各种实验数据等，应精读且边读边思考，并摘录有用的内容。

3. 阅读要领

(1)理解概念：阅读医学论文要读懂定义、解释、比较说明、数字说明、举例说明等。读定义时，要理解概念揭示的内涵和外延；读解释时，要了解概念的性质和特征等；读比较说明时，应特别注意共同点和差异点；读数字说明时，要掌握数字的范围、多少，理解其大致趋势；

读举例说明时，要掌握基本原理和理论，举一反三，触类旁通。

(2)重视图表和数据：图表和数据对于理解、巩固所学知识有很大的作用。对于图表要注重来源，是实验的，还是统计的；注意时间，与论文写作时间是否相差太远，是否过时；注意单位，与结论单位是否一致，坐标之间单位是否有可比性，是否为国家统一使用的单位；注意图表的效果，作者引入的图表想要说明什么问题，是否达到预期效果。对于数据要注意其科学性；注意其出处，是实验得来的，还是统计出来的。对于特别关键的数据，作者应该有所注释，没有注释的数据，读者应该慎重使用。数据类型是相对数据，还是绝对数据；是概数，还是约数。

(3)辨别实验报告和病例分析：在医学文献中，实验报告和病例分析占有很大比重，它是对理论阐述的必要补充，是某一医学成果和规律在实验室和医疗实践中的佐证，是最主要的科学判断之一。因此，阅读医学文献时要重视。

阅读实验报告时，要注意实验方法设计是否严密(如样本是否有代表性；实验单位是否合适；测量指标是否有意义；比较组计划安排是否合理)；实验观察方法是否精确、完善；实验条件是否严格控制；观察记录是否客观；实验结果是否可信，能否重复得出，重复实验次数是否合理。

阅读病例分析时应注意病例主体是否与所述结论一致；病例环境条件、时间、药物等客观因素是否与结论一致；临床结果是否准确、可信，有无其他形式(如图片、X 光片、化验单、患者自述等)的旁证。

(四)立意构思，拟定提纲

1. 构思 构思是作者熟悉和掌握收集到的各方面资料，明确写作要求、目的，对观点和材料进行合理安排的思维过程，它是论文的框架和蓝图。构思时应遵循观点鲜明、重点突出；详略得当、主次分明；结构严谨、层次有序；内容和形式和谐统一。

2. 拟定提纲 论文的构思和拟定提纲往往是同时进行的，是作者对论文构思的进一步完善。按照拟好的提纲来撰写论文，作者就可以有条不紊、按部就班地完成论文。提纲拟得好，写出的文章就会重点突出，层次分明，充分、精确地反映作者的意图。提纲的内容要紧扣主题，项目要齐全，层次要清晰，提纲的基本内容包括暂拟标题，提出论点、分论点，安排论据、结论。

(五)完成初稿

提纲拟定后，就可撰写初稿了。撰写初稿时要尽量充分、丰富，将提纲中的内容全部写进去，若初稿写得单薄、瘦弱，将会影响后面的修改。可把自己的写作意图和需要论证的内容材料尽量写出来，不必过多考虑篇幅，也不必太多考虑修辞，以文字通顺、表达清楚为准。把自己所掌握的丰富的实验资料、观察资料和文献资料等，作为论据充实到提纲的相应部分去，用来论证各分论点，再通过各分论点来论证中心论点，使中心论点得以成立。应重点阐述创造性部分，详写新理论、新发现，详写对前人成果的丰富和发展。在论证过程中，要根据各部分的特点和需要，适当地应用各种论证方法。行文要合乎文体规范，论点、论据、论证齐全，纲目分明，逻辑清楚，运用的符号、单位标准，图、表、公式的书写规范。

论文初稿的写作顺序一般有两种：一是按照作者思考问题的过程去写，就是由头至尾，顺势而行，一气呵成。一般短篇论文用这种方法写作。二是从正文写起，正文写完，结论随后，自然脱出。这时再去写引言、摘要、最后提炼出标题。长篇论文的写作适合采用这种方法。

(六)修改

一篇论文要反映一项有创见的科研成果，并不是一件轻而易举的事。要把一个论点阐述清

楚，把丰富的材料安排得当，不经过反复思考、多次修正，是难以如愿的。因此，任何一篇文章都要经过三番五次的修改，即使是比较有经验的作者，其初稿也不能保证完美无缺，都要经过反复琢磨、推敲、修改的过程。这就是“文不厌修”、“多改出华章”的道理。初稿完成以后，首先要反复通读几遍，纵观全篇，从整体着眼，斟酌立论是否正确，思维是否清晰，结构是否合理，有无明显错误。然后再进入字斟句酌的精雕细刻。

1. 修改内容 论点体现论文的价值水平，是修改初稿时首先要注意的问题。检查自己的写作意图、基本论点和分论点是否准确表达出来；再看要论证的内容材料是否全都用上，论据是否充足；还要检查是否有与论点无关或关系不大的内容混杂在论文中。对内容中的不准确之处要修改，缺漏之处要补充，重复多余者要删除。

2. 调整结构 论文结构是表达论文主题的关键因素之一。从整体出发看文章的各部分、各阶段结构是否合理，衔接是否均衡，排列次序和从属关系是否明确而合乎逻辑。要努力做到整篇文章结构严谨、重点突出、层次分明。

3. 修改语言 医学论文要求语言准确。检查语言是否精练，专业术语使用是否准确，句法是否完整、严密，是否合乎现代汉语的规范，数据引用是否有误，图表、照片是否清楚，标点符号使用是否正确等，都应逐字逐句审阅、修改。

4. 修改标题 对照成文，对初拟标题字字斟酌，看其是否准确揭示文章中心内容，大小标题格调是否一致。

5. 压缩篇幅 在写初稿时，很少考虑篇幅长短的问题，一般都是内容多、词句繁、篇幅长。但是各种期刊、学术会议对论文的篇幅均有一定规定。这就要求作者根据不同用途和不同要求，对篇幅进行修改，删繁就简，有时还要大刀阔斧、忍痛割爱。在修改过程中，还可将论文送导师或同行专家审阅，虚心征求他们的意见。

第三节 医学综述的撰写

一、概　　述

(一)医学综述的含义

综述是医学论文常见的一种文体，是在查阅了医学某一专题在一定时期内的相当数量的文献资料基础上，经过分析研究，选取有关情报信息，进行归纳整理，综合性描述撰写而成的文章。

综述意在弄清某一专题发展的来龙去脉、研究的现状与进展，发掘存在的问题或研究的空白点，提出研究的方向或预测发展趋势。

综述属于三次文献，篇幅较长，涉及面广，往往含有非常丰富的有用信息，论述具有较强的系统性和评论性，具有较高的情报学价值。阅读综述可在较短时间内对该专题有全方位的、整体的认识，并可以了解若干篇该专题密切相关的原始论文。

(二)综述的作用和特点

1. 综述的作用

(1)报道作用：综述能够对医学科研或临床的研究过程进行全面系统的回顾，并报道、反映科研现状、科研发展趋势。

(2)指导作用：综述报道某研究领域的研究现状和发展趋势，发掘存在的问题或研究的空白点，提出科研的方向和预测未来的发展趋势，可指导研究人员选择正确的研究方向，设计科

研方案，正确开展临床诊疗工作。

(3)检索作用：综述往往浓缩了大量的原始文献，一篇综述的引用文献可以说是一个小型的专题数据库，可以帮助科研人员进行追溯检索。

(4)参谋作用：综述可为领导和管理人员提供决策参考，成为临床决策的重要依据。

2. 综述的特点

(1)文章的篇幅较大：在国外期刊上登载的综述，有的篇幅长达10～50页，国内发表的综述字数以3000～6000字多见，也有长达8000～15 000字。最近，随着信息量的日益剧增，在期刊上出现了一些“短小综述”，被称为“mini review”，这些综述高度概括现期研究，预测未来，很受读者欢迎。近年来，随着循证医学的发展，Meta分析文献、临床系统评价、临床指南等综述文献大量涌现，并正得到广大医学工作者、临床医师的重视。

(2)引文和参考文献较多：综述的主要工作之一就是复习大量文献。综述著者往往查阅了大量的文献资料，从中选取较有价值的情报信息，浓缩于一文。在国外期刊上登载的综述，通常要求附百篇以上的引文。国内期刊登载的综述，通常参考文献要求在15篇左右。

(3)内容较丰富，涉及面较广：相对其他信息产品如目录、文摘等，综述揭示文献信息的程度较深。综述的著者要通过对大量密切相关、实用价值高的参考文献进行归纳、总结、分析研究，作出既有研究的评价，并能预测和展望未来趋势，在提供回溯文献的思路和途径基础上，介绍某一专题的来龙去脉，使读者对整个课题有全方位、整体的认识。

(4)应用广泛：综述可以独立成篇，发表出版；也可以作为学位论文、项目申请书等的重要组成部分。

二、综述的一般格式

(一)前置部分

综述前置部分结构与学术论文相同，但是综述的题名要求准确、切题、精练，如“寄生虫病化学治疗新进展”、“视神经胶质细胞的研究进展”。

(二)正文

综述的正文与学术论文不同，其结构灵活，通常可立概念标题，而不是像学术论文那样的格式标题。

1. 前言(introduction) 撰写综述的理由、目的、意义、范围、学术背景、目前状况及争论焦点等。前言的篇幅一般在100～200字。

2. 主体(body)部分 综述不同于学术论文写作，综述的主体部分格式比较灵活。综述的组织要根据综述的内容要求来定。综述主体的常见写法有列举法、层次法、阶段法、分析综合法、对比法等。

主体内容的结构，通常取决于专题的类型。一般可分设若干小标题。可以按研究内容分列，如研究的学科、主题或技术方法等，也可参考经典综述文献的框架。

3. 总结(summary) 当综述篇幅大，内容多时，需采用100～200字的总结，概括主要内容、结论，指出存在的分歧和有待解决的问题。这部分内容如在正文中已经涉及，可以不必再写。

(三)参考文献

综述一定程度上是文献的综合叙述。因此，参考文献是综述的重要组成部分，是人们了解综述选用资料的背景和依据，并且也是获取更多文献的线索。综述参考文献与学术论文、学位论文采用相同著录标准，范例详见本章第六节医学学位论文写作。一般只列出综述著者亲自阅

读的，直接引用的，具有新颖性、真实性、代表性的公开发表文献。译文、文摘、转载、内部资料一般不列入参考文献。

三、综述的写作步骤

综述的写作步骤可参考本章第二节医学论文的写作步骤。

四、综述的写作方法

综述的正文需要根据综述的性质和内容分为若干部分，每一部分标以标号及小标题，各阐述一个侧面、一个中心，各标题之间有内在的联系。通常可采用以下几种写法：

1. 横向列举法　将所要论述的内容按观点、理论、方法或国家地区归纳成条目一一列举，再进行分析、对比、评述。通过横向列举和对比分析，便于读者了解各种观点、理论和方法的异同、优劣。如《减肥药物研究进展》一文，FDA 批准的减肥药品横向列举了芬特明、安非拉酮、奥利司他、劳卡色林等 5 种药品。

2. 纵向层次法　按课题的学科属性和内在逻辑归纳成若干层次设置标题，标题间有着内在联系，逐一进行论述。

3. 纵向阶段法　根据课题历史年代不同时期的特点归纳成几个发展阶段，据此进行综述。适用于有明显阶段性发展的课题，便于读者了解某一课题的发展历程和发展趋势。如《减肥药物研究进展》一文，作者按照美国药物从研发到批准上市的不同阶段来介绍减肥药品：FDA 批准的减肥药品，拟待批准的减肥药品，尚在研发的减肥药品，体现了整篇综述的纵向阶段性。

4. 分析综合法　综合应用纵向和横向的方法来组织材料，在大的纵向框架下，每个阶段又用横向写法。使得读者获得对整个课题研究的历史沿革、当前现状和未来趋势有了更清晰和详尽的了解。如《减肥药物研究进展》一文。

5. 归纳对比法　对某些新成就、新理论、新观点、新发明、新方法、新技术、新进展进行各派观点、各家之言、各种方法、各自成就专门介绍，通过对比，既可以分辨出各种观点、见解、方法、成果的优劣利弊，又能归纳出国际国内研究水平现状和发展趋势，从而找出差距，明确研究方向。

第四节　病例报告的撰写

一、概　　述

病例报告又称个案报告，是医学论文的一种常见体例，是指对个别少见或特殊病例的病情及诊断治疗方法所做的书面报告。常被用来报告临床上新发现的特殊病例和罕见病例，也可以是一种常见病的特殊表现。通常包括病例介绍和讨论两个部分，通过对疾病的临床表现、发病机制、实验室检查、影像学检查、诊断、治疗及预后等方面内容介绍，为临床医生进一步掌握疾病的特点与本质提供第一手感性资料；通过对这一特殊病例的讨论，来产生对该病的新认识，提出新理论和展示诊治这种疾病的新前景。

二、病例报告的写法

撰写病例报告，首先应查阅有关的文献资料，判断所报告病例的医学价值，是不是首发或罕见病例等，病例报告的重点在于对病例本身的描述，应重点突出，简单明了，一般千字左右即可，但少者也可两三百字，多者可达数千字。

病例报告一般分为题目、作者姓名、单位、前言、病例介绍、讨论、参考文献等部分。

论文题目要求直接写出病名(罕见病例)或新方法及例数，紧扣论文内容，使读者读了以后，对论文报道内容有一个大致了解。

文章的前言可有可无，有也应较为简短，一两句即可。参考文献的格式与医学论文的格式一样。撰写病例报告的关键是要把病例介绍和讨论写好。

(一)病例介绍的撰写

病例介绍要清楚地交代病程经过的必要细节，要有病人的发病、发展、转归及随访的结果等。切忌将原始病历照搬，避免使用各种非客观性、各种怀疑或推测性语句。因病例报告所撰写的是罕见的或是有特殊意义的病例，故应将有特殊意义的症状、体征、检查结果、治疗方法详细描述，突现重点。描述病史时，要交代清楚发病时间、主诉及病情经过。对反复发作性疾病和先天性疾病要重视既往史和家族史。外伤患者要写清楚受伤情况。实验室检查及影像学检查通常只列阳性的和必要的阴性结果。无相关意义的其他阴性结果可省略。对有特殊意义的阳性结果要注意前后对比。手术治疗要说明手术名称、术前处理、术中发现、术后处理、术后反应等。治疗结果既要说明疗效，又要说明副作用。

(二)病例讨论的撰写

讨论内容要与病例紧密联系，一般可围绕所报道的病例作出必要的说明，阐明作者的观点或提出新的看法等。讨论中要有充足的论据，说明病例的罕见性和特殊性。

临床医生在平时的诊疗工作中，有时会遇到一些病人的临床表现超出了自己的知识范畴，不能对其按已有的知识归类，这种病例有可能就是一个罕见病例。当然，要确定一个病例是否为罕见病例，还要认真全面地进行文献检索，以了解他人有无报道。罕见病例可能是一种特殊的组织病变或生理功能紊乱所致。所以，凡遇到特殊的罕见病例时，应尽可能用各种现代化手段检测和实验研究，力求对疾病的机理进行深入的阐明。

如果两种或两种以上少见病并发在同一患者，或某种综合征与某种少见症状并存于同一患者，可说明其间存在某种相关性，甚至一种疾病可能是由另一种疾病所引起。这类病例报告应有足够的实验室及影像学证据，或病理学证据，以支持并存病的机制与因果关系。

某些病例的反常或者是常规经验之外的临床表现或转归可能提供新的病理、病因或治疗机理的线索，为进一步开展前瞻性研究提供依据。疾病的这些反常表现或特殊转归可以是由药物或其他干预措施所致，也可以是疾病的独特表现。这类病例报告要有足够的临床检查和各种检验的证据，以证明反常表现和特殊转归的确凿性。

病例报告主要是写好病例摘要与讨论，写作时病例摘要要求有完整的原始记录、充分的诊断依据和最后诊断。对病史诊断治疗方法结果等应如实报道，不得随意改动，写讨论时要结合论文中的病例来进行，讨论内容要与病例紧密联系，一般可围绕所报道的病例作必要的说明，阐明作者的观点或提出新的看法等，讨论要有精辟独到的见解，有些病例病因清楚，结论明确，讨论部分可以省去不写。

三、病例报告实例

第30卷第2期 2010年4月 | 赣南医学院学报 JOURNAL OF GANNAN MEDICAL UNIVERSITY | Vol. 30 NO. 2 APR. 2010

急性秋水仙碱中毒致多器官功能衰竭1例报道

黄 勤，陈 云，刘先发，吴 勤
（赣南医学院第一附属医院急诊科，江西 赣州 341000）

中图分类号：R595.4 文献标志码：B 文章编号：1001-5779(2010)02-0292-01

秋水仙碱中毒是临床少见的药物中毒，近日我科接诊一例急性秋水仙碱中毒患者。现报道如下。

1 病历简介

患者，女性，21岁，于2008年12月28日凌晨2时服用秋水仙碱60片(0.5 mg/片)。服用8 h后出现腹痛，以上腹部为主，呈持续性隐痛，伴黄色水样便数次，恶心，呕吐胃内容物，胸闷心慌，全身乏力等症状。28日下午6时由家人送入当地医院进行洗胃、补液、吸氧、抗感染等对症支持治疗后，病情未能改善且呈进行性加重，出现血压下降、尿少，意识模糊、口唇和四肢末梢发绀等症状。于2008年12月29日下午1时转入我院急诊科。入院查体：患者体温不升，呼吸48次/分，血压为0，脉搏未及，意识模糊、精神萎靡、面色苍白、全身冰冷、口唇及四肢末稍紫绀，双侧瞳孔等大等圆(3.5 mm)，对光反射灵敏，颈软，呼吸深快、双肺呼吸音粗、可闻及少量啰音。心率128次/分、律齐、心音低钝、未闻及病理性杂音。腹平坦，肌稍紧，上腹部压痛明显、无反跳痛，肝、脾肋下未及，移动性浊音阴性，肠鸣音活跃，双下肢无水肿。生理反射存在，病理反射未引出。入院后急诊化验，血分析：WBC 47.5×10^9/L，RBC 6.29×10^{12}/L，HGB 166 g/L，PLT 157×10^9/L，NEUT 38.5×10^9/L，MXD 1.0×10^9/L，LYM 8.0×10^9/L，心功能、肾功能：AST：521 U/L，CK 2411 U/L，CK-MB 150 U/L，HBDH 183 U/L，LDH 3849 U/L，CRE 185 μmol/L，BUN 11.60 mmol/L。电解质与血糖未示异常。

初步诊断：①急性秋水仙碱中毒；②多脏器功能损害(心功能，肾功能，呼吸功能，肝功能损害)。立刻给予患者心电、血氧饱和度监护，持续吸氧、补液、升压、营养心肌、护肝、抑酸、抗感染等对症治疗。29日下午3时，患者生命体征渐有好转，神志转清楚，精神差，体温35.8 ℃，脉搏106次/分，呼吸40次/分，血压131/79 mmHg，呕吐、腹泻改善，尿量逐渐增加，时仍有腹痛不适、胸闷心慌感。其后患者生命体征有波动变化，心率逐渐加快，血压不稳定，最低60/30 mmHg。当晚21时15分患者突然出现心跳、呼吸停止，血压、大动脉搏动消失，神志昏迷，四肢厥冷，末梢紫绀，双侧瞳孔逐渐散大，对光反射欠灵敏。立即给予胸外心脏按压及气管插管、呼吸机辅助呼吸、心脏电复律、肾上腺素、阿托品等抢救，患者自主心跳、呼吸一直未能恢复，于2008年12月29日21时50分死亡出院。

2 讨 论

秋水仙碱又名秋水仙素，是从百合科植物中提取的一种生物碱，在临床上主要用于抗痛风、抗肿瘤，近年来，在应用上又有所拓宽，用来治疗慢性活动性肝炎、肝硬化、Sweet综合征、Bacht综合征等。其治疗剂量与中毒剂量十分接近，超剂量摄入可引起严重毒性反应。国外有文献报道0.4 mg/kg，35 h后引起死亡[1]。临床中毒多见于治疗剂量掌握不当和/或有自杀倾向的患者大量服用及误食含秋水仙碱的植物（如新鲜黄花菜）[2-3]。秋水仙碱本身毒性小，但与剂量大小有明显相关性，口服后在胃肠道吸收迅速，服药后0.5~2 h达到血药浓度高峰，以后由于肠肝循环血药浓度可再度升高，进入体内的秋水仙碱分布广泛、持久，在肝脏内代谢，从胆汁及肾脏排出。秋水仙碱的生物学特性决定服用大剂量时，秋水仙碱在人体内各器官中均可分布且维持一定浓度，对各个器官造成不同形式的损害，其方式大致可分为二种：①药物的直接作用：药物进入各组织，通过抑制磷脂酶A2及和中性白细胞微管蛋白的亚单位结合等过程来改变细胞膜功能，破坏细胞，促使细胞溶解[4-5]。②免疫介导损伤：药物进入组织细胞，经一系列免疫介导可产生溶细胞性T淋巴细胞，它们通过穿孔素和颗粒酶等物质介导引起细胞的大量坏死或凋亡，其作用可使各器官短时间内衰竭。并且秋水仙碱的蛋白结合率仅为10%~34%，因此血液净化与透析治疗对秋水仙碱中毒患者意义不大。目前，秋水仙碱中毒没有特效解毒剂，只有早期及时洗胃、导泻，对症治疗，维持生命。国内曾有报道急性中毒患者早期出现多器官功能衰竭[6]。本例患者来我院时已出现重度休克，病程中患者一度意识恢复，考虑为稳定血压、维持患者生命体征后出现的好转。患者血分析指标与慢性中毒患者不同，即血细胞没有降低反而出现迅速增高。这是造血系统的激活还是机体的应激反应，其毒理及病理过程有待进一步研究。患者因服用药物量过大且求治太晚，洗胃不及时，药物已吸收并出现心脏、肾脏等多个重要器官不可逆的损害，患者最终没能抢救成功。口服秋水仙碱30 mg、44 h后死亡。

参考文献：

[1] MillinsM E, C arricoE A, HorowitzB Z. Fatalca rdiovascular collap sefollowinga cute-colchicinesin gestion [J]. Toxicol Clin Toxicol, 2000, 38(1): 51-54.
[2] 胡喜梅，周水阳，陆翠，等.长期服用秋水仙碱致急性造血功能停滞1例[J].临床血液学杂志，2006，16(2)：114.
[3] 彭丽珍. 鲜黄花菜中毒34例临床分析 [J]. 临床荟萃，2005，20(12)：605.
[4] 陈新谦.新编药物学[M].第16版.北京：人民卫生出版社，2007：215.
[5] 张文武.急诊内科学[M].第2版.北京：人民卫生出版社，2007：348-351.
[6] 何新华，李春盛，张海燕，等.极量秋水仙碱中毒并发多脏器功能衰竭1例[J].中国急救医学，2009，29(2)：139.

（收稿日期：2009-05-20）

第五节 医学论文的投稿

投稿是论文写作的最后一个环节。医学论文只有发表了，才能使学术研究和新科技成果成为人类的共同财富，才能对后续的科学研究起桥梁作用，才能逐步使科研成果转化为生产力。

一、期刊选择

国内外期刊都存在着较高的退稿率，国际著名生物医学期刊的自由投稿退稿率达 90%左右，国内著名期刊的退稿率达 80%左右。因此，在投稿前选择合适的期刊至关重要。投稿前可以在图书馆或互联网上了解医学期刊的办刊宗旨、知名度、性质及特点，了解各医学期刊的稿约、栏目和内容等，选择与自己论文专业对口的期刊，提高中稿率。

国内外科技学术期刊类别各异、数目繁多。一般按期刊的性质或属性可有学报类、通报类、情报类、检索类等。从学术类别出发可分为综合性刊物(如 Nature、中国科学、中国卫生事业管理等)、学术性刊物(如 Cell、Circulation Research、中华儿科杂志、中华医学杂志等)、技术和方法性刊物(如 Biotechniques、Methods、医疗设备信息等)、检索性刊物(如 Sci、中国医学文摘等)等。

(一) 了解期刊的宗旨和范畴

每个期刊都有自己的办刊特色，在办刊宗旨、专业范围、主题分配、栏目设置及各种类型文章发表的比例等都会有所不同。在投稿前一定要弄清楚论文主题是否在该刊物的征稿范畴内、是否有相符合的栏目设置，文章类型是否符合该刊的收录范围。掌握了这些原则后，再根据自己论文所研究的内容，选出一本专业对口、水平相当的刊物，严格按照期刊的要求和格式投稿。

(二) 了解期刊的水平

在选择期刊时要注意期刊的质量水平。目前，常用的期刊质量判断标准有：是否被 SCI 收录、影响因子(IF)的高低、是否被某二次文献数据库收录或索引收录(如 PubMed、美国化学文摘、北大核心期刊要目总览等)。高质量、有声望的期刊往往更有利于论文的传播和交流，对于学术成果的认可也具有较高的权威性，但退稿率也往往较高。因此，在选择期刊时，一定要客观、现实地评价自己的论文水平，正确定位，选择合适的期刊，提高中稿率。

(三) 了解其他因素

载文规模也是期刊选择时要考虑的重要因素。对于相同专业领域、质量水平相当的两本期刊，出版周期短、载文量高的期刊，投稿命中率相对较高。另外，各期刊审稿费、版面费、彩图费标准不同，费用的多少也是作者需要考虑的因素。

二、阅读期刊稿约和近期论文

在选定拟投期刊后，作者需关注该期刊的稿约和近期发表论文的情况。大部分期刊会在每年的第一期或最后一期刊出稿约，或在网上公布“投稿须知”。通过阅读稿约可以获知该刊的办刊宗旨、专业范围、栏目设置、版面费、网上投稿步骤、对稿件结构和格式的要求等。通过阅读近期发表的相关论文，了解和确定该刊是否收录自己相关专业领域的论文，体会论文的行

文风格。完成这两步后，作者可以按照要求对自己的论文进行修改，避免延误发表时间。

三、投　　稿

(一)网络投稿指南与投稿平台

随着信息技术的发展，除了寄送纸质稿件外，更多的是利用电子文档进行网络投稿。

1. 中国知网学术期刊论文投稿平台　http：//www.cb.cnki.net(图 12-1)。

图 12-1　中国知网学术期刊论文投稿平台

2. 中国知网的期刊大全　http：//epub.cnki.net/kns/oldnavi/n_list.aspx?NaviID=1&Field=cykm$%(图 12-2)。

图 12-2　中国知网的期刊大全界面

3. 万方数字化期刊投稿指南 http：//contribute.wanfangdata.com.cn/Search?KeyWord=&ChildSubject.Id=&Subject.Id=R&FirstOrderBy=&PageIndex=1&PageSize=20（图 12-3）。

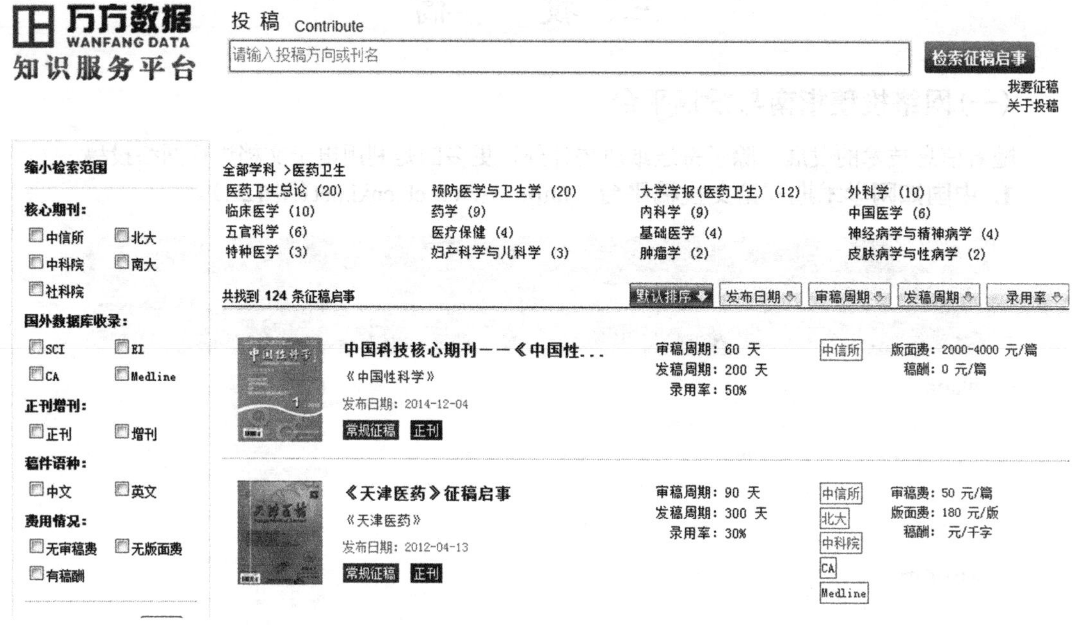

图 12-3 万方数字化期刊投稿指南界面

4. 维普投稿平台 http：//www.cqvip.com/（图 12-4）。

图 12-4 维普投稿平台

5. 浙江大学图书馆核心期刊投稿指南 http：//libweb.zju.edu.cn/libweb/redir.php?catalog_id=10251（图 12-5）。

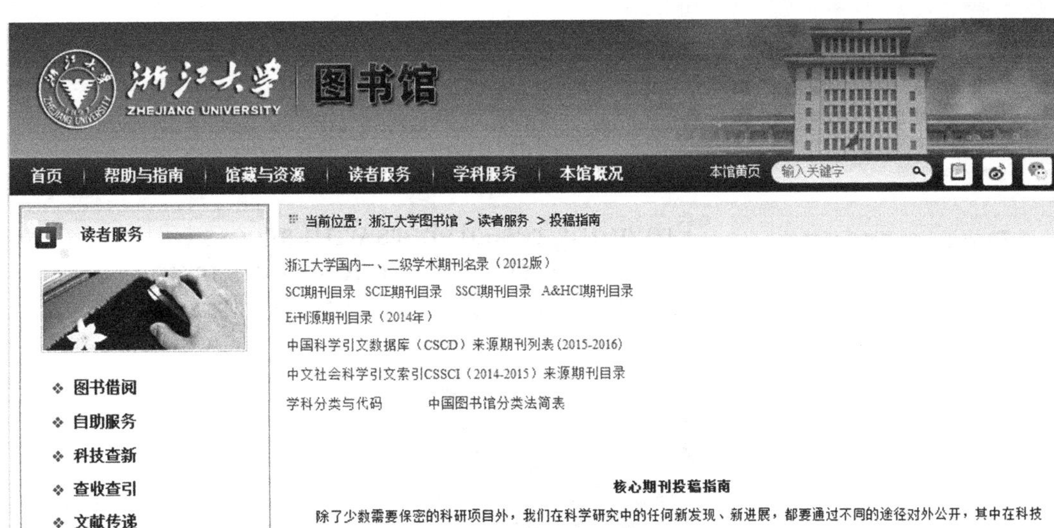

图 12-5　浙江大学图书馆核心期刊投稿指南界面

6. 清华大学图书馆投稿导引　http：//lib.tsinghua.edu.cn/service/SCIcenter/SCIcenter. html（图 12-6）。

图 12-6　清华大学图书馆投稿导引界面

7. Springer 在线投稿平台　http：//link.springer.com（图 12-7）。

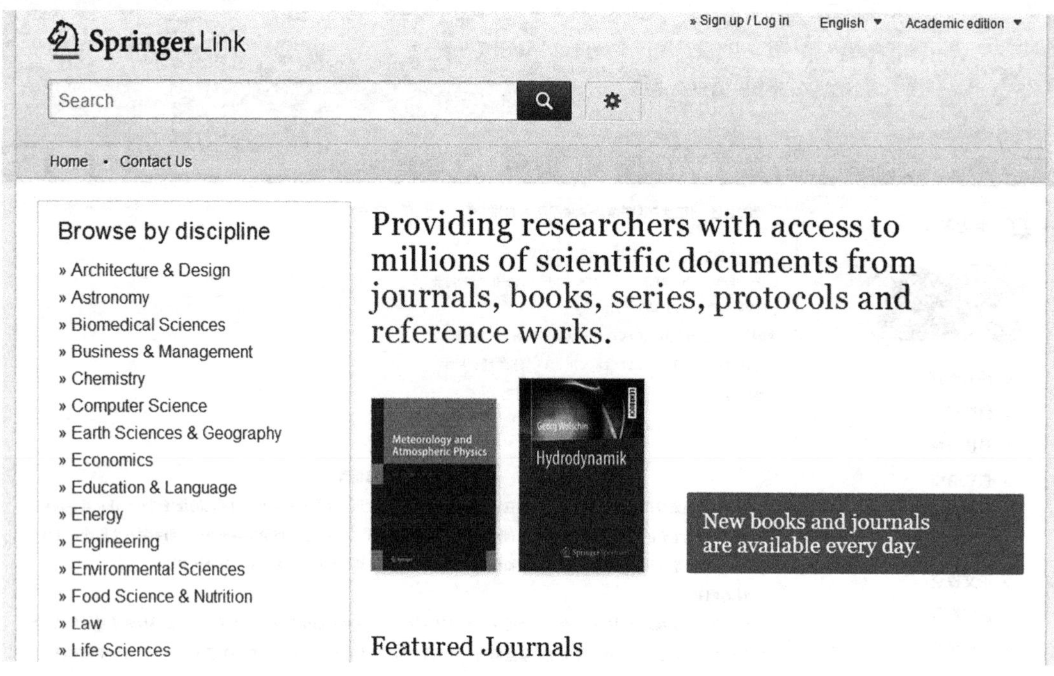

图 12-7 Springer 在线投稿平台

8. Nature 在线投稿平台 http://www.nature.com/（图 12-8）。

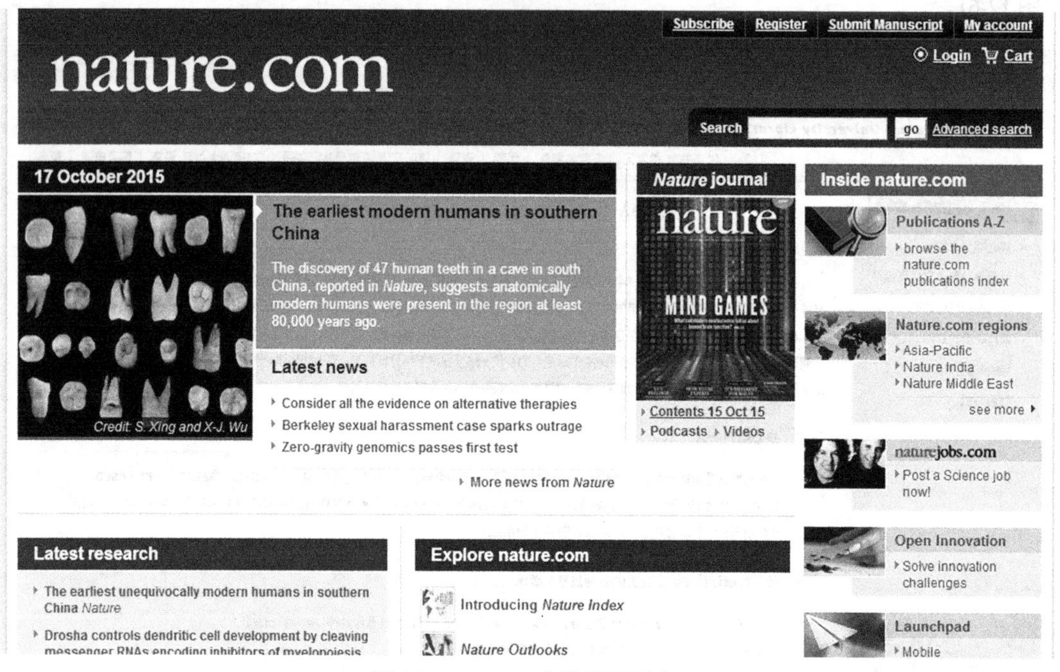

图 12-8 Nature 在线投稿平台

作者可以通过以上这些平台挑选适合投稿的刊物，查找刊物的地址或网站信息，登录刊物网站，查找在线投稿信息。

(二) 投稿推荐信

有很多期刊投稿时需作者提供投稿推荐信，投稿推荐信的作用是推荐稿件，说明稿件的真实性和介绍稿件的相关情况。一般包括以下内容：

(1) 说明论文的立题和内容资料真实可靠，不涉及保密问题。

(2) 声明没有重复发表和重复投稿。

(3) 声明稿件已经所有作者阅读和同意投稿，署名无争议，并附有所有作者签名，作者均符合著作权标准。

(4) 作者的姓名、地址、电话和邮箱等联系方式。

(三) 注意事项

1. 投稿要求　论文投向期刊前应反复检查论文的摘要、正文、图表、页码等是否完整，要求论文稿面整洁，结构合理，层次分明，外文字母大小写标准，标点符号准确，图像清晰，表格设计合理，参考文献规范。

2. 重复投稿　许多编辑部都在投稿须知或稿约中郑重申明，反对重复投稿。主要原因是编辑部在事先不了解的情况下，两家(或以上)的期刊对同一稿件进行审稿和编辑，甚至发表同一篇文章，在权利方面存在潜在的争执。

3. 一稿多投　是指同一作者或同一研究群体不同作者，在期刊编辑和审稿人不知情的情况下，试图或已经在两种或多种期刊同时或相继发表内容相同或相近的论文，国际上也称该种现象为重复发表。一稿多投是科学界严厉指责的行为。一稿多投行为如果在稿件的同行评议过程中被发现，通常会被简单地退稿，有些期刊编辑部可能会在退稿的同时函告作者所在单位的相关部门。如果一稿多投的文章已经发表，期刊有可能会采取制裁或处罚，如在一定期限内拒绝该作者向该刊继续投稿；在刊物上刊登有关该作者一稿多投的声明，并列入目次页，以便被检索系统收录，供同行检索；可能在某特定专业群体的刊物中对一稿多投的行为进行通报；可能通知作者所在单位。

第六节　医学学位论文的写作

一、医学学位论文

学位论文是科研论文的一种类型，是著者为了获得更高一级学位而撰写的毕业论文，因而学位论文不仅具有一般科研论文的特点、要求和价值，同时还应能反映相应学位水平，是一项比较复杂的学习、研究和写作相结合的综合训练和总结。我国大学本科学生、研究生以及在职申请学位人员(包括具有研究生毕业同等学力人员)在完成学业后要申请相应的学位，都必须在规定的期限内向学位授予单位提交申请学位论文，通过学位论文答辩后才能获得相应的学位。

医学学位论文是学位申请者为申请医学学位而提交的医学论文，它反映了申请者从事医学研究所取得的成果和独立从事科研工作的能力，是考核申请者能否被授予学位的重要依据。

二、医学学位论文的种类

(一) 按学位类别分

我国现行大学实行学士、硕士、博士三级学位授予制。医学学位论文同其他学科一样，分为学士论文、硕士论文和博士论文 3 个级别。

(1) 医学学士论文是高等医学院校大学本科毕业生所写的医学毕业论文。要求论文著者较好地掌握本门学科的基础理论、专门知识和基本技能；具有从事科研工作或担负专门技术工作的初步能力，对某个问题有一定的见解。

(2) 医学硕士论文是指攻读硕士学位的研究生所写的毕业论文。根据我国学位条例规定，硕士学位应该达到下列学术水平：在本门学科上掌握坚实的基础理论和系统的专门知识；具有从事科学研究工作或独立担负专门技术工作的能力。也就是说，医学硕士论文应具有较高的学术水平，应能反映所掌握的专业知识的广度与深度，对医学某学科的基础问题和重要疑难问题有独到的见解。

(3) 医学博士论文是指攻读博士学位的研究生所写的毕业论文。根据我国学位条例规定，博士学位应达到下列学术水平：在本门学科上掌握坚实宽广的基础理论和系统深入的专门知识；具有独立从事科学研究工作的能力；在科学或专门技术上做出创造性的成果。相应地，医学博士论文要求反映对某医学学科所具有的深邃广博的知识，并能熟练地运用这些知识对该学科提出创造性的见解，或对该学科的发展有重要的推动作用，或对该学科的研究有重要的、突破性的发明或发现。

(二) 按科研方法划分医学学位论文

按研究方法不同，通常可分为实验研究型、临床研究型和调查研究型三大类。以前，医学研究生教育强调研究能力的培养，故多为实验研究型，临床研究型较少，或在临床研究中也要加入较多的实验研究内容。这种方法培养的临床医学研究生，由于临床实践少，临床技能较差。为了改变这种状况，现在临床医学专门设立了临床型研究生，不再要求一定要进行实验研究。另外，调查研究型较多地用于公共卫生专业，如用流行病学调查的方法进行研究等。

三、医学学位论文的构成

医学学位论文由前置部分、主体部分、附录部分与结尾部分组成。

(一) 前置部分

1. 封面 封面是学位论文的外表面，提供应有的信息，并起保护作用。封面的格式及所用的纸张一般由学位授予单位统一规定，通常包括申请学位级别、学校代码与学号、学校名称、题目、院系(所)名称、专业名称、著者姓名、导师姓名及完成日期。如系保密论文，还须在封面右上角注明保密级别及保密年份。

2. 题名页 题名页是对学位论文进行著录的依据。通常著录申请学位级别、中英文题名、著者与导师、完成日期外，还应包括参加部分工作的合著者姓名，如导师组成员等。题名页与封面上同时都有的信息，应保持两者一致。

3. 目录 目录由论文的篇、章、条、附录等的序号、名称和页码组成，具有检索、报道、导读等功能。

4. 插图和附表清单 此清单非必需项目。论文中如图表较多，可以分别列出清单置于目次页之后。图的清单应有序号、图题和页码。表的清单应有序号、表题和贝码。

5. 缩略词表 此表非必需项目。符号、标志、缩略词、首字母缩写、计量单位、名词、术语等的注释表符号、标志、缩略词、首字母缩写、计量单位、名词、术语等的注释说明汇集表，应置于图表清单之后。

6. 中英文摘要 摘要是对学位论文的内容加以注释和评论的高度概括的简短陈述。摘要应具有独立性和自含性，即不阅读报告、论文的全文，就能获得必要的信息。摘要一般应说明

研究工作目的、实验方法、结果和最终结论等，而重点是结果和终论。为了国际交流，还应有英文摘要，编写摘要时应注意下列事项。

(1) 摘要必须在论文全文完稿之后，在遵循论文主题及主要内容的基础上撰写。

(2) 应如实客观地反映和高度浓缩原文的内容，不应成为正文的补充、注释和总结，也不可加进原文内容以外的解释、评价或自我评价。

(3) 不要简单重复篇名中已有的信息，不要把本专业领域的常识或过于浅显的内容写进摘要。

(4) 一般不用图表、公式、化学结构式、数学方程式、参考文献等，也尽量不用非公认通用的符号、术语、缩略词，如必须使用，应在首次出现时加括号说明。

7. 关键词　以显著的字符另起一行，排在摘要末尾左下方。写法同学术论文写作。

8. 中图分类号　著录于关键词下方，另起一行。写法同学术论文写作。

(二) 主体部分

主体部分是学位论文的核心组成部分，包括引言、正文、致谢及参考文献等，占论文篇幅的绝大部分。正文部分应全面阐述研究的方法、过程和步骤，列出研究的结果，详细分析讨论结果和得出的结论。主体部分的编写格式可由著者自定，一般由引言(或绪论)开始，实验型医学论文的正文通常由材料和方法、实验结果、讨论、结论 4 个部分组成。以下以实验型医学学位论文为例介绍主体部分的撰写。学位论文在实验材料与设备、研究过程、取得结果、计算程序、推理论证等内容上比学术论文更详尽。

1. 引言(或绪论)　医学学位论文的引言(或绪论)与学术论文的引言相比，在写作要求上基本一致，但更详尽，篇幅更长。内容包括简要说明研究工作的目的、范围、相关领域的前人工作和知识空白、理论基础和分析、研究设想、研究方法和实验设计、预期结果和意义等。引言应言简意赅，不要与摘要雷同，不要成为摘要的注释。有关历史回顾和前人工作的综述，可以单独成章，用足够的文字叙述。医学学位论文的综述一般附于文后。

2. 材料和方法　材料和方法是学位论文的基础，是判断论文科学性、创新性的主要依据，对论文质量起着保证作用。材料与方法主要有以下几个方面的内容：主要仪器设备的名称、型号、生产厂家、主要性能和技术参数；主要试剂的名称、型号、纯度和生产厂家，材料的制备、加工、纯化和鉴定方法；实验对象，如实验动物的种数、数量、品系、窝别、分级、性别、体重、年龄及来源等；实验方法，如动物疾病模型形成的方法、实验组与对照组的分组方法、体内实验方法、体外实验方法、切片方法、染色方法、测试方法、记录方法、统计方法等；实验程序、实验环境条件和其他必须交代清楚的有关实验工作的情况。

这部分内容必须做到可据此重复进行实验，以便引用或验证，故应注意叙述的完整性、客观性与准确性。要把实验的每个程序、步骤，如实、简要地交代清楚，关键的信息不可省略。

3. 实验结果　实验结果是课题经过研究所取得的成果结晶，是论文的核心内容。讨论由此引发，结论也由此导出，是体现学位论文学术水平的高低和价值的重要基础。

实验型医学学位论文的结果包括实验研究观察到的现象，获得的物质，测得的数据、图像，得出的规律和结论等。结果必须是著者的第一手资料，应如实反映研究的具体成果，客观地进行分析与报道，不可随意更改或伪造成果。对不符合主观设想的数据、资料不可随意舍弃，必须经过科学的处理与严密的逻辑判断方可决定，不要忽视偶发现象和数据，以确保论文的真实性。

4. 讨论　讨论是体现论文主题思想和创新性的关键部分，主要针对“材料和方法”、“结果”这两部分进行综合分析、比较、论证，阐明事物间的内部联系与发展规律，解释现象与本质之间的内在关系，揭示研究结果的理论意义和实用价值，从感性认识上升到理性认识，做到有所发现、有所发明或有所创新。

讨论部分主要内容一般包括以下4个方面。

(1)对实验材料和方法、实验结果的正确性、合理性进行分析和论证，以说明本项研究的理论论意义和实用价值。

(2)对实验结果进行理论阐述，以便找出规律性的结论，体现出论文的学术水平。

(3)将本研究与国内外同类研究进行比较，说明异同之处及本研究处于什么地位。

(4)对研究结果中可能出现的误差进行合理的解释，实事求是地评价本研究的优缺点及存在的问题，今后设想及研究方向。

5. 结论 结论又称小结或结语，是文章全部内容推论出的结果。著者在绪言或引言中提出的问题，经过本课题的一系列实验、研究、分析论证之后，要在结论中作一个总结。结论需高度概括说明本文解决的问题，发现的规律，有何创新，有何不足，指出尚待解决、需进一步研究的问题和建议。结论不要简单重复上文的内容，而是要从理论的高度给予明确、简要的总结。但是，结论并非必要，如果不可能导出应有的结论，也可以没有结论而进行必要的讨论。

6. 致谢 致谢是著者对本课题研究中提供帮助、指导，或仅参加了部分工作的单位和个人表示谢意的一种方式，是对他人劳动的尊重，也是著者应有的礼貌。学位论文的致谢也可置于文末。致谢时要恰如其分，实事求是，不以名人来抬高自己，也不能抹杀他人的劳动成果。以下个人或组织可列为致谢对象：①著者的指导老师及在研究工作中提出建议和提供帮助的人；②协助完成研究工作和提供便利条件的组织或个人；③给予转载和引用权的资料、图片、文献、研究思想和设想的所有者；④提供研究基金或给予资助的企业、组织或个人；⑤其他应感谢的组织或个人。

7. 参考文献 参考文献是医学学位论文的重要组成部分。要求著者著录在撰写毕业论文过程中曾经借鉴、引用过的，与本论文密切相关的重要文献，以表明研究的科学性与继承性。

参考文献的著录格式有严格的规定，根据国际标准 ISO/DIS690，即《文献工作-文后参考文献-内容、格式和结构》规定可采用顺序编码制、著者出版年制和引文引注法 3 种体制，并对不同体制的文献著录格式作了明确的规定。国际生物医学期刊编辑委员会制订的《生物医学期刊投稿的统一要求》(即温哥华格式，2008 年 10 月最新版本，可在 http：//www.icmje.org 上找到全文)规定参考文献采用顺序编码制，我国最新的国家标准 GB/T 7714-2015《文后参考文献著录规则》规定可采用顺序编码制和著者出版年制。本书着重介绍目前使用最普遍的顺序编码制的著录格式。

(1)参考文献在正文中的标注方法

1)按正文中引用的文献出现的先后顺序用阿拉伯数字连续编码，并将序号置于方括号中，上标。

2)同一处引用多篇文献时，将各篇文献的序号在方括号内全部列出，各序号间用“，”，如“……[5,7,10]”，遇连续序号，RT 标注起讫号“-”，如“……[2-5]”。

3)同一文献在论著中被引用多次，在正文中标注首次引用的文献序号，并在序号的“[ ]”外著录引文的页码，文献表中不再重复著录页码。如“该数据库为目前世界上最大的有机化学数值数据库[2]180”。

4)如文中写出所引文献的著者，则引文编码标在原著者的右上角，如“×××[10]“首次报道了……”如不出现引文著者名字，则标在该句(段)引文结束的右上角，标点符号之前，如“……之间的关系仍值得进一步研究[6]。”

5)在文末按正文部分标注的序号依次列出所有的参考文献。

(2)常用著录格式范例：以下为一些常用的参考文献著录格式与实例，其中文献类型标志、引用日期与获取访问路径为电子文献必备项。如系电子文献，还应在注明文献类型标志的同时注明其载体类型。表 12-1 所示为文献类型与电子文献载体类型标志与代码对照表。

表12-1　文献类型与电子文献载体类型标志与代码对照表

<table>
<tr><td colspan="12">参考文献类型及其标志代码</td><td colspan="4">电子文献的载体类型及其标示代码</td></tr>
<tr><td>普通图书</td><td>会议录</td><td>汇编</td><td>报纸</td><td>期刊</td><td>学位论文</td><td>报告</td><td>标准</td><td>专利</td><td>数据库</td><td>计算机程序</td><td>电子公告</td><td>磁带</td><td>磁盘</td><td>光盘</td><td>联机网络</td></tr>
<tr><td>M</td><td>C</td><td>G</td><td>N</td><td>J</td><td>D</td><td>R</td><td>S</td><td>P</td><td>DB</td><td>CP</td><td>EB</td><td>MT</td><td>DK</td><td>CD</td><td>OL</td></tr>
<tr><td colspan="16">其他未说明文献类型，用字母“Z”标识。</td></tr>
<tr><td colspan="16">电子参考文献著录代码</td></tr>
<tr><td>序号</td><td colspan="8">文献类型</td><td colspan="7">著录代码</td></tr>
<tr><td>1</td><td colspan="8">光盘数据库</td><td colspan="7">DB / CD</td></tr>
<tr><td>2</td><td colspan="8">联机网上数据库</td><td colspan="7">DB / OL</td></tr>
<tr><td>3</td><td colspan="8">磁盘图书</td><td colspan="7">M / DK</td></tr>
<tr><td>4</td><td colspan="8">光盘图书</td><td colspan="7">M / CD</td></tr>
<tr><td>5</td><td colspan="8">联机网上图书</td><td colspan="7">M / OL</td></tr>
<tr><td>6</td><td colspan="8">磁带期刊</td><td colspan="7">J / MT</td></tr>
<tr><td>7</td><td colspan="8">联机网上期刊</td><td colspan="7">J / OL</td></tr>
<tr><td>8</td><td colspan="8">联机网上电子公告</td><td colspan="7">EB / OL</td></tr>
<tr><td>说明</td><td colspan="15">电子文献著录代码由“文献类型标志代码”＋“／”＋“电子文献的载体标志代码”构成，可根据具体情况依公式生成。</td></tr>
</table>

1）期刊文献：[序号]主要责任者.文献题名[文献类型标志]. 刊名，出版年份，卷号(期号)：起止页码[引用日期]. 获取和访问路径. 数字对象唯一标识符。

例如：

a. [序号]李增刚，孙开来. 视黄类受体与视黄酸致畸作用关系[J]. 遗传，2004，26(5)：35-738.

b. [序号]Gasparri RI，Jannis NC，Flameng WJ，et a1. Ischemlc precondittoning enhancesdonor lung preservaion in thl rabbit[J]. Eur J Cardiothorac Surg，1999，16(6)：639-646.

c. [序号]Nolan T，McVernon J，Skelj M，et al. Immunogenicity of a Monovalent2009Influenza A(HINI) Vaccine in Infants and children：A Randomized Trial[J/OL]，JAMA，2010，303(1)：37-46[2013-07-03]. http：//jama. jamanetwork. com/data/Journals/JAMA/4494/jpc90010_37_46. pdf.

2）图书、专著：[序号]主要责任者. 文献题名[文献类型标志]. 出版地：出版者，出版年：页码[引用日期]. 获取和访问路径. 数字对象唯一标识符.

例如：

a. [序号]广西壮族自治区林业厅. 广西自然保护区[M]. 北京：中国林业出版社，1993：55-57.

b. [序号]Beckerle，MC. Cell Adhesion [M]. New York：Oxford University Press，2001.

c. [序号]Hoque N，McGehee MA，Bradshaw BS. Applied Demogralhy and Public Health[M]. Dordrecht，Springer Netherlands，2013[2013-07-03]. http：//link. springer. com/book/10. 1007/978-94 -007-6140-7/page/1.

3）图书中析出文献：[序号]析出文献主要责任者. 析出文献题名//专著主要责任者. 专著题名[文献类型标志]. 版本项. 出版地：出版者，出版年：析出文献的页码[引用日期]. 获取和访问路径. 数字对象唯一标识符.

例如：

a. [序号]林庚金. 消化性溃疡//陈颗珠主编. 实用内科学[M]. 第 10 版. 北京：人民卫生出版社，1997：1565.

b. [序号]Melcescu E，koch CA. Syndromers of Mineralocorticoid Excess[M/OL].Koch CA，

Chrousos GP. Endocrine Hypertension. Totowa，Humana Press，2013：33-50[2013-07-03]. http：//link. springer. com/content/pdf/10. 1007%2F978-1-60761-548-4_2. pdf.

4)会议录、论文集：[序号]析出责任者. 析出题名//主编. 论文集名[文献类型标志].（供选择项：会议名，会址，开会年）出版地：出版者，出版年：起止页码[引用日期]. 获取和访问路径. 数字对象唯一标识符.

例如：

a. [序号]孙品一. 高校学报编辑工作现代化特征//中国高等学校自然科学学报研究会. 科技编辑学论文集[C]. 北京：北京师范大学出版社，1998：10-22.

b. [序号]Rosenthall EM. Proceedings of the fifth Canadian mathematical congress，University of Montreal，1961[C]. Toronto：University of Toronto Press，1963.

c. [序号]Metcalf SM. The tort hall air emission study[C/OL]. The International Congress on Hazardous Waste，Atlanta，June5-8，1995：impact or human and ecological health[2010-09-22]. http：//atsdrl. atsdr. cdc. gov：8080/cong95. html.

5)专利文献：[序号]专利申请者或所有者. 专利题名：专利国别，专利号[文献类型标志]. 公告日期或公开日期[引用日期]. 获取和访问路径. 数字对象唯一标识符.

例如：

a. [序号]姜锡洲. 一种温热外敷药制备方案：中国，88l056072[P]. 1989-07-26.

b. [序号]古双喜. 治疗肝炎的药物及其制备方法：中国，02129229. 9[P/OL]. 2003-03-12[2013-07-04]. http：//211. 157. 104. 87：8080/sipo/zljs/hyjs-yx-new. jsp?Recid=CN02129229. 9&. 1eixin＝fmzl&tit1e＝治疗肝炎的药物及其制备方法&. ipc＝A61K35/78.

6)学位论文：[序号]主要责任者. 文献题名[文献类型标志]. 保存地：保存单位，年份：贝码范围[引用日期]. 获取和访问路得. 数字对象唯一标识符.

例如：

a. [序号]Calms RB. Infrared spetroscopic studies on solid oxygen[D]. Berkeley：University of California，1965：50-52.

b. [序号]李宝华. I-TAC 在皮肤移植排斥中的作用及其机制[D/OL]. 上海：复旦大学，2007[2013-07-05]. http：//d.g.wanfangdata.com.cn/Thesis_Y1272626.aspx.

c. [序号]张志详. 间断动力系统的随机扰动及其在守恒律方程中的应用[D]. 北京：北京大学，1998.

7)报告：[序号]主要责任者. 文献题名[文献类型标志]. 报告地：报告会主办单位，年份：页码[引用日期]. 获取和访问路径. 数字对象唯一标识符.

例如：

a. [序号]冯西桥. 核反应堆压力容器的 LBB 分析[R]. 北京：清华大学核能技术设计研究. 1997：2.

b. [序号]World Hcalth Organization.Faclors regulating the immune response：repont of WHO Scientific Group[R].Geneva：WHO，1970.

8)报纸文章：[序号]主要责任者.文献题名[文献类型标志].报纸名，出版年，月(日)：版次[引用日期].获取和访问路径. 数字对象唯一标识符.

例如：

a. [序号]谢希德. 创造学习的思路[N]. 人民日报，1998，12(25)：10.

b. [序号]孙刚. 外科医生不能只会开刀[N/OL]. 解放日报，2008，4(7)：6[2013-07-03]. http：//epaper jfdaiIy. Com/jfdaily/html/2008-04/07/content_123651.htm.

9)电子公告：[序号]主要责任者. 题名：其他题名信息[文献类型标志].（更新或修改日期）[引用日期]. 获取和访问路径. 数字对象唯一标识符.

例如：[序号]复旦大学图书馆. 复旦大学图书馆第四届咨询委员全会议[EB/OL]. (2013-05-09) [2013-07-04]. http：//www. 1ibrary. fudan. edu. cn/main/info/3287. htm.

(3) 著录时注意事项

1) 原则上要求用文献本身的文字著录。

2) 个人著者，其姓全部著录，而名可以缩写为首字母，省略代表省略意义的“.”，如“Albert Einstein”可著录为“EINSTEIN A”；如用首字母无法识别该人名时，则用全名。责任者不超过 3 个时，全部照录。超过 3 个时，只著录前 3 个责任者，其后加“，等”或“et al”等与之相应的词。

3) 出版项中附在出版地之后的省名、州名、国名等以及作为限定语的机关团体名称可按国际公认的方法缩写，如“World Health Organization”可缩写为“WHO”。

4) 西文期刊刊名的缩写可参照 ISO4《信息与文献：出版物题名和标题缩写规则》的规定缩写，缩写点可省略，医学期刊刊名也可参照 MEDLINR 的规范。

8. 文献综述　文献综述是医学学位论文的重要组成部分，按照医学学位论文的写作传统，文献综述通常单独成章，置于正文后。通过学位论文的综述部分，可以考核研究生掌握文献的深度与广度，以及综合文献的能力。综述的写作方法详见本章第三节。

(三) 附录部分

附录是医学学位论文主体的补充内容，并非必须项。下列内容可以作为附录编于学位论文之后。

(1) 为了整篇报告、论文材料的完整，但编入正文又有损于编排的条理和逻辑性，这一类材料包括比正文更为详尽的信息、研究方法和技术，更深入的叙述，建议可以阅读参考文献题录，对了解正文内容有用的补充信息等。

(2) 由于篇幅过大或取材于复制品而不便于编入正文的材料。

(3) 不便于编入正文的罕见珍贵资料。

(4) 某些重要的原始数据、数学推导、计算程序、框图、结构图、注释、统计表等。

(5) 本人在就读学位期间发表的文章、论著及取得的成果等。

(四) 结尾部分

学位论文的结尾部分包括封三与封底。封底通常为空白页，有的学校规定封三为独创性声明与使用授权声明(这部分有时也放在摘要前)。

为了净化学术风气，强化独创意识，防止学术剽窃，目前学位论文的授予单位一般都要求论文著者签署论文独创性声明。如：“本论文是我个人在导师指导下进行的研究及取得的研究成果。论文中除了特别加以标注和致谢的地方外，不包含其他人或其他机构已经或撰写过的研究成果。其他同志对研究的启发和所作的贡献均已在论文中作为明确的声明并表示了谢意。”此声明要求论文著者签署姓名及日期。

为尊重论文著者与导师的智力劳动，保护学位授予单位的权益，根据我国研究生教育制度的特点，研究生应与培养单位签署“学位论文使用授权声明”，通常规定学校有权保留送交论文的复印件，允许论文被查阅和借阅；学校有公布论文内容的权利及采用影印、缩印或其他复制手段保存论文。此声明需由著者与导师共同签署姓名和日期。

不同的学位授予单位在独创性声明与使用授权声明措辞上会有所不同，但内容大致相同。论文著者要根据要求下载不同的声明并填写。

分析与思考

1. 根据自己所学专业，自拟一个具体的检索课题，实践对信息资源的综合检索。

2. 如何从中国知网中了解自己所学专业范围内的核心期刊有哪些？从其中的核心期刊中挑选出3篇质量较高的学术论文下载并阅读，感受和学习医学学术论文的写作。

3. 油茶是江西赣州上犹历史悠久的传统产业，我校2011级药学2班某某某(上犹人)，非常想通过自己所学的专业知识研制出油茶保健产品，支持家乡油茶产业的健康和可持续发展。若要研制出油茶保健产品，首先必须了解油茶的保健作用。请你为这位同学检索出我国近十年来发表的油茶保健方面的文献，并撰写一篇我国近十年油茶保健研究的综述。

4. 从万方数据库中检索出你所学专业的3篇985高校授予的硕士学位论文并下载阅读，感受和学习医学学位论文的写作。

(王春华)

主要参考文献

百度百科. 前瞻性队列研究. http：//baike. baidu. com/view/2978315. htm.

百度百科. 随机对照试验. http：//baike. baidu. com/view/1586098. htm.

蔡莉静. 2011. 图书馆科技查新服务与科技查新管理系统. 北京：海洋出版社

陈恩满. 2014. 利用 CNKI E-learning 文献管理软件助力学术研究. 大学图书情报学刊，32(3)：44-47，51.

陈红勤. 2014. 医学信息检索与利用. 武汉：华中科技大学出版社

陈坤. 2011. 医学科研方法. 北京：科学出版社

陈燕，李现红. 2014. 医药信息检索. 第 2 版. 北京：人民卫生出版社

陈耀龙，李幼平，杜亮，等. 2008. 医学研究中证据分级和推荐强度的演进. 中国循证医学杂志，8(2)：127-133.

代涛. 2010. 医学信息检索与利用. 北京：人民卫生出版社

戴起勋. 2004. 科技创新与论文写作. 北京：机械工业出版社

董建成. 2010. 医学信息学概论. 北京：人民卫生出版社

冯颖，史丽英，陈几香. 2013. 4 种文献管理软件的功能分析与比较. 科技情报开发与经济，2(20)：157-160.

郭继军. 2013. 医学文献检索与论文写作. 北京：人民卫生出版社

郭年琴. 2014. 文献信息检索与实践. 北京：中国铁道出版社

黄晴珊. 2014. 全媒体时代的医学信息素养与信息检索. 广州：中山大学出版社

黄晓鹂. 2012. 医学信息检索与利用(案例版). 北京：科学出版社

李红梅. 2014. 医学信息检索与利用. 北京：科学出版社

李明德. 2007. 知识产权法. 北京：社会科学文献出版社

李晓玲. 2014. 医学信息检索与利用. 第 5 版. 上海：复旦大学出版社

李勇文. 2010. 医学信息查询与利用. 成都：四川大学出版社

刘桂锋. 2015. 医学信息检索与利用. 苏州：江苏大学出版社

刘霞. 2010. 网络信息检索. 北京：清华大学出版社

罗爱静. 2010. 医学文献信息检索. 北京：人民卫生出版社

罗晓宁. 2011. 网络信息检索与利用. 上海：同济大学出版社

苏蓉. 2014. 基于大数据的数字图书馆信息服务研究. 武汉：华中师范大学

万毅. 2009. 循证医学证据评价的语义模型与应用研究. 西安：第四军医大学

王吉耀. 2006. 循证医学与临床实践. 北京：科学出版社

王娜，庄琦. 2009. 论信息资源共享与知识产权保护. 大学图书情报学刊 27(1)：15-18.

王庭槐. 2014. MOOC——席卷全球教育的大规模开放在线课程. 北京：人民卫生出版社

夏晴涛. 2014. 研究生学术不端行为问题研究. 北京：中国地质大学

肖琼. 2014. 信息资源检索与利用. 北京：北京邮电大学出版社

应峻. 2014. 循证医学资源分布的“6S”模型. 中国医学论坛报

张树忠. 2012. 医学信息检索与利用. 南京：东南大学出版社

张洋. 2010. 网络信息资源开发与利用. 北京：科学出版社

赵文龙. 2012. 医学文献检索. 北京：科学出版社

赵玉虹. 2013. 医学文献检索. 第 2 版. 北京：人民卫生出版社

郑霞忠. 2012. 科技论文写作与文献检索. 武汉：武汉大学出版社